红夷大炮与明清战争

黄一农 著

Red Barbarian Cannon

in Wars from the
Late-Ming to Late-Qing Dynasties

四川人民出版社

图书在版编目（CIP）数据

红夷大炮与明清战争 / 黄一农著. -- 成都：四川人民出版社, 2022.7（2022.10月重印）

ISBN 978-7-220-12522-5

Ⅰ.①红… Ⅱ.①黄… Ⅲ.①火炮—军事史—研究—中国—明清时代 Ⅳ.①E294

中国版本图书馆CIP数据核字（2021）第251404号

HONGYI DAPAO YU MING QING ZHANZHENG

红夷大炮与明清战争

黄一农 著

出 版 人	黄立新
策划组稿	章 涛 邹 近
责任编辑	邹 近
特约审读	张瑞龙
封面设计	李其飞
内文设计	戴雨虹
责任校对	舒晓利
责任印制	李 剑
出版发行	四川人民出版社（成都市锦江区三色路238号）
网　　址	http://www.scpph.com
E-mail	scrmcbs@sina.com
新浪微博	@四川人民出版社
微信公众号	四川人民出版社
发行部业务电话	（028）86361653　86361656
防盗版举报电话	（028）86361661
照　　排	四川胜翔数码印务设计有限公司
印　　刷	成都东江印务有限公司
成品尺寸	160mm×230mm
印　　张	37.5
字　　数	688千
版　　次	2022年7月第1版
印　　次	2022年10月第2次印刷
书　　号	ISBN 978-7-220-12522-5
定　　价	128.00元

■版权所有·侵权必究

本书若出现印装质量问题，请与我社发行部联系调换

电话：（028）86361653

作者简介

　　黄一农，1985年获得哥伦比亚大学物理学博士学位，而后于马萨诸塞州立大学从事天文学研究。台湾清华大学历史研究所讲座教授，曾兼人文社会学院院长，"中研院"院士，是以研究科技史闻名的历史学家。曾任荷兰莱顿大学首届"胡适汉学访问讲座"教授、香港大学及香港理工大学荣誉教授、北京清华大学长江学者讲座教授、北京中国科学院名誉研究员、北京中国艺术研究院名誉高级研究员等。

　　其研究领域涵盖科技史、中西文明交流史、明清史、术数史、军事史、红学等。代表作有《两头蛇：明末清初的第一代天主教徒》《制天命而用：星占、术数与中国古代社会》《二重奏：红学与清史的对话》《红楼梦外：曹雪芹〈画册〉与〈废艺斋集稿〉新证》等。

黄一农作品系列
四川人民出版社

《制天命而用：星占、术数与中国古代社会》

《红楼梦外：曹雪芹〈画册〉与〈废艺斋集稿〉新证》

《红夷大炮与明清战争》

《两头蛇：明末清初的第一代天主教徒（最终修订版）》

谨以此书献给
科学史家陈良佐教授与人类学家李亦园院士，
他们让我在台湾清华大学人文社会学院，
开启并迎来转行文史的第二春。

1989年台静农（1903—1990）先生书赠李亦园（1931—2017）院士之横幅

宋·王安石七言绝句三首

初　晴

幅巾慵整露苍华，度陇深寻一径斜。
小雨初晴好天气，晚花残照野人家。

秋　云

秋云放雨静山林，万壑崩湍共一音。
欲记荒寒无善画，赖传悲壮有鸣【能】琴。

杨　柳

杨柳杏花何处好，石梁茅屋雨初干。
绿垂静路要深驻，红写清陂得细看。

己巳书荆公诗，亦园兄清赏。静农

此书法作品于2019年出现在上海泓盛12月19日的拍卖目录，笔者得知后，立即辗转委请友人拍下。将来希望能在此横幅之末补跋一段文字，再转赠台湾清华大学，以纪念笔者转行暨成长过程中与李先生的因缘。又，此书为台湾清华大学科考古与文物鉴定研究中心所支持的学术专著，该中心亦于2020年成立"李亦园院士荣誉讲座"积极推动相关研究。

【自 序】

人生有些道路往往是事前完全无法预料的。我年轻的时候痴心想得诺贝尔奖，要当世界一流的理论物理学家，要解决连爱因斯坦都没能解决的统一场论（unified field theory），所以跟随留学潮于1979年到了世界十大名校之一的美国哥伦比亚大学。一些现实状况让我很快体会到人外有人、天外有天，一年后我就决定转换跑道至从小着迷的天文学。当时我的研究还算不错，在《自然》（Nature）和《科学》（Science）等一流期刊上都曾发表过论文，并于全美最大的微波射电天文台（millimeter-wave radio observatory）担任博士后研究员。1987年我在通过台湾清华大学人文社会学院创院院长李亦园院士的面试后，毅然送掉了所有物理和天文的书籍离开美国，改行进入母校刚成立的历史研究所。报到后，所里才告知我不是长聘教师，得经两年试用之后再决定是否可留任。如果事前知道，我应该不敢受聘，而会以两岸第一代射电天文学家的身份留在科学界打拼，那将是另一种全然不同的学术生涯。

回台的第一个学期，我不被允许开课，因为有老师认为我没有文科学位，所以无资格教此专业。当时内心的确很难过，但换成另一种思维，工资照领，我每天都徜徉在新竹和台北的几间大图书馆中，努力建立自己的知识地图，那个学期或许是我一生中既痛苦却又成长最快的时刻。

我很幸运，转行一开始就碰到所谓的"逆增上缘"，让我必须拿出最大的努力并激发出所有潜力来面对生存挑战。1991年我成为台湾学界第一位以科学史的研究成果升等为正教授之人，2006年我更侥幸获得"中研院"文科院士的桂冠，但这段努力存活并踔厉奋发的过程，也令我因此错过两个女儿成长过程不少的重要时光。而每每一激动就想转行的我，在这段期间其实还遭逢一些生命分岔，我曾入列校内天文研究所以及资讯系统与应用研究所创办时的教授名单，也曾带领一群年轻人设立了当时华文世界最大的网络虚拟博物馆——清蔚园，甚至成立过网络公司。有段时间，更差点离开学术圈，转去担任一座科学类博物馆的馆长，亦尝受邀去参选一所艺术类大学的校长，还起念想编写一

i

个明清之际史诗型电影的剧本，拍部有机会能感人肺腑的电影……

如果人生能重走一遍，我最喜欢的应该还是做一名历史学家，因为在这领域我真正体会到安身立命的感觉，我对自己的研究题材也始终怀抱热情，虽然从世俗的角度来看，这是一个投资回报率极低的行业。

我进入文史学界后，学术生涯中所遭遇比较大的问题，是因成长过程全靠自己摸索，欠缺师长的明灯指引，故在科学家思考模式的强烈影响之下，一直以发表论文为主要研究目标，未能积极撰写专书。此一心态直到2005年出版《两头蛇：明末清初的第一代天主教徒》后才有了重大改变，然因新切入的红学领域仍颇需全力投入，故始终无法抽出精力对早年的研究成果进行整理。此书的成形绝对要归功于四川人民出版社的编辑小友邹近先生，没有他的主动积极，不可能从这一堆单篇论文中编整出目前的面貌。此外，没有诤友中国人民大学张瑞龙老师的热情校稿与意见提供，我也会缺少付梓的勇气。

但是我也必须承认自己已长时间不曾关注此领域，编纂此书时真有点近乡情怯的感觉，因这将是我在军事史范畴的第一本书，也应该会是唯一的一本，尤其知道我已不再有多余心力可将这些一二十年前钻研过的议题，在大数据的新环境下以最理想的面貌呈现在读者面前。[1]然而在爬梳近年学界相关研究的过程中，既高兴见到一代新锐（如郑诚、尹晓东、刘鸿亮、张建、周维强、常修铭诸博士）的新作，因可借以补充先前论述的不足，也庆幸自己早先的研究尚无须做较大程度的修订。

此书原本构思的名字是"三头兽：引发明清军事革命的红夷大炮"，以呼应笔者先前出版的《两头蛇：明末清初的第一代天主教徒》（2005）及《二重奏：红学与清史的对话》（2014）的书名，但最后还是选择了较简短直接的"红夷大炮与明清战争"。在此，"红夷大炮"主要指的是欧洲所发展出的前装滑膛加农炮。而"三头兽"则谓1553年在意大利阿雷佐（Arezzo）城挖掘出的著名铜雕基迈拉（Chimaera），其主体是一只会喷火的三头怪兽，兽身的前

---

[1] 为避免其他人重蹈覆辙，我在过去三年间举办了两次小型的专书写作工作坊，尝试与较年轻的学术工作者共同摸索该如何在论文与专书间取得平衡，并产生相辅相成的效果。更在2020年新冠肺炎疫情肆虐全球之际，在台湾清华大学组织了一批近三十人的文科团队，推动"疫起·闭关·写书"的计划，相互砥砺切磋，希望不久的将来能在各自关心的议题上呈现出较具体的成果。

半部有狮以及山羊的头，兽尾则是一条蛇，正用嘴逗弄山羊的右角。该铜雕现藏佛罗伦萨的考古博物馆（Archeological Museum in Firenze），风格属公元前五世纪左右的托斯卡纳艺术（Etruscan Art），为意大利本土、希腊和东方元素的混合体。在基迈拉出土的前一年，很巧合地，利玛窦诞生于约180千米以东的马切拉塔（Macerata）城，他或许是入华耶稣会士甚至意大利人在中国最具知名度的历史人物，更是中外交流史上的时代巨人。以利玛窦为首的耶稣会士们，选择天文历算和红夷大炮作为吸引明朝统治阶层重视的媒介，但最后两者却都沦为清朝所用。

由于钦天监每年所编制的历日中订有朔闰与节候的时间，而此一关乎日用民生的纪日标准，是治理一个大一统帝国所不可或缺的，故中国历代对颁历一事均甚为看重，并将其升华成拥有最高统治权的具体表征，此事所含蕴之"奉正朔"或"颁正朔"的政治意义，在朝代更替之际尤其明显。[2]至于原先被明军视为足以对抗八旗精锐步骑的红夷大炮，最后却因缘际会倒转成为清军摧毁中国传统城池结构之利器，让清朝得以在很短时间入主中原。本书即尝试梳理在萨非（Safavid）、莫卧儿（Mughal；或译作蒙兀儿）以及日本之后，清朝如何于十七世纪转变成亚洲最强大"火药帝国"（gunpowder empire），又为何在十九世纪时无力面对列强的侵略。

十六世纪是欧洲文明所开创"大航海时代"的起点，他们以坚船利炮为后盾，像海啸般一波波地强烈冲击包括亚洲在内紧邻大洋的各个国家，不仅在四处点状地建置商港和堡垒，更开始进行面状的殖民扩张。葡萄牙首先于1510年在印度西岸的卧亚（Goa；今译果阿）建立根据地，并将势力范围陆续延伸至印度次大陆的滨海地区、东南亚盛产香料的岛屿以及中国沿海的澳门。西班牙则于1571年入据菲律宾群岛的马尼拉，与其在美洲的殖民地相互呼应。1580年起，葡萄牙王位由拥有优先继承权的西班牙国王菲利普二世兼领，此一信奉天主教的西、葡联合王国，虽然内部矛盾不断，但至少表面上形成了海上最大强权，教廷的传教士在其保护与支持之下，也积极至亚洲各地宣教。[3]

2　如见黄一农，《从汤若望所编民历试析清初中欧文化的冲突与妥协》。笔者在转行之初即曾以多年时间研究明清之际传华之西洋天算，此部分的研究成果未来亦希望能结集出版。
3　黄一农，《两头蛇：明末清初的第一代天主教徒》，页1—33。

但随着1588年西班牙无敌舰队征英的惨败，西、葡两国在亚洲所拥有的优势，开始遭到欧洲新教国家的挑战。1581年宣布脱离西班牙统治的荷兰，在1600年派船航抵日本，两年之后更成立荷兰东印度公司。而1600年创建的英国东印度公司，也在爪哇岛上的万丹（Bantam）建立据点，往来欧洲、东南亚和日本进行贸易。荷、英两国透过东印度公司的设置，整合国家与民间的军事以及经济力量，将其触角强而有力地伸入亚洲，它们不仅相互掠夺，也不断与西、葡发生激烈冲突。从印度洋、南中国海、中国东南沿海以迄日本南端的九州岛海域，欧洲强权的战舰与商船掀起一次又一次的海战，整个亚洲几乎只剩下一些内陆地区还未明显感受到西潮的冲击。

大明帝国末期最主要的威胁，乃来自陆上精于骑射的北方少数民族以及内部的民变，在连亘二三十年的军事冲突中，对火器的倚重益发明显，不仅外来的火绳铳（又名鸟铳，十六世纪中叶即已传入）逐渐加入个人用火器的行列，[4] 且自天启元年起，曾数度将西方铸造的红夷大炮解京运用，这些炮大多打捞自广东沿海的欧洲沉船，威力远超过中国军队长期所使用的佛郎机铳[5]、将军炮、灭虏炮或虎蹲炮等。火炮的操作与铸造技术，因此成为近代东方大陆文明向西方海洋文明学习的第一课，并在战场上扮演日益重要的角色。

当欧洲文明于十六世纪开始张开大帆迈向海洋时，他们所掌握的优越航海技术和所具备的旺盛探险精神，令邻近大洋的其他文明均不再可能闭关自守，而那些商船和战舰上的先进大炮，更是他们扩张海权的利器，并成为几乎每一个东方国家的梦魇。郑和以后的大明帝国对于海洋的关注度一向不高，甚至还曾采取海禁政策，但在大航海时代中，却也无法阻拦已冲击到中国沿岸的西潮。而东西方接触后所衍生的庞大经济利益，不仅令欧洲这些海权国家积极开创或争夺这一广大市场，更吸引了闽粤人士开始发展私人海上贸易。

本书即从十七世纪全世界规模最大的会战之一萨尔浒之役（1619）出发，探索金国如何以其训练精良的弓箭手，搭配雷霆万钧的铁骑，大败过度迷信传统火器的明军。[6] 而战败的明军又如何在南洋地区闽籍工匠的协助下，积极仿铸

4　常修铭，《16—17世纪东亚海域火器交流史研究》。
5　周维强，《佛郎机铳在中国》。
6　周维强，《明代战车研究》，页417—449。

欧洲前膛装填式的"吕宋大铜炮"，惟因品质远逊，结果未能在稍后的沈辽之役（1621）力挽狂澜。而澳门地方也因自身的防卫吃紧，且其铸炮工业尚在起步阶段，又不愿将其赖以生存的高阶武器提供外人，以致无法满足明廷的迫切需求。在此状况之下，广东沿岸的欧洲沉船遂因缘际会地成为西炮的唯一供应来源。天启年间，先后共有来自三艘沉船的四十二门大炮因此被打捞并解运至北京。这几艘远渡大洋却沉没在东方大陆边缘的欧洲帆船，均是在相互劫掠或运送货物的过程中遭逢意外（暴风雨或触礁等），亦即，在这中西第一次大规模接触的时代里，沉船还不是双方军事冲突的结果。这些捞得的先进火器，虽然只是当时欧洲扩张在世界各地所衍生出的一小段插曲，却直接或间接催化了中国军队所用武器的重大变革，不仅因此改变了中国战场上的攻守形态，甚至进而在明清鼎革的大动荡中扮演着重要角色。

接着，徐光启、孙元化等官员更努力引进西方炮学，还招募澳门的葡萄牙铳师至山东训练部队，进行了一场由天主教相关人士主导的军事事务革命（Revolution in Military Affairs）。不幸的是，这支全中国战力最强、装备最好且受澳门来的葡萄牙军事顾问团直接训练的炮队，却在崇祯四年的吴桥兵变中，随同孔有德、耿仲明（原均为登莱巡抚孙元化的属下，皇太极特封二人为王）降金，致使后金军事实力大幅提升，成为其后来攻城略地、入主中原的关键之一。

皇太极因先前在宁远、锦州等役的失利，深刻认识到红夷大炮的长项，遂积极起用降顺的汉人铸炮、操炮，甚至创建了八旗汉军，并开创出以汉人炮兵与满蒙步骑兵协同作战的卓越战术。满洲政权经由这场军事革命因此得以统治中国两百多年。书中尝试将皇太极应有的令名搬上世界军事史的舞台，以与恰处于同一时代而被誉为"近代战争之父"的瑞典国王古斯塔夫二世东西辉映。

最后笔者将以十七世纪在中国所发展出的独特复合金属炮为例，探索明人如何在与清军长年交战的过程中，融入南方较发达的铸铁工艺以及北方已有逾百年传统的铁心铜体佛郎机子铳制法，造出品质绝佳的铁心铜体"定辽大将军"炮。稍后，清朝也利用投降汉人工匠成功量产出结构类似的"神威大将军"炮。这些复合金属炮比铜炮更轻更省，且可强化炮管的抗膛压能力，其品质在世界应居领先地位。然而，此一先进制法却在清朝定鼎之后长期的平和状态中遭到遗忘。十九世纪三十年代起被迫大量造炮以备战的清廷，虽重新采用复合金属技法铸炮，却已无能面对西方列强所采用卡龙炮（carronade）以及后装线膛炮（breech-loading rifled cannon）等新一代火器的挑战，天朝终于在两次鸦片战争、甲午战争、八国联军侵华等战败的耻辱中崩溃。[7]

这本火炮史的专书大致总结了笔者所进行的相关研究，虽对红夷大炮的传华史事、仿铸与演进、瞄准与操作等课题，均有不少开创性的劳绩，也触及这种新型武器在一些重要战役中所曾发挥的影响，但因过程中常处于独学而无友的状态，且到底受限于个人的能力与学养，以致研究的涵盖面与深入度均尚欠完备，但对未来治明清军事史的学者而言，或仍可提供一相互切磋或攻错的基石。

惭愧！由于我转换跑道太过频繁（内子笑我一定偷学过川剧变脸），且早期又缺乏较好的学术生涯规划，以致十年前因亟于探索文科在大数据时代所可能面临的新机遇，遂转进遭逢重大发展瓶颈的红学领域，选择成为火炮史研究的逃兵（小友张建每次相逢都调侃我该早日迷途知返）。期盼有兴趣的学界新锐们，能在大数据的新研究环境之下，并肩挑起开辟此课题新沃野的重责。

2020年10月定稿于新竹南庄二寄轩

---

[7] 茅海建，《天朝的崩溃》（修订版），页31—83。此书虽未提及中英最先进的武器（复合金属炮或卡龙炮），但对双方战力做出颇全面的讨论。

此芭蕉是与内子文仙在二寄轩山居耕读的收成。
每次收割后，地面上的伪茎就得全部锯掉，
再培植下一株由地下块茎长出的新蕉，
这过程颇似笔者这几年的写书生涯。

【凡例】

1. 本书中共有25个置于方框中的附录，其目的在理出相关的历史背景或研究方法，以提供读者参考，而又避免影响行文的流畅。

2. 鉴于本书年号时间跨度较为集中，为避免行文冗杂，故于此处罗列书中所涉相关年号及对照之公历年份，读者可自行查阅：明——万历（1573—1620）、泰昌（1620）、天启（1621—1627）、崇祯（1628—1644），清——天命（1616—1626）、天聪（1627—1636）、崇德（1636—1643）、顺治（1644—1661）、康熙（1662—1722）；中历之年月用中文字，公历之年月则用阿拉伯数字。

3. 本书中所出现的传教士和外籍人士，其中文姓名以及可考生卒年份，均可在书末的"传教士、外籍人士姓名对照表"中查得；惟原无汉名者及部分专有词汇，并不强作音译。

4. 文中除与笔者有直接互动之学者外，大多径用其名，而未加称谓或头衔，敬请见谅。

5. 各章中的注释采用简式，详细之参考文献则整理在书末。

6. 书中所提及之入华耶稣会士的生平事迹，如未特别加注，均请参阅 *Dehergne, Répertoire des Jésuites de Chine de 1552 à 1800* 及 *Pfister, Notices biographiques et bibliographiques sur les Jésuites de l'ancienne Mission de Chine 1552—1773*。此二书亦有中译本，参见荣振华著，耿昇译，《在华耶稣会士列传及书目补编》；费赖之著，冯承钧译，《在华耶稣会士列传及书目》。

· 目录 ·

上编　引进·仿制

第一章　明末萨尔浒之役的溃败与西洋大炮的引进 / 003

一、萨尔浒的战败与明廷的反应 / 005

二、明廷首铸吕宋大铜炮的经过 / 014

三、吕宋大铜炮的铸造背景、形制与表现 / 020

四、结　语 / 031

第二章　欧洲沉船与明末传华的西洋大炮 / 035

一、万历末年仿制的西洋大炮 / 038

二、天启元年解京的西洋制大炮 / 044

三、独角兽号上火炮的捞寻 / 058

四、独角兽号火炮在华的使用 / 068

五、天启后期解京的"红毛番大炮" / 081

六、西洋大炮与明末政局 / 084

七、结　语 / 089

i

第三章　明清之际红夷大炮在东南沿海的流布及其影响 / 092

一、红夷大炮与天启间的中荷冲突 / 095

二、红夷大炮在崇祯朝的流布 / 106

三、红夷大炮与郑氏家族 / 117

四、结　语 / 133

中编　时局·军事

第四章　崇祯年间招募葡兵新考 / 145

一、崇祯元年所募铳师队伍之构成 / 147

二、己巳之变与葡兵入京 / 153

三、招募葡兵与徐光启的军事改革 / 157

四、崇祯三年再次招募葡兵计划之夭折 / 166

五、结　语 / 176

第五章　明末至澳门募葡兵的姜云龙小考 / 178

一、天启年间出仕的姜云龙 / 179

二、姜云龙在崇祯朝的起落 / 182

三、结　语 / 189

第六章　刘兴治兄弟与明季东江海上防线的崩溃 / 195

一、刘兴祚的反正 / 197

二、刘兴治与后金的交结 / 199

三、刘氏家族的覆亡 / 207

四、皮岛之陷落 / 221

五、结　语 / 223

第七章　天主教徒孙元化与明末传华的西洋火炮 / 225

一、辽东经略孙承宗幕中的孙元化 / 227

二、徐光启在崇祯朝中的发展 / 236

三、孙元化在崇祯朝中的起落 / 243

四、吴桥兵变的发生与影响 / 251

五、奉教人士的人际网络与西学西教的开展 / 258

六、结　语 / 266

第八章　崇祯朝"吴桥兵变"重要文献析探 / 270

一、毛霦《平叛记》/ 272

二、徐从治《围城日录》/ 277

三、张忻《归围日记》/ 281

四、补过居士《东事纪略》/ 284

五、已佚诸书 / 287

六、结　语 / 288

第九章　吴桥兵变：明清鼎革的一条重要导火线 / 290

一、兵变的背景与发生 / 293

二、兵变的蔓延与平息 / 310

三、兵变对明清鼎革的影响 / 320

四、兵变对在华天主教的影响 / 327

iii

五、结　语 / 333

第十章　红夷大炮与皇太极创立的八旗汉军 / 336

一、"天祐助威大将军"炮的创铸 / 340

二、八旗汉军的创建 / 349

三、红夷大炮与关外的攻略 / 358

四、"神威大将军"炮与明清战力的消长 / 371

五、结　语 / 379

下编　技术·文化

第十一章　比例规在火炮学上的应用 / 385

一、比例规的应用原理 / 385

二、比例规在明清文献中的记载 / 387

三、结　语 / 391

第十二章　红夷大炮与明清战争——以火炮测准技术之演变为例 / 392

一、矩度与距离的估算 / 398

二、铳规的形制与用法 / 401

三、铳尺的刻划与弹药的装填 / 407

四、星斗与火炮的瞄准 / 415

五、晚清对火炮测准技术的认识 / 416

六、结　语 / 422

第十三章　明清独特复合金属炮的兴衰 / 431

一、明末制造的复合金属炮 / 435

二、清初制造的铁心铜体炮 / 444

三、鸦片战争之后制造的复合金属炮 / 452

四、其他国家的复合金属炮 / 475

五、结　语 / 482

第十四章　清朝火药帝国的盛衰：从江阴之役至鸦片战争 / 488

一、火炮的物质文化史研究 / 488

二、十七世纪最大炮战之一的江阴之役（1645） / 490

三、中外火器在清末的差异 / 497

四、结　论 / 518

大事年表 / 522

传教士、外籍人士姓名对照表 / 530

参考文献 / 533

重要人物人名索引 / 568

· 附
录
目
次 ·

附录1.1　　吉普喀达与奉集堡之役（1621）/ 026

附录2.1　　研究历史需要多语种阅读 / 037
附录2.2　　若翰·哥里亚墓碑小考 / 073
附录2.3　　天启三年解京西洋大炮门数及形制小考 / 075
附录2.4　　河北宽城发现红夷铁炮小考 / 082
附录2.5　　史学发展应具备的高度与视野格局 / 090

附录3.1　　清初红夷大炮制造成本之估算 / 120
附录3.2　　作为影响中国近代史的"物"的火炮 / 140

附录5.1　　姜云龙生年小考 / 186
附录5.2　　答熊熊先生对"e考据"的批评 / 190

附录7.1　　陆若汉在募葡兵中的角色与愿景 / 242
附录7.2　　孙元化治兵多亲族随侍 / 247
附录7.3　　吴桥兵变中西洋火器的应用 / 255

附录9.1　　崇祯初山东人与辽东人间的省籍情结 / 305

附录9.2　　孙元化临刑前后及身后评价 / 313

附录9.3　　贰臣否？——关于孔有德的几则历史评价 / 318

附录9.4　　清初辽人势力的兴起与衰落 / 324

附录9.5　　吴桥兵变对家族命运的影响——以王士祯为例 / 332

附录9.6　　汉军旗人在清朝的地位 / 335

附录10.1　　降清汉官姓名史籍间多矛盾讹误 / 356

附录10.2　　三顺王投金所携红夷炮门数推估 / 361

附录12.1　　孙元化《西法神机》的成书时间 / 395

附录12.2　　何汝宾与其《西洋火攻神器说》/ 403

附录13.1　　道光年间清军所使用的空心爆炸弹 / 464

附录14.1　　卡龙炮的兴衰 / 505

· 图表目次 ·

图表1.1：明末军队较常见的火器 / 006

图表1.2：太祖阵杀张承胤 / 008

图表1.3：黄克缵铸炮文 / 019

图表1.4：英国皇家火炮博物馆所藏之"歼虏大将军" / 022

图表1.5：太祖破陈策营 / 033

图表2.1：1620年左右，英国和荷兰两东印度公司船上之火炮表 / 066

图表2.2：宽城天启西炮 / 083

图表3.1：厦门鸿山寺的攻剿红夷摩崖石刻及辨读之文字 / 098

图表3.2：泉州海外交通史博物馆的天启四年残炮及其铭文 / 102

图表3.3：1996年笔者摄于厦门胡里山炮台的天启铁炮及其铭文 / 103

图表3.4：福建巡抚熊文灿督造的铁炮 / 108

图表3.5：两广总督王尊德督造的铁炮 / 108

图表3.6：宣大总督卢象升督造的铁炮 / 110

图表3.7：鸟铳及斑鸠脚铳 / 112

图表3.8：山东济宁博物馆藏两广总督张镜心督造之五门大炮 / 113

图表3.9： 钟方《炮图集》所绘之"严威炮"以及中国人民革命军事博物馆所藏之一门及其铭文 / 114

图表3.10： 山东济宁博物馆藏河道总督张国维督造之大炮 / 115

图表3.11： 厦门郑成功纪念馆仿制之永历三十三年铜炮 / 123

图表3.12： 十七世纪荷兰制的双钮铜炮 / 124

图表3.13： 2009年金门出土的二十九门明郑铁炮 / 128

图表3.14： 钟方《炮图集》所绘郑克塽军队使用的"大台湾炮" / 130

图表3.15： 咸丰初年八旗炮营局所存之十八门台湾炮 / 131

图表3.16： 南怀仁于康熙二十八年监铸的"武成永固大将军" / 132

图表3.17： 葡萄牙里斯本军事博物馆藏1640年万努·博卡罗在澳门所铸之铜炮 / 134

图表3.18： 厦门郑成功纪念馆藏鲁监国五年铜炮上之阴刻铭文 / 136

图表7.1： 由相关方志中所整理出的孙元化家庭之世系与姻亲关系图 / 248

图表9.1： 《庚戌科序齿录》中的王象春家世履历 / 300

图表10.1： 崇德七年六月乌真超哈初分八旗时主要官员之名单 / 357

图表10.2： 清朝入关前所拥有之红夷炮 / 363

图表10.3： 留存至近代之明末清初所铸铁心铜体的红夷炮 / 373

图表11.1： 伽利略所发明比例规之简图 / 387

图表11.2： 以比例规求解"装填问题" / 390

图表12.1： 何汝宾《兵录》（1630）一书中所绘之红夷大炮及其附件 / 393

图表12.2： 矩度示意图 / 400

图表12.3： 以矩度测量远物距离 / 401

图表12.4： 意大利佛罗伦萨科学史博物馆所藏之十七世纪制铳规 / 402

图表12.5： 以铳规和测炮象限仪度量一火炮的仰角 / 404

图表12.6： 以铳尺从炮口量出炮弹该用的火药量 / 410

ix

图表12.7： 《火攻挈要》和《西洋火器法》上所绘铳尺之刻划 / 411

图表13.1： 十五、十六世纪的欧洲火炮 / 433
图表13.2： 明代铁心铜体的佛郎机子铳 / 436
图表13.3： 明代中样佛郎机铜铳所用的子铳 / 436
图表13.4： 明代之手铳及装填示意图 / 437
图表13.5： 中国长城博物馆藏"捷胜飞空灭虏安边发熕神炮" / 438
图表13.6： 北京德胜门箭楼的天字肆号复合铁炮 / 442
图表13.7： 辽宁省博物馆藏"定辽大将军" / 443
图表13.8： 济南市博物馆所藏崇祯复合铁炮 / 445
图表13.9： 现存崇德八年制造的"神威大将军" / 446
图表13.10： 笔者所摄现存的四门"神威大将军"以及《炮图集》的插图 / 446
图表13.11： 上海陈化成纪念馆的顺治三年复合铁炮 / 448
图表13.12： 《钦定大清会典图》以及《炮图集》中的铁心铜炮 / 450
图表13.13： 道光二十一年制造的"红衣将军" / 452
图表13.14： 中国现存的"平夷靖寇将军" / 454
图表13.15： 上海陈化成纪念馆藏"平夷靖寇将军"及陈化成肖像 / 455
图表13.16： 上海陈化成纪念馆外的"振远将军" / 457
图表13.17： 江阴小石湾炮台公开陈列的"耀威大将军" / 458
图表13.18： 1860年英人在大沽口炮台所见的两门残破复合金属炮以及同型炮所用之炮车 / 462
图表13.19： 大沽口炮台所藏的三门复合铁炮 / 462
图表13.20： 英国皇家火炮博物馆藏#2/244铁心铜体残炮及其上之铭文 / 463
图表13.21： 霰弹筒、葡萄弹和清宫所藏之空心爆炸弹 / 465
图表13.22： 英国皇家火炮博物馆藏#2/245铁心铜体残炮 / 470
图表13.23： 韩国陆军士官学校军事博物馆所藏的两门复合铁炮 / 472
图表13.24： 咸丰年间戴鸾翔捐造的#2/238铜铁复合炮 / 473
图表13.25： 北京午门前之复合铁炮 / 474
图表13.26： 济宁博物馆藏复合铁炮 / 474

图表13.27： 现存已知印度制造之铜铁复合金属炮 / 475

图表13.28： 印度复合金属炮Azdaha Paikar（1674）之示意图 / 477

图表13.29： 不同炮种的形制及其管身之厚度变化 / 479

图表13.30： 葡萄形弹药筒示意图 / 480

图表13.31： 非洲佛得角群岛所捞起的一门十七世纪复合金属炮 / 481

图表13.32： 十九世纪日本制造的"层成炮" / 482

图表14.1： 鸦片战争中参战的英国铁壳蒸汽战船复仇女神号 / 498

图表14.2： 丁拱辰《演炮图说辑要》中的《火轮船图》《小火轮车机械图》/ 498

图表14.3： 鸦片战争博物馆前的道光朝大炮 / 500

图表14.4： 十九世纪初期英国制炮用的卧式车床 / 502

图表14.5： 十八世纪晚期欧洲以卧式车床镟孔制炮的方法 / 503

图表14.6： 十九世纪英国战船上的卡龙炮 / 506

图表14.7： 《演炮图说辑要》中的卡龙炮及其炮车 / 508

图表14.8： 《火器略说》中的卡龙炮及其制造过程中用来钻膛的机具 / 509

图表14.9： 鸦片战争时英军对中国所仿制卡龙炮的描述 / 511

图表14.10： 清军在八里桥的败战以及英军所用当时最先进的阿姆斯特朗炮 / 513

图表14.11： 日本明治维新以前所铸造的大炮 / 515

图表14.12： 美军黑船上所配置的派克森思炮 / 516

图表14.13： 甲午战争时日本海军的主要炮种 / 517

上 编

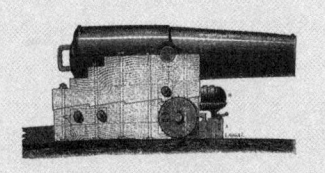

引进·仿制

第一章　明末萨尔浒之役的溃败与西洋大炮的引进[*]

　　萨尔浒之役（1619）是十七世纪全世界规模最大的会战之一。后金以其训练精良的弓箭手，搭配雷霆万钧的铁骑，大败过度迷信火器的明军。本章首度从武器和战术的角度，探讨此役胜负的关键，并厘清明军的大败如何促使协理京营戎政黄克缵积极仿铸欧洲前膛装填式火炮，更进一步细究该批"吕宋大铜炮"的制造与南洋地区闽籍工匠间的关系，及其未能在稍后沈辽之役（1621）力挽狂澜的原因。此一研究匡正了先前学界指称是徐光启等天主教徒首先将西洋火炮引进中国的错误认知。

　　自十五世纪末叶以来，欧洲的海上强权开始进入亚洲许多紧邻大洋的地区，随其大帆船浮海而来的各种先进火器，也影响着此一地区许多国家的历史[1]：例如鸟铳（matchlock；或作火绳铳）、后膛装填式佛郎机铳（prangi）以及前膛装填式火炮（muzzleloading artillery）的出现，[2]对十六世纪莫卧儿帝国在印度的崛起，曾起了关键作用；[3]鸟铳的引进也曾加速促成日本战国时代的结

---

[*] 原刊于《"中研院"历史语言研究所集刊》第79本第3分，2008年9月。
[1] 在欧人之前，中国的传统火器也曾透过陆路和海路传至东南亚和南亚地区，并造成相当程度的影响；参见Laichen Sun（孙来臣），"Military Technology Transfers from Ming China and the Emergence of Northern Mainland Southeast Asia (c.1390-1527)."
[2] "铳"字原或用于个人火器，但稍后则与"炮"字混用，故本书并用之。查明人丘濬即云："近世以火药实铜铁器中，亦谓之炮，又谓之铳。"参见丘濬，《大学衍义补》卷122，页11。又，文中将以西洋炮泛称欧洲各国所制造的前膛装填式火炮。
[3] Jos Gommans, *Mughal Warfare: Indian Frontiers and High Roads to Empire, 1500-1700*, pp.133-162.

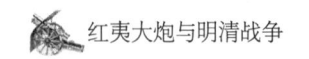

束，[4]并在日本侵略朝鲜的壬辰、丁酉之役中扮演重要角色。[5]

然而，装备大量各类中国传统火器，并拥有西式鸟铳和佛郎机铳的明军，却无力对抗主要使用冷兵器的新兴后金政权。万历四十六年三月，努尔哈赤颁"七大恨"告天，指斥明朝的欺辱，旋发兵攻占抚顺、清河等地。万历皇帝于是开征辽饷约两百万两，[6]试图发动一次大规模的问罪之师；闰四月，杨镐受命经略辽东。四十七年三月，总兵马林、杜松、李如柏和刘綎分四路展开攻势，八万多名明军以及前来助战的一万多名朝鲜军队合兵，与努尔哈赤亲领的六万至十万劲旅进行对决。[7]结果，后金成功运用"任他几路来，我只一路去"的战略方针，[8]令明军遭各个击破，共阵亡杜松、刘綎等文武将吏三百余员、士卒四万五千多名，亡失火器一万三千余具；朝鲜亦有包括都元帅姜弘立在内的近四千人被俘；后金则夸称己方仅损卒二百人！此役正式揭开随后长达数十年明清鼎革之争的序幕，并让朝鲜在此两大强权的夹缝中备尝屈辱。[9]

《清史稿》在总结太祖努尔哈赤的功绩时，称：

> 用兵三十余年，建国践祚。萨尔浒一役，翦商业定。迁都沈阳，规模远矣。比于岐、丰（农按：此为周太王和周文王时所迁之新都），无多让焉！[10]

认为萨尔浒之役是奠定清朝基业的关键事件。惟史学界对这场重要会战的研究，迄今仍寥寥可数，且尚欠深入，更少有人认知这是十七世纪规模最大的会

---

4 如在关键的长篠之战（1575）中，织田信长和德川家康的联军即动用了三千支鸟铳（日人称作铁炮），他们先以马防栅阻挡敌方的骑兵，再运用排枪循环齐放的战术痛击武田胜赖军；参见名和弓雄，《長篠・設楽原合戦の真実：甲斐武田軍団はなぜ坏灭したか》，页136—172。
5 吉冈新一，《文禄・慶長の役における火器についての研究》；宇田川武久，《壬辰・丁酉の倭乱と李朝の兵器》。
6 《明神宗实录》卷574，页11。
7 李广廉、李世愉，《萨尔浒战役双方兵力考实》。
8 傅国，《辽广实录》卷上，页2。
9 此段参见程开祜，《筹辽硕画》卷21，页26；王在晋，《三朝辽事实录》卷1，页12—13；孙文良、李治亭、邱莲梅，《明清战争史略》，页44—76；孙文良、李治亭，《清太宗全传》，页72—83。
10 赵尔巽等，《清史稿》卷1，页17。

战之一。[11]无怪乎,此役在世界军事史上尚无藉藉之名。[12]

由于先前的研究较着重战略层次,本章因此将利用新近出土或过眼的一些重要文物和材料,试从武器和战术运用等角度,探索萨尔浒之役明军大溃的原因;接着,爬梳此役的失败如何促使明廷积极仿铸欧洲的前膛装填式火炮,并究明首批的这些西式火炮在中国战场上的表现,希望能填补过去认识的空白。[13]

一、萨尔浒的战败与明廷的反应

萨尔浒之役明军的重要将领其实颇富实战经验,且多曾在万历二十年开始的壬辰之乱中与日军对垒,如杨镐时任经理,刘綎为都督,李如柏为副总兵。日军入侵朝鲜初期的势如破竹,乃得力于其大量使用鸟铳;而朝鲜军队不仅欠缺此一可瞄准的制远武器,连火药的调配和强弓的制造亦无法自足。二十一年正月,提督李如松(如柏之兄)所率领的四万援兵一举收复平壤,明军在城之南、北、西三面以及东南、东北二角,各安排十余门大将军炮主攻,每炮由二十余名熟练的火器手操作,所用的铅子最大者重七斤(明代一斤约合597克,相当于1.32磅),并配置有重兵防护。此外,佛郎机铳、虎蹲炮以及三眼铳、鸟铳等大小火器亦发挥重要功能(图表1.1)。由于当时中、日两军在武备或战术运用上的差距不大,遂使得战争呈现拉锯,断续长达七年。[14]

---

11 如见李光涛,《记奴儿哈赤之倡乱及萨尔浒之战》;黄仁宇,《1619年的辽东战役》;孙文良,《萨尔浒之战》。
12 如在著名的Osprey Campaign Series系列丛书中,迄今共涵盖古今一百八十三场重要战役,每役一书,其中属于十七世纪者有八场:Lützen(1632),Edgehill(1642),First Newbury(1643),Marston Moor(1664),Auldearn(1645),Nasely(1645),Dunbar(1650),Battle of the Boyne(1690),即未包含萨尔浒之役。事实上,在明清鼎革过程中,有几场战役的规模均远大于前述各役,却未见西方编辑的军事史百科全书提及。参见R. Ernest Dupuy and Trevor N. Dupuy, *The Harper Encyclopedia of Military History*, pp. 571–597; Charles Phillips and Alan Axelrod, *Encyclopedia of Wars*, vol. 2, pp. 715–724.
13 如见孙文良、李治亭、邱莲梅,《明清战争史略》,页213—215、262;韦镇福等,《中国军事史·第1卷·兵器》,页222—226;王兆春,《中国科学技术史:军事技术卷》,页211—221;刘旭,《中国古代火药火器史》,页252—255。
14 此段参见李光涛,《朝鲜"壬辰倭祸"研究》;Kenneth M. Swope, "Crouching Tigers, Secret Weapons: Military Technology Employed during the Sino-Japanese-Korean War, 1592-1598."

图表1.1：明末军队较常见的火器[15]

火器名称	瞄准器	装填法	补充说明
三眼铳	无	前膛	由三根平行单铳固定成品字形，管长约15—45厘米，内径10—20毫米，重3.5—5.5千克，各有火门，可迅速次第发射三发弹药，但准确度不高。至迟在嘉靖二十一年，文献中即已出现"三眼枪"之名。[16]
鸟铳	有	前膛	主要为火绳铳，铳管安有准星和照门，且管长与内径比约为50—70倍，可有效提高中率。现存唯一出土之明代鸟铳的管长约87厘米，内径为14毫米。此器应于嘉靖中期开始普及。
灭虏炮	无	前膛	叶梦熊于万历十三年左右创制，炮长64厘米，有五道箍，内径7厘米，重约57千克，装填总重约0.6千克的小铅子，以霰弹方式杀敌。较大者重量超过120千克。使用时安在三轮之滚车上打放，每车三炮。[17]
百子炮	有	前膛	或即"百子铳"，其制近似一较大型之鸟铳，安有准星和照门，管身近中处装有一单铁足架，可插入凳形炮座中，方便转动。每次发射小铅弹百枚。
虎蹲炮	无	前膛	通长40—45厘米，内径40—45毫米，重20—30千克，易于行军携带。发射时以大钉和铁绊将炮身固定，主要以霰弹的方式杀敌，乃戚继光于嘉靖年间创制。
大将军炮	无	前膛	成化元年，明廷曾督造各样大将军炮三百门。现存三门万历二十年制"天字大将军炮"，全身为136—143厘米，内径11—12厘米，重约225千克，炮身上加铸多道箍，前后的管壁厚度大致均匀，有些铸有炮耳，可架在炮车上调整仰角。
佛郎机铳	有	后膛	大者长约184厘米，内径58毫米；小者长约63厘米，内径22毫米。每门配置四至九门子铳，故可有效提高射速，但母铳与子铳间的缝隙易导致爆炸气体外泄，影响射程的威力。此铳应于正德前期传华。[18]
西洋炮	有	前膛	较大者长逾300厘米，内径约14厘米，重逾3000千克。炮身前细后粗，中铸有铳耳，可架在炮车上，方便调整仰角；且有准星和照门，可大幅提高命中率。至迟于万历四十七年，明人已仿铸此型炮。

---

15 参见成东、钟少异，《中国古代兵器图集》，页229—241；王兆春，《中国科学技术史：军事技术卷》，页197—225；赵仁福，《韩国古火器图鉴》，页13—143；有马成甫，《火炮の起原とその传流》，页174—183、202—205、556—581；程子颐等，《武备要略》卷2，页15—16；张燧，《经世挈要》卷11，页33。
16 此乃查询"中研院"历史语言研究所"汉籍电子文献资料库"的结果；参见《明世宗实录》卷257，页7。
17 吴定球，《叶梦熊年谱初编》；栗在庭，《九边破虏方略》卷1，页24。
18 周维强，《佛郎机铳与宸濠之叛》。

惟中、朝联军在萨尔浒之役所面对的后金部队，其主要战术与装备均不同于壬辰之乱的日军，明朝将领对此显然未能善作因应。满洲军士当时无论步兵或骑兵均持弓负箭，并配备近身接战用的利剑和长枪等冷兵器。[19]明军则普遍使用火器，如以万历四十二至四十五年为例，沈阳共驻有明兵一千九百多名，配备的武器为大将军炮两门、虎蹲炮十门、灭虏炮十门、三眼铳五百杆、弓三百张，余则为长枪和腰刀等。[20]依据当时编制，开原明军全营四百人亦均使用火器，其中除八十人操作四十门小口径的灭虏炮外，余皆执三眼铳。[21]四十六年六月，兵、工二部议准挑选库贮堪用的铜铁大小佛郎机铳、大将军炮、虎蹲炮、三眼炮、鸟铳等解赴辽东，原任总兵柴国柱亦主张"破虏全用火器"，且获准自山、陕督抚各借三百门解往前线。[22]

查记清太祖朝历史的《满洲实录》中，绘有许多呈现重要战役场景的珍贵插图。[23]依照此书图文的描述，努尔哈赤在称汗之前与诸部落间的接战，双方均仅使用冷兵器。在记天命三年（万历四十六年）四月事的《太祖阵杀张承胤》图中，[24]首见明军以大量火器与后金对敌。此前六天抚顺刚陷落，由广宁镇总兵张承胤所率领的一万援兵，于谢哩甸遭遇努尔哈赤的四万兵，明军"据山险掘壕，列火器安营"，虽"连放火炮"，但在满兵以强弓"奋勇射之"，并"杀人其营"的情形下，明军损伤十之七八，被掳去"马九千匹、甲七千副、器械无算"，大胜的后金声称己方只折损"小卒二名"，明显过分夸耀。[25]

明军在萨尔浒之役时尚以火器自豪，刘𫓯还曾派人开谕敌军曰："我有七种火器，汝不可当，须速来降！"[26]而马林在与努尔哈赤遭遇时，亦不畏布阵进行野战，"绕营凿壕三道，壕外列大炮，炮手皆步立大炮之外。又密布骑兵一

---

19 李民寏，《紫岩集》卷6，页3。李氏在萨尔浒之役中被俘，此书所记多为其亲身所见。
20 辽宁省档案馆、辽宁社会科学院历史研究所编，《明代辽东档案汇编》，页127—132。
21 冯瑗，《开原图说》卷下，页21—41。
22 《明神宗实录》卷571，页6、8。
23 《满洲实录》初撰于天聪九年，本章所引本为乾隆四十四年据原本重新绘写。由于绘图者的主旨应仅在呈现满军屡战屡胜的氛围，故诸图中的细节是否符合战场上的真实景象，尚有待详考。
24 《明实录》中称明军之总兵为张承胤，但在此乾隆重钞本《满洲实录》中，因避雍正皇帝胤禛的名讳，故将其名改书作承荫，清代文献中不乏类似情形；参见《明神宗实录》卷568，页7；黄一农，《两头蛇：明末清初的第一代天主教徒》，页226—267。
25 《满洲实录》卷4，页12。
26 李民寏，《紫岩集》卷5，页6。

图表1.2：太祖阵杀张承胤

层，前列枪炮，其余众兵皆下马于三层壕内布阵"，[27]马林在阵前胪列两轮战车，每车的牌楯上有可发射火器之小孔，期盼能以火力压制敌方。然而，战车必须配合准确性和发射速率均较高的火器，始能发挥作用。此外，他也失策地将大炮均列于壕外。由于各种铳炮的装填颇慢，故两军交战时，满洲骑兵只需不到二十几秒即可从一两百米外突入明军位于壕外的炮阵，而在这段时间内，操作各种大、小火器的铳炮手只有可能发射一二发！[28]况且，快速移动的目标也很难被瞄准命中。

---

27 《满洲实录》卷5，页7。
28 有称："旧有大将军、发煩等器，体重千斤，身长难移。预装则日久生涩，临时装则势不及，且一发后再不敢入药。"参见郑大郁，《经国雄略》，武备考，卷6，页6。

虽然明军早在嘉靖三十四年鞑靼以十万兵入犯时，杨博就曾以"火器布列车上，更番而进"，而解大同右卫之围，[29]但相关战术似乎一直未能成熟发展。戚继光时亦出现循环发射火器的概念，如其在《纪效新书》中有云：

> 初谓铳手自装自点放，不惟仓卒之际迟延，且火绳照管不及，每将火药烧发，常致营中自乱。且一手托铳，一手点火，点毕且托之，即不中矣！今炮手另聚为伍，四人给炮四管，或专用一人擎，一人点放，二人专管装药抽换，其点火一人兼传递，庶无他失，可以成功。但此法只可施于城守，若临阵，不无人路错乱，引军夺气。边铳可用此法，鸟铳还是单人自放乃便。[30]

然其目标仅在令每伍的三眼铳能持续发射。惟因三眼铳欠缺瞄准装置，且未能发展出排枪循环齐放（volley fire）的战术，故效果应颇受局限。至于鸟铳的操作，戚氏主张"单人自放"，且顶多亦只要求齐放。[31]事实上，在十六世纪六十年代的日本或十六世纪九十年代的荷兰，以鸟铳分排循环齐放的战术，已在战场上证明可有效遏阻数量占优势的敌人。[32]可惜，萨尔浒之役的明军虽拥有足以取胜的形势条件，但在战术概念和训练上却未能善作因应。

在萨尔浒之役中被俘的朝鲜官员李民寏，曾于《建州闻见录》一文中反省两军的优劣，曰：

> 近来军器造作……皆有名无实。甲胄则不坚不密，重且龃龉；弓矢、刀枪则歪弱钝弊，不堪射刺；炮铳则四五放，多有毁裂者……臣观奴贼远技，不过弓矢，而皮弦、木箭，所及不过六七十

---

29 赵士桢，《（续）神器谱·防虏车铳议》；张廷玉等，《明史》卷214，页5657。
30 戚继光，《纪效新书》，页29。
31 如称："凡鸟铳，遇贼不许早放，不许一遍尽放。每至贼近，铳装不及，往往误了众人性命。今后遇贼至一百步之内，听吹竹筒响，在兵前摆开，每一哨前摆一队，听本管'放铳一个'，才许放铳。每吹喇叭一声，放一遍，摆阵照操法。若喇叭连吹不止，各铳一齐尽放，不必分层。"参见戚继光，《纪效新书》，页38。
32 相关讨论可参见Geoffrey Parker,"The Limits to Revolutions in Military Affairs: Maurice of Nassau, the Battle of Nieuwpoort (1600), and the Legacy."

步之间，惟以铁骑奔驰，冲突蹂躏，无不溃败。若以劲弓、利镞制之于百步之外，则可以挫其锋矣。至于鸟铳，极是远技，而藏放甚迟，若非凭城据险，则难以措手……上年，我军专恃炮手（农按：此为朝鲜之特殊用语，专指鸟铳手），当其冲突，未及再藏，而贼骑已入阵中矣！贼之甲胄极其坚致，除非强弓，必不能贯穿于百步之外。[33]

指出萨尔浒之役中的朝鲜鸟铳手，在骤遇敌军时，才放铳一次，还来不及再装药，众马奔腾而来的满洲铁骑就已突入阵中。根据李氏的亲身经历，满兵所用的弓其实并不特出，但其精壮战马所提供的快速移动力，常令敌方反应不及。尤其，在严实的训练之下，一流的弓箭手有能力每分钟射出六箭，且准确度往往不逊于当时的火铳，而同时间内之鸟铳仅得一发。[34]

明军的窘状亦略近于朝鲜，即使最精锐的京营兵士已有十之六七配备火铳，然因承平太久，"有装药不如法，点放仅有烟而无声者；有手颤不能点放，并火器坠落于地者；能中木牌者，仅二三人耳"，训练颇有欠缺。[35]

徐光启尝自辽东逃回之人听闻溃败实情，并在疏中指出："我兵盔甲既皆荒铁，胸臂之外，有如徒袒。贼于五步之内，专射面胁，每发必毙，谁能抵敌！"[36]故壕外之兵往往在很短时间就弃械后逃，导致全营兵溃。当时，即使是明军将领所穿戴的甲胄亦欠精良与完备，如在萨尔浒之役中，总兵杜松"矢集其首"，监军道潘宗颜"矢中其背"，遑论士卒！[37]徐光启因此总结称，以明军当时的装备和战力，顶多只能以火器凭城据守，而不应"列兵营、火炮于城壕之外，糊涂浪战"，更无法与满军在野战中一决胜负。[38]

除开会战的失利，明廷对政务的荒怠以及军中层出不穷的流弊，均在在印证其无力阻挡后金的崛起。万历后期，各方进呈的疏奏往往留中，皇帝也不积

---

33 李民寏，《紫岩集》卷6，页12—13。
34 E. G. Heath, *The Grey Goose Wing: A History of Archery*, pp. 146–147.
35 程开祜，《筹辽硕画》卷26，页2。
36 《徐光启集》，页108。
37 《徐光启集》，页98。
38 《徐光启集》，页174—175。

极任命臣僚处理政务，各政府机构缺员的问题十分严重。[39]萨尔浒之役战败后，满朝文武奏请应亟速用人、发帑，并下诏罪己，但皇帝却不为所动。[40]四十七年六月，后金陷开原，马林战死，才改命熊廷弼接替杨镐经略辽东。然而，不顾群臣屡次疏请，直到七月始急遣熊氏出关视事。[41]

晚明兵制乃力行分权和制约的原则，由五军都督府分领在京各卫以及在外各都司，彼此平行，互不统属，如左军都督府下辖留守左卫等八卫以及浙江、辽东和山东等三都司。调兵权直接由皇帝掌管，兵部虽有出兵之令，但无统兵之权；五军都督有统兵之权，但无出兵之令。军队的主力是京营，装备也最精良，其人数在明初曾多达四十余万，但至泰昌元年则仅止十二万。[42]京营的兵籍虽由五军都督府掌管，惟五军府不干预营操，而是另委重臣提督。嘉靖起，设武臣一员总督京营戎政，并派文臣一员协理，其位阶颇高，往往带尚书衔（通常是兵部尚书），称之为戎政尚书。[43]

万历四十七年六月，为因应萨尔浒战败后的悾偬军务，泰宁侯陈良弼受命总督京营戎政，南京兵部尚书黄克缵亦被擢以兵部尚书衔协理京营戎政。由于陈良弼早在二十四至三十八年间即曾出任总督京营戎政，[44]给事中官应震遂疏称："泰宁侯老耄，须敕令拱手而听协理之主持，乃无误兵戎大事耳！"[45]陈良弼时年虽约七十三岁，[46]然而讽刺的是，黄克缵在乞免的奏疏中亦自称："年已七十有一，右臂常患麻木，志既就衰，力复非健。"[47]明廷竟然找不到更年富力强的人来承担此戎政大任！事实上，在萨尔浒之役时，担任辽东经略的杨镐就

---

39 程开祜，《筹辽硕画》卷16，页48；卷23，页37；卷41，页15—16。
40 程开祜，《筹辽硕画》卷17，页17—18；卷22，页53—54；卷45，页32。
41 李光涛，《熊廷弼与辽东》，页80—96。
42 计六奇，《明季北略》卷1，页23。四十八年七月二十二日，万历皇帝朱翊钧薨。八月朔，皇太子朱常洛即帝位，诏改明年为泰昌元年。九月朔，泰昌帝因服"红丸"暴卒，皇长子朱由校继位，遂以是年八月朔至十二月底为泰昌元年，改明年为天启元年。
43 此段参见《明史》卷89，页2176—2180；陈表义、谭式玫，《明代军制建设原则及军事的衰败》。
44 陈良弼于天启元年五月辞营务，参见《明神宗实录》卷297，页3；卷472，页5；卷583，页19；《明熹宗实录》卷10，页8。
45 程开祜，《筹辽硕画》卷29，页59。
46 陈良弼之父卒于嘉靖三十一年十二月，当时良弼出生仅五年；参见《明世宗实录》卷392，页1；沈一贯，《喙鸣文集》卷16，页38—40。
47 黄克缵，《数马集》卷9，页33—34。

已六十五岁,[48]而实际统兵的明军主将们,亦皆垂垂老矣,如刘綎为六十七岁,杜松年七十多,[49]至于同领四路大军的李如柏和马林,年龄恐亦与刘、杜两位总兵在伯仲之间。相对地,努尔哈赤虽亦已六十一岁,但后金在前线带兵的主将多为他的子侄辈。

萨尔浒战后,辽东的明军多似丧家之犬,甚且有将江潮之声误作敌至,以致全营奔溃者。而军士多无盔甲和火器,仅持短刀和弯棍,当熊廷弼检阅部队时,更发现:"每应手而抽一弓,弓辄断;取一箭,箭辄半截;验一刀棍,而刀不能割鸡,棍不堪击犬。"[50]此外,骑兵为避免出战,竟有人故意断绝草料,令马匹饿死,甚至无故将战马用刀刺杀,希望能改充步军。[51]至于号称十万人的京营兵,亦"皆无足恃";即使其中最精锐的九千名选锋,"亦率聚操应点,持挺而曰兵,迨卯集辰散,而仍为市井行乞矣"[52]!

惜金如命的万历皇帝,在群臣屡次促请速发内帑并讥讽其嗜利的情形下,遂将脑筋动到百姓身上,分别于四十七年十二月和四十八年三月加征辽饷约四百万和五百万两,[53]力挽狂澜的熊廷弼始得借以重整关外战备。熊氏因主张"营营该习火器,队队该习火器,人人该习火器,时时该用火器",[54]遂雇用铁匠千余人,打造两百斤以上的灭虏炮数百位,七八十斤至百斤重的灭虏炮三千多位,百子炮千门,三眼铳和鸟铳七千多杆,以及盔甲四万五千余副等,[55]而自北京运补的大量武器装备也于四十八年二月送抵辽东,[56]但熊廷弼抱怨相关的配合仍付诸阙如,"紧自缺兵将,催兵部征调而漫不着意;紧自乏粮饷,催户饷处办而漫不着意;紧自兵弱马羸,催各省镇拣发精壮而漫不着意",他且因此

---

48 杨镐于万历二十五年受命经理朝鲜军务时,年壮气锐,方四十三岁。此见李德馨,《汉阴文稿》,附录,卷1,页44。
49 尹商,《三立堂新编阃外春秋》卷18,页34—40。
50 《熊廷弼疏稿》卷1,页63—64;卷5,页3。
51 程开祜,《筹辽硕画》卷29,页31。
52 《徐光启集》,页151—152;青山治郎,《明代天启朝前半期的京营について》。
53 御史张铨即曾批评此举曰:"穷民何以堪此!大内积金如瓦砾,而发帑之请,叩阍不应。加派之议,朝奏夕可,岂财为皇上之财,而民非皇上之民耶?"参见王在晋,《三朝辽事实录》卷3,页1;唐文基,《"三饷"加派:明末反动的财政政策》。
54 程开祜,《筹辽硕画》卷17,页60。
55 《熊廷弼疏稿》卷5,页56、60—61。本章中有关当时各种火器的形制,均请参见茅元仪,《武备志》卷122—134。
56 程开祜,《筹辽硕画》卷38,页6—7。

与兵部尚书黄嘉善相互抨击。[57]

当时工部所制造的火炮往往品质不堪，且因久置不用，"人与器不相习，器与药又不相习"，以致演放测试时常出现爆裂，御史唐世济于是建议应将武库中储藏的旧炮"俱用火煨、水浸，时时较试"。[58]戎政尚书薛三才因此于万历四十七年三月回应称：

> 先是，已将库贮神器渐次火煨、水浸，开操之日，即试灭虏大将军四位，自后逐日试放，十七堪用。[59]

然而，薛氏所谓库藏大炮有十分之七堪用，恐为搪塞应付之辞。

军中其他的弊端更不胜枚举，如总督京营戎政赵世新曾于万历四十七年三月抨击曰：

> 厂所给火药，奸匠积习相同，粗糙不堪搪塞。各军领药到手，多将原药变卖，自买迅药，亦视为故套……营中刀枪皆非利器，且久不为换，半多损坏……旧有车辆久不修理，已二十余年矣。[60]

查京营的火药乃由工部军器局下辖的盔甲厂和王恭厂供办，不仅要价较贵，且品质欠佳，以致各军还得另向民间商家购买质地较好的"细药"。[61]更有时人指出："发十分之硝，已欺其三；制十分之药，又欺其三；及各营赴领，而又半药半折，局官复以充新制。"[62]熊廷弼在向朝廷请领火炮时，亦曾抱怨："铜炮率多崩炸。"[63]至于戊字库（贮甲仗，属工部）所给发的盔甲，也往往"脆敝不堪"，每三副始可改造成一副。[64]甚至有库藏的铅块仅止外层为铅皮，其内尽是

57　程开祜，《筹辽硕画》卷38，页48—50。
58　程开祜，《筹辽硕画》卷17，页56、61。
59　程开祜，《筹辽硕画》卷18，页20—21。
60　程开祜，《筹辽硕画》卷18，页40—41；《明神宗实录》卷580，页20—21。
61　程开祜，《筹辽硕画》卷26，页61。
62　陈仁锡，《陈太史无梦园初集》，辖轩纪闻，卷1，页63。
63　《明神宗实录》卷591，页10。
64　程开祜，《筹辽硕画》卷20，页45。

铁渣和砂土,每百斤融化后只得十数斤![65]又,内库收贮的硝黄亦被发现掺有盐土,纯度甚至不到四成。[66]

相对地,后金所造的军器则相当精良,"弓箭、枪刀、盔甲,俱不计工本,必极其精铦而后已。其箭镞俱长三寸许,锋利不可当","刀能断铁,矢能透铠","所带盔甲、面具、臂手,悉皆精铁,马亦如之",以致一般的铳箭对满兵所披之坚甲均"无可奈何"。[67]

亦即,萨尔浒之役前后,明朝乃以一蛀空的朝廷以及腐败的军队来应付锐意进取的新兴后金政权。四十八年七月,万历皇帝崩逝,其遗诏中虽有"内阁辅臣亟为简任,卿贰大僚尽行推补……东师缺饷,宜多发内帑以助军需"等文句,[68]但内容应为他人借名代拟,而明朝的国祚则已回天无望。今沈阳故宫所藏乾隆帝亲撰的《萨尔浒山之战书事》碑文,就直指此役使"明之国势益削,我之武烈益扬","遂乃克辽东,取沈阳,王基开,帝业定"。[69]

二、明廷首铸吕宋大铜炮的经过

萨尔浒之役的惨败迫使明军必须立即补充关外的军备,尤其是明人视为长技的火器。浸淫于西学的天主教徒徐光启,于是屡次疏请铸造威力远较传统火炮为强的西洋大炮,[70]但反西教的黄克缵却是首位进行仿制的中央级政府官员。

黄克缵,字绍夫,号锺梅,福建晋江(泉州府治所在)人,万历八年进士。他历任多部尚书,并屡担负军务重责。四十年二月,改南京兵部尚书;四十七年六月,升协理京营戎政尚书;四十八年七月,万历皇帝驾崩之后,旋改刑部尚书。天启元年九月,暂兼摄戎政;二年正月,改刑部尚书为协理戎

---

65 程开祜,《筹辽硕画》卷32,页56。
66 程开祜,《筹辽硕画》卷31,页50。
67 陈仁锡,《陈太史无梦园初集》,山海纪闻,卷1,页69;程开祜,《筹辽硕画》卷23,页56;卷28,页13;《徐光启集》,页106。
68 《明神宗实录》卷596,页11—12。
69 《清高宗实录》卷996,页323。
70 《徐光启集》,页106—132。

政；七月，请告获准；五年六月，又被起为工部尚书；十二月，以病乞休。[71]

万历四十七年九月，黄克缵条陈京营五议，论及选将、增兵、备器械、增饷、设营房等事。[72]他在第二议中，称京营兵虽有十二万人，但真正堪用者仅七千名选锋，故希望能加募浙、直（指浙江和南直隶）兵五千，连同营中诸将之家丁千人，及在常伍中精选出的七千人，合计共两万人，以加强战力。至于召募浙、直兵的背景原因，一方面当然因为该地区的兵士传统上骁勇善战，但应也与他先前长年出任南京兵部尚书的地缘和人脉有所关联。

黄氏在前疏第三议所主张的"备器械"中，仅提到百子铳、三眼铳和佛郎机铳等三种明军行用多年的火器，其文称："百子铳，最军中利器，声既壮大，力能远到，用弹多，而所伤者众。但以卷铁成者，放之每每炸裂，不能制敌，反以自伤。"故建议："加铁重管，再造六千门。如内管合口向东，则外管合口向西，后密加铁箍，庶不炸裂伤人。"此外，亦希望能赶造三眼铳一万杆，因"此器一铳有三铳之用，且可代棍，于马上击贼"。最后，他指称南京兵仗局藏有七八尺（明代一尺约合32厘米）长的铜铸佛郎机铳三四十门，建请将其中的二十门连同子铳解送京营，因其"浑铜铸成，则不炸裂，而力可及十余里"。

由于黄克缵在前疏中并无一言涉及西洋大炮，知他当时对所造的这批新式火器尚无把握。[73]黄氏铸西洋铜炮之事，文献中首见于四十八年二月官应震的奏疏，其文有云：

> 若火炮，则中朝虽有，而制造失传，击杀不多。唯是西洋夷人善造、善放，皆精妙有法。计一大炮，铜重万斤者，可杀人无算。在岁癸卯，西洋人仅四百计耳，以用火炮，致我闽漳泉贩夫、贾子

---

71 此段参见李国宏，《明五部尚书黄克缵年谱》，页146—177。《明神宗实录》卷479，页1；卷492，页11；卷583，页13—14。《明光宗实录》卷2，页4。《明熹宗实录》卷14，页19；卷18，页19；卷24，页8；卷60，页1；卷66，页28。
72 程开祜，《筹辽硕画》卷29，页42—49。
73 黄克缵对天主教的评价甚差，指称该教是"理之最可恨"者，"惑人岂在师巫和白莲等会之下"！故他应无直接途径自奉教人士获得制造或操作西洋大炮的关键知识。参见张先清，《黄克缵答沈淮书札考释：一篇有关明末南京教案的文献史料》。

015

被歼于吕宋者四万。今西洋人潜住粤澳，实繁有徒，闽人尚多传得其法。戎政尚书黄克缵业捐多金，购闽人之善造者十数辈至京，同泰宁侯造炮于京营，已造成大炮一位，铜重三千斤。不识经略亦可遣人赴京授受前法否？或即令水、衡备铜鸠工，如法制造，运送往辽，在经略之所裁之。[74]

官氏指出西洋人所造的铜炮，大者重可万斤，在万历三十一年癸卯岁的吕宋惨案中，杀戮华人甚惨，并称有不少闽人曾自吕宋或澳门的西洋人处习得铸铜炮之法，而负责京营戎政的陈良弼与黄克缵，尝聘请知铸法的闽人十余名至京，并已铸成一门重三千斤的大铜炮，他因此建议辽东经略熊廷弼亦可派人赴京习学此法，或命下辖有军器局的虞衡清吏司如法制造，再命负责运送武器的都水清吏司运往关外。[75]

此外，彭鲲化在万历四十八年二月的《通州兵哗幸定》一疏中，亦称：

> 奴酋长技全恃弓、马，此非大炮不能御之。戎臣（农按：指总、协京营戎政的陈良弼和黄克缵）欲制吕宋炮，一可当万，闽中行之既效矣，此当速造以为中国长技。前见顺德推官蔺完植条陈内有火药一款，言炮中之药不宜虚散无力，必成颗粒方能力催铅子，其火门、钻眼、铸子一一有法，其说亦可采也。[76]

知黄克缵聘福建工匠来京铸炮一事，至迟在四十八年二月已付诸实行，且已制出重达三千斤的大铜炮，而此种吕宋炮先前似曾在福建铸造过。此外，从蔺完植指出火药应成粒始较具威力之细节，[77]亦知当时南方之人或较能掌握火炮操作

---

74 程开祜，《筹辽硕画》卷38，页21—31。
75 程开祜，《筹辽硕画》卷38，页25。
76 程开祜，《筹辽硕画》卷39，页18—22。
77 将火药制成粒状，可使其中硝、磺和炭的相对成份处于稳定状态，且因颗粒间的空隙较为均衡，火药爆炸时较易做到即时且均匀的地步。此法早在十五世纪下半叶始见于欧洲文献，或于十六世纪由耶稣会士传华；参见刘旭，《中国古代火药火器史》，页220；Bert S. Hall, *Weapons and Warfare in Renaissance Europe: Gunpowder, Technology, and Tactics*, p. 73.

的诀窍。

黄克缵担任协理京营戎政时，尝与辽东经略熊廷弼因对出关援兵数目的计算以及对罪将张名世的处置方式不同，而出现严重矛盾。[78]张氏原在云南任参将，万历三十七年因"缓师、纵贼、杀良、罔上"之罪系狱。[79]四十八年二月，熊廷弼命其将功赎罪，管在辽阳的浙兵三千余人。[80]张名世除精通火器外，亦兼通医术，并曾替熊氏等官员治病。[81]

泰昌元年，甫掌刑部的黄克缵，或因熊廷弼遭去职听勘，遂参劾张名世，称张氏身犯三死罪，却营求出狱，求立功自赎。黄氏主张援辽而曾犯死罪之将，如在一年内无擒斩百人以上者，不许复职，若逾期全无斩获者，更应仍旧监禁。[82]熊廷弼因此于是年十一月密上一揭帖，抨击黄氏曰：

> 前承大司寇（农按：指时任刑部尚书的黄克缵）遣游击田应犇、侄孙黄调焕并善放火器者三十余人，解到自造铜炮数位。职亲下教场，以羊、豕祭之，然后试放，乃一试，而重千斤一位者遂炸碎无存。时张名世亦以所造灭虏炮重二百余斤者，铅药分两与千斤铜炮同，而声更猛、更远，连试数位皆无恙。一时解炮官军皆无色，道、将以下无不人人笑铜炮无用，而谓张"火器之精有如此"！大司寇忧国、忧辽，尚专疏论制虏者莫如火器，若请自铸铜炮，遣子弟从军，顾不能宽一善用火器之名世耶！[83]

在此文中，熊廷弼讥讽黄克缵监铸的千斤铜炮一放即膛炸，而由张名世所造之灭虏炮，[84]虽重仅两百余斤，但却威力更猛、射程更远。熊廷弼也点名解炮出关的黄调焕乃克缵的侄孙，隐指黄氏任用私人且无识人之明。

---

78 《熊廷弼疏稿》卷5，页80—84、87。
79 《明神宗实录》卷455，页4；卷462，页6。
80 《熊廷弼疏稿》卷5，页32、94。
81 《熊廷弼疏稿》卷4，页64、66、71。
82 《明熹宗实录》卷2，页15—16。
83 《熊廷弼疏稿》卷5，页94—95。
84 当时由加衔守备夏应禹所制造每门重三百斤之火炮，因"其力敌京运千斤铜炮，可谓神器"，故获升实授守备，夏氏或即张名世之部属；参见《熊廷弼疏稿》卷5，页55—56。

017

天启元年三月，沈阳和辽阳接连被攻陷，负守土重责的新任辽东经略袁应泰自焚死。[85]四月，黄克缵疏请"演神器并收遗兵"，称自己先前在奉命协理京营戎政时，曾召募工匠在北京仿铸形制出自吕宋的大铜炮，其言曰：

> 臣任协理戎政时，曾募能铸吕宋大铜炮匠人来京，铸完大炮二十八位。遣援辽守备黄调焕同壮士陈有功、顾应泰等三十人，解去辽阳七位。其一位重三千余斤，为李秉诚请去奉集，一发击毙建夷七百余人、将官二人，此道臣高出之所目击。其余重二千余斤及一千斤者，分守辽阳、山东。闻再发击毙建夷二千余人，此袁经略（农按：指袁应泰）之所面赏。今三炮一埋地中、其二击破，惟有四号者三位，为建夷所得，然彼亦不能用也。所遣三十人，初以为尽于辽矣，今尚存二十六人，见在宁前，真壮士也。戎政府中尚有大炮十七位、大佛郎机十二位，若募百人演习而善用之，尚可当浙、川兵一二万人，此则神器所当急演者也。[86]

黄克缵在此疏中指称他于万历四十八年七月卸下协理戎政之前，总共铸成大铜炮二十八门，其中七门解送辽东经略所在的辽阳，他并大力宣扬有门重三千余斤之炮，在防守奉集堡时曾两度立下重大"战功"。

2005年，福建石狮市博物馆征集到一块由黄克缵于天启五年替其堂兄黄克立夫妇合葬所写的墓志铭，[87]文中亦提及仿铸吕宋铜炮之事，曰：

> 兄亡四十年，而余为戎政兵部尚书。值建贼攻辽阳，京师大震。余命兄孙调焕募同安善铸吕宋铜炮者十四人，携之入京，铸三十门，而上疏解其六于辽，令焕为守备，将南京所携工用炮者三十人与之偕。内一炮重三千斤，为参将李秉诚取守奉集堡。夷将

---

85 孙文良，《论明与后金间的辽沈之战》。
86 《明熹宗实录》卷9，页24。
87 此一拓片乃由素未谋面的石狮市博物馆李国宏馆长热情提供，期间承蒙厦门大学张先清教授鼎力协助，特此一并致谢。

火狐狸将二万人来攻城，炮一发，击死贼八百人，歼其二将，乃狐狸与哈赤侄也。时经略（农按：指袁应泰）遣调焕来京，取缵所调浙兵三千，焕与守备徐琏将之。未出关，而辽阳陷矣。兵部乃令焕为游击将军，将新募兵守巩华城（在今北京市昌平区）。

所指之炮数与黄克缵天启元年的奏疏略异，但却提供许多先前未悉的细节。知黄克缵当时乃命克立之孙调焕负责此事，调焕从泉州府同安县募得工匠十四人，至北京铸吕宋铜炮，旋以援辽守备之衔，率善于用炮的壮士陈有功、顾应泰等三十人，将其中几门解去辽阳。这批出关增援的炮手均出自南京，想必是黄克缵在其南兵部尚书任内所熟稔或培养者。

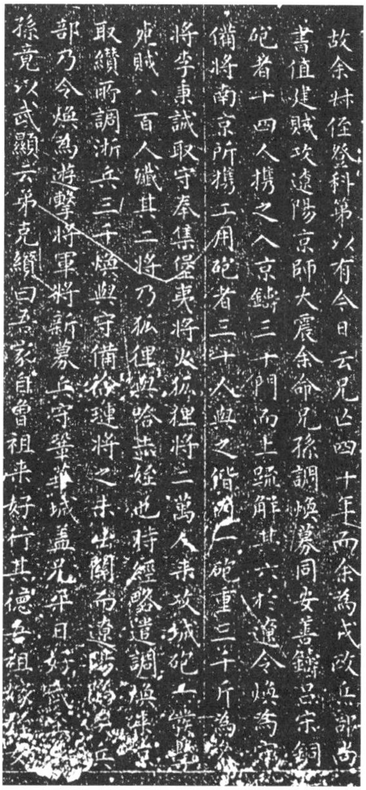
故余妹侄登科第以有今日云兄亡四十年而余為戎政兵部尚
書值建賊攻遼陽京師大震余命兄孫調煥募同安善鑄呂宋銅
砲者十四人携之入京鑄三十門而上疏解其六於遼令煥為守
備將南京所携工用砲者三十人與之偕……砲重三千斤為……
將李秉誠取守奉集堡夷將火狐狸將二萬人來攻城砲一發擊
死賊八百人殲其二將乃狐狸與哈赤姪也時經略遣調煥來京
取纘所調浙兵三千煥與守備徐璉將之未出關而遼陽陷矣兵
部乃令煥為遊擊將軍將新募兵守鞏華城蓋兄平日好……
孫竟以武顯云弟克纘曰吾家自曾祖來好行其德吾祖……

图表1.3：黄克缵铸炮文

从熊廷弼前疏，知当时负责带队解炮至关外的最高阶军官乃游击田应鳞，其次始为守备黄调焕，但田氏其人并未见黄克缵提及，想必是要凸显其侄孙调焕的角色。至于黄克缵在前后两文献中所叙述的炮数不一，或亦与其隐过扬功的心态有关。疑当时原或规划铸造三十门炮，但其中两门有可能在测试中即破裂，[88]故在疏中乃强调“铸‘完’大炮二十八位”。同样地，在黄克立夫妇的墓志铭中，黄克缵之

88　当时即使在西方，“铸十得二三者，便称国手，从来未有铸百而得百者也”。新铳必须经过多次试放始能确定堪用，如《火攻挈要》中即有《试放新铳说略》一节，详述如何测试之法。参见汤若望授，焦勗纂，《火攻挈要》卷上，页12；卷中，页13。

所以称调焕"解其六于辽",较前引天启元年的黄疏略少一门,[89]恐亦是有意避谈在熊廷弼面前甫试放即膛炸的那门。

总结前述之讨论,黄调焕承其叔祖黄克缵之命,于万历四十七年下半年自同安招募了善铸吕宋铜炮的工匠十四人,他们于翌年春在京共铸出大炮二十八门:头号炮重三千余斤,其中一门先运至辽阳后再送奉集堡;至于重二千余斤的二号炮以及重一千余斤的三号炮,则分别有六门布置在辽阳,四门在山东。运送关外的七门当中,一门于熊廷弼面前试放时膛炸,两门在迎敌时击破,一门于城陷时埋藏地中,还有三门数百斤重的四号炮则被后金虏获。在黄克缵于天启元年四月疏奏时,这批吕宋铜炮尚有十七门储放在北京的戎政衙门。

三、吕宋大铜炮的铸造背景、形制与表现

现有文献未见吕宋大铜炮的图像或形制诸元,先前有学者认为此乃佛郎机铳,[90]但由于黄克缵在前引《演神器并收遗兵疏》中,将其与大佛郎机并称,显见两者不同。且万历四十七年九月黄氏曾要求南京兵仗局将所藏七八尺长的铜铸佛郎机铳二十门解京,[91]而他在该疏中并不曾用"吕宋大铜炮"名之,故吕宋大铜炮应最可能指的是前装滑膛炮。尤其,天启元年李之藻所上的《奏为制胜务须西铳,乞敕速取疏》中有云:

> 香山嶴夷商所传红夷大铳者,臣向已经营有绪,……则夫西铳流传,正济今日之亟用。……臣闻往岁京营亦曾仿造此铳,然而,规制则是,质料则非,炼铸、点放,未尝尽得其术。[92]

内所称先前由京营仿制之铳,应即黄克缵所监铸的吕宋大铜炮,其形制虽与泰

---

89 当时乃由田应彛和黄调焕率领三十名善于用炮之人出关,其中陈有功和顾应泰或为带队干部,其下共辖二十八名壮士,恰好每四人负责一门炮。
90 郭永芳、林文照,《明清间我国对西方传入的火炮火枪的制造和研究》。
91 程开祜,《筹辽硕画》卷29,页46。
92 韩霖,《守圉全书》卷3之1,页67—73。《四库禁毁书丛刊补编》收有此书上海图书馆之藏本,但缺此卷。

昌元年由澳门葡商所捐购的四门荷兰沉船铁炮（所谓的"红夷大铳"）相近，[93]但除材质不同（一铜、一铁）外，冶铸品质亦远逊。

对于十六、十七世纪西方传华的火炮，明人常依其原制造地命名：如称后膛装填者为佛郎机铳（源自葡萄牙）；而对前膛装填者，则分别称作吕宋炮（西班牙）、红夷炮（荷兰或英国）或西洋炮（葡萄牙）。[94]然而，这些前膛装填炮并非隶属不同炮种，彼此也无固定的相对大小关系，在铸造技术上亦无太大不同。明清之际，许多天主教徒或为强化葡人的正面形象，且将其与十七世纪以来在中国沿海恶行恶状的荷兰人相区隔，故屡屡强调西洋炮不同于红夷炮。事实上，单凭某炮的诸元和材质，一般人并无从分辨其制造地点，这应是时人大多不再明确区别红夷炮与西洋炮的主因。[95]

黄克缵所监铸的吕宋铜炮，应是目前已知明朝中央政府首批自制的西式前装滑膛炮。由于已历经近四个世纪，本疑早已不存，但笔者却意外发现英国皇家火炮博物馆（The Museum of the Royal Artillery）竟还存世一门。这门编号为2/262的铜炮（图表1.4），镌有铭文曰："奸房大将军，万历庚申春，总督泰宁侯陈良弼、戎政兵部尚书黄克缵；督造官黄调焕、高基山、郭应星，铸造曾慎等。"庚申乃万历四十八年，故此或为黄克缵所监铸的吕宋铜炮当中唯一尚存世者。此炮内径13.8厘米，炮口处的管壁厚度为5.7厘米，接近火门（vent）处的管壁为7.1厘米，火门至底圈（base ring）的距离为36厘米（远较一般西洋火炮长），铳耳（trunnion）距底圈的距离为94厘米（较一般西洋火炮短得多），全炮长239厘米，尾珠已残脱。经估算此炮之体积（含铳耳和尾珠），再代入铜的密度8.93克/厘米^{3}后，知其重量约为一千七百斤，较接近吕宋大铜炮中的二号炮。

93　第二章。
94　葡萄牙于1580年因王位继承顺位的考量而被并入西班牙国王的统治，直到1640年始宣告脱离。心有未甘的葡人或不愿被称作西班牙人，遂强调自己为西洋人。又，时人认知在西、葡等信仰天主教的国家之外，"红夷，又其种之稍别者，犬性既异，流毒居多，其人去发、截须、银睛，莺（鹰？）嘴，毛发俱红，因名之曰红毛夷。其种又有二：一呼英机呢，一曰乌喃呢。惟乌喃呢最为强悍，尝为海患，不时驾巨舰入内海游荡，劫掠商船，遇者人货俱空，深为可恨"。将荷兰（乌喃呢）或英国（英机呢）并称作红夷或红毛夷。参见郑大郁，《经国雄略》，武备考，卷8，页19—22。
95　参见韩霖，《守圉全书》卷3之1，页95—96、110—111；《徐光启集》，页299；程子颐等，《武备要略》卷2，页4。

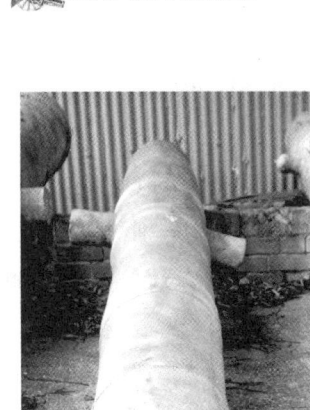

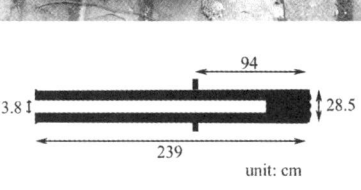

图表1.4：英国皇家火炮博物馆所藏之"歼虏大将军"。由左至右分别显示全炮、尾珠以及铭文，中下方并附该炮形制之示意图以及诸元之数据

　　若以铳耳为分界，此炮前后段的长度比约为1.54∶1，其值较一般前装滑膛炮为大（通常约在1.2—1.3）[96]，故在正常设计之下，若以铳耳为调整轴，则需颇费气力才能将炮身抬高至水平面之上。或为改善操作的不便，设计者遂将火门的位置大幅挪前。亦即，透过火门至底圈长达35.6厘米的实心炮管来增补后段的重量。如此，该炮前后段的重量比即可大致相当。鉴于此炮安排火门和铳耳的位置异乎寻常，且前后管壁的厚度亦相差不大，知其仿造时并未能确实掌握一些关键设计；此外，尾珠部分的严重脱落亦说明其冶铸品质欠佳。

　　相较于中国其他地区，闽南与东南亚的往来既多且早。事实上，菲律宾自元、明时期即被列入东洋针路，此针路由福建漳州、泉州，经过台湾海峡东南行，抵达菲律宾；倘若赶上季风的话，马尼拉与闽南间的航程只需十至十五天！

---

[96] 此据英国伦敦塔所藏十六、十七世纪铜炮诸元；参见H. L. Blackmore, *The Armouries of the Tower of London: I. Ordnance*, pp. 58–66.

尽管明朝政府并不积极鼓励人民贩海，甚至还曾施行海禁，但一直有华人在东南亚地区经商或谋生。隆庆元年，明廷有条件地开放漳州月港的海禁，允许私人可以申请文引出海贸易，更促进了福建地区的贩海风潮。在十六世纪的最后三十年间，据估计有约六百三十艘帆船载运近二十万人次从月港抵达菲律宾。[97]

西班牙人自1571年在马尼拉建立殖民地起，物资供应颇赖每年随季风来航的中国商船，所载去的货物当中，除生活用品外，还包括火药和铁弹等军备物件，以及制造铜炮和弹药的原料。万历年间，马尼拉的华人（主要来自闽南）也一直维持在数千至两三万之谱，此一频繁的交往应提供吕宋大铜炮铸法传华的绝佳环境。[98]

虽然在黄克缵仿铸吕宋大铜炮之前，菲律宾已出现铸炮工业，但其技术或尚不十分成熟。1589年，菲律宾总督圣地亚哥·德贝拉提及他自华商购得铜125百斤（picos），单价为13披索（pesos），他声称中国铜相对上十分便宜，[99]且运输也颇容易，再加上当地有些土著铸造铜炮的技术原已相当不错，[100]故建议西班牙国王可将北美以及秘鲁等殖民地所需之炮均委交菲律宾铸造。[101]然而，当地铸炮业的生产良率尚不高，如菲律宾总督弗朗西斯科·德特略·德古斯曼即曾于1599年批评土著或华人工匠所铸之炮每四门只有一门堪用，因而请求国王派遣专业铸炮师前来。[102]

在十七世纪的前二三十年间，我们屡可见到福建以及日本商人将铜出口至

97　此段参见李金明，《海外交通与文化交流》，页67—80。
98　此段参见Victor Purcell, *The Chinese in Southeast Asia*, pp. 500-524；陈荆和，《十六世纪之菲律宾华侨》，页31—54；陈台民，《中菲关系与菲律宾华侨》，页87—136、169—171。
99　由于每pico相当于中国的一百斤，而每枚披索银币约重27.5克，故在菲律宾所购买的中国铜，每斤约值银一钱，此应较中国东南沿海的市价高出一截，否则商人不会费心费力去跨海牟利。查崇祯前期，铜在南京每斤约值八分银；参见茅元仪，《石民四十集》卷7，页10。
100　当地土著已能铸造重达4300千克的大炮，其品质据说不输给意大利著名之米兰城堡上的任何一门炮。此外，其所铸后膛装填炮的品质也令西班牙人大为称赏，认为其他地方均罕能比拟，以致当时还曾运回两门供国王检阅。事实上，早在十六世纪的前二三十年，东南亚地区（譬如文莱）即已出现铜炮和铁炮，它们或源出自土耳其，而与欧洲无关。参见Emma Helen Blair and James Alexander Robertson, *The Philippine Islands*, vol. 3 (1569-1576), pp. 109、112、201; vol. 4 (1576-1582), p. 146; P. M. Shariffuddin, "Brunei Cannon."
101　Blair and Robertson, *The Philippine Islands*, vol. 7 (1588-1591), p. 89.
102　Blair and Robertson, *The Philippine Islands*, vol. 10 (1597-1599), pp. 209-210.

菲律宾以供铸炮的记载，其中有些炮还外销至美洲。[103]亦即，中、日两国相对低廉的铜、菲律宾土著和华人的匠役以及西班牙人的铸造技术与设计，令菲律宾在十七世纪前期开始出现铸炮工业。

1615年，菲律宾总督胡安·德席尔瓦组织一支远征军准备攻击荷兰人在摩鹿加（Moluccas）群岛的据点，这支航队共包含十几艘船，装备了三百门炮，搭载军士和水手五千名。[104]当时因缺乏足够金属，但为了增铸新炮以加强马尼拉等地的防御，还曾动员千余人挖掘或筛捡先前冶铸所遗留的残渣，竟然收集了重达3000阿罗瓦（arrobas；1阿罗瓦=11.4千克）的金属，且在华人的协助下，很短时间内就铸出足够的炮。[105]然因缺乏一流的铸炮师，此次铸出的大炮品质甚差，三十六门中即有二十门在第一次试射时就膛炸![106]

亦即，在马尼拉虽有华人工匠参与铸炮，但当地所铸之炮的品质并不稳定，何况这些人或大多只能在冶铸过程中担任低阶劳工，并无机会掌握设计或制造的关键。然而，就在这段期间前后，闽、粤沿海已开始有人尝试仿铸西炮。如徐光启在天启元年四、五月间致鹿善继的信中，称先前曾有许多广州工匠在澳门打造过大炮，故建议他可调取其中一二十人星夜到京。[107]三年五月，御史彭鲲化在其奏疏中，也指出先前福建已有人成功仿铸并使用过吕宋火炮。[108]情理上，黄调焕自同安募集的十四名工匠，如非已有成造经验，应不至于被称作"善铸吕宋铜炮者"，而黄克缵亦不会千里迢迢安排他们至京进行此一众所瞩目的工作。

黄克缵满怀期望地将七门新型的吕宋铜炮运往关外，但没想到仍无法阻挡后金的扩张。天启元年二月，李秉诚奉辽东经略袁应泰之命担任驻奉集堡之征夷营总兵。[109]未几，努尔哈赤率大兵攻堡，但强攻不下。三月十二日，后金陷沈阳，城破后不久，明总兵陈策、副将董仲贵和参将张名世等领兵来援，结果

---

103 Blair and Robertson, *The Philippine Islands*, vol. 18 (1617–1620), p. 61; vol. 24 (1630–1634), p. 215.
104 其中旗舰 *La Salvadora* 号上即配置了四十六门口径大约5至6英寸之炮；炮弹最小者为18磅重，大多为24磅，少数为30磅。参见Blair and Robertson, *The Philippine Islands*, vol. 17 (1609–1616), pp. 272–273.
105 Blair and Robertson, *The Philippine Islands*, vol. 17 (1609–1616), pp. 276–277.
106 Blair and Robertson, *The Philippine Islands*, vol. 19 (1620–1621), p. 205.
107 《徐光启集》，页612。
108 沈国元，《两朝从信录》卷18，页41—42。
109 《明熹宗实录》卷6，页7。

均在浑河南力战殉国。[110]沈阳的陷落令袁应泰决定撤奉集、威宁诸军，力守辽阳。二十一日，监军道高出等自辽阳城中遁逃，应泰亦自杀。明军在此役中仍将大部分的火炮列置于城外，而非放在城上以凭城拒守。[111]

黄克缵事后宣称其所监造的吕宋大铜炮曾在奉集堡立下功勋"一发击毙建夷七百余人、将官二人，……再发击毙建夷二千余人"，"炮一发，击死贼八百人，歼其二将，乃狐狸与哈赤侄也"，但这应纯属虚夸战功，[112]查满军并无将领在此役中被炮击毙（见附录1.1）。事实上，这批铜炮或因品质不良、设计不佳，或因操作不当，以致出现"随装随放，炮热药燃""连发炮热，装药即喷"等情形。[113]何况，黄氏本人就曾自陈最大的几门当中即有两门膛炸。且若吕宋铜炮确曾全面投入激战，亦很难想象这批为数三十人的炮手竟然还有二十六人安全撤退至宁远！

在奉集堡被围一役中，吕宋大铜炮以及灭虏炮很可能并未发挥大用，因时人有谓这些火器并不曾打伤努尔哈赤的精锐人马，只不过打死数百名被驱当前队的新降辽民，而满兵之所以撤退，乃因原道崔儒秀驰援时，带起的尘头障日，令其误以为明朝大军将至。[114]但有趣的是，后金或因讳言其一等参将吉普喀达在此役被俘，竟改称他是被城上的大炮打死，且为神化八旗劲旅，在明军凭城使用火器的情形下，竟称己方在此役中仅两人被杀（见附录1.1）！

---

110 《满洲实录》卷4，页12。
111 《满洲实录》卷7，页1—3。
112 有趣的是，今人亦有附会称吕宋铜炮曾炸死努尔哈赤；见陈德山，《闽南大炮炸死努尔哈赤：石狮一明代墓碑文揭秘"宁远大捷"》；感谢吴志良和徐晓望两位先生协助取得此一剪报资料。
113 沈国元，《两朝从信录》卷6，页43；王在晋，《三朝辽事实录》卷4，页1。铜炮发射之后的管壁温度要较铁炮为高，故为避免过热，往往需间歇装放。
114 彭孙贻，《山中闻见录》卷3，页2；王在晋，《三朝辽事实录》卷3，页38；陆人龙（孤愤生），《辽海丹忠录》第7回，页5—6。

附录1.1

吉普喀达与奉集堡之役（1621）

奉集堡位于沈阳东南四十里处，东北距抚顺、西南距辽阳各九十里，战略地位十分重要。天启元年（天命六年）二月，后金大军攻堡，掀起沈辽之役的前哨战。《明实录》描述此役曰：

> 奴酋以数万骑薄奉集堡，我师用灭虏炮却之。副将朱万良引兵至，见虏而溃，死者数百人。虏次日出境。[115]

《皇明续纪三朝法传全录》中称：

> 奴酋十一日犯奉集堡，监军道高出与参将张名世婴城固守，发灭虏炮击之，寻遁去。[116]

《山中闻见录》中有云：

> 建州以数万骑攻奉集堡，监军副使高出誓死守，矢石、火器四发，击杀其王子，伤众千余，稍引却。[117]

当时以户部郎中督饷辽东的傅国，亦称："城上望虏厚集中，炮殪锦袍者一酋，虏皆披靡引去。"[118]记载同异互见。

依照《清史稿》上的叙事，满兵在攻奉集堡将还时，有谍报指出明援兵所在，德格类（努尔哈赤第十子）即偕岳托（努尔哈赤次子代善的长子）、

---

115 《明熹宗实录》卷6，页10。
116 高汝栻辑，《皇明续纪三朝法传全录》卷10，页5。
117 彭孙贻，《山中闻见录》卷3，页2。
118 傅国，《辽广实录》卷上，页14—15。

硕托（代善次子）击败明将李秉诚，明兵因此退入城。当追兵至壕时，城上发巨炮，"炮死者无算"，甲喇额真吉普喀达（又译作吉巴克达、吉拔克达、纪布喀达、吉布喀达、积布克达、吉布喀达、吉布哈答）中炮卒；天聪八年（崇祯七年），赠二等参将。[119]《清实录》则称满兵在追杀明军至城壕边时，有参将吉普喀达及一卒，被城上的大炮（或称"巨炮"）打死。[120]

乾隆四年刊行的《八旗通志初集》对此事有更多的记载，知吉普喀达在先清初期即主动率瓦尔喀地方（属扈伦四部中之乌喇，在吉林）的部众归降；天命四年，以从征明有功，授一等参将世职。此书记载吉普喀达在奉集堡之役中炮而殁后，"世职未袭"。天聪八年，其子身来归之兄吉思哈（又作季思哈、纪思哈、机思哈）叙功加二等甲喇章京（即汉字官名之二等参将）世职；同年，吉普喀达获"追恤其功"，赠二等甲喇章京，以其长子卦尔察（又译瓜尔察）袭佐领。[121]

查在天命六年二月的奉集堡之役中，达音布以"先驱擒斩谍卒，击败敌众"，累功晋游击；阿什达尔汉以"围其城时，八旗并进，诸将无出其先者"，并同三月攻克辽阳之功，授一等参将。[122]此外，在三月的沈辽之役，有延都等十二名将领阵亡，未几，均获"赏恤如例"、恩赐世职或命子袭职之荣。[123]这些恩赏均凸显吉普喀达死后其子侄未获袭替的不合情理。且如其"冤屈"在十三年之后得伸，亦很难理解为何原先已授一等参将世职的吉普喀达，"平反"后却只能袭赠低一阶的二等参将！

经爬梳记事较早的《满文老档》，赫然发现吉普喀达原来是在奉集堡之役被明军所擒，此或导致其在获恤赠时遭降阶。其文有云：

---

119 《清史稿》卷216，页8981、8986；卷217，页9013；卷223，页9140；卷487，页13461。
120 参见《太祖高皇帝实录稿本三种》，甲本，页69；乙本，页74。《清太祖实录》卷7，页99。《满洲实录》卷6，页11。
121 鄂尔泰等，《八旗通志初集》卷7，页3—4；卷91，页3—4；卷159，页15—16。
122 纪昀等，《钦定八旗通志》卷156，页14、22。此本亦被收入《文渊阁四库全书》，但文字（尤其是官名）略见不同，虽有香港迪志文化出版有限公司的电子版可全文检索，惜卷270至342各表中之文字无法检索。
123 纪昀等，《钦定八旗通志》卷209，页6—7、12—13、22—24、35—36。

（天命六年闰二月）参将吉布喀达于奉集堡被擒，因其战功仍封其子为参将职，封其兄吉思哈为游击职，令管其弟所管之五牛录，其弟兑勒申拔为汗前巴牙喇之蠹额真。[124]

吉思哈于天命八年自三等游击升为二等游击，十年，又因"来归之功，复克尽厥职，亦不违指令"，升授三等参将，免一次死罪。至于兑勒申（又译对勒慎），则于天命八年因其兄吉普喀达之亡故而获赐为参将，十年，又以吉普喀达"弃地来归有功"，而"继一等参将，子孙世代勿绝恤典"。[125]但或因兑勒申稍后缘事遭革退，其所袭之佐领转交族弟穆虎管理，后穆虎亦缘事革退，至此，吉普喀达原获的世职中绝，始有天聪八年"追恤其功"，并以其长子卦尔察袭替佐领之举。[126]

　　透过查索四库全书电子版中的《钦定八旗通志·旗分志》，我们可发现以"国初来归人丁"编立的满洲牛录共约一百一十二个，分别来自六十多个地区，其中人数最多者是叶赫，共建立九个牛录，其次即为来自瓦尔喀的六个牛录，至于瓦尔喀所在之乌喇，亦另有四个牛录。[127]知乌喇部在后金崛起初期颇有开创之功且势力颇大，[128]而曾先后管理乌喇和瓦尔喀来归人丁的吉普喀达，不仅是极受重视的"优异世管佐领"，[129]亦是此一群体中位阶最高的将领。因疑皇太极或为加以笼络，遂改称吉普喀达是中炮而死，并予以追赠。[130]但在嘉庆四年初刊的《钦定八旗通志》中，很可能为排除低阶恤赠的不合理，遂将吉普喀达于天命四年所获之世职窜改成"三等轻车都尉"。惟在同书的《世职表》中却掩饰未尽，仍称其："国初以率众来归，兼立军功，

124　中国第一历史档案馆编，《满文老档》上册，页164。
125　中国第一历史档案馆编，《满文老档》上册，页164、408、541、652。
126　鄂尔泰等，《八旗通志初集》卷7，页3—4；卷91，页3—4；卷159，页15—16。
127　纪昀等，《钦定八旗通志》卷2—21。
128　如《清史稿》中尝论曰："太祖初起，扈伦四部与为敌，四部之豪俊，先后来归。武理堪等自哈达，武纳格、阿什达尔汉、鄂莫克图等自叶赫，吉思哈等自乌喇，康喀勒等自辉发，皆能效奔走，立名氏。……四部有才而不能用，太祖股肱爪牙取于敌有余。国之兴亡，虽曰天命，岂非人事哉？"见《清史稿》卷230，页9322。
129　杨海英，《佐领源流与清代兴衰》。
130　《清太宗实录》卷21，页282。

授一等参领，阵亡。今汉文改为一等轻车都尉。"[131]也或因为吉普喀达是被俘的，故其地位虽原在其兄吉思哈之上，但在《钦定八旗通志·大臣传》以及《八旗通志初集·名臣列传》中，吉普喀达的生平事迹均只附于吉思哈传之后。[132]

然以吉普喀达的位阶，很难想象明朝史料对其被俘一事竟无只字提及。尤其，当时明军虚报战果之风比比皆是，甚至屡有"杀汉人以冒首功，掩西虏以称东夷"的情形！[133]笔者怀疑当时明军或不知吉普喀达的身份，再加上明军于稍后不久的沈辽之役中全线大溃，其事遂在兵荒马乱中遭掩。

至于黄克缵所宣称的战果"一发击毙建夷七百余人、将官二人……再发击毙建夷二千余人""夷将火狐狸将二万人来攻城，炮一发，击死贼八百人，歼其二将，乃狐狸与哈赤侄也"，如确属实，该两名战死的将官理应列名于《钦定八旗通志》，且其子孙亦应因此受封赏。然而，我们在此官书中，却只能找到吉普喀达战死的记载，且他应非黄氏所谓的"火狐狸"！[134]该书中仅有的另一位卒于是年的将领，乃一等总兵官额亦都，他是当时与四贝勒同听国政的五大臣之一，努尔哈赤初嫁以宗室女，后又妻以和硕公主，疑他或就是黄克缵所附会的"哈赤侄"，或彭孙贻所称的"王子"，因其卒于六月，故被明人借用来虚夸战果。[135]

---

131 《钦定八旗通志》中之汉译人名常常前后不一，且世爵或官名均改用乾隆朝新订之名。查努尔哈赤起兵之初，编三百人为一牛录，置一额真；五牛录，领以甲喇（又译作扎兰或札兰）额真。天命五年，分总兵、副将、参将、游击各为三等，牛录额真称备御。天聪八年，定满字官名，改额真为章京，其中一、二等甲喇章京即参将，三等为游击。顺治四年，又改，以阿达哈哈番替代甲喇章京。顺治八年，定阿达哈哈番之汉字为参将；乾隆元年，再改成轻车都尉。参见纪昀等，《钦定八旗通志》卷167，页2；卷286，页4—5；《清史稿》卷2，页45；卷117，页3362、3369；卷130，页3860。
132 纪昀等，《钦定八旗通志》卷167，页1—2；鄂尔泰等，《八旗通志初集》卷157，页15—16。
133 傅国，《辽广实录》卷上，页15。
134 明军于萨尔浒之役前曾悬重赏以擒斩后金的首要人物，努尔哈赤的女婿"火胡里"即列名其中。稍后，王在晋声称刘𬘩于万历四十七年二月，"深入三百余里，克十余寨，斩获甚众，杀死奴壻火胡狸、金白二酋，亦报奴酋男贵英把兔、中军韦都男俱被杀"。惟《清史稿》仅提到牛录额真喀喇、额尔纳和额黑乙等三名将领，在与刘𬘩军对阵时战死，而他们与努尔哈赤均无姻亲关系。事实上，努尔哈赤诸婿当中并无任一人死于萨尔浒之役。参见王在晋，《三朝辽事实录》卷1，页8；《清史稿》卷166，页5266—5268；卷226，页9208—9212。
135 参见纪昀等，《钦定八旗通志》卷135，页8。

明代的火器铸造基本上是由中央包揽,其匠役制度乃籍各省工匠为匠户,分轮班匠与住作匠两种,其中轮班匠为数达二十三万余名,每三年更番赴京工作三个月;住作匠一万余名,附籍于大兴和宛平二县,任职于内官等监。由于轮班匠多不愿应征,经济能力较好者,就出银代役,其余者则以滥竽充数,以致技艺水平日渐难以闻问。[136]

明末铸造铜炮的技术即因此不进反退,如万历四十七年戎政尚书薛三才有云:"内库所贮铜铸火器,如灭虏炮、佛郎机之类,略一试用,便即炸碎。"[137]熊廷弼于四十八年请领火器时也曾指出:"铜炮率多崩炸,今次请发,必须尽拣铁炮不炸、不坐、不倒者,速解来辽。"[138]天启元年闰二月,袁应泰亦疏称"内府解发铜炮虽多,放辄炸裂",故建议将料价五万八千余两直接交他在辽东铸造铁炮。[139]

黄克缵所监铸的吕宋大铜炮,虽然引进了一些西班牙人的技术或设计,效果仍远逊于预期,但他却凭借此事协助其亲随在官场上快速升迁。据前引黄克立夫妇的墓志铭,袁应泰尝遣黄调焕回京,取黄克缵所调之三千浙兵。[140]这支由黄调焕与守备徐琏率领的援军,还未出关就接到辽阳已陷落的消息,但兵部却仍升授调焕为游击,率这支新募浙兵驻守巩华城。至于徐琏,原是黄克缵自南京携来北京的武弁,"膂力过人",故黄氏安排他入京营任守备。[141]天启元年四月,黄克缵疏称:

> 臣所用管押南兵守备徐琏,骁勇出群,残兵见之,皆愿随彼复

---

136 欧阳琛、方志远,《明末购募西炮葡兵始末考》。
137 《明神宗实录》卷580,页16。
138 《明神宗实录》卷591,页10。
139 沈国元,《两朝从信录》卷6,页12。
140 黄克缵调募浙兵一事,首见于万历四十七年九月他所条陈的京营五议之中,当时黄氏新任协理京营戎政尚书,其议或因此被采纳。四十八年二月,徐琏奉命率浙水兵自海路援辽,但似未立即发兵。七月,南京和浙江兵三千名抵京。天启元年二月,兵部再命黄调焕等率浙兵两千余名援辽。该调募浙兵之举曾引发当地贿赂求官的情形,并被抨击为"将多兵少,游食之徒,附会索诈。顾(同'雇'字)募市井,壮丁金点,屠弱代更,沿路脱逃,以丐儿充顶"。参见程开祜,《筹辽硕画》卷38,页21;《明熹宗实录》卷6,页25;沈国元,《三朝辽事实录》卷3,页13;《明光宗实录》卷2,页14。
141 程开祜,《筹辽硕画》卷29,页59。

回广宁，但所带兵粮仅千余金，不能救败兵之饥，若发五六万金，听其召募收拾，则一二万人可以立得，练而用之，皆精兵也，胜于召募远地、缓不及事者，功相万也。[142]

知徐琏当时乃以守备之衔奉命出关至广宁，黄氏对其能力特别揄扬，认为若能提供足够经费，让他沿途收拾残兵，并重加训练，应有能力练成一二万精兵。

明军当时不仅屡见类似黄调焕等倚赖私人关系不循正途出身的军官，也盛行蓄养家丁，[143]黄调焕、徐琏以及解送吕宋铜炮赴辽东的三十名南京炮手，均应属此一特殊制度下的产物。家丁的存在乃与其所属官员的私人利益相依归，且因其在薪给和升迁等方面均享有优遇，往往严重打击军中其他人的士气。以黄调焕为例，他以一介布衣的身份，竟然在短短不到两年时间，即从加衔守备实授至统兵三千人的游击，他纵有铸炮和运炮之劳，但其人其炮实不曾立下重要战功！我们从黄调焕的历官过程以及黄克缵对吕宋大铜炮的自诩自褒，亦可窥见当时官场运作之一鲜明侧面。

四、结　语

出身晚明福建建阳刻书世家的余应虬，在其《镌古今兵家筹略》一书中有云："夷狄长技莫如马，中国长技莫如车。夷狄长技莫如弓，中国长技莫如火。车静以制贼之动，火远以制贼之近。况马费十倍于车，马施火不若于车。"[144]类似言论屡见于明末文献，认为明军凭借火器和战车应足以对付后金的骑兵与强弓。

然而，在关乎明衰清兴的萨尔浒之役中，努尔哈赤凭借"集中军力，各个击破诸路敌军"的卓越战略，率满兵以冷兵器大败过度迷信火器的明军，证明军事史上由火药所主导的时代尚未能进入中国战场。训练精良的弓箭手，搭配

142　《明熹宗实录》卷9，页24—25。
143　肖许，《明代将帅家丁的兴衰及其影响》。
144　余应虬，《镌古今兵家筹略》卷2，页419。

拥有快速移动力和万钧冲撞力的铁骑，仍是主导这场战争胜负的关键要素。此或因当时火器的制造品质、瞄准能力与发射速率均欠佳，且明军亦尚未发展成熟能充分运用火器的战术（如其错误地将火炮置于壕外，也未能做到排枪循环齐放），因而无法形成有效的压制或杀伤火网。

萨尔浒之役的战败刺激了新武器的需求，其中徐光启首先起意欲仿制西洋大炮，希望能借此肇建奇功，但战后被擢为协理京营戎政的黄克缵则拔得头筹。黄氏捐资并命其侄孙黄调焕自家乡泉州地区募得十四名工匠，在北京铸成二十八门吕宋铜炮，且命调焕率领三十名来自南京的炮手，将其中七门解往辽东。这些工匠虽应有人曾在菲律宾接触到西班牙人的铸炮过程，但却因未能掌握关键技术，以致所造之炮仅外形相似，其冶铸品质和炮身设计均颇有瑕疵，终未能在沈辽之役中发挥作用，令明廷首次自制欧式火炮的努力黯然落幕，吕宋炮之名也因此不若红夷炮或西洋炮显著。

讽刺的是，当黄克缵处理引进新式武器的国防大事时，却得自费为之，此不仅凸显出万历末年明朝财政的凋敝，也反映出万历皇帝对朝政的无能与荒怠。相对地，励精图治的努尔哈赤，并不因接连的胜利而故步自封。虽然，《满洲实录》在叙述万历四十六年的谢哩甸之役以及天启元年的奉集堡之役时，均指称明军的火器只各击毙两名满兵，但此应纯属宣传伎俩。事实上，努尔哈赤很有远见地看到了火器的可能威力，并于万历四十七年冬就开始演放虏获自明军的大量枪炮。[145]

天启元年（天命六年）三月的沈辽之役，我们从《满洲实录》所绘的《太祖破陈策营》及《太祖破董仲贵营》两图，清楚见到许多立于双轮战车之后的满兵正在野战中使用火铳，每车的牌楯上均有射垛或中开铳眼。努尔哈赤在进攻辽阳东门时，亦曾动用火器，徐光启描述此役曰：

> 贼来止七百人，车载大铳，我川兵千人逆之。贼发虚铳二次，我兵不损一人，因而直前搏战；迫至二三十步，真铳齐发，我兵存

---

145 《徐光启集》，页186。

者七人而已。[146]

知满兵对火器的灵活运用在这场战役中颇获成效。此故，时人有云："东奴谋为火器已二十年，师徒数败，得我大小炮位五六万，火药数百万，收藏练习。攻辽阳时，再以之败我矣！"[147]天命七年正月，努尔哈赤更具体下令汉官所率之兵，半数配备火炮和长铳；八年正月，亦命驻防之兵每百人以五十人为铳炮手；出征之兵则每百人中应有二十人为铳炮手。[148]

相对地，明朝除了少数有识之士积极引进西洋大炮外，[149]并不曾对传统武器或战术的运用进行深刻反省，

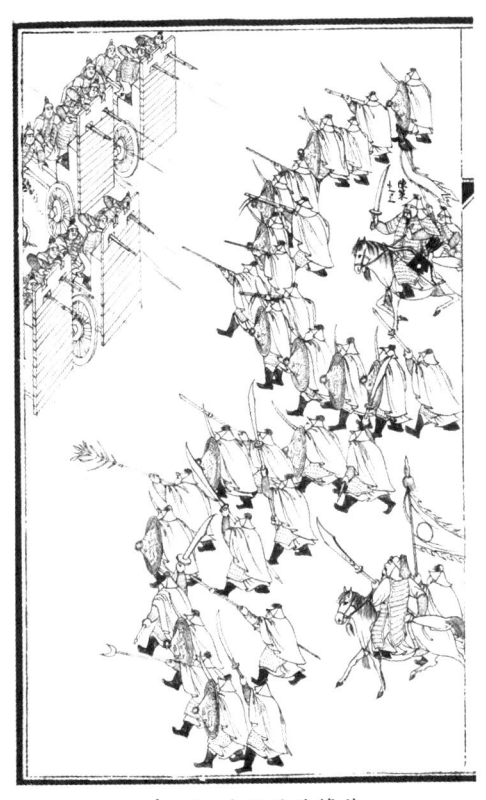

图表1.5：太祖破陈策营

巡视京营给事中彭汝楠即曾于天启三年指出当时营中所用的火器仍以三眼铳居多，即使存有一千一百五十门佛郎机铳，亦不知如何操作，对车营的战法更是"久废不讲"！[150]

先前学界多未认知萨尔浒之役的战败直接促使明人积极引进西洋火炮，且

---

146 《徐光启集》，页207。
147 郑大郁，《经国雄略》，武备考，卷7，页3。
148 关孝廉，《〈旧满洲档〉谕删秘要全译》；中国第一历史档案馆编，《满文老档》上册，页293—294。
149 第七章。
150 《明熹宗实录》卷35，页8。

亦不知头一批由明廷仿铸的西炮，出自尝远赴吕宋谋生的闽南工匠之手，而这批新式火炮更曾是稍后沈辽之役中明军准备的秘密武器。本章除爬梳大量纸本的明清史料以及西方文献之外，还尝试透过存世文物（如福建新出土之黄克立夫妇合葬墓志铭、英国皇家火炮博物馆所藏之"歼虏大将军"等），首度清晰呈现协理京营戎政黄克缵在仿铸西炮以及解送辽东的过程中所做之努力，并探究此批炮未能在战场上有所表现的原因。

萨尔浒之役或许是世界军事史上最后一场冷兵器大胜火器的重要战役。此役揭开其后二十多年来在关外激烈军事冲突的序幕，进而提供西洋火炮传华以及先进火器战术发展的重要动因，遂导致明军得以倚靠此等新式火炮于天启六年缔造"宁远大捷"。[151]在这短短数年期间，中国战场上的武器和战术已出现重大变革，而西方火炮的锋芒也自此日益展露头角，尤其是在面对中国传统城墙时，常可有效发挥塌城破垣的效用，遂成为清朝攻略中原的重要武器。[152]从此一角度，萨尔浒之役战败后所开始尝试引进的西洋火炮，应已在明清之际的中国触发一场军事事务革命！[153]

151　第二章。
152　第十章。
153　军事事务革命（Revolution in Military Affairs）乃指单纯在军事发展史上有重大影响的变革，至于军事革命（Military Revolution），则还需要进一步对社会产生重要影响。参见Clifford J. Rogers, "'Military Revolution' and 'Revolutions in Military Affairs': A Historians Perspective."

第二章　欧洲沉船与明末传华的西洋大炮*

　　天启年间共有出自三艘欧洲沉船的四十二门西方大炮被分批解运至北京，而西洋火炮的操作与铸造技术，也因此成为近代东方大陆文明向西方海洋文明学习的第一课。此事虽只是当时欧洲海权扩张在世界各地所引发的一则小插曲，但却在之后明清鼎革的战争中扮演着重要角色。然而，在相关的史学专著中，不仅对西洋火炮早期传华的过程和影响未给予适当的比重，甚至常出现错误的陈述，也未见学者对这些船炮打捞的历程有所着墨。

　　笔者因此尝试重新梳理中文文献，并整合西方原始材料，再对照中国现存欧洲古炮的实物，希望能较细致且正确地还原此一西方火炮东传的事件。本章尝试说明当十七世纪初叶欧洲国家在亚洲海域进行武力对抗的时代里，亲天主教人士如何促使明廷自南方引进沿海的欧洲沉船大炮，以应付长城以北新兴满洲的威胁，而此事的实践又如何与晚明士人的社会网络以及政局演变息息相关。笔者并将透过此一课题对中国史学界所面临的挑战与目前的学风有所反省与建议。

　　十六世纪是欧洲文明所开创"大航海时代"的起点，他们以坚船利炮为后盾，一波波地强烈冲击包括亚洲在内紧邻大洋的各个国家。荷、英两国透过

---

* 原刊于《"中研院"历史语言研究所集刊》，第75本第3分，2004年9月。两匿名评审和陈国栋、汤开建两教授尝对初稿提供一些指正，邱仲麟博士曾提示邓士亮《心月轩稿》中的重要材料，特此一并致谢。

东印度公司的设置，整合国家与民间的军事以及经济力量，将其触角强有力地伸入亚洲，它们不仅相互掠夺，也在从孟加拉湾、南海、东海以迄日本海的区域，不断地与西、葡发生激烈冲突，整个亚洲几乎只剩下一些内陆地区还未曾感受到西潮的冲击。

大明帝国末期最主要的威协，乃来自陆上精于骑射的北方少数民族以及内部的民变。在绵延二三十年的军事冲突中，对火器的倚重益发明显，不仅外来的火绳铳（又名鸟铳，十六世纪中叶即已传入）逐渐加入个人用火器的行列，且自天启元年起，曾数度将西方铸造的重型前装滑膛火炮（所谓的"红夷大炮"）解京运用。这些炮大多打捞自广东沿海的欧洲沉船（详见后文），威力远超过中国军队长期所使用的佛郎机铳、将军炮、灭虏炮或虎蹲炮等。[1]火炮的操作与铸造技术，因此成为近代东方大陆文明向西方海洋文明学习的第一课，并在战场上扮演日益重要的角色。

然而，中外早期文献对西洋大炮传华的相关史事，不仅记载不一，更屡屡出现张冠李戴的情形。在有些十七世纪的欧洲文献中，由于其作者未能掌握一手材料，以致叙事常未能信而有征。即使是出自在华传教士的著述，也往往因认识不足甚或为宣传的目的，而有曲解或误解事实的情形。[2]晚近学界虽已针对此一课题进行过一些深入的研究，[3]但仍存在许多尚待厘清的问题，且在相关的史学专著中，不仅对西洋火炮传华的过程和影响未给予适当的比重，甚至常出现错误的陈述，[4]尤其，迄今未见学者对这些船炮取得的历程有较翔实的着墨。

本章因此尝试重新梳理中文文献（含新发现之打捞阳江沉船的记载），并

---

[1] 以天启年间孙承宗经略辽东时所设立的车营为例，每营六千一百一十五名官兵当中，共配置大炮十六位、灭虏炮十八位、佛郎机二百五十六架、鸟枪三百五十六门、三眼枪二千七百二十八杆，余则为冷兵器；参见茅元仪，《督师纪略》卷7，页1—4。文中各种火器的形制，可参见成东、钟少异，《中国古化兵器图集》。

[2] 一些近代西方学者亦曾论及葡人援明抗金的史事，惟因其多仅参考西文资料，以致记事常失之简略或与史实不合。参见C. R. Boxer, "Portuguese Military Expeditions in Aid of the Mings Against the Manchus, 1621-1647"; George H. Dunne, *Generation of Giants: The Story of the Jesuits in China in the Last Decades of the Ming Dynasty*, pp. 157-158；黄一农，《明末清初天主教传华史研究的回顾与展望》。

[3] 如见方豪，《明清间西洋机械工程学、物理学与火器入华考略》；张小青，《明清之际西洋火炮的输入及其影响》；第七章、第十二章；万明，《中葡早期关系史》，页203—218。

[4] 如见孙文良、李治亭、邱莲梅，《明清战争史略》，页213—215、262；韦镇福等，《中国军事史·第1卷·兵器》，页222—226；王兆春，《中国科学技术史·军事技术卷》，页211—221。

整合西方原始材料（如英国东印度公司档案、平户商馆日记和书信、时人的航海日志和游记、沉船资料、船炮的配置纪录等），再对照中国现存欧洲古炮的实物，希望能较全面地了解此一西方火炮东传的事件（可与第一章相参照）。

附录2.1

研究历史需要多语种阅读

在台湾清华大学，我领导一个跨人类学、社会学、语言学、历史学等领域的团队，大概有三十五位国内外学者，一起来做名为"季风亚洲与多元文化"的研究课题。"季风亚洲"就是受季风影响的地理区域，从东南亚到福建、广东、台湾沿海，一直到东北亚的日韩这个沿着海洋的区域。"多元文化"，因为这个区域过去四五百年来的历史是由几个大的族群所共同建立的。一个是原住民，就是当地的人；另外一个是海外华人，以前叫作华侨；另外还有一批人是大航海时代到这个地方来的欧洲强权。这三大族群一起建造了这一段时空的历史。

我们为什么偏重在海洋？过去有很长一段时间，这一部分的历史在主流的历史学界不太受重视，我们发现这一方面的历史，事实上有机会给我们一幅全新的景象，以认知中国在世界史里面扮演的角色。材料可能也多到大家没办法想象，因为这四百多年来，欧洲的不同国家，从早期的葡萄牙、西班牙、英国、荷兰，到后来的法国等都进入到这个地区，他们留下了大量的档案——当然这些档案都不是用中文写的。之前亚洲的学者很难有机会在这个领域有发言空间，因为语言有障碍，更重要的是看不到文献，所以不知道该怎么样去做研究。我们也认识一些学者，我熟悉的就是台湾的一些学者，到欧美一流的大学去读历史，甚至读西方历史，最后回到台湾，都只能够做中国史的研究，因为他们没有办法跨越这个屏障。

但是，过去这一二十年里面，整个学术环境因为网络的兴起而发生了非常大的变化。大量的档案文献以及古书在此一浪潮下开始数字化，譬如台湾清华大学就已陆续购置了非常多的资料库，内有多达一百多亿字的清代以前可检索的中文古典文献，以及数十万册十九世纪以前的西方古书，不仅可下载且大多可全文检索。同时，我们也尽量把欧美一些大图书馆拥有的原始文献拷贝回来。尤有甚者，现在有很多图书馆、博物馆、档案馆以及谷歌（Google）等机构，皆不断把珍贵资料数字化，免费让大家在网络上使用。

由于我们团队里的人可以读十七世纪以来这几个大航海时代欧洲国家的主要语言，如十七世纪以来的荷兰文、葡萄牙文、西班牙文、拉丁文、英文、法文、德文、俄文，还有日文、韩文、满文，甚至粟特文、突厥文、梵文，我们因此于2021年在跨院国际博士班中，正式成立汉学研究的博士学位学程（I-Ph.D. in Sinology），并开始对海内外招生。希望此学程除从事传统的汉学研究外，也能与其他领域或文化进行有意义的对话，更期许师生们也能透过其国际视野与跨界能力，与相关学界共同走出一些崭新的学术局面。

一、万历末年仿制的西洋大炮

现今许多学者常误以为红夷炮是因荷兰人首先传入而命名的，且是明军在交战中所缴获的战利品，[5]此说主要衍生自《明史》的记载，其中《兵志》有云：

> 万历中，通判华光大奏其父所制神异火器，命下兵部。其后，大西洋船至，复得巨炮，曰红夷。长二丈余，重者至三千斤，能洞裂石城，震数十里。天启中，锡以大将军号，遣官祀之。[6]

原任山东兖州府通判的华光大是在万历二十四年上奏的，先前因东虏入寇河北广平，光大之父华富负责督放自制的"神异火器"，得获大捷。[7]由于前引文中

---

5 如见刘旭，《中国古代火炮史》，页233—234。
6 《明史》卷92，页2265。
7 《明神宗实录》卷300，页2。

以"复得"一词来形容西洋巨炮，不知华富所制的火器是否亦为红夷炮之属。又，该文虽称红夷炮乃得自来华的"大西洋船"，其实并未明确指出该炮是缴获的。

由于明人在十六世纪末叶应已具备制造红夷炮的技术水平，故若华富所铸的"神异火器"确属该种炮的形制，亦不令人意外。查在嘉靖二年的西草湾（位于今广东新会）之役中，汪鋐曾缴获葡萄牙人的佛郎机铳二十多门，大者重千余斤，未几，冶铸业发达的广东东莞地区就已能仿制。另据嘉靖末年的统计，辽东各城总共配置了各式佛郎机铳一千四百四十三门，其中至少有五百四十九门为铜铳。而戚继光在其《纪效新书》中，亦曾提及最大的佛郎机铳长达九尺（明代一尺约合32厘米）。知在华富铸炮之前，明人应已充分掌握制造大型佛郎机铳的能力。而因佛郎机铳的炮管后段必须有一凹槽以与子铳密合，亦即其制造应较红夷炮复杂，故若中国工匠能获得红夷炮的形制规格，仿制或不应太难。[8]

但前引《明史》中对红夷炮的描述，出现许多夸大或讹误之处。因以1599年的英国海军为例，其所配置的最大型火炮为大鸩铳（cannon），[9]口径约20厘米，长约325厘米，重6000—7000磅（明代一斤约合597克，相当于1.32磅），最大射程为1.2千米；较次级的半鸩铳（demi-cannon），口径16.5—17厘米，长约300厘米，重4000—6000磅，最大射程约1千米；再次级的大蛇铳（culverin），[10]口径约14.5厘米，长约390厘米，重4000—4500磅，最大射程约1.45千米。故当时来华的船炮绝不可能长达二丈余（逾6.4米），且亦不可能拥有"震数十里"（明代一里约合576米）的威力，顶多只可形容为"长一丈

8　此段参见李辅等修，《全辽志》卷2，页67—69；有马成甫，《火炮の起原とその传流》，页520—581。
9　本文中有关各红夷大炮炮种的中文名称，乃比较中西资料所得。参见孙元化，《西法神机》卷下，页22—23；A. R. Hall, *Ballistics in the Seventeenth Century*, p. 167.
10　各炮种常依爬虫类或猛禽来命名，culverin即源自法文的couleuvre，是一种常见的蛇，此故，中译作大蛇铳。参见Charles Ffoulkes, *The Gun-founders of England with a List of English and Continental Gun-founders from the XIV to the XIX Centuries*, pp. 94—95.

余……震数里"。[11]

《明史·和兰传》中对来华的荷兰船炮，也有类似的夸大叙述，其言曰：

> 和兰，又名红毛番，地近佛郎机。……（万历）二十九年，驾大舰，携巨炮，直薄吕宋。吕宋人力拒之，则转薄香山澳。……其所恃惟巨舟、大炮，舟长三十丈，广六丈，厚二尺余，树五桅；后为三层楼，旁设小窗，置铜炮，桅下置二丈巨铁炮，发之可洞裂石城，震数十里，世所称红夷炮，即其制也。[12]

查万历二十九年确有两艘荷兰船首航抵澳门，要求与中国通商，但为澳人所逐。三十一年，刚成立的荷兰东印度公司又遣两舰攻澳，亦遭击退。翌年七月，三艘荷兰船在韦麻郎的率领下占领澎湖。十月，始被浯屿把总沈有容把酒劝离。韦麻郎临行时曾以"铜铳、铳弹及国产物"赠送沈有容，沈氏只取无直接杀伤力的铳弹留念，韦麻郎因而"感泣谢别"。知在中荷接触之初，明军应不曾取得或缴获红夷炮，而中荷间的激烈交战可能要到天启二至四年荷人再度占领澎湖时才发生。[13]

根据明人的记载，荷兰船较明军战船大"十倍"，船身还加附铁板，上列铜铸大铳三十余门，所用之铁弹且有号称重数十斤者，因而予人"器械精利，非诸夷比"的印象。[14]然而，当时荷兰的铸炮业其实并不特别发达，许多大炮均是购自英国，[15]惟荷兰东印度公司船上所配置的火力确实要较一般商船为强。

万历四十七年三月，明军在萨尔浒之役几乎全军覆没。[16]六月，信奉天主

---

11 本章有关各炮种的诸元以及中西间的单位换算，均请参见丘光明等，《中国科学技术史·度量衡卷》，页25、406—416；O. F. G. Hogg, *Artillery: Its Origin, Heyday and Decline*, pp. 264-282; E. H. H. Archibald, *The Fighting Ship of the Royal Navy AD 897-1984*, pp. 329-330. 又，傅野山房纂辑之《祝融佐治真诠》在叙述万历所得之红夷大炮时，即称其"身长丈许"（卷首，页3）。
12 《明史》卷325，页8434—8437。
13 此段参见沈有容辑，《闽海赠言》卷2，页28；杨彦杰，《荷据时代台湾史》，页6—32。
14 沈有容辑，《闽海赠言》卷2，页22—29。
15 Edmund B. Teesdale, *Gunfounding in the Weald in the Sixteenth Century*, pp. 95-107; Richard W. Stewart, *The English Ordnance Office 1585-1625: A Case Study in Bureaucracy*, pp. 70-71.
16 下文中对一般史事的陈述，均请参见《明史》。

教的徐光启上疏指陈辽东的局势危急，主张应立刻访求"闽、广、浙、直等处精巧工匠"，以铸造大炮。同年九月，他亦疏奏应从广东"募送能造西洋大小神铳巧匠十数名"，并"买解西洋大小诸色铳炮各十数具"，且称"福建监生伍继彩自言同乡有能造海洋极大铳炮者"，请求应"作速遣行，从厚给资，趋令星夜前来，听候委用"。[17] 由于当时闽粤地区的冶铸技术冠于全国，[18] 而大炮的运送又旷时费事，故徐光启建议应访求南方巧匠至京仿制西洋大炮。

天启元年四月，因沈阳和辽阳均于月前被攻陷，刑部尚书黄克缵乃疏请"演神器并收遗兵"，中称自己先前在奉命协理京营戎政时，曾召募工匠在京铸造"吕宋大铜炮"，其言曰：

> 臣任协理戎政时，曾募能铸吕宋大铜炮匠人来京，铸完大炮二十八位。遣援辽守备黄调焕同壮士陈有功、顾应泰等三十人，解去辽阳七位。其一位重三千余斤，为李秉诚请去奉集，一发击毙建夷七百余人、将官二人，此道臣高出之所目击。其余重二千余斤及一千斤者，分守辽阳、山东，闻再发击毙建夷二千余人，此袁经略（农按：指袁应泰）之所面赏。今三炮一埋地中、其二击破，惟有四号者三位，为建夷所得，然彼亦不能用也。所遣三十人，初以为尽于辽矣，今尚存二十六人，见在宁前，真壮士也。戎政府中尚有大炮十七位、大佛郎机十二位，……此则神器所当即演者也。[19]

知当时共铸成铜炮二十八门，最大者分别重三千余斤、二千余斤以及一千斤，余为千斤以下之炮。

黄克缵为福建晋江人，万历四十七年七月奉旨以南京兵部尚书协理京营戎政；十二月，升任工部尚书；四十八年七月，转刑部尚书；泰昌元年十月，以

---

17 《徐光启集》，页111、125—126。
18 黄启臣，《十四—十七世纪中国钢铁生产史》，页31—34。
19 《明熹宗实录》卷9，页24。

刑部尚书暂署兵部并协理戎政，同月丙寅，旋由崔景荣接掌兵部。[20]由于黄氏在泰昌朝担任协理戎政的时间极短，因知这批型式不一的铜炮应最可能铸成于万历四十七年下半年，此事或呼应先前徐光启的建议。

万历四十七年九月，因辽镇请发各式火炮，兵仗局于是回奏称"神器已经试验，俱各堪用"，奉旨差官将炮星夜运解前去，这里所谓的"神器"或指的就是包含一门重达三千斤之"吕宋大铜炮"在内的新铸火炮。[21]当时负责解送数门铜炮出关的黄调焕，乃黄克缵的侄孙，但在辽东经略熊廷弼亲自试放时，其中一门重千斤者却当场炸裂无存。[22]

户科给事中官应震亦尝于万历四十八年的疏奏中提及此一铸铜炮之事，曰：

> 若火炮，则中朝虽有，而制造失传，击杀不多，唯是西洋夷人善造、善放，皆精妙有法。计一大炮铜重万斤者，可杀人无算。在岁癸卯，西洋人仅四百计耳，以用火炮，致我闽漳泉贩夫、贾子被歼于吕宋者四万。今西洋人潜住粤澳，实繁有徒，闽人尚多传得其法。戎政尚书黄克缵业捐多金，购闽人之善造者十数辈至京，同泰宁侯（农按：指总督京营戎政的陈良弼[23]）造炮于京营，已造成大炮一位，铜重三千斤。[24]

他指出西洋人所造的铜炮，大者重可万斤，在万历三十一年癸卯岁的吕宋惨案中，即有约四万（亦有作两三万）名居住在马尼拉的闽人，被为数仅四百的西班牙人以强力火炮杀害。[25]官氏并称有不少闽人曾自西班牙人习得铸铜炮之法。

相较于中国其他地区，闽南与菲律宾的往来既多且早。早在万历二年追剿

---

20 《明史》卷112，页3489—3491。《明熹宗实录》卷2，页16。黄克缵，《数马集》卷9，页33。王在晋，《三朝辽事实录》卷1，页18；卷3，页32。
21 《明神宗实录》卷586，页6。
22 《熊廷弼疏稿》卷5，页94。
23 《明神宗实录》卷583，页19。
24 程开祜，《筹辽硕画》卷38，页21—31。
25 张彬村，《美洲白银与妇女贞节：1603年马尼拉大屠杀的前因与后果》。

海贼林凤的事件中，双方官府即有所接触。其时，西人初占菲岛，物资供应颇赖每年来航的中国商船，而所载去的货物当中，除生活用品外，还包括火药和铁弹等军备物件，以及制造铜炮和弹药的原料。万历年间，马尼拉的华人（主要来自闽南）也一直维持在数千至三四万之谱，此一频繁的交往应提供"吕宋大铜炮"铸法传华的绝佳环境。[26]

福建道监察御史彭鲲化在万历四十七年的《通州兵哗幸定》一疏中，尝称："戎臣（农按：应指协理京营戎政的黄克缵）欲制吕宋炮，一可当万，闽中行之既效矣，此当速造以为中国长技。"彭氏在天启三年五月的奏疏中，亦有"吕宋火炮，闽中放之既效"句，指出在之前福建已有人成功仿铸并使用过"吕宋大铜炮"。[27]又，徐光启在天启元年曾指出广州有工匠曾在澳门打造大炮，二年九月，驻防厦门的总兵官徐一鸣因有荷船五艘入侵，亦曾"向洋商铁匠暂借铳器"，与夷船对打，知先前闽粤沿海确已有工匠掌握部分相关技术。[28]

虽然有学者认为该"吕宋大铜炮"乃后膛装填的佛郎机炮，[29]但由于黄克缵在前疏中将其与大佛郎机并称，显见两者不同。且万历四十七年黄氏曾要求南京兵仗局将所藏七八尺长的铜铸佛郎机二十门解京，[30]而他在该疏中并不曾使用"吕宋大铜炮"之名，故疑"吕宋大铜炮"或指的是前装滑膛的西洋大炮。尤其，天启元年李之藻所上的《奏为制胜务须西铳，乞敕速取疏》中有云：

> 香山噢夷商所传红夷大铳者，臣向已经营有绪，……则夫西铳流传，正济今日之亟用。……臣闻往岁经营亦曾仿造此铳，然而规制则是，质料则非，炼铸、点放，未尝尽得其术。[31]

内所称先前仿制之铳，或即黄克缵铸造的"吕宋大铜炮"，其"规制"与红夷

26　此段参见陈荆和，《十六世纪之菲律宾华侨》，页31—54；陈台民，《中菲关系与菲律宾华侨》，页87—136、169—171。
27　程开祜，《筹辽硕画》卷39，页18—22；沈国元，《两朝从信录》卷18，页41—42。
28　《徐光启集》，页612；曹学佺，《石仓全集》，湘西纪行，卷下，页51。
29　郭永芳、林文照，《明清间我国对西方传入的火炮火枪的制造和研究》。
30　程开祜，《筹辽硕画》卷29，页46。
31　韩霖，《守圉全书》卷3之1，页67—73。

大铳相同，但材料品质则远逊。

天启元年二月，兵部命守备黄调焕率新募之官兵两千余名援辽，[32]三月，后金陷沈阳，辽东经略袁应泰乃撤奉集、威宁诸军，力守辽阳，惟诸将均溃败，监军道高出等自城中遁逃，应泰亦自杀。黄克缵在前疏中所称这批"吕宋大铜炮"中最大者（重三千余斤），大概是元年二、三月间运至奉集的。黄氏引述败军之将高出和袁应泰的话，称这些炮曾分别毙敌七百余人或二千余人，此明显过于浮夸，否则辽沈之役亦不至于一败涂地。这批炮或因品质不佳，或因操作不得当，以致出现"随装随放，炮热药燃""连发炮热，装药即喷"等情形，袁应泰亦称"内府解发铜炮虽多，放辄炸裂"，[33]尤其，最大的三门当中就有两门膛炸。

综前所论，明末之人乃因欧洲国家的海权扩张而得见西洋大炮（本章中的炮或铳，除与佛郎机连用之外，均指前装滑膛型），闽人应早在万历初年即已经由与吕宋的交流而有所接触，此种炮同时也随着往来频繁的葡萄牙船而屡见于广东和澳门海域。[34]惟因西、葡两国自万历以后即未与中国发生严重的武装冲突，[35]故明人应是首从荷兰人亲历此种炮的威力，遂将欧洲各国所制造的前装滑膛炮铳称作"红夷炮"，而非因荷兰炮质量超绝或传华最早之故。虽然，万历末年福建工匠曾加以仿铸，但不论是炼铁或点放，均"未尝尽得其术"，以致未能在辽东战场上发挥作用。

二、天启元年解京的西洋制大炮

明末入华的传教士乃以耶稣会为主，他们为吸引当权者的注意，刻意选

---

32 《明熹宗实录》卷6，页25。
33 沈国元，《两朝从信录》卷6，页12、43；王在晋，《三朝辽事实录》卷4，页1。铜炮发射之后的管壁温度较铁炮为高，故为避免过热，应特别注意需间歇装放。
34 以1587年被英国劫掠的葡萄牙商船 São Felipe 号为例，船上即装备有五十门以上各种口径的西洋大炮。参见 Joseph Wheatley & Stephen Howarth, *Historic Sail: The Glory of the Sailing Ship from the 13th to the 19th Century*, plate 45.
35 葡萄牙人于嘉靖间在闽浙沿海与明军冲突时，乃使用后膛装填式的佛郎机炮。参见朱纨，《甓余杂集》卷5，页41—60。

派了一些较精通历算和兵学的会士来华,[36]并将相关知识传授给部分奉教的士大夫,故明清之际有许多天主教人士常以此两门西学闻世。而西方火炮的传入虽与对外接触最多的闽粤一带有密切的地缘关系,但亦颇赖教会中人的推波助澜。

最早引进中国的四门西洋制大铳,是在天启元年由奉教人士安排自澳门解京,其中一门曾运至宁远,并立下大功,关于这批炮的出处虽有西方文献叙及,但其说仍待详考。在《一六二五年耶稣会年度报告》中,尝指出袁崇焕在缔造宁远大捷时乃使用"从一艘在澳门附近出事的荷兰船上得来的几门大炮",惟此役发生于公历1626年2月,不知为何被纳入前一年的报告。又,耶稣会士何大化的《远方亚洲》(Ásia Extrema, 1644)以及卫匡国的《鞑靼战纪》(De Bello Tartarico Historice, 1654)中,亦因循此说,惟后者将毛文龙与袁崇焕两人张冠李戴了。[37]若这四门炮确实打捞自荷兰沉船,则有可能是出自1607年荷兰人在袭击澳门时所损失的一艘船。[38]

由于这批炮的传入在中国的土地上曾带动一场武器使用的重大变革,而先前相关的研究仍有许多待厘清的部分,故笔者在本节中将对其传华过程重做一详细梳理。

萨尔浒败战之后,以知兵闻名的徐光启,乃于万历四十七年九月晋职詹事府少詹事兼河南道监察御史,并管练兵事务,他遂起意自澳门引进西洋火炮以救亡图存。徐氏的奉教好友李之藻曾在天启元年四月十九日所上之《为制胜务须西铳,乞敕速取疏》中,叙及此一初次购铳和运铳的过程,曰:

> 昨臣在原籍时,少詹事徐光启奉敕练军,欲以此铳在营教演,移书托臣转觅,臣与原任副使杨廷筠合议捐资,遣臣门人张焘间关往购,至则粤禁方严,无繇得达,具呈按察司吴中伟,中伟素怀忠

---

36 本章所涉及各教士的生平事迹和姓名拼法,均请参见Aloys Pfister, *Notices biographiques et bibliographiques sur les Jésuites de l'ancienne mission de Chine, 1552-1773*; Joseph Dehergne, *Répertoire des jésuites de Chine de 1552 a 1800*.
37 金国平、吴志良,《镜海飘渺》,页71—85。
38 施白蒂(Beatriz Basto da Silva)著,小雨译,《澳门编年史》,页32。

045

耿，一力担当，转呈制按两台，拨船差官，伴送入粤。夷商闻谕感悦，捐助多金，买得大铁铳四门，议推善艺头目四人，与傔伴、通事六人，一同诣广，此去年十月间事也（原书天头注曰："始于庚申十月。"）。时臣复命回京，欲请勘合应付，催促前来，旋值光启谢事，虑恐铳到之日，或以付之不可知之人，不能珍重，万一反为夷虏所得，攻城冲阵，将何抵当，是使一腔报国忠心，反启百年无穷杀运，因停至今，诸人回粤，臣与光启、廷筠，惭负夷商报效之志。[39]

李之藻和原任江西按察司副使的同教友人杨廷筠当时均于家乡杭州丁忧，在徐光启的请托之下，两人遂共同捐资，并遣李氏的门人张焘（字维炤，浙江钱塘人，教名弥额尔）至澳门购求。[40]

徐光启在天启元年致鹿善继的私函中称这四门炮原价系"澳中夷商买以助军"，故他建议："候到日验果奇异，应并张焘盘费银两，俱补还之。"但在其天启七年所撰的《疏辩》一文中，则曰："至远购西洋大炮四位，内阁刘是翁（农按：大学士刘一燝，号是菴）议欲给价，问职几何，职对言约得四百金，当于存剩银内取用，为职请告，至于今分文未给也。"[41]由于万历中金一两可当银七八两，崇祯中则已至十两，知此四门炮所值之约四百金，即徐光启所言之银四千两。[42]

查明季品质最好的建铁（福建生产）每斤约值一分二厘，虽然一门三四千斤大铁铳的材料仅值四五十两，但西方精铸的大炮则属"不议价"之神器。[43]如

---

39 转引自韩霖，《守圉全书》卷3之1，页67—73。
40 方豪，《孙元化手书与王徵交谊始末注释》；《徐光启集》，页180。
41 《疏辩》一文撰写的目的在回应天启五年五月贵州道试御史智铤的论劾，当时阉党智铤抨击徐光启练兵无非是"骗官盗饷之谋"。思宗登基后旋即逮治阉党，故徐氏在七年十二月复礼部右侍郎原职，知此文应撰于之前。而文中所称金国遣方金纳见辽东巡抚袁崇焕一事，发生在六年十月（《明熹宗实录》卷79，页20），此乃时间之上限。又，行文中有"至丙寅正月寇破矣"句，如《疏辩》撰于天启六年丙寅岁，应会用"今年正月"才对，因知此文最可能撰于天启七年。梁家勉在《徐光启年谱》中误系于五年（页154—155）。参见《徐光启集》，页210—218、612。
42 钱泳，《履园丛话》卷1，页31。
43 茅元仪，《石民四十集》卷55，页2；卷67，页17。

根据1620年英国东印度公司的资料，在估算大炮的价值时，每100磅铁计价1.34英镑（此为英国市价的2.3倍），合银5.36两，[44]此较当时中国的铁价贵近五倍。若这四门铁铳乃为各重4000磅的大蛇铳（讨论见后），则总共约值八百五十八两。澳中夷商声称这四门炮原价四千两，虽然当地的炮价或与英国不同，但很可能还是有意夸大了捐赠的价值。

当时明廷对澳门的戒备颇严，此因万历四十四年沈㴶掀起南京教案之后，天主教遭严禁，[45]而澳门是天主教会对中国传教的根据地，加上澳门开始兴建炮台等防御工事，益发引起明廷的疑惧，遂于四十五年将广州海防同知移镇至邻近澳门的雍陌营（位于澳门与香山县城间），并会同负责守卫广州府海域的南头寨钦依把总，加强对葡萄牙人的防范查察。翌年，两广总督许弘纲（万历四十五年三月至泰昌元年八月任）[46]和广东巡按御史王命璿且议废雍陌营，改在离澳更近的香山寨设参将府。[47]

由于张焘乃在籍的李之藻所私遣，非官方正式的委派，以致因"辔禁方严"，而"无繇得达"。张焘只得商请其师李之藻的同年吴中伟协助。[48]吴氏，浙江海盐人，万历四十七年九月任广东按察使，天启元年二月升右布政使。虽然按察使乃该省司法及监察方面的最高长官，但因购炮一事与其职事无关，吴氏遂代为转呈制台（指泰昌元年八月至十二月任两广总督的陈邦瞻）及按台（指广东巡按御史王命璿）处理。[49]

陈邦瞻与李之藻、吴中伟同为万历二十六年进士，但李、吴的关系或较李、陈密切，否则张焘应可直接请托位阶较高的陈邦瞻。或因受到李之藻的影响，在该科的同年当中不乏与传教士往来者，如祁光宗尝与李之藻同跽利玛窦

44　Stewart, *The English Ordnance Office 1585-1625*, p. 73; M. Paske-Smith (ed.), *History of Japan, Compiled from the Records of the English East India Company at the Instance of the Court of Directors by Peter Pratt, 1822*, I: 336-337, 460.
45　张维华，《南京教案始末》。
46　下文中有关两广总督的任期，均参见吴廷燮，《明督抚年表》，页667—669。
47　《明世宗实录》卷550，页4—5；《明神宗实录》卷576，页7—8；戴裔煊，《〈明史·佛郎机传〉笺正》，页102—106。惟戴氏或不知"钦总"为钦依把总之简称，故误以"钦总官"为"总兵官"之讹。钦依把总乃指各将官自行推用之把总，其设置的原意在赋予官用人之权。又，戴氏误指王命璿在万历四十五年设参将府于雍陌营。
48　本文中各科进士名录均请参见李周望辑，《国朝历科题名碑录初集》。
49　《明神宗实录》卷586，页6；卷593，页9。《明熹宗实录》卷6，页22。

所制的《坤舆万国全图》；张维枢和吕图南均曾与利玛窦和艾儒略往来，并广读西士所撰之书，张氏还撰有《利玛窦行实》（法国国家图书馆藏）；姚永济则曾考订校刻熊三拔的《泰西水法》（徐光启笔记、李之藻订正）。[50]

至于时任广东巡按御史的王命璿，福建晋江人，与徐光启同为万历三十二年进士。在其同年当中，也有许多人对西学西教相当友善，此一态度或亦受徐氏的影响，如樊良枢尝序李之藻的《浑盖通宪图说》；万崇德、刘廷元、张萧、李养志、李凌云、杨如皋、张键均曾考订校刻《泰西水法》；黄鸣乔等十一人为李之藻于万历三十一年担任福建乡试主考官时所取之士，其中黄鸣乔尝撰有《天学传概》一书，简述天主教传华之历史；刘胤昌、周炳谟和王家植均序利玛窦的《畸人十篇》；周炳谟和姚士慎且曾参与考校利玛窦口授的《几何原本》；王家植并在《畸人十篇》的序中称是在徐光启的引介之下而认识利玛窦。[51]

依照《一六二一年耶稣会年度报告》的记载，当时除了张焘以外，孙学诗（教名保禄）亦随同赴澳处理此事。孙学诗，云南楚雄人，万历二十二年中举，其兄学易是杨廷筠万历二十年的同科进士。[52]学诗曾于四十七年九月以礼部司务的职衔上《庙谟宜出疏》，大胆建议久不上朝的万历皇帝能"于一月内卜一二日，于一日内卜一二刻，出御文华殿，吐紧关数语"。疏中更为甫任少詹事的徐光启大抱不平，称政府既要他担重责管理练兵事务，却又吝于授予他御史之衔，且称徐已担任了十六年词臣，竟然还无缘进入九卿之列。孙氏在疏中也对用炮和城守提出一些看法。[53]孙学诗当时很可能是经由徐光启的安排而赴澳，但其身份仍非官方的正式代表。[54]

崇祯三年，"濠镜奥议事亭西洋商舶臣委黎多"尝上《报效始末疏》，中称：

适万历四十八年东奴猖獗，今礼部左侍郎徐光启奉旨练兵畿

---

50 第七章。
51 第七章。
52 孙学诗曾以"后学"的自称撰述《圣水纪言》一书，记杨廷筠在杭州与人辩道的对话。又，该书的校订者为张文焘，方豪疑文焘即张焘之字。参见方豪，《中国天主教史人物传》上册，页132。
53 崇谦等修，《楚雄县志》卷9，页13；程开祜，《筹辽硕画》卷29，页11—14。
54 此段参见方豪，《明末西洋火器流入我国之史料》。

辅，从先年进贡陪臣龙华民等商确（农按：通"榷"），宜用大铳克敌制胜，给文差游击张焘、都司孙学诗前来购募，多等即献大铳四位及点放铳师、通事、傔伴共十名，到广候发，比因练军事务暂停，大铳送至京都，铳师人等仍还归粤。[55]

知在澳门教会的协助之下，夷商于1620年共捐购了四门大铁铳，并由张焘和孙学诗雇请葡籍铳师四人以及傔伴（指侍从或仆役）、通事（指译员）六人负责解运。泰昌元年十月，这批人、炮自澳门抵达广州，但地方官员却不准外籍铳师入境。

在委黎多《报效始末疏》中所叙述之事，有部分仍待确认，如龙华民于南京教案后即远赴陕西一带活动，至天启元年始返京，故他很难与徐光启商榷引进大铳之事，此疏或是为了彰显在华的天主教会，而硬将此一贡献加在时任北京耶稣会会长（1623—1640年间任）的龙华民身上。再者，张焘和孙学诗在解铳之时均只被临时授予加衔守备，而疏中所则为其崇祯三年的官衔。

依照李之藻前疏中的说法，在此四门大铳运至广州时，他本欲奏请将炮紧急解京，但因天启元年二月徐光启练兵事竣，虽奉旨以少詹事协理詹事府事，但旋告病往驻天津。李之藻担心"铳到之日"或以付之不可知之人，不能珍重，万一反为夷虏所得，攻城冲阵，将何抵当？是使一腔报国忠心，反启百年无穷杀运"，只得命张焘将炮暂置于江西的广信府。[56]

天启元年三月十三日，沈阳陷，二十一日，辽阳亦被攻破，自此辽河以东尽为后金所有。甫服阕复官的李之藻，本于二十二日被任命为广东布政使司右

---

[55] 笔者先前以委黎多或即当时驻澳门的中国区主教 Diogo Correia Valente（1568—1633）之译音，然经两位评审指出，委黎多乃职名。当时的澳门议事会包括两名普通法官（juiz ordinario）、三名由居民选举产生的议员（vereador）和一名理事官（procurador），但因早期的理事官常由市议员之一兼任，故中文文献的委黎多（原应为vereador之译音）也常指的是理事官。据乾隆《澳门记略》，理事官的执掌为："掌本澳蕃舶税课、兵饷、财货出入之数；修理城台、街道。每年通澳金举诚朴殷富一人为之。……凡郡邑下牒于理事官，理事官申呈禀上之郡邑，字遵汉文，有蕃字小印，融火漆烙于日字下，缄口亦如之。"参见韩霖，《守圉全书》卷3之1，页86—91；印光任、张汝霖著，赵春晨校注，《澳门记略校注》，页152—153。

[56] 此段参见《徐光启集》，页218；梁家勉，《徐光启年谱》，页121—136；韩霖，《守圉全书》卷3之1，页67—73。

参政，但还未及到职，即因局势紧张，而于四月八日改授光禄寺少卿、管工部都水清吏司郎中事，十五日，更奉旨调度京师十六门城楼军器。至于徐光启，也因此于十八日被急召入京，抱病复官，襄理军务。[57]

为因应从萨尔浒以至辽沈之役的接连战败，明廷虽已赶造了大量的传统火器，[58]但在徐、李两人的心目中，只有引进西方的大炮与兵学才足以救亡图存。天启元年四月十九日，李之藻因此上《为制胜务须西铳，乞敕速取疏》，文中首先强调西洋大炮的威力，称：

> 万历年间，西洋陪臣利玛窦归化献琛。……臣尝询以彼国武备，……其铳大者长一丈，围三四尺，口径三寸，中容火药数升，杂用碎铁、碎铅，外加精铁大弹，亦径三寸，重三四斤。弹制奇巧绝伦，圆形中剖，聊以百炼钢条，其长尺余，火发弹飞，钢条挺直，横掠而前，二三十里之内，折巨木，透坚城，攻无不摧，其余铅铁之力，可及五六十里。其制铳或铜、或铁，煅炼有法。每铳约重三五千斤，其施放有车、有地平盘、有小轮、有照轮，所攻打或近、或远，刻定里数，低昂伸缩，悉有一定规式。其放铳之人，明理识算，兼诸技巧，所给禄秩甚优，不以厮养健儿蓄之。似兹火器，真所谓不饷之兵、不秣之马，无敌于天下之神物也。

李之藻在此文中所称长一丈，口径三寸，使用重三四斤铁弹的炮，应为鹰隼铳（saker）之属，惟该炮重仅两千斤左右，而非三五千斤，且射程约1.3千米，也绝无法远达数十里。至于所提及之炮弹，应为分弹（jointed cross bar shot），又名横弹，此弹乃由两半球所组成，各有一钢条为柄，中用铁环链结在一块，"装时以细绳轻缚，放时则横开向前"。[59]

李之藻还在疏中指陈招募夷目以习学操作之术的重要，称：

---

57 梁家勉，《徐光启年谱》，页135—137。《明熹宗实录》卷8，页16；卷9，页13—14、20。
58 如在万历四十六年至天启元年的短短三年间，即铸造了各式大将军炮一千一百三十四位、灭虏炮一千五百三十位、虎蹲炮六百位等重型火炮。参见《明熹宗实录》卷20，页11—12。
59 汤若望授，焦勖述，《火攻挈要》卷上，页24；H. L. Peterson, *Round Shot and Rammers*, p. 26.

> 此秘密神铳，虽得其器，苟无其人，铸炼之法不传，点放之术不尽，差之毫厘，失之千里，……必须每色备致数人，以防意外乏绝之虞。相应行文彼中制按，仍将前者善艺夷目诸人，招谕来京，大抵多多益善。合用饷饩，原议夷目每名每年安家银一百两，日用衣粮银一百三十六两，余人每名每年银四十两。……忆昔玛窦伴侣尚有阳玛诺、毕方济等，……大抵流寓中土，其人若在，其书必存，亦可按图揣摩，豫资讲肄。

查当时徐光启在练兵时，将军士分成队兵、锋兵、壮士和上士四个等级，其中习炮术的上士，若能操炮"于三五百步外，立的命中，又装打迅疾，连中数次"，薪饷最高可增至每日二钱，此种上士每年还另给安家银十两。两相比较，知傔伴的年俸尚不及上士的六成，但所拟给夷目的待遇则不逊于正三品官（每年的俸给约折合银一百三十五两）。[60]又，在一艘十七世纪初葡萄牙至东印度的商船上，每名 gunner（或即铳师）的年俸通常约合四十六两，而船上唯一的master-gunner（应相当于带队的夷目）可拿一百十一两，每名page（相当于傔伴）则为二十一两，此外，他们还均可有相当于薪俸二至五倍的红利与外快，故原议给葡人的薪饷相较之下并不过分。[61]

徐光启接着在四月二十六日上《谨申一得以保万全疏》[62]，称：

> 今京师固本之策，莫如速造大炮。……今欲以大、以精胜之，莫如光禄少卿李之藻所陈与臣昨年所取西洋大炮。欲以多胜之，莫如即令之藻与工部主事沈荣等鸠集工匠，多备材料，星速鼓铸。欲以有捍卫胜之，莫如依臣原疏建立附城敌台，以台护铳，以铳护城，以城护民，……盖其法即西洋诸国所谓铳城也。臣昔闻之陪臣利玛窦，后来诸陪臣皆能造作，闽广商民亦能言

---

60 《徐光启集》，页184—185。李东阳等撰，申时行等重修，《大明会典》卷39，页3。
61 参见 C. R. Bocxer, *The Tragic History of the Sea, 1589-1622*, p. 275. 此处的换算标准为1英镑＝4两＝1.04密尔雷斯（milreis）。
62 《徐光启集》，页175—177。

之。而刑部尚书黄克缵、浙江按察使陈亮采知之尤悉。亮采遗书克缵，又展转致书于兵部尚书崔景荣，力主此事当在亟图，亦非独臣一人知之、言之也。

徐光启在文中主张应"多造大铳，如法建台"，认为此乃"真国家万世金汤之险"，并建议可由李之藻和沈㴶等仿制西洋大炮。他更强调西洋传教士均拥有相关专业知识，而"知之尤悉"的陈亮采，亦曾就此致书前后任的兵部尚书黄克缵和崔景荣。徐氏在此疏中尝试说服皇帝以西法造铳建台已成为大家的共识，并营造西士可用的气氛。二十九日，奉旨："这城守台铳，既确任有济捍卫，着该部会同议行……"

前疏中所提及的陈亮采为晋江人，万历二十三年进士，曾于四十七年二月担任广东布政司参政，天启元年三月始升浙江按察使，[63]并尝为耶稣会士庞迪我的《七克》撰序。李之藻于元年三月曾被发表为广东右参政，或即接任陈亮采调升后的遗缺，但李氏似未到职。

至于万历八年中进士的黄克缵，亦为晋江人，其同年当中至少已知有李本固、王应麟、谢台卿、陈予贞、李汝华等人曾与利玛窦往还。在崔景荣万历十一年同科的进士当中，也有朱国祚、叶向高、王佐、郭正域、汤显祖等人曾与利玛窦交往，而张问达亦尝序耶稣会士金尼阁的《西儒耳目资》。沈㴶则是徐光启于万历四十一年会试时所取之士，该科的考官（如叶向高）与进士（如鹿善继、孔贞时、周希令、王应熊、朱大典、李天经、徐景濂、冯铨等）当中，亦不乏对西学西教友善之人。[64]

在明朝对抗后金的战争中，户部的新饷司（专理辽东的军需和兵饷）、兵部的职方司（负责镇戍、简练、征讨等事）、工部的虞衡司（掌军器和军装等事）及都水司（掌水运及舟车等事）等单位，因提供最主要的行政和后勤支援，故被认为是"皆当与辽事始终"。[65]

而在明廷引进西洋大炮的初期，我们可以发现前述这些单位的主事官员当

63　《明神宗实录》卷579，页2。《明熹宗实录》卷8，页11—12。
64　此段参见林金水，《利玛窦交游人物表》；第七章。
65　《明熹宗实录》卷7，页7。

中，常可见到与天主教会关系密切者，如天启元年四月督演火器的沈棨，时任工部监督盔甲厂、虞衡司主事，稍后，转任兵部职方司主事，旋以丁外艰归，七年五月，因"曾被参论，况居家与至亲（指其叔父沈㴶？）相忤，居官岂能尽忠"，而被阉党削籍为民。[66]天启元年四月起，担任监督军需、光禄寺少卿、管工部都水司郎中事的李之藻，于二年三月升为太仆寺少卿，仍管工部都水司郎中事，三年二月外放为南京太仆寺少卿，旋告归。[67]孙学诗至少在二年十一月至三年四月间，曾任兵部职方司员外郎。鹿善继从泰昌元年九月起接掌户部新饷司，至天启二年始转任兵部职方司主事，而徐光启为鹿氏登进士时的房师，鹿善继尝称己所受的师恩在"风尘格套"之外。[68]

天启元年四、五月之交，徐光启私下致函鹿善继曰：

> 今所急者，宜速遣一使，取广中四铳。此原系澳中夷商买以助军，志向可嘉。原价四千两，候到日验果奇异，应并张焘盘费银两，俱补还之。又宜急遣二三人速至广东，征取原来十人，再加十人，共二十人，并买全身盔甲数副、精利兵器各数件，广府工匠曾在澳中打造者，亦调取一二十人，星夜赴京。此中仍宜预备红铜、锡、铁等，以便制造。……其差去员役，要与夷商一同赴京，须令我存自行选择。夷目等人数不多，所议粮饷等既系彼中定额，当悉如其数。当年安家等银及在途盘费、买办甲仗价值，宜于广东布政司支取新饷给发。至陪臣杨（阳）玛诺、毕方济等，……博涉通综，深明度数，若能访求到来，……商略制造，兼能调御夷目……[69]

徐氏建议鹿善继稍后应补还澳门夷商所捐的购铳费用四千两以及张焘自费的盘缠，并在原先运解四门大铳至广州的十名澳人之外，再加聘十人运铳入京。至

---

66 《明熹宗实录》卷9，页10；卷84，页5。沈演，《止止斋集》卷61，页2—3。刘沂春修，徐守刚纂，《乌程县志》卷6，页22—24。罗愫、杭世骏等修，《乌程县志》卷6，页23。
67 《明熹宗实录》卷9，页13—14；卷20，页12；卷31，页5。方豪，《李之藻研究》，页202—205。
68 《明熹宗实录》卷1，页29；卷6，页6；卷23，页8；卷28，页17；卷25，页6；卷33，页23。陈铉编，《鹿忠节公年谱》卷上，页7。
69 《徐光启集》，页612。

于解运的官员，则应由李之藻自行挑选。

此外，徐光启还建议宜将运送大炮和雇用炮手等花费，直接由广东布政司从所征收的辽饷中给发。此因明政府曾于万历末年三度加派辽饷，以应付因对抗后金而不断暴增的军费。至四十八年三月为止，每亩田地即已征缴共九厘之多，仅广东一地就分派了二十三万余两，[70] 而此新增的辽饷乃由各省布政司征收，再上缴至鹿善继所负责的户部新饷司统筹运用。

天启元年五月初一日，兵部尚书崔景荣上《为制胜务须西铳，敬述购募始末疏》，称：

> 加衔守备张焘，间关万里，捐资曲致，已取四铳到江西广信府，臣部便马上差官，同加衔守备孙学诗勒限一月，搬运入都。到日验之果效，就其原价盘费，倍数偿补。再移咨广中巡抚诸臣，征取原来善制火器数人，并盔甲兵器数件。广有工匠曾在粤中打造者，亦调二十余人，星夜赴京。此中仍豫备铜、铁物料，以便制造。……差出员役，与粤工同来，寺臣谓阮泰元者素习西情，可使也。所议粮饷……宜于广东布政司支取新饷给发。……西洋陪臣阳玛诺、毕方济等，皆博涉通综，深明度数，并饬同来，商略制造，兼以调御诸工，……少詹事徐光启疏请建立敌台，其法亦自西洋传来，……实有灼见，急宜举行。[71]

初四日，奉旨："是，敌台著工部速议奏。"崔景荣疏奏中的许多做法甚至用字遣词，均与徐光启致鹿善继的私函雷同，想必亦是采用了徐氏的建议。而受命将大铳运京的孙学诗以及阮泰元，应即是光禄寺少卿李之藻（即引文中的"寺臣"）推荐的。

五月初九日，徐光启上《台铳事宜疏》，称：

---

70 杨永汉，《论晚明辽饷收支》，页50—56。
71 《徐光启集》，页181—183。

> 造台之人，不止兼取才守，必须精通度数，如寺臣李之藻尽堪办此，故当释去别差，专董其事。……然此法传自西国，臣等向从陪臣利玛窦等讲求，仅得百之一二。……之藻所称陪臣毕方济、阳玛诺等，尚在内地，且携有图说。臣于去年一面遣人取铳，亦一面差人访求，今宜速令玛窦门人丘良厚见守赐茔者，访取前来，依其图说，酌量制造，……至若兴造之费，臣与部臣王佐、寺臣李之藻、缮司（农按：指负责营造城垣的工部营缮司）臣王国相等略一商榷（农按：通"权"）。[72]

具体建议应速令利玛窦的门人丘良厚访求耶稣会士阳玛诺、毕方济等人来京。徐光启亦于此月致函李之藻，称造铳建台之事若得"泰老（指工部尚书王佐，号泰蒙）主之，仁兄佐之"，将有机会完成此一"万世之计"。[73]

由于军情紧急，十一月，协理戎政李宗延奏称：

> 查戎政府库贮尚有科道赏剩及臣等撙节公费银两约一万五千余金，趁此三军罢操，动支制办火车、火器，以备战守，委不可缓。因荐原任副将王弘爵、旗鼓官王好贤、游击朱腾擢，见任坐营周基命、副将鲁钦堪委，及刑部尚书黄克缵吕宋大炮、都指挥使张懋忠铁铳车、雷州府海康县有红毛番大炮二十余位、肇庆府阳江县有东南夷大炮二十余位，俱堪取用，或一概制造。[74]

亦即，除了正在解京的四门西洋大铳外，他还建议应取用先前黄克缵所铸的吕宋大铜炮和张懋忠所制的铁铳车，以及在海康和阳江的西洋大炮（详见后）。

虽然从前引徐光启的私函或崔景荣的奏疏中，我们知道此四铳于天启元

---

72 徐光启，《徐氏庖言》卷3，页15—18。虽然较通行的《徐光启集》中亦有此文，但因该书所收录之此疏中有少数文字讹误，故改用《徐光启著译集》本（下同）。
73 《徐光启集》，页456—466。
74 此段文字颇易误读，如错认张懋忠的职衔为"吕宋大炮都指挥使"，其中朱腾擢、周基命、鲁钦、张懋忠等人之事迹，亦可见于实录。参见《明熹宗实录》卷16，页21；金国平、吴志良，《镜海飘渺》，页72。

年五月时仍在江西广信府，并由张焘照管，而孙学诗被勒限在一个月之内将其搬运入都，但据十二月丙戌的《明实录》中所载："先是，光禄寺少卿李之藻建议，谓城守火器必得西洋大铳，练兵词臣徐光启因令守备孙学诗赴广，于香山嶴购得四铳，至是解京，仍令赴广取红夷铜铳，及选募惯造、惯放夷商赴京。"[75]知整个解运任务耗时要比预期长得多。此或与沈㴶和徐光启两人的升黜攸关，因一贯反教的沈㴶已于七月晋礼部尚书兼东阁大学士，但从头推动此事的徐光启则于八月因与崔景荣意见不合（详情待考）而遭人疏劾，并请告回籍。[76]

笔者近在韩云（徐光启门生，天主教徒[77]）的《战守惟西洋火器第一议》中新发现更多解铳过程的细节，其文有云：

> 神庙时，辽事坏，先师练兵昌平，始议购西铳、建敌台，同志我存李同卿总理都城十六门军需，亦首议取西人西铳，两先生岂漫然为此，盖灼见此铳之利，排众议捐己资于粤澳，购得大铳四门、铳师十人乃行，或止之，旋令铳师回澳，止取大铳来京，中途资竭，二门存留广信，其来京者，后为经臣所请，奉旨先发一门出关，厥后宁远之役，用以歼奴一万七千人，封为"安边靖虏镇国大将军"者，即四铳中之第二位也。迨虏警日闻，而存贮广信者，始奉旨催取来京，使当时事不中阻，人铳俱来，逆奴未必不闻风宵遁也。[78]

由于韩云以"先师"称呼徐光启，知此文应撰于崇祯六年徐氏卒后。又，李之藻虽于天启元年四月奉旨以光禄寺少卿管工部郎中事，调度京师十六门城楼军器，然因韩云撰文之时李氏已过世，故韩云遂以其死前所担任的官衔太仆寺卿

---

75 《明熹宗实录》卷17，页18。
76 《明熹宗实录》卷11，页20。梁家勉，《徐光启年谱》，页140—145。
77 有关韩云、韩霖一家奉天主教的讨论，参见黄一农，《明清天主教在山西绛州的发展及其反弹》。
78 韩霖，《守圉全书》卷3之1，页105—111。

（别名冏卿）称之。[79]

据韩云的陈述，此四门大炮中的两门乃由张焘先自费运抵京师（在天启元年五月之后），其一因"经臣所请"，先发出关，[80]遂得以在六年正月的宁远之役中建立奇功，另两门则因经费不足，至元年十二月始由孙学诗取回，而孙学诗旋即被派返广东解送李宗延前疏中所提及的红毛番大炮，并选募葡籍铳师赴京。由于孙学诗乃由奉旨练兵的徐光启所指派，而张焘则是丁忧在籍的李之藻所私遣，故在《明实录》中遂将四铳解京之事全归于孙学诗，而未提及张焘之名。

至于将四门大炮中的第二门运至辽东的"经臣"，应指的是辽东经略熊廷弼（天启元年六月任，二年二月削职），或因其在五年八月遭弃市，并传首九边，故前文中乃隐讳其名。查二年正月熊廷弼在广宁大败后仓皇奔逃入关，故该炮当时较可能置于山海关附近，否则恐不及保存至宁远大捷时。再者，宁远也要到天启三、四年间，才改修成一重镇。[81]

天启二年，徐光启在《与吴生白方伯》一函中称：

> 近闻红毛聚众，欲劫取濠镜，若此夷得志，是东粤百年之患，亦恐祸不仅在越东也。颇闻当事发兵救援，此保境安民之长策，不烦再计。但恐兵力、舡器非红夷对，宜推犇众为锋，而吾接济其粮糒军资，斯万全矣。仰借鼎力，所致西洋大炮四位，业已解到，此歼夷威房第一神器，但其用法，尚须讲究耳。[82]

---

[79] 据方豪的研究，李之藻乃于天启三年告归，崇祯二年，因徐光启荐，遂以修历事起补，翌年卒，惟方豪并未明确指出李氏最后之官衔。查郑以伟有《送李我存太仆以修历被召起，并讯徐玄扈宗伯，徐与太仆同与历事》七律一首，知李之藻起补时是复原官太仆寺卿，而其时徐光启（号玄扈）任礼部侍郎（天启七年十二月至崇祯三年六月间），故称宗伯。参见陈济生，《启祯遗诗》卷5，页363；方豪，《李之藻研究》，页4—5、202—208；梁家勉，《徐光启年谱》，页158—181。
[80] 在《一六二二年耶稣会年度报告》中，亦称其中三门留在京师。且徐光启在天启七年复友人的信中，也尝称："仅得一二大炮置之边城。"参见金国平、吴志良，《镜海飘渺》，页70；《徐光启集》，页476—477。
[81] 刘谦，《明辽东镇长城及防御考》，页56—58。
[82] 徐光启，《徐氏庖言》卷4，页19—20。

生白为吴中伟的字,他历任广东各省级官员,天启元年九月,升左布政使,而方伯即左右布政使之别名。[83]由于吴中伟先前担任广东按察使时,曾协助张焘等取铳,故徐光启在四门大炮均解京之后特地函告。至于前引文中所称荷兰攻打澳门一事(详见后),实际发生在二年五月,但徐氏修书时,已有风雨欲来之势。

由于自南京教案爆发之后,传教士纷遭驱逐入澳或藏匿在教徒家中,徐光启和李之藻等人在引进西洋大炮的过程中,遂因此不断强调耶稣会士拥有相关知识,甚至称他们"皆能造作"。但由于教士们对兵学并不专精,此一宣传策略引发教会内部不少反对的声音,李之藻遂尝试说服曰:

> 苟有以军事相委者,请勿急,当如制衣者之用针,迨线既穿过,布已成衣,针即无用,军职之衔,不妨以针视之。但使君等能借帝命公然入华,则此后自可放下刀剑,换上笔墨,以著述代从军,乃可以破迷信而传真教。[84]

毕方济、龙华民和阳玛诺等耶稣会士因此于天启元年分别从内地和澳门入居北京。邓玉函、金尼阁、曾德昭等稍早潜入中国的教士,也因此能走出地下。西洋大炮的引进,实质上为传教士提供了一个突破教禁的绝佳护身符。

三、独角兽号上火炮的捞寻

由于边事日益紧张,天启朝觅求西洋火炮的努力因此未曾间断。但澳门却因其本身的铸炮工业还在发展初期,且荷兰与英国的威胁迫近(见后文),而无法持续提供明廷新型的大炮,于是广东沿海所打捞出的欧洲沉船大炮遂成为众人的焦点。据笔者在2004年3月的实地考察,今北京尚存四门镌有英国东印度公司盾形徽章之古炮,形制十分相近,其中三门在故宫的午门外左掖门前,

---

83 《明熹宗实录》卷14,页3。
84 方豪,《明末西洋火器流入我国之史料》。

为中国国家博物馆所有，另一门归中国人民革命军事博物馆。目前仅有一门还可辨识炮身的阴刻文字为"天启二年总督两广军门胡/题解红夷铁铳二十二门/第一门"，惟从文献中所记，知其他各炮早先亦可辨出"第六门""第十四门"和"第二十一门"等字样，这应就是由两广总督胡应台（泰昌元年十二月至天启四年二月间任）解京的第二批西洋制大炮。[85]

笔者在查考与英国东印度公司相关的档案后，发现这些炮很可能是其所属700吨（亦有作800吨）级商船独角兽号（Unicorn或Unithorne）上的配备，该船大约是在1615年左右抵达东南亚，应是当时东方海域中最大的欧洲船只之一。[86]1619年，荷兰东印度公司的总督库恩在重建的巴达维亚（Batavia）城设置荷属东方帝国的总部。这年，荷兰和英国签订和约，结束双方多年的武装冲突，并决议共同垄断对日贸易，以日本平户（Hirado）为基地，合作对抗西、葡两国，当时葡萄牙的王位乃由西班牙国王菲利普三世兼领。稍后，荷、英两国的东印度公司更宣布成立联合的防御舰队（Fleet of Defence），迎头痛击任何遭遇的西、葡船只，并掳掠所有往来马尼拉的中国船，希望能因此切断或打击西葡帝国的经济命脉。

儒略历1620年4月27日（一称26日），[87]独角兽号与皇家詹姆士号（Royal James，又名James Royal）一同自万丹出发，沿中国海岸航向平户，两船准备在那里修整且加强武装（知该船之火力或较防御舰队其他同型船只稍弱）。库恩稍后在文件中亦称英船伊丽莎白号（Elizabeth）和荷船哈瑞林号（Harelem）将在日本五岛（Goto）列岛附近巡航，攻击任何航向长崎的敌方船只，而英船布尔号（Bull）和荷船胡培号（Hoope）则将封锁澳门附近海域，其中伊丽莎

---

85 张小青，《明清之际西洋火炮的输入及其影响》，页64—65；周铮，《天启二年红夷铁炮》。但先前一直理不清究竟还有几门。
86 William Foster (ed.), *Letters Received by the East India Company from Its Servants in the East Transcribed from the 'Original Correspondence' Series of the India Office Records*, IV: 255. 此书凡六册，记1602至1617年英国东印度公司事，其中颇多涉及独角兽号的记载。
87 十七世纪时，欧洲各国行用的历法相当混乱，如英国用儒略（Julian）历，西班牙和葡萄牙则采格勒（Gregorian）历，前者早后者十天。至于荷兰则是一国两制，Brabant, Zeeland, Holland（东印度公司总部阿姆斯特丹所在）等地用格勒历，但 Gelderland, Utrecht, Overijssel, Friesland, Groningen 等地则用儒略历。又，英国当时乃以"天使报喜节"（Lady Day；3月25日）为岁首，惟在1622年荷英两国联合的防御舰队中，英国则权宜与荷兰同采元旦为岁首。参见 Pasek-Smith (ed.), *History of Japan*, I: 51-52.

白号在从澳门至平户途中，就于澎湖海域虏获了一艘葡萄牙商船。[88]

独角兽号即是在此一英荷与西葡大对抗的氛围之下，出发前往日本，却因遭逢"有史以来最强"的飓风，而被吹到广东沿岸触礁，意外成为第一艘到达中国的英国东印度公司商船。至于该船沉没的确切时地和船上人员的遭遇，则说法不一，有称沉在Tympaon（此即电白县的音译，位于澳门西南西方约240千米处），亦有称在Macojo岛（其地待考，为澳门的另一译音？）旁，也有仅概略称在澳门附近。而船沉的时间，或作儒略历1620年6月2日（合万历四十八年五月十二日），或指6月22日，或概称是6月底。在全船均获救后，他们向当地居民购得两艘小船，其一载运三十人者，旋遭葡萄牙人劫往澳门（亦有称其是自愿前往），另一载运五十人者，则在抵达暹罗的北大年（Pattani）后，安返爪哇的巴达维亚。[89]

先前学界对北京现存的四门英国东印度公司的船炮所知有限，不仅不知其原属之船只，亦不详打捞的过程。很幸运地，有关独角兽号海难事件的较具体叙述，新近发现于南京户部员外郎邓士亮在崇祯初年所上的《粤东铳略揭》中，[90]其文指出"万历四十八年，有红夷船追赶澳夷船，遭飓风俱沉阳江县海口"，并称两广总督许弘纲旋即指派时任肇庆府推官的邓士亮星驰赶赴阳江处理。

据区大伦为万历、天启间《阳江县志》所撰之序，称修志的邓士亮"司理端郡，来摄海防，兼署邑政"，[91]而邓氏亦尝向友人抱怨曰：

---

88 此段以及英荷联盟之事，均请参见 W. Z. Mulder, *Hollanders in Hirado, 1597–1641*, pp. 110–113; Paske-Smith (ed.), *History of Japan*, I: 332–345, 412; Samuel Purchas, *Haklvytvs Posthumus or Pvrchas His Pilgrimes*, V: 146.
89 此段叙事乃以英国东印度公司的档案为较可信之史料，参见 Purchas, *Haklvytvs posthumus or Pvrchas His Pilgrimes*, V: 146; William Foster, *The English Factories in India 1618–1620*, p. 266; Peter Mundy, *The Travels of Peter Mundy, 1608–1667*, Ⅲ.1: 141–142, 156; W. Noel Sainsbury (ed.), *Calendar of State Papers, Colonial Series, East Indies, China and Japan, 1617–1621*, pp. 368, 381, 397, 401, 404, 461–462; Anthony Farrington, *The English Factory in Japan, 1613–1623*, I: 807; Edward Maunde Thompson (ed.), *Diary of Richard Cocks: Cape-merchant in the English Factory in Japan, 1615–1622*, Ⅱ: 170, 172, 181; Paske-Smith (ed.), *History of Japan*, I: 411–414.
90 此揭无日期，惟因邓氏是在崇祯元年冬转任南京户部广东清吏司员外郎，故知其上疏必在之后；参见邓士亮，《心月轩稿》卷17，页1—4。
91 张以诚修，梁观喜纂，《阳江志》卷35，页3。以下简称民国《阳江志》。

> 郡当制院镇下，百务翕呷，纠缠纷扰，非第（农按："只是"之意）府正堂缺也，而府厅之海防、清军、捕盗、管粮俱缺，仅有一经历，拟送旧制院矣；非第县正官缺也，而县厅之县丞、捕官俱缺，仅有一主簿，拟迎新制院矣！弟一人兼揽，岂有四目四手哉！[92]

知当时作为两广总督公署所在的肇庆府，其府内的许多重要官员均悬缺待补。故邓士亮除担任肇庆府（古名端州）推官（正七品，又名司理）兼阳江县令（正七品）外，同时还摄肇庆府海防同知（正五品），此应就是他被委派处理此一事件的缘故。

邓士亮，字寅侯，湖北蒲圻县人，万历十九年举人。三十二年，会试下第，但以文字稍优，除州学正（未入流）。万历末，擢广东肇庆府推官（正七品），升同知（正五品），改宗人府经历（正五品）。崇祯二年底，出任南京户部员外郎（从五品），升郎中（正五品），再出知四川马湖府（正四品，崇祯八年时仍在任），卒于上川南道（从三品）任内。[93]

邓士亮有《红夷、西洋船角斗，居民震惊，予为调置，获其货物及被掠银四千余两贮广州库》一诗记此事，其文曰：

> 纷纷血刃震城隅，边计敢辞心力纾。
> 国事艰难辽饷急，也将些子佐征输。[94]

由"纷纷血刃震城隅"一句，知两船相斗之处或距阳江县城不远，而此一缴库的夷船财物则成为明政府辽饷的一部分。

邓士亮在其《心月轩稿》一书中，曾两度提及他处理船上货物的过程，一称：

92　邓士亮，《心月轩稿》卷13，页3。
93　惟在上川南道所驻节之嘉定州的方志中，并未见邓氏任官之记载。此段参见劳光泰纂修，《蒲圻县志》卷9，页9—10；史树骏修，区简臣纂，《肇庆府志》卷7，页53、58；邓士亮，《屏史前卷》卷首自序，卷17自序；文良、朱庆镛修，陈尧采纂，《嘉定府志》卷21，页9。
94　邓士亮，《心月轩稿》卷5，页8—9。

> 澳夷船，贸易之船也，故船小而载多；红夷船，劫掠之船也，故器械备而货物少。……然红夷货物虽少，尚发广州变价二千余两，据实价则当倍之。如西洋布一疋仅价数钱，真可惜也。若澳夷船，则被劫无存。[95]

另一则称：

> 万历四十八年，有红夷船追赶澳夷船，遭飓风俱沉阳江县海口。夷贼骁悍肆掠，居民惊逃……（职）会同参将王扬德及守备蔡一申至海上，差通事、译夷，多方计诱之，解去戈矛，分置村落。……红夷船有西洋布、纳毅、胡椒、磁器等货物，船底深邃，药气昏迷，职令多人垂缒而下，搜取货物若干，发广州府库，变价二千余两。时澳夷船尽经抢掠，两海防官尽法力追，不获分厘，职访有首事为奸者，大张告示，献银免罪，未及两旬，相率献银二千两，贮广州府库，共计四千余两。[96]

知当时有红夷（英国）船欲劫掠澳夷（葡萄牙）船，此应是执行荷英防御舰队的指令，在两船相互炮击的情形下，遂出现"纷纷血刃震城隅"的激烈战况。稍后，两船均因飓风而沉没。由于登陆的夷人"骁悍肆掠"，居民因此惊逃。邓氏在抵达之后，立即派通事和译夷与登陆的船员沟通，终于将其解甲安置在附近村庄。[97]

那艘"尽经抢掠"的澳夷船，其船员和乘客乃利用小船登岸逃生，并经由

---

95 邓士亮，《心月轩稿》卷13，页4。
96 邓士亮，《心月轩稿》卷17，页1—2。
97 西方文献中有的指称居民对待独角兽号的登陆者相当友善，但亦有称该船曾遭抢掠。船员在登陆之初，很可能曾遭受居民的攻击，直到邓士亮抵达之后，他们才受到和善的对待。稍后，英国人曾在万丹和巴达维亚海域劫掠中国帆船，以报复独角兽号上的货物和武器被抢。参见 Purchas, *Haklvytvs posthumus or Pvrchas His Pilgrimes*, X: 82; Foster, *The English Factories in India 1618–1620*, p. 266; W. Noel Sainsbury (ed.), *Calendar of State Papers, Colonial Series East Indies China and Japan, 1622–1624*, pp. 67, 146–147; Farrington, *The English Factory in Japan, 1613–1623*, I: 1193.

陆路狼狈地来到澳门。[98]该船沉没的时间和地点，可略见于乾隆《阳江志》中：

> （万历四十八年）六月，飓风大作，时澳人为红毛番所劫，有顺风飘泊北峯者，乡民乘势抢掠财物，既而追赃论罪，上下五十余里逃亡殆尽，狱毙、自缢、服毒者甚众。[99]

万历四十八年六月合英国所用之儒略历为1620年6月20日至7月18日，虽然我们仍无法借以确定船难发生的日期，但此与部分西方文献中所提及的沉船时间大致相合。[100]

查原与独角兽号同行的皇家詹姆士号乃于儒略历7月23日（一称25日）安抵平户，并带去荷英两国成立防御舰队的重大消息。[101]该船在暴风雨过后，应会尝试找寻失踪的独角兽号，随后即依原订计划继续北上。根据统计，在该季节借西南季风由巴达维亚经澳门、大员至平户的帆船，最长五十六天、最短仅花三十七天，可以完成此一约2960海里的航程，每天平均约行59海里，[102]故以澳门至平户共约1200海里的航程估计，平均约需二十天。再从皇家詹姆士号抵达平户的日期回推，亦与六月下旬左右发生船难之说相合。

至于前引文中提及的北峯，位于肇庆府阳江县城西南滨海处，与县城的直线距离约35千米，[103]东与今度假胜地海陵岛相望。虽然该地处阳江县，但海防则归神电卫（官署在高州府电白县）的双鱼所（地处肇庆府）负责，此故，是由"阳电海防参将兼管陆路"的王扬德（驻电白）和其下属"恩阳守备"蔡一申（驻阳江）会同邓士亮处理。由于邓氏当时所采取的追赃手段相当严酷，导

98　Manuel Teixeira, *Macau no Séc. XVII*, p. 29，转引自汤开建、吴青，《万历四十八年红夷船沉阳江始末考——兼谈红夷炮早期入华问题》。
99　转引自民国《阳江志》卷37，页5。
100　许多今人所著的沉船书籍均将此一事件误系于1619年；参见 Nigel Pickford, *The Atlas of Ship Wrecks & Treasure*, p. 190.
101　L. Riess, "History of the English Factory at Hirado (1613–1622)."
102　Mulder, *Hollanders in Hirado, 1597–1641*, p. 34; Paske-Smith (ed.), *History of Japan*, I: 367.
103　民国《阳江志》卷首，页7。

致当地[104]居民争相逃亡，甚至被逼死者亦不乏其人。

邓士亮随即捐俸雇人打捞英国沉船中的大铳，在其所搭设的"鹰扬架"上，辅以特别设计的"车绞"（应已使用滑轮），[105]历经三个月的努力，除中小铳外，共捞得大铳三十六门。他并指出其中的二十四门曾由"制院"运解至京，[106]此应与前述两广总督胡应台于天启二年解铳同属一事。库恩在格勒历1622年1月所写的信函中，亦提及独角兽号上的大炮均已被中国人卸下并运离。[107]

天启元年十一月，兵科都给事中蔡思充也曾在其疏中提及此事，称：

> 职闻泰昌元年九月，红夷沉舟粤海，阳江县捞得铜炮大小二十余位，询之广东旧按臣王命璿，云所传不虚，但时已出境，未及具题。今原炮见在彼中。宜著两广总督，令习火器者演放，择无炸裂者起运前来，以备不虞。仍选惯放之人三十名，一并起送来京，以便传授。盖火炮一位，费铜本工价不下千金，岂以见在之器，置而不用。虽驿递烦劳，而致胜者大，愈于募兵数万也。[108]

虽然独角兽号沉没于万历四十八年六月，但因该年自八月起改年号为泰昌元年，故在历经三个月的努力之后，邓士亮完成打捞时已在泰昌元年九月。

有关此船之事，京城已有传闻，如协理戎政李宗延即在天启元年十一月疏称："阳江县有东南夷大炮二十余位"，而蔡思充在咨询先前曾担任广东巡按

104　王扬德身任"阳电海防参将兼管陆路"的责任，应是"常在阳江、电白二县往来驻扎，统领北津水寨兵船，无事简练士卒，操演队伍，遇汛出海防倭，遇警督兵邀杀。恩阳守备与高州、恩阳陆兵及卫所官军，俱听节制。所管信地，东至广海界起，西至白鸽界止"。至于恩阳，乃指肇庆府的恩平和阳江。参见民国《阳江志》卷19，页61—62；卷24，页1—3。中国第一历史档案馆等，《明清时期澳门问题档案文献汇编》第1册，页7。
105　有关鹰扬架与车绞的形制，可参见傅野山房纂辑，《祝融佐治真诠》卷1，页14—15；卷6，页53。
106　邓士亮，《心月轩稿》卷5，页9；卷17，页2。
107　程绍刚译注，《荷兰人在台湾》，页4—5。但邓士亮很可能将其中几门较小的炮留在阳江（详见页604）。
108　沈国元，《两朝从信录》卷9，页37。

御史的王命璿后，[109]亦指称该县捞得"红夷沉舟"上的大小铜炮凡二十余位。在王命璿离任之时，邓士亮的打捞工作或已接近尾声，惟因技巧日益纯熟，故捞炮的速度理应较先前为快，此很可能就是王命璿所知晓的门数较邓士亮的总数为少的原因，又，由于资讯不足，蔡氏当时亦误以阳江沉船上多为铜炮。

独角兽号究竟配置多少门大型火炮，笔者尚未能觅得具体记载。然而查考1620年英国和荷兰两东印度公司船只上的武器配备（参见图表2.1）[110]，可发现另三艘800吨级的英船伊丽莎白号、慕妮号（Moone）和裴思贵芙号（Palsgrave），[111]分别配有三十八、四十三、四十门铁铳，并无铜铳，此应出自铁炮远较铜炮便宜的成本考量。当时英国商船上的炮种已日趋简化，主要使用18磅铁弹的大蛇铳（炮重约4600—4700磅）、12磅铁弹的半蛇铳（炮重约3200—3900磅）、8磅铁弹的鹰隼铳（此类炮形式较多，炮重约1700—3000磅）以及4磅铁弹的咪灵铳（minion；炮重约1800—1900磅）。[112]相对地，荷船上的火炮就相当多样化，以楚若芙号（Trowe）为例，在其三十八门炮中，不仅包含铜炮与铁炮，且分用九种炮弹，从2.5磅至24磅不等。

独角兽号现存的四门铁炮，长度约为300—308厘米，口径约为12—12.5厘米，故应使用的是12磅的铁弹，而炮种属半蛇铳。查英国海军王子号（Prince）在1622年的武器配备中，半蛇铳共有十九门，长度从236厘米至351厘米不等，内有四门的长度均为305厘米，重约3049—3432磅，其中三门可明确知道在十六世纪的最后几年仍用于其他船只上，当时英国铸造船炮的材质正开始由铜逐渐转成较便宜的铁，[113]它们或与独角兽号现存之炮的形制相类。

109　王命璿于万历四十五年任广东巡按御史，天启二年三月，升大理寺右寺丞，他在万历四十八年或已调任京官，详情待考。参见陈昌齐等，《广东通志》卷18，页25；《明熹宗实录》卷20，页8。
110　Farrington, *The English Factory in Japan, 1613–1623*, I: 1173-1176, 1181-1188.
111　亦有文献称伊丽莎白号为978吨、慕妮号为600或800吨、裴思贵芙号为1083吨。参见Anthony Farrington, *Catalogue of East India Company Ships' Journals and Logs, 1600–1834*, pp. 223, 463, 499.
112　Minion指受宠之人或动物，字源乃法文的mignon，为娇小或轻巧之意，十七世纪，以之命名小口径的火炮，无特别之中译。崇德七年二月，清军在松山所虏获的三门小红夷炮或即指的是此型炮。参见郭美兰选译，《崇德七年奏事档》。
113　Adrian B. Caruana, *The History of English Sea Ordnance 1523–1875*, I: 48-50.

图表2.1：1620年左右，英国和荷兰两东印度公司船上之火炮表[114]

	大蛇铳 （whole culverin）	半蛇铳 （demi-culverin）	其他火炮
英国船（各型炮之重量乃取约略之平均值，弹重则指铁弹）			
伊丽莎白号 （800吨）	4门铁炮（4700磅），弹重18磅	20门铁炮（3700磅），弹重12磅	14门鹰隼铁炮（2700磅），弹重8磅
慕妮号 （800吨）	4门铁炮（4600磅）	25门铁炮（3900磅）	14门鹰隼铁炮（2900磅）
斐思贵芙号 （800吨）	6门铁炮（4600磅）	22门铁炮（3600磅）	12门鹰隼铁炮（3000磅）
布尔号 （400吨）		4门铁炮（3300磅），弹重12磅	14门鹰隼铁炮（1700磅），弹重8磅 2门咪灵铁炮（1900磅），弹重4磅
希望号（Hope） （400吨）		8门铁炮（3400磅），弹重12磅	10门鹰隼铁炮（2700磅），弹重8磅 2门咪灵铁炮（1800磅），弹重4磅
荷兰船（1拉司特约合2吨[113]）			
新万丹号 （New Bantam） （400拉司特）	7门铁炮（4100磅）	8门铜炮（4500磅） 8门铁炮（3200磅）	1门小铜炮（1300磅） 11门鹰隼铁炮（2900磅） 9门半鹰隼铁炮（2100磅）
楚若芙号 （300拉司特）	2门铜炮（4200磅），弹重24磅 2门铜炮（4200磅），弹重15磅 4门铜炮（3900磅） 4门铁炮（4200磅）	8门铁炮（3600磅），弹重12磅	4门铁炮（4300磅），弹重18磅 4门铁炮（3200磅），弹重9磅 10门铁炮（3000磅），弹重8磅 4门铁炮（2300磅），弹重5磅 2门铁炮（1800磅），弹重3.5磅 2门铁炮（900磅），弹重2.5磅

---

114 十七世纪时各国船只吨位的换算尚未统一，荷兰的1拉司特（last）大致等于英国的2吨。参见 Mulder, *Hollanders in Hirado, 1597-1641*, p. 28.

续表

	大蛇铳 （whole culverin）	半蛇铳 （demi-culverin）	其他火炮
胡培号 （300拉司特）	2门铁炮（4400磅）	17门铁炮（3600磅）	2门鹰隼铜炮（2200磅） 7门鹰隼铁炮（3100磅） 13门半鹰隼铁炮
哈瑞林号 （250拉司特）	4门铜炮（3900磅） 4门铁炮（4200磅）	8门铁炮（3600磅）	10门鹰隼铁炮（3000磅） 14门半鹰隼铁炮（1900磅）

衡诸英国东印度公司中与独角兽号吨位相近船只的武装，我们知道除了半蛇铳外，各船均配置有大蛇铳和鹰隼铳，如伊丽莎白号和慕妮号上各有四门大蛇铳和十四门鹰隼铳，而裴思贵芙号亦配置有六门大蛇铳和十二门鹰隼铳。故在邓士亮自独角兽号上所捞取的三十六门铳中，除了半蛇铳外，理应有一些鹰隼铳，甚至几门大蛇铳。而这些炮应是以铁炮为主，但该船如拥有少数几门早期铸造的铜炮，尤其是口径与船上某些铁炮相近者，亦不令人意外，毕竟铜炮或铁炮的发射过程并无差别。

天启五年，邓士亮又在海边（地点未详）捞得大红铜铳两门，他曾详细描述取铳之法，此或即先前捞取独角兽号船炮时所用，其文曰：

> 天启五年，职巡海发汛，偶拾有海边铁弹者，职诘问，踪寻其处，探捞月余，知水底藏有大铳。设架以大船，装满土石，重压水面，用铁练系铳耳，仍令去其土石，而船轻上浮，以天车绞之。职自乘艇，旦暮鸠工，获取大红铜铳两门，其铳精光炫耀，人间异物，不知何年沉贮。[115]

首先在装满土石的船上设置起重的架子（或即前称之"鹰扬架"），并用铁链将铳耳与架子紧系，接着卸去土石，靠浮力将大铳拉离船骸，再以天车（或即前称之"车绞"）将之绞起。

---

115 邓士亮，《心月轩稿》卷17，页3.

由于红夷大炮在天启六年的宁远之役以及七年的宁锦之役中建立大功，管放大炮的相关人员因而多获升赏，然而，最初负责打捞沉铳的邓士亮却未获任何褒赏。时已升授南京户部员外郎的邓氏，因此于崇祯初年具揭历陈自己取铳的劳绩，并愤愤不平地说："前此锦、远捷报叙疏中，管放夷铳者俱获加升，其后藉此邀焦头烂额之赏者不少，职不得不为一披陈"，接着建议应将当时仍贮于肇庆府军器局的两门大红铜铳解京运用，以便对抗后金的侵扰。[116]

四、独角兽号火炮在华的使用

　　邓士亮称曾用自独角兽号上捞取的大铳驱逐来犯的夷船，其文曰：

> 取铳事竣，值有贼船二十余只，每只数百人，逼近阳江青洲海，事变叵测，城门尽闭，职檄集各寨兵船，料理战具整齐，伏兵险要处，架所取大铳击之，贼众惊遁去。……当日，两台题留疏云："……当海寇巨艘之内犯，单骑驰视而窥伺者潜遁，我兵不遗一镞，则其方略之预定也。"[117]

而在《屏史前卷》中，邓氏亦称："自惟在粤东时，曾有夷舡二十只飞帆报警，郡壤震惊，予奉檄文往驭之，越两月，而贼退，恨未以一炬烧杀也。"[118]惟其中所提及的船只数目和所载人员均有夸大之嫌（见后文）。

　　虽然邓氏并未明指此事的系年，但从前引文中所谓"取铳事竣，值有贼船二十余只……逼近阳江青洲海"，知其应距取铳之泰昌元年不久。又，邓氏在一封致东安县令徐汤的信札中，亦曾提及："青洲海贼船二十余只，扬帆插空，邑城惊震，借此铳击之而遁。"由于徐氏自万历四十七年起知东安县，历时四载，以病卒，知此信的时间下限在天启二、三年。[119]翻检史料，此应最可

116　邓士亮，《心月轩稿》卷17，页4。
117　邓士亮，《心月轩稿》卷17，页3—4。
118　邓士亮，《屏史前卷》卷17，自序。
119　邓士亮，《心月轩稿》卷13，页4。汪兆柯纂修，《东安县志》卷首，页7。

能与天启二年攻打澳门的荷英联合舰队相关。

邓士亮撰有《红夷船高大异常有赋》一诗，内有"平空乍拥堉垣起，巨势惟容海浪通。宝铳架悬金垒险，绒衣装就紫花丛"句，形容夷船的规模与武装。而他在《贼船报警防海》一诗中亦称："六花彩队合成围，战舰如鳞手自挥。拟向周郎乞一炬，烈风夜卷海霞飞"，知其当时应曾近距离观察过夷船。[120]

1621年，西班牙与荷兰所签订的《十二年休战条约》(*Twelve Years' Truce*)正式期满，为争夺在中国的贸易利益，荷英两国所组成的攻守同盟，乃于次年决定派遣一支千余人的联合舰队进攻澳门，其中包含了十四艘荷兰船和两艘英国船，格勒历6月24日，六百名荷军在登陆后遭到顽强抵抗，以致有一百二十六人受伤、一百三十六人死亡（英人未实际参与攻城），荷军只得撤退并转而占领澎湖，只留下三艘船停泊在附近，以拦截来自马六甲的葡萄牙船舶，直到八月底始离开。[121]

荷英联合舰队之所以航经阳江附近海域，或因该地是"估客往来之辐辏"，可顺便劫掠往来澳门和东南亚之间的船只，而前引文中所提及的青洲海，则位于县之西南隅，在儒峒河出海口处，近电白县界。[122]惟该舰队的规模实为十余艘船、千余人，而非邓氏所称的"二十余只，每只数百人"，亦非委黎多《报效始末疏》中所称的"红夷巨寇驾载大小船只五十余号"。又，此一舰队应不是因惧怕邓士亮所捞取的大铳而"遁去"，而是为攻取澳门，以致无暇他顾。至于邓氏所指"越两月，而贼退"的陈述，则与荷兰舰队在转进澎湖时所留三船在澳门附近逗留的时间相合。

虽然孙学诗于天启元年十二月奉令再度赴广，"取红夷铜铳，及选募惯造、惯放夷商赴京"。但据《远方亚洲》一书上的细节，[123]先抵达澳门的是张

120　邓士亮，《心月轩稿》卷5，页8—9。
121　参见程绍刚译注，《荷兰人在台湾》，页9—15；Alfons Väth, *Johann Adam Schall von Bell S. J. : Missionar in China, Kaiserlicher Astronom und Ratgeber am Hofe von Peking, 1592-1666*, pp. 59-64，或见杨丙辰之中译本《汤若望传》第1册，页85—93；Willem Ysbrantsz Bontekoe, *Memorable Description of the East Indian Voyage 1618-1625*, pp. 85-87，此书出版于1646年，作者为身历其事的荷兰东印度公司船长。
122　民国《阳江志》卷首，页2；卷35，页3。
123　译文见金国平、吴志良，《镜海飘渺》，页74—85。但原书以及译注均有少数讹误之处。

泰，当时因传闻荷兰即将攻澳，故澳人不仅赶工筑城墙和建炮台，更自马尼拉采购大炮，且从印度或马尼拉等地募兵。[124]两广总督胡应台因此要求拆除城墙等工事，后因张泰的缓颊，始暂缓执行。二年五月，荷兰舰队抵澳，并派军登陆，但遭击溃。九月，御史张修德疏请"募夷商以制火炮"，得旨："放铳夷商著催巡抚官发遣。"十月，李之藻亦上疏建议："西洋大铳可以制奴，乞招香山澳夷，以资战守。"奉旨："作速议行。"知在十月之前解铳的队伍尚未出发。[125]

由于荷兰的威胁已缓和，且胡应台亦应允就拆城墙一事上疏求情，[126]澳人遂积极协助解铳。在孙学诗抵澳付过铳师等人的酬劳之后，即于十月底出发至两广总督所在的肇庆报到，接着将二十多门炮经水路运至南雄，在当地得到耶稣会士费奇规的协助，一行人于是越过大庾岭的梅关进入江西，在此翻山越岭的过程中，每门炮共动用了三十六人搬运。[127]行经赣州时，他们受到江西巡抚韩光祐的隆重接待，韩氏不仅是李之藻的同年，且与耶稣会士相熟。在乘船抵达南昌后，则受到一位奉教皇亲的热烈欢迎。他们在离开南昌数日后，还巧遇担任湖广按察司副使的杨廷筠。[128]

虽然此一解铳的队伍已经启行，且反教首要人物的大学士沈㴶也已于天启二年七月致仕，但反对的声音并未停止。十二月，御史温皋谟上言："澳夷火器可用，其人不可狎，乞募其器而罢其人。"兵部尚书董汉儒附议："澳夷大炮，闻闽粤间有习其技者，但得数人转相传教，诚不必用夷人。"但奉旨曰："夷人已经该省遣发，著作速前来。"三年正月，董汉儒再覆称：

> 红夷大铳须夷人点放，……仰见皇上知尔时夷人已在道，若示之疑，非所以服远人之心也。今据督臣录解二十四人，容臣部验其技能，果工于铸炼、点放者，以一教十，以十教百，半发山海，半

---

124 雷戈（Diogo Caldeira Rego）著，范维信译，《澳门的建立与强大记事》。此文原撰于1623年。
125 此段见《明熹宗实录》卷26，页6；卷27，页24。
126 当时建议保留沿海之城墙以拒外侮，而只拆除其中接邻内地的部分，此事在天启三年正月董汉儒上疏后获准。参见《明熹宗实录》卷30，页15。
127 茅元仪，《石民四十集》卷55，页11。
128 此段参见金国平、吴志良，《镜海飘渺》，页77—78。

留京师，以收人器相习之用。

从谕旨几度催促将西人、西炮送京一事，知其过程颇多阻碍。[129]

李之藻原本欲募三百六十人来京教炮用炮，但两广总督胡应台认为若只是"习铳"，就无必要"多选远夷"，"致骇观听"。[130]又，董汉儒虽曾于万历四十六年序李之藻的《頖宫礼乐疏》（傅斯年图书馆藏），知两人应有一些交情，但初亦不主张进用夷人，最后在帝命难违的情形下，始修正己意。李之藻当时为安排澳人入京，也曾将一具珍贵的千里镜赠与当事官员作礼物。[131]

天启三年四月三日，由张焘率来的夷目七名、通事一名、傔伴十六名终于运炮抵京。但李之藻却已于二月被降调南京太仆寺少卿，旋告归。当时耶稣会士龙华民和阳玛诺已至京城，虽然他俩并不谙兵学或火器，但因其声称"可以约束澳门募来之士兵与炮手，使生活检点，服从命令，效忠皇上"，故亦被允许协助招呼此一远来的队伍。[132]

京师之人对葡籍铳师身上的华丽服饰甚感兴趣，对其所携的燧发铳（flintlock）亦大感惊奇。当时中国军队所使用的鸟铳属火绳铳（matchlock），其主要构件是一金属弯钩所构成的枪机，一端固连在铳身上，另一端则为夹钳火绳的龙头形机轨，使用时先将慢燃火绳插入龙头口，当扣动扳机，龙头会被簧片牵动，而将火绳的前端插入药池中，在点燃其中的引火药后，龙头会自起。至于燧发铳的设计则较为先进，在扣动扳机后，枪机龙头上所衔的燧石会借压簧之力下击打火镰，并摩擦生火，点燃药室中的火药，故即使在风吹雨打的恶劣气候下亦能发射，且可提高射速。[133]

兵部尚书董汉儒为表达对此一来华助战队伍的重视，乃于四月十二日上疏

129　此段参见《明熹宗实录》卷24，页22；卷29，页22；卷30，页15。
130　方孔炤，《全边略记》卷8，页46。此本这段文字偶有讹误或难解之处。
131　茅元仪曾因友人相赠千里镜而赋诗，其中有"李公昔尝贻在庭，因而天子召西宾"句，并自注曰："太仆李公之藻尝以贻兵垣"，通常兵垣乃指兵科的首长，天启三年二月，赵时用接替阉党朱童蒙为兵科都给事中，惟该兵垣是否即赵时用，仍待考。参见茅元仪，《石民横塘集》卷4，页12。《明熹宗实录》卷26，页8；卷31，页10—11。
132　方豪，《李之藻研究》，页169—173。虽然明末何乔远在《钦恤忠顺西洋报效若翰哥里亚墓碑》中称："有学道人龙华民等，率其族二十四人，至于京师。"但龙华民并非自澳门即随运炮的队伍北上。
133　Ian V. Hogg, *The Complete Handgun, 1300 to the Present*, pp. 10-19.

建议应"赐之朝见，犒之酒食，赉以相应银币"。二十日，在游击张焘和兵部职方司员外郎孙学诗的陪同之下，[134]这支远来的队伍仿贡夷例朝见，事后宫廷画师还为其画肖像留存。二十六日，董汉儒获准在京营内精择一百名选锋，由两名把总率领向这些外籍军事顾问学习炼药、装放等法，且严禁外人擅闯或窥视教演之所。[135]董汉儒和御史彭鲲化还上言建议应"如式制造"这批大炮，且在训练精熟之后，将这些选锋分发至山海关和辽东等据点。[136]

这些葡籍铳师在京时也拜见了对天主教相当友善的大学士叶向高，叶氏先前即已派其孙（或即后入天主教的叶益蕃）造访。三年七月，兵部尚书董汉儒因丁忧去职，八月十六日，巡抚山东、兵部尚书赵彦奉旨回部管事。[137]赵彦对澳人颇为冷淡，经叶向高特别关照后始改变态度。而已教炮数月的铳师们，决定公开演训的成果。他们选择在京城西北隅的草场（近西直门）作为展示的地点，头两次以兵部官员为主要对象，高命中率颇令众人叹服，因而两度分获赐银。八月二十三日，他们在众大臣之前进行第三次试炮，但不幸发生膛炸，炮手若翰·哥里亚和一名选锋殉难。《明实录》在二十六日条下记曰："试验红夷大铳，命戎政衙门收贮炸裂。伤死夷目一名、选锋一名，著从优给恤。"夷目指的就是哥里亚。[138]

---

134 《明熹宗实录》卷31，页8；卷33，页13。
135 此段见《明熹宗实录》卷33，页13、27。又，方豪认为当时担任翻译的通事是耶稣会士陆若汉，但陆若汉应只参加崇祯年间运铳之事，否则他在所上之《贡铳效忠疏》中应会强调此一劳绩。参见方豪，《明清间西洋机械工程学、物理学与火器入华考略》；韩霖，《守圉全书》卷3之1，页91—95。
136 沈国元，《两朝从信录》卷18，页41，《明熹宗实录》卷33，页13；卷34，页3。
137 《明熹宗实录》卷37，页6—7。
138 此据《明熹宗实录》卷37，页18。耶稣会士曾德昭将此一膛炸事件误系于天启元年，且称当时澳门送了三门大炮给明朝作为礼物，其实，张焘和孙学诗在天启元年所引进的炮数为四门。参见曾德昭著，何高济译，李申校，《大中国志》（*The History of the Great and Renowned Monarchy of China*），页119，葡文初稿完成于1638年。又，耶稣会士J. B. Du Halde在其名著*A Description of the Empire of China and Chinese-Tartary, Together with the Kingdoms of Korea and Tibet*中，亦误称："1621年，澳门进献三门大炮和数名炮手给明朝皇帝，但在官员面前试放时，一门炮在发射后反弹压死了一名葡人和三名华人。"（页262）

附录2.2

若翰·哥里亚墓碑小考

俄国驻华使馆医生布雷特施奈德（Emile V. Bretschneider, 1833—1901）曾在北平西便门外的青龙桥天主教茔地发现哥里亚的墓碑，并称其是在操演天启元年解京的四门大铳之一时因膛炸丧生的，原墓毁于1900年的拳乱，哥里亚之遗骸则被两名遣使会神父移葬新穴。[139]方豪尝辨读其上已漫漶不堪的文字，此碑末题："通政使□□□晋江何乔远撰文，天启四年甲子□月□旦立石，方意辣略允升书。"由于何氏于天启四年正月乙亥从通政使晋升户部右侍郎，[140]知原碑文或应为："通政使司通政使晋江何乔远撰文，天启四年甲子正月吉旦立石，方意辣略允升书。"方允升其人不详，而意辣略乃教名Ignace之音译。

何乔远在其文集中亦收有《钦恤忠顺西洋报效若翰哥里亚墓碑》一文，其中有云：

> 李公言于朝，请召西洋之贾于广东香山者，遂有学道人龙华民等，率其族二十四人，至于京师，圆形上览，上嘉其忠顺，宴劳至再。居数月，教艺、练药具有成绩，朝中诸公请演于草场，发不费力，至可及远，诸公奇之。演二日，若翰哥里亚炸伤焉。上闻悼惜，赐葬于西便门外青龙桥之阳，……于是龙华民请何乔远碑之。[141]

但实际碑文与此略有出入，如前引文中的"学道人龙华民"，碑上作"游击张焘、守备孙学诗"，"龙华民请何乔远碑之"句则作"张焘、孙学诗请何

---

139 转引自金国平、吴志良，《镜海飘渺》，页82。
140 谈迁，《国榷》卷86，页5255。
141 何乔远，《镜山全集》卷66，页21—22。

子碑之",而"演二日"亦作"演三日"。[142]由于当时共进行三次试炮,可能是连续三天,而膛炸意外发生于第三次,故碑文上的"演三日"亦较合理。

何乔远对天主教相当友善,其入室弟子韩霖(亦为徐光启门生)即为明季知名的天主教徒。何氏曾于天启三年至龙华民在北京的住所拜访,得见天球仪、望远镜、西洋琴等物以及数百卷西洋书,并尝为此作《真奇图序》,且主张应开洋贸易。[143]天启六年,他亦曾序艾儒略的《西学凡》(法国国家图书馆藏闽中钦一堂重刻本),并赠诗艾儒略。[144]

至于为何碑文上原刻的张焘和孙学诗之名,在崇祯十四年序刊的《镜山全集》中会被改成龙华民,则或与四至六年间发生的吴桥之变相关。此因在这场导致山东地区"残破几三百里,杀人盈十余万"的兵变当中,张焘与登莱巡抚孙元化(教名意诺爵,为徐光启门生)同遭弃市,而登州城陷的主因之一即是副总兵张焘所率的辽兵在阵前半降于贼。[145]刊刻文集时或因此避提"罪将"张焘之名,[146]而将张焘和孙学诗径改成长期担任北京耶稣会会长的龙华民。

由于原先提议召募葡兵的李之藻已在这支队伍抵达都门前不久罢官,朝中保守人士遂借口将他们全部送返澳门,在委黎多《报效始末疏》中有云:

> 天启三年四月到京,奉圣旨:"恳夷远来报效,忠顺可嘉,准与朝见犒赏,以示优厚,余依议行,钦此钦遵。"复蒙赐宴,图形

---

142 方豪指称文集与实际碑文的文字颇有不同,并列出另外八个相异之处,但这些文字原均相同。方豪因未亲见《镜山全集》,而只能经由友人辗转传抄,遂导致此一误解。参见方豪,《李之藻研究》,页171—173。
143 何乔远,《镜山全集》卷17,页34—35;卷24,页13—17;卷37,页34—36。
144 晋江天主堂辑,《熙朝崇正集》,页1—2。
145 第七章。
146 类似的情形曾发生在孙元化身上,如汤若望在《火攻挈要》中叙及"麻线馆之捷"时,即仅称其为"某中丞",而韩霖在《守圉全书》中,虽多次引录孙元化的著述,但他也在体例中特别说明:"即国之罪臣,言有可用,不以人废也。"参见第七章。

铳师独命峨等，在京制造火药、铳车、教练选锋，点放俱能弹雀中的。部堂、戎政、科道等衙门，悉行奖励，随蒙兵部题请，复蒙恩护送南还，咨文称："各夷矢心报国，一腔赤胆朝天，艺必献精，法求尽效，激烈之气可嘉，但寒暑之气不相调，燕粤之俗不相习，不堪久居于此，应令南归，是亦柔远之道也！"给札优异，复与脚力回粤。

知此批由独命峨所率领的澳夷竟然是以水土不服的理由遭遣还。

附录2.3

天启三年解京西洋大炮门数及形制小考

至于当时究竟有多少门炮解京，文献中的记载颇不一致，下文先胪列于后，再试作探究。

1.兵部主事孙元化于天启六年疏称：

澳商闻徐光启练兵，先进四门，迨李之藻督造，又进二十六门。调往山海者十一门，炸者一门，则都城当有十八门，足以守矣。[147]

2.户科给事中瞿式耜在崇祯元年所上的《讲求火器疏》中称：

我之火器二百五十年矣。……欲求进步，必须倍大倍精，倍大莫如西洋大炮，次则红夷火炮。……臣考万历四十七年，奉旨训练，遣使购求，而得西洋所进大炮四门者，今礼部右侍郎徐光启也。天启元年，建议从广东取到红夷火炮二十三门者，南京太仆寺少卿、今丁忧服阕李之藻也。深明台铳事宜、赞画关门建台置铳者，今起升兵部武选司员外郎孙元化也。天启六年正

---

147 《明熹宗实录》卷68，页30。

月，宁远守城歼贼一万七千余人，后奉敕封为"安边靖虏镇国大将军"者，此正西洋所进四位中之第二位也……[148]

3.韩云在崇祯中所写的《战守惟西洋火器第一议》中有云：

驯至辽阳陷没，畿辅震惊，我存李同卿以《制胜务须西铳》及《以夷攻夷》二疏上，请复差官购取，随有在澳西洋夷目独命峨等应募，进有大铳二十四位，铳师二十四人，……未抵都门，而同卿报罢矣！……后独命峨等陛见，得俞旨，令制造火器、铳车，教练选锋，点放鸟铳，咸能弹雀中的，蒙恩护送南旋。

4.兵部尚书梁廷栋在崇祯三年所上的《神器无敌疏》中称：

广东香山墺商，慕义输忠，先年共进大炮三十门，分发蓟门、宣大、山西诸镇，宁远克敌，实为首功，京营留伍门，臣部叠虑，万一有警，非此不足御房。[149]

5.崇祯三年所上的委黎多《报效始末疏》中称：

多等先曾击沉红毛剧贼大船只于电白县，至是复同广海官兵捞寻所沉大铳二十六门，先行解进。……（天启二年）夏，则红夷巨寇驾载大小船只五十余号、大小铳炮八百余位，聚众攻澳。……伊时半载，盗寇两侵，阖澳正在戒严，多等以先经两奉明旨严催，不敢推辞，遂遴选深知火器铳师、通事、傔伴、兵二十四名，督令前来报效，以伸初志……

---

148 《瞿式耜集》，页33。
149 韩霖，《守圉全书》卷3之1，页85—86。

6. 巴笃里在其1663年所撰之《中国耶稣会史》（*Dell'historia della Compagnia di Giesu la Cina*）中，称：

> 某英船为飓风飘流至中国东岸，舟已破损，舟上所有巨炮三十尊遂为中国所获，故要求聘请优良炮手十人，盖前所聘四人已被迫回澳也。[150]

由于各文献对捞起或解京之大铳的数目叙述不一，肯定有许多讹误。

欲澄清此事之原委，首先我们或许得了解当时究竟有多少人参与运解的任务。明廷自澳门所聘雇的二十四人当中，夷目乃指葡籍军官，傔伴则包含黑人仆役。[151]由于每头马或牛可驮500磅或600磅，故每门重约3300—3900磅的半蛇铳，通常各需用六至八头牛或马拖曳，[152]而无经验者恐难在崎岖的道路上操纵自如。因知从澳门雇请之人应是担任指挥或指导之责，中国方面亦必须有许多人来协助处理驮运的琐事，且因这批武器事关重大，甚至还需要一支护卫的部队。当时奉命督运的中国官员为张焘和孙学诗，[153]他们应是负责率领一批为数不少的中国军民来配合二十四名澳人运送大铳。[154]

在前列各说所提及之运京大铳门数并不一致的情形下，或许我们应该给予掌理武备相关事务的梁廷栋和孙元化以及实际负责打捞的邓士亮三人较高的权重。从梁、孙两人一致的叙述，知天启年间应确由澳人协助解进三十门大炮，其中除了天启元年年底运抵京师的四门大铳外，在李之藻的建议下，三年四月又从广东取到红夷大炮二十六门。然而，为何两广总督胡应台在现存四门炮的铭文上却只称"题解红夷铁铳二十二门"？且邓士亮明指胡应台将独角兽号上的二十四门炮解京，其数又为何与此不同？

150　方豪，《明末西洋火器流入我国之史料》。
151　在若翰哥里亚墓碑上的葡文叙述中，即称当时来华效力者尚有其他六名葡萄牙人。参见方豪，《明清间西洋机械工程学、物理学与火器入华考略》；金国平、吴志良，《镜海飘渺》，页83。
152　Hogg, *Artillery*, pp. 78–79.
153　方豪，《李之藻研究》，页171—173。
154　根据清代的规定，大炮依路途之险峻或平坦，每十五或五十斤，可用夫役一名，因此运送二十六门大炮至少约需千余人。参见阿桂、和珅纂修，《钦定户部军需则例》卷5，页3—4。

笔者认为比较合理的解释，应是当时确曾运解二十六门炮，其中二十二门为铁铳，四门为铜铳，而当中有二十四门出自独角兽号，另两门则属海康沉船所有。此说也可与孙学诗于天启元年十二月奉命赴广东取"红夷铜铳"的谕旨相合。换句话说，当时除二十二门铁铳外，另有四门铜铳同批解进，其炮身上或加刻有"天启二年总督两广军门胡/题解红夷铜铳四门"字样。由于当时若在二十四名澳人之外再算上先前就有运炮经验的张焘和孙学诗，最多可有二十六人担任指导驮运的工作，每人如负责一门炮的话，恰与总共运京的炮数相符。

对胡应台而言，他在接任两广总督之初，军器局中就已贮有来自海康和阳江两沉船上的西洋大炮数十门，当协理戎政李宗延于天启元年十一月建议取炮时，胡氏肯定是将两船混同考虑，其中口径较大者应最优先，其次，铜铳又应较铁铳优先。此因铜铳较轻且较不易锈蚀和膛炸，即使炮管破裂，亦十分方便再融化重铸。[155]

由于我们无法得知阳江沉船上各型铁铳或铜铳的确切数目，[156]在仅知胡应台实际运解二十六门炮（其中铁铳二十二门、铜铳四门，且二十四门出自阳江沉船）的情形下，对解京之炮的形制或可有下列三种编组：1. 自阳江沉船上取二十二门铁铳，再自海康和阳江沉船上各取两门大型铜铳；2. 自阳江沉船上取二十一门铁铳和三门铜铳，再取海康沉船上较大的铁铳和铜铳各一门；3. 自阳江沉船上取二十门铁铳和四门铜铳，再取海康沉船上较大的两门铁铳。

至于这二十六门炮的形制究竟如何，只能略见于瞿式耜在崇祯元年所上的《请求火器疏》。瞿氏强调火器需以大取胜，并指在欧洲传华的火器当中，最大者称为"西洋大炮"，其次则谓"红夷火炮"。他接着举例说明徐光启遣使购进的四门炮即为所谓的"西洋大炮"，而天启三年从广东运抵京师的炮中则有二十三门"红夷火炮"，疑此"红夷火炮"或为半蛇铳（如北

---

155 然因铜价远较铁昂贵，十六至十七世纪之交，等重的铜铳往往是铁铳售价的五倍左右，再加上铸铁的技术日益精进，铁铳遂逐渐取代铜铳。参见Stewart, *The English Ordnance Office 1585–1625*, pp. 64–73.
156 在前引蔡思充的疏中虽称此船共打捞出大小铜炮二十余位，但其实或仅有少数几门为大铜炮。

京现存之四门），以及较小的鹰隼铳或咪灵铳；至于"西洋大炮"，则为大蛇铳，以及更大的半鸦铳或大鸦铳。

因解京之铳乃以阳江沉船为主，知该船应较海康沉船大得多。至于独角兽号上其余被捞起的十二门炮，则可能因状况不佳或口径较小而未上缴。天启二年，邓士亮或曾以之轰击经过阳江海域的荷英联合舰队。崇祯二年，两广总督王尊德在阳江县设立了三座铳台，每台安十门铳，[157]不知当中有无这些炮。

如前述的理解正确，韩云所谓的"进有大铳二十四位，铳师二十四人"，或因其直觉以为铳师数目理应不少于大铳之数，遂径改"大铳二十六位"为"大铳二十四位"，以求与铳师人数一致。而从不曾到过中国的巴笃里，则与当时许多西方作者一样，对此一事件的具体事实不甚了了，他们当中以及后世一些学者甚至将此事与前次四门大铳的运京相混淆。[158]

至于委黎多《报效始末疏》的叙事则较堪玩味，文中声称由胡应台解京的二十六门炮，是澳人在电白县击沉"红毛剧贼大船只"后，再会同"广海官兵捞寻"。然而，这批主要出自独角兽号上的船炮，大多是邓士亮在阳江沿海所捞起，该海岸应属神电卫的防区，而非负责澳门海防事务的广海卫所辖，且独角兽号亦非遭澳人所击沉。此显然是为塑造出澳人有功于明廷的形象，遂窜改史实。

李之藻原属意将这批人、铳均交茅元仪（为督师孙承宗主要的僚属之一）运往辽东，惟因带队的张焘"畏关不欲往"，遂得旨在京营教习。而茅元仪不仅派人向教炮的澳人偷习操作之法，并曾"亲叩夷，得其法"，稍后，更力请孙承宗调该批人、铳至关外协助战守，惟公文到达时，这些人已奉旨返澳，只

---

157 民国《阳江志》卷8，页7—8。
158 如在黄伯禄的《正教奉褒》中，即称毕方济于崇祯十二年奏曰："天启元年，……臣辈陆若汉等二十四人进大铳四位。"（页18）此外，许多近人研究亦误将前两次进铳之事混为一谈，如见方豪，《明清间西洋机械工程学、物理学与火器入华考略》；郭永芳、林文照，《明清间西方火炮火枪传入中国历史考》。

得调取曾在京营中习学的彭簪古至关,同时亦运去了一批西洋火器。茅元仪当时还依西法为这批炮量身打造了炮车,本欲以之与袁崇焕一同进取盖州,但因计划受阻,遂置于宁远,并在天启五年与孙承宗同遭罢归时,将操作的方法传授给总兵满桂。[159]

在茅元仪于辽东所创立的军营中,原拟每三千人之营用红夷大炮四位,每方向各一位,但由于"营多炮少"而无法遂其理想。依其编制,每门红夷大炮用兵五十名,负责驾车、点放和护器,而此铳用药四斤,大铅子亦重四斤。[160] 一颗重四斤之球形铅弹,因密度为11.37克/厘米^3,故直径约为3英寸,再考虑入通常约0.25英寸的游隙(windage,指内径与弹径之差),知此炮之内径约3.25英寸,此应即所谓的咪灵铳,如用铁弹,弹重约4磅。亦即,茅元仪所运出关的炮可能均为咪灵铳,此或为解京之"红夷火炮"当中口径最小者,以便于长途跋涉。

西洋火器的威力,直到天启六年正月宁前道袁崇焕率总兵满桂等人以之在宁远力挫努尔哈赤大军后,始锋芒大露,王命璿有诗记言:"火攻迅飚发,虏来自取灭。抱头风鹤惊,委尸填沟垤。"[161] 在此一大捷中,城上共架设了十一门西洋炮,[162] 据天启六年兵部主事孙元化所上的奏疏,在先前澳人协助解京的三十门炮中,"调往山海者十一门",或即指此。安置于宁远城上的这批西洋炮,包含一门由徐光启购进的"西洋大炮",此为熊廷弼担任辽东经略时所运,另外十门则可能是捞自独角兽号的"红夷火炮",乃孙承宗担任经略时命茅元仪运出关的。

在宁远之役前夕,火器把总彭簪古本欲将原在城外演武场中的十一门西洋炮尽移入城,但却出现各种不同的声音,或令其"城外自用",或担心为敌所得,主张以锻铁将各炮的火门封死,经袁崇焕力主移入后,由彭簪古率人将诸炮吊至城头各处布置。袁氏家人罗立因素习装放火炮之法,在守城一役中出

---

159 茅元仪,《督师纪略》卷12,页13—14。茅元仪,《石民四十集》卷1,页4—5;卷91,页12—13。
160 茅元仪,《石民四十集》卷54,页3;卷55,页1—10。
161 王命璿,《静观山房诗稿》第4册,页35。
162 计六奇,《明季北略》,页41—42。彭孙贻,《山中闻见录》,页41。《徐光启集》,页210。前两书均直指宁远城内架"西洋大炮十一门",惟《徐光启集》中称有十二门大炮。

力颇多,而通判金启倧亦曾以一炮打坏敌营一角,以致"虏乃旋退,危城得全",但他稍后却于放炮时不慎受"火伤"而死。三月,立首功的大炮被封为"安国全军平辽靖虏大将军",而负责掌管该炮的彭簪古也获加都督(应为都司?)职衔,[163]罗立亦获授为把总,与彭簪古奉派分区负责宁远城上的防务。至于首批解京之四门西洋大炮中的第二位亦被封为"安边靖虏镇国大将军"。四月,礼部更奉旨差官祭拜宁远退敌的西洋大炮,正式奠定此种新型火炮在中国军事史上的地位。[164]

五、天启后期解京的"红毛番大炮"

天启四年六月,左副都御史杨涟劾魏忠贤二十四罪,遭切责,党祸因此大起。七月,首辅叶向高被指为东林党魁,罢归。五年十月,孙承宗也因忤魏忠贤而以"虽娴于兵,而方略疏焉"的理由去职。被称为"明末天主教三大柱石"的徐光启、李之藻和杨廷筠,亦已于先前相继罢官。故在天启中叶之后,明廷虽然仍设法自南方各省觅求红夷大炮,但教会或澳门人士均不曾参与。

查天启六年闰六月,总督京营戎政的恭顺侯吴汝胤疏言:"广东尚有红夷神器,宜取以固京师。"得旨:"这红夷神器广东尚有十门,著行该抚按差官勒限解进。"[165]八月壬戌,《国榷》记曰:"总督两广商周祚进红夷炮十。初,万历末,红夷船沉,炮已解京三十二,尚存其十。"[166]七年九月乙丑,《崇祯长编》记曰:"两广总督商周祚解到红衣铜铳二门、铁铳八门,并铁

---

163 彭簪古应不可能如《明实录》中所记,在大捷之后即从领兵四百多人的把总一下子径加至正一品的都督,因为此一官衔将同于叙首功的两名将领满桂和赵率教!故当时应最可能先将彭簪古加都司(三月)和游击(四月)之虚衔,以表示荣宠,再实授都司金书(四月,官阶次于都司),接着才升授督练火器游击之实衔(六月,高于都司)。天启七年六月,彭氏更已晋升参将,并用红夷炮在宁远再创后金的军队。参见《明熹宗实录》卷69,页20;卷70,页22、32;卷72,页3。沈国元,《两朝从信录》卷34,页19。
164 张小青在《明清之际西洋火炮的输入及其影响》一文中,称"安边靖虏镇国大将军"之封号或为误记(页67),然因其名分别见于徐光启、瞿式耜以及韩云之文,恐很难解释为何大家(尤其徐光启还是当事人)均有此误。疑当时或不止一门炮受封,而封号之字数长短则与其立功大小相关。此段参见《徐光启集》,页210—211;《明熹宗实录》卷70,页17、19—23、32;王在晋,《三朝辽事实录》卷15,页38。
165 《明熹宗实录》卷23,页4;卷73,页8。
166 《国榷》卷87,页5334。

081

弹、什物等项，命贮戎政备用。"[167]知两广总督商周祚（天启五年五月至六年十二月任）曾于天启六年奉旨解进红夷大炮，历经一年多始运抵京师。

先前学者对七年九月运抵北京的这十门火炮几乎无人言及，笔者怀疑此或即协理戎政在天启元年十一月疏中所称在海康县的"红毛番大炮"。它们应与阳江沉船无关，否则邓士亮在其崇祯初年所上的《粤东铳略揭》中，应会提及此事，并归入自己取铳的劳绩当中。但《国榷》中"万历末，红夷船沉，炮已解京三十二，尚存其十"的记载，可能并不单指海康沉船，否则该船总共拥有四十二门炮，规模与独角兽号在伯仲之间，此与前文的推断不合。笔者怀疑此应是综合阳江与海康两艘沉船的统计数字，亦即在天启三年四月将二十六门炮运抵京师之后，另有六门沉船炮在六年八月前亦解京。这六门应属海康沉船所有，理由同前。

衡诸当时对西洋火炮的日益重视，《明实录》依体例应会对此六门解京之炮有所记载，然因天启四年的实录恰巧全阙，令人颇疑此事或刚好系于该年。又因这批炮或是由地方官员直接解进的，并未伴随澳门军士，亦即不属澳人对明廷的"贡献"，遂不被天主教会或奉教人士的文献所提及。据此，海康沉船上或有两门炮于天启三年四月运抵京师，七年九月又运到铜铳二门和铁铳八门（可能为口径较小的铜铳以及半蛇铁铳，否则应在先前即已解京），其间可能还于四年另解京六门，前后总共上缴了十八门。由于李宗延在元年十一月疏称此船上共有大炮二十余位，知余者很可能多属较小的鹰隼铳或咪灵铳。

附录2.4

河北宽城发现红夷铁炮小考

1987年，河北宽城的长城脚下曾挖出红夷铁炮一门，长303厘米，内径11.5厘米，据出土报告，炮身上刻有"天启六年总督□□门□/□解

---

167 汪楫编，《崇祯长编》卷2，页1。

□□□□□/□年"三行字,因腐蚀相当严重,字迹辨识颇为困难。[168]笔者疑此或即商周祚所进之铳,文字若仿先前胡应台之例,或应作"天启六年总督两广军门商/题解红夷铁铳八门",最后一行则可能是叙及该批炮运抵京师的时间(如"七年解京"或"七年解进"之类的文字)。

依照出土资料,此炮管长为内径的二十六倍。由于十六、十七世纪之交,欧洲各国所铸造各炮种的规格不一,此一形制与1600年左右西班牙军队所使用装填8磅炮弹之半蛇铳相当契合。该型铁炮重约2800磅,然而,收藏单位却记炮重为"二千五百公斤"(合5512磅),此值明显过高。因英国于1574年所用内径相同的半蛇铳,炮长约为366厘米,虽较此炮大得多,却只有3000磅,故笔者颇疑其或为"二千五百市斤"(合1250千克或2756磅)之误。

图表2.2:宽城天启西炮(笔者2010年在宽城满族自治县博物馆所拍到的一批古炮,天启西炮应在其中)

李宗延在天启元年十一月所上的疏中,指出海康的炮出自"红毛番"、阳江的英国沉船炮出自"东南夷",然而所谓"东南夷"的定义并不明确,当时很可能泛指来自南洋的欧洲人;[169]至于"红毛番",通常应指荷兰人,但间亦有用来称英国人者。[170]因知明末之人尚无法正确区隔欧洲各个不同国家,亦无统

---

168 刘兴文,《河北宽城县发现明代铁炮》。
169 汤开建,《中国现存最早的欧洲人形象资料——〈东夷图像〉》。
170 《明熹宗实录》卷33,页3。张维华,《明史欧洲四国传注释》,页119。

一的称谓，如前文中的邓士亮即将英国船称作红夷船，并将澳夷船与西洋船混用，甚至万历皇帝都还以为侵扰福建沿海的红毛番（荷兰人）是居住在吕宋！[171]

目前我们尚不知有荷兰或英国东印度公司的沉船与海康船的时地相符，倒是已知有两艘葡萄牙商船在十七世纪的前二十年间（此时葡萄牙仍归西班牙国王兼领）沉没于广东沿海：其一在1601年，具体地点不详；另一艘则于1613年从印度的卧亚至澳门途中，因遭遇台风而沉没在"上川岛附近，距澳门290千米"。[172]前者相当于万历二十九年，与李宗延上疏之时已逾二十年，时间相隔或过久，不知其与邓士亮所捞获之两门"不知何年沉贮"的大红铜铳是否相关。倒是后者沉没的地点与海康沉船颇近：上川岛或因是当时东南亚各地至澳门航线的必经之地，为航海者所熟知，故被用作描述沉船所在参考点。然而，从澳门至其西南方的上川岛，直线距离只有80千米，因知沉船地点并不恰在上川岛周遭海域，而是在澳门西南方290千米处，很巧合的，此恰为海康县沿海一些岛屿与澳门的直线距离。这艘葡萄牙商船是否即李宗延所称的海康"红毛番"沉船，尚待进一步探究。

笔者在前文将西洋大炮传华初期的史事做了相当深入的析探，厘清许多先前著述中的讹漏，下节则试将这段庞杂的历史重加梳理，并特别考量明末政局发展对其所产生的影响，以为本章之结论。

六、西洋大炮与明末政局

当欧洲文明于十六世纪开始张开大帆航向海洋时，他们所掌握的优越航海技术和所具备的旺盛探险精神，令邻近大洋的其他文明均不再可能闭关自守。而那些商船和战舰上的先进大炮，更是他们扩张海权的利器，并成为几乎每一个东方国家的梦魇。郑和以后的大明帝国对于海洋的企图心一向不高，甚至还曾采行过海禁政策，但在"大航海时代"中，却也无法阻拦已经冲击到中国沿岸的西潮。而东西方接触后所衍生的庞大经济利益，不仅令这些欧洲的海

---

171 《明神宗实录》卷403，页2。
172 Pickford, *The Atlas of Ship Wrecks & Treasure*, p. 190.

权国家积极开拓或争夺此一广大市场，更吸引了闽粤人士开始发展私人海上贸易。[173]

中国东南沿海的海商和海盗，或许在十六、十七世纪之交即已接触到前装滑膛式的西洋大炮。然而，官方却要到辽事大坏时，才思考引进这种新型火器。万历四十七年，明军在萨尔浒之役中惨败，甫奉旨协理京营戎政的黄克缵，遂召募家乡福建的工匠在京铸造了二十八门"吕宋大铜炮"，这应是已知的中国最早大规模仿制的红夷炮。但这批武器却因品质不佳或操作不当，而未能在天启元年的辽沈之役中发挥作用，甚至屡屡出现膛炸的情形。亦即，东方大陆文明向西方海洋文明学习的第一课并不成功。

萨尔浒战败之后，以西学和知兵闻名的天主教徒徐光启，奉旨训练新兵并防御都城，他与同教的李之藻和杨廷筠等士大夫，转而积极策划自澳门引进西洋制火炮，以抵抗东北方满洲少数民族持续对长城防线的冲撞。他们安排奉教的张焘和孙学诗赴澳，并在耶稣会的协助之下，向夷商募得四门大铁铳（可能是打捞自一艘荷兰沉船），且于泰昌元年自费雇请澳门的葡籍铳师四人以及傔伴、通事六人起运来华。但因徐光启以词臣练兵，遭人议论而告病辞官，遂将炮暂置于江西，并将澳人遣还。

随着沈阳与辽阳在天启元年三月的相继陷落，徐光启和李之藻乃被委以襄理军务和调度军器的重责。当时工部的虞衡司以及户部的新饷司，恰由徐光启的门生沈棨和鹿善继分别担任主事。此外，李之藻也兼管工部都水司郎中事。这些都是处理辽事的主要行政机构。在内外环境的配合之下，再加上兵部尚书崔景荣的支持，第一批西方铸造的大炮终在天启元年分两次解运至京，其中的第二门并应辽东经略熊廷弼所请而先发出关。

由于边事孔棘，而当时广东肇庆府推官兼海防同知邓士亮方打捞出几十门在阳江触礁之英国东印度公司商船独角兽号上的炮，此外，海康县亦从一艘欧洲沉船中捞得二十几门炮，[174]故在协理戎政李宗延的建议之下，孙学诗旋即奉

---

173 如见林仁川，《明末清初私人海上贸易》；张增信，《明季东南中国的海上活动（上）》。
174 由于时间相当巧合，笔者初疑天启元年运抵京师的四门大铳或亦有可能源自海康或阳江沉船。但因该四门炮是由澳门的夷商捐款购买的，故若这些炮原为广东地方官负责打捞，应不至于在卖给葡人后再解京。

旨再赴广东取炮,并"选募惯造、惯放夷商赴京"。惟因保守人士的掣肘,认为夷炮可用但夷人不可用,导致解运之事一直稽延。

天启二年正月,金兵连下广宁等四十余城,经抚熊廷弼和王化贞先后溃退至山海关。三月,起王在晋为蓟辽经略,徐光启的同年好友孙承宗亦被起用为兵部尚书兼东阁大学士。一些与天主教会关系密切之人,遂开始通过各种渠道转往关外发展,希冀能在前线一展抱负。如沈棨即在王在晋幕中担任分理军需,是王氏最倚重的僚属之一。[175]

王在晋为万历二十年进士,他与沈棨的两位叔父沈㴶和沈演是同年。此科中人对天主教的态度明显呈现两极,如沈㴶曾掀起南京教案,而陈懿典亦在为其序《南宫署牍》时加以呼应。但该科之中也不乏对西学西教友善者,除杨廷筠奉天主教之外,张五典为徐光启中举时的房师;冯应京晚年几乎入教;翁正春曾疏荐徐光启、李之藻、庞迪我和熊三拔进行修历;曹于汴曾考订校刻熊三拔的《泰西水法》,并序庞迪我的《七克》;苏茂相曾序艾儒略的《三山论学纪》;陈民志尝跋利玛窦的《万国坤舆图》;李日华曾与利玛窦交游;袁宏道与利玛窦往来频繁;而韩爌家族中人也颇多领洗入教者,且韩爌亦是鹿善继祖父久徵于万历十六年在山西乡试所拔举之士。此外,该科同考官之一的焦竑还是徐光启的座师,焦氏曾在担任万历二十五年顺天乡试主考官时,将徐氏拔置第一。

再者,师事徐光启习学火器和算法的孙元化,虽然会试不第,也在同乡前辈吏科给事中侯震旸和师门好友孙承宗的协助之下,入王在晋幕中担任赞画军需一职。元化尝向王在晋上《清营设险呈》《议三道关外造台呈》《乞定三道关山寨铳台揭》《铳台图说》等疏,深盼自己在军事方面的才学能为当事所用。虽然举荐孙元化的侯震旸于天启二年三月因疏参阉党沈㴶等人而遭降调外任,但沈棨或并不认同其叔父沈㴶的政治理念,他也曾主动协助元化建造火药库。[176]

天启二年六月,王在晋议筑新城于山海关外的八里铺,众人力争不得。

---

[175] 下文中有关天启间辽事以及亲天主教人士的人际网络等讨论,均请参见第七章。
[176] 孙元化,《西法神机》卷下,页7。

八月，先前自请阅关的孙承宗返京向皇帝面陈边事，遂罢筑新城且召还王在晋，承宗并奉旨以原官督理山海关及蓟辽、天津、登莱各处军务。孙承宗在这年九月抵关视事后，旋即定兵制，命监军道袁崇焕"修营房"，兵部司务孙元化"相度北山南海，设奇兵于高深之间"，稍后，更令兵部职方司主事鹿善继"按兵马钱粮"，沈棨和孙元化等"按军器火药钱粮"。元化也曾奉孙承宗之命铸造西铳，然经三次试验俱轰裂，乃引咎请罢，承宗则安慰曰："君非冒者，但大器晚成耳。"[177]

稍后在边事扮演重要角色的袁崇焕，为万历四十七年进士，天启二年二月，任兵部职方司主事，旋改山海关监军众事。[178]他透过科举的人际网络亦与教中人士有些渊源或往来，如其座师韩爌的家族中即颇多奉教之人。又，徐光启是该科殿试的掌卷官，或由于此一缘故，该科的同考官王应熊、冯铨、曾楚卿、樊良枢以及所取进士中的庄际昌、金之俊、吴阿衡、刘宇亮、邵捷春等人，均尝赠诗教会中人或为其撰序。

至于天启三年九月起在孙承宗幕中担任赞画的茅元仪，也与西学西人接触颇多。他少时随父茅国缙在京任官期间，即喜向利玛窦"闻所未闻"，且与时为翰林院庶吉士的徐光启相识，茅元仪对徐氏兵学方面的造诣和主张亦十分佩服。[179]

在边事日棘的情形下，两广总督胡应台于天启二年遣张焘将二十二门铁铳和四门铜铳起解，同时聘雇了来自澳门的独命峨等七名夷目以及通事一名、傔伴十六名随行。三年四月，此第二批西洋制的大炮抵京，并随即在京营内精择一百名选锋，由葡籍军事顾问传习炼药、装放之法。这批炮大多打捞自独角兽号，也有少数几门出自海康沉船，其中十门口径较小的咪灵铳在稍后由茅元仪运送出关，连同先前的那门西洋大炮，均辗转运至宁远。

从头两批西洋大炮引入中国的过程，我们屡可发现徐光启和李之藻等天主教士大夫，动用了由科举所形成的绵密人际网络，而西学西教的影响力也透过科举的同年或师生关系在知识分子间传播。由于奉教人士不断强调这些新式

177　此段参见茅元仪，《督师纪略》卷2，页8—15。
178　《明熹宗实录》卷19，页13、21。
179　茅元仪，《石民未出集·霍谋》卷1，页6—12。茅元仪，《石民四十集》卷14，页1。

大炮必须由葡籍铳师教放始能发挥威力，而耶稣会士也被形容成既可"商略制造"，又可"调御诸工"，于是，万历四十四年南京教案以来对传教士居停和宣教的禁令遂因此被打破。[180]

孙承宗于天启二年临危受命，经营辽东近三年，共恢复疆土四百里，安插辽人四十万，稳定了屡战屡败的军心和民心。作为明末抗金影响最深远的人物之一，他却也无力拒阻魏忠贤阉党的排挤，而于五年五月去职。继任的高第旋即欲尽撤锦州、宁远等防线，并驱屯兵入关。宁前道袁崇焕坚不从命，他在城上布置了十一门西洋大炮，并由曾在京营中习学的彭簪古等人负责操作，没想到竟于六年正月缔造前所未有的宁远大捷，但策划引进这些大炮的徐光启、李之藻和杨廷筠等奉教士人，却均已因各种因素而于先前相继罢官。[181]

魏忠贤自天启五年起屡兴大狱，孙承宗经略辽东时的主要僚属（如鹿善继、孙元化、茅元仪、沈棨等）均陆续被斥逐，即使曾在宁远立下大功的袁崇焕，亦于七年七月遭罢。孙承宗、李之藻和鹿善继等人均为东林党之要角，至于徐光启，虽反对结党，但仍与东林关系密切。由于教会中人大多与东林较接近，这场激烈的党争遂令明季引进西洋大炮的努力因此停滞。直至崇祯帝即位之后，阉党被黜，许多先前遭罢斥者重获起用，才又出现另一波高潮。亦即，明季士人因党社色彩较为鲜明，导致西方炮学的传华与政争的起伏产生密切关联。[182]

崇祯元年七月，两广总督李逢节奉旨派人至澳门购募铳师和大炮。二年十一月，皇太极率兵围北京。三年正月，由公沙·的西劳所率领的三十一名铳师、工匠和僚伴，始携大铁铳七门和大铜铳三门抵达都城，但金兵已于之前饱掠北去。五月，孙元化被破格荐用为登莱巡抚，他于是起用这批葡籍铳师以训练部队，明廷更在徐光启的疏请之下，自澳门募得一百多名葡国军士（另加约两百名随从）来华助战。但因战情趋缓及礼科给事中卢兆龙等人的激烈反对，

180　第七章。
181　天启元年八月，徐光启请告回籍；三年二月，李之藻被降调为南京太仆寺少卿，旋告归；五年三月，顺天府丞杨廷筠也因得罪阉党而奉准"年老致仕"。参见梁家勉，《徐光启年谱》，页142—155；Nicolas Standaert, *Yang Tingyun, Confucian and Christian in Late Ming China*, pp. 16-17.
182　此段参见谢国桢，《明清之际党社运动考》，页38—64；第七章。

此一远征军在抵达南昌后即遭遣返。四年闰十一月,孙元化的下属孔有德因细故在吴桥叛变,六年四月,孔有德军投顺金国,不仅带去大量精良的大炮与炮手,并将被视为机密的火炮瞄准技术外泄,促使明军在战场上失去抗衡后金的唯一"长技",严重影响到彼此间的军力消长,也让这场中国军事史上第一次引进西方兵学的努力画上休止符。[183]

七、结　语

综前所论,明朝于万历末年虽尝试仿制西洋大炮,但品质却远逊,而澳门地方也因自身的防卫吃紧,且其铸炮工业尚在起步阶段,以致无法满足明廷的迫切需求。在此状况之下,广东沿岸的欧洲沉船遂因缘际会地成为西炮唯一的供应来源。天启年间,共有来自三艘沉船的四十二门大炮因此被解京。这几艘远渡大洋却沉没在中国南方沿海的欧洲船只,均是在相互劫掠或遭逢暴风雨的情形下发生意外,亦即,在这中西第一次较大规模接触的时代里,沉船还不是双方军事冲突的结果。这些被打捞出的先进火器,原只是当时欧人海外贸易浪潮下所发生的一些小涟漪,却直接或间接催化了中国军队所用武器的重大变革,不仅因此改变了中国战场上的攻守形态,甚至进而在明清鼎革的过程中扮演着重要角色。

在先前许多学者的基础之上,本章新爬梳出不少中、西文的原始材料,并深入疏通其内容,尝试说明当十七世纪初叶欧洲国家在亚洲海域进行武力对抗的时代里,亲天主教人士如何促使明廷自南方引进沿海的欧洲沉船大炮,以应付长城以北新兴满洲的威胁,而此一军事改革又如何随着天启朝党争的爆发而中辍,希望能较细致且正确地还原西洋火炮传华初期的这段史事。虽然文中不可避免地仍有可待商榷或加强之处,但此一研究或应已将学界对相关课题所掌握的深度与广度提升到一新的层次。

183　第七章。

附录2.5
史学发展应具备的高度与视野格局

先前许多史学工作者的研究往往仅处理到文献的摘引、陈述和编排,对资料本身常缺乏深入的析探,以致多只能解读文字的表面意义,而无法萃取出掩覆在表层之下的丰富讯息(如本章在处理史事时,即尝试铺陈出当事者的人际关系,并尽量掌握各人的历官过程及其职掌)。且当不同文献中的说法出现矛盾时,也常不能"传信存疑,以别史料",并透过严整的逻辑推理法则觅求较合理的解释。事实上,现今有些中国史的论著仍不脱"剪刀加糨糊再裱褙"的平面展示模式,而未能呈现人、地、时、物所交错出之多度空间的纵深。

更有一些学者甚至不从先前的研究出发,而是径自摘抄原典,却又不曾积极扩充新材料,或尝试较深入地疏通史料,以提出更合理且具创见的新结论。这些作者有意避谈己文与前人研究间的异同,而某些编辑和审稿者对此一现象的漠视与容忍,已到了令人难以想象的程度。亦即,在史学期刊中许多后出的论述常不能显现该课题最高的研究水平,[184]此与科学或工程学界的情形大相径庭。

现今从事中国史研究的学者,若考量地域的限制以及社群互动的情形,大致可分成中国、美加、欧洲和日本等几大区块。由于各区块均已建立各自的学术传承体系与论文发表渠道,且分别使用简繁体中文、英文、法文和日文等不同语言,以致严重缺乏互动。亦即,许多中国史的研究者仍处于或安于闭关自守的状态。我们常可在某些公私场合听到有学者抱怨其研究结果遭到同行忽视,也许有人会将其归咎于资讯的隔阂或语言的障碍,但即使没有此类困难,这一颇令人难堪的现象或许仍旧明显存在。先前学界极少公开讨

---

[184] 类似本章所指出的问题,并不乏见,如笔者在处理永历朝遣使赴欧的课题时,即发现相关史事不断出现在天主教史的论著当中,但讹误或待解之处,并不明显日益减少,亦即,百余年来学界仍一直无法有效提升该研究的层次。参见黄一农《南明永历朝廷与天主教》。

论或承认此一事实,但我们实在需要寻求更多的共识并投入更大的努力,以导正目前的学风。

七十多年前,学贯中西、兼通文理的傅斯年先生创立中研院历史语言研究所,他大力提倡以科学方法治史,并揭举"史学便是史料学"的大旗。[185]然而,以傅氏为代表的史料学派(又名新考据学派或科学史学派),无可否认地尚未能令中国史学界的治学方法普遍发生质变,此因新史料的开拓及其内涵的精炼往往门槛颇高,故该学派很难以具体的案例持续且强有力地进行面的开展,并与其他的研究传统明显区隔开来。

但随着出版业的蓬勃以及图书馆的现代化,再加上网络和电子资料库的普及,新一代的史学工作者常拥有博闻强识的前辈学者们梦寐以求的环境。我们有机会在很短时间内就掌握前人未曾寓目的材料,并填补探索历史细节时的许多隙缝(如本章试补何乔远为若翰哥里亚所撰的残缺碑文即为一例),或透过逻辑推理的布局迅速论断先前待考的疑惑或矛盾(如文中厘清在宁远立功的彭簪古不太可能骤加都督衔一事)。然而,如果我们无法在扎实的传统史学基础上,进一步运用资讯工具以强化梳理和钻研史料的能力,而仍旧安于文献的摘引、复述与排比,或将愧对科技进展所赋予这一代史学工作者的特殊条件。

此外,海峡两岸史学界的研究范畴,也往往自我设限,未能积极摆脱人为的阻隔,并尝试跨越知识分科的围墙。再加上语文的限制,导致在史料的掌握以及题材的开创上常有所欠缺,遂一直难以将研究成果汇流至国际史学的主流。故在课题恰当或材料允许的情形下,我们也应该多尝试将视野拉出传统中国史的格局,并积极争取该有的发言权。

癸未(2003)孟夏,效颦徐光启作《庖言》之意。

---

[185] 岳玉玺等,《傅斯年:大气磅礴的一代学人》,页132—162。徐晓旭、朱丹彤,《论傅斯年的"史学便是史料学"》。

第三章　明清之际红夷大炮在东南沿海的流布及其影响 *

　　从万历四十七年明军在萨尔浒之役大败，以迄清朝于康熙二十二年平定在台湾的郑氏政权，中国的战事从边疆燎原至腹地，从外患扩展至内乱，延亘超过一甲子，其频率及规模在东西方军事史上均十分突出，不仅牵涉亚洲地区最擅长骑射的满人，且与当时欧洲势力最强的几个海权国家均有瓜葛，所动用或制造的西式火炮亦因此趋近世界最高水准。

　　先前学界的相关研究，大多聚焦于耶稣会士或天主教士大夫对西炮和炮学的传入，也较注重该火器在北方战场上所发挥的作用。然因自天启二年起就持续侵扰东南沿海的荷人与海寇，均已广泛使用西炮，促使闽粤官员对此较先进武器相当重视，并利用该地区冠于全国的冶铸技术，开始大量仿铸。出身海寇但受明朝招抚的郑芝龙，亦因此能与荷兰舰队相抗衡，并次第平息东南海氛。清朝入主中原后，南明以郑成功家族为主的海上势力，也因拥有质量俱佳的船队和西炮，而得以将海上强权的荷兰自台湾驱逐，并对抗陆上强权的清朝达三十多年之久。本章即尝试爬梳庞杂的中外史料，并访查现存古炮，以探索明清之际西炮在东南沿海的流布及其影响，更思考如何从物质文化史的角色深入理解火炮的历史意义。

---

* 原刊于《"中研院"历史语言研究所集刊》，第81本第4分，2010年12月。

先前学界多以为西方炮学乃由明末入华的耶稣会士首先传入，并在奉教士大夫徐光启等人的协助下开始引进前装滑膛式铸铁或铸铜火炮。[1]然而，新证据显示出洋华人更早就已在此事扮演一定角色。自隆庆元年起，明廷有条件地开放漳州月港的海禁，福建地区的贩海风潮因此大盛，且由于月港是当时中国唯一允许百姓合法出境的港口，遂造就了明末闽人在海上的优势。[2]1571年，西班牙人建立马尼拉城，有很长一段时间该地华人（主要来自闽南，许多人以工匠技艺为生）即维持在数千至两三万之谱，[3]此一频繁交往提供了西式火炮铸法传华的绝佳环境。万历二年，海寇林凤攻打马尼拉，虽将"吕宋次酋长"击毙，但其众也有数百人被西班牙人杀死，在冲突中林凤应已见识到西洋鸟铳和火炮的威力。[4]差不多同一时期，盘踞在北大年的海寇林道乾，传说也曾在当地铸炮（西式？），并设立炮台。[5]

万历三十一年，马尼拉发生屠华事件，约两万多华人被为数仅七百多名的西班牙人以铳炮击杀。[6]有一名为伍继彩者，在其后不久抵达马尼拉，他曾用心探访西班牙人的铳城以及城内大炮的布置，并得知当地有一姓李的年老闽人能铸炮，且因其技艺精湛，而在先前的惨案中免被西班牙人所杀。三十二、三年间，伍氏遂设法安排李氏父子偷渡离境，并将两人携往北京，建请兵部重用，但遭人视为狂生被逐。其时，徐光启恰以新科进士入翰林院读书，因"奇其人"而结交伍继彩，徐氏稍后也从在京之耶稣会士利玛窦讲求相关知识。因知徐光启最早对西方炮学的具体认识或得自于伍继彩和李氏父子。[7]

---

1 如见王兆春，《中国科学技术史·军事技术卷》，页212—218；刘旭，《中国古代火药火器史》，页253—254。
2 陈宗仁，《晚明"月港开禁"的叙事与实际：兼论通商舶、征商税与福建军情之转变》；徐晓望，《论明代福建商人的海洋开拓》。
3 李金明，《海外交通与文化交流》，页67—80。
4 陈台民，《中菲关系与菲律宾华侨》，页87—136。
5 张增信，《明季东南中国的海上活动（上）》，页79—93。据说林道乾当时所铸的大炮中，有一门至今仍安置在曼谷皇宫，详情待考。
6 余炜，《1603年菲律宾华侨惨杀案始末》。
7 此段参见范景文，《战守全书》卷10，页46—48。该书中有关西方火炮之资料多引录自时人沈弘之，沈氏自称："此皆予见而知之者，故悉之。"沈弘之又名弘功，字茂之，嘉定人，侨居上海，后入京。沈氏喜谈兵，撰有《城守全书》，因当时边事孔亟，故其书曾洛阳纸贵。天启五年，他被袁崇焕延入幕中，但因不同意将毛文龙撤离皮岛而辞去。崇祯四年，前大学士冯铨尝聘其编辑《武事全书》。沈氏生平见程其珏修、杨震福等纂，《嘉定县志》卷19，页14。

四十七年三月，明军在萨尔浒之役大败，此一冲击激发许多官员欲引进西洋火炮的强烈动机。是年六月，籍隶福建晋江的黄克缵获授兵部尚书衔协理京营戎政。为补强明军在关外大溃后的军力，他决定仿制西炮，希望能借此肇建奇功。黄氏于是捐资并命其侄孙黄调焕自同安募得十四名工匠，在北京铸成二十八门"吕宋铜炮"，且将其中七门解往辽东。这批工匠中应有人曾在吕宋接触到西班牙人的铸炮过程，但或因未能掌握关键技术，以致所造之炮仅外形相似，其冶铸品质和炮身设计均颇有瑕疵，终未能在天启元年的沈辽之役中发挥作用。[8]

　　万历四十七年九月，徐光启升授詹事府少詹事兼河南道监察御史、管理练兵事务，他疏奏应从广东"募送能造西洋大小神铳巧匠、盔甲巧匠各十数名"，并"买解西洋大小诸色铳炮各十数具"，且称"福建监生伍继彩自言同乡有能造海洋极大铳炮者"，请求应"从厚给资，趋令星夜前来，听候委用"。[9]由于当时闽粤地区的冶铸技术冠于全国，[10]而大炮的运送又旷时费事，徐氏因此建议应访求南方巧匠至京仿制西洋大炮。伍继彩抵京后，奉令回南方寻找前述之李姓铸匠，但离去一年后杳无音信，徐光启于是函请闽抚商周祚加以督促。[11]此时，李姓父子已先自行募得能铸大炮的工匠六人抵京，惟不巧徐氏却已于天启元年二月因病辞职而未果。[12]

　　伍继彩在徐光启谢事后始到京，他可能透过徐氏的安排，得遇赴京参加天启二年会试的孙元化，双方应曾就西洋炮学有所讨论，孙氏后即以其筑台铸铳的知识获荐为山海关赞画。天启二年，孙元化奉辽东经略孙承宗（徐光启同年好友）之命铸造西铳，由于伍继彩不愿为其所用，孙元化乃聘保定人李范负责铸炮，然经三次试验俱轰裂，乃引咎请罢，孙承宗则安慰曰："君非冒者，但大器晚成耳。"[13]知仿铸西炮的门槛并不容易一越而过。

8　第一章。
9　《徐光启集》，页111、125—126。
10　黄启臣，《十四—十七世纪中国钢铁生产史》，页31—34。
11　文献中并未点出该闽抚之名，然考虑福建至北京的路程，知其最可能是泰昌元年十二月自太仆寺添注少卿升授闽抚的商周祚；参见《明熹宗实录》卷4，页18。
12　此段参见范景文，《战守全书》卷10，页48—49。
13　范景文，《战守全书》卷10，页49；茅元仪，《督师纪略》卷2，页15。

万历、天启之交，就在徐光启管理练兵事务期间，欧洲原装火炮也开始陆续出现于中国。如泰昌元年九月，广东肇庆府推官邓士亮在阳江县沿海捞得大小铜炮数十门；十月，天主教徒张焘和孙学诗在葡籍铳师的协助下，自澳门解运四门大炮抵达广州，并于天启元年十二月辗转运至京师。当时在广东雷州府海康县亦已捞起"红毛番大炮二十余位"。[14]

综前所述，知西炮的相关知识应自万历中后期即已陆续经由出洋之工匠从吕宋输入。此类新型武器更因萨尔浒战后满洲的崛起，开始受到部分中央官员的重视。然而，西炮的威力真正被中国人认识，则应溯源自天启二至四年间荷兰在闽台沿海的骚扰，此先进火器且与郑芝龙家族得以维系超过半个世纪之海上霸权有着密切关系。[15]由于先前学界较少研究西炮在东南沿海流布的过程及其所产生的影响，下文即爬梳庞杂的中外史料，并结合笔者过去十多年来对尚存古炮所做的实物调查，尝试就此议题加以阐论。

一、红夷大炮与天启间的中荷冲突

天启二年五月，荷兰进攻澳门失败；[16]六月，莱尔森率舰队转往彭湖（清初始称澎湖）；十月二十五日，并突入厦门肆掠，希望能迫使中国就互市一事进行谈判。兵部郎中方孔炤在其《全边略记》中尝记称：

> 十月，夷舟复入中左所（农按：指厦门）。……未几，红夷目高文律籍（通"藉"字）通事洪庆宇为好言，献其大铳二门、小铳五门为质，求互市，愿徙大舟还本海，周祚遣方舆督之，必堕彭湖城始准复咬𠺕吧之市。[17]

14　参见第二章。

15　相关史事之梗概，可参见杨彦杰，《荷据时代台湾史》，页17—26；郑永常，《来自海洋的挑战：明代海贸政策演变研究》，页263—300、312—359。

16　林发钦，《一六二二年荷兰攻夺澳门始末》。

17　方舆乃人名，南居益在《与赵明宇本兵书》中，称其为"奸弁"；参见方孔炤，《全边略记》卷9，页70—72；韩霖，《守圉全书》卷5之1，页77。

其中高文律应即荷语"司令官"（Commandeur）的对音,[18]指统领此一舰队的莱尔森。莱尔森先于1623年1月10日在厦门会见总兵徐一鸣,旋即与上席商务员Jan van Meldert前往福州,二月十一日面见福建巡抚商周祚。由于商氏要求荷兰人得先撤离澎湖才能互市,但莱尔森声称自己无权作主,遂约定由中方直接派员与荷兰东印度公司驻巴达维亚（时称咬𠺕吧,今印尼雅加达）总督交涉。三月中旬,由千总陈士瑛率领的特使团启航,随行还包含一名为Hongsieuson的低阶官员。[19]

康熙间成书的《古今图书集成》亦详记此事曰：

> （天启二年十月）二十五日,夷船五只移泊厦门港,徐总兵乃分布诸将于水陆以俟之。……红夷百余人遂以小舟登岸,铳弹齐发,官兵伤溃。徐总兵躬亲督战,官兵奋勇攻击,夷始暂退。二十六日,复驾五船竟进中左港,泊教场边,离城咫尺,官兵潜逃,士民奔窜。徐乃令所官借洋商铁匠、锐（农按：疑为"铳"字）器,与夷相击,各有损伤,至夜,其船始移泊古浪屿。越两日复战,杀其二人,余多被伤,夷众始遁,或过海沧,或入厦门港,或入旧㠘屿。知我有备,始放所掳渔民,称求和。夷目眠达大、多默、石黎哥、麻了决、石井通事洪玉宇等,听原遣方舆、谢湖、江前和带诣院、镇、司、道审明,愿将各船退泊外洋,候本省发船二只往咬𠺕吧互市,前此造城、建屋在澎湖者,即令原遣官督夷众拆毁,时人心汹汹,因得少安云！[20]

其中提及的夷目眠达大应就是前述Jan van Meldert的对音,而石井（属泉州南安县）通事洪玉宇与《全边略记》中所称之洪庆宇,其职衔与姓名均极

---

18 此说见Seiichi Iwao, "Li Tan李旦, Chief of the Chinese Residents at Hirado, Japan in the Last Days of the Ming Dynasty."事实上,南居益在《与赵明字本兵书》中,即称："高文律者,彼中官名也。"参见韩霖,《守圉全书》卷5之1,页76。
19 程绍刚译注,《荷兰人在台湾》,页25—27、36—39；《明熹宗实录》卷37,页20；江树生等译注,《荷兰台湾长官致巴达维亚总督书信集（1）：1622—1626》,页39。
20 陈梦雷等纂辑,《钦定古今图书集成》,方舆汇编·职方典,卷1110,页37。

为接近，[21]不知是否同一人？抑或同宗兄弟？又不知与荷兰文献中所提及的Hongsieuson有无关系？[22]

从前引《古今图书集成》的记事，知在天启二年十月的厦门之役中，总兵徐一鸣曾"借洋商铁匠、铳器"与荷兰人对抗。此借铳之事亦见于曹学佺的文集；又，蔡献臣在此役爆发前也尝向徐氏建议用炮对付荷军，称："夷所畏者，铳耳。若黑夜用小舟几只，载巨铳数挠之，则夷舟必且损坏；即未损坏，必大惊扰。"[23]亦即，当时福建地区出洋的商人为求自保，应已透过某些途径取得新型的欧洲前装滑膛式火炮，或也有工匠能仿铸，但可能形制较小，[24]而此类威力较强的火器尚罕见于明军的制式装备，中国军队大多仅使用佛郎机铳和灭虏炮（见后文）。[25]虽然官方文献称双方"各有损伤"，但时人池显方则形容曰："去冬，红夷深入，鹭门（农按：指厦门）、鼓浪之地皆战场。水则百艟不敌五舰，陆则千兵不敌数十夷。徐总戎三鼓之不前，三枭之亦不前。"知总兵徐一鸣的部队实不堪一击。[26]

21　"廎"字之简体"庆"与"玉"字相近。明代在边境重地常设有通事，负责涉外事务的翻译工作，地方官员对此等小吏"给与明文，权加冠带，月支粮米，使之专一宣谕恩威，便宜抚处"。参见张时彻，《芝园别集》，奏议，卷3，页21—22。
22　此人在荷兰文献中还有Hongtsiensou、Hongtsensongh、Hongchinchong等拼法。江树生疑为"洪千总"的对音，设若如此，则其人与特使陈士瑛的官阶相同，理不应被特别形容为低阶官员。翁佳音疑为"洪先春"，然因此人于天启六年十二月左右已为都司，他有无可能在短短三年多就连升至少三级（都司之下有守备、千总及把总等位阶），亦颇令人怀疑。杨彦杰则疑为"洪通事"的对音。参见《荷兰台湾长官致巴达维亚总督书信集（1）》，页35；彭孙贻撰，李延昰补，《靖海志》卷1，页2；翁佳音，《十七世纪福佬海商》；杨彦杰，《荷据时代台湾史》，页24。
23　曹学佺，《石仓全集》，湘西纪行，卷下，页51；蔡献臣，《清白堂稿》卷10，页31—32。
24　据一荷兰船长的亲身记述，明人在岸上或船上均曾用小加农炮回击；参见Willem Ysbrantsz Bontekoe, *Memorable Description of the East Indian Voyage 1618-1625*, pp. 97, 104, 116.
25　此两种火器的形制和缺点，可参见第一章。
26　池显方，《晃岩集》，页412。

097

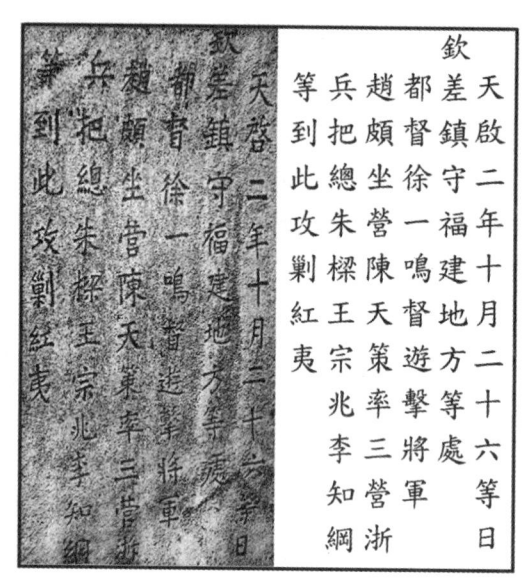

图表3.1：厦门鸿山寺的攻剿红夷摩崖石刻（左）及辨读之文字

钦差镇守福建地方等处
天启二年十月二十六日
等到此攻剿
兵把总朱樑王宗策李知纲
都督徐一鸣督遊擊將軍
趙頗坐营陳天策率三营
兵把总朱樑王宗策李知纲
等到此攻剿红夷

明军在厦门之役前后已有机会直接接触荷军的红夷大炮。查1622年9月底，当时中荷的冲突尚未正式爆发，有一荷兰快船老虎号（Tijger）在漳州湾搁浅，其人员和大炮即曾被守备王梦熊救起并送还。[27]又，商周祚在遣使巴达维亚时，为确认荷人的谈判诚意，尝要求莱尔森赠送二门铜炮以及二门铁炮。[28]

由于中国商人大多不愿至澎湖交易，且持续运货往马尼拉，故荷军从1623年4月起，不断劫掠中国商船，并侵扰福建沿海，先后掳捉千余人在澎湖西南端的风柜尾构筑城堡。[29]天启三年二月，南居益替代护疆不力的商周祚担任福建巡抚，因"愤红夷之窃据彭湖，荐食疆土"，遂于八月疏劾分守福建南路副总兵张嘉策"蓄缩不堪，所当革任"，并获准起用旧将俞咨皋，假以专剿之责。[30]

---

[27] 《荷兰人在台湾》，页16；《荷兰台湾长官致巴达维亚总督书信集（1）》，页15。
[28] 《荷兰台湾长官致巴达维亚总督书信集（1）》，页35。方孔炤在《全边略记》中，则称荷人是"献其大铳二门、小铳五门为质"（卷9，页70—72）。
[29] 《荷兰人在台湾》，页29。
[30] 《明熹宗实录》卷31，页15；卷37，页20。中国第一历史档案馆、辽宁省档案馆编，《中国明朝档案总汇》第3册，页39—46。

南居益同时疏称：

> 入境以来，有红夷船六只见泊风柜仔（农按：在今澎湖风柜半岛的尾端），随又有五舟自咬嚼吧来，直入风柜仔，共十一只，所掳客商仍旧轮拨修城。……彼方依大海波涛之险，挟巨铳、坚舟之利，盘据以筑城，勾连以内向，而我积衰之兵、不完之器，汪洋澎湃之中，一彼一此，能操其必胜乎？……就见在营寨之兵，聊为战守之具，檄行各道将略，抽水兵之精锐五千，列舰海上，以张渡彭湖声讨之势，仍分布水陆之兵连营信地，以为登岸豕突（本用以形容野猪奔逃窜扰之状）之防。[31]

指出荷兰人当时仍占据澎湖，还掳捉汉人修筑城堡，而明军面对其所拥有的"巨铳、坚舟"，并无制胜把握。

天启三年十月，由司令官法兰森（Christiaen Fransz）率领的四艘荷船驶入旧浯屿（在金门西南，扼住厦门之进出海道），新任总兵谢弘仪计诱其登岸至厦门"签订协议"，将之擒获，并派人火攻荷船，总共"生擒酋长高文律（农按：指司令官法兰森）等五十二人，斩首八颗"。[32]由于荷船Muyden在此役沉没，而当时中国已拥有打捞近海沉船大炮之能力，[33]故曾因此取得几门荷兰大炮。[34]

四年五月初七日，副总兵俞咨皋抵达澎湖。初九日，明军将火炮安设在娘妈宫前的山岗上，并在海面上密布火船。荷军虽"城上排列巨铳，城内堆铁弹

---

31 《明熹宗实录》卷37，页20—21。
32 参见《荷兰人在台湾》，页39—41；Bontekoe, *Memorable Description of the East Indian Voyage 1618-1625*, pp. 115-123. 有些学者将该新任总兵之名误作谢隆仪，不知此乃乾隆以后文献避皇帝弘历的名讳所致。
33 如天启年间，在肇庆府推官郑士亮等人的努力下，共有来自位于广东沿海三艘沉船上的四十二门西洋大炮被打捞解京。此外，天启中有夷船在番禺触礁沉没，当地居民曾泅水取得船上的大炮。1647年10月，荷兰东印度公司的平底船Joncker号在台湾魍港（今嘉义县）附近发生船难，有华人在重利的驱使下，曾捞起船上载运的贵重金属以及二门铁炮。参见第二章；李福泰修，史澄等纂，《番禺县志》卷41，页12；李毓中，《"海捞"一笔：早期海洋史、台湾史有关水下打捞工作的几则记载》。
34 《荷兰台湾长官致巴达维亚总督书信集（1）》，页142—143。

与城齐"，[35]然因"四面皆王师，樵汲俱绝"，经当时最有名的华人海商/海盗李旦的居中调停，甫至澎湖接替莱尔森的宋克（Martinus Sonck；他旋即被任命为荷兰驻台的首任长官），同意拆城转赴台湾，并局部开放与荷人的贸易，于是在"无亡矢遗镞之费，血刃膏野之惨"的情形下，明廷重将被占据两年多的澎湖收归版图，但同时也默许荷人占领台湾。[36]俞咨皋当时为争取李旦的协助，还将其系狱的亲信许心素释放。[37]

清初史家顾祖禹尝批评此事曰："总兵俞咨皋者用间移红彝（农按：此为"夷"字之避讳）于北港，乃得复彭湖。……然议者谓彭湖乃漳泉之门户，而北港即彭湖之唇齿，失北港则唇亡而齿寒，不特彭湖可虑，漳泉亦可忧也。北港盖在彭湖之东南，亦谓之台湾。"《清朝续文献通考》也抨击俞氏之举为："以羊易牛，其失则均。"[38]

当时在亚洲海域出没的荷兰船只，大者装有七至八门重逾4000磅的大蛇铳（发射约18磅重铁弹），此外，还有十多门重逾3000磅的半蛇铳（发射约9磅重铁弹），以及二十几门3000磅以下的各式炮；[39]有时亦配置重达5000—6000磅之半鸩铳（发射约25—30磅重铁弹）。[40]至于荷军在风柜仔所构筑的方形城堡，边长约四十八公尺，原设计有四个棱堡，各架设六门大炮（其中二门铜炮发射18磅铁弹，余则发射6磅和12磅铁弹），但最后配置了二十九门大炮。[41]由于荷军在撤离澎湖时共有十三艘船，[42]知其所拥有的火炮总数应至少仍有百余门之谱。亦即，双方如果开战，明军不见得会讨好。荷人恐还是因对商贸有所期待，再加上兵力不足，而决定退让。

时人沈德符形容这些荷人及大炮曰："第见青烟一缕，此即应手糜烂，无

35　《中国明朝档案总汇》第3册，页42。
36　此一事件参见永积洋子，《オランダの台湾贸易》；中译本《荷兰的台湾贸易》；陈小冲，《1622—1624年的澎湖危机：贸易、战争与谈判》；林伟盛，《荷兰人据澎湖始末》。
37　《明熹宗实录》卷58，页1。
38　顾祖禹，《读史方舆纪要》卷5，页176；刘锦藻，《清朝续文献通考》卷315，页10577。
39　本文中有关西炮炮种的中文名称，乃比较当时中外资料所得；参见第二章。
40　如天启年间攻占澎湖的荷舰New-Hoorn号上，就配备有十一门半鸩铳；参见Bontekoe, *Memorable Description of the East Indian Voyage 1618–1625*, pp. 147-148; O. F. G. Hogg, *Artillery: Its Origin, Heyday and Decline*, pp. 269-271.
41　《荷兰台湾长官致巴达维亚总督书信集（1）》，页4、23、58。
42　沈国元，《两朝从信录》卷23，页38—40。

声跡可寻，徐徐扬帆去，不折一镞，而官军死者已无算，海上惊怖。以其须发通赤，遂呼为红毛夷。"[43]在籍大学士叶向高有云：

> 其人皆深目高鼻，髭发皆红，故称红夷。其所乘舟高大如山，板厚三尺，不畏风涛。巨铳长丈余，一发可二十里，当者糜碎，海上舟师逢之，皆辟易莫敢与斗。[44]

福建巡抚邹维琏亦称：

> 其人深目、长鼻、赤须、朱发，其性贼虐，尚仇杀，诸夷畏之。其舟长五十丈，横广六七丈，名曰夹版，内有三层，皆置大铳外向，可以穿裂石城，震数十里，人船当之粉碎，是其流毒海上之长技有如此者。[45]

其中所提及的舟长和火炮射程，虽有虚夸之嫌，[46]但亦知在福建沿海烧杀掳掠的荷兰人，其武力曾留给明人极惊怖的印象。[47]无怪乎，虽然出入澳门的葡萄牙船应早已配置有前装滑膛炮，但当时往往将此种新型火器泛称作"红夷炮"！

天启四年，沈铁在澎湖收复后上疏得出六策，建议使"红夷不敢居住彭湖城，诸夷不得往来彭湖港"，除建置铳城及营舍外，中有"造大船、制火器，备用防守"一策曰：

---

43 沈德符，《野获编》卷30，页34。
44 叶向高，《苍霞余草》卷1，页1—5。
45 邹维琏，《达观楼集》卷18，页52。
46 以瑞典在1628年所制造的超级战舰瓦萨号（Vasa）为例，船全长69米，合明清时期约二十二丈（一尺约合32厘米）。至于当时火炮的最大射程二千一百码，仅合3.3里（一里＝1800尺）。参见Hogg, *Artillery*, p. 271.
47 时人形容沿海地区"商渔举遭茶毒，村落相顾惊逃"。荷人且捉获一千四百多中国人，先送至澎湖筑城堡、任劳役，后则欲卖往东南亚；然而，经此惨酷折腾，能够活着登上巴达维亚陆地的只有三十三人！参见《明清史料》，戊编，第1本，页3；Bontekoe, *Memorable Descriptin of the East Indian Voyage 1618-1625*, pp. 14-15.

> 大铳、大舡尤不可少者。宜造大舡十余只，安置大铳十余门，布列港口，俟寇至夹攻之。夷酋惮我长技，不惟不敢侵我疆土，且远遁无敢再出矣。[48]

此处所欲新造的火器，理应是比较先进的红夷大炮。

福建泉州海外交通史博物馆现藏的一门红夷铁炮（见图表3.2），就是在收复澎湖之后不久所造。此炮残长226厘米（包括尾珠在内），内径14厘米，外径36厘米，火眼距炮尾49厘米，炮耳长12厘米，尾径53厘米。炮身的前半截据说已于1958年被锯断回收炼钢，现存残炮上仍可见两道未遂的锯痕。此炮在火眼之前有几行铸造时就镌上的阳刻铭文，记"天启四年仲冬立，钦差福浙都督□造，匠曾□"等字，其中"造"字之前可勉强辨出"俞"字。类此在炮身刻上参与其事的官员名字，乃当时许多火炮的共同特征，以备将来需要时可循名究责或叙功。另有两行字体较小的阴刻铭文为"泉州城守营府城□（农按：疑为"凡"字）炮一位，第三号，重七千斤"，则应是清代后刻。[49]

图表3.2：泉州海外交通史博物馆的天启四年残炮及其铭文
（笔者摄于2008年）

1996年，笔者在厦门的胡里山炮台，亦见到同型的另一门仿制红夷铁炮，外貌完好，内径13.5厘米、通长310厘米，展示牌上称其为1993年在磐石炮台出

---

48 顾炎武，《天下郡国利病书》第26册，页30。
49 泉州府城之驻军至清代始分设中营、左营、右营、前营、后营和城守营等单位；参见怀荫布修，黄任等纂，《泉州府志》卷24，页1—8。又，该两行阴刻铭文之辨识，乃笔者据先前学界所提出者重订；参见胡晓伟、陈建立，《一门馆藏明天启四年红夷大炮的探讨》。

土，净重3100千克（约合5200斤；明清时期一斤等于597克）。当时可粗略辨识其铭文有"天启□年仲冬，钦差福□□督□"等字。其中最后之"俞"字尚可勉强认出。此炮现移置鼓浪屿的郑成功纪念馆，惜经岁月沧桑，铭文已完全锈蚀难辨。

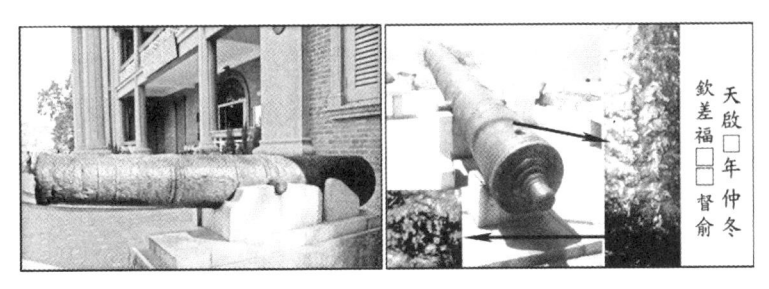

图表3.3：1996年笔者摄于厦门胡里山炮台的天启铁炮及其铭文（右），此炮现移置鼓浪屿的郑成功纪念馆（左；摄于2008年）

前述两炮应均为俞咨皋所造，咨皋字克迈，抗倭名将俞大猷次子，身材"七尺魁梧"，因父功袭卫指挥佥事。[50]咨皋先后担任福建、浙江和广东等地的武官。[51]天启六年三月，他以收复澎湖之功接替谢弘仪升任福浙总兵，[52]此故，炮身铭文上使用"钦差福浙都督"之官衔。有意思的是，接替咨皋出任福建南路副总兵一职的成启元乃天主教徒，他是明朝最早入教的高阶武官，其父亦由利玛窦在南京领洗，[53]依照情理，成氏很有可能通过教会的途径获得有关西方炮学的知识。

---

50 《中国明朝档案总汇》第4册，页236；陈第，《一斋集》，五岳游草，卷5，页37—38；《泉州府志》卷36，页46。
51 《明神宗实录》卷583，页7；《明熹宗实录》卷19，页14；卷21，页14；卷32，页30；卷35，页4。
52 明代凡天下要害地方，皆设官统兵镇戍，其总镇一方者曰总兵。其中浙江总兵官为嘉靖三十四年设，总理浙、直海防，四十二年，改为镇守浙江，驻省城；福建总兵官系嘉靖四十二年设，驻扎福宁州，统辖全省。但时亦会因情势特殊而专一两省事权。如戚继光即曾于嘉靖四十二年至隆庆二年间，以"钦差镇守福浙总兵官都督同知"之衔，负责防剿流窜闽浙沿海的倭寇。同样地，谢弘仪和俞咨皋亦曾于天启间先后以福浙总兵的身份整合两省兵权，与荷人对抗。参见《明清史料》，乙编，第7本，页625。李东阳等撰，申时行等重修，《大明会典》卷127，页12、15。戚祚国等，《戚少保年谱耆编》卷4，页22；卷5，页8—9；卷7，页6。徐景熹修，鲁曾煜等纂，《福州府志》卷73，页33。
53 《明熹宗实录》卷69，页14；黄一农，《两头蛇：明末清初的第一代天主教徒》，页74—75。

前述调停明荷冲突的李旦，出身马尼拉，后迁居平户。他不仅与日本政商界关系深厚，且与英国和荷兰两东印度公司均有密切往来。在1614—1625年间，他与弟华宇先后派遣二十三艘朱印船（指获得日本幕府之朱印状，获准从事外贸的船只），到中南半岛和东南亚等地贸易，其中以台湾为主要目的地者即有十一艘，是当时经营台日贸易最主要的商人，而澎湖则是他获得明朝货品的重要转运站。由于荷兰人对台、彭的觊觎，直接冲击到他的事业，李旦遂积极介入明荷之间的交涉，并寻找发展契机。[54]

而在澎湖事件当中，郑芝龙也首度踏上历史大舞台。芝龙因通晓多种语言且先前已奉李旦之命参与台日贸易，[55]被李旦推荐担任荷兰人的通事，协助谈判。芝龙在追随荷兰人抵台后不久就离职，转与李旦和颜思齐合作，扩大组织船队。天启五年，芝龙吞没了李旦一批财货，令其损失惨重，数月后，李旦病逝日本。同年，颜思齐亦因风寒死于台湾。郑芝龙把握李、颜两位开台要角先后辞世的契机，趁势崛起，据荷兰人的资料，称其至天启七年已拥有四百艘船和六至七万人。[56]

俞咨皋在李旦去世之后，即与李旦在福建的代理人许心素相交结，甚至授予其把总职衔。天启六年，俞咨皋用许心素之计建议闽抚朱钦相招降海寇杨禄（又名杨六，为许心素的心腹之交）和杨策（又名杨七），同党的芝龙因故遭排挤，而海贸活动的摩擦更使得郑、许双方势如水火。[57]

启、祯之际，福建沿海盗寇横行，其船只较官方水师往往既大且坚，剿抚常流于形式，许多官员疏奏此皆俞咨皋"受贿通贼"所致，并称："漳民争欲脔其肉而寝其皮。"天启六年，俞咨皋遭人指责以火炮资寇，据说他一次运给海寇钟斌的千斤大炮即有六十门。[58]七年十月，郑芝龙攻陷厦门，俞咨皋败逃，许心素被杀；崇祯元年正月，俞咨皋遭解任；六月，奉旨："俞咨皋离汛失

---

54 岩生成一，《明末日本侨寓中国人甲必丹李旦考》；中译本许贤瑶译。
55 徐晓望，《晚明在台湾活动的闽粤海盗》。
56 下文中有关郑芝龙此一时期之事迹，均请参见汤锦台，《开启台湾第一人郑芝龙》，页71—79、96—100、118—125。
57 《明清史料》，壬编，第1本，页34；曹履泰，《靖海纪略》卷1，页3；彭孙贻撰，李延昰补，《靖海志》卷1，页2—3。
58 当时民船大者可载二千石，阔逾丈，树双桅，容百余人；参见池显方，《晃岩集》，页406；曹履泰，《靖海纪略》卷1，页10。

守，罪在不赦，仍速提正法，不得藉端观望延缓。"惟迄四年十二月，咨皋仍未弃市，后获恩释，确切卒年不详。[59]芝龙之所以攻打厦门，肯定事涉郑氏与俞许集团间的利益冲突。[60]

前述天启四年俞咨皋所督造之炮现存二门，不知原铸几门。此事依体例有可能见于《实录》，惜天启四年各月今恰巧均缺。惟明荷在澎湖的冲突，明显促成福建明军开始积极仿制红夷火炮，并已有能力量产数千斤之重炮，[61]这应归因于该地区的铸造和冶炼技术原就具备良好基础。[62]

在明荷的冲突中，明军也曾虏获不少原装红夷炮。查天启五、六年间，明廷将王梦熊升补为澎湖游击，并命其筑城防守，但不久复因只有冬春两季派兵汛守，且王氏在修城时贪赃枉法而遭废弃。崇祯二年，荷兰驻台长官 Hans putmans 曾率船登陆澎湖探查，他发现在一处明军的废堡中，有八门荷兰炮、一门中国炮和三门巴森炮（*bassen*；小型的后膛装填旋转炮，[63]应属佛郎机铳之一种），且在荷兰原建的旧城中，亦有十七门可发射5—14磅铁弹的荷兰炮和十四门巴森炮，但这些炮多已锈蚀毁坏了。才短短三四年间，该地区的城堡就已残破至此，且竟然任由火炮随地弃置。崇祯六年，无能且贪腐的王梦熊遭"监候处决"。[64]

至于在明荷冲突中立下勋功的福建巡抚南居益，于天启五年四月升授工部

---

59 此段参见周凯修，凌翰等纂，《厦门志》卷16，页4。《中国明朝档案总汇》第4册，页241—242、268；第5册，页118。《明清史料》，乙编，第7本，页630。《崇祯长编》卷54，页5；池显方，《晃岩集》，页185—186。
60 郑芝龙在攻城前即曾发告示，宣称要擒捉杨禄、杨策、许心素等人，并要杨禄的心腹黄赞卿交出"原欠公共银二万四千两"；参见《明清史料》，癸编，第1本，页10；曹履泰，《靖海纪略》卷1，页3—8。
61 天启五年二月，有四门来自福建的西洋大铜铳从天津经海路运往关门。五年四月，兵部尚书赵彦上疏建议为防红夷再骚扰，应于沿海要地筑铳台，"照夷式造大铳数十门，分发防御"，"大铳重四五千斤，发弹十余斤"。因知当时应已有能力较大规模仿制数千斤重之西炮。参见毕自严，《饷抚疏草》卷7，页68；《明清史料》，乙编，第7本，页604。
62 闽粤地区因使用木炭炼铁，避免因煤中含硫所导致铸铁品质低落的现象，故所铸之炮冠绝全国；参见李弘祺，《中国的第二次铜器时代：为什么中国早期的炮是用铜铸的？》。
63 Alan Bax and Colin J. M. Martin, "*De Liefde*: A Dutch East Indiaman Lost on the Out Skerries, Shetland, in 1711."
64 此段参见曹永和，《澎湖之红毛城与天启明城》；江树生译注，《热兰遮城日志》第1册，页6—7。但曹、江两人所译之炮名及门数与原荷兰文记述有差，此处已在台湾清华大学历史研究所邱馨慧老师的协助下校改。

右侍郎,然而,他尚未到任即因得罪阉党遭削籍。崇祯元年,起户部右侍郎;二年十一月,后金侵扰畿辅,乃以知兵升工部尚书;三年四月,南居益和工部郎中王守履因所制枪炮不堪用遭降级处分,当时所铸的火炮中,即有不少"体质"不全者,亦有注水其内会渗漏者;六月,南居益更因试炮炸裂被免职,王守履则遭廷杖削籍。[65]知北方的铸炮技术在这段时期尚不十分成熟。

二、红夷大炮在崇祯朝的流布

明末,中国东南沿海因与欧洲各国的接触颇多,又多巨盗,故对西洋火炮的掌握与应用普遍高于北方,且不局限于官方。如天启间有闽人黄育一即以大铳横行海上,外号"大铳老",其所拥有的铜炮乃自海门港(位于浙江中部沿海的台州湾)捞起,"尝试发之,烟丸直而远,所向皆摧烂,其长丈余,重约千斤,紫铜遍身,朱砂光焰,两耳扣之铿然,盖军中之异宝也"。[66]又如崇祯元年七月受福建巡抚熊文灿招降的海寇郑芝龙,即拥有许多夷舰、夷炮(见后文)。二年,同安县令曹履泰亦曾自近海打捞出两三千斤的红夷炮二十四门,并能立刻制造炮架演放。[67]十三年,海寇余国泰在福建沿海最北端的沙埕求降,明军共缴获"红夷大铳、威远、神威、百子等铳械,总计一千六百五十八件"。[68]此外,一些以台湾为根据地的海寇,更因与荷兰勾结而拥有先进武器,时人因此有云:"今之海上雄者,皆居台湾者也,皆款借红夷之巨铳以相加遗。"[69]

广东地区也因海寇的侵扰而频见西炮。崇祯元年十月,郑芝龙的同党李魁奇(又名李芝奇)叛抚时,曾将郑氏的"坚船、利器、夷铳"席卷入海,[70]并聚党万余,进犯粤东。两广总督王尊德于是委派南头参将陈拱领兵船百余艘、原

---

65 张廷玉等,《明史》卷264,页6818—6819;《崇祯长编》卷34,页8;第十章。
66 周恒重修,张其翱纂,《潮阳县志》卷13,页56。惟通常一门长约丈余的大炮,应至少重四五千斤。
67 曹履泰,《靖海纪略》卷3,页4—5。
68 《明清史料》,乙编,第8本,页757—758。
69 张燮,《经世挈要》卷8,页18。
70 《明清史料》,壬编,第1本,页60。

任守备白如璋领民船百余艘出海攻剿。又商得澳门当局同意，将借用其大铳。此外，并安排总兵何汝宾相机策应。二年闰四月，陈拱急欲出师，巡按吴尚默以"夷铳未备"为由劝阻，陈拱不听，结果遭海寇以大炮痛击，陈拱本人亦战死。[71]

稍后，王尊德即向澳门借得大小炮二十门，其中有四门为铁铸大铳，经以之为样品，于崇祯二、三年间雇工铸成二百门；因后金侵扰京畿，旋即将其中较大的铁铳解京，包括重二千七百斤者十门以及重二千斤者四十门。[72]王尊德当时因戎事攸关，还刻着《大铳事宜》一册送呈兵部，说明各铳该用的弹药。[73]至于闽抚熊文灿，亦曾于崇祯三年正月发解一百二十门红夷二号炮（略轻于一千斤，弹重二至三斤）赴京。[74]而此前，已有十一门炮自福建解京。[75]今广东东莞的鸦片战争博物馆尚藏有一门熊文灿当年所制之炮（图表3.4），其中负责督造的杨栋，曾于崇祯八年以"火攻（泉州卫）指挥"的身份，因"整治药炮，精美可嘉"，而以平定刘香之役（见后文）获得叙功。[76]

王尊德督造的炮现仍有三门在北京故宫午门外左掖门前展示，其铭文均称"重二千斤"。一长258厘米，内径14厘米；[77]另一长253厘米，内径11厘米；前者炮口处还有西式花纹（图表3.5）。查内径14（或11）厘米之炮，应用约15.4（或7.2）斤的合口铁弹。[78]然而，《崇祯长编》中却引王氏的奏疏称："重二千斤者四十具，所须圆弹三十枚、连弹三十枚，各重四斤，石弹十枚。"

71　《明清史料》，乙编，第7本，页622—623。
72　迄崇祯四年十月，王尊德共解京西洋炮一百七十五门；参见《崇祯长编》卷31，页24；《徐光启集》，页299、316。
73　《徐光启集》，页302—303。
74　此批炮于五月十一日左右道经通州。福建地区虽于天启年间即曾仿制不少红夷大炮，但因地势崎岖，且难以循水路运至北京，故解送者乃以小炮为主。参见《崇祯长编》卷31，页35；卷34，页10。《徐光启集》，页280、286、316；第十章。
75　崇祯三年五月初十日，帝命西洋铳师至城上试放"十一门闽铳"；参见《徐光启集》，页298。
76　《明清史料》，乙编，第7本，页691；第8本，页713—714。
77　铁炮的重量（1b）可从下列公式粗估：$2.5(D^2L-5d^2l/6)$，其中D为炮的平均外径（in），L为炮全长（英尺），d为内径（in），l为空管长（英尺），经代入概略值后，发现此炮重约二千斤；估算公式参见Hogg, *Artillery*, p. 266.
78　由内径推估弹重时，依西方标准设游隙值为0.25英寸，铸铁密度取为7.1—7.7克/厘米³；参见Hogg, *Artillery*, pp. 265—267.

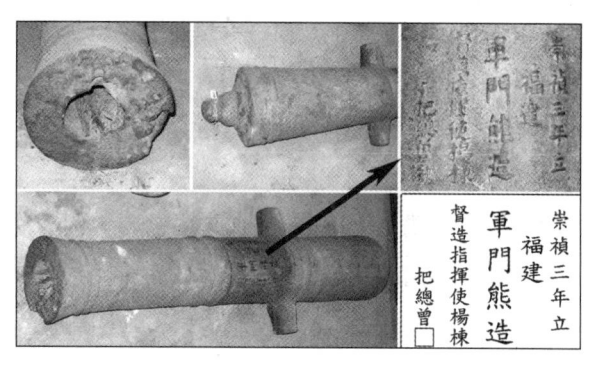

图表3.4：福建巡抚熊文灿督造的铁炮，现藏于广东东莞的鸦片战争博物馆（笔者摄于2007年）

图表3.5：两广总督王尊德督造的铁炮，现置于北京故宫午门外左掖门前（笔者摄于2004年）

《大铳事宜》中亦称："二千斤重，用弹四斤，用药四斤。"[79]

由于两文献所记之四斤重铁弹远小于实际值，再加上炮身外表明显有许多不平滑的小坑洞，疑当时铸炮和操炮的技术，均尚不十分成熟。

至于前文提及的何汝宾，原任浙江宁绍参将，天启六年三月升授广东总兵。[80]在其于崇祯三年初刊之《兵录》一书中，有《西洋火攻神器说》一章，涵盖各种西洋火炮的形制尺寸、弹药用量、铸造技术、操作方式以及弹道射程等

---

[79] 连弹或即链弹，乃以铁链将两半球相连，射出炮管后会"两头分开，横拉往前"；参见《崇祯长编》卷31，页24；《徐光启集》，页302—303；汤若望授，焦勖述，《火攻挈要》卷上，页23。
[80] 《明熹宗实录》卷69，页12。

内容，此应是最早详细介绍西方炮学的中文著作之一。[81]经查，曾数度至澳门取人取铳的天主教徒张焘和孙学诗，尝合撰有《西洋火攻图说》一卷，[82]书名与该章十分相近，疑何汝宾很可能即摘抄此卷。

崇祯五年九月，海寇刘香（或称刘香老）率众数千人、船一百七十艘，直犯位于福州闽江出海口的闽安镇，其最大之船每艘置红夷大炮十余门，令甫就任福建巡抚的邹维琏为之震动。[83]遂命郑芝龙为主将，率精兵三千名、战舰四十艘、大铳五百门加以击退。[84]六年六月，荷军趁郑芝龙在福宁追剿刘香，突袭留守厦门的明朝水军，一举击沉大小战船数十艘，其中有配置多达三十六门大炮者，[85]并派人联络刘香与李国助（李旦之子，他指责郑芝龙吞没其父财产，遂自日本的萨摩和长崎募集人船投效刘香），[86]协议联手对付明军。九月，郑芝龙率百余艘战船在金门料罗湾大败荷兰与刘香的联军，荷人自陈有三四艘船遭焚掳，八十三人被俘，明人则称生擒荷兰人一百一十六名，并押解其中十四名至京。此役还夺得"大铳六门、小熕二门、鸟铳一十三门"，有称："闽粤自有红夷来，数十年间，此捷创闻。"[87]七年，明荷言和，开始局部互市。八年四月，刘香在遭至郑军痛击后溺毙。[88]

在剿灭刘香的过程中，明军配备有"红夷、威远大炮"，炮重有达两三千斤者。叙功时除大量地方官员外，还包含"铳手""铳兵"，且更指出赞画官何良焘"技谙火攻"。[89]何氏因曾在澳门替葡人代笔，而实地接触到西洋大铳与

---

81 何汝宾，《兵录》卷13。
82 黄虞稷，《千顷堂书目》卷13，页355。
83 陈仁锡，《陈太史无梦园初集》卷3，页29；《崇祯长编》卷63，页3—4。
84 邹维琏，《达观楼集》卷18，页39—44。
85 《热兰遮城日志》第1册，页105。此与当时东亚水域中的大型欧洲战舰已差堪比拟，如1627年西班牙在马尼拉的旗舰 San Ildefonso 号，共配置四十一门炮，搭载约六百五十人；参见鲍晓鸥（José Eugenio Borao）著，那瓜（Nakae Eki）译，《西班牙人的台湾体验1626—1642：一场文艺复兴时代的志业及其巴罗克的结局》，页364—365。
86 岩生成一，《明末日本侨寓シナ贸易商一官アウグスチン李国助の活动》；中译本《明末侨寓日本中国贸易商一官 Augustin 李国助之活动》。
87 《热兰遮城日志》第1册，页132—133，136；邹维琏，《达观楼集》卷18，页45—58。荷兰仅自陈受挫于明军的火船战术，然若明军无法先用火炮令荷舰丧失行动能力，火船恐无用武之地。
88 此段参见林伟盛，《一六三三年的料罗湾海战：郑芝龙与荷兰人之战》；汤锦台，《开启台湾第一人郑芝龙》，页152—174；郑喜夫，《郑芝龙灭海寇刘香始末考》。
89 《明清史料》，乙编，第7本，页692；第8本，页701—709。

炮台的原理与用法，并尝撰有《铳台说》等相关著述，时人甚至有认为其炮学水平已超越伍继彩、徐光启或孙元化。[90]何氏亦曾于崇祯十一年以"阁部题授赞画"的身份，在宣大总督卢象升的督造下，监铸"神威大将军"铁炮（清朝亦铸有同名之炮），北京八达岭长城现存一门，通长285厘米，内径10.5厘米（图表3.6）。

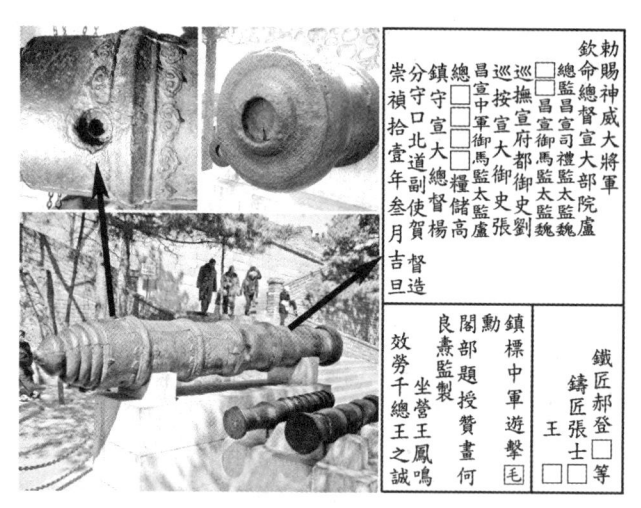

图表3.6：宣大总督卢象升督造的铁炮，现置于北京八达岭长城（笔者摄于2004年）

郑芝龙从崇祯初年起就掌控了闽海，集海商和官员于一身，时人有云：

> 自就抚后，海舶不得郑氏令旗，不能往来，每一舶税三千金，岁入千万计。……即俘刘香，海氛顿熄，又以洋利交通朝贵。……

---

90 明末沈弘之尝比较伍继彩、徐光启、何良焘和孙元化（字初阳）四人对西洋炮学的知识曰："……此铳台也，继彩亲见于吕宋，而未究其说。徐公得于西洋人，明其说而未见其制。唯何良焘居乡山墺，为其人代笔，习见其铳与台，而悉其事理。至若孙初阳之造铳台也，则亦得于西洋人与徐公。……自以己意筑台于门外三道关，苟且塞责而止，然庐亦不至，台与铳俱废。"参见范景文，《战守全书》卷10，页22—56。

> 泉州城南三十里有安平镇，龙筑城开府，……其守城兵自给饷，不取于官，旗帜鲜明，戈甲坚利，凡贼遁入海者，檄付龙，取之如寄，故八闽以郑氏为长城。[91]

芝龙在平定刘香后，终于成为中国东南诸海上的霸主，并透过绵密的政商关系，令"通贩洋货内客外商，皆用郑氏旗号，无儆无虞，商贾有廿倍之利"。[92]郑芝龙与郑成功父子甚至均曾秘密派人至荷兰统治的台湾征收"东西洋饷"。[93]

由于南北战事频仍，明军所拥有的制炮和操炮技术亦因此快速扩散。除前文所提及崇祯三、四年间自闽粤解京的约三百门西炮外，如曾参与征剿李魁奇的白如璋，即于崇祯三年三月奉两广总督王尊德之命，选派精兵一千二百余名赴援北京，其中就包含精通炮术的"澳众二十人"；而负责解铳的刘宇，亦曾携"点放二十名"抵京。[94]五年，甫擢总督两广军务兼巡抚广东的熊文灿，为对抗海寇，购买生铁十万斤，铸成"大夷铳□百□十门、小铳□百□十门"。[95]八年，熊文灿且将一百门大粤铳以及一百门斑鸠脚铳（图表3.7）解京。[96]九年，为应清兵入塞，熊文灿又北解四百斤炮四十门、三百斤炮六十门、大斑鸠脚铳一百门、大鸟铳一百门（图表3.7）。[97]十年，暂摄广东增城县令的何言，也尝于任内造红夷大炮八门。[98]

91　林时对，《留补堂文集选》卷2，页28。
92　彭孙贻撰，李延昰补，《靖海志》卷1，页7。
93　翁佳音，《新港有个台湾王：十七世纪东亚国家主权纷争小插曲》。
94　《崇祯长编》卷32，页2；《徐光启集》，页298；《明清史料》，乙编，第7本，页658。当然这些人也有可能并非全部精于操作火炮，此因当时偶亦将使用鸟铳之人称为炮手。
95　陆鏊、陈烜奎纂修，《肇庆府志》卷17，页6。原文中出现数处墨钉。
96　大粤铳重约三百七十斤、长4.3尺、内径1.8寸、用药1.5斤、铁弹重15至16两。斑鸠脚铳或为内径最大的鸟铳，其铳身长5.5尺、内径0.6寸、用药1.3两、铅子重1.5至1.6两；有可能因其铳体较重，需有脚架支撑以便瞄准，遂称之为"脚铳"。参见《明清史料》，乙编，第8本，页715。
97　其中四百斤炮用药1.5斤、三百斤炮用药14两、大斑鸠脚铳用药1.5两、大鸟铳用药0.4两；参见《明清史料》，甲编，第9本，页878。
98　王思章修，赖际熙纂，《增城县志》卷12，页23；熊学源修，李宝中纂，《增城县志》卷7，页19。

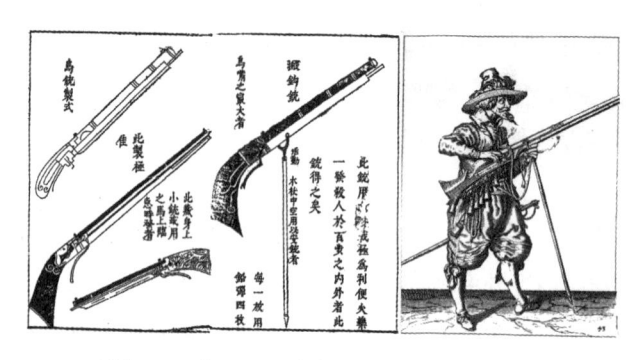

图表3.7：鸟铳及斑鸠脚铳（或又名搬钩铳）[99]

此外，山东济宁博物馆现藏五门由两广总督张镜心、左布政使姜一洪等人督造的铁炮，分别铸于崇祯十二年八月（二门）、九月（一门）、十月（二门），其中第一、二、五门炮上穿绳用的双钮（参见后文）已脱落，各留下四个圆柱形残足。由于炮身上均有阳刻汉字铭文，且其中第三、四、五门均可见明显的欧洲徽识（图表3.8），可推判应是以西炮为模所制。因这批炮千里迢迢从广东北运，知当时南方的铸炮品质或制造成本，相对上应仍远优于北方。

查现存兵部文件，张镜心曾于崇祯十二年奉命解炮北上，此举或为因应明军在面对十一年九月大举入塞的清军时，毫无抵抗能力的窘况所致。为避免驿传无法承受，张氏于八月起分批派遣施炯然、何吾驺和苏万邦三人率队起运，每批携带"红夷大炮一百位、点放兵匠五十名，并备用炮四位、火药一千斤、生铁大弹五百个"，迄十三年六至九月间，先后运抵山东济宁和河南磁州。[100]

99　左图出自郑大郁，《经国雄略》，武备考，卷6，页10—11。右图出自Jacob de Gheyn, *The Exercise of Armes for Caliures, Muskettes, and Pikes*, plate43.
100　《明清史料》，乙编，第8本，页760—761。

图表3.8：山东济宁博物馆藏两广总督张镜心督造之五门大炮（笔者摄于2006年）

知济宁博物馆现藏的五门粤炮中，应均是当时解送山东的；此故，其中二门阳刻有"崇祯十二年八月，总督两广军门张，行委左布政姜、参将王化行，督同功授都司何吾騶、听用守备陈王英铸造……"等字样，而另三门铭文中的官员名，则由"指挥苏万邦"取代"功授都司何吾騶"。

前文提及的何吾騶，尝于崇祯六年奉两广总督熊文灿及左布政使王世德之命，督造小型的"严威炮"，并解京若干门，其规制为：

铸铁为之，前弇后丰，底如覆笠。重三百六十斤，长四尺四寸。不锲花文，隆起四道，旁为双耳，近口为照星，炮底隆上为斗眼。用火药八两，铁子一斤。载以双轮车，辕长七尺六寸，轮九辐十八辐，通髹以朱。当轴两辕上处，有月牙窝以承炮耳。此项炮位系明崇祯六年造，炮中镌曰："总督两广军门熊，岭西道左布政王。"此项炮位现在存贮正白旗炮局共三位。

113

此炮约长四点四尺，内径零点二一尺，督造官为何吾嶷，实际铸造者是匠人梁明。[101]黑龙江省博物馆和湖南省文管会现各藏二门、中国人民革命军事博物馆藏一门（图表3.9）。[102]崇祯八年，王世德尝于刘香犯广州时，调郑芝龙夹击，致刘香溺毙，何吾嶷也曾于此役立功。[103]

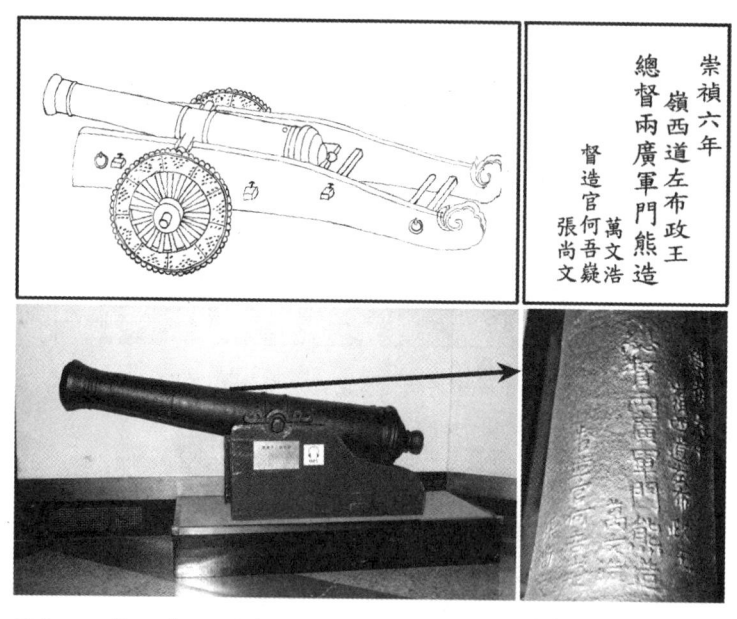

图表3.9：钟方《炮图集》所绘之"严威炮"（左上）以及中国人民革命军事博物馆所藏之一门及其铭文（左下及右；感谢该馆李斌先生提供照片）

济宁博物馆还有一门炮，阳刻有"崇祯十三年八月内，蒙总督□□军门张，行委□宁卫掌印指挥张世臣督造，标下承铸把总官陈……"字样（见图表

101　钟方，《炮图集》卷2、4，无页码。感谢北京大学历史系陈昱良代查此书资料。
102　张立玫，《黑龙江省博物馆馆藏的两尊明代铁炮》；王兆春，《世界火器史》，页287；刘旭，《中国古代火药火器史》，页111。
103　阮元修、陈昌齐等纂，《广东通志》卷243，页21；田明曜修，陈澧纂，《香山县志》卷11，页73。

3.10）。查崇祯十三年八月出任总督者，仅有两广总督张镜心、宣大总督张福臻和河道总督张国维三人姓氏符合，[104]而张世臣至崇祯十七年仍担任济宁卫指挥，[105]为河道总督之下属，知该铭文原应作"崇祯十三年八月内，蒙总督河道军门张，行委济宁卫掌印指挥张世臣督造，标下承铸把总官陈……"。亦即，在两广总督张镜心解送三百门红夷铁炮后，或因长程运输的工费浩繁，且无法因应急需，张国维遂自行在山东开炉铸炮。

图表3.10：山东济宁博物馆藏河道总督张国维督造之大炮
（笔者摄于2006年）

前述之河道总督张国维，先前即有铸炮经验，查邹漪《启祯野乘·薄珏传》中有云：

> 公名珏，字子珏，苏州人也。就试浙江，补嘉兴县学生。其学奥博，不知何所传。洞晓阴阳占步、制造水火诸器……或问守城

104　吴廷燮，《明督抚年表》，页121、670、716。
105　顾炎武，《肇域志》，山东四，页58。

115

行阵以及屯牧、引水诸法，则以口代书，以手代口，几案之上即有成图，因地制形，因器成象，了然目前。崇祯四年（农按：纪年有误），流寇犯安庆，中丞张国维礼聘公为造铜炮，炮药发三十里，铁丸所过，三军糜烂，而发后无声。每置一炮，即设千里镜以侦贼之远近，镜筒两端嵌玻璃，望四五十里外如咫尺也。……丙子为仇家所诬，将陷以大逆，幸友人魏学濂证救得免。[106]

由于张国维在崇祯七至十三年担任应天巡抚，而流寇曾于崇祯八年二月、九年正月、十年正月犯安庆，令南京大震，[107]知张氏聘请薄珏造铜炮应在八至十年间。[108]薄珏之学的出处虽不详，惟因其对望远镜（即千里镜）、浑天仪、简平仪等西器以及几何、天算等西学，均相当熟悉，[109]且其好友魏学濂更是天主教徒，两人一起读书，"务为佐王之学，兵书、战策、农政、天官、治河、城守、律吕、盐铁之类，无不讲求"，[110]因疑他的制炮知识或源出奉教人士。

崇祯朝，以闽粤两省铸造为主的西炮（可能在千门之谱），陆续分发内地各边镇，如崇祯二年解至阳和（宣大总督府所在地）红夷大炮若干门；三年给宣府镇西洋炮六门；五年，送居庸关红夷炮若干门；六年，宣府镇所属各城堡配发西洋炮共一百三十七门。[111]此外，冶铸业发达的山西地区，也开始自制以满足边防的需要。[112]此一仿制红夷炮的风潮，在崇祯中期以后更持续扩大。从现存明末古炮的铭文和官方文书，我们可以发现山东昌邑知县陈启元（于崇祯八年）、蓟辽总督张福臻（十年）、蓟辽总督吴阿衡（十年）、宣大总督卢象升（十一年）、蓟辽总督洪承畴（十二、十三年）、天寿山守备太监魏国徵

106　邹漪，《启祯野乘》卷6，页15。
107　《明史》卷23，页320。《国榷》卷94，页5691；卷95，页5725、5774；卷97，页5853。
108　张氏于崇祯十二年六月疏奏称，已曾"彷闽中新式铸造红夷大炮六位，每位重六百斤"，或即指此事；参见张国维，《抚吴疏草》，冯令行取疏，页4。
109　邹漪，《启祯野乘》卷6，页15—16。
110　黄一农，《两头蛇：明末清初的第一代天主教徒》，页178；黄宗羲，《南雷文定》卷6，页6。
111　《中国明朝档案总汇》第6册，页273—275。《明清史料》，乙编，第1本，页96—97；丁编，第4本，页333；辛编，第1本，页28。
112　如崇祯六年曾造大红夷炮二十五门、二号红夷炮十门、三号红夷炮若干门；参见《明清史料》，乙编，第3本，页223。

（十二年）、宣大总督陈新甲（十二年）、分守昌宣太监魏邦典（十二年）、钦命出镇昌平兵部右侍郎刘永祚（十三年）、山西巡抚宋贤（十三年）、辽东总兵官吴三桂（十五年）、应天巡抚郑瑄（十六年）等军政官员，均曾就地铸造西炮。[113]

只不过，迄明亡还是有许多官员未能认识西炮的威力，仍然打造或装备灭虏炮、威远炮、佛郎机铳等旧式火炮，甚至制造如木人火马天雷炮等流于淫巧且不实用的"奇器"；至于军中的个人火器，亦仍以三眼铳与主，射程较远且有瞄准器的鸟铳，多仅为点缀。[114]

综上所述，知崇祯朝因后金、流寇、海盗和荷兰等势力所引起的内患外乱，令明廷对红夷炮的需求颇殷。除公沙·的西劳于三年正月率领澳门葡兵三十一人携带红夷大炮十门抵京外，[115]闽粤官员亦开始大量仿制，并陆续北运。但至崇祯中叶以后，或因制炮的技术已扩散，且为求快速因应变局，并减低运送成本，始普遍在各边镇或重地铸炮。

三、红夷大炮与郑氏家族

郑芝龙家族在西洋火炮流布东南沿海的过程中，表现极为突出，其所掌控的海上集团对火器的依赖甚深，铸炮水准亦颇精。事实上，郑军从芝龙开始就已拥有许多欧制及自制红夷大炮。如天启、崇祯之交，芝龙曾虏获荷船五艘，[116]其中想必配置不少火炮；由于郑芝龙"所资者皆彝舰，所用者皆彝炮"，且"徒党皆内地恶少，杂以番、倭，骠悍三万余人矣。其舡、器则皆制自外番：艨艟高大坚致，入水不没，遇礁不破；器械犀利，铳炮一发，数十里

---

113 周亮工，《全潍纪略》，页4。刘旭，《中国古代火药火器史》，页112—116。《明清史料》，甲编，第10本，页981；辛编，第5本，页432、437。张立方等编，《河北省明代长城碑刻辑录》，页791、793、795—797、826—835；第十三章。
114 参见《明清史料》，甲编，第10本，页901—915；乙编，第1本，页96—97；第3本，页287；丁编，第6本，页583—584；辛编，第4本，页374—375、380—383；癸编，第3本，页205—206。方裕谨编，《崇祯十三年畿南备防档》；第十章。
115 第四章。
116 Wm. Campbell, *Formosa under the Dutch, Described from Contemporary Records*, pp. 38–39.

当之立碎"，甚至连明总兵官俞咨皋均不是对手。[117]崇祯三年，郑芝龙攻剿海寇钟斌时，精于火器的福建巡抚熊文灿，曾提供他精良的火药和大铳，并配以坚固的"八桨荡船"，由于"船既迅而易于抢风，铳又大、火药又好，易于及远"，以致"钟船数百，一破立散"。[118]五年，芝龙在福建闽江口大败海寇刘香时，也曾配备"大铳五百门"。六年，芝龙在痛击荷军的料罗湾大捷中，还虏获大、小铳共八门。

随着郑芝龙于崇祯十三年升任潮漳署总兵官后，郑家在闽粤沿海的势力如日中天，对火器的掌握亦日益精进（惟目前尚未发现郑芝龙所铸火炮的确切实物）。十五年五日，辽东督师范志完请调郑芝龙率水师三千人驻觉华岛（即今辽宁兴城所辖的菊花岛），以牵制清军，不愿放弃南方庞大海贸利益的芝龙于是呈称：

> 拟造大水艍船二十只，共用大斑鸠铳四百门，应备弹二万颗，每颗重一两八钱；又造小水艍船二十支，共用中斑鸠铳二百四十门，弹一万二千颗，每颗重一两五钱；又应用鸟铳九百门。其铳与弹合应广制。[119]

要求应先备足必需之装备，并强调其中的斑鸠铳只有粤匠能造，而水艍船则为闽式。[120]翌年，芝龙托故不前，改由其弟鸿逵督运广东制造的一批铁熕和斑鸠铳解往登州和天津。[121]知郑军除西炮外，在个人武器方面，亦已逐渐放弃当时仍普遍被明军使用的三眼铳，而大规模换装射击既准且远的鸟铳以及威力更大

---

117 《崇祯长编》卷11，页20；卷41，页2。《明史》卷260，页6733—6734。《明清史料》，乙编，第7本，页615。
118 董应举，《崇相集》，书，卷4，页87。
119 《明清史料》，乙编，第6本，页564—565。
120 康熙初年的文献称大型之水艍船："广二寻（农按：一寻为八尺）、高八、九寻，上施楼堞，绕以睥睨，裹铁叶、悬皮帘、伏战兵二百。其中凿风门以施炮弩，其旁有水车二乘，激轮如飞。"又，雍正时期的文献亦记："头号水艍船，阔二丈二尺五寸，船身增长八寸九尺，仓深七尺九寸，板净厚三寸一分。"参见吴伟业，《梅村家藏稿》卷25，页7；嵇璜等，《清朝文献通考》卷194，页6592。
121 湖南省文管会现藏此炮一门，上有"崇祯十六年，福建军门张、都督郑造"字样，知为福建巡抚张肯堂和总兵郑芝龙所督造；参见王兆春，《世界火器史》，页287；《明清内阁大库史料》第1辑，页719—720。

的斑鸠铳。

清军入关之初，在江南和闽粤的胜利主要靠以汉制汉的策略及明朝内部的矛盾，至于战场上，则仰赖精锐的步骑；其在水师和火炮两方面，并未拥有绝对优势。[122]如清军于顺治七年围攻广州时，便颇不顺利，因所携带的火炮不足，遂在附近的从化县赶铸大炮四十六门，连同原从江西赣州带来的八门和缴获的十九门，共七十三门大炮，每门配备弹药四百出。十一月初二日，清军炮轰十几小时，令西北城墙坍塌三十丈，加上南明精锐水军的投降以及文武官员间的相互掣肘，广州终在围城近十个月后被攻破，共缴获五百一十二门火炮，此数虽远超过清军所有，但防守的明军却必须将之分散各处。[123]

清军在东南沿海各省常因受到南明（以郑军为主）的威胁而添造火炮，惟因铸炮的花费颇大（附录3.1），往往捉襟见肘。如江南总督马国柱于顺治十一年呈称，其下属的大炮多已于先前出征湖广和江西时借去，武库中仅存二十四门大红夷炮以及四门小红夷炮，且均不曾配置炮车，于是加造十门红夷炮以及所有相应之车辆和物件。[124]十二年，温州参将戴维藩疏称："（郑军）所乘者利舰、巨船，多奇炮、大铳。……今温区仅存红衣炮十余位，聊以列防近岸，安能卫一郡隘要之广阔乎！"[125]同年，江南总督马鸣佩指称长江口各炮台共仅配置一百五十门红夷大炮，"江海辽阔，实不足用"，建议应速铸炮。[126]十三年，浙江巡抚秦世祯亦称"出洋争胜，全藉为炮、舟师"，而因浙江的火炮先前在顺治三年征闽时多已调去，遂在杭州铸成"虹霓（农按：此应为红夷两字之避讳）大、中炮二百三十位"，以及配置在新造战船上的约五百余斤重之"小虹霓炮四百位"。[127]十四年，浙闽总督李率泰称"闽地山海交讧，御敌制胜，惟藉火炮为灭贼长技"，但他发现福州城内"俱系不堪小炮，且为数

---

122 当时沿海战船几乎尽归南明，郑成功且拥有许多可航行至日本或东南亚的大型海船，分属仁、义、礼、智、信五间商行；参见《明清史料》，甲编，第6本，页564；安双成、屈六生主编，《清初郑成功家族满文档案译编》第3本，页336；东京大学史料编纂所编纂，《唐通事会所日录》第1册，页180—181。
123 林子雄，《清初两藩攻占广州史实探微》。
124 陈在正、孔立、邓孔昭等编，《郑成功档案史料选辑》，页123—125。
125 《明清史料》，甲编，第4本，页368。
126 《清初郑成功家族满文档案译编》第1本，页228—231。
127 《明清史料》，甲编，第4本，页383；第6本，页565；丁编，第2本，页173—175。

不多。尚有大炮百余位，全系损坏"，随即委官雇匠，克期改铸大炮。[128]十五年，李率泰为对抗占据在磐石卫和乐清县（俱属浙江温州府）的郑成功北伐军队，始赶铸红夷铁炮十门（附录3.1）。十六年，两广总督李棲凤也为防范郑成功而新铸一百二十八门大炮。[129]

附录3.1

清初红夷大炮制造成本之估算

顺治十五年六月，清廷欲对抗占据在磐石卫和乐清县（俱属浙江温州府）的郑成功军队，遂下令赶铸红夷大炮。十六年六月，在浙江巡抚佟国器所上的揭帖中，对当时铸造红夷大炮的用料和规制留有详细资料，[130]此或是在明清之际现存文献中仅见的，下文即就此揭帖中弥足珍贵的内容加以分析整理。

顺治十五年六月十六日，浙闽总督李率泰批示铸造红夷大炮二十门，并要求各府县派办生废铁和山炭。为此先盖造炮房三门，并聘用了一批铸匠。第一阶段预计先开炉铸新炮十门（用5.15斤铁弹），并将旧存的十五门炮（用5.55斤铁弹）加以整修。

此十门新炮，共使用生废铁42880斤，市价每斤值银0.022两，共值943.36两。至于铸炮时修炉、烘塑并打造熟铁炮心等杂用事项，共用山炭124352斤，市价每斤值银0.003两，合约373.056两。此外，所用"炉、塑、风项杂用工料等项"，共花费银526.309两。又，盖造炮房三间，计用工料银27.849两。这些通共用银1870.574两，亦即，每炮平均应分摊约187两。

铸匠的工资也是一笔花费。查当时日给铸匠工食钱8分，合月薪2.4两，此相当一般兵士薪饷的两倍左右。由于新任浙江总督赵国祚于顺治十五年

---

128 《明清史料》，甲编，第5本，页408。
129 《郑成功档案史料选辑》，页321—324。
130 《明清史料》，丁编，第3本，页228—231。

十一月十六日裁批:"铸完铁炮十位,火速铲磨光洁,以凭验放;未铸十位停止。"知铸成这十门新炮前后共历时五个月,如以每匠负责两门估算,[131]每门炮需分摊工资6两。

新炮欲在战场上发挥作用,还需添置许多配件以及适量的弹药。通常每门配搭三百发合口之铁弹,十门共三千发。镕铸炮子共需用生废铁21150斤,值银465.3两;还需山炭41085斤,计银123.255两;至于修炉做项等杂用工料银,亦需94.35两。亦即,铸炮子三千发,共需铁、炭、工料等银682.905两。每发铁弹的成本平均为0.227635两,每门炮配置三百发,共需68.2905两。

此外,每门炮还配置1800斤火药,需至少约200至300两。[132]至于运送弹药还需一些额外费用:如随炮扛索、杂物、火药袋布(指分装火药的布包)、油纸(防潮防雨之用)、包索(指扎捆火药桶所用之蒲包和麻索,每桶盛药50斤)、弹筐(装运炮弹的竹筐,每个盛弹20颗)等应用什物,每门平均用银23.209两。

若再加上每辆炮车的制造成本51.015两,这批新炮每门从开始铸造到配备齐全,共需投入约535至635两银。其中制造火炮的炮身,每门约花193两,还需配备三百发铁弹(值68两)和相应的1800斤火药(约值200至300两)。亦即,发射火炮所需的弹药成本是十分昂贵的。差不多同一时期,在福建制造长14.4丈(33.3米)、阔2.2丈(7米)的大鸟船,每艘亦不过费银约800两。[133]无怪乎,浙江总督赵国祚决定停造尚未动工的另十门炮。

此批新炮各重3080斤(4066磅),用5.15斤(6.8磅)铁弹,炮长12尺(384厘米),内径约10厘米,其炮身比例与当时重量相近的英国制大蛇铳相比,显得较长、口径也较小。炮口厚度据估应小于6厘米,此较相近内径的铜

---

131 万历四十八年,黄克缵仿制西炮时,即是以十四名工匠铸成二十八门"吕宋铜炮";参见第一章。
132 以顺治十年为例,从河南等产地运至福建的硝,每斤约值银0.19两,还需与硫、炭合配成火药;十三年,广州所制火药,每斤约值银0.1两;十七年,江宁造火药,每斤约值银0.096两。参见《明清史料》,己编,第2本,页144;孙廷铨,《"中研院"历史语言研究所藏顺治十三年六月六日题本》;韩世琦,《抚吴疏草》卷36,页41。
133 《明清史料》,己编,第6本,页508。

> 炮或铁炮为薄（通常炮口的厚度应与内径相若），疑因其乃为铁心铜体结构（在制造过程中曾"打造熟铁炮心"），故拥有较高抗膛压能力所致。[134]

永历十三年（顺治十六年），郑成功亲自领兵进取南京，当时曾下令："随营大铜熕及攻城大铳，俱要时刻跟随队伍，江边驾驶，以便临时立刻吊用。"[135]其所携之炮有长十二尺，用十八斤（约24磅）重铁弹者。[136]十五年，郑军攻打热兰遮城（Zeelandia；在今台南安平古堡）时，亦携带可能最少一百门火炮，其中许多为可发射12磅、18磅或24磅铁弹的铜炮或铁炮，甚至还有几门使用30磅或36磅铁弹；[137]十二月初六日，郑军在一天之内就从三十门炮共发射约二千五百发炮弹。[138]其所拥有的炮兵火力，较诸世界海上强权的荷军毫不逊色，因当时荷兰东印度公司的船炮，最大者通常亦不过用24磅铁弹。[139]1636年，西班牙人在台湾北部之圣救主（San Salvador）城中所配置的火炮，也只是发射18磅以下的铁弹。[140]

2008年11月，笔者于厦门的郑成功纪念馆中，见到一门永历三十三年（康熙十八年）制的铜炮（图表3.11），通长212厘米，炮口内径11厘米、外径23厘米，底径34厘米，炮身中段铸有龙形双钮，箍旁并有细花嘉禾纹，且以楷、篆两体精心阳刻"钦命招讨大将军、总统使世子，大明永历己未仲秋吉旦造。藩前督造守备曾懋德"之铭文。此炮乃二十世纪八十年代的仿制品，原件现藏陕

---

134 此段参见第十三章。
135 杨英，《延平王户官杨英从征实录》，页116。
136 《明清史料》，甲编，第5本，页438。
137 参见C. R. Boxer, "The Siege of Fort Zeelandia and the Capture of Formosa from the Dutch, 1661–1662"；厦门大学郑成功历史调查研究组编，《郑成功收复台湾史料选编》，页228—292、329；Tonio Andrade, "Did Zheng Chenggong Need a Drunk German's Help to Capture the Dutch Colony of Taiwan？"
138 江树生，《郑成功和荷兰人在台湾的最后一战及换文缔和》，页42—51。
139 J. B. Kist, "The Dutch East Company's Ships' Armament in the 17th and 18th Centuries: An Overview."
140 鲍晓鸥，《西班牙人的台湾体验1626—1642》，页383—385。

西省历史博物馆，[141]本置于陕西临潼县的城楼上，疑为闽浙总督左宗棠于同治五年调任陕甘总督时所携去，以应付捻乱。[142]

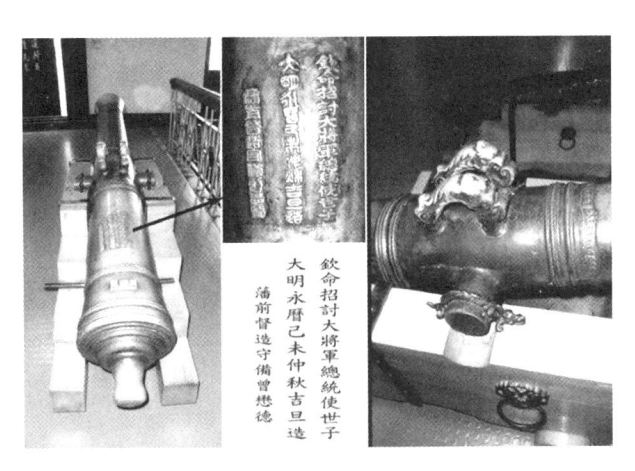

图表3.11：厦门郑成功纪念馆仿制之永历三十三年铜炮
（笔者摄于2008年）

查郑成功于南明隆武元年（顺治二年）获赐国姓朱，授为总统使、招讨大将军；永历十一年，进延平郡王；其长子郑经在他去世后承袭父职，自称"嗣封世子"，[143]其中"世子"乃亲王或郡王嫡长子的称号。此故，郑经于永历二十八年发布的讨清檄文中，即自称为"钦命招讨大将军、总统使世子"。[144]由于郑经在永历二十八至三十四年间曾活跃于福建，[145]知此炮应是此一期间所制。先前许多学者因误读铭文为"永历乙未"，且不解"世子"之意，遂错系

---

141 感谢西北大学数学系曲安京教授和胡里山炮台胡汉辉研究员代询陕西省历史博物馆及郑成功纪念馆相关人员。
142 朱捷元，《郑成功铸造的永历乙未年铜炮考》。
143 王之春，《国朝柔远记》卷2，页15；温睿临，《南疆逸史》卷54，页7、17。
144 林春胜、林信笃编，浦廉一校勘，《华夷变态》卷2，页54—55。
145 夏琳，《闽海纪要》，页87—126。

123

为郑成功所制。[146]

　　该纪念馆所藏之炮很可能是郑经在位时照荷兰炮所仿,查英国伦敦塔（Tower of London）所藏的两门十七世纪荷兰制铜炮:1623年炮（图表3.12左上;编号XIX.180,通长234厘米,内径13厘米）以及1676年炮（图表3.12左下;编号XIX.171,通长213厘米,内径8.6厘米,重477千克）,[147]其双钮的形制、炮身上的隆起（含数目与位置）以及细花嘉禾纹饰,均与此炮颇近。1990年,广东湛江市渔民在上川岛海域捞获三门铜炮,其一是1642年铸造的荷兰东印度公司船炮（图表3.12右）,[148]设计亦相仿。此外,日本长崎市教育委员会所藏的一门1640年荷兰东印度公司船炮也属同一类型。[149]

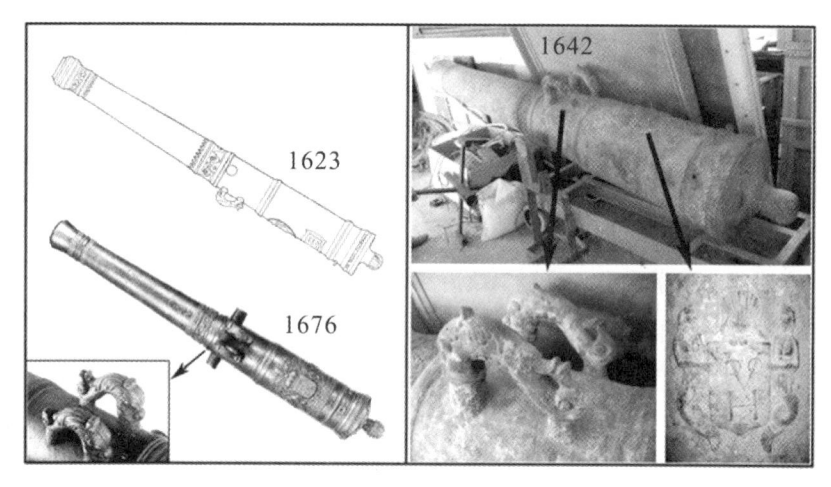

图表3.12：十七世纪荷兰制的双钮铜炮

146　虽然方文图（1981）早已指出朱捷元（1979）之误,但稍后许多著作仍沿袭该误；参见朱捷元,《郑成功铸造的永历乙未年铜炮考》；方文图,《钦命招讨大将军总统使世子究竟是谁?——〈明末郑成功所造铜炮〉读后》；王兆春,《中国科学技术史·军事技术卷》,页276-277；成东,《永历乙未铜炮》；王兆春,《中国古代军事工程技术史·宋元明清》,页490-491。
147　改绘自H. L. Blackmore, *The Armouries of the Tower of London: I. Ordnance*, pp. 49-51, 141, 146-147, plates 16, 34, 37. 惟双钮并非荷兰炮的独有特征,因十七世纪的西班牙和葡萄牙炮偶亦可见类似设计。
148　感谢中山大学历史系黄启臣教授提供此一资料。
149　原田博二,《唐馆图兰馆图绘卷》,页64。感谢台北艺术大学共同学科李婧慧教授提供此一资料。

随着东印度公司在亚洲的发展，类似火炮应已于十七世纪出现在中国海域。杨英《从征实录》称定国公郑鸿逵曾在广东揭阳港内捞起一门"灵熕"，其文曰：

> 此灵熕重万斤，红铜所铸，系外国夷字。戊子年（农按：永历二年）抄，定国府入揭阳港，夜半发芒光，定国见而疑之，至次夜又见，定国随令善没者入捞之，出云："一条光物，约丈余，有两耳，其大难量。"定国再令善没者详视，出回云："系熕铳，两耳二龙。"随传令船中用索绞起，顷刻即进船上。定国即造熕船载运、教放，容弹子二十四斤，击至四五里远，祭发无不击中。揭（指广东揭阳县）中顽寨并门辟房炮城俱被击碎，远近闻风，俱云神物。后送归藩（指郑成功），多助效灵。[150]

阮旻锡于《海上见闻录定本》中亦有相近的记事，称永历四年四月：

> 门辟海中放光，定国令人没水视之，得火炮夹两龙为耳，用船车（农按：应即船上所置使用滑轮的起重三脚架）出之，号龙熕，所击无不摧破。[151]

杨、阮二书均指郑鸿逵曾自海中捞出一门"两耳二龙"炮，[152]其地点很可能在广东榕江出海口外，因该出海口属揭阳县，故称揭阳港，但打捞之处或亦已毗邻潮阳县的门辟巡司。

前两文献叙述此事最大的不同应是打捞年月以及该炮大小。查永历二年，郑鸿逵驻守安平之白沙（属福建晋江），郑成功泊厦门，均不曾至广东揭阳；四年四月，两人合兵攻打揭阳附近恃险抵抗的新墟寨，并用龙熕击平其城

---

150 参见杨英，《延平王户官杨英从征实录》，页104。
151 阮旻锡，《海上见闻录定本》，页20。
152 当时荷兰炮身上屡可见鱼兽形之双钮，但或因其状常不十分具象，遂被附会成双龙。

125

垣。[153]由于此前不曾见到任何郑军使用龙熕的记载，因疑打捞龙熕应在永历四年（顺治七年）。又据《先王实录》，此炮重约6000千克，长逾320厘米，可发射二十四斤（约32磅）之铁弹；事实上，当时相近口径和长度的西炮，净重应不到3000千克，[154]且当时英国最大战舰之一的 Sovereign 号，其最重之炮亦仅2900千克，[155]知杨英不仅系年有误且有虚夸该炮数据之嫌。

郁永河在康熙年间所撰之《伪郑逸事》中，更将此炮的出现神秘化，称：

> 龙碽（农按：应同"熕"字）者，大铜炮也。成功泊舟粤海中，见水底有光上腾，数日不灭，意必异宝，使善泅者入海试探，见两铜炮浮游往来，以报，命多人持巨絙牵出之，一化龙去，一就缚。既出，斑驳陆离，若古彝鼎，光艳炫日，不似沉埋泥沙中物……成功出兵，必载与俱，名曰"龙碽"。然龙碽有前知，所往利，即数人牵之不知重；否则，百人挽之不动。以卜战胜，莫不验。康熙十八年，刘国轩将攻泉郡，龙碽不肯行；强舁之往，及发，又不燃；国轩怒，杖之八十，一发而炸裂如粉，伤者甚众。[156]

原本炮身中段所铸之龙形双钮，被附会成两门炮，又称"一化龙去，一就缚"，以解释为何只捞起一门。

江日昇在康熙末年定稿的《台湾外记》中，亦指称：

> （永历七年）成功率船犯海澄……功督诸将用力填壕，为飞弹伤足，遂退师。出港口，见海水红毛"光"闪烁，有大熕二门浮起。功急令捞之，名之曰"龙熕"，以副将杨廷统五百人翌卫。[157]

---

153 彭孙贻撰，李延昰补，《靖海志》卷1，页19；杨英，《延平王户官杨英从征实录》，页7。
154 Hogg, *Artillery*, pp. 270–272.
155 Adrian B. Caruana, *The History of English Sea Ordnance 1523–1875*, Volume 1: *The Age of Evolution 1523–1715*, pp. 61–63.
156 郁永河，《合校足本裨海纪游》，页49—50。
157 江日昇，《台湾外记》卷7，页7。

不仅夸言捞起两门大熕，更将时间误成永历七年（疑为顺治七年之误），并且擅改地点为海澄。江氏此书在永历四年条下，并无捞铳之事。

时人中对龙熕的品质和威力评价甚高，有形容曰："较红衣炮不加大而受药弹独多，先投小铁丸斗许，及发，大弹先出，铁丸随之，所至一方糜烂。"[158]亦有称："龙熕受大弹子，一丸至十余斤，小弹子一斗；副龙熕照样新铸者，各以一船专载之。龙熕所及，船中人顷刻不见形影。"[159]永历十二年，郑成功打浙江磐石卫时，曾以"铜龙火炮"打塌西城，[160]或即用此炮。二十九年，郑经曾出动龙熕攻打漳州，"发三炮，城垣崩百余丈"。[161]三十二年，郑军攻南安时，亦载龙熕及大铳数十门攻南门，"城崩坏四十余丈，尽为平地"。[162]

郑成功除依龙熕之规制仿造副龙熕外，可能还另铸成一批铜炮。查永历五年十二月，郑成功遣使通好日本，获其国"相助铅、铜"，遂"令官协理，铸铜熕、永历钱、盔甲、器械等物"。[163]十年四月，郑军领大熕船二十六只，在金厦海域击退清将韩尚亮；七月，亦率大熕船四十只北上取闽安。船上或均配置的是此批炮。

当然，郑军中应也有为数甚多的铁炮。2009年，金门县金城镇的一处建筑工地就出土了二十九门（图表3.13），炮长93至172厘米，各重约数百斤，其形制均颇接近十七世纪的前装滑膛红夷型火炮，"前弇后丰，底如覆笠"，炮身上各有几道隆起的强固箍，其中一门可见"丙辰年七月吉日制"等阳刻铭文。经推判这批炮应最可能是永历三十年郑经在闽南地区所铸，以对抗清军，并于三十四年年初仓皇弃守金厦、撤回台湾时，因无法运走，乃秘密掩埋（知其应非郑军最好的炮），却没料到再无机会起出。[164]

---

158 郁永河，《合校足本裨海纪游》，页49—50。
159 阮旻锡，《海上见闻录定本》，页85。其中副龙熕应是以龙熕为模照样新铸的。
160 《明清史料》，己编，第5本，页468。
161 江日昇，《台湾外记》卷18，页7。
162 阮旻锡，《海上见闻录定本》卷18，页7。
163 江日昇，《台湾外记》卷6，页31。
164 感谢金门县文化局曾淑玲小姐等人，以及"中研院"历史语言研究所陈维钧博士的热情协助。

图表3.13：2009年金门出土的二十九门明郑铁炮

    郑军中还一直都雇有黑人佣兵。芝龙的亲军最多时有数百名来自各地的黑人，他们当中不少人信奉基督宗教，[165]并尝替葡萄牙人或荷兰人服务，或遭其奴役过。顺治四年，清军在福建沿海即曾虏获四名。[166]稍后，郑成功围攻热兰遮城时，也有"两队年轻的黑人士兵"助战。明末清初在华参战的黑人主要使用鸟铳，也有能铸造佛郎机铳者，其中应亦有人精于操作西炮。[167]

    郑军的火器或炮学亦有一部分出自英国：永历二十四年，英国东印度公司在台湾设立商馆，该公司依约须为郑经代雇两名炮手以及一名铸炮之工匠；[168]翌年抵台的Zant号船上，也携有六门当作货物的半蛇铳，每门长274厘米，平均重3100磅（合明清时二千三百六十斤）；[169]二十九年，郑经还要求英商派人至漳州教其军队如何操作大炮，并尽速将能发射八至九斤重炮弹的铜炮六门运台。[170]

---

165 郑芝龙早年曾受洗，但后来放弃了天主教信仰；参见赖永祥，《明郑与天主教之关系》。
166 从其人名（如哩估佬即Nicolas、唵哆即André、唵哆哩即Antonie、独名哥即Dominicus）判断，可能均信基督宗教；参见《明清史料》，己编，第1本，页24。
167 崇祯年间自澳门聘雇的教放西炮队伍中，即有不少黑人；此段参见金国平、吴志良，《郑芝龙与澳门：兼谈郑氏家族的澳门黑人》；第四章。
168 Hsiu-Jung Chang (张秀蓉) et al., ed., *The English Factory in Taiwan 1670–1685*, p. 58.
169 Hsiu-Jung Chang (张秀蓉) et al., ed., *The English Factory in Taiwan 1670–1685*, p. 112.
170 Hsiu-Jung Chang (张秀蓉) et al., ed., *The English Factory in Taiwan 1670–1685*, p. 219, 224.

康熙二十二年（永历三十七年），清将施琅在疏奏澎湖大捷时，曾描述郑军的火器曰：

> 每贼炮船安红衣大铜炮一位，重三四千斤，在船头两边安发熕二十余门不等，鹿铳一二百门不等。……查所获红衣大铜炮十二位，每位重有四五千斤，炮子大者二十二三斤，中者十七八斤，次者十四五斤；銾錂大炮二位，每位重七千余斤，用炮子三十余斤。尚焚毁炮船所配之炮，俱已沉没在海，现在寻捞。[171]

其中生铁铸造的七千余斤"銾錂大炮"，应已是当时世界各国船炮中的佼佼者。先前郑经曾建造九艘"航海大船"以与吕宋贸易，至康熙二十年冬，甫即位的郑克塽听闻清军将大举进剿，遂将之全改为炮舰，[172] 所配置的大炮不知是否即类此。

康熙二十二年，郑克塽投降，清军缴获一批精良铜炮，其中"台湾小炮"的规制为：

> 前弇后微丰，口形如钵。重自三百斤至一千二百斤，长自六尺四寸至八尺二寸。杂锲花文，有人兽形者，亦有蟠螭（农按：盘曲的无角之龙，常用作器物的装饰）护火门者隆起。上有番书字迹，隆起六道，旁为双耳，中面上为双钮，可贯绳悬之。用火药自七两至三斤，铁子自十四两至六斤。载以双轮车，辕长七尺六寸至八尺九寸，轮各十八辐，辕中木横梁三、铁横梁二，以承炮身，通髹以朱。当轴两辕上处，有月牙窝承炮耳。[173]

至于"大台湾炮"（见图表3.14）的规制则为：

171　施琅，《靖海纪事》卷上，页67、79。
172　《清初郑成功家族满文档案译编》第3本，页464—465。
173　钟方，《炮图集》卷1，无页码。

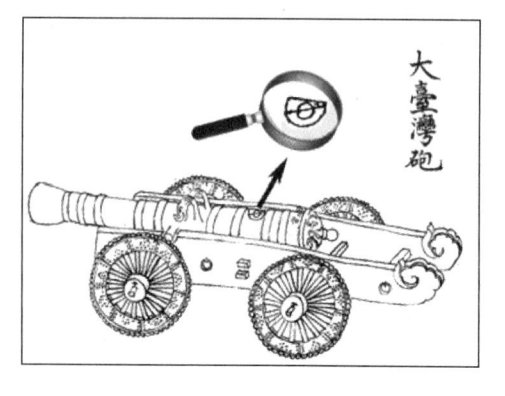

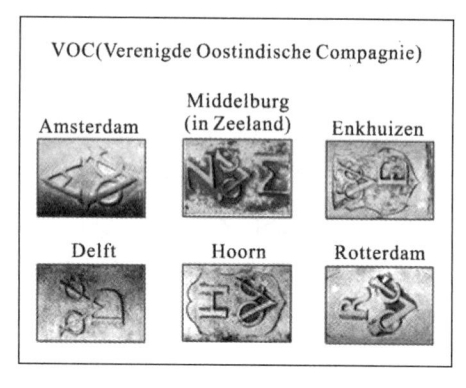

图表3.14：钟方《炮图集》所绘郑克塽军队使用的"大台湾炮"（图左）。炮身上可约略辨出的"番书字迹"，应即荷兰东印度公司火炮上VOC徽识的左半边[174]

前弇后微丰，口形如钵。重自四千斤至七千斤，长自九尺三寸八分至一丈二寸。杂镂花文、蕉叶文，蟠螭、人兽形隆起，上间以番书字迹。隆起十道，旁为双耳，中面上为龙文双钮，可贯绳悬之。用火药自八斤至十斤，铁子自十六斤至二十斤。载以四轮车，辕长一丈一尺至一丈二尺七寸，轮各十八辐，辕中木横梁四、铁横梁三，以承炮身，通髹以朱。当前轴两辕上处，有月牙窝承炮耳。[175]

知郑氏军队曾使用三百至一千二百斤的轻便小炮以及重达四千至七千斤的大炮，并常以两耳双钮为其特征。[176]当时还自台湾缴获一些二千至三千斤的铜炮，但品质似乎不佳，被批评与"准头平常"。[177]

这批被清廷收缴在武库中之"上有番书字迹"的台湾炮，很可能是由荷

---

174 图右各炮徽中的VOC代表Verenigde Oostindische Compagnie（联合东印度公司）等字，其上下方之字母为Amsterdam, Middelburg, Enkhuizen, Delft, Hoorn, Rotterdam等六个组成商会的缩写，而除Middelburg在泽兰省（Zeeland）外，余均在荷兰省（Holland）。至于炮徽上所记各商会缩写字母与VOC的相对位置，有时会上下颠倒。参见R. Roth, *The Visser Collection: Arms of the Netherlands in the Collection of H. L. Visser*, Volume Ⅱ: Ordnance, pp. 23-24, 47.
175 钟方，《炮图集》卷2，无页码。
176 厦门郑成功纪念馆还藏有一门郑军的双龙铜炮；参见潘文贵，《郑成功双龙铜炮考略》。
177 钟方，《炮图集》卷4，无页码。

兰铸造或郑军仿制，迄咸丰初年共还有至少十八门留存，其中四千斤以上者十门，最重者六千斤，最长者达384厘米，最多装填十斤火药和二十斤铁弹（图表3.15）。[178]由于其品质精良，大学士瑞麟曾于咸丰十年奏请赶运数门至河北通州备用，以应付英法联军的入侵，其疏有云：

> 营中应用炮位，拟请拨运京局现存大台湾炮四千斤以上者，酌拨六位；武成永固炮四千斤以上者，酌拨四位；小台湾炮七百五十斤者，酌拨四位；此项小台湾炮如或斤量不敷，即于七百五十斤上下各项炮内抵拨。[179]

将"大台湾炮"与清军在鸦片战争以前所铸最好的"武成永固大将军"炮相提并论，后者是由耶稣会士南怀仁于康熙二十八年监铸，共制成六十一门，重约三千四百至七千斤，装填五至十斤火药和十至二十斤铁弹（图表3.16）。[180]

图表3.15：咸丰初年八旗炮营局所存之十八门台湾炮

八旗名	炮重（斤）	炮长（尺）	用药（斤）	用弹（斤）
镶蓝旗	6000	10.0	10.0	20.0
镶红旗	5500	10.0	9.0	18.0
镶红旗	5000	9.4	7.5	15.0
正白旗	5000	9.4	8.5	15.0
正白旗	5000	9.4	8.5	15.0
镶白旗	5000	9.7	7.5	15.0
镶白旗	5000	9.7	7.5	15.0
镶黄旗	4000	12	10.0	20.0
正蓝旗	4000	10.2	10.0	20.0

178　翁同爵，《皇朝兵制考略》卷5，页1—17。
179　贾桢等，《筹办夷务始末·咸丰卷》卷56，页32。
180　翁同爵，《皇朝兵制考略》卷5，页1—17。

续表

八旗名	炮重（斤）	炮长（尺）	用药（斤）	用弹（斤）
正黄旗	4000	10.2	10.0	20.0
正黄旗	4000	10.2	10.0	20.0
镶黄旗	3600	7.9	7.0	14.0
正红旗	3500	7.9	9.0	18.0
正蓝旗	1800	6.5	3.0	6.0
镶黄旗	1400	6.7	5.0	10.0
正黄旗	1200	6.4	3.0	6.0
正黄旗	700	6.8	2.5	5.0
镶蓝旗	200	4.3	1.0625	2.125

图表3.16：南怀仁于康熙二十八年监铸的"武成永固大将军"[181]

---

[181] 上图出自清末北京出版的明信片，下左图乃笔者摄自北京故宫午门外左掖门前，下右图摄自台南奇美博物馆。

光绪二十七年，英军在攻打义和团时，曾虏获二门外形和尺寸相近的荷兰东印度公司炮，现藏英国伦敦郊区伍利奇（Woolwich）的皇家火炮博物馆（The Museum of the Royal Artillery），编号为#2/171A和#2/171B，长约335厘米，内径约15厘米，铸造年份分别是1614和1630年，[182]不知是否亦为前述台湾炮之一部分。

四、结　语

明末有中原流寇、东北后金和东南海患三大乱，从万历四十七年努尔哈赤在萨尔浒之役崛起，至天启二年荷人占据澎湖，天启七年民变在陕西开始燎原，[183]以迄康熙二十二年清朝平定在台湾的明郑政权，中国的战事从边疆燎原至腹地，从外患扩展至内乱，延亘超过一甲子。

明军在萨尔浒之役大败后，发现其所拥有之无瞄准器或闭锁欠佳的三眼铳、将军炮和佛郎机铳等火器，尚无法对付后金的强弓和铁骑，遂开始起意引入较先进的武器。最早的尝试是聘请一批曾受雇于西班牙在马尼拉铸炮厂的福建人至京铸造"吕宋铜炮"，惜因技术和设计不到位而未如预期。稍后，在京畿和辽东所配置的西炮，则多是购自澳门或捞自广东沿海（如万历四十八年触礁沉没的英国东印度公司独角兽号上的船炮），并由徐光启和李之藻等天主教徒协助安排运送，还雇请澳门来的葡萄牙籍铳师负责教放。同时欧洲的炮学书籍亦经由奉教士人和耶稣会士中译，惟其中一些关键内容并不公开传布。至袁崇焕于天启六年以西炮缔造宁远大捷后，明廷对此新式武器的重视日殷，除持续要求澳门解铳解人，还要求福建和广东的官员大量仿铸并解京；此故，现今从华北以至辽东都还存有当时闽粤地区所铸的古炮。[184]

另一方面，天启初年起即持续骚扰东南沿海的荷人与海寇，因已广泛使用较先进的红夷大铳，促使闽粤官员对西炮多相当重视，并开始动员工匠自行铸

182　J. P. Kaestlin, *Catalogue of the Museum of Artillery in the Rotunda at Woolwich: Part 1 Ordnance*, pp. 24–25.
183　李文治，《晚明流寇》，页29—30。
184　此段参见第一、二、四、七、十二章。

造。幸因荷人的兵力不足，且"所恃巨舰、大炮，便于水而不便于陆"，[185]所引发的威胁才不若满人。郑芝龙在崇祯元年的受抚，转使明军的战船与火炮拥有足够力量对抗海上其他势力，遂陆续平定李魁奇、钟斌、钟凌秀、刘香等贼寇，[186]并于崇祯六年在料罗湾大败世界强权荷兰的舰队。从这一途径引进的红夷火炮，与传教士或天主教士大夫的关联较少。[187]

中国南方的铸炮技术亦受到其他欧洲海权国家的影响。为因应荷兰人持续对澳门的觊觎以及对船货的掠夺，葡萄牙驻澳门总督于1623年开始与华人签订铸炮合同，并在1626年任命出身印度果阿铸炮世家的万努·博卡罗（Manuel Tavares Bocarro）掌管铸炮场。据1635年的文献记载，澳门各炮台共安设

图表3.17：葡萄牙里斯本军事博物馆藏1640年万努·博卡罗在澳门所铸之铜炮（笔者摄于2006年）

---

185 此说出自福建巡抚商周祚；参见《明清史料》，戊编，第1本，页1。
186 汤锦台，《开启台湾第一人郑芝龙》，页140—174。
187 事实上，当时有些重要官员对西人西教甚不友善，如福建巡抚邹维琏即曾痛斥利玛窦为"利妖"，因其"以邪说比六经"，亦尝抨击称"佛老之害过于杨墨，天主之害过于佛老""西极妖人，名为诋佛以尊儒，究竟灭伦弃家""西竺天主之邪说浸淫人心"。参见邹维琏，《达观楼集》，叙，页14—15；卷22，页24；卷24，页6。

四十几门炮,其中最大者可发射35磅的铁弹。[188]除葡人拿手的铜炮外(图表3.17),至1638年底,该铸炮场也已生产约二百门铁炮;由于价廉质佳,颇受市场欢迎。如1645至1646年间,许多澳门制造的铜炮和铁炮就被运至印度和葡国,以参与葡萄牙脱离西班牙统治的复国战争。[189]1647年,在南非沿岸沉没的Sacramento号上,即运送至少十五门万努·博卡罗铸于1640年之铜炮,其中最大者的内径为14厘米,通长469厘米,远超过当时其他在亚洲陆地上使用的火炮。由于博卡罗聘用不少长于铸铁技术的华人工匠,知其制炮相关技术应会在冶铁业发达的广东地区流传。[190]

此外,由广东官员自英国东印度公司沉船独角兽号打捞出的炮,曾协助明军于天启六年缔造宁远大捷。该公司且从1670年起在台湾设立商馆,迄1682年因荷兰攻占万丹始退出东南亚,前后共有十几年与南明郑氏政权进行交易,其间亦曾输入各式火器。[191]

西方炮学在十七世纪中国的流布或可归纳成工匠和教会这两大途径。前者主要发生在冶铸发达的闽粤一带,有些很可能透过家族来传递相关知识与经验,如在明清之际许多南方制造的炮常出自曾姓之人:万历四十八年,由协理京营戎政黄克缵自同安聘请工匠制造的"奸虏大将军"铜炮,是由曾慎等铸造;[192]天启四年,钦差福浙都督俞咨皋(福建泉州卫人)造的红夷铁炮上有"匠曾□"字样(图表3.2);闽抚熊文灿于崇祯三年督造的铁炮,是由把总曾□监制(图表3.4);又,厦门郑成功纪念馆藏一门南明鲁监国五年(顺治七年)制的铜炮,铸匠名曾成(图表3.18)[193];该馆还有一门永历三十三年郑经督造的铜炮,其阳刻铭文有"藩前督造守备曾懋德"字样(图表3.11)。此

---

188 C. R. Boxer, *Seventeenth Century Macau in Contemporary Documents and Illustrations*, pp. 18–23.
189 C. R. Boxer, *Seventeenth Century Macau in Contemporary Documents and Illustrations*, p. 100.
190 有称此一铸炮场于1656年因万努·博卡罗举家迁回果阿而停止营运,但他似在1657至1664年间出任澳门总督,且笔者于里斯本军事博物馆(Museu Nacional Militar)尚见到两门由Jerónimo Tavares Bocarro在澳门制造的铜炮,分别铸于1679及1681年;此段参见金国平、吴志良,《澳门博卡罗铸炮场之始终》; Geoffrey Allen and David Allen, *The Guns of Sacramento*, pp. 12–14, 79; C. R. Boxer, *Seventeenth Century Macau in Contemporary Documents and Illustrations*, p. 153.
191 曹永和,《英国东印度公司与台湾郑氏政权》。
192 第一章。
193 此炮内径约5厘米,乃阮进追随鲁王朱以海流亡至舟山时所造;参见吴建仪主编,《婆娑之眼:国姓爷足迹文物特展图录》,页200。

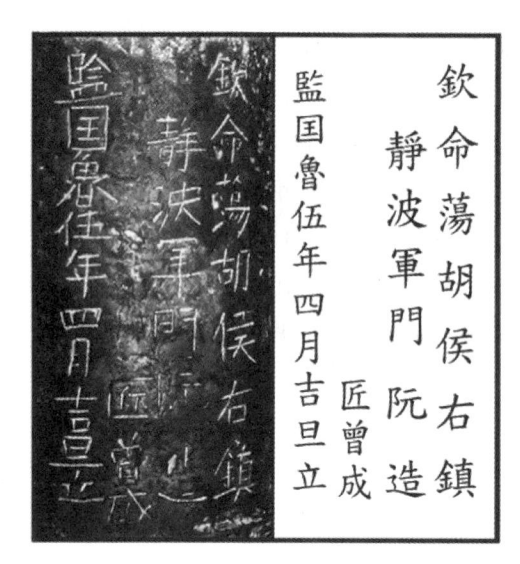

图表3.18：厦门郑成功纪念馆藏鲁监国五年铜炮上之阴刻铭文（笔者摄于2008年）

外，永历十二年负责在郑军中管理灵熕的军官亦名曾铣。[194]由于这些曾姓之人均与福建有地缘关系，不知是否有出自同一家族者？

至于教会途径，则与奉天主教的士大夫攸关，主要是由明末的徐光启、李之藻、孙元化（徐光启的门生与亲家）、韩云（徐光启门生）、韩霖（徐光启门生，韩云之弟）、张焘（李之藻门生）、孙学诗、陈于阶（徐光启外甥）等教徒推动，透过同教、师生或姻亲等关系一脉相传，他们也从耶稣会士手中得见或翻译了一些欧洲的火炮专书，但他们多非闽粤之人，且与该地区无地缘关系。入清后，除在宫中服务的南怀仁外，较少见教中人士精研此学，然其知识传承似未完全断绝。如康熙十三年，康亲王杰书奉命率师驻浙，其幕客戴梓尝发明冲天炮（类似今之迫击炮）以及可连射二十八发的连珠铳，[195]戴梓的火攻之学即泰半得其表兄弟张嗣垈，而嗣垈之父就是颇精西洋炮学的张焘。[196]

由教会途径传布的西洋炮学，还曾随着明廷自澳门聘雇的葡籍铳师，而全面进入登莱巡抚孙元化统领的明军，但这支部队的精锐不幸在吴桥发生兵变，并于崇祯六年投降后金，反令相关的铸炮和操炮技术落入满人手里，且协助其在十年左右建立当时全世界最大的专业炮兵部队。清军以满蒙八旗为主的步骑

---

194 杨英，《延平王户官杨英从征实录》，页104。
195 李鸿彬，《清代火器制造家：戴梓》。
196 张焘乃明末知名天主教徒李之藻的奉教门人，曾往澳门购买大铁铳四门，并数度协助解送西洋大炮和澳门铳师至京城，且尝于崇祯四年在鸭绿江口的皮岛率公沙·的西劳等十三名随军葡人，以西炮大败后金，缔造所谓的"麻线馆之捷"。参见刘献廷，《刘继庄先生广阳杂记》卷4，页625；第七章。

兵，原本就在野战中所向披靡，再辅以善于攻城破垣的汉军炮兵，更是如虎添翼，入关后遂很快在中原和江南站稳脚跟。[197]

然而，活跃于闽、粤、台的郑氏政权，却令清廷大伤脑筋。此因，东南沿海的战事自天启二年荷人据澎湖以来，其频率和规模在东西方军事史上均十分突出，[198]且事涉全中国冶铸技术最发达的地区以及大航海时代主要的欧洲强权，所动用或制造的西炮遂在接下来的一二十年间趋近世界最高水平。平心而论，郑氏为维护海贸的丰厚利益而长期积累建立的船队与火炮，不仅较清军占有优势，亦往往不逊于当时出现在亚洲海域的欧洲各国。郑芝龙和郑成功父子遂能两败荷兰于金门和台南，且郑成功、郑经和郑克塽均曾起意欲攻打被西班牙殖民的吕宋；[199]甚至，郑经在面对荷、清两海陆强权的联手攻击时，还能苦撑不坠。[200]事实上，倘非明郑发生多起重大叛降事件，以及郑家内部惨酷的权力斗争，[201]郑氏海上政权应有可能对抗清朝更长更久。

郑氏政权势力的奠基者是郑芝龙，他在天启四年以通事身份介入明荷澎湖事件的交涉。而就在荷兰人开始拆城转赴台湾的第二天，郑家最出名的历史人物——芝龙长子郑森（南明唐王隆武帝时赐国姓朱，更名成功）——诞生于日本平户。启、祯之间，芝龙从崛起台湾的海寇顺利转型成受抚的明朝将领，接着次第击败其昔日同党和荷兰人，并于崇祯十三年升任潮漳署总兵官后，集闽粤地区和东南海上的军权于一身。

郑氏家族在隆武朝更是权倾一时，不仅"全闽兵马钱粮皆领于芝龙兄弟"，芝龙和鸿逵且封侯，芝豹和郑彩封伯。[202]隆武二年，清廷派人向芝龙劝

---

197 第七章。
198 R. Ernest Dupuy and Trevor N. Dupuy, *The Harper Encyclopedia of Military History*, pp. 571–665.
199 李毓中，《明郑与西班牙帝国：郑氏家族与菲律宾关系初探》。
200 康熙二年，清荷联军向盘踞在金门和厦门的郑经大举进攻，双方投入战斗的船只近千艘，包括荷兰的船舰十六艘、大炮四百四十三门以及兵员二千七百一十三名，在两昼夜的激烈海战后，郑经虽失利撤回台湾，但仍保有实力与其周旋。参见杨彦杰，《荷据时代台湾史》，页295—309；张先清，《多明我会传教士利胜与清初华南地方史》。
201 如施琅、黄梧、周全斌、黄廷等重要将领先后降清；郑经在其父去世后不久，即逼堂伯郑泰自杀，泰弟鸣骏遂率官兵暨眷属近一万六千名、船一百三十艘、大炮三百门降清；郑经死后，监国克壓也在权力斗争中被杀。参见余宗信，《明延平王台湾海国纪》，页23—108；林田芳雄，《郑氏台湾史：郑成功三代的兴亡实纪》，页257—270。
202 本节中有关郑氏家族在隆武朝的事迹，可参见钱澄之，《所知录》卷1，页27—40。

降，并以"闽粤王"之衔相诱。成功尝苦谏芝龙曰：

> 吾父总握重权，以儿度，闽粤之地不比北方得任意驰驱，若凭意（高）恃险，设伏以御，虽有百万，恐一旦，亦难飞过。然后收拾人心，以固其本；大开海道，兴贩各港，以足其饷。选将练兵，号召天下，进取不难矣。[203]

指称清军铁骑在崎岖的闽粤一带或不易施展，故建议应利用地形凭险据守，并贩海以充兵饷，成功并跪哭曰："夫虎不可离山，鱼不可脱渊；离山则失其威，脱渊则登时困杀。吾父当三思而行！"[204]但芝龙或为维护其家族与部属盘根错节的政经利益，却自撤仙霞关（地处浙、闽、赣三省要冲）和分水关（在闽、赣接壤之处）两重要关隘的守兵，为清军入闽敞开了大门；[205]七、八月间，隆武帝朱聿键被杀；十一月，芝龙剃发降清。二十三岁的郑成功以"从来父教子以忠，未闻教子以贰"，遂率愿从者弃家入海，并招募其父旧部和四方义士起兵抗清。[206]

郑芝龙投降后发现受骗，其日籍侧室田川氏（成功的生母）竟然仍遭清兵凌辱遇难，贝勒博洛且背约将其挟持至北京，并利用其声望招降明军十一万三千人。顺治十三年，清廷甚至将郑芝龙"枷械禁锢"；翌年，更流放宁古塔（今黑龙江省宁安县），且加"铁链三条、手足杻镣"；十八年十月，芝龙被依谋叛律斩杀于北京柴市，卒年六十七。[207]

在郑芝龙投降后的十多年，郑成功靠着"通海之利"，[208]持续于东南沿海抗清，虽曾一度以大军包围南京，但功败垂成。永历十五年，郑成功决定渡海取台湾为根据地，十二月，在历经半年多的战事后，终于赶走据台三十八年的

203　江日昇，《台湾外记》卷5，页22—23。
204　江日昇，《台湾外记》卷5，页23。
205　徐晓望，《清军入闽与郑芝龙降清事考》。
206　江日昇，《台湾外记》卷5，页24。
207　汤锦台，《开启台湾第一人郑芝龙》，页217、222—229；《清世祖实录》卷32，页268；《明清史料》，己编，第3本，页285。
208　张菼，《郑成功的五商》。

荷兰人。不幸的是，成功旋即听闻在石井老家的祖坟遭挖毁、其父于北京被处死、永历帝遭降清的吴三桂俘获等噩耗。尤有甚者，世子郑经私通其弟的乳母且生子，成功暴怒，欲将郑经及其生母董氏问斩，但留守福建的众将竟抗命。十六年五月，疾首痛心的郑成功在台湾病逝，享年仅三十九岁。[209]

倘若郑芝龙听从成功之劝不降，以他丰富的战斗经验和人脉网络，肯定会对清朝政权造成重大威胁。事实上，郑芝龙当时仍"带甲数十万，舳舻塞海，饷粮充足"，[210]他应有机会凭险抗拒清军，至少也可凭借其掌握的先进西式铳炮以及绝对优势的船舰纵横海上，并让郑成功多所历练，有更大能力承担复明的艰巨挑战。

康熙三十八年，清帝恩准郑克塽的奏请，让郑氏先人归葬故里。在石井郑氏祖坟中，因此迁入三代五具灵柩：郑成功及其夫人董氏、其生母田川氏、其子媳郑经夫妇。康熙帝并御赐"四镇多二心，两岛屯师，敢向东南争半壁；诸王无寸土，一隅抗志，方知海外有孤忠"之挽联，称扬成功的忠勇。其父芝龙却因在北京弃市，尸首无存，归葬时只得以木主替代遗骸，其孤魂飘荡在华北平原的黄土地上，远离他曾经扬帆声炮、称霸一时的海上世界。[211]

随着明郑的投降，清朝出现长期的统一与安定，遂不再加强武备，东南沿海一带的铸炮技术亦因此停滞不前。直到遭受鸦片战争的痛击后，清廷才又积极在沿海加强战备。从广东以迄浙江的官员，开始重拾明末铁心铜体的技术，制造从数千斤至上万斤的重炮。[212]当时也曾延聘龙溪县城的"金宝兴"鼎炉铸造师黄取，在漳州用传统方法制模并浇铸出龙熕。[213]然而，欧洲各国的制炮技术早已一日千里，其炮常是先铸成实心铁管，再以机械镟出匀称的内膛，此法不仅精度较高，且成本较传统模铸法大幅降低。[214]面对西方列强更先进的大

---

209 沈云撰，黄胡群校释，《台湾郑氏始末校释》，页99—112。
210 江日昇，《台湾外记》卷5，页23—24。钱澄之在《所知录》中亦称郑芝龙当时"楼船尚五六百余艘"（卷1，页39）。
211 此段参见郑万进，《开台延平郡王郑成功陵墓考》。感谢世界郑氏宗亲总会的郑昌树先生慨赠此书。
212 第十三章。
213 王炳南等，《漳州市志》第2册，页912。感谢厦门大学人类学系张先清教授代查此一资料。
214 Richard Hayman, *Ironmaking: The History and Archaeology of the Iron Industry*, pp. 39-45; Melvin H. Jackson and Carel de Beer, *Eighteenth Century Gunfounding*, pp. 50–52, 72–74, 137–139.

炮，清军新造的龙熕不再拥有神话般的威力，只能屈辱地伴随大清帝国的龙旗缓缓落下历史的地平线。

> **附录3.2**
>
> ### 作为影响中国近代史的"物"的火炮
>
> 近年有关物质文化的研究在汉学界正方兴未艾，火炮作为深刻影响中国近代史的"物"，本应很有条件成为学界的焦点，然或因所牵涉的范畴过于深广，迄今仍少见具有此一关怀的严肃研究。
>
> 过去十余年来，笔者尝试爬梳庞杂文献中零散的火炮相关记载，并实地勘查过数百门古炮，期盼能勾勒出各种明清西式火炮的"文化传记"（cultural biography）。[215]本书第十三章即首度有系统地深入探讨该在滑膛炮发展史上技术最先进之炮种，文中以四十八门尚存复合金属古炮结合史料记述，重现其在中国三百多年间的演变过程和多样性，且从技术、效能和成本等角度切入，以理解复合金属技法的兴颓变化及其最终遭淘汰的历史因素。[216]本章同样整合文献与文物，尝试理出明末以来闽粤地区所出现或制造之西炮的"文化传记"，并探索其对十七世纪中国史或东亚史所产生的影响。
>
> 前述两研究均具体牵涉大量古炮，其炮身上斑驳铭文所刻画的职官和铸匠姓名、制造年月、弹药用量，甚至膛炸或遭外力破坏的痕迹，见证了一页页明清鼎革时期铁血干戈的易代史，而鸦片战后丧权辱国的中国近代史以及中华人民共和国成立初期"大炼铜铁"的时代氛围，也令这些古炮在历史长河中的"生命史"更加真实与清晰。
>
> 相对于大航海时代欧洲国家常将火炮当成重要的商品，[217]明清火炮基本上是由国家严密控制的非流通物质，《大明会典》即明确指出火炮"不许私

---

215 Igor Kopytoff, "The Cultural Biography of Things: Commoditization as Process." 感谢台湾清华大学中国文学系陈珏教授的提示。
216 第十三章。
217 如见H. Ph. Vogel, "The Republic as Arms Exportter 1600–1650."

家制造，有故违者……从重问罪"，[218]《大清律例》更严格规定：

> 私铸红衣等大小炮位者，不论官员、军民人等及铸炮匠役，一并处斩，妻、子、家产入官；铸炮处所邻佑房主、里长等，俱拟绞监候；专管文武官革职；兼辖文武官及该督、抚、提、镇，俱交该部议处。[219]

此外，清帝御驾亲征及凯旋时，均要在教场祭火炮之神，每两年亦依例派遣八旗汉军的都统或副都统至卢沟桥祀炮神。[220]而由官方赋予某些大炮如"捷胜飞空灭房安边发熕神炮""定辽大将军""神威大将军""平夷靖寇将军""振远将军""耀威大将军"等名称，[221]以及"武成永固大将军"炮身上的精美纹饰，亦可显示某些火器在时人心目中的地位，已不只是停留在物的层次，而是包蕴有礼器或神器的意涵。惟如何从物质文化史的角度深入理解明清火炮在历史长流中所扮演的角色，则仍有待进一步探索。

218　李东阳等撰，申时行等重修，《大明会典》卷193，页12—13。
219　徐本、三泰等，《大清律例》卷19，页24。
220　允祹等，《钦定大清会典》卷35，页2、5；卷48，页3—4。
221　第十三章。

中 编

时局·军事

第四章　崇祯年间招募葡兵新考*

明末在内外交困的情势下，徐光启等开明之士主张从澳门募兵购炮以对抗后金之侵扰。崇祯三年，葡国统领公沙·的西劳率铳师队伍抵京，负责练兵教炮，颇有成效。为推进军事改革，徐光启派员再赴澳门募兵数百，但因卢兆龙等人的强烈反对而未果。崇祯四年，孔有德发动吴桥兵变，并率受葡国铳师训练之部队携西洋火炮降金，致使后金军事实力大幅提升，成为其攻城略地、入主中原的关键之一。

从军事角度而言，崇祯四年发生的吴桥兵变乃明清战局之重要转折点，盖因叛变之孔有德、耿仲明属部拥有当时最先进的西洋火炮，并受过前一年抵京之葡国铳师的训练。孔、耿投降后金，不仅极大增强了后金炮兵的实力，亦将相应的操炮方法外传，明军在火器方面的优势自此不再，而后金则利用西洋大炮完成军事转型。清军入关后，由投降汉人组成的炮兵部队，与满蒙八旗步骑兵密切配合，几乎以摧枯拉朽之势夺取中原。[1]

崇祯年间招募葡兵及购置西洋大炮，对明清战争意义重大，但囿于史料，以往学界对其入华经历与表现的研究不够深入。一些中国军事史的专著对于此

---

* 本章为作者与董少新教授合著，发表于《历史研究》2009年第5期。感谢三位匿名评审专家为本文提出宝贵的修订意见。
1 参见第七、十章。

事的叙述或过分简略，或屡见讹误。[2]在此事中扮演了重要角色的徐光启，研究其生平者对此事着墨亦不多。[3]英国学者博克塞（Charles Ralph Boxer）、葡萄牙学者文德泉（Manuel Teixeira）的相关研究，更将两次入华事件混为一谈。[4]至于曾随葡兵来华的耶稣会士陆若汉，虽然美国学者迈克尔·库珀（Michael Cooper）已为其撰写了一部传记，其中大量引用西方原始文献，但是并未使用中文史料。[5]方豪曾关注明末西洋火器入华问题，[6]公布了部分关于葡兵入华的资料，而未做专门研究。1945年欧阳琛于清华大学研究院历史学部所完成《明季购募葡炮葡兵始末》硕士论文，[7]在发掘中文文献方面亦有相当之贡献。近年，张小青、汤开建、刘小珊等人也努力爬梳文献，[8]但对中外史料的融通仍存在许多尚待努力的空间，且以往研究多是在中西关系史脉络下进行的叙述，至于葡兵西炮入华对明清战局产生哪些影响则研究不足。因此本章尽力爬梳中文和葡文原始史料，就此一在明清军事史、中西关系史和中国天主教史上均有重要意义的课题，做进一步分析探讨。

本章征引的葡文文献主要包括：来华通官西满·故末略（徐西满）所撰《统领公沙·的西劳率队入京大事记》（以下简称《大事记》），[9]叙述铳师队伍从澳门出发抵达广州的经过；1630年5月27日陆若汉写于北京的一封信，[10]讲述葡国铳师队伍从南京至北京的经历；耶稣会士何大化的《远方亚洲》

---

[2] 如刘旭，《中国古代火药火器史》，页253—254；Joseph Needham, etc. *Science and Civilisation in China*, vol. 5, part 7: *Military Technology; the Gunpowder Epic*, pp. 392-393; C. J. Peers, *Soldiers of the Dragon: Chinese Armies 1500 BC–AD 1840*, p. 207.
[3] 如罗光，《徐光启传》，页151—160；陈卫平、李春勇，《徐光启评传》，页129—132；初晓波，《从华夷到万国的先声：徐光启对外观念研究》，页160—175。
[4] C. R. Boxer, "Portuguese Military Expeditions in Aid of the Mings against the Manchus, 1621-1647"; Manuel Teixeira, *Os Militares em Macau*, pp. 197-202.
[5] Michael Cooper, *Rodrigues the Interpreter, an Early Jesuit in Japan and China*, pp. 335-351.
[6] 方豪，《明末西洋火器流入我国之史料》《明清间西洋机械工程学、物理学与火器入华考略》。
[7] 该文后经方志远整理，以《明末购募西炮葡兵始末考》为题发表于《文史》。
[8] 张小青，《明清之际西洋大炮的输入及其影响》；第二章；汤开建，《委黎多〈报效始末疏〉笺正》；汤开建、刘小珊，《明末耶稣会著名翻译陆若汉在华活动考述》。
[9] Simão Coelho, "Couzas principaes que no discurso desta jornada aconteceraentre a gente que nella vay, eo Capitão Gonsalo Texeira Correa." Biblioteca da Ajuda (BA), Jesuítas na Asia (JA), 49-V-8, fls. 402v-407v; 另一抄本见BA, JA, 49-V-6, fls. 518-523.
[10] Archivum Romanum Societatis IESU, *Jap onica-Sinica 161*（Ⅱ）, fls. 135-141v，该信已由Michael Cooper译成英文刊布，参见Cooper, "Rodrigues in China: The Letters of João Rodrigues, 1611-1633."

（1644），涉及崇祯年间葡国铳师队伍两次入华的经历，尤其是公沙·的西劳等葡国铳师在孙元化军队中的表现，以及在登州保卫战中牺牲的过程；[11]公沙、陆若汉、徐光启、卢兆龙等人之尚存中文奏疏以及崇祯皇帝圣旨的葡译本，其中很多中文本已佚；此外，尚有徐光启致耶稣会日本、中国巡按使班安德的一封重要书信。[12]这批文献大都保存于里斯本阿儒达图书馆（Biblioteca da Ajuda）所藏《耶稣会士在亚洲》（Jesuítas na Ásia）系列档案中。[13]再者，澳门议事会档案本该对此事有较多记载，但该档案多有散佚，我们只找到一份相关文献，为议事会讨论向北京派遣援兵的会议记录。[14]至于中文史料，除使用明清实录、《明清史料》《徐光启集》等常见文献外，还大量征引傅斯年图书馆藏明本《守圉全书》，该书卷3之1中委黎多《报效始末疏》、陆若汉《贡铳效忠疏》等内容，为其他版本所未见；并充分利用相关文集、方志和晚近出版的《中国明朝档案总汇》等。本研究尽量遵循中西文献互证原则，以求对此事有全面客观的认识。

一、崇祯元年所募铳师队伍之构成

葡人入居澳门后，曾多次应召援明，以抵御来自东南海上或东北边疆的威胁。1564年，广东地方官员为打击海盗而向澳门求援。1602年荷兰东印度公司成立以后，企图从葡人手中夺取与中国的贸易权，曾数度攻击澳门，尤其以1622年之战役最激烈，但均告失败。[15]在荷兰人的威胁下，澳门葡人开始建筑城墙和炮台，设总督管理驻军，并建铸炮厂。[16]这一系列举动虽使广东地方官员

11　António de Gouvea, *Asia Extrema*, Segunda parte, pp. 214–219, 256–259.
12　BA, JA, 49-V-9, fls. 63-74v.
13　这套约六万页的档案文献，有系统地记录了十六至十八世纪耶稣会在中国、日本和安南的传教历史。参见董少新，《阿儒达图书馆藏〈耶稣会士在亚洲〉：历史、内容与意义》；张西平，《〈耶稣会在亚洲〉：档案文献与清史研究》。
14　António Aresta, *O Senado: Fontes Documentais para a História do Leal Senado de Macau*, pp. 28–29.
15　相关研究较多，而博克塞的研究中附有原始文献数篇。参见C. R. Boxer, *A Derrota dos Holandeses em Macau no Ano de 1622*.
16　澳门铸炮厂为1623年前后奉澳门首任总督马士加路也（Francisco Mascarenhas）之命所建，1625年葡萄牙铸造师博卡罗来到澳门，长期负责此铸造厂。参见N. Valdez dos Santos, *Manuel Bocarro: o Grande Fundidor*, pp. 24–27；金国平、吴志良，《澳门博卡罗铸炮场之始终》。

颇为不安，但因知悉荷兰人的威胁，故不仅做了一些让步，还要求其抵御荷兰人，保护在澳华人与商旅。

明军于萨尔浒之役（1619）大败后，面对东北边疆的严峻形势，以天主教徒徐光启、李之藻等为首的士大夫建议："西洋大铳可以制奴，乞招香山澳夷，以资战守。"[17]该年李之藻、杨廷筠合议捐资，遣张焘、孙学诗往澳门募兵购炮，天启元年五月和十二月，张、孙两人分别将四门西洋大炮取至北京。三年四月，广东解进英国东印度公司独角兽号沉船上之大铳二十六位，张焘并率领所募的独命峨等葡国铳师二十四人进京，传习炼药、装放之法，但因保守人士的反对，他们最终以"水土不服"的理由被遣还。这批西洋火器的一部分在六年正月的宁远大捷中发挥了关键作用，然而不久后，参与这次战斗的袁崇焕、满桂、茅元仪、孙元化等均因得罪阉党而遭罢逐。不过，引进西炮的努力并未中止，七年九月，由原两广总督商周祚解送的红夷铜铳二门、铁铳八门运抵北京。在此次置办火炮过程中，皇帝还命两广总督李逢节从澳门征募二十名铳师，但因当时澳门正面临荷兰东印度公司的武装威胁，故拒绝了中国官方的这次招募。

崇祯帝即位之初，黜斥权倾一时的魏忠贤阉党，并重新重用袁崇焕、徐光启、孙承宗、满桂、祖大寿、茅元仪等人。[18]在此一氛围下，明廷自澳门募兵购铳的想法再度兴起。兵部尚书梁廷栋在《神器无敌疏》中有云：

> 查广东香山黣商慕义输忠，先年共进大炮三十门，分发蓟门、宣大、山西诸镇。宁远克敌，实为首功。京营止留伍门，臣部蚤虑，万一有警，非此不足御房，节次移文两广督臣，再行购募。[19]

崇祯元年，皇帝得知澳门从荷兰船上缴获十门火炮，便命李逢节购置这批火炮，并再次命他从澳门招募二十名铳师。葡文文献转述了李逢节向澳门宣示的这份圣旨，称："因澳门是皇帝的领地，故在此情急之下应该效力，以谢皇

---

17 《明熹宗实录》卷27，页24。
18 参见第二、七章；Simão Coelho, "Couzas principaes."
19 梁廷栋，《神器无敌疏》。

恩。"澳门当局经会议后，一致同意满足中国皇帝的要求。[20]

澳门葡人之所以积极配合，有其自身动机。进入十七世纪以后，因为贸易纠纷和修筑防御工事，粤澳间的矛盾愈演愈烈。马士加路也任澳门总督后，在修城墙、建炮台等问题上，对中国官方的态度强硬；而澳门葡商在与广州贸易过程中，屡遭地方官员盘剥，抱怨"除了正常缴纳给广州的赋税（这种正常的税收已经被中国人增加很多了）之外，每次广州的交易会又增加很多新的负担，遭受新的苛政"；广东官员也常下令中断生活物资的供应，以使澳门葡人屈从。因此在十七世纪二十年代，葡萄牙人在澳门陷入困境，生活窘迫，治安混乱，甚至考虑放弃澳门。崇祯帝的圣旨就是在此背景下传至澳门的，澳葡官员视其为摆脱困境的良机，打算派遣一位率队输铳的统领，并让他兼任使节，与中国官方交涉，为澳门争取权益。[21]

崇祯元年九月，澳门议事会选派代表加斯帕尔·洛佩斯（此人后来并没有随队入京，其生平待考）、公沙·的西劳和陆若汉等前往广东，与总督、海道协商西人、西铳入京事宜，双方就报酬问题顺利达成协议。[22]由于中国官员再三催促，公沙等人返回澳门后，议事会和总督迅速任命赴京人员，由公沙担任入华队伍的统领兼使节。据委黎多（澳门议事会理事官）的《报效始末疏》，此队伍其他成员包括铳师伯多禄、金苔等四名、副铳师结利窝里等两名、通官西满·故未略、通事屋腊所·罗列弟、匠师若盎·的西略等四名、驾铳手门会腊等十五名、傔伴几利梭·黄等三名，共携大铜铳三门、大铁铳七门及鹰嘴铳三十支，陆若汉则以传教士的身份，负责"管束训迪前项员役"。[23]四名铳师中有一人名叫拂朗·亚兰达，在登州阵亡后被追赠守备。[24]这十门大铳即先前澳门葡人从荷兰船上缴获者，至于鹰嘴铳则为个人用火器，当时多以鹰嘴铳、鹰铳或斑鸠铳等称呼大号鸟铳，但往往器同名异。

20　参见Coelho, "Couzas principaes."
21　参见Coelho, "Couzas principaes."
22　陆若汉以身为神职人员拒绝受薪，故未略《大事记》说其他成员的人数和议定待遇为：一名统领年支银一百五十两，另有伙食费每月十五两；四名铳师每位年薪一百两，另加伙食费每月十两；两名通事每位年薪八十两，外加伙食费每月六两；十三名傔伴年薪四十两，另加伙食费每月三两。参见Coelho, "Couzas principaes." 惟此处人数与实际派遣之数不一。
23　陆若汉，《贡铳效忠疏》；Coelho, "Couzas principaes."
24　《崇祯长编》卷58，页6；此人葡文名见Coelho, "Couzas principaes."

此队伍当中应还有一位副统领鲁未略,后来在登州阵亡并获追赠为参将,[25]其姓名及职衔在委黎多《报效始末疏》和故未略《大事记》中均漏书,但却见于《守圉全书》。亦即此队伍若不含传教士应为三十二名,其数与韩霖的说法相合。[26]耶稣会士巴笃里尝称,明廷于天启二年遣人招募葡国铳师至京教铳时,澳门曾议派百余人部队援明,并委Laurenzo de Lis Veglio统领。[27]方豪疑此人即鲁未略,因其译音与地位均相似。[28]惟明朝文献中直指此行乃由独命峨率领,[29]与巴笃里的说法不合,疑因募兵所费不赀,且遭朝中保守人士反对,故当时决定仅聘请少数几名铳师,而Laurenzo de Lis Veglio或因此未成行,直至崇祯元年始随公沙来华,并担任副统领。

陆若汉在写于1630年5月的一封信中多次提到此队伍中真正的葡人只有七名（含自己）,其余则是黑人、印度人或混血儿。[30]疑此七人除陆若汉外,应就是位阶较高的统领、副统领以及四名铳师。

公沙·的西劳出生于葡萄牙,携眷住澳已有二三十年。[31]此次的统领职位本有多人争取,但因陆若汉指出包括两广总督在内的广东官员均倾向由公沙出任,加上他曾担任澳门的判事官（Juiz）和议事官（Vereador）,表现杰出,且有多年与中国人交往的经验,曾在广州交易会上主动地与中国官员协商,为澳门谋取利益,故议事会决定由其负此重责。[32]另据公沙·的西劳《西洋大铳来历略说》云："只因红夷海寇等类,出没海洋,劫掠货物,公沙等携带大铳,御敌保命。"[33]指出公沙参加过抵御荷人的战斗,拥有实战经验。援明队伍出发前,澳门议事会授权公沙,要求"所有前往北京交涉的人绝对服从他的

---

25 《崇祯长编》卷58,页6。
26 韩霖云："本澳公举公沙及伯多禄、金苔、鲁未略等四人,并工匠、傔伴等三十二人。"《守圉全书》卷1,页94。
27 Daniello Bartoli, *Dell' historia della Compagnia di Giesu. La Cina*, p. 716。参见方豪,《明末西洋火器流入我国之史料》。
28 方豪,《李之藻研究》,页163—164。
29 委黎多,《报效始末疏》。
30 此据Cooper, "Rodrigues in China," pp. 252, 251, 246.
31 陆若汉称其"自本国航海,偕妻孥住墺,已二十余载",韩霖则称他携眷住澳"已三十余年"。知公沙约在1610年以前来到澳门,又因其时已有妻儿,年龄或在二十岁以上,故公沙接受此项任务之时年龄在五十岁左右。参见韩霖,《守圉全书》卷1,页94;卷3之1,页91。
32 Coelho, "Couzas principaes."
33 韩霖,《守圉全书》卷3之1,页95。

管理"；澳门兵头也给公沙颁发了委任状，授权其"处罚任何有违纪行为的人"。[34]

担任随军神父的陆若汉，于1577年抵达日本，曾长期在幕府中担任"通辞"（Tçuzzu），后因与幕府权贵发生利益冲突，1610年遭放逐至澳门。[35]陆若汉在《贡铳效忠疏》中称"臣汉自本国与先臣利玛窦辈前后航海至澳，已五十余年"。[36]然而，他在澳门其实只有二十年。陆若汉此次随铳师来华，虽年已七十，但因他拥有与中国官员交涉的丰富经验，且曾以两年时间深入内地，结识徐光启和李之藻，故成为最合适的人选。[37]由于西洋火器曾在日本诸藩与欧人接触时扮演重要角色，[38]陆若汉深知当权者渴望借重新式武器的心理，于是满怀憧憬地率队北上助战。当时中国教区署理主教安东尼奥·多罗萨里奥还颁给陆若汉一纸委任状，命他担任此行众人的代牧，拥有与主教一样的权力。[39]但陆若汉在《贡铳效忠疏》中自书头衔为"西洋住澳劝义报效耶稣会掌教"，则易让人误认为他是澳门耶稣会的最高领袖，也暴露其在显赫一时之后不甘于平凡的野心。

此次入华的六位火炮手（包括四名铳师和两名副铳师），由于文献阙如，我们仅知道伯多禄、金苔曾在马尼拉的炮台任职，后应聘至澳门效力。[40]1622年澳门遭受荷人攻击后，曾向马尼拉发出求救信，很快便有一百多名军士在席尔瓦的率领下抵达澳门，金苔或是随此队伍来到澳门的。当时葡、西两国共王，故澳门在遭遇荷、英军事威胁时，除向葡属果阿求援外，亦向西属马尼拉求救。至于拂朗·亚兰达，有学者将其与葡商弗朗西斯科·卡瓦略·阿拉尼亚混为一谈。[41]后者曾于1620—1650年间在澳门经商，并多次向澳门耶稣会捐赠，而亚兰达于1632年在登州战死，显然并非同一人。

34　Coelho, "Couzas principaes."
35　参见Cooper, *Rodrigues the Interpreter*, pp. 20, 23, 33–34, 37, 69, 108, 110, 200, 247–268.
36　韩霖，《守圉全书》卷3之1，页91。
37　汤开建、刘小珊，《明末耶稣会著名翻译陆若汉在华活动考述》。
38　C. R. Boxer, "Notes on Early European Military Influence in Japan (1543–1853)."
39　参见Coelho, "Couzas principaes."；汤开建、刘小珊，《明末耶稣会著名翻译陆若汉在华活动考述》。
40　此见Coelho, "Couzas principaes."
41　Teixeira, *Os Militares em Macau*, p. 198, note 4.

队伍中主要负责翻译工作的是通官西满·故未略。委黎多《报效始末疏》称故未略"先曾报效到京",知其或尝于天启三年四月随独命峨等铳师抵京。[42] 此前有学者谓故未略就是葡籍耶稣会士瞿西满,[43] 然瞿西满于1624年始到达澳门,[44] 此已在独命峨等人抵京之后!且瞿西满于1624年抵杭州,1629年到福建传教。[45] 故未略在《大事记》中自称此次赴京之前,已曾至京,并曾获得皇帝颁发的"通官证书",[46] 其职衔比一般通事略高。查《崇祯长编》在三年四月二十六日条下,记徐光启奏遣中书姜云龙同掌教陆若汉、通官徐西满等前往澳门"置办火器及取善炮西洋人赴京应用",[47] 由此推测西满·故未略之汉名应作徐西满。在天启、崇祯两朝多次雇募澳门铳师来华的过程中,徐西满以通事或通官的身份几乎全程参与,具体协助双方进行沟通,对西炮入华应有一定贡献。另外,此队伍中的通事屋腊所·罗列弟,则是在澳门成家的泉州人,也是一名天主教徒。[48]

至于队伍中级别较低的其他人员,文献失载,但可以肯定他们大多来自印度和非洲。由于相貌与肤色的不同,他们进入中国后经常引来众人围观。在非洲和亚洲的葡萄牙人,所有未婚成年男子均自然地是军人,一部分当地人也会被招为雇佣兵,往还于葡属各领地之间。[49] 而此次入华队伍中的傔伴、匠师、驾铳手等人,应就是公沙等在葡国各属地招募的助手或仆役。

此外,耶稣会巡按使班安德以及两位中国籍修士,亦跟随队伍至内地巡访。由于耶稣会士对澳门事务多有了解,故澳门议事会希望教会方面积极参与其中,并且赋予队伍中两位耶稣会士相当大的权力。[50] 自万历四十四年南京教案

---

42 天启三年抵京的有"夷目七名、通事一名、傔伴十六名",西满·故未略应即该名通事。参见Gouvea, *Asia Extrema*, 转引自金国平、吴志良,《镜海飘渺》,页77—78;《明熹宗实录》卷33,页13。
43 汤开建,《委黎多〈报效始末疏〉笺正》,页177。
44 Louis Pfister, *Notices biographiques et bibliographiques sur les Jésuites de léancienne mission de Chine, 1552–1773*, pp. 198–200.
45 Joseph Dehergne, *Répertoire des jésuites de Chine de 1552 à 1800*, p. 69.
46 Coelho, "Couzas principaes."
47 《崇祯长编》卷33,页28。
48 Coelho, "Couzas principaes." 参见Manuel Teixeira, *Macau no Séc. XVII*, p. 48.
49 Manuel A. Ribeiro Rodrigues, *400 Anos de Organização e Uniformes Militares em Macau*, pp. 177–178; Teixeira, *Os Militares em Macau*, pp. 46–47.
50 Coelho, "Couzas principaes."

爆发以后，耶稣会巡按使一直无法进入中国内地视察教务，班安德则借此次机会在中国内地考察了十多个月。[51]

二、己巳之变与葡兵入京

1628年11月10日，公沙率队正式从澳门出发，[52]香山县前山寨参将亲率士兵和战舰前来护送，经过香山县时，当地官员盛情款待；抵达广州时，海道等官员亦亲自迎接，赠以银两与丝绸。鉴于此行开销庞大，故在皇帝给每人的薪水之外，广州方面又支付了同样多的薪水。海道还单独接见了陆若汉，称赞其在此次募兵中发挥的作用。随后公沙等将火炮放在广州，前往肇庆拜见前任、现任两广总督李逢节、王尊德，就澳门的处境与总督交涉。总督向葡人表示，北京已知道福建商人和地方官员欺压葡人，将处决其中一些人，并提供澳门一切必需的供给，且保证在铳师队伍到达北京之前就办好这些事情。[53]

崇祯二年二月，队伍从广州沿水路向北京进发，总督王尊德派参将高应登和守备张鹏翼率兵运解并护送。[54]队伍搭船沿北江而上，至南雄登陆，越过梅岭关后，再度循水路经南昌至南京，在南京因故稽迟了三个多月才又启程。[55]徐光启和孙元化对此事极为关心，通过各种渠道加以催促，[56]并派遣奉教官员孙学诗前去处理相关事宜。[57]孙学诗在天启年间解送西洋火炮与铳师过程中曾扮演关键角色，其历官过程也因此一直在文职与武职间交互迁转，此时则改以都司之衔

51　1628年12月11日至1629年10月18日。班安德关于此次巡视的报告，见BA, JA, 49-V-6, fls. 523-553v；另一抄本见BA, JA, 49-V-8, fls. 507-536。
52　Coelho, "Couzas principaes." 但班安德记载的出发日期为12月11日，16日抵达广州，见André Palmeiro, *Macao, 8 de Janeiro de 1630*.
53　Coelho, "Couzas principaes." 当时有很多福建商人在澳门贸易。
54　委黎多，《报效始末疏》；陆若汉，《贡铳效忠疏》；André Palmeiro, *Macao, 8 de Janeiro de 1630*.
55　Cooper, "Rodrigues in China," p. 253. 高应登后因"解铳违误"拟杖。参见颜俊彦，《盟水斋存牍》（序刊于崇祯五年），页112。
56　梁廷栋，《神器无敌疏》。
57　此见Cooper, "Rodrigues in China," p. 251, 其中有云："皇帝在满人入侵之前，就派了一位名为Paulo Hsü的官员来澳门引导我们入京……在我们抵达Chinchin之前就与此人碰头。"惟文中将孙学诗（Paulo Sun）误书成教名相同的徐光启，并将夏镇（Chiachin，在今山东微山县，是古代漕运船舶重要的停靠码头）误拼成Chinchin。

153

参预此事。[58]

九月，队伍行至夏镇，因行粮不足，得知天主教徒韩云正担任徐州知州，陆若汉便派孙学诗和徐西满前去请求赊借。韩云慷慨接济白银二百两，陆氏在谢函中称徐光启随后定会将此款支销，公沙则回赠火绳铳一门答谢。[59]韩云，字景伯，万历四十年中举，少与其弟霖均受业于徐光启，而"颇闻兵家绪余"。韩云在万历四十八年之前应已受洗，并尝从传教士习学火器及造城之法。崇祯元年，屡试不第的韩云放弃从甲榜出身的希望，经考选获授徐州知州。[60]

西人、西铳的到来，使韩云以往从戎尽忠的热情再次得到激发，不仅出资襄助，而且致函某提刑按察使，历陈退敌之见，并建议其调兵护送铳师队伍。其信有云：

> 此器若到京师，入业师手，可保万全。屈指水程，此时未能抵京，且所必用辅者有三，曰铳架，曰火药，曰铁弹。三者齐备，并战车三百辆，精兵三千，及鸟铳诸利器以助之，则所向无敌，苟缺其一，不能有裨。奈今安顿说明之人，尚有未全，是有器与无器同，似应请乞宪台，特赐未雨绸缪之策。或调拨官兵，防护攒督，兼程而进，倘万一前途有阻，则宜就便设处钱粮，制所未备者为吃紧，庶乎进可以解畿辅之急，中途可以保漕河之运，取守南服疆界，可使狂酋不敢南窥。赐以不世奇勋资宪台，宪台以不世奇勋报圣天子也。[61]

韩云在信中不仅对这批火炮的运送和使用提出初步的想法，亦建议引进更多的西洋火炮："西洋火器，虽则进京，尚可讲求，若得另备十数门于我要地，即

58　参见《明光宗实录》卷5，页8。《明熹宗实录》卷8，页11；卷17，页18；卷69，页7。韩霖，《守圉全书》卷1，页95；卷3之1，页83。
59　韩霖，《守圉全书》卷1，页94—95；卷3之1，页85、107。Cooper, "Rodrigues in China," pp. 250-253.
60　参见黄一农，《两头蛇：明末清初的第一代天主教徒》，页231—232。
61　韩云，《催护西洋火器揭》。

山作台，因水为营，精兵三千以羽翼之，何忧战守哉？"[62]

崇祯二年十月，皇太极发动首次入关征明战争，史称"己巳之变"。[63]此时援明铳师队伍因大铳体重难行，才抵达山东济宁，忽闻后金已围北直隶的遵化。兵部于是奉旨差官前来催促。因运河已结冰，公沙等乃舍舟登陆，昼夜兼程赶路。[64]

因金军突入关内，京师告急，崇祯帝召廷臣问方略，徐光启即以先前辽阳和宁远之役为例，建议凭城用炮，而不应冒险在北京城外列营防守。[65]徐光启于是奉旨与李建泰一同负责京营的"指挥训练"。[66]在徐氏稍后所上的《守城条议》中，除细述城守应注意的事项外，还提出许多具体的建议，如云：

> 以礼房东朝为议事所，掌詹事府尚书钱象坤愿与城守谋议之事，宜令专住本所……西洋大铳并贡目未到，其归化陪臣龙华民、邓玉函虽不与兵事，极精于度数，可资守御，亦日轮一人，与象坤同住，以便咨议。[67]

由于徐光启当时还以礼部左侍郎的身份负责修改历法，他眼见局势危急，而西洋大铳及铳师均尚未抵京，遂建议先起用在历局工作的耶稣会士龙华民和邓玉函协助守城。

十一月二十三日，公沙等行至涿州，因闻敌兵逼近都城，众人于是赶制弹药，准备御敌。二十六日，涿州知州陆燧传达兵部所奉之上谕云："西铳选发兵将护运前来，仍侦探的确，相度进止，你部万分加慎，不得疏忽。"知明朝当局急需此一部队和火器前来救援。后金当时兵分两路，一路围攻北京，一路

---

62 韩云，《催护西洋火器揭》。
63 关于"己巳之变"，参见孙文良、李治亭、邱莲梅，《明清战争史略》，页273—293。
64 陆若汉，《贡铳效忠疏》；Cooper, "Rodrigues in China," pp. 225, 251. 但Cooper将漕运必经的济宁误作济南。
65 《徐光启集》卷6，页269—271。
66 《崇祯实录》卷2，页14。
67 《徐光启集》卷6，页272—275。

朝涿州进发。由于一名由徐光启和兵部派遣的天主教徒,[68]来告知已安排好运炮入京的城门,[69]公沙等遂在旧辅冯铨的陪同下,整队往北京进发。冯铨自费招募一支三千五百人的步骑兵,还随带约百名家丁。[70]冯氏在天启年间曾任礼部尚书兼文渊阁大学士,后因协助魏忠贤打击异己且贪贿太甚被弹劾免官,崇祯元年六月被贬为民。此次自费招募兵马前来护送西人西铳,或欲趁此机会重振仕途。

十二月初一日,此一护送队伍在抵琉璃河时,闻悉良乡已破(从涿州至北京,须渡越琉璃河,并经过良乡),竟"哄然而散"。公沙等因前无据守之地,只得退转涿州,旋与陆燧、冯铨商议,急将运送的大铳入药装弹,并将八门炮推车登城拒守,陆若汉、公沙亲率伯多禄、金苔等演放大铳,声似轰雷,"奴骑闻知,离涿二十里,不敢南下"。[71]葡文文献亦强调是其所携火炮的威力使敌人闻风丧胆,甚至将敌人的退却归功于他们退守涿州时弃于途中的一门半蛇铳,说当后金军队得知这门炮是葡人所携炮中最小者时,便因恐惧而撤退了。[72]徐光启也强调当时后金之所以"环视涿州而不攻",乃因"畏铳"。[73]查涿州并未有重兵防御,而皇太极攻克良乡的主因之一,或是为祭扫在附近的金太祖陵,他本就无意继续南下深入中原,故在休息数天之后,又挥军继续向北京进发。[74]亦即,葡人和徐光启之记述或有意突出这批火炮的重要性。

稍后,崇祯皇帝中后金的反间计,将袁崇焕下狱,新授总理关宁兵马的满桂,旋又在良乡保卫战中力战身亡。幸而皇太极因屡攻北京不下,于十二月二十六日率军北上。葡国铳师队伍和六门大铳,[75]遂在冯铨的护送下赶往京师。

---

68 不知此人是否即郭士奇,因他稍后乃以"兵部札委监督西洋人等职方司(添设)郎中"之衔,专责处理与澳门铳师相关事宜。尤其,郭士奇见于徐光启向朝廷所举荐知兵人士的名单当中,而这些人近半曾受洗(如孙元化、王徵、金声)。参见《徐光启集》,页292—293、314—317;《明清史料》丁编,第4本,页312;黄一农,《两头蛇:明末清初的第一代天主教徒》,页92—94、145、323—332。
69 此见兵部尚书申用懋,《夷炮已到乞敕开门验放事疏》。
70 Cooper, "Rodrigues in China," p. 249.
71 陆若汉,《贡铳效忠疏》;韩云,《战守惟西洋火器第一议》;徐光启,《控陈迎铳事宜疏》;Cooper, "Rodrigues in China," pp. 246–251.
72 Cooper, "Rodrigues in China," p. 248; Gouvea, *Asia Extrema*, Segunda parte, p. 216.
73 徐光启,《再陈一得以裨庙胜疏》。
74 《清太宗实录》卷5,页45—48。
75 另四门奉旨留守涿州;进京途中,先前丢弃的那门半蛇铳又失而复得。Cooper, "Rodrigues in China," p. 247.

焦急等待这批队伍到来的徐光启，于是上《控陈迎铳事宜疏》，请求亲自率步兵一营前往迎接，但未获批准。[76]崇祯三年正月初三日，公沙一行经过近十五个月的跋涉，终于抵达甫解围的北京。

三、招募葡兵与徐光启的军事改革

葡国铳师队伍抵京前的两个月期间，徐光启便通过面奏、上疏等形式，阐述了一套以西洋大炮为核心的攻防战术：[77]

> 虏之畏我者二：丙寅以后始畏大铳，丙寅以前独畏鸟铳。所独畏于二物者，谓其及远命中故也。……今大铳守城，既非行营所宜，则战阵所急，无如鸟铳矣。……虏多明光重铠，而鸟铳之短小者未能洞贯，故今之练习，宜画敌为的，专击其手与目。又宜纠工急造大号鸟铳，至少亦须千门，可以洞透铁甲，……城上守望之军，旧用快枪、夹靶，亦令改习鸟铳。[78]

徐氏认为，天启丙寅宁远大捷中，西洋大炮发挥了关键作用，由于萨尔浒等役战败，鸟铳、佛郎机等火器为后金军队所获，仍用这些兵器对抗满人已难有优势；至于"快枪、夹靶、三眼枪之类"，由于射程不远、命中率低，且费药费弹，亦应弃而不用，[79]故建议应构筑铳台，以西洋大炮守城，并多造西洋二号炮（重千斤以下者）、大鸟铳（长四尺五寸以上者，即所谓的斑鸠铳

---

76 《徐光启集》卷6，页278—279。
77 徐光启在崇祯二年十一月两次"平台召对"，又作《守城条议》，十二月上《再陈一得以裨庙胜疏》《破虏之策甚近甚易疏》，三年正月二日（公沙等人抵京前日）上《丑虏暂东绸缪宜亟谨述初言以备战守疏》，全面阐述其战术思想，见《徐光启集》，页269—288。他在葡国铳师队伍即将到来之际如此密集地发表政论，盖因以西洋大炮配合鸟铳进行攻防是其战术核心，葡国铳师到达后，不仅可以带来西洋大炮和鸟铳，亦可协助督造更多先进西洋火器，教授操炮之法。
78 徐光启，《破虏之策甚近甚易疏》。
79 徐光启，《计开目前至急事宜》。

或鹰嘴铳），且募练精兵，结为车营，则破敌甚易。[80]而这些计划的实施，很大程度上要仰赖葡国铳师的到来。公沙队伍所携带的火器，也正是西洋大炮和鹰嘴铳。

公沙、陆若汉等一行人在北京受到盛情款待。他们被安置于几个大宅子中，王公贵族屡来拜访，皇帝亦遣人慰问，另有专员为其讲授宫廷礼仪。[81]抵京次日，带来的六门大铳即获皇帝赐号"神威大将军"，总督京营戎政李守锜与公沙等人奉旨将这六门大铳和以前取到留保京师的五门大铳一起安置在都城各要冲，帝并命"精选将士习西洋点放法"。[82]二十三日，帝以陆若汉等"远道输诚，施设火器，借扬威武"，赐以丝绸、礼袍和银两等礼物。[83]公沙等人也趁此机会为澳门权益展开交涉，陆若汉记述道："所有人对我们都很友好，都殷切希望皇帝关爱我们，并答应我们为澳门所请求之事。"[84]

几天后，公沙与陆若汉将事先准备好的两份奏疏经兵部尚书上呈。一份是澳门议事会转呈皇帝的《报效始末疏》，主要回顾葡人定居澳门贸易以及历次遣兵输铳效力的经过，旨在博得皇帝好感，望能解澳门于困境之中。另一疏为陆若汉和公沙两人合上之《贡铳效忠疏》，奏报此次贡铳之简要经历及用铳之法，也为天主教会讲了很多好话；皇帝对此疏颇为重视，批复道："澳夷远来效用，具见忠顺。措置城台、教练铳手等项，及统领大臣，着即与覆行。该部知道。"[85]公沙又作《西洋大铳来略说》，欲辨明红夷与西洋之不同，此因当时有许多人直指运来之大铳为红夷铳，称葡人为红夷人。公沙于是强调这些大铳应称作西洋大铳，因为红夷为海寇，而葡人则系"西极欧逻巴沿海国土人，在小西洋之西，故称曰大西洋"，这些西洋铳是他们用以抵御红夷的。[86]

---

80 参见徐光启，《再陈一得以裨庙胜疏》《破房之策甚近甚易疏》《丑虏暂东绸缪宜亟谨述初言以备战守疏》。
81 Cooper, "Rodrigues in China," pp. 244–246.
82 韩霖，《守圉全书》卷3之1，页91–94；《崇祯长编》卷30，页5；Gouvea, *Asia Extrema*, Segunda parte, p. 217.
83 《崇祯长编》卷30，页25。Cooper, "Rodrigues in China," pp. 244–245.
84 Cooper, "Rodrigues in China," p. 244.
85 韩霖，《守圉全书》卷3之1，页86–95。此二疏的葡文摘要及皇帝御批的葡文译文也保存至今，见 BA, JA, Cod. 49-V-9, fls. 74–74v.
86 韩霖，《守圉全书》卷3之1，页95。

然而讽刺的是，这次北运的十门铜铳及铁铳，却均出自一艘被澳门人缴获的荷兰船。

为让朝臣知道大铳的威力，葡国铳师公开在城墙上演炮试验。据陆若汉说，前来观看的官员有徐光启、兵部尚书梁廷栋、"总司令官"（the Captain General，应即总督京营戎政）李守锜、掌管锦衣卫（King's Guard）的太监和一位御林军（court soldiers）将领。几天后葡国铳师和徐光启又一同前往郊区试放鹰嘴铳，陆若汉说："我们用肩膀或者三角架试放火铳。他们将标靶置于二百步远，有五六次射中靶子，在场所有人都很满意。"[87]公沙等人又考察京城战备与防务，认为高大坚固的城墙"如果进行一定防卫，则很难被攻破"。同时，公沙带来的部分人员奉命制造火药以及其他装备，虽然在短时间内便造出大量火药，但也发生了一次爆炸事故，所幸无人员伤亡。[88]

后金军队退回关外后，明廷获得喘息机会。徐光启希望趁机抓紧练兵，期使"战可必胜，守无不固"。[89]而通过观察葡国铳师演炮并与其商讨战术，徐氏又上呈一系列奏疏，对先前形成的战术思想做细化与补充，[90]如云：

> 臣窃见东事以来，可以克敌致胜者，独有神威大炮一器而已，一见于宁远之歼夷，再见于京都之固守，三见于涿州之阻截。所以然者，为其及远命中也。所以及远命中者，为其物料真、制作巧、药性猛、法度精也。至彼国之人所以能然者，为在海内外所当敌人如红毛夷之类，技术相等，彼此求胜，故渐进渐工也。

徐氏并称后金因己巳之变而虏获大量火器，故今后"惟尽用西术，乃能胜之"。二月初三日，奉圣旨："铳夷留京制造、教演等事，徐光启还与总、

---

[87] Cooper, "Rodrigues in China," p. 244.
[88] 事发于崇祯三年三月十五日，徐光启专就此事上《药局失火疏》；参见Cooper, "Rodrigues in China," p. 243.
[89] 徐光启，《丑虏暂东绸缪宜亟谨述初言以备战守疏》。
[90] 崇祯三年所奏即有《西洋神器既见其益宜尽其用疏》《恭报教演日期疏》《镇臣骤求制铳谨据职掌疏》《钦奉明旨谨陈遇见疏》《闻风愤激直献刍荛疏》《钦奉圣旨复奏疏》等，四年十月又上《处不得不战之势宜求必战必胜之策疏》《钦奉明旨敷陈愚见疏》等，系统提出利用西人西术进行军事改革的主张。见《徐光启集》，页288—317。

提、协（农按：指总理、提督和协理京营戎政三人）商酌行，仍择京营将官军士应用，但不得迁缓。"[91]徐光启对造炮、练兵作了周详的部署与规划，制定了十项急需完成的事宜，如"西洋铳领铳人等，宜令遍历内外城，安置大铳"；"铳药必须西洋人自行制造，以夫力帮助之"；"凡守城除城（农按：当为"神"之误）威大炮外，必再造中等神威炮及一号二号大鸟铳，方能及远命中。至战阵中，大炮决不可用，尤须中铳及大号鸟铳。目前至急，须造中炮五十位，大鸟铳二千门。若欲进剿，再须中炮百位，大鸟铳五千门"等。[92]在军队组建方面，徐光启亦要求尽用西术，建立十五支精锐火器营，每营的配置及相关战术为：

> 双轮车百二十辆，炮车百二十辆，粮车六十辆，共三百辆。西洋大炮十六位，中炮八十位，鹰铳一百门，鸟铳一千二百门，战士二千人，队兵二千人。甲胄及执把器械，凡军中所需，一一备具。然后定其部伍，习其形名，闲之节制。行则为阵，止则为营。遇大敌，先以大小火器更迭击之；敌用大器，则为法以卫之；敌在近，则我步兵出击之；若铁骑来，直以炮击之，亦可以步兵击之。

凡此均需选练，而徐光启认为"教练火器，必用澳商"。[93]

至三年二月中旬，诸项工作紧锣密鼓地展开，先用查获协理尚书闵梦得的赃款银一千二百余两打造鹰嘴等铳；并命都司陈有功率营军一百名操演于宣武门外将军教场；次在兵部推荐之下，任命郭士奇为监督西洋人等职方司郎中，掌管钱粮出纳。但因资金匮乏、工匠难觅，各项工作似进展不快，以至三年三月中下旬间，当诸镇臣向皇帝请拨西洋火器及已受训之兵时，徐光启以所造有限为由拒绝。[94]至五六月间，始规划分批训练炮手，每批一百人，并动支戎政

---

91 以上引文见韩霖，《守圉全书》卷3之1，页96—99；《徐光启集》卷6，页288—291。
92 徐光启，《计开目前至急事宜》《续行事宜》。王重民先生将徐光启此两文的撰写时间考订为崇祯二年十二月，然其中已提到"神威大炮"封号，故当成于崇祯三年正月以后。
93 徐光启，《钦奉明旨敷陈愚见疏》。
94 徐光启，《镇臣骤求制铳谨据职掌疏》。

衙门的库银铸造鹰嘴铳四十一支和鸟铳六十五支；至于首批培训的炮手，亦皆"谙晓归营"。[95]九月，徐氏督造的重三百二十斤的小炮呈送御览，并因制炮有功获赐银两、丝绸，"以示优异"。[96]

除徐光启外，其奉教门生韩霖也与公沙等人有密切往来。韩霖于崇祯四年入京参加会试时，曾在北京见到公沙，并赠诗曰：

> 鲲鹏居北溟，海运则南徙。……今亲见其人，西方之彼美。……我从西儒游，谈天如测蠡。今与西帅交，谈兵如聚米。……[97]

称公沙为"西帅"，并与其切磋兵法。韩霖在《守圉全书》中所阐释的各类西洋武器制造技术，或有相当部分来自公沙等人的影响。韩霖亦曾将公沙携铳入华始末写成《购募西铳源流》一书，[98]此书似已失传，惟其主要内容或仍可略见于《守圉全书》。[99]

除了在京积极组织练兵之外，徐光启也通过其门生孙元化在军中推行其战术理念。天启年间，孙元化对西方军事已颇有了解，集中体现在其于天启二年所上之《防守京城揭》《清营设险呈》《乞定三道关山寨铳台揭》《铳台图说》等文中。[100]崇祯元年，孙元化因督师袁崇焕之荐获授宁前兵备道。公沙队伍抵京时，元化亦在京，然不久即随孙承宗镇守山海关，稍后撰有《论台铳事宜书》《改造火器呈》《火药库图说》等文。[101]

孙元化抵关后，在城头四周设红夷炮五十余具和灭虏炮二千余具，由于

---

95 徐光启，《镇臣骤求制铳谨据职掌疏》《钦奉明旨谨陈遇见疏》《闻风愤激直献刍荛疏》。据陆若汉称，徐光启"命令我们的人训练他所挑选出来的一万士兵，教其如何使用火炮与鸟铳"。Cooper, "Rodrigues in China," p. 243.
96 《崇祯长编》卷38，页8。
97 韩霖，《守圉全书》卷1，页96。
98 韩霖，《守圉全书》，书首。
99 汤开建，《委黎多〈报效始末疏〉笺正》，页203—219。
100 孙元化，《西法神机》卷上，页28—31；韩霖，《守圉全书》卷1，页36—39；卷2，页65—70。
101 孙元化主要的军事文章被分置于《守圉全书》卷1—3之中，由于这几篇文章与公沙、陆若汉之奏疏均在卷3之1，故推测其成于公沙抵京之后。参见韩霖，《守圉全书》卷3之1，页98—104。

布置甚为严整，令入关后所向披靡的后金军队不敢攻坚。除"安辑关外八城"外，他还"斩获虏首八百有奇"。三月，以功加山东按察副使；五月，兵部尚书梁廷栋破格荐用孙元化为登莱巡抚，除巡抚登州、莱州和东江外，兼恢复金、复、海、盖四州之责。孙元化成为明末拥有兵权的奉教人士中职衔最高者。他还于四年二月推荐教中好友王徵任辽海监军道，加上原本就在其麾下的将领张焘，遂形成一支领导阶层具浓厚天主教色彩的军队。孙元化所率部队在登莱共有八千人，在东江各岛有三万余兵。[102]

崇祯三年五月，明军在恢复滦州一役中大获全胜，西炮即曾在攻城中扮演重要角色，孙元化奏称："臣依西法制护炮器物，全付参将黄龙，授以用法，分以教师，卒用复滦。"当时元化"自配药弹，自备车牛"，将西洋大炮的炮队交付黄龙，并令千总吴进胜专管，并总结道："攻滦首功为黄龙营，龙营得力在西洋炮。"[103]不久，孙元化部队借助西洋大炮，又收复了遵化、永平、迁安三城。这些胜利不仅使后金全面撤回关外，也使明廷备受鼓舞。[104]此后，后金将进攻重点转向东江，企图拔除此一牵制后方的芒刺。孙元化因此调集兵将守卫皮岛，队伍中即包括公沙等数名澳门来的铳师。

四年六月，赞画副总兵张焘督率公沙等部队，以西洋大炮在东江一带击败后金。何大化对皮岛之役有细致描写，称："中国军队与骁勇善战的葡人团结一致，不仅成功抵御了鞑靼人的进攻，且在战场上奋勇作战，大获全胜，所有人都将这一胜利首先归功于葡国统领及其铳师。胜利的消息传到朝廷，朝廷上下一片欢腾，皇帝尤其赞扬了葡国士兵；他看到仅七八名葡兵便成功抵御了敌人，且鼓舞了中国军队，增加了其必胜的信念，故重奖他们。……鞑靼人撤退并放弃了一座他们已占领约六个月的边境城市。"[105]韩云记此事说："公沙等在京者，后为登抚（农按：即孙元化）调用，麻线馆（农按：在皮岛附近）之捷（又称"麻厢之役"），击死奴酋七百余人。"[106]均突出了葡兵西炮在此次

---

102 参见第七章；Gouvea, *Asia Extrema*, Segunda parte, p. 218. 东江乃鸭绿江口众小岛之总称，其中以皮岛最大。
103 《中国明朝档案总汇》第7册，页487；第8册，页390—391；《崇祯长编》卷34，页25。
104 Gouvea, *Asia Extrema*, Segunda parte, p. 218.
105 Gouvea, *Asia Extrema*, Segunda parte, p. 256.
106 韩云，《战守惟西洋火器第一议》。

中编　时局·军事

大捷中所发挥的作用。

对于此次胜利，明朝官员多有称颂，如张焘禀称，公沙等葡籍铳师曾于六月十七日驾船在朝鲜的宣川（近鸭绿江口）一带，以西洋炮对抗后金的部队，"计用神器十九次，约打死贼六七百官兵"。皮岛总兵黄龙颂扬此捷是"十年以来一战"，辽东巡抚丘禾嘉更形容此役乃"海外从来一大捷"。但有趣的是，包括《崇祯长编》《国榷》《满文老档》在内的明清原始文献均未记此役，西文文献亦未载明歼敌人数。明军虽大有可能凭借西洋炮和葡籍铳师，在海上取得局部胜利，但张焘等人所宣称的杀伤人数，则有夸大之嫌。[107]当时兵部尚书熊明遇对前引诸人口中所谓的"大捷"，乃持未信的态度，在题本中云："臣因念东岛昔年假捏塘报，装饰俘级，内廷视为固然。臣止图克敌，不望居功，故未尝为将士一言求叙。"[108]

依照兵部文件，孙元化于崇祯四年六月收到"斑鸠铳二百门、鸟铳一千门、藤牌五千面、刀一千口、长短枪各一千杆及放铳事件"，并将"造铳匠作并放炮教师共五十三员名"纳入编制。这些武器应均是由三年四月再度奉派返澳招募葡兵的陆若汉所措办（详见下节），并由"广东管解西洋兵器官"林铭和马宗舜直接运至登州，[109]因其品名和数量，恰与徐光启在三年四月所上《闻风愤激直献刍荛疏》中的请求如出一辙。[110]查该"造铳匠作并放炮教师共五十三员名"当中，包含有"红炉、铜铁、牌木各匠共二十五名"，知其余的二十八名或均属"放炮教师"，他们很可能就是公沙的队伍。[111]

四年八月，关外重镇大凌河城被围，黄龙奉命派张焘率公沙等澳人以及川兵一营，驾船从三岔河口一带（今营口市附近）登陆，希望会同孔有德部队

107　每发炮一次，平均打死三十余人，此一威力恐远高于实际。张焘尝称："麻厢之捷，西洋一士可当胜兵千人。"韩霖称："麻线馆之捷击死奴酋七百余人。"此外，耶稣会士汤若望稍后在称扬西铳之威力时，亦云："崇祯四年，某中丞（指登莱巡抚孙元化，因在吴桥之变后被定罪，故其名遭讳隐）令西洋十三人救援皮岛，殄敌万余。"或均有浮夸之嫌。参见《明清史料》，乙编，第1本，页64；《中国明朝档案总汇》第12册，页87；韩霖，《守圉全书》卷3之1，页108；汤若望授、焦勖述，《火攻挈要》卷中，页27。
108　《明清史料》，乙编，第1本，页65。
109　《明清史料》，乙编，第1本，页76；《崇祯长编》卷44，页8。
110　《徐光启集》卷6，页301。
111　由于此处的"放炮教师"与"造铳匠作"并列，故或未计入位阶较高的掌教陆若汉以及统领和副统领两名"官员"，再扣掉先前在涿州运炮时意外殉职的两人，该澳门来的教铳队伍恰余二十八人。

牵制后金；十月，公沙等人遭飓风，行李及兵器尽失，遂"力乞回澳"。[112]当时，孙元化因东江兵变频仍，且无力牵制后金，意欲将军民撤回，[113]但黄龙却托辞不愿离开，张焘则奉命率舟师一千三百人先撤。[114]这批远赴东江助战的澳人，或追随张焘于稍后不久返回登州。十月二十一日，徐光启上疏有云："其西洋统领公沙的等，宜差官星夜伴送前来。"而在奉旨后开送兵部的文件中则称"其统领、教士俱在登莱"。[115]知在十月下旬或稍后不久，陆若汉及公沙应均在登莱。

九月，孙元化命游击孔有德率辽兵赴援，但因孔有德所率的辽丁与山东当地人屡有摩擦，不幸爆发吴桥兵变。葡文文献记载此次兵变原由："巡抚孙意纳爵（即孙元化）派遣一支精锐部队增援，这支部队受过葡萄牙人的训练，善用火器。在所经过的村庄（即吴桥县属的村庄）中，受到当地官员的欺辱，一怒之下，冲进村庄，杀死官员，大肆抢劫，瞬间变成了亡命之徒。"[116]与中文文献所述基本一致，惟此处强调孔有德所率领的这支精锐部队曾受葡国铳师的训练。十二月，孔有德率叛军攻抵登州城外，孙元化至此仍未放弃招抚的念头。五年正月，由于形势所迫，孙元化带领登州官兵，在公沙等葡兵的协助下，对叛军进行猛烈回击。不料副总兵张焘所属之辽兵一半投降，又有耿仲明等辽人在城中内应，登州终于被攻陷。[117]

在此役中，公沙等多名葡兵阵亡，何大化记载："在叛军攻城之时，葡兵用火器歼灭了很多人；统领公沙非常英勇，在城楼上向敌人投掷一些用来装火药的铁锅时中箭，并于次日伤重不治。在战斗中，另有十二名葡兵阵亡。由于缺少了这些葡兵，城内叛军遂将城门打开，让城外叛军入内，造成重大伤亡。"[118]而同在城中的陆若汉，趁乱带着三名葡人及十一名僮伴越城墙逃脱，并历尽艰险返回京城，向皇帝奏明整个事件的经过。

---

112 此见孙元化，《为详明奉调始末事》一疏。
113 张维，《溪谷集》卷23，页3—4。
114 《朝鲜仁祖实录》卷25，页29—30。
115 徐光启，《钦奉明旨敷陈愚见疏》。
116 Gouvea, *Asia Extrema*, Segunda parte, p. 257.
117 第七章。
118 Gouvea, *Asia Extrema*, Segunda parte, p. 257.

据中文文献，负责教习火器的澳人有十二名在城陷时捐躯，另有十五人"重伤获全"，与何大化的记载基本一致，惟战死之葡人数目少一人。五年四月，死难的统领公沙经兵部尚书熊明遇疏请追赠为参将，副统领鲁未略赠游击，铳师拂朗·亚兰达赠守备，傔伴方斯谷等九人赠把总，其余诸人则命陆若汉护送回澳门。[119]随后，皇帝谕旨厚葬公沙等捐躯之人。[120]

从崇祯三年正月初抵京至五年正月的登州保卫战，葡国铳师为明朝效力整整两年；若从这批铳师队伍自澳门出发之日算起，则他们共计在华三年又三月有余。这段时间，他们入涿保涿、京城演炮练兵、投入东江战事，可谓尽职尽责。但讽刺的是，这批曾颇受质疑（详下节）的西洋铳师队伍，最终竟有近半数死于受过他们训练的军队之手！

皇帝原本亦打算赐予陆若汉荣誉头衔，但他碍于教士身份没有接受。应陆氏之请，兵部以皇帝之名向他们颁发一份文书，赞扬澳门在保卫国家方面的贡献，并授予其许多特权。[121]陆若汉于崇祯五年十二月返抵澳门，[122]他在稍早曾撰成《公沙效忠纪》一书，并托祝茂善向汪秉元（万历四十四年进士）索序，惜此书或已佚。[123]陆若汉借由引进西人西铳一事，帮助天主教会在华取得了不少发展空间。龙华民即在修士丘良厚的协助下，使二十二名太监领洗，每周还在宫里的一座小教堂主持弥撒。[124]

孔有德等叛军占领登州后，孙元化、王徵等人被其所掳。孔有德一度想拥立孙元化为王，但最后还是希望被招抚，并发誓与孙元化一同对抗后金军队，以期将功补过。皇帝最初同意了叛军的请求，于是孙元化、张焘、王徵得以返回京城，但因某总督持反对意见并首先发难，致使孙、张遭弃市，王徵被贬官。不久后，首辅周延儒、兵部尚书熊明遇等支持徐光启军事改革的重臣也因处理兵变不力而去职。徐光启在遭遇这次打击后，更是心灰意冷，转而全力投

---

119 《崇祯长编》卷58，页5—6。
120 Gouvea, *Asia Extrema*, Segunda parte, p. 257.
121 Gouvea, *Asia Extrema*, Segunda parte, pp. 257–258.
122 Cooper, "Rodrigues in China," p. 242.
123 此见崇祯五年七月汪秉元为《圣记百言》所撰之序。
124 Cooper, "Rodrigues in China," pp. 236–237.

入到修历工作中。[125]

孔有德叛军在登州之役中共虏获七千名士兵、十万两饷银及三百余门火炮,此后在山东各次战役中又获红夷大炮多门。[126]六年四月,孔、耿以船百艘载男女一万二千余人,连同军器、枪炮等,从鸭绿江口镇江堡登陆降金。[127]孔有德在致皇太极的乞降书中云:"本帅现有甲兵数万,轻舟百余,大炮、火器俱全。有此武器,更与明汗同心协力,水陆并进,势如破竹,天下又谁敢与汗为敌乎?"[128]后金虽于天聪五年正月起,已在汉人佟养性的督造之下铸成红夷大炮,但数量有限且操作技术不精,故皇太极对这支部队的重视超乎寻常,亲自出郊十里相迎。[129]至此,徐光启苦心经营的以西洋大炮为核心之军事改革遭受重创,而其成果反为后金获得。

四、崇祯三年再次招募葡兵计划之夭折

公沙、陆若汉等入京不久,便建议再次自澳门募兵以对抗后金。他们在崇祯三年四月初七日通过徐光启上疏称:

> 近来边镇亦渐知西洋火器可用,各欲请器请人。但汉等止因贡献而来,未拟杀贼,是以人器俱少,聚亦不多,分益无用……且近闻残虏未退,生兵复至,将来凶计百出,何以待之?汉等居王土,食王谷,应忧皇上之忧,敢请容汉等,悉留统领以下人员,教演、制造,保护神京。止令汉偕通官一员、傔伴二名,董以一二文臣,前往广东濠镜澳,遴选铳师、艺士常与红毛对敌者二百名、傔伴二百名……星夜前来,往返不过四阅月,可抵京都。缘澳中火器日与红毛火器相斗,是以讲究愈精,人器俱习,不须制造器械及教演

125　第七章。Gouvea, *Asia Extrema*, Segunda parte, p. 258.
126　《崇祯长编》卷54,页22;卷55,页2—3;第七章。
127　第一历史档案馆,《清初内国史院满文档案译编》上册,页16—17、320;《清太宗实录》卷13,页16—17;卷14,页1—11;《明清史料》,丙编,第1本,页27—29。
128　转引自萧一山,《清代通史》卷上,页144—145。
129　《清初内国史院满文档案译编》上册,页19—20。

进止之烦。且闻广东王军门（农按：即王尊德）借用澳中大、小铳二十门，照样铸造大铁铳五十门、斑鸠铳三百门，前来攻敌。汉等再取前项将卒、器具，愿为先驱，不过数月可以廓清畿甸，不过二年可以恢复全辽。……倘用汉等所致三百人前进，便可相藉成功。"[130]

陆若汉、公沙二人在呈文中又开列应从广东置买之兵器，包括鹰铳二百门，鸟嘴护铳一千门，西式藤牌五千面，刀一千口，长枪一千杆，短枪一千杆。徐光启对他们的建议完全赞同，指出公沙等寥寥数人"仅挟数器，杯水车薪"，不如再募澳门惯战之兵为前锋，明朝受训精兵数万随其后，即可事半功倍。[131]皇帝准其奏，并诏谕广东地方官员，即刻招集人马，提供一切必需物资，星夜伴送远人来京。[132]

时任兵部尚书的梁廷栋于崇祯三年四月上疏支持徐氏的建议，奉旨："澳门人自告奋勇保卫国家，对朕忠心耿耿。应给予他们各项开销，善待他们，以使其更加积极效力……着人前往伴送葡人，命其尽速携带装备及必要物资前来。"[133]接着徐光启又上两疏，一疏是依陆若汉所请，为澳门争取一些恩典与特权；[134]另一疏为四月二十六日所上，任命中书舍人姜云龙与陆若汉、徐西满等一同前往澳门置办火器，并聘取善炮的西洋人来京。两疏均获皇帝批准。[135]

为寻求教会的支持，徐光启让姜云龙和陆若汉带一封信给已返澳门的班安德。徐光启在信中高度赞扬了澳门及其派来的葡兵在战争中所发挥的重要作用，并表达了对促成此事的热切期待："我们对天主充满信心，知道随着他们的到来，战争很快便会结束。"他在信中亦阐明，此事成功后将会给澳门以及

---

130 徐光启，《闻风愤激直献刍荛疏》。
131 徐光启，《闻风愤激直献刍荛疏》。
132 崇祯皇帝的这一上谕原文未能保存下来，此据葡文译本，见BA, JA, 49-V-9, fl. 73v.
133 梁廷栋此疏以及皇帝之上谕，目前尚未发现中文原文，此处据葡文译文，见BA, JA, 49-v-9, fl. 72v.
134 见BA, JA, 49-v-9, fl. 73v.
135 《崇祯长编》卷33，页28；BA, JA, 49-V-9, fl. 74. 姜云龙，字神超，松江华亭人，万历二十五年举人，时任诰敕撰文中书舍人。姜云龙与徐光启为同乡，且同一年中举，曾于万历三十一年相偕至京参加会试，交情似不浅。参见第五章。

天主教在华传播带来积极影响。[136]

姜云龙、陆若汉、徐西满一行人于1630年6月从北京出发，8月抵达澳门。8月16日澳门议事会召开会议，专门讨论向北京派遣援兵事宜。会上陆若汉宣读了徐光启致班安德的信，转述了皇帝上谕的内容。[137]据文德泉说："议事会最终决定向北京输送一百六十名葡萄牙士兵，二百名澳门本地人以及一百名非洲和印度人；皇帝向他们支付五万三千两白银。……1630年10月21日，他们在澳门进行了一次阅兵；10月31日，他们乘坐中国人提供的十九艘豪华驳船正式出发。"[138]惟文德泉并未注明出处。倒是初到澳门的何大化见证了葡兵从澳门出发时的情形："全副武装的三百名葡兵，英姿飒爽地从澳门出发，他们不仅向中国人，也向欧洲人展现了英勇风貌。……中国官员和整个澳门城都进行了阅兵，看到葡兵的风貌后，他们都感到信心倍增，……在很短的时间内中国将恢复以往的、令人期待的和平。"[139]

关于这支队伍的组织状况以及从澳门经广州行抵南昌的经过，时在南昌传教的葡籍耶稣会士曾德昭有较为详细的记载：

> 四百人被统一编队，有两百名士兵，其中有很多为葡萄牙人，一些出生于葡国，另一些则在澳门出生；但更多是出生于澳门的中国人，他们……是优秀的士兵和炮手。每位士兵配一个年轻的仆役，这些仆役都是用皇帝的钱购买来的。军饷非常充裕，使士兵们拥有良好的武器装备和军服，而扣除这些开销后，他们仍然有很多剩余。有两位统领率队从澳门出发，一位是佩德罗·科尔代罗，另一位是安东尼奥·罗德里格斯·德尔坎波。队伍中还有其他旗手和职官。他们抵达广州时，个个英姿飒爽，用滑膛枪作了鸣枪礼，这让中国人感到畏惧。他们获得了舒适的船只以便沿江而上，穿越广

---

136 徐光启此信的中文原件已佚，但有两份葡文抄本保留下来，见BA, JA, 49-V-9, fls. 75–76; 49-V-8, fls. 743v–744v.
137 Aresta, *O Senado: Fontes Documentais para a História do Leal Senado de Macau*, pp. 28–29.
138 Teixeira, *Os Militares em Macau*, p. 200.
139 Gouvea, *Asia Extrema*, Segunda parte, p. 219.

东省，他们所经过的每一个城市或村镇，地方官都会提供酒肉、水果和粮食。他们翻越了广东与江西之间的山岭（距离另一条江不足一天的路程）……再次登船沿江而下，以同样的方式几乎穿越江西省，直达省城（南昌）。当时我居住在那里，管理着不少教徒。这支队伍在那里停留下来，参观这座城市，并受到热情接待。[140]

关于该队伍的人数，各种史料记载不同，从三百至四百八十人不等。[141]两位统领之一的安东尼奥·罗德里格斯·德尔坎波，曾参加过1622年抵御荷兰人的战斗，且以作战英勇出名。[142]天主教会也充分利用这次助战的机会，将五名耶稣会士挟带入华。[143]然而，姜云龙于十一月被大学士周延儒等以其"往取澳彝，乘传驿骚"（农按：指出使时引发骚乱）为由题参，奉旨："当俟复命日查处，章下所司看议。"[144]行至南昌的队伍因此遭搁置。

事实上，徐光启积极引进葡兵的做法一开始便引起许多抨击。早在天启年间招募葡兵入京之时，便有湖广道巡按御史温皋谟（东莞人）等人反对；[145]而据何大化记载，那次葡兵入华之所以遭人反对，主要是因为反教者和广东商人的抨击和嫉妒之心，这些人联合在京的十二位广东籍官员及两广总督加以阻止。[146]而此次再度招募葡兵入京，亦引起朝臣激辩，何大化记载称："由于中国政府内部意见不一，为各自目的而形成不同的看法，故此事最终将是一场遗憾。那些意气用事之徒再次以言辞激烈的奏疏上呈皇帝，对葡人表示出极度的

140　Alvaro Semedo, *The History of that Great and Renowned Monarchy of China*, pp. 104-105.
141　实际派遣的数目，除上引文德泉、何大化、曾德昭的不同说法外，巴笃里《中国耶稣会史》称葡兵一百五十名及僆伴一百五十名；韩云称入华队伍共四百八十人；卢兆龙在崇祯三年十二月的奏疏中，称共招募三百名；魏特（Alfons Väth）则指有葡兵一百六十名及僆伴两百名。参见Daniello Bartoli, *Dell'historia della Compagnia di Giesu. La Cina*, 1663, pp. 967-970; Alfons Väth, *Johann Adam Schall von Bell S. J., missionar in China, kaiserlicher astronom und ratgeber am hofe von Peking. 1592-1666*, pp. 96-97; 韩云，《战守惟西洋火器第一议》；《崇祯长编》卷41，页13。
142　Boxer, *Expedições Militares Portuguesas em Auxílio dos Mings contra os Manchus, 1621-1647*, p. 12.
143　此五人姓名见Pfister, *Notices biographiques et bibliographiques sur les Jésuites de l'ancienne mission de Chine, 1552-1773*, Tome I, p. 214. 文德泉说此次随队伍进入内地的还有中国修士邱良禀，见Teixeira, *Os Militares em Macau*, p. 200.
144　《崇祯长编》卷40，页5。
145　《明熹宗实录》卷29，页21—22。
146　Gouvea, *Asia Extrema*, Segunda parte, pp. 81-82.

担心和不信任,他们最终达到了目的。"[147]

中国官方在招募葡兵问题上形成两派,一派以徐光启、孙元化等人为主,多为教内人士,其征募葡兵除军事目的外,亦附带有促进天主教在华发展之动机;另一派则以广东籍官员及反教士大夫为主,因为澳门葡人借遣兵输炮所提出的要求,严重影响其既得利益。博克塞曾这样分析到:"就像以前多次发生过的一样,在后来的外国人与帝国宫廷关系中,北京与广东的利益总是相冲突的。通过澳门这一中国官方唯一海上贸易口岸的垄断贸易,广东地方官员获得了大量好处。……如果公沙的军队在北方取得重要胜利,帝国作为回报而给予葡人犒赏,将使葡人觊觎整个中国沿海甚至内地的贸易特权,他们对此冀望已久了。故广东官员非常担心,丰厚的垄断利益将丧失殆尽,而他们也将失去这块原本一直占有的'肥肉'。"[148]

反对派中反应最激烈的是时任礼科给事中的卢兆龙。卢兆龙,字本潜,广东香山县人,天启二年进士,"性严毅,不畏权要,多所建白",崇祯帝对其相当宠信。[149]他尝于崇祯初劾南京工部右侍郎何乔远衰庸,迫其自行引去。[150]何氏对天主教相当友善,曾序艾儒略之《西学凡》,并为天启三年因膛炸而殉职的葡兵若翰·哥里亚撰写墓志铭。[151]

姜云龙、陆若汉等离京赴澳不久,卢兆龙便于崇祯三年五月二十一日上疏,主张:"辇毂之下,非西人杂处之区,未来者当止而勿取,见在者当严为防闲,如皇上怀柔异类,念彼远来,则止可厚其赏赉,发回本澳。"至于澳门方面"筑舍筑台添课添米"等要求,则"弗可轻许,以贻后忧也"。卢兆龙认为,"堂堂天朝,精通火器、能习先臣戚继光之传者,亦自有人,……何事外招远夷,贻忧内地,使之窥我虚实,熟我情形,更笑我天朝之无人也?"况且闽粤之人已能造红夷大炮,亦熟悉装填点放之法,故主张不必再招夷人,并将这笔费用用来铸造大铳;而徐光启执意招募夷人,主要目的是"与夷人说天主

---

147 Gouvea, *Asia Extrema*, Segunda parte, p. 219.
148 Boxer, *Expedições Militares Portuguesas em Auxilio dos Mings contra os Manchus, 1621–1647*, p. 16.
149 祝淮修、黄培芳,《新修香山县志》卷6,页35。
150 《明史》卷242,页6287。
151 何乔远,《镜山全集》卷66,页21—22。

也"。五月二十七日,奉旨:"朝廷励忠柔远,不厌防微,此奏亦为有见,所司其酌议以闻。"[152]尽管赞扬了卢兆龙所奏有见地,但并未下令停止招募葡兵,而只是认为应有所防范。

针对卢兆龙的严辞反对,徐光启于六月初三日上疏,极力分辨红夷(荷兰人)和澳夷(葡人)的不同,声称:"红夷之志,欲剪澳夷以窥中国;澳夷之志,欲强中国以捍红夷。"并称仅需招用三百名葡兵即可当"进取于东,问罪于北"的前锋,期约两年就能"威服诸边"。[153]原疏(卢兆龙后来引用时称其为《闻言内省疏》)全文已佚,但其葡文译本保存至今,其中有云:

> 我们请的三百名葡人和一千二百支火枪,虽其到来之时将已入秋,如若那时建夷仍在境内,我们便可借葡人将他们驱逐出去;即便敌人已被赶走,要想收复辽东、惩处建夷,我们仍应该借助葡人,让其督导训练我们精选的两三万有经验的士兵,并与葡兵组织在一起,提供花销、补给、武器以及其他战斗物资,如此两年之内便可获得所期望的胜利。为了征服所有鞑靼人,并尽量节省开销,这是万全而唯一的策略。等战胜敌人一两次之后,我们的士兵就会重新振作,积极投入战争,那时我们便可遣返葡人,而不必留他们在这里两年。[154]

徐光启在奏疏中也为天主教在中国的传播进行辩护,并替澳门葡人遭受地方官的欺压而向皇帝申诉;同时又因自己的努力遭到如此强烈的反对而感到心灰意冷,希望皇帝准许他致仕还乡。崇祯帝于两天后下旨,不准徐光启请辞,并再次对葡兵的表现加以肯定。[155]

然而,卢兆龙不肯善罢甘休,于六月八日再度上疏,反驳道:

---

152 《崇祯长编》卷34,页42—44。卢氏此疏及皇帝圣旨亦有一葡文译本,见BA, JA, 49-V-9, fls. 63-65v.
153 《崇祯长编》卷35,页18。
154 BA, JA, 49-V-9, fls. 67-67v.
155 BA, JA, 49-V-9, fls. 67v-69.

>   澳夷即假为恭顺,岂得信为腹心?即火技绝精,岂当招入内地?据光启之疏,谓闽广浙直尚防红夷生心,则皇居之内不当虑澳夷狡叛乎?舍朝廷不忧,而特忧夷人之不得其所,臣所未解也。……而谓欲进取于东、问罪于北,此三百人可当前锋一队,臣未敢轻许。若谓威服诸边二年为约,则愚所未能测也。果能二年得志,以省兵力,礼臣正当自信而肩任之,效与不效,与天下共见之,又何必以去就争哉!……礼臣以玛窦为常师,恐异教不流行,又臣所未解也。……臣言夷人不可用,非言火炮不可用。乞皇上责成光启始终力任,竟展其二年成功之志,勿因臣言以为卸担,则臣之言未必非他山之助也。[156]

卢氏强调自己所反对者乃西人、西教,而非西洋火器,且不信徐光启有可能在两年之内解决东事。当时闽粤两地确已能仿制西洋火炮,如两广总督王尊德和福建巡抚熊文灿,即曾于崇祯二年至三年间将数百门西洋炮解京。[157]而由守备白如璋统领的一千二百余名广东援兵中,亦包含熟谙点放之澳众二十人,[158]知当时已有不少仿制的炮连同炮手自南方解至北京,其中除留京者外,稍后多分送各镇布防。[159]

徐光启虽然极力分辨澳夷与红夷的不同,但在许多人的心目中,他们同被视为"非我族类"。尤其自天启二年起,荷兰人即窃据澎湖,致使"商渔举遭荼毒,村落相顾惊逃",成为"全闽一大患害",直至四年五月始在围攻之下拆城转赴台湾发展。当时的福建巡抚南居益,尝在奏疏中称:"彭湖为海滨要害……自红夷弄兵其上,我兵将不敢窥左足于汛地,商渔不啻堕鱼腹于重

---

[156] 《崇祯长编》卷35,页17—19。
[157] 中国历史博物馆现尚存有至少五门由王尊德所进的西洋炮,重约一千三百至两千斤。参见张小青,《明清之际西洋火炮的输入及其影响》。
[158] 白如璋曾参与征讨海寇李芝奇之役,当时向澳门当局借用了火炮二十门,其数恰与此处熟谙点放的澳众相同,不知这些人是否即随炮聘用的炮手,每门炮由一人负责。方豪称该批澳人是由陆若汉率来,其说或误。参见颜俊彦,《盟水斋存牍》,页112—114;《崇祯长编》卷32,页2;《徐光启集》卷6,页298;方豪,《中国天主教史人物传》中册,页37。
[159] 如崇祯三年八月,奉旨将二十门广东解来的火炮运至宣镇,而当时在关外的宁远和锦州,亦均拥有大量的西洋火炮。参见《中国明朝档案总汇》第8册,页79—82、97—98。

渊。……小之，则粤东香山澳；大之，则辽左抚顺城也。"即将葡人占据澳门、荷兰人在澎湖筑城以及满人攻占抚顺三事相提并论。[160]崇祯四年正月，皇帝召问曾任广东左布政使的陆问礼有关澳夷之事，陆氏亦回称："火器可用，人未可信。"[161]

但此时皇帝仍较支持徐光启的说法，而仅将卢兆龙的建议作为参考。六月十二日皇帝降旨："澳门葡人希望为我们效忠；然在其前来效忠的路上，诸官员应对其保持警惕，给予其好的示范，促使他们尽快来。……至于葡人到达之后在哪里安置他们，以及他们如何训练我们的士兵，兵部要慎重考虑。"[162]此时姜云龙、陆若汉等尚未抵达澳门，皇帝的这一裁决确保了葡兵携火器顺利北上，但行至南昌时，卢兆龙再度发难。

十二月，卢兆龙上言抨击招募澳兵一事，指葡人以出兵与否多方要挟，如欲在澳门复筑城台，要求裁撤香山参将并开海禁，请求允许其多买米粮并免岁输地租一万两，请拨广州对海之地以建营房等，但总督王尊德坚持弗允。卢氏并称七月间原本已拨六万两饷银，稍后亦续给粮米若干，但澳兵却又要求另发安家银每人三百两。疏中对姜云龙指斥尤厉，称因澳兵迟至八月底仍未起程，致使王尊德以忧国郁郁而终，"通粤民心哄然，思食云龙之肉"，并指云龙贪渎冒饷，所经手的钱粮，一半为其克扣。姜云龙因此被革任回籍，且命详查议罪。[163]

四年二月，已升任登莱巡抚的孙元化，因坚持起用葡兵，亦遭卢兆龙疏劾，卢氏认为澳人"畜谋不轨"，担心若以之为前驱，恐其"观衅生心，反戈相向"。[164]此一澳门军队在抵达南昌后，即因战情趋缓（后金已于三年五月出关东归）以及卢兆龙等人的激烈反对而遭遣返，但陆若汉仍以"差竣复命"为由，于四年三月抵京，旋上疏申辩绝无筑城台、撤参将等要挟之事。[165]

四年三月九日，颇受打击的徐光启再次疏请休致，其言有云：

---

160 参见陈小冲，《1622—1624年的澎湖危机：贸易、战争与谈判》。
161 《国榷》卷91，页5555。
162 该圣旨未见中文本，此据葡文本译出，见BA, JA, 49-V-9, fls. 72-72v.
163 《崇祯长编》卷41，页13—14。
164 《崇祯长编》卷43，页29。
165 《崇祯长编》卷44，页8。

> 昨年自请往调澳商，伏蒙圣旨谕留，题差原任中书姜云龙押送教士陆若汉等回住。后云龙被议，职实未知其在广事情，若果于钱粮染指，职宜膺不适之罚。……今据广东巡按臣高钦舜报疏，称督臣差通判祝守禧赍发安家、行月粮等银，至澳给散，则云龙身不入澳，银不经手。续据陆若汉奏称，通判祝守禧领布政司原封银两到澳，唱名给散等因，语亦相符。盖调兵、造器、给粮等项，皆督、按、道、府诸臣，以地方官行地方事，云龙不过督役催促，其于俵散钱粮，即欲与闻，亦理势之所无也。[166]

对姜云龙被控克扣雇佣军钱粮之事大力辩驳，指此事全是由两广总督所委通判祝守禧经手，祝氏从布政司领得银两后，"至澳给散"，姜氏并不曾经手。三月十一日，陆若汉陛见。十二日，皇帝谕旨安抚徐光启曰："卿清恬端慎，精力正优，词林允资模范。不只修历一事，着安心供职，不必引陈，其澳商事情，已有旨了！"[167]

由于此一雇佣军已预领了所有的安家费、衣甲、行粮以及月粮，但却中途折返，故当时广东官员意欲追还已发的部分饷银。负责追饷的广州府推官颜俊彦，[168]甚至还为此扣留了澳门派往广州购买丝绸的驳船以及通事王明起，此事最后还是因皇帝下旨才免被追缴。[169]

即使遭此挫折，徐光启仍然试图再调澳人以"用炮、教炮、造炮"，于是在崇祯四年十月所上的《钦奉明旨敷陈愚见疏》中强烈呼吁曰：

> 速如旧年初议，再调澳商。昔枢臣梁廷栋议辍调者，恐其阻于人言，未必成行耳，后闻已至南昌，旋悔之矣。顷枢臣熊明遇以为

---

166 徐光启，《遵例引年恳乞休致疏》。
167 《崇祯长编》卷44，页8。
168 颜俊彦对西人西教的印象均甚差，尝称："以澳夷为痴忠，登莱之偾事，岂不用澳夷之明效耶？亦可谓之痴忠耶？至言修身事天，与吾儒互相发明，尤可喷饭。"（《盟水斋存牍》，页703）又，卢兆龙曾为《盟水斋存牍》一书作序。
169 C. R. Boxer, "Um Memorial da Cidade de Macau ha Trezentos annos 1631-1635"；颜俊彦，《盟水斋存牍》，页459—461、571—572；万明，《中葡早期关系史》，页213—214。

> 宜调，冢臣闵洪学等皆谓不宜阻回，诚以时势宜然，且立功海外，足以相明也，况今又失去大炮乎！[170]

指出前兵部尚书梁廷栋已对自己仓促决定停止调动感到后悔，而现任兵部尚书熊明遇以及吏部尚书闵洪学等人均支持雇用澳人。

徐氏于是建议兵部可派"亦习夷情"的在籍御史金声，伴送陆若汉或公沙至广东"调取澳商"。[171]金声于崇祯二年十一月举荐善制战车的游僧申甫，结果申氏被超擢为副总兵，奉旨召募新军，金声则以山东道御史的身份监军，但不久申甫与后金作战时兵败殉国，金声因此于三年九月乞归获准。[172]金声或于崇祯二三年间对西学和西教产生浓厚兴趣，甚至可能因深受感召而受洗，此应是徐光启推荐他的重要原因之一。[173]然而，四年闰十一月爆发的吴桥兵变，或令此事不了了之。五年四月，兵部尚书熊明遇在请赠恤葡兵的奏疏中，再次提出"仍于澳中再选强干数十人入京教铳"，"帝俱报可"，[174]但终亦无下文。

六年十月，徐光启病故，其弟子韩云还撰有《战守惟西洋火器第一议》一文，建议："购募澳夷数百人，佐以黑奴，令其不经内地，载铳浮海，分□各岛，俾之相机进剿，……亦当购其大铳以及班鸠、鹰嘴护架（驾）诸铳，止令铳师数十人教演华人点放、炼药。"然因人微言轻，并无结果。事实上，连徐光启、李之藻、杨廷筠等人的努力亦渐被遗忘，韩霖即感慨曰："西铳歼夷宁远、固守京都、御寇涿州，功已彰明较著矣。原其始，则徐文定、李同卿、杨京兆三公耶许而致之，今谁知其功哉！"[175]

崇祯十六年，为了抵抗即将来袭的李自成农民军，两广总督向澳门征一名炮手和一门大铁炮；另有三名澳门铳师应征至南京效力。[176]这是崇祯朝最后一次向澳门寻求军事援助，只是此时明王朝已走到尽头，回天乏术了。

---

170 徐光启，《钦奉明旨敷陈愚见疏》。
171 徐光启，《钦奉明旨敷陈愚见疏》。
172 《国榷》卷90，页5501—5504。《崇祯长编》卷29，页19；卷38，页9。
173 金声于崇祯五年左右又改宗佛教，此故，徐光启稍后两度疏荐金声至历局任事均不果。参见黄一农，《两头蛇：明末清初的第一代天主教徒》，页323—332。
174 《崇祯长编》卷58，页6。
175 参见韩霖，《守圉全书》卷3之1，页109—110。
176 Boxer, *Expedições Militares Portuguesas em Auxílio dos Mings contra os Manchus, 1621-1647*, pp. 18-19.

五、结　语

　　明清战争是当时世界上最大规模的战争之一，对东亚乃至整个世界的局势有着深远影响。此时的明帝国与西方接触已有上百年之久，在东北边疆接连告急之际，以徐光启、李之藻、熊明遇、孙元化、韩云等为代表的一批开明士大夫，力排众议，期望借助澳门葡人的火炮与战术，进行军事改革，以对抗后金之入侵。从天启朝开始，明朝政府便从澳门置办火炮、征募葡兵，而崇祯元年至三年两次征募的规模与影响更大。

　　徐光启等人倡导的军事改革，乃以先进的西洋火器为核心，大炮守城，中炮用以编列车阵，辅以能够熟练使用鸟铳的步兵，如此退可坚固防守，进可攻城拔寨。经葡国铳师训练的孙元化属部，装备大量先进火器，在公沙等铳师的协助之下，不仅稳住了牵制后金军事进攻的战略要地东江，而且数度重创后金军队。岂料孔有德发动吴桥兵变，导致徐光启主导的一系列军事改革被全盘打乱，且使孙元化在东江的精锐部队丧失殆尽。而孔有德、耿仲明则投降后金，带去先进火器和操炮技术，并成为清朝入主中原的前锋。清军入关后，明帝国各个重要城池在降清汉人炮兵的助攻下，接连告破。原本用于抵御和攻击清军的西洋大炮，反而帮助清朝在定鼎中原的过程中发挥了至关重要的作用。

　　崇祯年间援明葡兵引发朝中官员的争辩，反对者认为其炮可用，而其人绝不可用。然这些铳师入华后可谓尽职尽责，练兵教炮、冲锋陷阵在所不惜，乃至最后有近半数战死疆场，李之藻评价云："若辈以进死为荣，退生为辱。"[177] 与接连叛变降金的明朝官兵形成鲜明对比。

　　澳门葡人期望透过向明廷输送铳师与火器，缓解澳门发展困境以及与广东地方官员的紧张关系，但因崇祯三年第二次招募澳门军士失败，致其境况并没有得到根本改善。就在公沙等人入京效力期间，澳门奉葡印总督之命，数次将所造火炮运往马六甲进行防卫，[178] 又将中国铸师从澳门派往果阿，协助葡印当局铸造铁炮。[179] 处于东西方文明交会之处的澳门，在十七世纪二三十年代，于

177　韩云，《战守惟西洋火器第一议》。
178　Arquivos Nacionais Torre do Tombo, *Livros das Monções*, liv. 27, fls. 376; liv. 30, fls. 13–14.
179　Santos, *Manuel Bocarro: o Grande Fundidor*, pp. 37–39.

东西军事技术交流方面发挥了重要作用。

崇祯年间招募葡兵来华一事，或许只有天主教会达到了期盼的目标。从徐光启、孙学诗、张焘、韩霖、韩云、孙元化、王徵等教徒，以迄龙华民、邓玉函、班安德、汤若望、罗雅谷、陆若汉等耶稣会士，均曾有直接或间接的参与。由于不少传教士借两次葡兵入华的过程趁机潜入内地，因南京教案而实施的教禁至此被冲破，且教会透过此事留给明廷不少正面形象。入清之后，南怀仁亦曾协助清朝在统一中国的过程中大量制炮。传教士本应以传播上帝福音为唯一职责，惟在明清鼎革之际却不断介入杀人火器的制造，此颇为讽刺。但若从整个大航海时代的背景来看，则不足为奇，因欧洲势力向世界各地扩张过程中，教会、火炮和商业利益一直是一种"三位一体"的关系。

第五章　明末至澳门募葡兵的姜云龙小考*

　　崇祯三年,著名天主教士大夫徐光启奏遣姜云龙赴澳门募兵购炮,不料姜氏被控贪渎冒饷,遭革职议罪,三百多名熟稔火器的援军,亦在南昌遭遣返,终结了萨尔浒战败以来陆续引进西方炮学的努力。本章尝试追索姜云龙其人其事,希望能理解徐光启为何会将此一重要任务交付姜氏,并探究西学在明末社会的穿透力与扩散力,同时兼论史学在"e考据时代"所面临的挑战。

　　在徐光启等奉教人士的积极推动下,明末曾数次自澳门引进西洋火炮和铳师。最后一次较大规模的努力发生在崇祯三年,徐光启所奏遣的中书姜云龙被控贪渎冒饷,遭革职议罪,三百多名熟稔火器的雇佣军,亦在南昌遭遣返,此事终结了萨尔浒战败以来明廷陆续引进西方炮学的努力。[1]

　　然而,长期以来学界对姜云龙生平事迹的认识一直无法突破,主要内容几乎全出自《崇祯长编》对其赴澳门一事的叙述,既不清楚他的出身背景和社交网络,亦不知徐光启何以会将此一重要任务交付此人。[2]姜云龙在中西交流史上就像一颗稍瞬即逝的流星,似乎未留下太多痕迹。但随着近年四库系列古籍的重印以及中文典籍的大量数字化,我们开始有机会在较短时间内掌握前人未曾

---

* 原刊于《"中研院"近代史研究所集刊》,第62期(2008);原名为《明末至澳门募葡兵的姜云龙小考:兼答熊熊先生对"e考据"的批评》。
1　第四章。
2　先前主要的讨论,参见方豪,《明清间西洋机械工程学、物理学与火器入华考略》;张小青,《明清之际西洋火炮的输入及其影响》;万明,《中葡早期关系史》,页209—213;汤开建,《委黎多《报效始末疏》笺正》,页187—195。

寓目的材料,并透过逻辑推理的布局,填补探究历史细节时的隙缝。本章即在"明人文集联合目录及篇目索引资料库"(下文简称"明人文集"资料库)、"汉籍电子文献资料库""中国基本古籍库"等检索工具的协助下,尝试追索姜云龙其人其事,并展现e考据时代所可能达到的深入研究成果。

一、天启年间出仕的姜云龙

姜云龙,字神超,松江华亭人,万历二十五年在应天乡试中举。[3]他的松江同乡徐光启,虽亦于同一年中举,但却是应试于北京顺天府。姜、徐二人应颇有往来,他们不仅有共同的朋友,[4]且曾于万历三十一年相偕至京参加会试。[5]万历四十七年春,落第的姜云龙在与友人饯别时,忽闻明军在萨尔浒之役大败,于是"慨然有处仲击唾壶意"[6],显露出其渴望报国的激烈情怀。

天启二年九月初二日,兵部尚书兼东阁大学士孙承宗抵关视事,并奉旨以原官督理山海关及蓟辽、天津、登莱各处军务。[7]十二月,他疏奏自己的人事布局曰:"主事鹿善继、王则古,臣以之管兵马钱粮;主事沈棨、杜应芳、司务孙元化,臣以之管军器、火药;赞画中书宋献及羽林卫经历程仑,臣以之管抚夷、买马钱粮;而两道臣袁崇焕、万有孚,奔走风霜,驰驱险隘。"[8]其中颇见承宗同年好友徐光启的影子:如孙元化是万历四十年举人,曾向徐氏习学火器

---

3 有些文献称姜氏为上海人,然因其世居在华亭县普照寺旁,应称是华亭人较恰当。参见俞樾纂,应宝时修,《上海县志》卷15,页25;冯鼎高等修,王显曾等纂,《华亭县志》卷14,页2—3;宋如林等修,孙星衍等纂,《松江府志》卷77,页10。感谢复旦大学的贾雪飞提供此一意见。
4 如董其昌尝替徐光启在上海徐家汇的别业书扁,而姜云龙亦与董其昌相熟。又,姜氏曾与张鼐同社,而张鼐则称徐光启是自己的"同舍"。参见宋如林等修,孙星衍等纂,《松江府志》卷78,页19;卷82,页32;宋徵舆,《林屋文稿·诗稿》,文稿,卷15,页20;张鼐,《宝日堂初集》卷11,页71—72。本文所引用之诗文别集和原始文献,多是以"(姜)神超"或"(姜)云龙"等字为关键词,查索自"明人文集联合目录及篇目索引资料库"和"中国基本古籍库",不再一一说明。
5 参见钱希言,《春申浦上送黄长卿、金飞卿、徐子先、姜神超计偕北上……》,收入氏著《松枢十九山》,讨桂编,卷9,页16。由于该卷所收之诗乃按照时间顺序排列,故从前后诗之系年,可判断此诗应不出壬寅和癸卯两年,亦即诸人应是北上参加万历三十二年甲辰岁之会试。子先为徐光启的字。
6 东晋大将王敦,字处仲,每酒后往往歌咏魏武帝的乐府曰:"老骥伏枥,志在千里。烈士暮年,壮心不已。"并以如意敲打唾壶以和节拍,以抒发壮怀。参见房玄龄等,《晋书》卷98,页2553—2557。本文中所引用的官修史料多查索自"汉籍电子文献资料库",不再赘述。
7 《明熹宗实录》卷25,页16;卷26,页15。
8 《明熹宗实录》卷21,页8;卷32,页10。

和算法；至于鹿善继，登万历四十一年进士，徐光启为其房师，鹿氏尝自称所受的师恩在"风尘格套"之外；沈棨为鹿善继的会试同年，曾被徐光启推举为仿制西洋大炮的人选。[9]

姜云龙应在此时至辽东参赞孙承宗戎幕，但非其最核心之僚属，[10]亦无正式官衔，此故，在高出的《赠姜神超孝廉应幕府辟》一诗，[11]以及程仑的《渝关，九日，高阳孙相国招同鹿乾岳、沈彦威、杜培亭（农按：即鹿善继、沈棨、杜应芳）三职方，姜神超孝廉饮》诗中，[12]均仅以孝廉称呼姜氏。

天启三年正月，顺天巡抚岳和声推荐姜云龙为内阁中书，奉旨："姜云龙、茅元仪既屡经疏荐，准拟职衔用。"[13]明代绝大多数官员的选任均由吏部掌握，但内阁中书舍人则属例外，此职被视为内阁的属官或秘书，故由内阁直接选用、考察，甚至介入其升迁。[14]由于天启三年时的首辅是叶向高，出镇山海关的大学士孙承宗更是叶氏的门生，[15]知姜云龙被授为孙承宗幕的内阁中书（农按：应为试职，详见后文），颇有迹可循。

孙承宗是明末抵抗后金的重要人物，亦是东林党的首脑之一，他在辽东共恢复疆土四百里，安插辽人四十万，稳定了屡战屡败的军心和民心。天启四年六月，左副都御史杨涟劾魏忠贤二十四罪，遭切责，党争开始白热化。七月，首辅叶向高被指为东林党魁，罢归。十一月，孙承宗以贺圣寿为名，欲入觐面论魏忠贤之罪，但被魏氏求旨阻于通州。五年三月，魏忠贤兴大狱，杨涟等二十余大臣均被下狱或削籍。称病在籍家居三年多的徐光启，虽不参与党争，也以"招练无功"于五月遭罢，并被革去礼部右侍郎衔。十月，魏忠贤亦抨击

---

9 第七章。
10 如宋献策亦为举人，但获授试中书舍人，"听枢辅孙承宗随便任用"。参见刘荣嗣，《简斋先生集》，文选，卷3，页22；《明熹宗实录》卷21，页21。
11 高出，《镜山庵集》卷22，页4。
12 程仑，《寸补》，渝吟，卷1，页1。由于此诗有"令节渝关兵举觞""借将荚酒祝陶唐"等句，知此诗应系于天启二年九月初九日的重阳节。
13 当时受岳氏荐举者近二百人，其中进士和举人共八九人，但只有姜、茅二人被起用，且云龙是"和声二百人中所首荐边材者"。参见茅元仪，《石民四十集》卷1，页2；卷78，页8；岳和声，《餐微子集》，蓟门疏草，卷1，页24—39；李长春，《明熹宗七年都察院实录》，页376。
14 明置中书科中书舍人，文华殿、武英殿中书舍人，以及内阁诰敕房、制敕房中书舍人三类，均为从七品。参见颜广文，《明代中书舍人制度考略》。
15 《明史》卷110，页3379；孙承宗，《高阳集》，文卷，卷20，页43—49。

承宗"虽娴于兵,而方略疏焉",将其去职。[16]

天启五年十二月,在魏忠贤的积极推动之下,帝命于来春开馆纂修《三朝要典》,由辅臣顾秉谦、丁绍轼、黄立极、冯铨担任总裁官,郑崇光、姜云龙为收掌官。[17]六年六月十三日,谕旨有云:"姜云龙见掌制敕,管关主事着别推一员去。"[18]十九日,阉党将借以攻讦东林党人的《三朝要典》送呈御览,姜云龙在此书上所系的官衔是"试中书舍人·加五品服俸"。[19]知天启五、六年之交姜氏回京,在内阁的制敕房仍任试职,[20]然其参与《三朝要典》的修撰工作时,曾获特殊待遇。稍后,虽有人推举他外放至山海关担任管关主事(正六品),惟并未获得允准。

姜云龙回京后所从事的工作,应与其出色的文笔相关,毕自严即曾在信函中称誉他"所撰赠章神采陆离,足令九原不朽"。[21]但姜云龙或因被归为孙承宗的朋党,旋在六年八月遭"削籍为民,仍追夺诰命",有旨责以"居间钻刺,跃冶不祥也",[22]其中"跃冶"一辞乃指其自以为能,急于求用。

同一时期,孙承宗在辽东的主要僚属多遭阉党矫旨斥逐:如赞画茅元仪于天启六年六月亦被控"钻刺",削职为民;[23]先前曾参与起草九卿参劾魏忠贤之奏疏的兵部主事孙元化,则于七年二月被控"营谋赞画",而施以"冠带闲住"的处分;[24]七年七月,先后在宁远和锦州大挫后金的辽东巡抚袁崇焕,亦被批评"暮气难鼓,物议滋至",被迫引疾求去;[25]兵部郎中鹿善继更已于六年中以病剧为由辞官。[26]

---

16 第七章。
17 收掌官乃负责所有编修成果的收藏管理。参见徐肇台,《甲乙记政录》,页145—146。
18 徐肇台,《续丙记政录》,页53。
19 杨艳秋,《〈明光宗实录〉〈三朝要典〉的编修》;顾秉谦等,《三朝要典》卷首。
20 制敕房之中书舍人,掌书办制敕、诏书、诰命、册表等事,无定员,例于举人内考取,授以试中书舍人,通常需要三年以上年资和一定表现后,始能实授中书舍人。参见《明神宗实录》卷252,页3;颜广文,《明代中书舍人制度考略》。
21 毕自严,《石隐园藏稿》卷8,页52,查索自"中国基本古籍库"。
22 谈迁则记姜云龙在天启六年九月四日被"削夺官诰"。参见不著撰人,《倒戈集》,页123;《国榷》卷87,页5336;《明熹宗实录》卷75,页3。
23 《明熹宗实录》卷72,页3。
24 《明熹宗实录》卷81,页13。
25 《明熹宗实录》卷86,页4。
26 陈铉编,《鹿忠节公年谱》卷上,页29—30。

二、姜云龙在崇祯朝的起落

崇祯帝即位初期，力挽狂澜，黜斥魏忠贤阉党，孙承宗及其先前经略辽东时的部属，遂次第获重用：天启七年八月，起升鹿善继为尚宝寺卿；[27]十一月，起袁崇焕为都察院左都御史兼兵部右侍郎；崇祯元年三月，茅元仪复副总兵职衔，赞画军务；[28]四月，袁崇焕升授兵部尚书，督师蓟辽；二年十一月，后金军入关，京师戒严，孙承宗以知兵被起为兵部尚书兼中极殿大学士。[29]

姜云龙应是在此波变动中复原官，因毕自严在崇祯三年正月的奏疏中即称姜氏的职衔为"淮扬、苏松、常镇、徐州制敕房·试中书舍人"。[30]《上海县志》中记姜云龙尝加三品服出使琉球。[31]查晚明仅崇祯二年六月曾册封琉球，正副使为户科给事中（从七品）杜三策和行人司司副（从七品）杨抡，[32]知姜云龙应参预此事，而他当时或已回任试中书舍人。二年十二月，崇祯帝将率兵入卫京师的袁崇焕下狱，时人多认为袁氏"引敌胁和"，罪不可赦，云龙亦曾以中书舍人的身分（或已实授）上疏，指斥其昔日同僚袁崇焕。[33]

崇祯三年四月，奉旨训练京营兵士的徐光启，奏遣姜云龙同葡籍耶稣会士陆若汉等前往澳门，"置办火器及取善炮西洋人赴京应用"。[34]由于西文文献中直书姜云龙之名，但对其他入教的中国人则称呼其洗名，知姜云龙应不是教徒。[35]然姜云龙应对西学、西教抱持友善态度，否则徐光启不至于推荐其出任此要事。而时为中极殿大学士的孙承宗，应亦会协助徐氏调派在内阁任职的姜云龙。

我们从姜云龙的师友、同侪和戚属，亦有机会间接了解他对西学和西教的

---

27 陈铉编，《鹿忠节公谱》卷上，页31。
28 《崇祯长编》卷7，页19。
29 此段参见第七章。
30 毕自严，《度支奏议》，堂稿，卷11，页38。
31 俞樾纂，应宝时修，《上海县志》卷15，页25。
32 《崇祯长编》卷21，页1—2，卷23，页1；《明史》卷323，页8369—8370。晚明出使琉球的情形乃查索自"汉籍电子文献资料库"。
33 颜广文，《袁崇焕死因试析》；《崇祯长编》卷29，页12—14。
34 《国榷》卷90，页5503—5504；《崇祯长编》卷33，页28。
35 参见 Jesuitas na Asia, fl. 74. 笔者感谢复旦大学的董少新教授协助翻译本文所使用的葡文材料。又，姜云龙里居时亦曾与和尚往还密切，如见郭瀎，《虹暎堂诗集》卷8，页12。

态度。姜氏所生长的松江地区，明末因受徐光启等天主教士大夫的支持，耶稣会士往来频繁，地方官员对西人、西教也十分友善。如崇祯年间长期担任松江知府的方岳贡，曾起用"得西人火器秘传"的陈于阶（徐光启的奉教外甥）协助筑城，[36]亦曾替徐光启的《农政全书》作序；传说方氏还曾在返乡省亲时，将传教士顺道带往湖北谷城开教。[37]姜云龙的同乡友人董其昌，与徐光启相熟，两人曾结伴赴乡试，董氏且是光启奉教门人韩云和韩霖兄弟的忘年交。[38]云龙的女婿宋徵舆与李雯和陈子龙为挚友，并称云间三子；[39]其中李雯尝赠诗奉教的韩云和魏学濂，也曾推荐韩霖其人其文。[40]而陈子龙除曾向徐光启问学外，后并与陈于阶等人共同编印《农政全书》；当子龙殉明之后，照顾其遗孤的责任即是由孙元化之子和斗担起。[41]

又，在姜云龙的同僚当中，除奉天主教的孙元化外，有不少人因西炮而接触过西人、西学。如茅元仪幼时随父在京宦游时，曾与耶稣会士利玛窦相识；天启三年，且亲自向在京营教炮的葡人学习，后运炮出关，并于五年遭罢归时，将操炮之法传授满桂。[42]沈荣应亦接触过西学，此因徐光启曾于天启元年四月疏请由沈荣协同奉教之李之藻大量制造西洋大炮。[43]天启六年正月，袁崇焕在宁远力挫后金大军时，城头所布置的十多门西洋大炮即扮演重要角色。[44]再者，

---

36 陈于阶于崇祯十七年因史可法之荐，在福王政权升授兵部司务，负责"督炼火器"，后在清军攻破南京时殉国。参见俞樾纂，应宝时修，《上海县志》卷19，页41；宋如林等修，孙星衍等纂，《松江府志》卷55，页54—55；陈垣，《明末殉国者陈于阶传》。
37 康志杰，《上主的葡萄园：鄂西北磨盘山天主教社区研究（1636—2005）》，页12—13。
38 梁家勉，《徐光启年谱》，页51；黄一农，《两头蛇：明末清初的第一代天主教徒》，页229—238。
39 崇祯十年李雯还曾在徵舆家中教馆。参见姚蓉，《明末云间三子研究》，页33—39。宋徵舆，《林屋文稿·诗稿》，文稿，卷10，页2；卷15，页20。
40 李雯，《蓼斋集》卷26，页7及11；卷34，页1—2；卷37，页18—20。黄一农，《两头蛇：明末清初的第一代天主教徒》，页214—221、229—243。
41 徐光启纂辑，陈子龙编，《农政全书》；闻在上修，许自俊等纂，《嘉定县续志》卷3，页30；李天纲，《早期天主教与明清多元社会文化》。
42 茅元仪，《石民四十集》卷69，页1；茅元仪，《督师纪略》卷12，页13—14。
43 《徐光启集》，页175。
44 此见彭孙贻，《山中闻见录》，页41；海滨野史，《建州私志》，页278；《明熹宗实录》卷68，页30。

程仑亦曾于万历三十七年在北京面晤利玛窦谈论医学。[45]

至于姜云龙所中万历二十五年应天乡试的相关人员当中，除主考官朱国祚曾批判天主教之外，[46]倒不乏友教之人。如另一位主考叶向高尝为耶稣会士艾儒略的《职方外纪》和奉教士大夫杨廷筠的《西学十诫初解》作序，并曾撰诗赠西士，谓其"言慕中华风，深契吾儒理。著书多格言，结交皆贤士"，其孙益蕃后更入教。[47]又，云龙的同年顾起元（与李之藻同登万历二十六年进士）尝形容利玛窦所带来的西画曰："画以铜版为幨，而涂五采于上，其貌如生，……脸之凹凸处，正视与生人不殊。"[48]此外，瞿汝说虽雅好西学，但可能因有妾而未曾受洗；其兄汝夔为天主教徒；汝说之子式耜则或于天启三年左右受洗，后以纳妾而出教。[49]

在姜云龙等离京赴澳不久，广东香山籍的礼科给事中卢兆龙，便于崇祯三年五月上疏曰：

> 辇毂之下，非西人杂处之区，未来者当严而勿取，见在者当严为防闲。如皇上怀柔异类，念彼远来，则止可厚其赏赉，发回本澳。[50]

经徐光启据理疏辩之后，崇祯帝表态仍支持雇募葡兵。[51]至十一月，此事却急转直下，因大学士周延儒等题参曰："诰敕撰文中书舍人姜云龙，往取澳彝，乘传驿骚。奉旨：'当俟复命日查处，章下所司看议。'"[52]由于周延儒与奉教的孙

---

45 但程仑批评利玛窦曰："议论不出岐伯范围之内，非达者，何足以语医！又何足以称道哉！"参见程仑，《寸补》，医案，卷上，页2。查索自台北"中研院"傅斯年图书馆之"全文影像资料库"。
46 朱氏尝称："（利玛窦）所贡天主及天主母图即属不经"，故建议"给赐冠带还国，勿令潜居两京"。参见朱国祚，《请遣远大西洋国人利玛窦疏》。查索自"全文影像资料库"。
47 黄一农，《两头蛇：明末清初的第一代天主教徒》，页56—57。至万历二十五年应天乡试的主考官与榜单，可见张朝瑞等编，《南国贤书》，无页码。
48 顾起元，《客座赘语》卷6，页23—25。
49 黄一农，《两头蛇：明末清初的第一代天主教徒》，页35—36、312—322。
50 《崇祯长编》卷34，页42—44。
51 *Jesuitas na Asia*, fls. 72-72v.
52 《崇祯长编》卷40，页5。

元化或徐光启均应颇有交情，[53]知当时朝议对姜云龙的评击，令身为首辅的周延儒亦无从回护。

三年十二月，卢兆龙再度上言抨击招募澳兵一事，疏中对姜云龙的指斥尤厉，称因澳兵迟至八月底仍未起程，致使两广总督王尊德以忧国而郁卒，"通粤民心哄然，思食云龙之肉"，并指控云龙贪渎冒饷，所经手的钱粮，一半为其克扣。姜云龙因此被革任回籍，且命详查议罪。[54]而此一澳门军队在抵达南昌后，亦奉命折返。[55]

崇祯四年三月，颇受打击的徐光启疏请休致，其言有云：

> 昨年自请往调澳商，伏蒙圣旨谕留，题差原任中书姜云龙押送教士陆若汉等回住（农按：疑应为"往"字）。后云龙被议，职实未知其在广事情，若果于钱粮染指，职宜膺不适之罚。……今据广东巡按臣高钦舜报疏，称督臣差通判祝守禧赍发安家、行月粮等银，至澳给散，则云龙身不入澳，银不经手。续据陆若汉奏称，通判祝守禧领布政司原封银两到澳，唱名给散等因，语亦相符。盖调兵、造器、给粮等项，皆督、按、道、府诸臣，以地方官行地方事，云龙不过督役催促，其于俵散钱粮，即欲与闻，亦理势之所无也。

徐氏对姜云龙被控克扣雇佣军钱粮之事大力辩驳，指其并不曾经手银两。谕旨安抚徐光启曰："卿清恬端慎，精力正优，词林允资模范。不止修历一事，着安心供职，不必引陈，其澳商事情，已有旨了！"[56]但募葡兵之事却已无可挽回。

姜云龙被革任回籍后，仍多方参与里中士绅的活动。崇祯四年间，他曾

---

53 周延儒与孙元化不仅有同年举江南乡试之谊，且周延儒的亲族周文郁，也与孙元化相熟，此故，在吴桥之变发生后，周延儒曾因欲脱元化死罪，而于崇祯五年五月援徐光启入阁兼东阁大学士，希望能共同设法。参见第七章。
54 《崇祯长编》卷41，页13—14。
55 Antonio de Gouvea, *Asia Extrema*, Segunda parte, p. 219.
56 此段参见《徐光启集》，页304—306。

（至少挂名）参加《松江府志》的撰修。[57]十一年，由陈子龙、徐孚远、宋徵璧三人主编的《皇明经世文编》五百余卷成书，书中共收录徐光启的《徐文定公集》六卷，姜云龙和宋徵舆翁婿两人各参阅一卷；此外，姜云龙还另参阅余懋衡的《余太宰奏疏》两卷。[58]十四年夏，松江地区大旱，米价贵至三两一石；知府方岳贡聚众商议，欲减至二两，姜云龙则主张减五钱即可，虽未获接受，却引发游民暴动，将其家产劫毁殆尽。[59]

明末文献中有关姜云龙生平事迹的记载，应以《寿姜神超七衮小叙》一文最丰富，[60]此文是由李逢申口授其子李雯代笔，根据其中内容，可间接推知姜云龙的生年或在万历三年（参见附录5.1）。亦即，姜云龙是在四十八岁左右放弃久试不第的举业，佐枢辅孙承宗戎幕，并透过此一渠道于稍后入仕，崇祯朝历官至诰敕撰文中书舍人。[61]

附录5.1

姜云龙生年小考

李雯代其父逢申所撰之《寿姜神超七衮小叙》一文中称："余与姜先生游，盖三十余年，余少先生者五岁，而先生已七十矣！"知姜云龙年长李逢申五岁。逢申，松江华亭人，万历三十四年中举，四十七年登进士；崇祯三年，任工部主事，因疏劾权贵遭罢；十六年，讼冤复官，李雯于是从行入

57　方岳贡修，陈继儒纂，《松江府志》卷首。
58　吴琦、冯玉荣，《〈明经世文编〉编纂群体之研究》；陈子龙等辑，《皇明经世文编》卷471—472、490、493。
59　由于宋徵舆对方岳贡的评价甚差，尝称："岳贡治郡十二年，残民以逞，冤死千数。"此与《明史》或一般乡绅的看法出入颇大。先前学界不解为何会出现如此两极情形，笔者疑其或受此家变的影响。参见杨开弟修，姚光发等纂，《华亭县志》卷24，页25—26；姚蓉，《明末云间三子研究》，页102—103。
60　李雯，《蓼斋集》卷33，页14。查索自"中国基本古籍库"。
61　方志中有以姜云龙曾任正四品的太仆少卿，此说如真确，则或是清廷为笼络原明代官员所给予的虚衔。参见杨开弟修，姚光发等纂，《华亭县志》卷16，页19。

京；隔年三月，闯军攻陷京师时死难。[62]知此文的撰写下限为崇祯十七年三月，亦即，姜云龙应生于万历三年之前。又因明代官员年七十者"例应致仕"，[63]可推断李逢申复官时理应不超过此一年龄，间接得知姜云龙的生年上限在隆庆四年。

再者，李雯在《蓼斋集》卷三十三依序收录下列文章：

1. 《有明同姓诸侯王年表叙》。撰写时间不详。
2. 《高帝功臣年表叙》。撰写时间不详。
3. 《文皇功臣年表叙》。撰写时间不详。
4. 《代陆大司马送林少司马还留都叙》。崇祯十一年撰，代协理戎政兵部尚书陆完学送南京兵部侍郎林宰。
5. 《公贺方禹修公祖以副院大拜叙》。贺方岳贡于崇祯十六年十一月以副都御史兼东阁大学士。[64]
6. 《公贺范大司空大拜叙》。贺范景文于崇祯十七年正月以工部尚书兼东阁大学士。[65]
7. 《公贺瀛国太夫人寿叙》。贺崇祯皇帝外祖母徐氏于十七年三月过八十诞辰。[66]
8. 《寿姜神超七袠小叙》。代父贺姜云龙七十寿辰。
9. 《送周亦大计偕省亲叙》。送大学士周延儒之子亦大于崇祯十五年闰

---

[62] 《明史》卷240，页6248；卷251，页6490。杨开弟修，姚光发等纂，《华亭县志》卷15，页24。宋徵舆，《林屋文稿·诗稿》，文稿，卷10，页1—3。末书所收录之《云间李舒章行状》，乃查索自"中国基本古籍库"。又，虽经多方努力（包含搜查李逢申中举人或进士时的同年录或序齿录，并仔细研读其亲朋著述中的诗文），但迄今在文献中尚无法直接或间接得其生年。
[63] 当然，我们偶亦可发现例外，但以李逢申的身份地位，应不可能在他已逾七十之后还让其复官。此一官员退休的年龄限制，乃查索自"中国基本古籍库"；参见孔贞运辑，《皇明诏制》卷4，页52。
[64] 《明史》卷24，页333。此卷所收各文的撰写时间，均是以e考据之法推估所得。
[65] 《明史》卷24，页334。
[66] 李清，《三垣笔记》卷4，页14。查索自"中国基本古籍库"。

十一月赴京参加会试并省亲。[67]

  10.《五子同游叙》。撰写时间不详。

  11.《阴符经叙》。撰写时间不详。

  12.《代方郡侯经世编叙》。代松江知府方岳贡于崇祯十一年序《皇明经世文编》。

  13.《明文西叙》。序韩诗撰于崇祯十五年之《明文西》一书。[68]

  首三篇属修史性质之官样文章，第四至第七篇乃代亲长所写，第九和第十篇是李雯自己的应酬文字，最后三篇则替书籍作序，此四类文章似乎均各依时间先后顺序排列。疑《寿姜神超七袠小叙》一文应归入代笔之作，又因《蓼斋集》与《蓼斋后集》所收诗文断在崇祯亡国之际，故推估该文或撰于崇祯十七年三月。亦即，姜云龙的生年或是万历三年，而李逢申复官约在六十四岁（故还有六年时间可任官，较合情理）。

  李逢申在前引寿序中颂赞姜云龙"倜傥恢奇，交游满世"，且对"边境形胜、国家利害、人才长短"，均"视若明镜，言如指掌"，并谓：

> 虽然先生当显皇帝时，固尝腾英声、履太平矣，先生不以才名骄，不为富贵饵，燕居独念曰："天下将有变，惟是兵农强富之术，无所不用其心焉！"……先生第不登甲科，位不过郎秩，然朝廷有大故，未尝不参谋议其间。其所出入周旋者，宰相以十数，边境大帅、蕃落将领以百数，四方奇材、剑客、游侠、轻死之徒以万数。会当今天子神圣，志在扩清天下，引领而望曰"姜先生必能为

67　此或指崇祯十五年中举的周延儒之子奕封（字亦大？），参见阮升基等修，宁楷等纂，《宜兴县志》卷7，页29。在笔者所能接触到的各数字资料库中均查不出周亦大事迹，如若未来能将存世的近万种地方志数字化（爱如生的《中国方志库》正开其端），对学界的助益将极大。

68　此书初由学古堂刊于崇祯十五年，前有崇祯十六年李雯、崇祯十七年高弘图等序，但此本未收录李雯之序。参见韩诗，《明文西》，前序。查索自"古籍影像检索系统"。

国家成大功，扫三韩之北，犁单于之庭"。即先生雅亦以此自负，而不意为忌者所中，免官而归。……然犹太息时艰，尝思捐躯赴国，得一当以报天子。[69]

称姜云龙在明神宗时即已有名声，虽然他只是举人出身，且"位不过郎秩"，但却参预许多重大事件，交游满天下。文中所谓的"蕃落"乃指外族，疑"蕃落将领"应包含他在崇祯三年自澳门所聘募葡兵中的军官。

三、结　语

综前所述，姜云龙是徐光启的同乡且于同年中举，他之所以能至辽东参赞孙承宗幕，有可能是受到承宗同年好友徐光启的推荐。姜氏虽然对西人、西学相当友善，但因他非天主教徒，故其所受到徐光启的"照顾"，相较于孙元化而言，就显得逊色不少。孙元化比姜云龙年轻，中举亦迟五科，但在仕途发展上却较顺利，元化在师生、同年、同乡、同社和同教等人际网络（数字资料库是爬梳这些关系的利器）的间接协助下，加上充分发挥教中人士所专擅之西洋炮学和兵学，终于成为明代极少数以举人升授巡抚者。同样地，当李之藻等天主教士大夫于泰昌元年至崇祯元年间几次推动至澳门购炮时，即是遣派奉教的张焘或孙学诗前往，他们都凭借此类任务获得升迁，并分别历官至副总兵和都司。[70]

姜云龙直到崇祯三年四月才由徐光启奏遣到澳门募葡兵并购西炮，时年已约五十六岁。当时张焘在辽东的鹿岛担任赞画游击，[71]孙学诗则于是年正月才率领一批澳门来的铳师和大炮抵京效命，[72]在两人都无法应命的情形下，徐光启很可能才因此选择姜云龙，没想到却遭致严重打击。但我们从姜氏周遭人物所呈现的态度，已可深刻体会西学在明末社会的穿透力与扩散力。

晚明所引进的西方兵学知识以及围绕西洋火炮所揭举的军事改革，乃以徐

69　李雯，《蓼斋集》卷33，页15—16。
70　第七章。
71　《崇祯长编》卷38，页9。
72　第七章。

光启、李之藻、孙元化、张焘、孙学诗、韩云、韩霖、陈于阶等天主教徒为轴心,[73]并借由对西学较友善之孙承宗、袁崇焕等官员的推动,加上此一新型武器于宁远大捷(1626)后在各战场上的优异表现,遂使西炮逐渐于明清战争中引领风骚,甚而在明清鼎革战争中扮演关键角色。明亡之后,年已逾七十的云龙或只能安老乡里,眼睁睁看着入关清军在西洋火炮以及投降汉人炮兵的协助下,攻城略地,而其交往诸人当中更不乏降清出任高官者。[74]

附录5.2

答熊熊先生对"e考据"的批评

笔者在拙作《两头蛇:明末清初的第一代天主教徒》中揭举史学已进入"e考据时代",指出随着出版业的蓬勃以及图书馆的现代化,再加上网际网络和数字资料库的普及,新一代的历史工作者常拥有博闻强识的前辈学者们梦寐以求的环境,有机会在很短时间内就掌握前人未曾寓目的材料,亦即,历史研究将在方法论上面临极大冲击。但为避免偏颇,笔者也强调:e考据必须建立在深厚的史学基础之上,而清晰的问题意识与灵活的搜寻技巧,更将是考据功力高下之所系。"[75]

拙著中的说法在学界引发许多回响与关注,如华中师范大学前校长章开沅教授称:"(《两头蛇》)所包含的方法论对我们有很大的启发。我们可以对考据学和解释学展开讨论,使它们进入一个更高的层次,从而使史学走

---

73 当时传华的西洋火器知识,几乎完全掌握在耶稣会士或天主教徒手中,且往往视为秘学。事实上,较重要的中文火炮学新著,几乎全出自天主教人士,此因耶稣会士是极少数拥有足够语文能力以传递西方火器知识的人,而奉教士人也积极著书立说,突显西炮的威力,以吸引统治者的注意,并进而提升西学和西教的地位。参见第十二章。

74 如王世忠为居住在开原南关的少数民族后裔,与后金为世仇,天启年间曾获李之藻等人疏荐,先授夷官副总兵,再加署都督佥事充总兵,专管抚夷事,崇祯初因贪墨被罢废,尝至上海"主姜神超先生家",稍后至楚投靠平贼将军左良玉。顺治元年,王世忠赴北京降清,其婿左梦庚(良玉之子)亦于次年率大军投降,历官至固山额真。参见《明熹宗实录》卷27,页24—25;卷35,页4;卷67,页18。叶梦珠辑,《阅世编》卷10,页16—17。王、姜两人交往之事,是用"姜神超"为关键词查索自网络。

75 黄一农,《两头蛇:明末清初的第一代天主教徒》,页x、43—44、63—64。

上更好、更健康的道路。"[76]此外，黄时鉴（杭州浙江大学）、夏伯嘉（美国宾州州立大学）、古伟瀛（台北台湾大学）、张国刚（北京清华大学）、祝平一（台北"中研院"）、李天纲（上海复旦大学）、白谦慎（美国波士顿大学）等教授亦在书评或著述中表示认同。[77]

《"中研院"近代史研究所集刊》59期登载一篇由《北京青年报》熊熊先生所发表的文章，对《两头蛇》一书的深度和广度提出一些正面评价，但也举证批评称："e考据在展示了自己的便利性时，也让人们看到了它的脆弱性"，"e考据不能只运用这些（电子）资料，而放弃对非e资料的运用"，"《两头蛇》中史料的丰富程度大大超过了许多前人的著作，但作为求证手段之一的e考据，其功用不能被过分高估，非电子化史料和田野考察是历史研究中不可或缺的求证手段，历史研究中的'小心的求证'，永远不可能被e时代的高速所取代"。[78]由于笔者先前不曾有机会厘清类似之误解，在感谢熊熊先生的费心匡正之余，遂起意以此章的推理过程及其对数字资料库的运用，作为一个案研究，希望借以代答，并激发更多的思考与讨论。e考据与传统考据并不是对立的两套方法，e考据只是传统考据学在e时代的升级版，两者最大的区别，就在于前者具有较多的可操作性（operationable），能在合理时间内进行先前较难施行的分析，并因此较有机会开创出新的研究格局。[79]当网络在二十世纪末沛然兴起后，"中研院"首建"汉籍电子文献资料库"，接着两岸一些公私立机构开始将大量汉文古典文献数字化，此一趋势正方兴未

---

76 摘录自章先生2006年4月26日在四川大学所做"中国史学的发展趋势"之讲稿。
77 黄时鉴，《历史天空的"两头蛇"》；夏伯嘉，《书评：黄一农〈两头蛇：明末清初的第一代天主教徒〉》；古伟瀛，《书评：黄一农〈两头蛇：明末清初的第一代主教徒〉》；张国刚，《"两头蛇"的行藏》；祝平一，《读黄一农〈两头蛇：明末清初的第一代主教徒〉》；李天纲，《e时代的考据之魅》；白谦慎，《网络时代明清书法史研究的史料问题》。
78 熊熊，《e时代的两头蛇》。
79 张国刚先生在《"两头蛇"的行藏》一文中有云："一农所强调的e考据时代区别于传统考据学在于，现代检索手段给史学研究提供了非常不一样的天地，通过电子资料库和正确的检索方法，e时代的历史工作者可以做到很多传统时代做不到的事。诚然，e考据是搜集材料的一个现代手段，但是这个现代手段是以传统史学的积累为基础，以对现代技术的掌握为前提的，而只有两种能力兼备，才能够在e时代进行考据，并取得相当的成果。一农强调e时代的来临，是因为目前大多数的学者还不能意识到电子技术等对史学研究的影响，而这种影响又是极其深远的缘故吧！"

艾。故历史工作者实有必要学习如何掌据正确之搜寻技巧，以便有效运用浩瀚且庞杂的史料。

然而，爬梳史料的过程常不仅仅是平面式的搜寻，必须再透过敏锐的问题意识与细致的逻辑推理，就相关之人物、地点、时间、官衔或史事等，进行叠代式（iterative）的检索，从搜寻中获取新知识或新线索，再从中继续搜寻，期能深化研究的结果，甚而梳理出有力的间接证据（参见附录5.1）。[80]又因文献庞杂，搜寻出的条目有时会因过多而无法处理，此时就需依靠由个人所积累出的文史基本功，来做挑选筛滤的工作，以求较有效率地获得有用的材料。[81]

虽然本章所参阅的约三十种古籍，很可能是上一世代学者所无法想象、甚至挑战的，亦即，此一个案研究在早先的环境下将很不容易做到，惟其学术成果仍将取决于治史的能力。[82]且因古籍在数字化时，文字往往出现讹误，[83]版本的选择也常未臻理想，[84]故使用时仍须了解这些局限，尽量再回查原书，并做足甄别史料的功夫。又因材料不太可能全面数字化，传统的资料搜集方法，亦不应偏废。

在熊熊先生的《e时代的两头蛇》一文中，误认笔者主张独尊e考据，且"放弃对非e资料的运用"。其实，笔者相当重视非数字史料，《两头蛇》中所引用的逾千种文献多为历年读书所累积，而非如许多人所以为的，全是靠网络检索，且笔者先前许多较重要的研究亦均曾尽量进行田野考察。惟因对史料的全面掌握，往往超乎任何一己之力，除依赖个人的努力之外，还需靠学界群

---

80 黄时鉴先生在《历史天空的"两头蛇"》一文中有云："所谓'e考据方法'就是'用e-的工具、手段和路径来做好考据的方法'。"这样去做，比诸原来考据时单纯用人脑和手工的阅读、记忆、分类和排比，在广度、速度和准确性方面都有很大的提高，而这种条件又必然促进研究者的联想、推断、分析和综合。毫无疑问，这种e考据方法必将被学人越来越广泛地运用，从而大大地推进历史学以及其他一些人文学科的发展。"
81 至于如何在自己的脑海中建置一个解析度愈来愈好以及涵盖面愈来愈广的"知识地图"（knowledge map）并如何有效运用此一虚拟地图发挥研究的导航工作，则非此一短文所能论及。
82 读者或许愿意试试掩卷各自去追索姜云龙其人其事，相信所获材料的多寡以及分析得出的结果，均将出现很多不同的层次。
83 此只有透过使用者的共同参与，才可能有效改善。但目前各数字资料库的设置者，均未提供任何机制及诱因，尝试增进其内容的正确率。以本文所大量使用的"中国基本古籍库"为例，除因简体转繁体导致的错误外，在辨识古籍文字时所产生之鲁鱼亥豕的情形，即俯拾可见。
84 白谦慎，《网络时代明清书法史研究的史料问题》。

体的信息互通以及学术资源的透明公开,才较有可能接近此理想目标。

质言之,真正的e考据应是在数字资料的辅助下从事考据,而绝非仅仅依靠数字资料库。又,e考据并不保证能提供完整的解决方案,[85]更无从让一位史学的门外汉立即登堂入室,但它却有可能令一位成熟的历史工作者在较短时间内就增加数载功力,让传统的考据功夫有机会达到"力随意起"的境界,端看他是否知道如何帮自己打通任、督二脉。而且,随着数字资料的快速扩充与精进,[86]e考据的效能正与时俱进。[87]惟最困难的挑战亦将随之而起,诚如章可先生所称:"虽然看起来在这个e考据时代里,学者们的工作量要减少许多,但实际上,在材料逐步完备的情形下,怎样才能讲出……精彩的故事,史家身上的担子,却一点也没有轻下去。"[88]

最后,笔者虽首揭e考据时代的到临,并不代表本人已能顺畅地运用此一沛然真气来"御春秋史笔"。也就是说,拙著中仍有可能陆续发现一些错漏之处。不过,这些讹误应多肇因于笔者学力的未逮,而不见得应归咎于e考据。

---

85 笔者先前在《两头蛇》第二章研究瞿汝夔其人事时,根据文集中所收录的十几种瞿氏家人的碑传资料,推判汝夔乃谭氏所生。然熊熊先生在《e时代的两头蛇》一文中指出,中国国家图书馆藏有《五渠瞿氏家谱》,明确记称汝夔的生母乃支氏,他遂因此批评e考据是很"脆弱"的。由于笔者先前所过眼的大量文献,均只提及汝夔之父景淳的妻妾有李氏、谭氏和殷氏,从不曾出现支氏其人事,故在有限的条件下,依据逻辑推理所得出之最可能的结论遂与事实不合。然而,此一讹误并非是e考据所独有,传统考据过程中亦常会因未能掌握关键史料而出现类似情形。至于为何众多相关文献当中,竟然可以完全不见支氏的蛛丝马迹,则或因书写者均知瞿家对因叔嫂通问之奸(古人讲究男女有别,即使叔嫂之间亦讲求礼教之防,彼此"不通问")所产生的"家难"十分敏感,故在文字上动了手脚,蓄意抹杀支氏的存在。亦即,e考据在此一析探过程的不成功,多少有些非战之罪。再者,熊文又引笔者未见的常熟市图书馆藏《瞿氏家乘》(该馆网站查不出此书),称汝夔之弟汝益的生年应是1557年,而非笔者所估的"1555?"。事实上,此例或不应被拿来攻击e考据,因在未能获见直接文献证据的情形下,此一估算应算是相当接近。
86 由于商业利基已涌现,故一些公司(如北京的爱如生)开始较大规模投入开发的行列,惟因产品的价格高昂,故肯定将造成明显的"数字落差"(digital divide)。
87 如《两头蛇》中曾提及孙锡龄有一诗追赠韩霖,末句为"肯将蛴志羡余生",笔者在初版中误释成:"(韩霖)肯否效法蟾蜍在园池中安度余生?"(页251)余英时先生阅后即函告"蛴志"乃用《世说新语·品藻》之典,因晋人庾道季有云:"廉颇、蔺相如虽千载上死人,懔懔恒如有生气;曹蜍、李志虽见在,厌厌如九泉下人。"故"蛴志"实为曹蜍、李志二人的合称,借指庸碌之人。查"蛴志"一词,不仅未收入中国历来规模最庞大的《汉语大词典》,亦未见于"汉籍电子文献资料库"。事实上,如非熟读《世说新语》之人,很难透过一般工具书或数字资料得知其出典。也就是说,传统文史功力的累积仍有其突出的价值。然而,若读者现在至网络检索"蛴志",将可发现笔者对此所作的勘误。
88 章可,《两头蛇的前世今生》。

金代著名学者元好问在其七绝《论诗三首》中有"鸳鸯绣了从教看，莫把金针度与人"句，[89]但笔者仍不计浅陋，野人献曝，希冀能将e考据这只"金针"介绍给史学工作者。衷心期盼中国史的研究也能充分运用资讯工具，以强化梳理和钻研史料的能力，方不至愧对科技进展所赋予我们的特殊条件。

---

89 元好问，《遗山先生文集》卷14，页8。

第六章　刘兴治兄弟与明季东江海上防线的崩溃*

　　明末曾沿着辽东半岛近海诸岛屿形成一道海上防线，并在鸭绿江口的皮岛设立总兵官，希望能对后金政权发挥"进可攻、退可守"的积极作用。但很不幸地，自毛文龙以降的诸岛帅，多未能以国事为己任，不仅偏安一隅，从事贸贩，谋取私利，甚至冒饷侵粮，勾结敌人。本章则将焦点置于在毛文龙被杀之后崛起的刘兴祚、刘兴治家族，其七兄弟均担任辽东沿海地区的重要将领，他们徘徊周旋于明、金两大政权之间，甚至曾起意建立刘家自己的基业，但最后却因兄弟间的政治立场不一致而手足相残，存余之人更因丧失利用价值，而遭明、金两朝分别杀害。此后，诸岛之上接连发生一连串兵变，终于导致此一原本可作为明军重要前线的海上防线如同骨牌般崩塌，连带成为引燃明朝覆亡的重要导火线之一。

　　天启元年的辽沈之役，令后金一举占领了辽东半岛及其沿海岛屿，因辽东半岛南与山东登莱隔海相望，西又逼邻天津和北京，对明朝构成严重威胁。熊廷弼于败军之际受命经略辽东，他因此提出"三方布置"之策：亦即在广宁集中重兵，正面固守，并在天津和登莱设水师，伺机从背后牵制，且由经略坐镇山海关，指挥此海陆三方兵力。但时任辽东巡抚的王化贞却不认同该构想，王氏主张沿三岔河分置兵力，同时联合西边的蒙古与东边的朝鲜，并策动沿海岛

---

* 原刊于《汉学研究》，第20卷第1期，2002年。

屿上的流亡汉人，夹击后金。此一战略主张的不同，使得辽东军政陷入双头马车的窘境。[1]

毛文龙于天启元年袭杀镇江（今辽宁丹东市东北九连城）的后金守将后，旋即退据东江（泛指邻近鸭绿江口诸岛，因主要位于出海口以东，故名东江，其中以皮岛为军政重心），此一冒进之举，虽带给明朝军民短暂的胜利欢愉，但亦牵动了熊廷弼的布局。自此，皮岛（又名椵岛或南海岛，属今朝鲜平安北道铁山郡）成为明廷欲牵制后金的重要军事据点，与觉华、盖套、旅顺、广鹿、长山、石城、鹿岛等岛屿连成一海上防线，[2]而毛氏亦因此升任总兵官。虽然时人有视毛文龙为民族英雄者，但也有指责其冒功侵饷、交结后金、压迫辽民、威协朝鲜者，毁誉颇不一致。崇祯二年，毛文龙被袁崇焕以尚方宝剑斩杀，翌年，袁崇焕亦死于后金的反间计，边事自此更加滋扰。[3]

在毛文龙之后，有个刘氏家族曾在东江战史中扮演一相当关键的角色，其家同辈兄弟多为将领，排行分别为兴沛（亦作刘大）、兴祚（二哥）、兴基（刘三）、兴梁（刘四）、兴治（刘五）、兴贤（刘六）以及兴邦，[4]而兴祚、基、梁、治、贤等五人更是同胞兄弟。[5]刘兴祚大概是刘家最出名的人物，先前相关的研究因此较多，[6]故本章乃将焦点置于其弟兴治等人。虽然他们的作为对明清之间军事力量的消长产生重要影响，然而，其事迹却常遭近代治明史者所忽略，[7]即使是在《明清战争史略》之类的专史中，亦只有千字左右的叙述，[8]故本章将尝试较深入探讨东江这段"后毛文龙时代"的历史，希望能因此丰富我们对明亡一事的了解。

---

1 喻蓉蓉，《熊廷弼与辽东经略》。
2 陈仁锡，《陈太史无梦园初集》，山海纪闻，卷1，页26—27。
3 此段参见李光涛，《毛文龙酿乱东江本末》。
4 兴基和兴梁究竟何者为刘三或刘四，并无直接证据。惟因兴基乃于崇祯元年九月从海上逃抵宁远，并追随袁崇焕，而毛文龙则在十月疏报接刘四、刘五、刘六至皮岛，故知兴基必非刘四。参见罗振玉辑，《太宗文皇帝招抚皮岛诸将谕帖》，页1—25；任世铎译，《满文老档》，页1064；《崇祯长编》卷45，页12；李光涛，《记崇祯四年南海岛大捷》。
5 周文郁，《边事小纪》卷4，页25。
6 下文中涉及刘兴祚之事迹，如未加注，即请参见郭成康、成崇德，《刘兴祚论》。
7 如在下列史学著述中，不曾提及刘氏家族其人其事：Carrington Goodrich and Chaoying Fang (eds.), Dictionary of Ming Biography 1368-1644; Frederick W. Mote and Denis Twitchett (eds.), The Cambridge History of China, vol. 7: The Ming Dynasty, 1368-1644, pt. 1；傅衣凌主编，杨国桢、陈支平著，《明史新编》。
8 孙文良、李治亭、邱莲梅，《明清战争史略》，页321—323。

一、刘兴祚的反正

刘兴祚原籍辽东，万历三十三年因细罪而弃家投降后金，更名爱塔，明人传说努尔哈赤之孙萨哈廉（亦作萨哈璘）曾将其乳媪之女许配给他。天命七年（天启二年）爱塔奉命总管物产富饶的南四卫（指位于辽东半岛西半边的金、复、盖、海四州）。但或因不能忍受领主代善对他的侵扰剥削，他渐生反正之心，屡与袁崇焕和毛文龙等明边将密通音信。天聪二年（崇祯元年），爱塔诈死，与其兄弟先后逃离后金。

毛文龙一方面将刘氏兄弟投诚一事当成其在明廷中的功绩，另一方面则将之作为和皇太极谈合作的筹码。[9]后金当时曾派人潜至铁山一带，希望能将刘兴祚兄弟抢回发落，毛文龙因此致函皇太极，声称只要能谈成优厚的合作条件，颇愿牺牲刘氏兄弟，将之解还金国。[10]

崇祯元年九、十月间，当兴祚与其兄弟分批脱逃至皮岛时，他还另遣其弟兴基从海上至宁远，投奔与他素有联络的袁崇焕。崇焕初未信兴祚诈死脱往东江一事，但稍后果自金国传出兴祚已死之说，未几，东江亦传回兴祚至的消息，崇焕遂要求毛文龙偕兴祚同来宁远共商大计。[11]

崇祯二年六月，袁崇焕假阅兵之名，在双岛（今辽宁金县西南海中，两岛相距十里）以尚方宝剑杀毛文龙，并于八月自东江撤军，将岛中多数老弱载入登州。[12]袁崇焕在杀死毛文龙之初，或为安抚人心，乃宣布将东江的二万八千兵分成四协，由副总毛承禄（毛文龙之义子）[13]和袁氏的旗鼓徐敷奏各领一协，至于其余二协，则由东江各官推举游击刘兴祚、副总陈继盛分管。[14]由于刘兴祚在

---

9 崇祯元年十二月初，后金使者即曾多次出入皮岛与毛文龙谈判刘海事，参见赵庆男，《乱中杂录》，续篇，卷3，页4。
10 李光涛，《明清档案存真选辑初集》，页81。
11 《崇祯长编》卷18，页4—5。惟文中误兴基为弘基，此见周文郁，《边事小纪》卷4，页23。
12 《朝鲜仁祖大王实录》卷21，页13、18、38。
13 此据毛文龙之子毛承斗在《东江疏揭塘报节抄》中所辑录毛文龙之奏疏（页118）。朝鲜《承政院日记》中误称承禄为毛文龙的侄子（第21册，页970），《朝鲜仁祖大王实录》亦误为文龙之族孙（卷5，页49）。
14 张伯桢辑，《袁督师遗集》，附录页12—13。《明史》中误称毛承禄为毛承祚（卷271，页6966）。

毛文龙被杀之后曾协助稳定东江诸岛人心，[15]再加上其兄弟分居重要将领职，且因陈继盛之女乃毛文龙之妾，陈氏自畏人言，遂使岛上的实际威权皆归于兴祚。

刘氏兄弟在袁崇焕处置毛文龙的过程中亦曾扮演重要角色，此因毛文龙在塘报中伪称兴祚系其在阵上招回的，令历经千难万苦自行脱逃至皮岛的兴祚愤激不平，乃密遣生员王维章将其脱归实情以及毛氏的不公不法告知督师袁崇焕，此事后被袁崇焕列为诛杀毛文龙的十二罪状之一。[16]再者，兴祚为围堵逃脱的毛文龙余孽，亦于崇祯二年七月致函李倧，希望朝鲜如未见其函件、印信，不可听任汉人调用船只和讨赏货物。[17]在袁崇焕杀毛文龙时，刘兴治亦曾出大力，以至"左右无哗者"。[18]

崇祯二年七月，刘兴基奉命招其兄兴祚面见袁崇焕，时任皮岛都司的兴治遂因此摄西协事。十月，崇焕于锦州面嘱兴祚回皮岛练兵并总管岛民，但以秋天风浪过大，兴祚与兴贤遂稽留宁远。十一月，崇焕因后金入侵，率兵护卫京师，本拟将兴祚带往京中应援，但兴祚以手下无自己的部队为由而不曾随行。[19]

在袁崇焕因金国的反间计而被捕之后，孙承宗奉命坐镇山海关，兴祚时已领宁前道孙元化所拨的夷汉丁八百，孙承宗本欲其率兵西援，[20]以拒在良乡、固安一带的金军，但因兴祚不久前才自金国投诚，"人或因其援疑之，兴祚亦自疑不敢进"，遂领兵防守太平路。十二月二十九日，兴祚诈用夷语、夷帜袭击在青山营的敌军，号称共斩获约六百级（金人仅承认五十级），周文郁称此"诚东事以来未有之战"。皇太极从俘虏口中得知此乃兴祚所为之后，大怒，遂特调大兵星夜往擒，兴祚于力战后被杀，兴贤则被俘。[21]

---

15 《朝鲜仁祖大王实录》卷21，页14。
16 周文郁，《边事小纪》卷4，页23；《崇祯长编》卷23，页7。
17 《承政院日记》第27册，页235。
18 此据钱曾的《也是园杂记》，转引自吴骞辑，《东江遗事》，页209。
19 此段参见周文郁，《边事小纪》卷4，页23—24；《朝鲜仁祖大王实录》卷21，页25；《太宗文皇帝招抚皮岛诸将谕帖》，页3—5；《国榷》卷91，页5528。
20 有称孙承宗为爱塔改名"兴祚"，并改姓孙氏，荐于朝，然而此一叙事或误，因爱塔早于天聪元年即已在朝鲜使用兴祚一名。参见王源鲁，《小腆纪叙》，补编，页6。
21 此段参见周文郁，《边事小纪》卷4，页24—25；《大清太宗文皇帝实录》卷6，页2—3；《朝鲜仁祖大王实录》卷22，页17。

当时明廷中对东江诸岛的态度分歧颇大，有"用岛"与"撤海"两派。由于金兵在关内纵横抢掠，而东江的明军又一直未证明具牵制其后方的能力，兵部尚书梁廷栋遂于崇祯三年决定将东江之兵陆续撤出，安插在宁远、锦州等地，并将关外精锐调回防守山海关至居庸关之长城。在此一战略安排下，副总兵茅元仪于四月奉命将其部队从觉华岛调赴山海关，入驻南海口的龙武营中协，至于左右协，则拟交由署皮岛副总兵陈继盛和原游击加副总兵周文郁分别率领，并预备提供三协战马和器甲，以便其负起牵制入寇金兵的重责。[22]

元仪为防止兵士脱逃，遂将正、二、三月的薪饷暂扣，仅先各发一两银，余额欲在抵达营区后再发放，此举引发众兵极度不满。四月十日，营兵将元仪缚绑，并加刃于其颈项，幸赖新委的副将周文郁和参将刘应龙劝救，而未被立即杀害。关内道王楫闻变之后单骑入营，会同周文郁将余饷全数发放，但众兵依然不愿散去，指称元仪先前"严刻太过"，且此一事件令其"积恨已深，岂肯相饶"，枢辅孙承宗遂在王楫的请命之下，将茅元仪拘管题参，并改周文郁管中协兼摄左右两协，三年十一月，茅元仪被遣戍边卫。[23]

梁廷栋撤东江之兵以成牵制之策，尚未执行即遭逢茅元仪被缚之事件，同时皮岛守军亦颇多反弹。此因陈继盛和刘兴治军皆奉派于四年四月移防，各营军兵之妻小和岛中剩余的老弱男女则暂留岛，各营军兵于是齐赴衙门哭诉。陈继盛虽宣布每兵先给青布四匹、米一石，且谓户部的加给不久亦会发送，并声称运兵船随后也将返岛运送眷属，但众兵多无意他调。[24]此一气氛遂酿成数日后由刘兴治兄弟所主导的兵变。[25]

二、刘兴治与后金的交结

崇祯三年，皮岛署岛副总兵陈继盛因误听谍报，初以为兴祚未死降金，再加上稍后又获兴贤的招降之书，遂对刘氏一家的忠贞产生怀疑。而留驻皮岛署

---

22 周文郁，《边事小纪》卷2，页8—9、26。
23 此段参见《崇祯长编》卷33，页15—16；卷40，页16。周文郁，《边事小纪》卷2，页26—27。
24 赵庆男，《乱中杂录》，续篇，卷3，页28。
25 有关此一事件的初步讨论，可参见姜守鹏，《刘兴治的归明与叛明》。

前协事的都司刘兴治，因愤其兄兴祚战死后未获恩恤，且又获"刘兴祚诈死不忠，其在岛兄弟子侄咸怀不轨"之揭，兴治以为此揭乃出自继盛之手，欲上疏除己，遂于四月十二日乘诸将奠祭其兄丧礼时，与其弟兴基等起而杀陈继盛及钦差通判刘应鹤等官及其军卒百余人，沈世魁因以其女配兴治而得免。兴治当时属下有降鞑七百名，但其中精壮勇猛者不过三百，披甲者亦仅五十余名，事变发生之后，兴治立即设冶役，昼夜赶造护甲。[26]

当时岛上军民或因不欲撤离而消极观望，此或是兴治兄弟得以叛变成功的重要因素之一。[27]再者，岛兵原就军纪涣散，无怪乎孙元化有云："岛无一城可据，无一事可因，将知领兵而不知备器，兵知领饷而不知对敌，此刘兴治所以四顾无忌也。"[28]兴治兄弟叛变后，并引众迎其兄兴沛于长山岛，且纵兵杀掠。兵部因担心其南走登莱或西叩山海关，形成后金以外的另一敌国，遂令总兵张可大回登州严兵以待，并派龙武三营驻防觉华岛，又遣副总兵周文郁和刘应龙面谕兴治，而枢抚孙承宗亦遣诸生吴廷忠招抚。[29]

刘兴祚同辈的族兄弟共有七人脱逃至东江，[30]但因其母亲、妻妾和子侄大多羁留在金国，遂对其稍后之行径造成相当大的牵制与影响。沈阳故宫崇谟阁原藏有汉文旧档六册以及满文老档一百七十九册，其中收录刘兴治兄弟间的家信及其与皇太极之间往来的文献多达二十余件，下文即爬梳整理这些文献，并略述刘氏兄弟与皇太极合谋之事。[31]

天聪四年（崇祯三年）二月十四日，皇太极致函皮岛副将陈继盛劝降，并附上兴贤致兴治和兴沛的家信两封，以及给皮岛都司刘兴治、长山岛游击刘兴沛、大獐子岛游击李友良、鹿岛林游击、广鹿岛和石城岛游击毛有侯、旅顺口李游击的信各一封，此一名单涵盖了东江各主要据点的将领。由于刘兴贤本人

---

26 此段参见赵庆男，《乱中杂录》，续篇，卷3，页32—33；《承政院日记》第30册，页404；李肯翊，《燃藜室记述》卷25，页427；宣若海，《沈阳日记》，页11。
27 《承政院日记》第30册，页402。
28 归庄，《孙中丞传》。
29 《国榷》卷91，页5528—5529；《崇祯长编》卷34，页18—19、22；钱谦益，《牧斋初学集》卷73，页13—15。
30 吴骞辑，《东江遗事》，页166。
31 下文中如未加注，即请参阅《太宗文皇帝招抚皮岛诸将谕帖》，页1—25；《满文老档》，页1007—1098，又，同一文件之汉本乃主要根据《太宗文皇帝招抚皮岛诸将谕帖》。

不通文墨，其以亲情劝降的家信应是在胁迫之下由他人代写的，而皇太极此举还另有离间陈继盛与刘氏兄弟的额外目的。[32]

三月初八日，皇太极差刘兴治的使者何尽忠带回一招抚之信，亦即刘兴治当时确与金国私下有往来，无怪乎陈继盛会对刘氏家族的忠贞产生怀疑。皇太极在此信中向兴梁、兴基、兴治解释其胞兄兴祚之死纯属意外，称己因听闻兴祚在太平寨，遂遣阿卜大（阿巴泰）和吉儿哈郎（济尔哈朗）两贝勒迎接，并派库尔缠送信去，不料兴祚却于稍早被前哨"误杀"，只有兴贤还归金朝。皇太极强调己乃为"播仁善之风于四方"而进行招抚，绝对不会施诈，且若来归，将仍可保留原明朝之官爵，至于所携之人，亦由其专属，可任意择地居住，但如不从的话，则将杀尽其留在沈阳的家人。又为避免刘氏兄弟担心遭到代善的报复，信尾还强调会将他们直接编入自己的属下。

三月十六日，刘兴治新遣的四位使者抵沈阳，以打听兴贤被擒之说是否真确。十七日，兴治则率五百甲兵登岸朝鲜，欲捉拿至义州贸易的金差朴仲男，由于义州府尹李时英担心引发大事端，遂协助仲男在尽弃物货后狼狈脱身，兴治大怒，乃缚李时英，并乱捶之，[33]知兴治当时或尚无降金之意，否则应不至于如此得罪金差，然而，皇太极却成功地利用兴治对家人安危的关切，而离间其与陈继盛之间的关系。十八日，兴治所遣的使者离沈阳，并带回兴贤致兴基、兴梁、兴治三兄之信函，一方面与前信如出一辙地解释兴祚的死因，另一方面则以亲情劝降，要他们回沈阳看望年事已高的母亲。

四月二十八日，皇太极差李世成（或作李世武）随同刘兴治的使者回到皮岛，当时兴治已杀陈继盛而为岛主，皇太极乃向兴治提出更具诱惑力的条件，声称对刘氏属下的金、汉或蒙人，"皆与尔为民，在境外任尔择地住种，作个属国过活"，皇太极并要求兴治务必派一族人至沈阳，以便当面盟誓。

五月十七日，刘兴治所遣的何尽孝（由其姓名推测，似为前述何尽忠之弟）等两位使者抵沈阳，希望皇太极能派一正式的使臣至岛订盟。十八日，金遣李世成随同何尽孝回皮岛，称先前毛文龙曾哄骗金人至岛议和，结果却将使

32　《太宗文皇帝招抚皮岛诸将谕帖》，页5。
33　宣若海，《沈阳日记》，页1、6；《朝鲜仁祖大王实录》卷22，页20—25。

者杀害或解送北京,故金人多不愿出使皮岛。且皇太极在信中亦质疑兴治是否真的杀死多位明朝官员,否则为何迟迟不愿派其兄弟一人来盟誓。皇太极这次还对属国的权利义务做了更具体的界定,声称只要订盟之后,"任尔或居岛,或上陆,常作各岛民之主,各自过日,只借船兵助之",从此一文句,可知皇太极的目的除在拔除东江这个背上芒刺外,还希望能掌握利用兴治所率领的水师。

五月初,刘兴梁到广鹿岛,为守将所击退,所率夷兵百余人皆战死,兴梁仅以身免,逃回皮岛。九日,兴治遣崔耀武(祖?)率兵寇长山岛,亦遭游击玉承兰击破。十三日,兴治和兴基领船数十只载兵和马西向登州,并招降沿途诸岛,而朝鲜则派李曙率军驻守在沿海各处,企图在兴治回皮岛时将其解送明朝。受到去年底以来金兵入关肆掠的影响,东江兵众已有近一年未见"粒米、文钱",兴治乃于二十九日以讨饷为名,率大军抵达距旅顺五十里的小平岛,此举导致登州居民汹汹思窜。六月初一日,周文郁抵小平岛,奉命抚变。三日,后金兵三千余骑屯驻鸭绿江边观变。七日,兴治率兵与文郁同至旅顺。十三日,兴治将新解到的饷银五万两散给其属下的五六千名军丁。[34]由于当时金兵已取道冷口(今河北迁安县)退还关外,兴治或察觉难以乘乱谋事,遂决定暂回老巢徐图后路。十九日,兴治虽获知孙承宗已依文郁之请准许其戴罪立功,但因担心稍后遭清算,乃于次日密派千总郝金秀为先遣人员,与金国商量订盟之事。二十五日,兴基自长山岛还皮岛,而兴沛亦衔兴治之命从旅顺秘密潜赴沈阳。至于兴治本人,则于七月二日离开旅顺,至二十七日始复还皮岛。[35]

刘兴治在还归皮岛之后,不仅未受处分,反而升除副总,他声称杀陈继盛之举乃替岛中除害,故高张书有"奇功大捷"四字的红旗,接受军将拜贺,并自称为钦差。由于朝鲜曾兴师欲缉捕他入罪,兴治因此颇怒,除放纵部属登岸侵扰外,还向朝鲜强要粮米,甚至促使力主严惩刘兴治的平安(朝鲜国八道之

---

[34] 当时东江之兵每月应领七钱之饷,但已欠饷近一年,知兴治属下约有五六千名兵丁;周文郁,《边事小纪》卷2,页34、37。
[35] 此段参见《承政院日记》第30册,页406—409。《朝鲜仁祖大王实录》卷22,页39、43、46、50;卷23,页13。周文郁,《边事小纪》卷2,页30—42。赵庆男,《乱中杂录》,续篇,卷3,页36—43。

一,位于西北与辽东相邻处)监司金时让遭撤换,并威协朝鲜使臣曰"所输军粮若于冰冻前不能毕运,则当纵军兵取食于列邑",且假托孙承宗的名义欲再借军粮二万石和战马三千匹,惟未能如愿。[36]当有汉人入朝鲜扰民被杀时,兴治亦曾强悍要求朝鲜应"查得杀人者,绑送岛中",并称"今后我人之无票文扰害丽地者,切勿打杀,绑送本岛",且声言将派员赴朝鲜查缉杀人者。[37]

崇祯三年六月二十八日,兵部尚书梁廷栋因孙元化素为跋扈的刘兴治所惮,特破格荐用孙元化为登莱巡抚,除巡抚登州、莱州和东江外,兼恢复金州、复州、海州和盖州之责。当时原本冀望登莱巡抚能跨海恢复南四卫,并由辽东巡抚自广宁进取辽阳和沈阳,但在丘禾嘉与孙元化分别就任辽抚和登抚之后,他们却另主它说,禾嘉请以东江之岛兵恢复广宁、义州和右屯,元化则疏请撤岛兵于辽,并以之恢复广宁等三卫。孙承宗担心撤岛之举将引发刘兴治的疑惧,故力主将之移至旅顺,惟仍因部议畏兴治而不果。[38]

孙元化当时乃率领以辽人为主的八千名军队至登莱履任,葡籍军事顾问公沙·的西劳等人亦被分派在其麾下效命。公沙·的西劳是在耶稣会士陆若汉的伴同之下于三年正月抵京的,他属下共有三十一名铳师、工匠和傔伴,并携入大铁铳七门、大铜铳三门以及鹰嘴铳三十门。[39]

崇祯三年七月初五日,刘兴沛抵沈阳。十一日,皇太极与诸贝勒焚香盟誓,誓文中将刘氏兄弟所控制的东江诸岛视为平等的友邦。十五日,受金人热情招待的刘兴沛,携带丰盛赠礼离开沈阳。二十三日,由刘兴治、兴基、兴梁、兴沛、兴邦联名率岛中众官员起盟誓,署名在誓约之末的七位同盟官员为参将李登科,游击崔耀祖,都司马良、李世安、郭天盛,守备王才、何成功。此一名单事实上仅涵盖东江和辽东沿海诸将领的一小部分,亦即参与盟誓的李登科等七员,应均为兴治的心腹,且订盟之举并未公开。事实上,明军中应仍有许多与金人誓为仇雠或不服兴治者,[40]即便是兴治兄弟中也可能有持异议者

---

36 《朝鲜仁祖大王实录》卷23,页13—44;李肯翊,《燃藜室记述》卷25,页429。
37 《朝鲜仁祖大王实录》卷24,页1。
38 此段参见钱谦益,《牧斋初学集》卷47下,页21—22。
39 此段参见第七章。
40 《朝鲜仁祖大王实录》卷22,页43。

（如兴基，参见后文）。

八月初一日，兴治遣人将誓文送至金国，在此一文件中，兴治首度以"客国臣"自称，其后更有作"属国臣"者。兴治在其致皇太极的信中，对金兵已于五月饱掠东归一事甚为惋惜，认为"汗主大一统之机会，不容一刻失也。止虑一鼓不下，后会无期"，并担忧皇太极会在灭明之后主张"天无二日"，知兴治当时或有将来与皇太极分治天下的幻想。皇太极则在回函中安抚他曰："诚能协助以成大事，我言'天无二日'，老天岂可违乎？乞勿多疑，惟勉前途可也。"

九月初二日，金国为表示诚意，遣使将兴治之妻送还，往送的大臣还包括兴祚的好友达海和库尔缠，而兴治亦亲自乘船至岸边迎接。二十二日，皇太极收到兴治的复信，其中强调不会收纳金国的逃人，且对其妻被释还一事表达谢意。文中称因其母仍留沈阳，且为避免遭人物议，本欲将其妻送还金国，但此应纯属客套之辞。兴治对其妻应颇看重，否则或不至亲自往迎。

当刘兴治与皇太极热络往还之际，兴治却于九月间向登抚孙元化报称自己在辽东的青山、凤凰城和通远堡等地与金兵交战，共获得夷级三十四，并擒获活夷一。孙元化于是在九月十五日上奏称："鹿岛中军王永吉，赞画游击张焘、大旅游击徐大复、阁部差官梁俊、水营都司刘兴基等，与大清兵战于凤凰城地方。"奉旨命其"核实具奏"。枢辅孙承宗亦于二十五日上疏称兴治"虽未足赎罪，而决意树功，誓仇建虏，稍见其心"。[41]

经查护送刘妻的使臣萨木什喀等是在九月初二日自沈阳出发的，并在将刘妻面交兴治后即回返，十九日还抵沈阳，因知兴治大概是于九月十一、二日左右在海边接到其妻。依朝鲜派驻皮岛之使臣的记载，兴治在十一日已乘船出岛，[42]时间上相当契合。然而，朝鲜的平安监司于九月初六日条下记曰：

> 刘将自义州领兵，遇鞑兵三百余骑，进至通远堡，夜袭斩首

---

41 《国榷》卷91，页5548；周文郁，《边事小纪》卷2，页43；《崇祯实录》卷3，页12；《崇祯长编》卷38，页10。
42 《承政院日记》第31册，页454。

四十余级,夺马十余匹,生禽真鞑一名而还。[43]

如此役确实发生,很难想像遭到重挫的金人仍会于五六天后将兴治之妻送还。

亦即兴治此一战报或出于伪造,其目的乃在获得明廷的信任和粮饷。[44]此故,当时刘氏兄弟与金国往来的文件中完全未提及此一冲突,且因通远堡(位于凤凰城正北偏西约40千米处)在辽东境内,距义州的直线距离约80千米,知此一战果应非朝鲜人所目睹,所据或只是岛上明军的单方面叙述。

至于登抚孙元化和阁部孙承宗对兴治的报告或亦存疑,因此他们均不曾提及阵斩夷级的具体事迹,但或为笼络兴治,再加上查察困难,遂在不得已的情形下逐级呈报。而兴治很可能为讨好两人,有意地在所谓的立功名单中掺杂入部分他们较亲近的部属,如其中张焘即是孙元化的僚属和同奉天主教的好友,他是在旅顺口追随兴治的,因其甚有计虑,颇受兴治倚用,[45]而梁俊则为孙承宗的差官,至于刘兴基亦曾为孙元化和孙承宗的僚属。明季的官场和军队当中,不乏类此浮夸造假的情形,此故,朝鲜国王李倧即曾评曰:"中原虚伪成风,非独毛营,山海关亦然耳。"[46]

十月二十二日,兴治所遣的官员熊梦鲤抵达沈阳,皇太极在交其带回的信函中,指出日前有岛人登岸偷采人参被捕获,为避免类似的冲突有碍和好,皇太极建议双方开市。当时因明朝政府严禁与后金通商,故金人的许多民生用品相当匮乏。

为呼应皇太极的提议,兴治在回信中有言:

> 开市一节,臣愿遵承,第恐风声一露,疑其通和,商贾不至,纵有参斤,置之何地?不若假丽人以贸易,是一举而便三国也。

亦即兴治认为一旦双方结盟之事被众人周知,则明朝商人恐不敢违法来东江,

---

43 《承政院日记》第31册,页450。
44 此说首出姜守鹏《刘兴治的归明与叛明》一文,惟笔者在此提出更多佐证。
45 李肯翊,《燃藜室记述》卷25,页430。
46 《承政院日记》第24册,页65。

故兴治建议还不如与朝鲜贸易，在此，兴治已把东江视作与后金和朝鲜相提并论的一个"国家"。同信中，兴治亦顺便要求皇太极在宫殿附近赐屋一间，供其母亲和弟弟兴贤居住。

天聪五年正月初四日，皇太极致书兴治有关贸易之事，其中有言：

> 来信有云"开市一节，恐风声露泄，不若假丽人贸易"，说得有理。如岛中所缺之物，当密以告我。我有所缺者，亦密以相告。所言令堂、令弟、令侄事亦是，令堂移住我处，即令弟、令侄自与随行。

显然人质或仍是维系双方关系的重要因素。刘兴贤同日在致三位兄长的家信中有云：

> 只管往还行走，徒送物件何益？你若是实心为汗、为太太，就该把事情上紧做，再议那一位来见见汗、见见太太也好。

此信应是在金人监控下所书，亦反映出当时双方仍存在许多芥蒂，而未能具体合作。

正月二十九日，迟变龙携来兴治致皇太极的信，其中提及新任登莱巡抚的孙元化，欲向朝鲜借马两千匹以供兴治恢复南四卫之用，处在明、金两国夹缝之间的兴治，唯恐动辄得咎而致大祸，遂声称："高丽，穷地也，无多马，就是与马，也披不得甲，臣也不要他。"兴治并直陈听说金国将移兵攻东江，劝皇太极千万不可受人挑拨而对其生疑，并强调"自古成大事者不务小图，豪杰作事皆以信义服人，……切莫因臣一人，致令天下豪杰不信"。

对于金国开始自铸大炮并成立汉军一事，兴治亦在前信中提出自己的看法，建议皇太极对火炮可用取资于敌的策略，不必自行铸造和搬运。兴治或雅不愿金人的战力大幅精进，乃提出此一表面似乎成理的说法。对兴治而言，如果明、金两国能维持一"恐怖平衡"，自己才有可能在鹬蚌相争中扮演一举足轻重的角色。前引文中亦顺便再次提醒皇太极应善待已投诚的旧人。

天聪五年二月初一日，兴治所派的五位商人抵沈阳，他们携带了毛青蓝布、水银、焊药、胭脂、梳子、针、缎、纱、烟等物品，共卖了银一百四十六两。初三日，即离境归去。当时人在沈阳的朝鲜使臣朴兰英，即听闻有七八位汉人自皮岛携带马匹和物资来献于皇太极前。[47]

二月初五日，皇太极针对刘氏兄弟的疑虑，写了一封极具说服力的信，首称自己如有攻岛的企图，可以瞒得了上天吗，且称己于先前毛文龙背盟时尚且不攻岛，此因小岛疆土并不在其眼下，今又岂有背天攻取之理。在痛责刘氏兄弟"既与我通好，仍与南朝往来不绝"之后，皇太极更提出先前自己对待刘氏兄弟始终着重一"恩"字，宁可人负，不愿负人，并称："你如安心叛盟，亦自由尔！吾其奈尔何？你若是真个疑我，愿再立盟誓，我亦允得。"

刘兴治在接到皇太极这封恩威并加的信后，立即去函解释，声称自己先前因背金叛逃，稍后又杀害明朝命官，以致两边均得罪，对两边亦均有疑畏，至于与"南朝"来往，主要在图其粮米以养活岛人，且称自己之所以一直未率众登岸还归的理由，是因："众人未知汗心，我纵信得过，众人肯信否？众人不去，我一人会干甚事。"并称："若是汗不恨我，把我当一个人，眼下虽不能替汗出力，断不肯背盟叛汗也。"信尾更大吐苦水，曰：

> 大抵我的命苦也，不敢怨汗。西也疑我，东也疑我，仰诉天知，敢对谁说？信我、疑我，惟在汗心，何必再盟。汗乃大人，一言既定，我的心日后也自见得，岂敢烦烦琐琐望汗盟誓。

显然兴治这时仍无携众降金的决心，他还是希望暂时在明、金两国的夹缝间图存。

三、刘氏家族的覆亡

正当刘兴治与皇太极热烈勾结之际，皮岛中却于崇祯四年（朝鲜仁祖九年；后金天聪五年）三月突然发生巨变，刘家在东江权倾一时的势力竟然于一

47　赵庆男，《乱中杂录》，续编，卷3，页45。

夕之间完全瓦解，惟文献中对兴治的死因仍众说纷纭。[48] 现依时间先后顺序排比出各造对于此一事件较重要的叙述。

1. 朝鲜人赵庆男在《乱中杂录》中收录该国派在皮岛的伴臣于三月十九日所上之状启曰：

> （三）月十六日辰时，兴治衙门近处，大有奔遑之色。闻见，则降鞑八百余名谋叛作乱云云。俄而，衙门后高峰，鞑兵等俱甲胄骑马屯聚者，无虑五百余名，争相追突，乱入岛中人家，屠杀人民，不知其数。兴治将官李登科、吴显（坚？）忠、崔耀祖、李麻屈、刘兴棋（基？）及守备、千总同恶者，其数亦多。至于十七日朝，招入南商五十余名，没数戕杀，夺其货物。问于守馆汉人，则潜言曰："兴治与降鞑谋叛天朝，将为投奴，将官等不从其计，故纵鞑屠杀，而明日则尽杀岛民。陪臣之至今居留者，将为执持投奴之计"云云。……是夜初更，忽有处处炮声，动天震地，衙门后峰上，汉兵屯聚如蜂，一边爇火于衙门，火箭满空，天地洞照，达夜及朝。汉人杀降鞑及其妻子、儿童，靡有孑遗，兴治兄弟及腹心之人，尽数斩杀，降鞑之死，不知其数。兴治则死于乱兵丁宁，而或云烧死；或云欲为乘船，未及周旋，溺死海中；或云降鞑谓今日我等之死，皆汝之故，打杀云云。大概游击张焘等，率诸奋死之民，设计击杀云云。焘等招臣译官谓曰："兴治谋叛天朝，杀岛民投奴，引奴兵祸朝鲜，故俺等先发捕斩，幸赖天佑，尽杀八百降鞑，其中三百余名乘船逃走，必下于尔国地方，陪臣急急知委于平安道监兵使，期于必捕。出陆汉人，切勿乘时乱杀"云。因给令箭，许以乘船出送。[49]

这是现存有关此一事件最早的叙述，由于涉及边事，朝鲜因此格外重视皮岛的

48　先前姜守鹏《刘兴治的归明与叛明》一文曾有初步之讨论，惟笔者在此节中爬梳了大量姜氏未曾过眼的文献，并尝试做一更深入的探讨。
49　赵庆男，《乱中杂录》，续编，卷3，页49。

208

变故，其派驻在当地的使臣即从速将此第一手消息传回。经查刘兴治先前在杀陈继盛时，属下共有降鞑七百名，但其中披甲者仅五十余名，故他于叛变之后，立即赶造护甲，遂有前引文中所称五百余名骑马披甲的降鞑。而兴治在此变发生之际所统率的八百名精锐降鞑，或即当地方战力最强的单一部队，无怪乎，有人称其"养夷八百，造甲制铳，便四顾无忌，小霸自雄"了！[50]

2.《清太宗实录》在天聪五年三月二十日甲午条下有云：

> 初，叛贼刘兴祚弟兴治，收集逃亡满人，恃其强力，杀副将陈继新（盛）等。遂据南海皮岛，兼并诸小岛，后数遣使求降。……嗣后兴治变其初心，与岛中众汉人谋，欲尽杀满洲逃人，满人觉之，因纠众攻执兴治、兄兴亮（梁），与岛众相持二日，兴治绐言曰："今汉人之强壮者已尽，仅余疲羸耳，我等杀牛为盟，当收其所余汉人为奴。"满人信其言，遂刑牛与兴治歃血盟，众满人是夕各酣饮醉寝，兴治与其兄兴亮（梁）等，率岛中余众还攻满人，满人力战，杀兴治及其兄兴亮（梁），率所余男妇三百八十五人，乘船至朝鲜国登岸，于是岛中汉人尽杀兴亮（梁）等之妻孥，……于是尽诛兴祚、兴治、兴亮（梁）、兴沛、兴邦之子及兴贤等，没其妇女为奴，上以兴祚母年老，诸子不孝，非其母之罪，从宽免死，仍加赡养，以终天年。[51]

《清太宗实录》是在康熙二十一年修成的，此应总结了清朝官方当时对于此一事件的论点。

3.《朝鲜仁祖实录》在三月二十一日乙未条记曰：

> 乙未，椵岛守将刘兴治谋叛，为张焘、沈世魁等所杀。兴治欲投虏，而恐岛众不从，潜与降鞑结为腹心，先杀将校之不与己者，

---

50 张世伟，《自广斋集》卷12，页20。
51 《大清太宗文皇帝实录》卷8，页34—36。蒋良骐于乾隆三十五年成书的《东华录》，其记载与此略同。

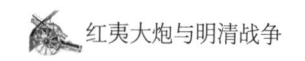

又欲尽除岛众之不从者，焘及世魁等揣知其意，相与密谋，乘夜突入兴治营，仍纵火鼓噪，杀降鞑无遗类，兴治不知去处，或云死于乱兵中矣。[52]

此一叙述的内容大致不出第一则，惟因受官方史书篇幅的限制，已删去了部分细节，但其中有关事变的原委，则采纳了张焘的说词。由于在事变之后，皮岛对朝鲜的公文往来均是由"椵守"张焘和沈世魁领衔，知二人在刘兴治死后即成为岛上的头领。[53]

4.《乱中杂录》在三月十五日条下记宣谕使朴兰英上奏曰：

（皮岛）守备毛有增设计尽杀刘姓，后率降鞑五十名、汉兵四百余骑、汉女一百五十余名，出来宜川地，而多有战伤者。[54]

惟据《承政院日记》，此应系于三月二十二日。毛有增其人不详，而守备的官阶亦不甚高，经查记天启元年至崇祯二年事的《东江疏揭塘报节抄》中，并不见其人，知他在毛文龙统领东江期间，尚默默无名。

《乱中杂录》在此则记事之后，还连续录有两则平安监司的状启，具体的日期均待考，其一称对阵双方各着红或黑的服色，[55]知冲突应发生于两不同部队之间。又文中所提及的龙胡，指的是当时奉命来朝鲜处理两国开市事宜的后金大臣龙骨大（又名英俄尔岱）。虽然在皮岛之变发生初期，详细消息一直遭封锁，但邻近的朝鲜官民已感受到山雨飘摇之势，此故，朝鲜国王李倧尝于三月十七日对大臣曰："近日岛众有相通奴贼之事，故西民恟惧。"[56]认为刘兴治或即将率众投奔后金。

至于第二封状启则称降鞑之中仅五分之一持有军器，并颇多战伤者，[57]知

52　《朝鲜仁祖大王实录》卷24，页16—17。
53　《朝鲜仁祖大王实录》卷24，页17、48。
54　《承政院日记》第32册，页510；赵庆男，《乱中杂录》，续编，卷3，页48。
55　赵庆男，《乱中杂录》，续编，卷3，页48—49。
56　《朝鲜仁祖大王实录》卷24，页16。
57　赵庆男，《乱中杂录》，续编，卷3，页49。

他们当时应是狼狈逃离皮岛，或因这些人熟悉当地的自然和人文环境，故朝鲜官员亟欲剿灭他们，以防其投敌酿成大患。但稍后在龙骨大的恐吓之下，朝鲜不得不妥为安置这批夷丁，并任金人迎归沈阳。[58]

5. 在关孝廉先生翻译的天聪五年满文《八旗值月档》中，有如下之记载：

> 三月二十四日，有诸申人十五名自皮岛逃来，英俄尔岱遇之，选遣一人来报信称"汉人欲杀我诸申人，诸申人先觉之，杀明官兵一半，捆拿五哥兄三人。五哥诡称：'尔等尽杀良善，何必杀恶人，可作俘虏，解往汗处，作奴驱使。尔等若不相信我等，则杀牛饮血为盟'等情。诸申人信其言，盟誓免杀。五哥复下书招汉兵齐集，夜进攻战，诸申人败，被杀，余者实不知何往，守船者逃来"等语。因此消息，遣人持书往谕英俄尔岱云："汗曰：据闻海岛诸申、汉人互相战杀，著英俄尔岱探明消息，如何相杀，于原岛上以谁为主将，详查诸情，具书速派贤能晓事之人。"[59]

此处所称"捆拿五哥兄三人"，应指的是捆拿三哥兴基、四哥兴梁和五哥兴治共三人。由皇太极命英俄尔岱探明皮岛兵变消息的字里行间，知后金对此一事件并不曾预先知情或介入。否则，当时英俄尔岱所率来朝鲜边境参与开市事宜的从胡数千人应会有所因应。[60]

6. 三月三十日，英俄尔岱自朝鲜捎信回沈阳，称此变是"由内地下书杀五哥及我诸申人"，[61]此与第5则或下文中的第10则资料有异。衡诸刘氏家族在当地的势力，明廷应不太有能力说动当地军民起而杀兴治及其手下精锐之降鞑。否则，明廷亦不至于在陈继盛等官员被杀近一年之后，仍对东江的局势一筹莫展。

58　《朝鲜仁祖大王实录》卷24，页17—18；《大清太宗文皇帝实录》卷8，页34—36。
59　中国第一历史档案馆，《天聪五年八旗值月档（二）》。
60　《朝鲜仁祖大王实录》卷24，页13。
61　《天聪五年八旗值月档（二）》，页9。

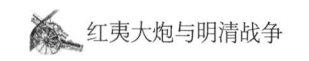

7. 朝鲜人李肯翊之《燃藜室记述》中有云：

> 辛未（仁祖九年）三月，兴治劫岛众欲投虏，岛众不从，纵降鞑屠杀，招入南商五十余人，没数戕杀，夺其货物。游击张焘、将官沈世魁等，率奋死之民，先杀降鞑，不知其数，又杀兴治兄弟及腹心之人。招我国译官，急急咨报于平安监司曰："兴治谋反投虏，引虏兵祸朝鲜，故俺等设计先除之。八百降鞑中，三百余鞑乘船逃走，必下泊于尔国地方，期于必捕。出陆汉人，切勿乘时乱杀。"[62]

当时张焘等明将告知朝鲜驻岛使臣，刘兴治是被设计除掉的，因他不仅"谋反投虏"，且欲"引虏兵祸朝鲜"，希望能说服朝鲜同仇敌忾，严惩逃离岛上的降鞑。

8. 四月初一日，一受厚赂的守门人禄世告诉朝鲜出使沈阳的大臣朴兰英曰：

> 自岛中生变，投来真鞑十四名。去月二十八日入来言：岛中汉人则或出入朝鲜地方和卖资生，真鞑六百余名无路得食，饥馑兹甚，方欲结约投来之际，汉人万余名人知机相战，汉人见败，刘兴治返为投入真鞑之中，方欲乘船出来之际，岛中汉人作倘（船？）来到，厮杀真鞑之际，逃生者十五名云云。而不信其言，方欲囚禁云云。[63]

综合前述各则资料，知当时皮岛之上共有汉人万余名、降鞑六百至八百名。作为一少数族群，降鞑在岛上的社会或经济地位或较为卑下，其与汉人之间虽然拥有共同的敌人，但日积月累的摩擦与矛盾，很可能最后爆发成族群冲突。而

62　李肯翊，《燃藜室记述》卷25，页430。
63　朴兰英，《沈阳（往还）日记》，页9。

在此一不幸事件当中，汉人至少有两千多人被杀，降鞑则约有半数死于乱事，余均外逃。

9.《崇祯长编》中收录登莱总兵黄龙于四月十一日所上的疏报，称：

> 八角口居民程宵元载客至皮岛贸易。三月十六日，刘五集各客二百余名，责以无粮欺诳，欲俱杀之；将刘兴基捆打三十；杀沈世魁一家，惟世魁得脱；崔耀祖、吴坚忠二人自相争杀而死。次日，刘三山（农按：山应为衍字，下同）、刘四、沈世魁齐入刘五家，候至更深时，杀死刘五。佟驸马（指佟养性）勾引东兵三百名刘（此应为"到"字之误）铁山，拨船接济，亦被刘三山杀散。夫兴治谋为不测，将士不附，兄弟仇杀，实有因势导机之妙用。彼此胜负虽尚未闻，然而兴治死，则兴基无所逃，其党当俱尽矣！[64]

崇祯皇帝命其核实以闻。

此则记事提供了一些其他文献所不曾提及的细节，称刘兴治于三月十六日集合在皮岛上的客商两百余名，斥责他们不提供粮食，而威胁欲尽杀之。如再参照第1则文献中的资料，兴治或于十七日晨杀害了其中配合不力的南商五十余名，并没入其货物。在东江开镇之后，毛文龙等将领因实际需要且为谋私利，促使皮岛成为明朝、朝鲜和后金等地转口或走私贸易的乐园，[65]大量商人麇集该地，如天启五年，姜曰广、王梦尹奉旨视察东江诸岛，他们即曾指出当时从事相关货贸的商人，不下五六百人，半在登州，半在东江。[66]

参照第8则资料中的记载，自陈继盛被杀近一年来，当时岛中很可能因此变而未能如前获得明朝和朝鲜官方的粮食接济，当地的汉人或因善于与朝鲜民众贸贩，而尚能维持，但降鞑则因此"无路得食，饥馑兹甚"，前述刘兴治斥责并杀害南商之举，或即是替其以降鞑为主的下属争取权益。

至于当时岛上的争斗，或因各将领的态度而分成两个主要的对立群体，此则

64　《崇祯长编》卷45，页12。点校参见李光涛，《记崇祯四年南海岛大捷》，页243。
65　李贤淑，《十七世纪初叶的中韩贸易（1592—1636）》，页192—209。
66　沈国元，《两朝从信录》卷31，页27—28。

资料中指称刘兴治捆打其兄弟刘兴基，并杀害沈世魁的家人，世魁仅以身免，而崔耀祖和吴坚忠二人更自相争杀而死，且谓刘兴基、刘兴梁、沈世魁等人于稍后奋起反击，终将兴治杀死。登莱总兵黄龙将兴治之死归因为"谋为不测，将士不附，兄弟仇杀"，但他并未明白指出兴治究竟如何"谋为不测"，由于黄龙迟至四月十一日才上疏报告此变，且他当时仍有"彼此胜负虽尚未闻"之谓，亦不知兴基的存殁与否，可见他并未能确切掌握事件的原委及其发展。

至于黄龙所称后金的驸马佟养性勾结朝鲜兵在铁山接应一说，应属附会卸责之举。后金在刘氏兄弟死后，随即出动大军抢攻皮岛，并要求朝鲜提供战船，遭拒，[67]依据《八旗值月档》中的记载，当时随军的汉官乃以副将石国柱、佟三和高鸿中为首，如佟养性确曾参预其事，则所有汉官均应听其节制，其名亦不至于失载。[68]黄龙很可能情报错误，而将佟养性与佟三相混了！

前引文中的崔耀祖和吴坚忠乃兴治部将，兴治起事杀陈继盛时，全借两将为"爪牙腹心"，其中崔耀祖在兵变之后，初获兴治私授游击一职，但在兴治稍后获朝廷空札六纸为其部将填具正式官衔时，却均仅授予较低的都司之衔，[69]两人遂对兴治大为不满。其中崔耀祖先前与兴治的关系应较为密切，想法亦较相近，如周文郁奉命来抚变时，兴治即派崔耀祖的家丁随船服侍并监视，而在天聪四年七月刘兴治兄弟与皇太极订盟时，他也在七名同盟官员中排名第二。至于吴坚忠，原为兴祚属下，天启七年，他奉兴祚之命徒步将金兵欲围锦州的情报先期通知袁崇焕，直至兴祚战死后他始回岛投奔兴治，[70]但坚忠并未在与皇太极的盟约中列名。

由于吴坚忠与刘兴基均曾任职于袁崇焕军中，[71]他们与崇祯元年起任宁前兵备道的孙元化原有密切的从属关系，故两人有可能对崇祯三年五月奉命巡抚

---

67 《朝鲜仁祖大王实录》卷24，页41、47。
68 《天聪五年八旗值月档（二）》，页12。
69 崔耀祖在兵变之后，初获兴治私授游击一职（《太宗文皇帝招抚皮岛诸将谕帖》，页17），此故，周文郁在《边事小纪》中称其为"伪将"（卷2，页35—41）。
70 周文郁，《边事小纪》卷2，页35—41；卷4，页25—26。吴骞，《东江遗事》卷下，页42—43。
71 崇祯元年九、十月间，兴祚与其兄弟分批脱逃至皮岛，当时他还另遣其弟兴基从海上至宁远，投奔与他素有联络的袁崇焕。大概是在崇祯二年七月间，兴基奉袁崇焕之命随徐敷奏至皮岛管海船事，并衔命招其兄弟兴祚面见袁崇焕。参见《崇祯长编》卷18，页4—5（惟文中误兴基为弘基）；周文郁，《边事小纪》卷4，页23；《朝鲜仁祖大王实录》卷21，页25。

登莱和东江的孙元化较能信赖,[72]加上明廷对刘氏兄弟着意安抚,如三年六月将参将兴祚原"管东江前协副将事"之职衔实授兴治;七月,赠兴祚三级,并荫其子大缙锦衣卫指挥佥事世袭;八月,更赐兴祚祭六坛以及造坟、安葬。[73]且在四年欲派人赴皮岛钦赐兴治蟒龙衣、玉带、黄金和免死牌,[74]并于补叙先前罗岭之功时,对兴基"升赏有差",[75]遂使兴基与兴治两兄弟的立场渐行渐远。

在此变当中,刘兴治、崔耀祖、李登科等人以及刘兴基、吴坚忠、沈世魁等人应分属立场不同的两派。虽然在第1则文献中,朝鲜伴臣称:"兴治将官李登科、吴坚忠、崔耀祖、李麻屈、刘兴基及守备、千总同恶者,其数亦多",但这些军官应非声气相通、共同作恶,而是彼此相互争斗。

八月二十一日,登莱巡抚孙元化将兴治、刘兴梁、华大、石汉等四颗"逆级"解送到京,并依"解到夷级例"由兵部和兵科会验,二十三日,还奉旨传首九边。[76]虽据黄龙的说法,刘兴梁曾参与杀死兴治之事,但从他与兴治并罪的情形判断,兴梁或在事件之初曾参与降鞑的叛变,此故,在降鞑败离皮岛之后,岛中汉人还尽杀兴梁之妻孥(见第2则资料),至于刘家的另一兄弟兴基,则因曾试图力挽狂澜而未被加罪。

10. 四月二十日,满臣曾向朝鲜使臣朴兰英细陈此变曰:

> 南朝闻有刘兴治与真鞑投入我国之意,自南朝送差檄书于兴治曰"汝兄兴祚从死于节,卒为忠臣,汝亦岂无效报之心耶?岛中投鞑数多,后患可虑,并为生擒绑送,则升汝爵禄,钦差仍领岛中"云云。兴治信其言,与诸将等密议真鞑等处治事,设策约束毕,又言及于厥妻,而厥妻乃曾在沈阳,自上年兴治有向意,于(与)我国通信,然后许以出送者也。其妻曰:"我等金国之恩虽死难忘,而汝何出此不忍之计耶!"反覆相诘之际,兴治亲近使唤

---

72 第七章。
73 《崇祯长编》卷36,页10;卷37,页7。周文郁,《边事小纪》卷2,页41;卷4,页26。
74 《朝鲜仁祖大王实录》卷24,页29—30。
75 《崇祯长编》卷45,页6。此事系于四月六日,但当时皮岛兵变之事尚未为朝廷得知。
76 此见《明清史料》,乙编,第1本,页88;惟文中将刘兴梁之名书作兴良。

儿鞑窃听，漏通于真鞑之中，又，他将官使唤儿鞑亦知机漏通，两言相附，故真鞑等惊慌发愤，乃敢先犯，汉人等头头将官二十余名及以下军兵几尽厮杀，兴治等兄弟亦为绑缚，将杀之际，兴治哀乞曰"我与你等依当初结约同入沈阳"云云，而诸鞑或有以为可者，或有以不可者，论议纷纭未决。兴治又与杀牛决盟，以定众议，然后乘夜潜请邻岛汉兵大张形势，更为接战之时，真鞑突入，只砍杀刘兴治兄弟，即为见逐，退遁艰难，乘船生还者四百余名，下陆于贵国地方。登岩休息之际，又贵国官员二员率其军兵围立放炮，似有接战之状。真鞑等曰："我等今方投入金国，而今国与贵国通和，岂料到此有战斗之事乎？"其官员等及闻此言乃止不战云云。男丁三百一名，鞑女六十名，儿鞑七名，则自真路已为入来，又百余名，则见贵国发兵围立，惶惧散走，指向水上之故。自此迎护军二百余骑亦为出送，而贵国欲害投来真鞑，何向南朝之意尤重而然也。[77]

此与四月十九日《八旗值月档》中的记载大致相同，[78]只是描述更加详尽。我们可发现满人依旧向朝鲜使臣强调刘兴治与真鞑有投入后金之意。

11. 五月初九日，《八旗值月档》纪曰：

> 将爱塔之弟，诸子连族中幼小俱诛之，其主未杀，坐罪缘由记注前月册内。以其母年老，将要死亡，故未诛之。其诸申妻所生之童男留养，至满人妻、家中诸物，给与旗贝勒。[79]

此则资料详细叙述了羁留在沈阳的刘氏家族最后遭处置的情形，他们的出处乃依其为满汉或男女而有所不同。

前列整理出共11则有具体纪日的叙述，下文即分别整合清、明和朝鲜各不

---

77 朴兰英，《沈阳（往还）日记》，页16—18。
78 《天聪五年八旗值月档（二）》，页10。
79 《天聪五年八旗值月档（二）》，页11。

同立场的记述，尝试还原事实的真相。

清代官方对此一事变的定调，总结在《明史》（顺治朝初修，乾隆四年刊行，乾隆五十四年勘改修定）中的三十余字：

> （崇祯）四年三月，（兴治）复作乱，杖其弟兴基，杀参将沈世魁家众。世魁率其党夜袭杀兴治，乱乃定。[80]

如当时刘兴治确欲投降后金，则此一叙述中或不会用"作乱"一词，而应使用近似同书中所称崇祯六年孔有德及其党"航海降于我大清"的语词。[81]

后金当时对此变的了解，主要得自逃归降鞑的说词。依据天聪五年的《八旗值月档》，岛中的降鞑在逃回后金之后，报称此变的缘由是因他们见到明廷颁给刘兴治的一件诏书，文中要求兴治尽杀岛中夷人，即愿将其拔擢，故他们抢先于三月十六日下手，连续两日，共杀岛上汉人二千余人，十七日，兴治称恶逆汉人已被尽杀，仅余疲羸而已，故劝降鞑止杀，双方遂刑牛歃血为盟。但兴治却暗中联络邻岛汉兵，乘夜增援反扑。虽然兴治与兴梁俱于接战中被杀，但降鞑亦溃败不支，仅余三百多人乘船逃走，经朝鲜返回他们原先所叛离的后金。至于兴基，据朝鲜人的说法，则是死于"陈大鼎亲戚"之手。[82]在此乱中，除了刘氏三兄弟外，尚有十三员小吏被杀，亦即，岛上官吏有相当部分一时俱毙。但在此档中，并不曾提及刘兴治于此变中曾与后金预谋勾结。康熙二十一年定稿的《清太宗实录》，对此变的描述亦大致如此。

至于明廷对于此一事件的了解与态度，则因各种官方文献在鼎革战乱中的大量亡佚，以致我们目前似乎仅能从登莱总兵黄龙的奏疏（第9则资料）中略知一二。然而，黄龙的叙事却甚缺条理，不仅将刘氏兄弟的排行与名字混杂使用，令不熟悉者，如坠十里云雾，且亦不曾说明兴治为何要捆打其兄兴基并杀害内戚沈世魁的家人，他也未指出崔耀祖和吴坚忠相互争杀至死的原因。仅在疏末含混地称"兴治谋为不测，将士不附"，隐约指出岛上的争斗乃因兴治欲

---

80 《明史》卷271，页6967。
81 《明史》卷23，页315。
82 《天聪五年八旗值月档（二）》，页9。陈大鼎其人不详。

217

投降后金而将士不愿顺从所致,[83]无怪乎,崇祯皇帝要他"核实以闻"。又,该文中亦完全未提及降夷在此变中所扮演的角色。

曾在陈继盛被杀后奉派至东江安抚刘兴治的副总兵周文郁,对于此一事件的认知则与黄龙有异,他在崇祯末年成书的《边事小纪》中的《刘将军(指兴祚)事实》中有云:

> 至辛未春,以兴治部将崔耀祖、吴坚忠争杀,两俱败没,兵丁又乘机焚掠,兴治命夷丁剿乱,而遂彼此奋斗不解。兴治大恸曰:"去年朝廷以我兄故,饶我死,今复何辞再倖逃国法。纵朝廷宥我,我能自安乎?"遂赴火自焚死。于是沈世魁等遂并杀刘氏一门,而名为叛。登抚孙初以变报,后以为间。[84]

周氏声称此变乃肇因于崔耀祖和吴坚忠之间的彼此争杀,而在两相败没之后,其兵丁更乘机焚掠,兴治遂命手下的降夷平乱,终一发不可收拾,导致满、汉人之间的恶斗,兴治因而自焚以赎罪。周氏在此文中指沈世魁等人诬兴治图叛,且谓孙元化本以兵变上报此事,后却改口强调他是用间以铲除刘氏的势力。

周文郁以兴治乃因内部纷争而感愧自焚的说法,恐有为死者讳之嫌。文郁先前奉旨抚变,声称曾成功劝服兴治戴罪立功,以至在其离去时,"兴治搏颡大哭,从人亦莫不坠泪",然兵部却将此一功绩全归于他人,文郁于是撰《抚变纪事》长文,以五千余字详述过程,一抒内心怨气。[85]此故,当文郁于稍后为兴祚撰《刘将军事实》一文时,他很可能因不愿承认自己对兴治的招抚工作仍以失败告终,且因其与兴祚彼此相契,[86]为维护兴祚以性命换得的家声,而蓄意遮掩了兴治的真正死因。[87]

---

[83] 在沈演为黄龙所撰的碑铭中,亦称:"刘兴治贰于奴业蠢蠢动。"沈演对黄龙十分佩服,誉之为"天下奇男子"。见沈演,《止止斋集》卷38,页29。
[84] 周文郁,《边事小纪》卷4,页26—27。
[85] 周文郁,《边事小纪》卷2,页26—45。
[86] 周文郁,《边事小纪》卷2,页31。
[87] 姜守鹏,《刘兴治的归明与叛明》。

经查孙氏家族之友人稍后为元化所写的传志中，确见大家均众口一致地称其是用间以促成此变的，如在归庄所撰的《孙中丞传》中，即称当时孙元化曾遣人将朝廷抚恤兴祚之事告知兴治，并责令兴治以光复金州来赎罪，且答应为其请饷，但最后终以"隔海难御"，而改令旧岛将孔有德等部属"间疏其腹心，伺衅图之"。[88]在张世伟所撰写的孙元化墓志铭中，亦称：

> 辛未春，刘兴治跳踉屠岛，岛旧帅张焘与兴治之内戚沈（指沈世魁）合谋杀之，数年所虑，一朝廓清矣！公（指孙元化）布置行间，力独多。于是遣黄龙以总镇行抚焉，疏列始末上闻，得旨："岛逆既歼，具见孙元化沈谋远略，差官赍赏，相机料理，知道了。"[89]

此外，孙元化的部属黄龙于崇祯四年四月十一日所上的疏报中有云："兴治谋为不测，将士不附，兄弟仇杀，实有因势导机之妙用。"其中"因势导机"一语，亦与行间之说相互呼应。

在第10则资料中，提及满臣曾向朝鲜的使臣指出刘兴治于事变之前接到明廷一诏书，其文有云："汝兄兴祚从死于节，卒为忠臣，汝亦岂无效报之心耶？岛中投鞑数多，后患可虑，并为生擒绑送，则升汝爵禄，钦差仍领岛中。"此与《八旗值月档》中所谓"尔尽杀诸申，来献首级，拨尔为臣"的意旨相近，[90]此或即孙元化所声称其用间的一部分？

刘兴治在杀害陈继盛之后，曾遣使向金国约降，但投奔后金或非其最佳的选择，其主要目的应仅是为己保留最后一条退路。因当时后金尚无能力直接威胁到皮岛的存亡，而作为一位干领明饷、坐拥贸易的东江之主，到底远胜于在先前敌人的统治下苟延存活。崇祯三年十一月，登莱总兵黄龙奉命赴皮岛担任都督，此事明显威胁到兴治作为东江之主的现实地位，然而，黄龙一直因当地

88　沈㴶佺，《江东志》卷8，页10—11。
89　张世伟，《自广斋集》卷12，页22。
90　《天聪五年八旗值月档（二）》，页10。

局势的不明朗而稽延行程。[91]

前引文件中所提及的"升汝爵禄，钦差仍领岛中"，对一直觊觎岛主之权的刘兴治，应该极具吸引力，而明廷或为取信对方，甚至已发船送出御赐的蟒龙衣、玉带、黄金和免死牌。此举显然颇有深意，如兴治确将降鞑"生擒绑送"，即相当于自废臂膀，将来他恐无足够的本钱再兴风作浪。但权衡利害关系，重隶明朝的体制或仍是刘兴治最好的选择，因即使他自立为东江之主，亦将在无法持续获得粮饷和物资的情形下，难逃被明朝、后金或朝鲜消灭的命运，故他很可能因而选择牺牲追随自己的降鞑。然而，刘兴治的算盘却因事机不密而完全被打乱了（见第2、5、10则资料），降鞑遂抢先袭杀汉人以求自保。

虽然周文郁与孙元化对此变的说法颇异，但两人其实关系密切，如周文郁乃当时首辅周延儒的亲族，而延儒与元化二人有江南乡试同年之谊，且文郁与元化曾于天启间在辽东经略孙承宗幕中共事多年，以至元化在上疏叙杀刘兴治之功时，还将时任宁远海口副总兵的周文郁亦顺便带上一笔，陕西道试御史余应桂还因此严辞批评元化此一"隔海叙功"之举是谄事延儒。[92]亦即，在孙元化的奏疏中，兴治并非自裁而是被他用间所杀的，讽刺的是，周文郁甚至还列名于杀死兴治的有功人员当中！类此的浮夸冒滥之风或弥漫于明末官场。

朝鲜对此变的了解，主要得自于其派驻皮岛和沈阳的使臣。依据朝鲜大臣朴兰英于崇祯四年四月在沈阳的日记，当时后金与朝鲜双方人员曾互探虚实，后金当时甚至不许人与朝鲜使臣相接，亦不许回归之降鞑谈及此事。[93]

综观前述朝鲜公私两方面在当年有关此一事变的记载，均一致认为是由于刘兴治与降鞑欲胁岛众投奔后金所引起的，此一看法即使在朝鲜成为清朝的属国后仍未改变，如在李选所撰的林庆业小传中即谓后金与兴治两相预谋，陆续派人假装投诚至皮岛，以致降鞑在短期内即暴增。[94]但此说的可信度颇令人怀疑，因若属实，当时由英俄尔岱所率来朝鲜开市的数千名从胡应会对此一

---

91 《崇祯长编》卷40，页1；《朝鲜仁祖大王实录》卷24，页47。
92 《崇祯长编》卷53，页13。
93 朴兰英，《沈阳（往还）日记》，页2。
94 《林忠愍公实纪》，页15—16。

事件有所因应,然而,第8则资料中已显示后金对皮岛兵变似不曾预先知情或介入。

况且,刘兴治在杀死陈继盛之后,虽不断向皇太极示好,但仍偶向明廷报告其擒杀夷兵的"战绩",希望能在两国的夹缝中求存,如兴治即曾于崇祯三年九月间报称自己在辽东的青山、凤凰城和通远堡等地与金兵交战,共获得夷级三十四,并擒获活夷一。故若当时确有数以百千计的夷人抵岛,兴治理应会大作文章,借以争取明廷的信任与粮饷,然而,我们却完全未见到此一情形。

虽然刘兴治先前确曾与皇太极缔盟,但综合明清两造的记述,此一事变或是孙元化行间(分化兴治与降鞑的关系)的结果,而非兴治欲胁众投金所致。[95] 朝鲜人的误解主要源出于其派驻皮岛的伴臣,而该说法或得自守馆的汉人,或得自张焘和沈世魁等平乱的明将(见第1、7则资料)。又,后金为责难朝鲜,争取利益,亦有意造成此一错误印象,[96] 如崇祯四年四月二十三日,满臣就曾对朝鲜使臣朴兰英表达不满,称:若非朝鲜供粮援助皮岛,兴治早就于先前即已投靠金国了。[97]

朝鲜君臣在国家屡受刘兴治及其部属侵扰的情形之下,对兴治之死多抱持庆幸的态度,如崇祯四年四月初五日,朝鲜国王在与大臣谈及皮岛之变时,即尝曰:"兴治之死,实是我国之幸,兴治不死而东抢,则祸不可测矣!"完平府院君李元翼也回应曰:"兴治之死,非人力所致,实是天佑之幸也。"[98] 此一心态也很容易深化或渲染前述所称兴治欲胁众以投虏的错误印象。

四、皮岛之陷落

刘氏兄弟亡故之后,梁廷栋以时势所迫,决意改采"用岛"之策,并声称"撤海之罪,同于弃地",但他旋即去职,改由熊明遇出任兵部尚书,虽然作

---

95 此与姜守鹏《刘兴治的归明与叛明》一文中的看法相异。
96 如在皇太极于天聪七年致朝鲜国王的信中,即以"我相岛好人"(农按:应作"我相好岛人")称呼刘兴治,并警告朝鲜不得接济东江诸岛上的残存之人。参见《朝鲜仁祖大王实录》卷28,页41。
97 朴兰英,《沈阳(往还)日记》,页27。
98 《承政院日记》第32册,页514。

为江东诸岛直属长官的登莱巡抚孙元化主张撤岛，但以众说纷纭，终无成议。[99]

崇祯四年六月，皇太极以皮岛新遭变乱，或可乘机袭占，乃调派数千名步骑兵攻岛，新出镇皮岛的总兵黄龙，遂命赞画副总兵张焘出战。张焘督大小兵船百余艘迎战，并令公沙·的西劳等十三名随军葡人发西洋大炮，计发射十九次，声称打死敌兵数百名，时人称之为"麻线馆之捷"，辽东巡抚丘禾嘉更形容此役乃"海外从来一大捷"。[100]

此役虽然暂时阻止了金人对东江诸岛的觊觎，但皇太极却于八月集中兵力亲攻大凌河，将祖大寿围于城内。由于东江一再发生变乱，且罕有牵制金兵之能，孙元化因此欲将岛众撤回。十月，张焘即奉命率舟师一千三百人撤离皮岛，但黄龙则借口巡视义州而迟留不去，沈世魁亦不愿归，孙元化于是命黄龙率兵登岸牵制后金，但他却仅虚张声势而未发兵。[101]

崇祯四年十一月，黄龙因隐没兵士的赏银，且扣克月饷，致引起哗变，众兵将黄龙拘于私第，其腿遭拷折，耳鼻且被割去，此一兵变很可能由沈世魁在幕后策动，虽旋遭平定，并扶黄龙复出视事，然明军在皮岛的战力已大受伤害。[102]

当明廷甫处理完东江的乱事，却于崇祯四年闰十一月又爆发出更大的"吴桥之变"。孙元化属下的孔有德和耿仲明等人叛变，他们在山东地区共横行一年多，造成"残破几三百里，杀人盈十余万"的结果，并于六年四月以船百艘载男女一万二千余人（含精壮官兵三千六百余名）浮海从镇江堡（临鸭绿江出海口）登陆降金。此举不仅令满州人获得大量精良的西洋火器，而且得到由葡萄牙军事顾问所直接传授的弹药制造技术以及瞄准的知识与仪具，导致明朝与后金在军事力量上明显呈现消长。[103]

崇祯六年七月，皇太极派岳托率领包含孔有德和耿仲明等汉军在内的马

99　归庄，《孙中丞传》，页10—11。
100　李光涛，《记崇祯四年南海岛大捷》，页241—250。
101　《朝鲜仁祖大王实录》卷24，页48；卷25，页29—31。
102　此段参见《崇祯长编》卷52，页30；《朝鲜仁祖大王实录》卷25，页42；《王徵遗著》，页147—149；《平南敬亲王尚可喜事实册》，页1。
103　此段参见第七、十二章。

步兵万余名攻克旅顺口，守将黄龙战败自刎。[104]十二月，石城岛副将尚可喜又掠长山、广鹿诸岛降金。[105]此令辽东和朝鲜两半岛沿岸诸岛屿的明朝驻军，几乎仅局限于皮岛及其邻近的少数几个岛屿。天聪十年（崇祯九年）四月，皇太极以军功封孔有德为恭顺王、耿仲明为怀顺王、尚可喜为智顺王。[106]崇德二年（崇祯十年）正月，在包含由投降汉兵所组成之炮队的支援下，朝鲜国王李倧向清朝奉表称臣，史称"丙子虏祸"。[107]四月，皇太极派阿济格攻陷皮岛，由沈世魁所率领的明军约有万余战死，而汉民被杀者或达四五万人。[108]

崇祯十年五月，在皮岛之役中幸运脱逃的副将沈志祥（世魁的从子），复召集溃卒至石城岛。十一年，沈志祥率二千余军民登岸降清，翌年，被封为续顺公。至此，辽东半岛南边各岛屿上仅剩残卒，难能成军，而明廷亦不再置大帅，仅由登莱总兵遥领而已。是年夏，赵光抃更怂恿尚书杨嗣昌撤岛，尽徙诸岛兵民至宁远和锦州。讽刺的是，对许多人而言，并不认为此举可惜，反而是抱持"二十年积患，一朝而除"的心态。[109]

五、结　语

刘兴祚在降金之后又辗转归正，虽然他相当熟悉金国的情状，且在当地颇具影响力，但归明之后却一直未受重视，清初史家谈迁即慨叹明廷如能重用兴祚，令其率精锐深入金国，或有机会改变屡屡处于被动挨打的态势。[110]

兴祚反正之后曾替屡战屡败的明军立下汗马功劳，最后更在战场上殉国。而其兄弟则因缘际会在毛文龙被杀之后，掌握了东江地区的主要兵权，他们原

104　韩行方，《明末旅顺之役及黄龙其人其事》。
105　薛瑞录，《关于尚可喜叛明投金问题》。
106　《大清太宗文皇帝实录》卷28，页52。
107　《朝鲜仁祖大王实录》卷34，页20；赵庆男，《乱中杂录》，续篇，卷4，页11—26；石之珩，《南汉日记》卷4，页172；李光涛，《记明季朝鲜之"丁卯虏祸"与"丙子虏祸"》，页18—115；刘家驹，《清朝初期的中韩关系》，页106—128；张存武，《清代中韩关系论文集》，页1—71。
108　刘建新、刘景宪、郭成康，《一六三七年明清皮岛之战》。
109　参见《明史》卷259，页6720；《清史稿》卷234，页9416—9418。但《明史》中误沈志祥为沈志科（卷271，页6969），而《清史稿》中亦误沈世魁为沈世奎。
110　《国榷》卷91，页5537—5538。

本大可另有一番作为，但却由于将领之间因权力与利益冲突所产生的矛盾，而掀起轩然大波，其弟兴治和兴基等人最后甚至彼此仇杀，导致权倾一时的刘氏家族毁于一旦。

刘家将五子分别取名为兴祚、兴基、兴梁、兴治、兴贤的字面意义，原本或期许他们能成为明朝的国祚栋梁，然而刘氏兄弟却徘徊周旋于明、金两大政权之间，兴治甚至曾一度想建立刘家自己的基业。虽然他们兄弟间的政治立场并不一致，但金国或明朝均将他们视为一丘之貉的整体，彼此维持着尔虞我诈、相互利用的关系。此故，在崇祯四年四月十一日由登莱总兵黄龙所上的疏报中即称："夫兴治谋为不测，将士不附，兄弟仇杀，实有因势导机之妙用。彼此胜负虽尚未闻，然而兴治死，则兴基无所逃，其党当俱尽矣。"不仅抨击兴治，对杀兄的兴基亦丝毫不假词色。

从战略布局的角度来看，面对几无水军的后金，明军由山东半岛、辽东半岛和朝鲜半岛沿海诸岛屿所组成的"海上长城"，很可以发挥"进可攻、退可守"的积极作用。但很不幸地，自毛文龙以降的东江诸将领，多未以国事为己任，不仅偏安一隅，从事贸贩，谋取私利，甚至冒饷侵粮，勾结敌人。无怪乎，当时有"用海以扼奴，用岛以制奴，疆场之虚名也""东江进兵为膺局"等讥讽之言，甚至直指岛帅为寇盗。[111]此外，一连串的兵变，更导致原本可作为明军重要前线的海上防线如同骨牌般崩塌，连带成为引燃明朝覆亡的关键导火线之一。

尤其讽刺的是，东江一镇的将士原多是因战乱而流离海岛，且是与清朝政权不共戴天的辽东军民，但他们未能发挥牵制敌人或恢复故土的使命，反而成为明廷在财政上的包袱以及在军纪上的肿瘤。孔有德、耿仲明和尚可喜等将领更因造化弄人而选择降清，他们在改旗易帜后，反而力求表现，凭借其对火炮和水战的熟稔，率领汉军协助清朝定鼎中原，甚至因功而分别封王建藩，为其个人建立了至高的勋业。这些叛将的积极投入，无疑地对清朝得以开创一统天下的霸业产生重大影响。

111　钱谦益，《牧斋初学集》卷53，页2—5。

第七章　天主教徒孙元化与明末传华的西洋火炮*

明末融通西学最成功的一位学者应属徐光启,随着"流寇"和后金侵扰的扩大,徐氏乃积极投入兵事,且在李之藻等人的协助之下,多次自澳门募集大铳和炮师。由于徐光启在军事改革方面的努力,主要是透过其入室弟子孙元化来实行,故本章乃选择孙元化的事迹为主轴,首先阐明孙氏如何以文士和举人的身份成为军队中的方面大员,并如何在其他奉天主教士人和葡萄牙籍军事顾问的协助之下,于山东练成一支使用西方火器为主的精锐部队,接着论及由此一部队所掀起的吴桥兵变如何使天主教徒在军中发展的美丽远景破灭,并影响及明与后金间的军力消长。

从孙元化的一生,我们也可以很清楚地发觉师生、同年、同社和同乡等关系,对其宦途曾产生相当密切的影响,这些人之间还往往透过联姻以加强彼此的关系,且更将这层关系延伸至后辈。类此的交游网络本为当时士大夫阶层所习见,然而在孙元化的个案中,最特出的一点,则是另出现同教的关系贯穿其间。徐光启可以说是此一天主教士人社群的核心,而杨廷筠、李之藻、王徵等人以及徐光启的门生孙元化等则为主要分子。西学西教在明末的影响力,即是透过这些奉教士大夫的人际网络,而成功地在知识界扩展开来,其程度或许远超过先前学界的了解。

---

*　原刊于《"中研院"历史语言研究所集刊》,第67本第4分,1996年。笔者感谢黄宽重教授提供相关资料。

明末国势衰颓，后金的崛起和流寇的猖獗，更使得许多有识之士大力提倡实学，希冀能透过此类经世致用之学以富国强兵。入华开教的耶稣会士在此一澎湃的思潮之下，也积极将西方的物质文明传入，吸引了知识界的广泛注意，并进而促使一些士大夫对天主教产生兴趣，甚至因此领洗。徐光启即是当时奉教士人中的佼佼者，他为了挽扶衰弱的国势并扩大天主教的影响力，更积极引介西方当时先进的火器和历算。

万历四十七年，明军的萨尔浒之役大败后，徐光启即以"晓畅兵事"的风评，开始以其从耶稣会士习得的西洋火炮知识，在政府中勤力推行军事改革，并积极自澳门引进葡萄牙军事顾问。[1]但很不幸地，徐光启在练兵制器方面的努力，于崇祯五年其门生孙元化因吴桥兵变而遭斩首之后，即以失败告终。至于治历方面，徐光启是在崇祯二年奉旨督领修历事务后，始积极投入，直到崇祯六年临死之前，他仍率同历局中的天主教天文家，大量编译西文的历算书籍并进行天象的推步测验。

有关徐氏的改历运动，学术界的讨论已相当多，[2]至于其费心费时更多的军事改革，虽亦见学者论及，[3]但或为一概略性的介绍，或较偏重于西洋火炮的引进，对奉教人士如何借此以扩展天主教在军中的影响力及其所遭受的反弹，则较少着墨，对此一改革如何以失败告终的过程，也未见详尽的讨论。

由于徐光启在军事改革方面的努力，主要是透过其入室弟子孙元化来实行，故本章将尝试以孙元化的事迹为主轴，首先阐明孙元化如何以文士和举人的身份成为军队中的方面大员。其次说明孙元化如何在其他奉天主教士人和葡萄牙籍军事顾问的协助之下，于山东练成一支使用西方火器为主的精锐部队。接着论及由此一部队所掀起的吴桥兵变如何使天主教徒在军中发展的美丽远景破灭，并影响明与后金间的军力消长。末则析探明末奉教人士如何经由师生、同年、同乡、同社和姻亲等人际网络，以协助西学西教的开展。

---

[1] C. R. Boxer, "Portuguese Military Expeditions in Aid of the Mings Against the Manchus, 1621–1647." 惟因此文中仅引用西文资料，而未能比对中国方面的记载，以致其中许多记事或系年往往与史实不合。
[2] Keizo Hashimoto, *Hsü Kuang-Ch'i and Astronomical Reform*.
[3] 施宣圆，《徐光启军事实践与军事思想述评》；张小青，《明清之际西洋大炮的输入及其影响》；牟润孙，《明末西洋大炮由明入后金考略》；马楚坚，《西洋大炮对明金态势的改变》。

至于资料方面，笔者除爬梳《明熹宗实录》《崇祯长编》和《明清史料》等大部头史料外，也详细查阅了相关的地方志（尤其是景印出版的乡镇志），以及明末抗清诸臣的奏疏、别集，至于奉天主教人士所撰著述的使用，则以徐光启门生韩霖在崇祯九年所编的《守圉全书》一书最为特出，[4]此书现藏台北傅斯年图书馆善本书室，先前均以为已佚，其中收录了许多先前学者均未曾过目的与天主教相关的文献。

一、辽东经略孙承宗幕中的孙元化

在叙及孙元化的事迹之前，我们或有必要对明末的军事态势先做一概略的浏览。[5]万历四十六年三月，努尔哈赤以"七大恨"为由誓师征明，四月，陷抚顺。四十七年三月，明远征军在萨尔浒之役几乎全军覆没。四十八年四月，徐光启遂以知兵奉旨训练新兵、防御都城，他于是函托在杭州家居的奉教友人李之藻和杨廷筠，设法购求西铳，以备练兵。[6]耶稣会士傅汎济尝在其于泰昌元年寄回欧洲的一封信中，明白指出徐光启当时颇想借西洋火器的输入为烟幕，夹带一些会士入华。[7]

泰昌元年，李之藻和杨廷筠二人合议捐资，并由李氏遣奉教门人张焘往澳门购得大铁铳四门。张焘精于火器之学，尝撰有《西洋火攻图说》一卷。[8]十月，澳门选派铳师四人和傔伴通事六人，护送此批火器至广州。天启元年二月，徐光启以练兵事竣，升少詹事、协理府事，寻因病乞归。[9]由于徐光启甫谢事，李之藻等人因担心"铳到之日，或以付之不可知之人，不能珍重，万一反

---

4 有关韩霖及其亲兄弟韩云、韩霞三人的奉教事迹，参见方豪，《中国天主教史人物传》上册，页253—258。
5 本章中所叙及的历史事件，如未另加注，均请参见《国榷》。至于明与后金间的征战，则详见孙文良、李治亭、邱莲梅，《明清战争史略》。
6 下文中所提及的此次购铳事，均请参见《徐光启集》，页179—183。
7 参见Juan Ruiz de Medina S. J., *The Catholic Church in Korea, Its Origins 1566-1784*, p. 276. 此书原以西班牙文撰写。又，下文中所提及各耶稣会士的姓名、生卒年及其生平事迹，均请参见Joseph Dehergne, *Répertoire des Jésuites de Chine de 1552 à 1800.*
8 《明史》卷98，页2438。
9 《明熹宗实录》卷6，页2、10。

为夷房所得，攻城冲阵，将何抵当"，只得命加衔守备张焘将之暂置于江西的广信府，并遣送铳师回澳。

天启元年三月，沈阳、辽阳俱陷，辽河以东尽为后金所有，徐光启因此于四月又被急召回京，抱病复官襄理军务。[10]是月，李之藻也由甫升任的广东布政使司右参政一职改授光禄寺少卿管工部都水司郎中事，旋奉旨调度京师十六门城楼军器。[11]徐光启于是上疏主张应"多造大铳，如法建台"，认为此"真国家万世金汤之险"，并建议由李氏和工部主事沈棨等仿制西洋大炮。[12]而李之藻在《制胜务须西铳，乞敕速取》一疏中，建请应速差人将存留广信的四门大铳运京，并访求阳玛诺和毕方济等耶稣会士，以协助建台造铳。[13]

虽然当时的兵部尚书崔景荣对徐、李两人的建议十分支持，但因受到各项因素的影响，直到元年六月，建台和造炮两事，均仍未开始进行。[14]至于取铳来京之事，崔景荣虽在五月即疏请派守备孙学诗于一个月之内自广信搬运入都，也因运费不足，初仅两门运抵京师，其余两门直到边警日闻始于十二月解京。[15]而由于军情紧急，孙学诗旋又奉旨再往澳门购求较不易膛炸的铜铳，并选募能制造和操作火器的葡人来京。[16]西洋火器在朝廷的地位自此益重。

天启二年正月，明军在广宁一役大溃。二月，广宁巡抚王化贞和辽东经略熊廷弼均因战败而奔逃入关。三月，遂起用孙承宗为兵部尚书兼东阁大学士，入阁办事。六月，新任辽东经略王在晋议筑新城于山海关外的八里铺，众人力争不得。八月，先前自请阅关的孙承宗返京向皇帝面陈边事，遂罢筑新城且召还王在晋，承宗并奉旨以原官督理山海关及蓟辽、天津、登莱各处军务。[17]

孙承宗，字稚绳，别号恺阳，保定高阳人，万历三十二年进士。他是明末抵抗后金的首要人物之一，其门生钱谦益即尝谓："二十年名将，咸出高阳之

---

10 《徐光启集》，页174。
11 《明熹宗实录》卷9，页13—14、20。
12 《徐光启集》，页175—176。
13 《徐光启集》，页179—181。
14 《徐光启集》，页181—183；沈国元，《两朝从信录》卷7，页2。
15 先前有关此四门大铳来华的详细过程，均不甚了了，此据韩云，《战守惟西洋火器第一议》；《徐光启集》，页181—183。
16 《明熹宗实录》卷17，页18。
17 茅元仪，《督师纪略》卷1，页7—16；卷2，页1—4。《明熹宗实录》卷23，页19。

门。"他于天启初年临危受命，经营辽东凡四年，共恢复疆土四百里，安插辽人四十万，稳定了屡战屡败的军心和民心。[18]

　　孙承宗在天启二年九月抵关视事后，旋即定兵制，命"袁崇焕修营房，立功总兵李秉诚教火器，广宁道万有孚募守边夷人、采木辽人修营，兵部司务孙元化相度北山南海，设奇兵于高深之间"，[19]其中孙元化，[20]字初阳，号火东，江苏嘉定人，万历四十年举人，曾师事徐光启习火器和算法，除协助徐氏删定《句股义》外，还撰有《经武全编》和《西法神机》等兵学书，以及《西学杂著》《几何用法》《几何体论》《泰西筭要》等数学书。[21]

　　孙元化虽为嘉定人，惟因寄居上海，尝入上海县学读书，[22]他与其师徐光启家中的关系相当亲近。[23]孙氏或为徐光启入室弟子中历官最高的一位，尝透过其深受西学影响的军事素养与能力，为天主教徒在朝中开创了一个颇具发展潜力的空间。

　　惟先前有关孙元化的研究并不多，且对相关史料的爬梳也欠详尽。清初归庄所撰的《孙中丞传》，[24]或许仍是目前有关孙元化生平最翔实完整的一篇纪述，然近代学者似均不曾过眼。归庄与孙致弥（元化之孙）相交，并尝于康熙十年为致弥所撰的《江行杂诗》作序。[25]笔者在下文中，将以此传为主体，[26]综合其他明清之际的文献，尝试对孙元化的生平事迹及其影响做一较深入的论述。

　　天启二年正月，广宁兵溃，正赴京赶考的孙元化，乃疾驰入都，二月初五

18　钱谦益，《太常寺少卿管光禄寺丞事赠大理寺卿赐谥鹿公墓志铭》。
19　茅元仪，《督师纪略》卷2，页8。
20　孙氏生平事迹，除另加注外，均请参阅《明史》卷248，页6436—6437；王鸿绪，《明史稿》，列传，卷140，页2—7；方豪，《中国天主教史人物传》上册，页234—39；Fang Chaoying, "Sun Yüan-hua."
21　佚名，《江东志》卷7，页1；卷8，页13—14。程其珏修，杨震福等纂，《嘉定县志》卷26，页6、9。李俨，《中国算学史论丛》，页163—164。
22　宋如林修，孙星衍等纂，《松江府志》卷45，页51；俞樾纂，应宝时修，《上海县志》卷23，页10。
23　如徐光启在万历三十九或四十年所写的家信中，即称"初阳家书可即送"；《徐光启集》，页483—484。
24　此传未收入新编的《归庄集》中，笔者所见乃出自《江东志》卷8，页3—14。
25　归庄，《归庄集》卷4，页273—274。
26　下文中有关孙元化之事迹，如未特别加注脚，即请参阅此传。

日，上呈《防守京城揭》，[27]称"方今兵胆破落，非凭顿于层台之上，则我气不坚；非用远镜、精铳，以先杀于十里之外，则敌不挫"，且论及筑台造铳之法以及射击的要领。如称建炮台应有一定之形势，"面角有一定之周径广狭。其直、其折、其平，有绳矩；其虚、其实、其屯营、其更舍，有方位"，且强调铸铳时应注意"铜锡之剂量，炼铁之火候，内外径之厚薄，前后径之加减，弹与药之重轻"，并指出大铳的发射有放法、凉法、卫法等操作要领，瞄准则有看法、测法、照对法、约度变通法等技巧。虽然此疏因篇幅关系而未言及细节，但相对于一般论兵事奏疏的泛泛，孙氏火器知识涵盖面的宽广，应予人相当深刻的印象。而由此疏的内容，亦知孙元化先前对西学应已接触颇多。

孙元化领洗入天主教的时间不详，方豪以其在天启元年受洗于北京，惟未注明出处。[28]由于孙氏在天启二年初始自家乡抵京参加会试，故笔者相当怀疑他前一年人也在北京并领洗。经查毕方济于万历四十八年致罗马耶稣会总会长Muzio Vitelleschi的信函，其中提及他在"南京教案"爆发后，曾经避居于松江举人Sun Ko Yam Ignacio之家，[29]此应即指孙元化（Ko Yam或为其字初阳的音译），由于毕方济在此信中已点明孙氏的教名为意诺爵（Ignacio），故知元化受洗的时间必在万历四十八年之前。又，徐光启曾撰文提及孙意诺爵尝于万历四十六年九月二十八日参加在练川（嘉定之别名）所举行的一场弥撒，[30]此一孙意诺爵应亦为孙元化，也就是说孙氏入教的时间可能还在此前。

孙元化的个性颇富进取且相当自负，如在前揭中，他向当国者自荐，宣称若能让其"相度要害，置成数台；鼓励豪杰，练成万骑；鸠集工料，造成百铳。而后翼以鸟铳、弓矢一万，短刀、盔甲各一万，车牌各一千，长短枪各五千"，且在未遭挠制的情形下，则"半年内可固都城，一年之后可巡边邑"，末并称："此公务也，敢公布之，若旬日之内，莫遇同心，则萧萧班马挥手自兹矣。"

由于前揭发表之后，边情稍缓，孙元化因担心"虏缓而我亦缓"，故于二

27　韩霖，《守圉全书》卷1，页36—39。
28　方豪，《中国天主教史人物传》上册，页234—239。
29　Juan Ruiz de Medina, *The Catholic Church in Korea, Its Origins 1566–1784*, p. 273.
30　徐光启，《弥撒冠议》。

月初七日再上《防边关揭》，[31]对造台、用兵和用铳等事提出具体的建议：

> 台则容生相度九门，因墙取势，或可省全费三分之一，省全工二分之一，相度既定，一面建筑，一面巡视宣府以东诸口，宜因者因，宜改者改，宜创者创，以厚京师之腰背，掖京师之股掌。兵则容生即于京营点选，各口即于本边就近点选，教以守台之法，择其忠智可恃者，教以有铳之法。铳则容生遍阅厂库，旧贮可用者留之，不可用者改之，留者异出教场，造合弹药，依法试放，庶免临阵炸裂以害我兵。

且谓在此揭之后，如其人或其言均不获用，即"从此不复置一喙"。

是科，孙元化不幸落第。二月三十日，时任吏科给事中的侯震旸疏荐其才，称：

> 中国长技在火器，然火器用以临敌，必借车用；以守城，必借台造。……现有举人孙元化，急宜留用，炤法建制。……令孙元化相度地形，扼虏必繇之路，各建一台，即以一台之费为诸台式，隘口有金汤之固矣！其教练火器之法，即令元化指授方略于将领，惟造铳之人，方习用铳之法也。[32]

侯震旸的建议虽获准依议遵行，但侯氏旋于三月十四日因疏参阉党沈㴶等人而遭降调外任，惟孙元化仍在兵部尚书兼东阁大学士孙承宗的协助之下，获授经略衙门赞画军需一职。[33]孙承宗本拟聘元化为其僚属，但元化却坚持赴边关一展抱负。

初至边关的孙元化，相当勇于任事，尝于天启二年四月向辽东经略王在晋连上《清营设险呈》和《议三道关外造台呈》两疏，五月，又上《乞定三道关

---

31 韩霖，《守圉全书》卷1，页39—41。
32 《明熹宗实录》卷19，页22。
33 《明熹宗实录》卷20，页10、18。

山寨铳台揭》，八月，再上《铳台图说》，[34]希冀自己在军事方面的才学能为当事所用。

天启二年九月，奉旨督理边务的孙承宗，将孙元化题授为兵部司务，命其择险要之地建台，并管理军器、火药。[35]承宗对火器十分重视，认为"练火器为救急之著"，但由于当时全军中熟悉操作者不过数十人，他乃"日短服，亲至营中按教之。……每大犒，则厚能火器者，以表异之"，并命李秉诚教授使用之法，三月之间，教成火器手八千人。[36]元化首倡用辽人治辽事，并在幕中力倡驱辽人出关拨田耕种之议，颇为承宗所击节叹赏。[37]是年，元化奉孙承宗之命铸造西铳，然经三次试验俱轰裂，乃引咎请罢，承宗则安慰曰："君非冒者，但大器晚成耳。"[38]

天启二年十月，李之藻上"以夷攻夷"之策，建议："西洋大铳可以制奴，乞招香山澳夷，以资战守。"奉旨："作速议。"[39]三年四月，游击张焘遂自澳门解进大铳二十六位，并募得独命峨等铳师二十四人（含夷目七名，通事一名，傔伴十六名）随行。[40]兵部尚书董汉儒为示优厚，还曾建议应"赐之朝见，犒之酒食，赉以相应银币"，并随即在京营内精择一百名选锋，向这些外籍军事顾问学习炼药、装放等法，且严禁外人擅闯或窥视教演之所。[41]惟因稍后在教炮过程中发生膛炸伤人的事件，而原先提议召募葡兵的李之藻也已在这支队伍抵达都门前不久遭免职，朝廷遂借口这些炮师"寒暑之气不相调，燕粤之

---

34 此段中所提及的各文件，请参阅孙元化，《西法神机》卷上，页28—31；韩霖，《守圉全书》卷2，页65—70。
35 茅元仪，《督师纪略》卷2，页10；《明熹宗实录》卷29，页6。
36 鹿善继，《认真草》卷14，页13；茅元仪，《督师纪略》卷2，页13。
37 王在晋，《三朝辽事实录》，页292、402。
38 此见茅元仪，《督师纪略》卷2，页15。任道斌在其《"西学东渐"与袁崇焕》一文中，抨击孙元化"对西洋炮不知其所以然，以为其炮身太薄，仿铸时随心所欲地加厚炮身，改短炮筒，而不察西洋炮制造时'铁熟锻、筒精卷'等先进工艺，往往难免罅隙，爆炸自伤，竟反归咎于西洋炮，视为赘物，甚至畏惧而不敢使用"，其说未注出处，笔者相当怀疑此说的可靠性。任氏之文收入《袁崇焕研究论文集》，页301—309。
39 《明熹宗实录》卷27，页24。
40 此批澳兵的统领之名，先前并不为学者所习知，笔者乃自委黎多于崇祯三年正月所上的《报效始末疏》中获见，委黎多在疏中自称为"住广东广州府委香山县濠镜噢议事亭西洋商舶臣"。委黎多或为耶稣会士Diogo Correa Valente（？—1633）之译音，其人驻澳门，时任中国区主教。参见C. R. Boxer, *Seventeenth Century Macau in Contemporary Documents and Illustrations*, p. 76.
41 《明熹宗实录》卷33，页13、27。

俗不相习，不堪久居于此"，将他们全部送返澳门。[42]

前述运抵京城的火炮出自三艘沉船：万历四十八年遭飓风吹沉在肇庆府阳江县海口（其地之海防归神电卫，但该卫的官署在高州府电白县）的英国船和葡国船各一艘，以及沉没于雷州府海康县的一艘红毛番船。两广总督胡应台于天启初年即应李之藻之请，将其中状况较好的二十六门购募解进。[43]今北京的中国军事博物馆以及故宫午门和端门间的广场上，各陈列其中一门，炮身的刻款为"天启二年总督两广军门胡题解红夷铁铳二十二门"，上并可见英国东印度公司原铸的盾形徽饰。[44]由于扣除领队和通事各一人，当时实际负责运送火器之澳人，仅余二十二名，每人如照顾一门炮的话，恰与炮身上所记由胡应台运京的炮数符合。或许其余四门乃稍后才又解进的。

投笔从戎的孙元化，初在辽东意兴风发，其友人唐时升即尝在赠诗中称："忆昨初投笔，乘时试运筹。指挥凭羽扇，谈笑抚旃裘。闪电生机械，连云列戟矛。一台当要害，千里赖绸缪。"[45]由于辽事在经杨镐、袁应泰、王化贞累败之余，人心惶惶，守备残破，故孙元化主张在辽东应"先修实备，后勤远略"，但孙承宗却受命"专征布置广远"，看法颇为不合，元化因而求去。会兵部当时欲引进西方火器，乃召其回部，负责监督训练。

孙元化因未由进士出身，故其先前所授的军衔，均属临时性的安排，然而元化在边关时，经略王在晋强要其加冠带，稍后，御赐边臣貂皮蟒服时，元化也获赐，亦即他当时早已释褐，并和其他正途出身之人同样着官服，此故当其于天启三年回京之后，虽欲辞官重新以布衣身份参与后年的会试，惟吏部因格于例，乃题请将他实授前衔（即兵部司务）。天启四年，再升兵部职方司主事。

天启四年六月，左副都御史杨涟劾魏忠贤二十四罪，遭切责。七月，首辅叶向高被指为东林党魁，罢归。十一月，孙承宗以贺圣寿为名，欲入觐面论魏

---

42 韩云，《战守惟西洋火器第一议》；委黎多，《报效始末疏》；方豪，《李之藻研究》，页171—173；张小青，《明清之际西洋火炮的输入及其影响》。
43 此据委黎多所上的《报效始末疏》，张小青在其《明清之际西洋火炮的输入及其影响》一文中，将李之藻所解送之炮误为全得自雷州府海康县者。
44 周铮，《天启二年红夷铁炮》。
45 唐时升，《三易集》卷3，页14。

忠贤之罪，然却被魏氏求旨阻于通州。五年三月，魏忠贤兴大狱，杨涟等二十余大臣均被下狱或削籍。五月，自元年八月起即一直称病在籍家居的徐光启，以"招练无功"遭罢，并被革礼部右侍郎衔。十月，孙承宗也因忤魏忠贤而以"虽娴于兵，而方略疏焉"的理由去职。

兵部尚书高第在新任辽东经略后，随即以"关外必不可守"，尽驱屯兵入关，并撤锦州、宁远一带的军事要塞，军民因此死伤载道，哭声震野，仅宁前道袁崇焕不听命，坚持与城共存亡。眼见辽东的局势大变，孙元化乃于天启六年正月再上疏请用西洋台铳法，其言曰：

> 弓矢远于刀枪，故敌尝胜。我铳炮不能远于敌之弓矢，故不能胜敌。中国之铳，惟恐不近，西洋之铳，惟恐不远，故必用西洋铳法。若用之平地，万一不守，反藉寇兵，自当设台。然前队挟梯拥牌以薄城，而后队强弓劲矢继之，虽有远镜，谁为照放？此非方角之城、空心之台所可御，故必用西洋台法。请将现在西洋铳作速料理，车弹药物安设城上，及时教练。俟敌稍后，地冻既开，于现在城墙修改如式。既不特建而滋多费，亦非离城而虞反攻。都城既固，随议边口。

得旨："西洋炮见在者，查系果否可用？及查放炮教师果否传授？有人即当料理，以备城守。"[46]

由皇帝在前述谕旨中所提出的问题，我们可以窥知虽经徐光启和李之藻等奉教官员的多方努力，然明廷先前对西洋火器一直未给予足够且持续的重视，往往只在战情紧急时，始临时抱佛脚，此故孙承宗即尝谑称好友徐光启每逢满人入侵时就获起用，一旦兵事稍缓，旋遭劾去。[47]

西洋火器的威力，直到天启六年正月袁崇焕率总兵满桂等人以之在宁远力挫努尔哈赤大军后，始锋芒毕露。在此一大捷中，城头共布置有十一门大炮，

---

46 《明熹宗实录》卷67，页19。
47 孙铨辑，《孙文正公年谱》卷1，页10。文正为孙承宗之谥号。

"循环飞击,杀其贵人,每发糜烂数重","一炮輒杀百人",[48]其中威力最强者,乃为天启元年李之藻自广信运往京师的四门大铳之一。李氏原属意将该批武器交茅元仪(为孙承宗主要的僚属之一)运往辽东,惟因张焘"畏关不欲往",遂置于京营。天启三年,茅元仪曾亲自向在京营教炮的葡人学习操作之法,并函请孙承宗调该批澳兵至关外协助战守,惟公文到达时,这些人已奉旨返澳而未果,遂调取京营中曾习火器的彭簪古出关。后茅元仪取得其中一门大铳,本欲以之进取盖州,因计划受阻,乃将其置于宁远,并在天启五年遭罢归时,将操作的方法传授满桂。[49]六年三月,此炮因功被受封为"安国全军平辽靖虏大将军",而负责管炮的彭簪古也获加都督衔。[50]

袁崇焕因宁远大捷之功,初授都察院右佥都御史,但仍照旧驻扎宁远等处专管军务,六年三月,再升辽东巡抚。[51]由于西洋火炮在宁远一役的优异表现,孙元化乃于六年二月奉旨多造西洋火器,以资防御,惟元化疏称西洋炮不必多,也不能多,因若"辅以机器(指炮车),瞭以远镜,量以勾股",即可"命中无敌",且此器"用一以当千",故不必多,又因铸造极为费钱,每门往往需千百金,试放时还可能出现炸裂者,而京师的工料既贵,陋规又多,故不能多造。由于先前徐光启在练兵时,澳商曾进四门大铳,再加上李之藻先前奉旨调度京师各城楼军器时,亦曾经手购募二十六门,其中虽有十一门调往边外,一门炸裂,孙元化认为以其余的十八门(均为西洋所铸之炮)防御京师,应已足够。鉴于后金的威胁并未因宁远大捷而完全解除,孙元化随即奉旨兼程赶赴关外,协助袁崇焕料理造铳建台之策。[52]

六年二月,吏部荐举边才,孙元化获列名其中,[53]三月,以兵部主事授辽东军前赞画,再次出关与袁崇焕共议城守事宜,且负责督制西洋炮。[54]元化当

---

48 彭孙贻,《山中闻见录》,页41;海滨野史,《建州私志》,页278。
49 茅元仪,《督师纪略》卷12,页13—14。
50 《明熹宗实录》卷69,页20。任道斌在其《"西学东渐"与袁崇焕》一文中,抨击彭簪古"排斥西洋炮,任之废弃不用",惟其说未注出处,也未做任何说明。
51 参见《徐光启集》,页211。《明熹宗实录》卷67,页20—21;卷68,页3;卷69,页11、20。后金自陈在该战役中"糜烂失亡"者,凡一万七千余人。
52 《明熹宗实录》卷68,页11、30—31。
53 吴应箕,《启祯两朝剥复录》卷3,页6。
54 《明熹宗实录》卷69,页16;彭孙贻,《山中闻见录》,页41。

时还曾议修中右、中后两城，以翼山海关和宁远，并修觉华岛军备，以卫屯粮。

熹宗鉴于"宁远捷功，年来仅见"，遂于六年四月命兵部对先前未曾叙奖的有功人员再加议叙，被袁崇焕誉为"识慧两精"的孙元化，虽不曾直接参与该役，但仍获"候升任，加一级，赏银十二两"的奖励，[55]其原因不详，有可能因其参与宁远的筑城筑台之功，也有可能是因其曾于天启五年督解军器至边关一事。

六年六月，袁崇焕以边事暂缓，题请将孙元化调回北京，元化当时曾将所获的赏银五十两捐出助饷。[56]由于当时的总督王之臣和总兵满桂皆与袁崇焕不合，还朝后的元化遂请以关外事专委崇焕，此举得罪了不少反袁之人，再加上元化与东林党人来往密切，如他不仅曾参与起草先前九卿参劾魏忠贤的奏疏，且当东林要角魏大中被捕送京师时，元化亦曾将其子学洢匿之于邸舍，并于大中死后，"尽斥衣物，佐其归装"，[57]此外，元化又拒绝阉党的拉拢利诱，终于七年二月被阉党矫旨控其营谋赞画一职，而施以"冠带闲住"的处分。

七年五月，皇太极自将攻宁远，围锦州，袁崇焕成功地将其击退，但袁氏却于七月被阉党诬其不救锦州而遭罢。[58]至此，孙承宗及其经略辽东时的主要僚属（孙元化、鹿善继、茅元仪、袁崇焕等）均遭阉党斥逐，而徐光启、李之藻、杨廷筠等奉教士人也已于先前相继罢官。

二、徐光启在崇祯朝中的发展

崇祯帝即位之初，力挽狂澜，黜斥在天启朝权倾一时的魏忠贤阉党。天启七年十一月，起袁崇焕为都察院左都御史兼兵部右侍郎，十二月，起徐光启为詹事府詹事。崇祯元年四月，袁崇焕更升授兵部尚书，督师蓟辽。十二月，徐光启好友韩爌也被召还为首辅。

55　《明熹宗实录》卷70，页32、37。
56　沈国元，《两朝从信录》卷33，页6；《明熹宗实录》卷72，页18。
57　孙致弥，《枕左堂集》，诗，卷3，页14。
58　彭孙贻，《山中闻见录》，页49—51。

在此一新的政治局势下,徐光启乃于崇祯二年正月自请练兵,其疏有言:

> 乞先与臣精兵五千或三千,一切用人选士、车甲兵仗、大小火器等事,悉依臣言,如法制备,再加训练。择封疆急切之处,惟皇上所使,臣请身居行间,或战或守,必立效以报命。既有成效,然后计算增添。……然马步战锋精兵,终不过三万人,……此为用寡节费万全必效之计。[59]

四月,徐氏升授礼部左侍郎,[60]但其自请练兵的建议则未受重视。

崇祯二年六月,袁崇焕因东江(鸭绿江口众小岛之总称,其中以皮岛最大)毛文龙跋扈难制,假阅兵之名将其斩首。十一月,后金军入关,京师戒严。孙承宗以知兵被复起为兵部尚书兼中极殿大学士。孙氏先前经略辽东时的部属,如总兵满桂、祖大寿以及督师袁崇焕等人,多成为防御的主力,而原先遭闲置或入狱者(如鹿善继、茅元仪等)亦次第获重用。

二年十一月,崇祯帝召廷臣问方略,徐光启即以先前辽阳和宁远之役为例,建议应凭城用炮,而不应冒险在北京城外列营防守,几经讨论后,遂纳其议。[61]徐光启更奉旨与李建泰一同负责京营的"指挥训练"。[62]在徐氏当时所上的《守城条议》中,他除细述城守应注意的事项外,还提出许多具体的建议,其中有云:

> 以礼房东朝为议事所,掌詹事府尚书钱象坤愿与城守谋议之事,宜令专住本所。……西洋大铳并贡目未到,其归化陪臣龙华民、邓玉函虽不与兵事,极精于度数,可资守御,亦日轮一人,与象坤同住,以便谘议。[63]

---

59 《崇祯长编》卷17,页16—18。
60 《崇祯长编》卷20,页6。
61 《徐光启集》,页269—271。
62 《崇祯实录》卷2,页14—17。
63 《徐光启集》,页272—275。

此因两广军门李逢节和王尊德虽于崇祯元年七月奉旨至澳门购募炮师和大铳，但这批人员和武器却一直未抵京，徐光启眼见局势危急，遂建议起用在京的龙、邓两耶稣会士以协助城守。[64]

李逢节和王尊德在澳门所购募的炮师和大铳，乃至崇祯二年二月在都司孙学诗的督护以及耶稣会士陆若汉的伴同之下自广州进发，此一队伍包括由公沙·的西劳所率领的三十一名铳师、工匠和傔伴，共携大铁铳七门、大铜铳三门以及鹰嘴铳三十门。[65]

惟因大铳体重难行，以致行程屡稽迟，迄二年十月，始行至山东济宁，忽闻后金已破北直隶的遵化等城，兵部于是奉旨差官前来催趱，由于漕河水涸，公沙等乃舍舟从陆，昼夜兼程，十一月二十三日，至涿州，因闻敌兵逼近都城，公沙等亟行制药铸弹，预备御敌，二十六日，知州陆燧传达兵部所奉之上谕，中称："西铳选发兵将护运前来，仍侦探的确，相度进止，尔部万分加慎，不得疏忽，钦此钦遵。"知此一部队和火器颇受当局重视。十二月初一日，此一队伍在抵琉璃河时，闻悉良乡已破，因前无据守之地，只得回转涿州，由于回车急迫，炮车的轮辐遭损，大铳几至不保。比时，州城内外士民怖贼势凶，咸思束装逃避，公沙·的西劳、陆若汉、孙学诗乃会同知州陆燧及乡宦冯铨（原任大学士）商议，急将运送的大铳入药装弹，推车登城拒守，并在四门点放试演，声似轰雷，敌军闻声因而不敢南下，随后即北退。

二年十二月，崇祯皇帝因中后金的反间计，将袁崇焕下狱，祖大寿在愤怒惊惧之下乃率辽兵东返。新授总理关宁兵马的满桂，旋又力战身亡。副总兵申甫和兵部右侍郎刘之纶所率领的新军，也先后败没。[66]在此一极为不利的战局下，公沙所率的铳师和大铳，终于三年正月抵京效命。[67]明朝政府答应支付领队公沙每年一百五十两的薪水，每月再加十五两的额外花费，其余之人则年支

64　委黎多，《报效始末疏》；《熙朝崇正集》卷2，页15—19。
65　下文中有关此次贡铳的细节，均据韩霖《守圉全书》中所收录的《公沙的西劳》、陆若汉致韩云书、梁廷栋《神器无敌疏》、韩云《催护西洋火器揭》、委黎多《报效始末疏》以及陆若汉《贡铳效忠疏》等文（卷1，页94—95；卷3之1，页83—95）。
66　参见黄一农，《扬教心态与天主教华史研究——以南明重臣屡被错认为教徒为例》。
67　委黎多，《报效始末疏》。有关陆若汉在华事迹，亦可参阅方豪，《中国天主教史人物传》中册，页34—43。

一百两，每月另给十两的伙食钱，[68]此一条件相当优渥。正月四日，京营总督李守锜和同提协诸臣奉旨在都城各要冲安置这些西洋大炮，精选将士习西洋点放法，并赐炮名为"神威大将军"。[69]

三年四月，徐光启又奏准遣中书姜云龙同陆若汉等再度前往澳门置办火器，并聘取善炮的西洋人来京。[70]徐光启此一积极引进洋兵的做法引起许多抨击，五月，礼科给事中卢兆龙即疏称：

> 堂堂天朝，精通火器能习先臣戚继光之传者，亦自有人，何必外夷教演然后扬威武哉？臣生长香山，知澳夷最悉，其性悍骜，其心叵测，……时而外示恭顺，时而肆逞凶残。其借铳与我也，不曰彼自效忠，而曰汉朝求我，其鸣得意于异域也！不曰寓澳通商，而曰已割重地，悖逆之状，不可名言。

并称招用三百澳门军士，所费不赀，不如将此钱粮在闽粤鸠工铸造大铳数百具，至于装药置弹及点放的方法，卢氏也宣称早已备悉，无须劳驾外人指导，以免使远夷"窥我虚实，熟我情形，更笑我天朝之无人也"。卢兆龙并将天主教比同白莲邪教，且夸张地称："京师之人信奉邪教，十家而九。"[71]

由于后金已于五月十三日出关东归，故卢氏在前疏中更建议：

> （西人）未来者当止而勿取，见在者当严为防闲。如皇上怀柔异类，念彼远来，则止可厚其赏赉，发回本澳。前日涿州运炮，压毙二夷，但当敕地方官厚葬，以服远人之心。若夫澳中筑舍筑台、添课添米等事，彼或徼功陈乞，弗可轻许，以贻后忧也。

徐光启随即针对此疏上言，极力分辨红夷（荷兰人）和澳夷（葡萄牙人）的不

---

68 Michael Cooper, *Rodrigues the Interpreter, an Early Jesuit in Japan and China*, p. 338.
69 《崇祯长编》卷30，页5。
70 《崇祯长编》卷33，页28。
71 《崇祯长编》卷34，页42—44。

同，声称"红夷之志，欲剪澳夷以窥中国；澳夷之志，欲强中国以捍红夷"，并称仅需招用三百葡兵即可当作"进取于东，问罪于北"的前锋，且期约两年就能"威服诸边"。[72]

卢兆龙因此于三年六月再度上疏，反驳曰：

> 堂堂天朝，必待澳夷而后强？……臣自幼习读孔孟之书，改过迁善、省身克己之事，经文备之矣，不识世间有天主一教与所谓唐朝景教者。……臣言夷人不可用，非言火炮不可用。乞皇上责成光启，始终力任，竟展其二年成功之志，勿因臣言以为卸担，则臣之言未必非他山之助也。[73]

卢氏强调己所反对者乃西人、西教，而非西洋火器，且其内心也不信徐光启有可能在两年之内解决东事。

卢兆龙，字本潜，广东香山县人，天启二年进士，"性严毅，不长权要，多所建白"，崇祯帝对其相当宠异，尝御书"刚大精神，直方气骨"赐赠。[74]他尝于崇祯初疏劾南京工部右侍郎何乔远衰庸，迫使其自行引去。[75]而何氏对天主教相当友善，曾序艾儒略之《西学凡》（《西学初函》本），并替天启三年澳人进铳时因膛炸而殉职的若翰·哥里亚撰写墓志铭。[76]

卢氏在前引各疏中强烈流露出"天朝大国"的虚骄心态，然而他对澳夷的担心，也颇可理解，如葡人在澳门多次筑城的企图，即曾引发严重疑忌。[77]当时与卢氏抱持类似想法者并不乏人，如在庞尚鹏（广州府南海县人，嘉靖三十二年进士，历官至左副都御史）的《区画濠镜保安海隅疏》中，即有云："若一旦豺狼改虑，拥众入据香山，分布部落，控制要害，鼓噪直趋，会城俄顷而

---

72 《崇祯长编》卷35，页18。
73 《崇祯长编》卷35，页17—19。
74 祝淮修，黄培芳纂，《新修香山县志》卷6，页35。
75 《明史》卷242，页6287。
76 何乔远，《钦恤忠顺西洋报效若翰哥里亚墓志铭》。
77 道光《新修香山县志》卷4，页83—90；《明熹宗实录》卷11，页4。

至，其祸诚有不忍言者。"[78]

徐光启虽然极力分辨澳夷与红夷的不同，但在许多人的心目中，他们均同被视为"非我族类"。尤其自天启二年起，荷兰人即窃据澎湖，屯兵千余，且"坚城列铳，盘踞雄崖，巨舰利兵，游移内地"，致"商渔举遭荼毒，村落相顾惊逃"，成为"全闽一大患害"，直至四年五月始在围攻之下拆城乞降并夜遁。当时的福建巡抚南居益，尝在奏疏中称："彭湖为海滨要害，……自红夷弄兵其上，我兵将不敢窥左足于汛地，商渔不啻堕鱼腹于重渊，浸假而数年之后，根穴日固，扫除更难。小之，则粤东香山澳；大之，则辽左抚顺城也。"即将葡萄牙人占据澳门、荷兰人在澎湖筑城以及满人攻占抚顺三事相提并论。[79]崇祯四年正月，皇帝召问曾任广东左布政使的陆问礼有关澳夷之事，陆氏亦回称："火器可用，人未可信。"[80]

崇祯三年七月，徐光启升授礼部尚书兼翰林院学士，其所荐举的耶稣会士罗雅谷，也已于稍后朝见并派至历局供事。[81]八月，奉旨监炮的徐光启以样炮二具呈览，帝嘉其"任事精勤"，并命其速将炮造进。[82]当时在华的天主教会亟欲透过治理历法和火器两事，以争取朝廷对西教西人的优遇。

三年十月，在陆若汉的积极奔走下，佩德罗·科尔代罗以及安东尼奥·罗德里格斯·德尔坎波合率一百多名葡国军士（另加约两百名的随从）自澳门出发来华助战。[83]由于当时澳门的总人口不过一万人左右，其中葡萄牙公民仅约一千人，[84]故从此一远征军的人数，即可窥知澳门当局对援明之事的积极态度，他们深盼能借此一天赐良机与在北京的中央政府建立较密切的关系。稍早，澳

78　瑞麟、戴肇辰等修，史澄等纂，《广州府志》卷117，页2—4；道光《新修香山县志》卷4，页88—89。
79　此段中有关荷兰人占据澎湖之叙事，均请参见"中研院"历史语言研究所编，《明清史料》，乙编，第7本，页602—607、624—630；此书甲编乃于1930—1931年间由史语所在北平出版，乙编之后则由上海商务印书馆在1935年起陆续出版。另参见包乐诗（Leonard Blusse），《明末澎湖史事探讨》。
80　《国榷》卷91，页5555。
81　《崇祯长编》卷36，页4、23。
82　《崇祯长编》卷37，页29。
83　下文中有关此批葡军援华的详细讨论，可参见Michael Cooper, *Rodrigues the Interpreter, an Early Jesuit in Japan and China*, pp. 334-353；方豪，《中西交通史》下册，页767—787；张小青，《明清之际西洋火炮的输入及其影响》。又，韩云在《战守惟西洋火器第一议》中，则称当时入华的葡军士四百八十人。
84　C. R. Boxer, *Seventeenth Century Macau in Coniemporary Documents and Illustrations*, p. 15.

门当局除在启、祯两朝多次以大炮和铳师支援明廷外，也曾在崇祯二年海寇李芝奇侵扰广东时，出借大铳给明朝守军，以为冲锋之用。[85]

附录7.1

陆若汉在募葡兵中的角色与愿景

陆若汉早先一直在日本德川幕府中担任通译，协助处理当时频繁的海外关系，由于他在政坛中颇具影响力，致使耶稣会得以因其协助，而从长崎和澳门间的海上贸易中赚取巨额利润，且护持其宣教活动，惟因他在处理传教和通商事宜时，得罪了一些异教和天主教其他传教会的人士，也与幕府中的权贵发生利益冲突，加上荷兰和西班牙等国的商船从1610年起相继进入日本，打破了葡萄牙在日本海外贸易的长期垄断，陆若汉终在对手持续且激烈的抨击之下，于1612年被放逐至澳门。[86]

落魄的陆若汉在澳门的新环境中，甚少有可资发挥的空间，明廷向澳门借兵对抗后金一事，因此成为其欲开创个人新事业所亟于把握的契机。由于西洋火器曾在日本诸藩与欧人接触时扮演重要角色，[87]深知当权者渴望借重新式武器心理的陆若汉，于是满怀憧憬地率葡兵和火炮北上助战，并在崇祯三年进呈明廷的奏疏中，称己为"西洋住澳效义报效耶稣会掌教"，且谓"臣汉自本国与先臣利玛窦辈，前后航海至澳已五十余年"，其实，他在日本居留三十三年之后，仅在澳门待了十八年，且其亦不曾担任"耶稣会掌教"一职，此一自抬身份且扭曲事实的现象，充分显露出他在显赫一时之后不甘于平凡的强烈企图心。

85　《明清史料》，乙编，第7本，页622—623。
86　Michael Cooper, *Rodrigues the Interpreter, an Early Jesuit in Japan and China*, pp. 248–268.
87　C. R. Boxer, "Notes on Early European Military Influence in Japan (1543–1853)."

教会当局也充分利用葡军助战的机会,突破"南京教案"以来的禁教状态,[88]如时任耶稣会在日本和中国视察员(Visitor)的班安德,即于崇祯二年混杂在先前由公沙所率领的部队中入华,以巡视该会在中国的传教活动,三年十月,新募的葡军来华时,也有五名耶稣会士被挟带入华,[89]禁教令在朝廷对西洋火器的倚重之下于是渐同虚设。

三年十二月,卢兆龙再度上言抨击招募澳兵一事,[90]指称葡人以出兵与否多方面要挟,如欲在澳门复筑城台,要求裁撤香山参将并开海禁,请求允许其多买米粮并免岁输地租一万两,请拨广州对海之地以建营房等,幸经两广总督王尊德坚持弗允。卢氏并称七月间原本已拨六万两饷银,且稍后亦续给粮米若干,但澳兵却又要求另发安家银每人三百两。疏中对徐光启派赴澳门处理此事的姜云龙指斥尤厉,称因澳兵迟至八月底仍未起程,致使王尊德以忧国而郁卒,"通粤民心哄然,思食云龙之肉",并指云龙贪渎冒饷,所经手的钱粮,一半为其克扣,姜云龙因此被革任回籍,且命详查议罪。

四年二月,已升授登莱巡抚的孙元化(详见后),因坚持起用葡兵,亦遭卢兆龙疏劾,卢氏以为澳人"畜谋不轨",担心若以之为前驱,恐其"观衅生心,反戈相向"。[91]此一澳门远征军在抵达南昌后,即因战情趋缓以及卢兆龙等人的激烈反对而遭遣返,但陆若汉仍以进贡武器为辞,北上进京陛见,并辩解绝无筑城台、撤参将等要挟之事。[92]徐光启在此次葡军遭遣返之后,或心灰意冷,即不再积极过问兵事,惟其门生孙元化则渐成为军中举足轻重的人物之一。

三、孙元化在崇祯朝中的起落

崇祯元年,原遭阉党排挤的孙元化,重被起用为兵部武选司员外郎,[93]未

---

88 张维华,《南京教案始末》。
89 Michael Cooper, *Rodrigues the Interpreter, an Early Jesuit in Japan and China*, pp. 338, 345.
90 《崇祯长编》卷41,页13—14。
91 《崇祯长编》卷43,页29。
92 《崇祯长编》卷44,页8。
93 在归庄的《孙中丞传》中未注明时间,笔者将此事系于崇祯元年戊辰岁,乃因孙元化尝在记其与王徵论交始末之文中称:"戊辰,余赐缳,道出广陵……"王徵时任扬州(古名广陵)推官,而赐缳则为臣子获赦召还之谓。孙氏之文转引自方豪,《中外文化交通史论丛》第1辑,页228—229。

几,升受职方司郎中。稍后,再因督师袁崇焕之荐而获授宁前兵备道。[94]三年正月,孙元化随孙承宗镇守山海关,在城头四周设红夷炮五十余具和灭虏炮二千余具,由于布置甚为严整,令当时入关后所向披靡的后金军队不敢攻坚,孙元化当时除"安辑关外八城"外,还"斩获首虏八百有奇"。[95]三月,以"深入敌营"功,加山东按察副使。[96]

三年五月,兵部尚书梁廷栋因元化素为跋扈的东江署前协事刘兴治所惮,特破格荐用孙元化为登莱巡抚,除巡抚登州、莱州和东江外,兼恢复金州、复州、海州和盖州之责。[97]七月,孙元化以病废辞新命,其疏曰:

> 盖内廷向以登莱为虚抚,东岛为虚兵。今欲以臣实其虚,而户部不给全饷,工部不给军需,兵部不给马匹,则兵仍虚,兵虚而援恢亦虚,援恢虚而抚亦虚,……且勿论岛将之反侧,戎索又未易言已。臣即不病,尚不可承,况病而且甚,不能跨鞍,不能捉笔者乎![98]

但由此疏的字里行间,知元化对此一任命并非毫无兴趣,他其实较在意能否获得充分的支援,以施展报负。奉旨应速到任的孙元化,于是率领以辽人为主的八千名军队至登莱履任。[99]公沙·的西劳等人则被分派在孙元化麾下效命,张焘当时亦在鹿岛担任赞画游击。[100]

前引文中所谓"岛将之反侧",乃指崇祯三年五月刘兴治叛变一事,当时署东江各岛之副总兵陈继盛等均为叛兵所杀,元化在上任后,即建议速发饷银并预借粮米以招抚。[101]四年三月,刘兴治因遣使与后金约降,而为岛将张焘、沈世魁等所杀,负责接应刘兴治的佟养性军,亦被杀散。后金于是兴师

---

94 《明清史料》,甲编,第7本,页721。
95 《崇祯长编》卷30,页14—15;黄之隽等,《江南通志》卷145,页12;《国榷》卷91,页5517。
96 《崇祯长编》卷32,页44。
97 彭孙贻,《山中闻见录》,页61;《国榷》卷91,页5539—5540。
98 《崇祯长编》卷36,页22—23。
99 《明史》卷270,页6940。
100 《崇祯长编》卷38,页9。
101 《崇祯长编》卷34,页18—19;卷37,页2。

一万二千余人来攻，并向朝鲜借战船，朝鲜因与明朝有深谊而加以婉拒，后金军遂自海边搜得船十一艘，分屯身弥、宣沙和都致等处，预备攻皮岛（又名南海岛，今名椴岛）。其时，总兵黄龙出镇皮岛，闻后金来袭，遂命赞画副总兵张焘出战。六月，张焘督大小兵船百余艘迎战，并令公沙·的西劳等十三名随军葡人发西洋大炮，计发射十九次，打死敌兵约六七百名，大贝勒代善的第五子巴喇玛亦中炮死，时人称之为"麻线馆之捷"，辽东巡抚丘禾嘉更形容此役乃"海外从来一大捷"。[102]

四年闰十一月，金国汗致书朝鲜国王，责其背盟供给皮岛食粮，并暗助明军登岸侦探，且在皮岛之役中不允借船只，皇太极称："莫非王意谓张焘之谋，祖帅之勇，败我师兵，克复湾、永，所以巧作其辞，而索觅间隙？"[103]其言将张焘与名将祖大寿相提并论，且明白承认张焘曾击败后金的军队。

先前，孙元化尝遣人向朝鲜求买战船，但因朝鲜为防御后金的军队，而一直未果，在后金于四年七月引兵北归后，朝鲜乃送四十艘战船予元化。是月，朝鲜陈奏使郑斗源自北京归，上献其国王千里镜、西炮、自鸣钟等物，这些都是陆若汉相赠的。陆若汉或欲借此开展与朝鲜的关系，以便将来能有机会将天主教传入该国。郑氏在回国后，朝鲜国王曾问询其对孙元化的评价，对曰："清俭疏雅，虽威武不足，可谓东门得人矣。"知郑斗源似曾会晤孙元化。[104]

被超擢为登莱巡抚的孙元化，初颇得皇帝支持，如其尝以恢复辽东为由，请马价二万两，崇祯帝喜其"实心任事"，乃许以速发，虽然太仆寺卿郑宗周于三年十月上疏诘之曰："元化称马价军需，难以急应，故先请二万，不知今日二万之价，即可恢金州否？……不知暂用若干马价，方可恢辽？"但得旨："军机、马政各有攸责，宗周不必越俎代谋，致掣疆臣之肘，所请马价，遵旨即与措发。"[105]孙元化因此积极购置军备。四年正月，工部尚书曹珍等以登镇制器尚缺银二万两，而库藏如洗，更建议特准其分用户部的加派银，

---

102 李光涛，《记崇祯四年南海岛大捷》；汤若望授，焦勖述，《火攻挈要》卷中，页27；韩云，《战守惟西洋火器第一议》。又，在《火攻挈要》中称此役共"殄敌万余"，似有浮夸之嫌。
103 《仁祖朝实录》卷25，页49。
104 此段参见《仁祖朝实录》卷25，页1、5。
105 《崇祯长编》卷39，页13。

以济急需。[106]

孙元化就任不久即更定营制，其麾下在登莱共有众八千人，此外东江各岛上的三万余兵，亦归其统帅。[107]在徐光启的军事改革计划中，[108]希望能"尽用西术"，并成立十五支精锐火器营，每营的配置如下：

> 用双轮车百二十辆、炮车百二十辆、粮车六十辆，共三百辆。西洋大炮十六位、中炮八十位、鹰铳一百门、鸟铳一千二百门、战士二千人、队兵二千人。甲胄及执把器械，凡军中所需，一一备具。

徐氏认为"若成就四五营，可聚可散，则不忧关内；成就十营，则不忧关外；十五营俱就，则不忧进取矣"，孙元化当时所统率的部队即为此类火器营的样板。

然而孙元化恢辽的构想，亦引起许多负面的反应，如户科给事中史应聘即曾于四年五月上言称："登莱额兵数万，徒作河上之逍遥，东江一旅，且为海澨之跋扈。"他以孙元化所率均属"敲骨吸髓"的"无益之士"，认为如能"罢不急之戍，简无用之兵"，则虽不加赋，饷已可足。[109]七月，户科给事中冯元飙亦疏称恢辽之事应以关、蓟为主，而今登莱巡抚岁费即八十余万，如将其裁撤，即可令百姓所承担每年约一百四十余万的加派钱，大为减轻。[110]云南道试御史张宸极也称登莱设兵原为防海之用，但后金从不曾自海路进兵，故无异将"有用之兵委之无用之地"，因此建议将半数军队仍守海防，余则移往山海关御敌。[111]

崇祯四年二月，孙元化举荐丁忧服满的天主教徒王徵出任辽海监军道，信奉天主教的王徵为天启二年进士，他之所以愿屈就为举人出身的孙元化的下属，乃因两人是以"道义相许"的好友，如孙元化于天启七年遭罢归时，"不避嫌忌，座视行色"的故交，仅王徵一人，王徵在赠别诗中即颇高赞元化，其文曰：

---

106 《崇祯长编》卷42，页12。
107 《崇祯长编》卷40，页1。
108 《徐光启集》卷6，页289、310—311。
109 《崇祯长编》卷46，页27。
110 《崇祯长编》卷48，页7—8。
111 《崇祯长编》卷52，页18。

上林休休暂归田,欲赋闲居孝敬全。堂上萱花颜色驻,林中桂树露华偏。抡才曾识骅骝种,定策能清边塞烟。未久明王应有梦,重修勋业勒燕然。[112]

此故孙氏在临终前尝记王徵答应鼎助一事曰:"翁才望高出一时,长安以势要相许者,不亚于余之道义,而余不顾势要之足夺与否,毅然请之,亦心知翁之自必不以势要夺也。"[113]当时教会中人对此一奉教官员的组合,想必抱持相当高的期望。而王徵在接任之初,亦曾起意荐举李之藻,但李氏旋于三年九月去世而未果。[114]

> **附录7.2**
>
> ### 孙元化治兵多亲族随侍
>
> 孙元化在治兵时,除引用同教的王徵和张焘等人外,其亲族(图表7.1)也颇多随侍左右或投身行伍者,如他的三子和鼎、和斗、和京即一直交替在侧,[115]而当孙氏于天启年间在边外负责造铳筑台时,亦屡携外甥沈卜琦同往,卜琦自幼即从孙元化游学。[116]此外,孙和鼎的表姊夫潘云柱和潘氏的内弟沈履素,也被元化授为都司,分护敕印和符验。[117]同样地,王徵在监军登莱时亦多亲族随侍,如其侄永年即左右其间,而其从弟王桂,也担任登莱抚标都司,屡立战功。[118]

---

112 《王徵遗著》,页274。
113 《王徵遗著》,页329—330。
114 《王徵遗著》,页143—146;方豪,《李之藻研究》,页15—17。
115 闻在上修,许自俊等纂,《嘉定县续志》卷5,页31—33。
116 《江东志》卷8,页17—18。
117 沈履素是潘云柱元配的仲弟,而潘云柱的续室沈氏则是孙和鼎的表姊。《江东志》卷10,页16—19。
118 王介,《泾阳鲁桥镇志》,乡贤志,页8;仕宦志,页8。

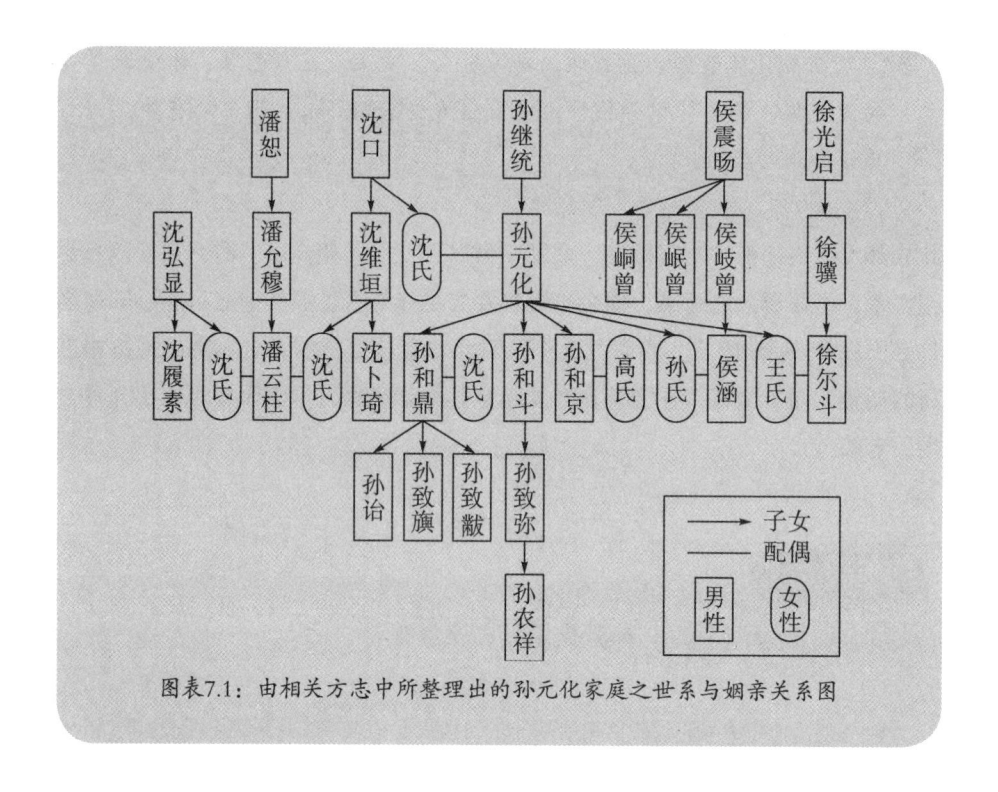

图表7.1：由相关方志中所整理出的孙元化家庭之世系与姻亲关系图

王徵在出任监军后，尝于四年六月疏奏建议：

> 计莫如收集见在辽人，令善将兵者，精择其勇壮而训练之，……即辽人补辽兵，便可省征调召募之费。……辽兵守辽地，尤可坚故乡故土之思，……以辽地储辽粮，亦可渐减加添节省之投。于攘外之中得安内之道，此或可为今日东事之要著乎！[119]

此一用辽人守辽地的主张，与孙元化同出一辙。[120]四年六月，对西学西教相当倾心的熊明遇被起为兵部尚书，熊氏也同样主张"关外文武将士，惟辽人可用"。[121]

---

119 《崇祯长编》卷47，页4—5。
120 彭孙贻，《山中闻见录》，页63。
121 《崇祯长编》卷47，页11；卷52，页25。熊明遇事迹可参见冯锦荣，《明末熊明遇父子与西学》。

四年八月，金帝亲攻大凌河，围祖大寿于城内。十月，张焘奉孙元化之命，率舟师一千三百人撤离皮岛，黄龙则借口巡视义州而迟留不去，孙元化于是命其率兵登岸牵制后金，然黄龙却仅虚张声势而未发兵。黄龙个性贪墨跋扈，如在朝鲜的史料中即称其"专废军政，贪黩无厌。凡除将官，必皆受赂，西来钱粮，不以给军。孙军门（农按：指孙元化）求买舡只，送鸟铳、铜锅等物，而亦皆自占"，[122]十一月，黄龙因隐没兵士的赏银，且扣克月饷，致引起哗变，众兵于是拘黄龙于私第，然因朝鲜移檄问罪，岛众担心食粮遭断绝，且被朝廷视作叛逆，遂杀带头倡乱者，扶黄龙复出视事。[123]

黄龙在崇祯三年五月收复滦州之役中战功第一，[124]素为孙元化所倚重，孙元化出任登莱巡抚后，即特别要求调派黄龙以总兵官的身份至皮岛，专理恢剿事宜，[125]但他稍后的表现却令人怀疑孙元化的知人之明。

皮岛兵变令孙元化在朝中备受抨击，如户科给事中吕黄钟即于闰十一月疏劾孙元化曰：

> 登抚孙元化碌碌无能，冒兵糜饷，于敌人之西入也，绝不闻牵制之能，于岛帅之见辱也，渺不见弹压之略，则亦木偶人耳！论东海地形，原有天堑之险，只设一道臣守之，可恃以无恐，亦乌用此年年充位之人为哉！[126]

同月，江西道试御史刘宗祥亦疏告孙元化有四罪状：一、纵放逃兵入海；二、不禁硝黄入敌；三、凌围日久，竟乏救援牵制之奇；四、兵哗将辱，漫无消弭节制之略。[127]

吏科给事中熊开元也指斥孙元化"冒饷"。[128]礼部尚书黄汝良亦质称皮岛

---

122 《仁祖朝实录》卷25，页39。
123 《仁祖朝实录》卷25，页39—42；《崇祯长编》卷52，页30。
124 《明史》卷271，页6966。
125 《崇祯长编》卷34，页1。
126 《崇祯长编》卷53，页6—7。
127 《崇祯长编》卷53，页8—9。
128 《崇祯长编》卷53，页23。

自毛文龙开镇以来，"十余年间曾得其半矢之用否"，是"徒以有限之财，填无穷之壑"，且如黄龙的冒饷跋扈，早已成例行故事，故建议将皮岛、登莱抚镇尽行罢撤。[129]

对孙元化的攻讦也成为打击首辅周延儒的重要借口，如陕西道试御史余应桂即严辞曰：

> 如登抚孙元化者，岁费金钱八十余万，叱之毛文龙之旧已数倍矣！料理两年，无论复四州、援大凌，即岛兵两变，亦且充耳无闻。且登兵号二万之众，调赴关宁者，止二千五百而已云。尽如此破绽，罪已滔天，业经自简，而延儒何以坚护不休，则以同乡入幕，参貂、白镪每月一至耳。然臣非无据之言也，宁远海口副总兵周文郁，延儒之家奴也，元化叙杀刘兴治之功，侈及文都（农按：郁），隔海叙功，不敢遗其家奴，其谄事延儒，亦何所不至乎？[130]

山西道试御史卫景瑗也称周延儒因受孙元化所赠的貂参金珠，因此始终曲为护持。[131]

以厚礼相赠上官，应属当时的习尚，如孙元化即尝于初授兵部司务时，置备精致的布帛赠送拔举他的孙承宗，但承宗以元化的宦囊并不丰而婉辞，仅希望他能早日自边外还朝，以便能"朝夕闻快语"。[132]孙元化在出任宁前兵备道时，曾有意矫正此一官场中的恶习，在其奏疏中有云："欲使关东将吏，自仪物迄于呈揭，自宴会迄于送迎，谢绝虚縻，惜时省费，以共图实事。"但他仍很可能为求办事方便，而循俗按月送厚礼与周延儒。至于周延儒对孙元化的护持，除因元化的"孝敬"甚丰之外，也或还因两人之间存在许多关系，如他们有同年举江南乡试之谊，而周延儒的亲族周文郁，也与孙元化十分相熟，文郁

129　《崇祯长编》卷53，页25—26。
130　《崇祯长编》卷53，页13。
131　《崇祯长编》卷53，页18。
132　孙承宗，《高阳集》卷20，页28。

曾于天启间在辽东经略孙承宗幕中与元化共事多年。[133]

崇祯四年闰十一月,孙元化的下属孔有德在吴桥叛变,对明与后金间的军事态势和天主教在军中的发展,产生极为严重的影响(详见下节)。而孙承宗也以"筑凌召衅,辱国丧师"的莫须有罪名,于四年十二月被罚冠带闲住,并夺其宁远叙功和锦衣世袭,十一年,清军深入内地,孙氏率家人拒守家乡高阳,城破,投缳死。[134]

四、吴桥兵变的发生与影响

在毛文龙为袁崇焕所杀后,其下属孔有德、耿仲明、李九成等,均自东江走登州,孙元化任登前道时,即用以为将,且多收辽人以补伍。[135]崇祯四年六月,新任兵部尚书的熊明遇,因担心防御战线过长,遂命在大凌河的孤军撤还,但祖大寿以城方新筑,不忍弃,仍留步骑两万守之。

四年七月,后金以精锐数万围大凌。由于大凌所在的宁前道归登莱巡抚统辖,兵部于是命孙元化发兵由海路赴耀州盐场(在今辽宁营口市附近)以为牵制,九月,孙氏乃命游击孔有德率辽兵赴援,有德诡言风汛不利而逗留不前,于是改命其和千总李应元率千余人从陆路至宁远听候调遣。但因孔有德所统率的辽丁与山东当地人屡有摩擦,导致部队行抵吴桥时,县人皆闭门罢市,其中一卒与民口角,有德笞之,众大哗,而后队滞新城者,适强取王象春家仆一鸡,王氏为山东望族,其家科第极盛,领兵官在压力之下,乃将该丁"穿箭游营",于是众兵遂击杀该家仆,象春之子申详抚按,必欲查办首乱之人,且适李应元之父九成荡尽为元化市马之钱,为恐遭议罪,李氏父子乃率众辽丁拥孔有德在吴桥叛变。[136]

孔有德的叛军在山东境内连陷数城,由于孙元化力持抚议,甚至移檄各

---

133 周文郁,《边事小纪》卷1,页5。
134 《崇祯长编》卷54,页9;《明史》卷250,页6476—6477。
135 彭孙贻,《山中闻见录》,页63。
136 下文中有关吴桥之变的叙事,如未另加注,均请参阅毛霦,《平叛记》,页1;彭孙贻,《山中闻见录》,页62—63;文秉,《烈皇小识》卷3,页12—14;光绪《嘉定县志》卷32,页10;宋伯胤,《孙元化与吴桥兵变》。

251

郡县，不许截杀，遂至一发不可收拾。[137]广东道御史宋贤即上疏抨击山东巡抚余大成毫无作为，但知"持斋戒杀，闭户诵经"，并建议应将孙元化"立赐斥谴，以昭国宪"，其疏中有云：

> 登莱抚臣孙元化侵饷纵兵，贪积已极。其所辖士卒，数月间一逞于江东，则剚截主将；再逞于济南，则攻陷城池，皆法之所不赦者。

其中"剚截主将"乃指黄龙之腿遭叛兵拷折且被割去耳鼻一事，而余大成更因"不禁叛乱，而禁杀生"，致被民间讥其为"白莲都院"。[138]至于广西道试御史萧奕辅，除指责孙元化放任孔有德荼毒内地外，亦抨击奉命率援兵救大凌的张焘，指其并无一人一骑抵凌，且又"卸罪于波涛，借词于风汛"。[139]

四年十二月，孔有德率兵攻抵登州城外，孙元化直到此际仍未放弃招抚的念头，五年正月，登州官兵与叛军战于城东南，由于副总兵张焘所率的辽兵遽引退，且半降于贼，而中军耿仲明等辽人又内应，城遂陷。总兵张可大自缢殉国，至于孙元化的属下，亦有潘云柱和沈履素等十九员将吏遇害。孙元化本人则自刎不成，与登州道宋光兰、监军道王徵等俱为叛军所掳。孔有德在此役中共掳获了旧兵六千人、援兵千人、马三千匹、饷银十万两、红夷大炮二十余位、西洋炮三百位，其余火器和甲仗，不可胜数。[140]

由于孙元化对辽人素颇照顾，且叛军为寻求招抚的可能，孔有德遂用耿仲明的建议，于五年二月将孙氏和宋光兰、王徵、张焘等人放还，王徵在放归后，曾具疏论及登州城陷前后的情形，中称：

> 初三之夜，内溃外应而城破矣！叛将不肯加害，且令兵士卫守。少刻，则孙抚台乘马而至，见城已破，辄自刎仆地。叛兵细搜

137　《崇祯长编》卷54，页14—15。
138　《崇祯长编》卷52，页30；卷54，页16—17；卷55，页12。
139　《崇祯长编》卷54，页18—19。
140　《崇祯长编》卷54，页22；卷55，页2—3。

252

徼身，恐亦自刎，防范愈严。[141]

指称孙元化在城破时曾试图自刎，但未遂。在元化长子和鼎所撰的《都阃潘于王暨元配两沈硕人合葬墓碣铭》中，也尝提到元化欲自刎殉国之事。[142]惟或因此举违背天主教十诫的教律，故在教会中人所撰的著述中，多避而不言。[143]

当时在登州负责教习火器的葡萄牙人，也有十二人在城陷时捐躯，另有十五人重伤。死难的统领公沙·的西劳经兵部尚书熊明遇疏请追赠为参将，副统领鲁未略赠游击，铳师拂朗·亚兰达赠守备，傔伴方斯谷、额弘略、恭撒录、安尼、阿弥额尔、萨琮、安多、兀若望、伯多禄则各赠把总职衔，每名并给其家属赏银十两。其余诸人则各给行粮十两，令陆若汉遣送回澳门，并请陆若汉再拣选数十人入京教铳。[144]

孙元化在被俘后，风传他已为孔有德拥戴称王，且僭号顺天，于是众臣接连疏劾，[145]并延及首辅周延儒和兵部尚书熊明遇。如陕西道试御史余应桂疏称诸臣先前屡纠元化贪污欺诈，但均为周延儒所回护，终致有吴桥之变，此故"主登兵之叛逆者，非孔有德，乃孙元化也。成有德之叛逆者，非孙元化，乃周延儒也"。而兵科给事中李梦辰也借此一兵变指责熊明遇"谓度失宜，威望既不足以服人，才干亦不足以济变，难以久居司马之堂"。虽然崇祯皇帝表面上仍温旨慰留周、熊二人，但已埋下他们未几即遭去职的导火线。

当兵变发生后，朝中多言孙元化已反，因而将其家属囚系，徐光启则上疏代其申辩，并称如元化有反意，"臣愿以全家百口共戮"。[146]事实上，孙元化的甥婿潘云柱在五年正月闻元化遭削籍听勘时，确曾拟反旗，但为元化所阻。[147]

五年三月，被叛军放还的孙元化，被逮至京师的镇抚司，究问其贿赂周

---

141 《王徵遗著》，页150—51。
142 《江东志》卷10，页17。潘云柱，字于王，上海人，为孙元化的甥婿。
143 如方豪在其《中国天主教史人物传》中的孙元化小传，即未提及自刎事（上册，页234—239）。
144 《崇祯长编》卷58，页5—6。
145 《崇祯长编》卷56，页12—19。
146 柏应理（Philippe Couplet, 1623—1693），《徐光启行略》。
147 《江东志》卷10，页17；《崇祯长编》卷53，页18。

儒诸事，[148]孙氏在狱中遭到严刑，"手受刑五次，加掠二百余"，[149]周延儒欲脱孙元化死罪，遂援其师徐光启入阁兼东阁大学士，共图之，但终无法挽回。五年七月二十三日，孙元化与张焘同弃市，宋光兰和王徵则遭遣戍。[150]孙元化和张焘死前，汤若望还曾乔装成送炭工人至狱中为其行赦罪礼。[151]兵部尚书熊明遇也因吴桥兵变时力主抚议，且因替与后金私下议和的宣府巡抚沈棨辩解，而同时被解任听勘。[152]自此，亲天主教的势力即淡出军中。

由于孔有德军皆辽人，曾临大敌，多谋敢战，且拥有并善用西洋火器，因此屡败内地的援兵，孔有德除四处攻城掳掠外，还诱执新任的登莱巡抚谢琏，尝私语曰："杀山东兵如切菜，虽数十万，无奈我何。各镇兵咸非吾敌，惟虑关外兵耳。"此一态势直到四千八百名的关外兵于五年八月加入山东行营后始改观。是月，孔有德兵败于沙河，山东行营兵并解莱州七月之围。[153]九月，官兵围有德于登州。六年四月，孔有德和耿仲明以船百艘载男女一万二千余人（含精壮官兵三千六百余名），连同军器、枪炮等一应物件，在明军的堵截之下，狼狈地浮海从镇江堡（临鸭绿江出海口）登陆降金，[154]令此一持续十八个月的兵变告一段落，然而叛军在山东地区则已造成"残破几三百里，杀人盈十余万"的结果。[155]

吴桥兵变虽结束，惟朝中对周延儒的攻击却日益激烈，如原任兵科给事中的孙三杰即疏称：

> 今日养叛陷城、通款辱国之事，……实无一非延儒所为，……明知元化、禾嘉无功而冒，节钺不足服人，则设为复广宁，图

---

148 《崇祯长编》卷56，页20；卷57，页1。
149 《王徵遗著》，页330。
150 《明史》卷248，页6436—6437；《崇祯长编》卷61，页24。同治《上海县志》的孙元化小传中，则误以其"于辽阳抗大兵殉节"（卷23，页10）。
151 Alfons Väth S. J., *Johann Adam Schall von Bell S. J., Missionar in China. Kaiserlicher Asrtonom und Ratgeber am Hofe von Peking, 1592–1666*. p. 98.
152 《明史》卷257，页6629—6631。
153 《崇祯长编》卷61，页15—16；卷62，页24、31—32。
154 第一历史档案馆，《清初内国史院满文档案译编》上册，页16—17、320。《清太宗文皇帝实录》卷13，页16—17；卷14，页1—11。《明清史料》，丙编，第1本，页27—29。
155 《崇祯长编》卷64，页24。

金、复、海、盖之议，既而一事无成。……孙元化开府登州，结孔有德为心腹，纵辽兵肆劫，通国知其酿祸，延儒与熊明遇极力庇之。……元化则实恃延儒在内，自分可以不死，乃束身归命，以为抚局张本。……皇上大奋乾纲，立置元化于法，罢明遇，逮宇烈，延儒则竟以巧言支饰得免于罪。……延儒一日在位，海宇一日不宁。[156]

孙三杰虽遭切责，但仍陆续上言疏劾周延儒。[157]当时对周延儒的持续抨击有相当部分乃肇因于温体仁欲阴夺其位，崇祯六年六月，周延儒终于引疾乞归，体仁遂愿继其为首辅。[158]

至于担任礼部尚书兼东阁大学士的徐光启，在吴桥兵变之后，对治兵之事更是心灰意冷，转而全力投注于他自崇祯二年即已奉命负责的修历一事，年已逾七十的徐氏，纵然阁务殷繁，仍利用政余在夜间从事历法的推算和编译工作。六年十月，终以积劳成疾而病故。[159]

附录7.3

吴桥兵变中西洋火器的应用

在吴桥兵变中，我们可发觉火器在两军交战时已扮演一相当重要的角色，[160]如在莱州的攻防战中，守城的官军几乎日耗炮弹数百斤，至于叛军则先后将红夷大炮十余位和大将军三百余位投入战场，且因其先前曾受葡籍军事顾问的教导，故发射"准如设的"，而叛军所用红夷大炮的威力尤其惊人，每位重达二三千斤，"铁子每个重六斤，触之即折，城垛尽倾，守垛者无处

---

156 《崇祯长编》卷62，页6—7。
157 《崇祯长编》卷62，页15；卷63，页15—16、30—31。
158 《明史》卷308，页7925—7928。
159 梁家勉，《徐光启年谱》，页192—206。
160 此段详见毛霦之《平叛记》。

站立"。

相对地，莱城守军初对西洋火器的使用并不熟悉，每以装药过多而导致炮铳炸裂。而谢琏新任登莱巡抚后，任命都司鲍守正督制火器，其所制竟然还是万人敌、轰天雷、火箭和火毬等传统火器，此一情形直到神武左营参将彭有谟于五年二月率师入授后，始有改善，彭氏原领川兵防守旅顺，颇具战斗经验，入城后，即定各炮填药的多寡，立命以纸将每斤火药裹作一包，如此在急忙中便不致差错，又命在装入炮弹后，以废纸或旧絮塞紧炮管，使炮口即便向下亦无坠脱之虞。

鉴于叛军的火力过强，崇祯皇帝特在五年四月遣中使送红夷大炮六位至沙河，交付由刘宇烈所率领的二万五千名马步援兵，然而此一部队却于数日后在沙河大溃，大炮等火器悉为叛军所掳。直到八月中旬，在关外兵的摧锋陷阵下，莱城之围始解，而于该役中战功最著者，即属靳国臣、祖宽、祖大弼、张韬等关外诸将，其中祖大弼外号"祖二疯子"，为祖大寿之弟，他在大凌河之役时，即以英勇而名壮一时。至于靳国臣、祖宽和张韬等将，亦曾在天启七年的锦州之战中，立功厥伟。这支关外军丰富的战斗经验和其对火器的善用应是取得此捷的主要因素。

满洲人虽于天聪五年（崇祯四年）正月起，已在汉军佟养性的督造之下铸成红夷大炮，并于同年十月围大凌河一役时，使用自制的红夷大炮攻城，[161]但数量相当有限，且操作技术亦仍不精，孔有德军的归顺，不仅令满洲人获得大量精良的西洋火器，[162]而且得到由葡萄牙军事顾问所直接传授的弹药制造技术以及瞄准的知识与仪具，[163]促使明与后金在军事力量上明显呈现消长。

孔有德在致书皇太极乞降的手本中，有云：

161　《清太宗文皇帝实录》卷8，页2；卷10，页3—4。
162　除葡籍顾问所携带的火器之外，孙元化于崇祯四年六月，尚收到广东解到的"斑鸠铳二百门、鸟铳一千门，造铳匠作并放炮教师共五十三员"，这些或多流入孔有德之手。转引自方豪，《中西交通史》下册，页779。
163　参见第十二章。

> 本帅现有甲兵数万，轻舟百余，大炮、火器俱全。有此武器，更与明汗同心协力，水陆并进，势如破竹，天下又谁敢与汗为敌乎？[164]

其踌躇满志的心情，洋溢于字里行间。此因舟师和大炮一直是满人最欠缺的，而如凭船运炮，再配合优势的马步兵，即有可能直接对山海关等要塞攻坚。孔有德在山东的各次战役中共夺得明军的红夷大炮近三十位，当其自海路撤离登州时，随船装载的数目虽不详，但必是此等奇器中最精良者，且相对于后金当时所拥有之数而言，亦必然相当可观。[165]无怪乎，皇太极会力排众议，出郊十里迎接，表达其对这支部队来归的重视。[166]

孔有德等辽将后均成为满洲入主中原的前锋，并多在清朝位极人臣，或因曾受恩于孙元化，故他们对孙氏的遗嗣常亦思眷顾，但和鼎及和斗均不应，[167]惟彼此间的关系仍相当密切，如在侯涵为孙和鼎妻沈氏所撰的六十寿序中，即称"当代异姓诸王及一时将相，多通门凤契"，[168]在和斗之子致弥所撰的诗集中，亦有作品送靖南王耿仲明之孙还朝，诗中有"三世交亲久更真"句。[169]孙致弥更曾因元化部属的推荐，而以布衣赐二品服出使朝鲜。[170]

事实上，除了孔有德和耿仲明之外，清初所封其他二王尚可喜和吴三桂，也均出自孙元化麾下，至于刘良佐、白登庸、刘泽清等降清将领，亦曾为元化之部属。[171]孙元化和徐光启完全不曾预料他们借助西洋火器和葡籍军事顾问所装备和训练的精锐部队，竟然大多转而为敌人所用。[172]

---

164 转引自箫一山，《清代通史》卷上，页144—145。
165 如在后金参将祝世昌在天聪七年（崇祯六年）七月所上的奏疏中，尝称当时后金总共才拥有红夷大炮三十多位，其中还包括孔有德所携来者以及六月破旅顺时所虏获者。参见罗振玉编，《天聪朝臣工奏议》。
166 《清初内国史院满文档案译编》上册，页19—20。
167 康熙《嘉定县续志》卷3，页30。
168 《江东志》卷9，页16。
169 孙致弥，《杕左堂集》，诗，卷2，页7—8。
170 孙致弥，《杕左堂集》，张鹏翀前序。
171 孙致弥，《杕左堂集》，诗，卷1，页2；卷1，页17—19。
172 韦庆远，《清王朝的缔建与红衣大炮的轰鸣》；李格，《孔有德》《耿仲明》。

五、奉教人士的人际网络与西学西教的开展

孙元化在天启二年以举人的身份被侯震旸破格举用，除其本身的才干过人外，彼此的同乡之谊或亦为一重要因素。至于孙承宗稍后对孙元化的拔举，则可能与元化之师徐光启攸关，此因孙承宗与徐光启的交情颇深，两人不仅为同年进士，且曾同入翰林馆学习数年。[173]天启元年，奉旨练兵的徐光启遭劾去，孙承宗即偕友人在京师城外的关公祠为其饯送，[174]所以当孙承宗督理辽东之时，徐光启也还推荐其另一门生鹿善继出任他的重要幕僚。[175]

在孙承宗的朋侪亲友当中，也不乏对天主教抱持友善态度者，如在其《高阳文集》中，收有"友人叶向高""年家晚生佟国器"以及"后学周亮工"所撰的序文，其中叶向高尝邀艾儒略入闽传教，并向门生黄景昉等人引介西学西士，[176]而向高之孙益蕃除参校艾儒略的《三山论学纪》和《几何要法》外，甚且领洗为教徒。[177]至于黄景昉则与师事徐光启的天主教徒韩霖为好友。[178]佟国器之父卜年则与承宗之子为交谊甚笃的同年，佟国器且与孙之涝（承宗长孙）在闽共事，而佟国器除为阳玛诺的《天主圣教十诫直诠》、何大化的《天主圣教蒙引》、贾宜睦的《提正编》作序外，还曾于顺治十二年捐资在福州修建教堂。[179]佟国器笃信天主教，惟因有妾而未能领洗，康熙"历狱"时曾因助修教堂一事遭杨光先控告，晚年休妾，率正室和三百余家人一同领洗，[180]佟氏也与孙元化后人颇多往还。[181]至于周亮工则在序中称己与孙之涝为"十年旧交"，且又"同事于闽"，在福州新教堂落成的勒石上，亮工即为列名祝贺的官员之一。

---

173 梁家勉，《徐光启年谱》，页71—72。
174 孙铨，《孙文正公年谱》卷1，页10。
175 鹿善继中万历四十一年进士，徐光启为其房师，鹿氏尝自称己所受的师恩在"风尘格套"之外；陈鋐编，《鹿忠节公年谱》卷上，页7。
176 艾儒略，《三山论学记》（Courant 7122），黄景昉前序。
177 黄伯禄，《正教奉褒》，页21。
178 黄景昉，《鹿鸠咏》卷2，页8。
179 佟国器，《建福州天主堂碑记》（Courant 1202）。
180 柏应理，《一位中国奉教太太——许母徐太夫人甘第大传略》，页74。
181 孙致弥，《秋左堂集》，诗，卷6，页12；词，卷1，页6—7。

孙元化得以不经正途而步入官场，显然受到其师长和同乡前辈的大力提携，稍后，他更透过联姻以强固这层关系（参见图表7.1），如元化尝将外甥女王氏嫁与徐光启之孙尔斗为妻，[182]且将其女嫁与侯涵（震旸幼子岐曾之季子），[183]这使得孙家与徐、侯两家的情谊更笃。此故，在侯震旸之长子峒曾于顺治二年嘉定城破死难后，代其经理家事者即为孙元化的次子和斗。[184]而孙元化的外甥沈卜琦，在元化因吴桥兵变被逮系狱后，也被徐光启延至家中教授子弟，且在光启病卒后，保护其子孙免遭无赖欺侮。[185]

孙元化的交游网络也往往与其师徐光启出现直接或间接的关连，如自称与元化"相知最深"的同乡好友徐时勉，不仅是其子和鼎、和斗以及外甥沈卜琦的业师，[186]且因精于毛诗，而尝以"后学"之自称，替徐光启的《徐文定公诗经传稿》一书作评。[187]

孙、徐、侯三家与当时江南抗清的知名士大夫间，亦存在错综复杂的人际网络，如孙和斗曾在徐光启门生陈子龙殉国后照顾其遗孤，[188]陈氏乃因涉及顺治三年的吴胜兆起义一事而捐躯，侯震旸的幼子岐曾当时也由于藏匿故人陈子龙而遭逮捕遇害，侯涵亦因此事入狱，久之始获释。[189]至于与陈子龙共结几社并同年中进士的夏允彝，亦与侯家联姻，允彝之女即嫁与侯涵的二哥玄洵，允彝之子完淳与侯涵并为生死之交，完淳后且因受陈子龙事牵连而入狱死，允彝则在听闻友人侯峒曾、黄淳耀等于嘉定之役死难后，投水死。[190]夏允彝尝著《西洋算法》一卷，而在其儿女亲家钱栴所撰的《城守筹略》中，也多次引录王徵和徐光启的论兵言论。[191]

---

182 此见王钟纂，胡人凤续纂，《法华乡志》卷6，页21。或因孙元化视自幼抚育在家的王氏如同己出，此故在徐光启独子徐骥所撰的《文定公行实》中，即称尔斗所娶乃元化之女；《徐光启集》，页562。
183 《江东志》卷9，页15—17。
184 梁蒲贵、吴康寿修，朱延射、潘履祥纂，《宝山县志》卷10，页66。
185 《江东志》卷8，页17—18。
186 康熙《嘉定县续志》卷5，页31—33；《江东志》卷8，页17；光绪《宝山县志》卷12，页6。
187 此书收入1983年由上海市文物保管委员会所刊行的《徐光启著译集》。
188 光绪《宝山县志》卷10，页66。
189 汪永安纂，侯承庆续纂，沈葵增补，《紫隄村志》卷5，页27—28、32。
190 《明史》卷277，页7098—7099；咸丰《紫隄村志》卷7，页3、27。
191 李俨，《中国算学史论丛》，页273；许保林，《中国兵书通览》，页260—264。

前段中所提及的黄淳耀，乃为侯峒曾和侯岐曾诸子之师，他在未第时，尝馆于钱谦益家，钱氏对黄淳耀、孙承宗和李邦华极为敬服，誉之为三君子。[192]钱氏本身是孙承宗的门生，他与常熟瞿汝稷为姻亲，并与汝稷的侄子式耜有极为亲近的师生之谊，而式耜与耶稣会士颇有往来，式耜的二伯汝夔和其堂弟式穀且均领洗入天主教，汝稷也与叶向高相熟。[193]至于李邦华则与孙承宗为同年进士，天启四年，李氏因风传欲招孙承宗入觐以清君侧，而为阉党所嫉，翌年，即借故劾削其官，崇祯二年，李氏加兵部尚书，尝与同年徐光启共同负责京师的防卫工作，而李邦华所师事的同里前辈邹元标，也尝与利玛窦论天学，并荐举杨廷筠出任河南按察司副使。[194]

此外，与陈子龙和夏允彝同为好友的何刚，亦与天主教徒关系密切，他尝于崇祯十七年正月入都上书，举荐天主教徒韩霖等人，韩霖与陈子龙均曾师事徐光启，此或是何刚知悉韩霖在兵学方面有深厚造诣的重要缘故。何刚在陈子龙的协助下，尝募兵训练水师，后以其兵隶史可法，两人互酬为知己，并同于顺治二年在扬州城破时一同殉国。[195]而史可法在崇祯十六年担任南京兵部尚书时，也曾起用徐光启的外甥暨门人陈于阶为南京钦天监博士，并命其以天文官之衔负造炮之责，可法后且有招艾儒略共商赴澳借兵及购求火器之举。[196]

在陈子龙所交游的名士当中，亦屡见与奉教人士有深切关系者，如陈继儒与杨廷筠相交甚笃，[197]而陈继儒的好友郑鄤亦为王徵的同年知己，郑鄤于万历三十六年补常州府学生员时，杨廷筠即为其宗师，郑鄤也尝与徐光启品评当世人才，其二女婿的兄弟许之渐，入清后亦曾因替教会书籍作序，而于康熙"历

192　金惟鳌纂辑，《盘龙镇志》卷上，页89—90；康熙《嘉定县续志》卷5，页33；光绪《嘉定县志》卷32，页11；王初桐纂，《方泰志》卷3，页3。
193　钱谦益，《明长芦都转盐运使司都转运使加太仆寺少卿致仕元立瞿公传》；黄一农，《扬教心态与天主教传华史研究—以南明重臣屡被错认为教徒为例》《瞿汝夔（太素）家世与生平考》。
194　周树槐等纂修，《吉水县志》卷22，页74—80；《崇祯实录》卷2，页14；方豪，《明末清初旅华西人与士大夫之晋接》；Nicolas Standaert, *Yang Tingyun, Confucian and Christian in Late Ming China*, p. 36.
195　《明史》卷274，页7025—7026。
196　陈垣，《明末殉国者陈于阶传》；李嗣玄，《泰西思及艾先生行述》（Courant 1017），页6。
197　如陈子龙曾偕友夜宿陈继儒宅，并赋诗记游；参见陈其元等修，熊其英等纂，《青浦县志》卷28，页27。

狱"中遭疏控免官,[198]许氏且尝与孙元化之孙致弥唱和。[199]

明末许多领洗的士大夫由于身属第一代奉天主教之人,故多以扩展西学西教的影响力为己任,而科举所形成的人际网络往往是其最重要的途径,除了前述所叙及的各个例子和关系外,如在与杨廷筠同科(万历二十年)的进士当中,我们可发现冯应京晚年几乎入教;[200]翁正春曾疏荐徐光启、李之藻,庞迪我和熊三拔进行修历;[201]曹于汴曾考订校刻熊三拔的《泰西水法》并序庞迪我的《七克》;[202]苏茂相曾序艾儒略的《三山论学纪》;陈民志尝跋利玛窦的《万国坤舆图》;李日华曾与利玛窦交游;[203]袁宏道与利玛窦往来频繁,[204]至于孙学易,则为天主教徒孙学诗之兄;[205]而韩爌家族中人也颇多领洗入教者,韩爌乃为鹿善继祖父久徵于万历十六年在山西乡试所拔举之士,历官大学士,后因身为袁崇焕的座主而遭疏劾。[206]

事实上,除了同年之外,从前述万历二十年壬辰科的案例,我们亦可发现该科对西学西教较友善的进士当中,还存在另一层因科举文化所产生的更密切关系,当时每科除钦点的两名主考官(称为座师)外,还有十八名左右的同考官(称为房师),分易(共五房)、书(共四房)、诗(共五房)、春秋(共一房)和礼记(共一房)等十六房进行初步的拣选,每房约取士一二十人,这些同房进士的交情通常要比同年来得更亲近,如前述的杨廷筠、冯应京、韩爌、曹于汴和苏茂相诸人,即同出春秋房;翁正春和孙学易同属易五房;至于袁宏道和陈民志则属书三房。[207]其中负责书三房的同考官焦竑还是徐光启的座

---

198 此段的内容,详见黄一农,《明末中西文化冲突之析探——以天主教徒王徵娶妾和殉国为例》。
199 孙致弥,《杕左堂集》,诗,卷2,页25。
200 林东阳,《明末西方宗教文化初传中国的一位重要人物——冯应京》。
201 陈鼎,《东林列传》卷17,页26。
202 本节中所提及由进士撰写序跋的天主教书籍,如未特别注明的话,均收入《天学初函》中,惟部分序跋仅见于《天学集解》。
203 李日华,《紫桃轩杂缀》,转引自林金水,《利玛窦交游人幼考》,页117—143。
204 袁中道,《珂雪斋集》,页1200—1201。
205 崇谦等修,《楚雄县志》卷9,页12—13。
206 孙承宗,《鹿侍御碑铭》;方豪,《中国天主教史人物传》上册,页272—273;《明史》卷240,页6243—6249。
207 参见《万历二十年壬辰科进士履历便览》,无页码。明季各科主考官之名通常可见于当年二月的《实录》中,惟众同考官之名,除少数尚存登科录之年外,多已不易考得,至于各房所取士的情形,也多不详。

师，焦氏曾在担任万历二十五年顺天乡试主考官时，将徐氏拔置第一。[208]

在李之藻的同年（万历二十六年戊戌科）当中，祁光宗尝跋利玛窦所制的《万国舆图》；姚永济曾考订并校刻熊三拔的《泰西水法》；吕图南尝撰《读泰西诸书序》，文中称其曾于万历三十五年在京见到利玛窦，得读其《畸人十篇》及《天主实义》等书，后亦与在闽传教的艾儒略深交；张维枢有《学纪、物原二篇序》，并称己与利玛窦和艾儒略均相交，后更撰《利玛窦行实》，记利氏的生平事迹。

在与徐光启同科（万历三十二年甲辰科）的进士当中，樊良枢尝序李之藻的《浑盖通宪图说》；万崇德、刘廷元、张鼐、李养志、李凌云、杨如皋、张键均曾考订校刻熊三拔的《泰西水法》；黄鸣乔为李之藻于万历三十一年担任福建乡试主考官时所取之士，[209]尝撰有《天学传概》一书，简述天主教传华之历史；刘胤昌、周炳谟和王家植均序利玛窦的《畸人十篇》；周炳谟和姚士慎且曾参与考校利玛窦口授的《几何原本》；王家植并在《畸人十篇》的序中称己"因徐子而见利子"，明白指出他是在徐光启的引介之下而认识利玛窦的。

除了徐光启、杨廷筠和李之藻三位著名天主教士大夫的同年之外，其他出现天主教徒的各科亦有较多进士对西学西教感兴趣。如王徵登科的天启二年壬戌科，即有郑鄤、王铎、郑之玄、张国维等人，或赠诗耶稣会士，或为教会中人的著作撰序。而在万历四十四年丙辰科的进士当中，瞿式耜的二伯汝夔和其堂弟式穀、魏大中之子学濂以及佟卜年之子国器均领洗入教，同科的毕拱辰、朱大典、方孔炤（及其子以智、其孙中通）、曾樱、袁中道、阮大铖、瞿式耜、李政修、汪秉元等人，也与奉教人士往来密切。[210]其中瞿式耜更尝被出任督学御史的杨廷筠拔为岁试第一，而孙承宗亦为瞿氏及方孔炤中万历四十三年应天乡试的主考官。[211]

至于其他各科对西学西教较友善的进士，也不乏其人，部分座师和房师的

208　梁家勉，《徐光启年谱》，页59—60。
209　茅维辑，《皇明策衡》，目录；卷21，页7—12。陈寿祺等，《福建通志》卷156，页19。
210　有关天启二年和万历四十四年两科进士对西学西教的态度，可参见黄一农，《明末中西文化冲突之析探——以天主教徒王徵娶妾和殉国为例》。
211　瞿玄锡，《稼轩瞿府君暨邵氏合葬行实》；张朝瑞，《南国贤书》，无页码。

态度，或亦可能对此产生影响，如以万历四十一年癸丑科为例，叶向高即为两名主考官之一，而徐光启则为同考官之一，此科中的孔贞时、周希令尝序阳玛诺的《天问略》，他们与鹿善继等人同为徐光启所取士。至于王应熊亦曾序阳玛诺的《天问略》，朱大典、沈棨和李天经曾分别被徐光启推举为适合修历或仿制西洋大炮的人选，徐景濂尝赠诗耶稣会士，而冯铨则于顺治元年协助汤若望获得管钦天监事的职务，[212]惟因资料的阙佚，他们的房师究竟为何人，已难查考。

此外，万历二十九年辛丑科的主考官之一为冯琦，冯氏曾与利玛窦相交，[213]该科进士中的黄建衷尝考校利玛窦的《几何原本》，彭惟成序熊三拔的《泰西水法》，崔淐序庞迪我的《七克》，熊明遇序《七克》和熊三拔的《表度说》，郑以伟序《七克》和《泰西水法》，彭端吾序《西圣七编》等。[214]万历三十八年庚戌科的主考官之一为翁正春，该科进士中的贾允元、陈玄藻、陈仪、侯震旸等，均有接触西学或奉教之人的经验。万历四十七年己未科的主考官之一为韩爌，同考官为王应熊、冯铨、曾楚卿、樊良枢等，[215]徐光启则任殿试的掌卷官，[216]该科进士中的庄际昌、金之俊、袁崇焕、吴阿衡、刘宇亮、邵捷春等，均曾与教会中人亲近。[217]

虽然在杨廷筠的同年当中，亦有掀起"南京教案"的沈㴶，而在王徵的同年当中，也包括大力抨击西人西教的卢兆龙和王启元，[218]但一般说来，万历中叶至天启初年的进士和考官当中，已知对西学西教抱持友善态度者，要远超过排拒之人，[219]而他们之间也屡见同社之谊，如在魏忠贤于天启五年十二月矫

---

212 万历四十一年登科进士对西学西教的态度，可参见黄一农，《明末中西文化冲突之析探——以天主教徒王徵娶妾和殉国为例》。
213 Matteo Ricci, tran. Louis J. Gallagher, *China in the Sixteenth Century: The Journals of Matthew Ricci. 1583-1610*, p. 391.
214 这些序跋均请参见《天学集解》和徐宗泽的《明清间耶稣会士译著提要》。
215 参见史继偕等编，《万历己未会试录》。
216 梁家勉，《徐光启年谱》，页122。
217 万历三十八年和四十七年两科进士对西学西教的态度，可参见黄一农，《明末中西文化冲突之析探——以天主教徒王徵娶妾和殉国为例》。
218 陈受颐，《三百年前的建立孔教论——跋王启元的〈清署经谈〉》。
219 万历初期士大夫对西学西教的态度，可参见林金水《利玛窦交游人物考》一文。

旨所颁的《东林党人榜》中，[220]即可见叶向高、魏大中、鹿善继、孙承宗、侯震旸、钱谦益、曹于汴、曾樱、崔景荣、郑鄤、李邦华、韩爌、朱大典、张问达、熊明遇之名。[221]此外，马世奇、史可法、张国维、黄淳耀、邹元标、冯琦、翁正春、侯震旸、侯峒曾、侯岐曾、李之藻、瞿式耜等人，亦均为东林中人。[222]至于徐光启，虽反对结党，但仍与东林关系密切。[223]这些对西学西教抱持友善态度的东林党要角，多在天启年间魏忠贤专权时，相继遭罢黜或自行退出政坛，此对天主教当时在华的发展明显造成十分负面的影响。

崇祯皇帝即位后，阉党被黜，许多先前遭罢斥的东林党人重获起用，他们对西学西教的态度，似乎更透过师生、通家子弟和姻亲等关系，影响复社（被目为"小东林"，于崇祯二年首次召开大会）的成员，[224]如在该社的名单中即可见到魏大中之子学濂、熊明遇之子人霖、韩爌之侄垍，侯震旸之子岐曾及其三孙（玄洵、玄汸和涵）。而复社的领袖张溥，更为徐光启在崇祯四年担任廷试读卷官时所取之士，尝获侍左右，亲见徐氏推究泰西历学。[225]此外，前文中所提及的夏允彝、夏完淳、黄淳耀、徐时勉、韩霖、许之渐、何刚、陈子龙等，亦均为复社中人。[226]在韩霖《守圉全书》一书中，我们也可见到"同里社弟段衮""里社眷弟王大武""都门社弟梁以樟""金坛社弟张明弼""云间社弟夏允彝"等人所撰之序，由他们的序文亦可知同社之谊对奉教士大夫传播西学西教的努力颇具作用。

综前所述，我们可以发现孙元化等天主教徒相当有效地透过师生、同年、同社、同乡和姻亲等关系，将西学和西教的影响力延展至其周遭的士大夫，虽

---

220 收入陈鼎《东林列传》之卷首。
221 有谓张问达之子乃为教徒；惠泽霖，《王徵与所译奇器图说》。
222 陈鼎，《东林列传》；Heinrich Busch, "The Tung-Lin Academy and Its Political and Philosophical Significance."
223 刘伯涵，《略论徐光启与明末党争》。
224 有关复社的介绍，可参见谢国桢，《明清之际党社运动考》，页119—152。
225 梁家勉，《徐光启年谱》，页185。
226 吴山嘉，《复社姓氏传略》。

然因而领洗入教者并不甚多,[227]但他们对西人西教的态度,一般说来多相当友善。

然而我们也必须理解,少部分具有前述密切关系之人,其对西教的态度仍属负面,如天主教徒魏学濂的挚友黄宗羲,即尝在其《破邪论·上帝》一文中,批评天主教曰:

> 为天主之教者,抑佛而崇天是已,乃立天主之像记其事,实则以人鬼当之,并上帝而抹杀之矣!此等邪说,虽止于君子,然其所由来者,未尝非儒者开其端也。[228]

而瞿式耜的老师钱谦益亦尝指天主教是世间三大"妖孽"之一,并称如果不除此三者,则"斯世必有陆沉鱼烂之祸"。[229]即使是曾因兴趣而向耶稣会士习制器之学的熊开元,也尝抨击其好友金声不应过分笃信天主教。[230]

至于前述与天主教徒关系密切的士大夫,也往往同时与佛教相当亲近,如侯涵的长兄玄汸尝欲成立一社以济贫,黄淳耀即引释典为其命名为慧香社,并称儒释两家的道理相近,在黄淳耀的日记中也屡见他修禅佞佛的行为,而侯峒曾的二子玄瀞也曾入西山参禅,后并出家为僧,[231]至于在孙承宗和叶向高等人的文集中,佛教思想更屡见不鲜。此因中国知识份子对宗教的态度,常不十分严肃,他们可以同时对不同宗教产生包容与兴趣,在其心目中,儒学或政治所占的比重,往往远超乎宗教之上。[232]

---

227 或因深受家庭的熏陶,孙元化一家的成员中颇多承继其宗教信仰,如其孙致弥即确知为天主教徒,他曾于康熙四十年将杨光先所撰批判西学西教的《不得已》一书,送交当时在华耶稣会负责人安多参考。至于致弥之子农祥,字若望,也可能是用教名以代字。参见黄一农,《新发现的杨光先〈不得已〉一书康熙间刻本》;《江东志》卷4,页25。
228 《黄宗羲全集》第1册,页195。
229 此见钱谦益致黄宗羲之信,收入《黄宗羲全集》第11册,页389。
230 参见黄一农,《扬教心态与天主教传华史研究——以南明重臣屡被错认为教徒为例》。
231 黄淳耀,《陶菴全集》卷2,页9—10;卷10,页18。黄淳耀,《黄忠节公甲申日记》。秦立编,《淞南志》卷5,页5—6。
232 参见黄一农,《王铎书赠汤若望诗翰研究——兼论清初贰臣与耶稣会士的交往》。

六、结　语

明末，天主教士大夫把握知识界澎湃的实学思潮，积极引介入西方较进步的火器、历算和器用之学，以为扬教的工具。他们视西洋的格物穷理之学为天主教的"绪余"，将西方物质文明的优越与基督宗教相提并论，相信其教理足以"补儒易佛"、匡救时弊。[233]

虽然明季也有人对西学的传入抱持不信任的态度，如苏及寓在崇祯十一年所撰的《邪毒实据》一文中，即尝抨击曰：

> （西士）多借技艺，希投我圣天子之器使，胡公卿士大夫相率诗咏之、文赞之、疏荐之，至于礼乐、兵刑、钱谷、营建诸大权，皆让能于夷，欲夷司其事。……此夷藏奸为市忠，助铳令人喜其有微功，祈雨令人疑其有神术，自鸣钟、自鸣琴、远镜等物，令人眩其有奇巧。[234]

林启陆在其《诛夷论略》一文中，亦对西人"正度数"与"铸贡铳"二事有功于朝廷一说提出驳斥，称：

> 此辈之擅入我大明，即欲改移历法，此其变乱治统，觊图神器，极古今之大妄。……区区一铳，能为国家万年计乎？从未见三代、唐、宋以来，治历明时、防夷御寇者，俱用此碧眼高鼻之狡番为哉！吾且谓国家之大僇辱者此也，而反以此为荣，不亦丑乎！[235]

他们或怀疑西人引进技艺之学的目的是为弄权，或从民族主义的立场否定使用

---

[233] 裴德生（Willard J. Peterson）、朱鸿林，《徐光启、李之藻、杨廷筠成为天主教徒试释》；陈明生，《李之藻信奉天主教的缘由探考》；郭熹微，《论徐光启"补儒易佛"思想——兼论明末士大夫皈依天主教的原因和意义》。

[234] 徐昌治，《圣朝破邪集》卷3，页32—33。

[235] 徐昌治，《圣朝破邪集》卷6，页4—5。

西铳、西历的必要。但抱持此类态度者并非多数,事实上,西学似乎已成为明末知识界的时尚之一,在万历初至崇祯末所取的二十五科进士当中,据笔者目前已知,即有至少约一百七十人对天主教抱持友善的态度。[236]

徐光启可说是当时融通西学最成功的一位奉教士大夫,他在兵学、历算和农学等方面,均颇有造诣。随着流寇和后金侵扰的扩大,徐光启乃积极投入兵事,且在李之藻等人的协助之下,多次自澳门募集大铳和炮师,以进行"军事改革"。这些天主教人士在积极引进极具威力的西洋火器时,内心均洋溢着宗教热情,并满怀改革憧憬,如徐光启的门生韩霖即尝称"天下若改弦而理之,则犹可以为",[237]认为西学足以经国济世、救危图存。

崇祯三年,师事徐光启的孙元化被特旨拔擢为登莱巡抚,成为明末拥有兵权的奉教人士中职衔最高者,他在王徵和张焘等天主教徒的辅佐之下,于山东半岛建立了一支精锐的火器营,不仅装备了重型的红夷大炮,更接受葡籍军事顾问的指导。这支训练精良的劲旅,原本有机会至少延缓满人的入主中原,无奈因孔有德部所引发的"吴桥兵变",竟使得这场中国近代军事史上第一次引进西学的运动就此烟消灰灭。

徐光启尝曰"火炮我之所长,勿与敌共之",并称如西洋大铳的制造和使用之法为敌所得,则"自此之后,更无他术可以御贼、可以胜贼,……若不尽如臣法,宁可置之不用。后有得用之时,……万一偾事,至于不可救药,则区区报国之心,翻成误国之罪"。[238]然而孔有德在明军的围剿之下于崇祯六年降金,竟使得明朝所拥有较先进的西方铸炮和操炮技术,亦随之落入满人手里,并成为其入主中原的利器,令人不得不慨叹造化之弄人。

孙元化的失败,有部分肇因于他不善知人,如其所举用的总兵黄龙,即因贪渎而引起兵变。崇祯二年冬,孙承宗曾密令元化应对孔有德、李九成和耿仲

---

236 此一数字表面上还不到全部进士的2.5%,但应仅为一相当保守的下限,此因笔者所过眼的资料颇欠完整,且有相当高比例的进士,并无诗文别集保存,故我们欠缺足够的材料,以了解他们对西学西教的态度。至于一般知识分子的态度,则更难估量。然而从林金水在其《利玛窦交游人物考》一文中,所列一百三十七名尝与利玛窦往来的国人名单(不限于进士),知其影响而应甚广。
237 此见张明弼为韩霖《守圉全书》卷2所撰之序。
238 查继佐,《罪惟录》,列传,卷11下,页1781;《徐光启集》,页208。

明等前毛文龙僚属多加防范，元化也曾自云"此数猾不可复东"，[239]亦即不欲让这些人再坏东事，但当其获授登莱巡抚后，却又以孔氏等人典兵，终于酿成"吴桥之变"。

或因孙元化是被下狱论死的，故在明末由天主教徒所撰的著述中，常讳言其名，如汤若望在《火攻挈要》中叙及"麻线馆之捷"时，即仅称其为"某中丞"，而韩霖在《守圉全书》中，虽多次引录孙元化的著述，但他也在体例中特别说明："即国之罪臣，言有可用，不以人废也。"时人颇多对孙元化的下场不表同情，如曾讲学于首善书院的华允诚，即在其疏中慨叹"洁民爱己"之余大成竟然与孙元化同遭下狱的命运。[240]《明史·选举志》中则称明末授官以进士为重，间有擢用举人者，但却往往未副所望，孙元化即为所举列之一。[241]

虽然天主教人士以西洋火器挽救明朝的努力是以失败告终，但在明末清初的军事史上，教会中人却仍占有一席不容忽视的地位。其中徐光启一门的兵学素养，尤其可观。入清后，顺治皇帝尝获见钦天监所藏的《徐氏庖言》一书，此为徐光启将其有关练兵的疏稿结集所成，顺治帝读不释手，曾叹曰："使明朝能尽用其言，则朕何以至此。"[242]言辞间颇看重徐光启在兵学上的造诣。

在徐光启的门生当中，除了孙元化之外，亦人才济济，如韩霖尝学兵法于徐光启，亦向高一志学习铳法，并撰有《守圉全书》《慎守要录》《神器统谱》《炮台图说》等兵书，而为其序《守圉全书》一书者，更包括韩爌等十余位知名人士，甚至有誉此书可以"为天下重开数百年太平"者，亦有称是书"可与六经并传"者。韩霖之兄韩云（万历四十年举人，历官至葭州知州），也师承徐光启，并与孙元化相熟，尝从西洋陪臣习学并翻译造城之法。[243]徐光启的外甥暨门人陈于阶，亦曾在崇祯末年以天文官担任造炮之责。

从孙元化的一生，我们可以很清楚地发觉师生、同年、同社和同乡等关系，对其宦途曾产生相当密切的影响，这些人之间往往还透过联姻以加强彼此

---

239 周文郁，《边事小纪》卷3，页14。
240 《明史》卷258，页6649。
241 《明史》卷71，页1717。
242 柏应理，《徐光启行略》。
243 此段中有关韩云和韩霖兄弟的记事，均请参见黄一农，《明清天主教在山西绛州的发展及其反弹》。

的关系,更且将这层关系延伸至后辈。类此的社交网络本为当时士大夫阶层所习见,然而在孙元化的个案中,最特出的一点,则是另出现同教的关系贯穿其间。徐光启可以说是此一天主教士人社群的核心,而杨廷筠、李之藻、王徵等人以及光启的门生则为主要分子。西学和西教即是透过这些奉教士大夫的人际网络,而在明末的知识界广泛地扩展开来,其程度或许远超过先前学界的了解。[244]

明季的天主教士大夫虽然基于救国和扬教的双重目的,而积极引进西方当时较先进的火器知识,但此一遭人批评为"制造杀人毒器"的举动,显然与天主教"畏天爱人"的主张相悖。类此的矛盾,常令这些奉教之人彷徨失落,此故王徵会在入教之后,严重违反"勿行邪淫"(包含不得娶侧室)和"勿杀人"(包含不得自杀)的戒律,先因无嗣而私娶妾,次于明亡时绝粒而死,陈于阶会在清兵攻陷扬州时,自经于天主堂,而孙元化也会在登州城陷时试图自刎。[245]

当渺小的个体承受两对等文明因接触所产生的冲突时,其结果往往充满尴尬与苦痛。孙元化尝见一两头蛇,认为与己身的行藏颇相类,因而口占一诗曰:

> ……蜿蜒不留停,奔赴孰趋使?当南更之北,欲进掣而止。首鼠两端乎,犹豫一身尔。蛇也两而一,相率无穷巳。混心腹肾肠,各口颊唇齿。毕生难共趋,终朝不离咫……[246]

此诗所形容两头蛇在决定行止时的矛盾与挣扎,或亦可拿来作为明清之际许多奉教人士在试图融合天主教与儒家此两大传统时的适切写照。

---

244 相关的讨论,另参见黄一农,《明末中西文化冲突之析探——以天主教徒王徵娶妾和殉国为例》《扬教心态与天主教传华史研究——以南明重臣屡被错认为教徒为例》《王铎书赠汤若望诗翰研究——兼论清初贰臣与耶稣会士的交往》《析论天主教明清在绛州的发展及其所引起的反弹》。
245 有关奉天主教人士在明末自杀殉国的讨论,详见黄一农,《明末中西文化冲突之析探——以天主教徒王徵娶妾和殉国为例》。
246 光绪《嘉定县志》卷32,页9。

第八章　崇祯朝"吴桥兵变"重要文献析探*

吴桥兵变导致明军所倚恃的西洋大炮为后金所有，是明清鼎革战争中胜负的重要关键之一，然而，先前的研究并不多，兹就这几本十分罕见的相关书籍及其版本做一较详细的介绍与讨论。它们的作者多为亲历此乱的当事人或其后人，其中徐从治的《围城日录》、张忻的《归围日记》以及补过居士的《东事纪略》尚存，但后两书未见学界提及。至于谢琏的《围城日纪》和谢三宾的《视师纪略》，虽已不见原书，然其主要内容或已被载入毛霦的《平叛记》中。此外，余五化的《登辽纪事》、高起潜的《东征纪》、刘新祐的《保莱全书》和佚名所撰的《孤忠录》等，则均已佚。对这些文献的析探，应可提供后续深入研究吴桥兵变一必备的基础。而从各书文句之避讳，笔者亦略论及文献背后所隐藏的书写者之主观意识。

万历四十七年，明军在萨尔浒之役大败后，奉天主教的徐光启即以"晓畅兵事"的风评，开始以其习自耶稣会士的西洋兵学知识，勠力推行军事改革，并积极自澳门引进铳师和大炮。[1]此一努力在孙元化于崇祯三年被破格拔擢为登莱巡抚后达到高峰，孙元化为徐光启的入室弟子且为天主教徒，他在公沙·的西劳等葡萄牙军事顾问以及王徵、张焘等奉教官员的协助下，组训了

---

* 原刊于《汉学研究》第22卷第2期，2004年12月。笔者感谢北京中国科学院的徐凤先博士和山东大学的范学辉博士协助抄阅资料。
1 有关早期引进西洋大炮的史事，请参见第二章。

一支战力极强的部队，然而，此一使用西方火器的精锐部队却于四年闰十一月在吴桥叛变。[2]

叛军皆辽人，由孔有德率领，他们曾临大敌，多谋敢战，且善于操作所拥有的大量红夷大炮，因此连陷陵县、临邑、商河、齐东、青城、新城等郡邑，崇祯五年正月，更破登州、黄县，二月初，围莱州，叛军除屡败内地的援兵外，还诱执新任的登莱巡抚谢琏，此一态势直到四千八百名的关外兵于八月加入山东行营后始改观。是月，孔有德兵败于沙河，莱州七月之围获解。九月，官兵围有德于登州。六年四月，孔有德和耿仲明以船百艘载男女一万二千余人（含精壮官兵三千六百余名），连同军器、枪炮等一应物件，在明军的堵截之下，狼狈地浮海从镇江堡（临鸭绿江出海口）登陆投降后金，令此一持续十八个月的兵变告一段落，然而，叛军在山东地区已造成"残破几三百里，杀人盈十余万"的结果。

孔有德军的叛降，不仅使天主教徒在军中发展的美丽远景破灭，并令满洲人获得大量精良的西洋火器，而且得到由葡籍军事顾问所直接传授的铸炮炼药技术，以及瞄准的知识与仪具，使明与后金在军事力量上呈现明显消长。以叛军为主力之一的汉军炮兵部队，更与以满人为主的八旗步骑兵密切搭配，在鼎革之际形成一支几乎无坚不摧的劲旅，此一崭新形态的军队编组，于清朝肇建的许多战役中，更发挥了极大威力，此因新式红夷大炮的攻坚力与杀伤力，在城池的攻防战中扮演举足轻重的角色，中国传统的城墙构造自此并不再具备足够的防御能力。[3]

虽然吴桥兵变对明清鼎革产生十分深远的影响，然而，先前对此事始末的研究既少且欠深入，[4]甚至不乏讹误之处，笔者因此先就相涉的原始文献做一较详细的介绍与讨论，以为稍后深入析探的基础，[5]其中大部分并不曾被学界提及或引用，文中也厘清了先前论述中的一些讹误。

---

2 下文中有关吴桥兵变的叙述，请参见第七章。
3 第十二章。
4 如见宋伯胤，《孙元化与吴桥兵变》《孔有德底叛明与降清——敬覆郭慕天先生》；李学智，《孔有德耿仲明降清始末及明史黄龙传考》；神田信夫，《孔有德の后金への来归——"天聪七年档"の检讨な通しこ》。
5 第九章。

一、毛霦《平叛记》

毛霦，字荆石，自称是"芙蓉岛上逸民"，芙蓉岛位于莱州西北约20千米处之近海，属掖县（莱州府治所在）管辖。毛霦声称已在康熙五十年冬偶在子婿姜耿西家中见到前人所写的有关吴桥之变的记述，[6]发现谢三宾的《视师纪略》和高起潜的《东征纪》详于"叛兵之始末"，但对"莱城之危急"，则不及谢琏的《围城日纪》，至于张忻的《归围日记》，则详于"莱城之危急"，而不载"叛兵之始末"。因各书互有详略，均不得事件之全貌，故他乃综合各家之长撰成《平叛记》。毛霦在前序中指出此书主要的参考资料为：

> 围莱之前，本之《视师纪》；围莱以后，则本之《围城纪》；至复黄、克登，又仍本《视师纪》，以及《保莱》《表忠》诸书，皆参而用之，且间取先正之议论以附于其下。

惟所引诸书现尚存者，或仅赵吉士的《续表忠记》而已，毛霦主要是从中摘录了张瑶和朱万年的小传。[7]

查毛霦除参考谢三宾的《视师纪略》以及谢琏的《围城日纪》等书之外，亦屡在小注中摘引其他的文献，如其曾引述已佚的《保莱全书》和《孤忠录》等书，[8]以及谢象三、张北海、谢韶石、赵芝庭、钱赞伯、赵吉士、赵士喆、毛赘、毛赓和毛荆石等人的记载或看法，其中前五人分别是谢三宾（著《视师纪略》）、张忻（著《归围日记》）、谢琏（著《围城日纪》）、赵胤昌和钱馨，[9]他们都曾以官绅的身分亲预莱州守城之役，故书中以字号尊称。至于赵士

6　毛霦有一女嫁监生姜为尚，不知是否即此处所称之姜耿西？参见张思勉修，于始瞻纂，《掖县志》卷5，页27。
7　毛霦，《平叛记》，页5、54；赵吉士撰、卢宜汇辑，《续表忠记》卷3，页43—46。
8　毛霦在《平叛记》中称《保莱全书》（亦作《保莱书》）为明季"刘先生新祐"所撰（页64），其人生平待考。
9　钱馨字赞伯，尝任山东昌乐县学的学官，莱围之前，总兵杨御蕃率三百骑欲入城，然守城诸人中有犹豫不决者，钱馨即与御史赵胤昌以百口作保，知其在乡里中应亦颇够分量。参见乾隆《掖县志》卷4，页63—64；毛霦《平叛记》，页9。

喆，因其身份仅为一介生员，[10]而赵吉士当时尚在襁褓，[11]故在小注中均直呼姓名。毛赟与毛赓则因负责此书的校定工作，故理所当然地均直书各自的姓名，但对其父毛霦则通篇尊称作"毛荆石"。

毛霦在注中多次引用赵士喆的文字，其中包括巡抚谢琏、内府徐得时和翟昇、知府朱万年、参将张奇功、千总李梦果和毛英、百户白仲仁、处士王琮和郭扬等人的殉国事迹，以及《战城南乐府》《步贾中丞拜疏请兵》等诗。赵士喆，字伯濬，掖县人，参与守莱之役时年约三十六，此后一直困于科场，明亡后隐居，顺治十二年卒。[12]他在《逸史三传》一书中，有约三千五百字专记孔有德叛乱事迹，内容虽不若编年体的《平叛记》详尽，但对此变的背景和始末提供了较全面的描述。然而，毛霦所引的内容并不出自《逸史三传》。故，毛霦究竟引用赵士喆、赵胤昌和钱馨何种著述？已佚的《孤忠录》又为何人所撰？均待考。

《四库全书存目丛书》景印出版北京师范大学图书馆所藏的《平叛记》，该馆称之为"康熙五十五年毛贡刻本"，凡上下两卷，分别有七十八和八十九叶，半叶九行，行二十字，单鱼尾，左右双栏。书首有毛霦的年家侄辜光旦撰于康熙五十五年之序，以及作者系于"康熙重光单阏岁涂月上澣"（合五十年辛卯岁十二月上旬）之自序。

此本刷印年份的判断或待商榷。因书中避"玄""铉""胤""弘""历"等字，知此本很可能刷印于乾隆帝弘历即位之后。[13]再者，清初书籍每避"胡""虏""夷""狄"等字，雍正十一年和乾隆四十二年，清廷曾两度严旨禁止蓄意改避，认为该做法反倒是"背理犯义，不敬之甚"，[14]而此本中的"红夷"和"灭虏"等火炮名，则被改写成"红𡰪"和"灭卤"，其中"𡰪"乃"夷"的古字，至于"夷汉"和"夷丁"中的"夷"字，则作"彝"，知其刷

10　赵士喆之名在《平叛记》的正文中仅出现一次，见于乱平之后兵部所上叙守莱之功的奏疏，而他不过是该疏末尾在叙及"士庶之功"时，二百八十三位生员名单当中的一人，且还不是表现较特出的。至于小注中首次出现其名时，对其生平则有一段共42字的《附考》。参见毛霦，《平叛记》，页7、73。
11　赵吉士（1628—1706）为安徽休宁人，顺治八年举人。参见何应松、方崇鼎等纂修，《休宁县志》卷13，页50—51。
12　乾隆《掖县志》卷4，页76；赵士喆，《逸史三传》，页16—22。
13　参见李清志，《古书版本鉴定研究》，页213—221。
14　王彦坤，《历代避讳字汇典》，页85—86。

印的上下限应最可能在乾隆即位以迄四十二年之间。亦即，这或是乾隆朝据康熙五十五年初刊本挖改重印之本，但其中有少数地方仍然挖改未尽，又因雕版年代已久，故印刷出的文字屡见漫漶的情形。

此本当中有几处文字或因涉及明清间的冲突而遭挖去，最多者如卷下页88：

〔空一行〕
孔耿舟在鸭绿江者尚百余艘□□□□□□
〔空三行〕
□□□皮岛副将沈世魁□□□□遣人悉焚
孔舟之在者东事平

这明显是因与孔有德和耿仲明投降后金之事相涉而遭挖改，至于所提及的皮岛副将沈世魁，则战死于崇祯十年（崇德二年）皇太极派兵攻陷皮岛之时。[15]

此本在记崇祯五年四月十六日徐从治中弹死一事时，于小注中收录了长约两千字的"□□□《徐忠烈公墓志铭》，经查阅此乃钱谦益所撰。[16]再根据此本遭挖改过之残余字迹判断，所挖空的三字原应为"钱受之"。钱氏，字受之，号牧斋，弘光时，任礼部尚书，清兵南下时，率先迎降，以礼部侍郎管秘书院事。乾隆三十四年，清帝弘历因鄙视其气节，且痛恨他在书中"诋毁本朝"，遂通谕全国将钱氏所著之《初学集》和《有学集》连同书板销毁，此后，他人著作中凡著录钱氏诗文者，有的抽毁该板，有的挖空名字，或是更改文句。[17]四十四年左右，两江总督萨载即曾将《平叛记》视作违碍而奏缴，称："此书叙论孔有德叛降事实，记载失实，且涉明代野史，应请销毁"。[18]故，北师大藏本的刷印上下限或可再缩小至乾隆三十四至四十二年间。又，此本在崇祯五年八月二十日条下，于小注中收录了《壬申九月得莱城解围报》一诗，但作者之

---

15 第六章。
16 钱谦益，《牧斋初学集》卷51，页19—25。
17 裴世俊，《四海宗盟五十年——钱谦益传》，页264—271。
18 雷梦辰，《清代各省禁书汇考》，页61—62。

名也遭挖空，笔者发现此亦同为钱谦益的作品。[19]

毛霦在康熙五十年冬仅花了一两个月即编辑成书，惟据辜光旦所撰之序，此书至五十五年始由"长公九来"付梓刊行。[20]长公通常乃指长子，而北京师大藏本在卷首均称此书是由"男贺九师、贡九来、赟师陆、赓歌起校字"，因知辜光旦误毛霦之次子贡为长子。毛贡，字九来，康熙四十四年中举，并于雍正六年任天长知县，九年，历升颍州知州，[21]身为兄弟中唯一有功名者，毛贡或在刊印此书时承担较多之责任，此故，初刊本被称作"毛贡刻本"。

《四库全书总目提要》中称《平叛记》中所记之事皆"（毛）霦所目击，故纤悉具备"，近代著名的明清史专家谢国桢沿袭其说，[22]但此颇与事实不符，因毛霦成书之时上距吴桥之变已约七十九年，故他应不太可能身历其事。倒是，毛霦之父当时在城中为诸生。[23]至于专治晚明史的美国学者司徒琳（Lynn A. Struve），或亦受谢国桢之影响，而将成书的康熙五十年辛卯岁提前了一甲子，误系成顺治八年辛卯岁。[24]

叛军首脑之一的孔有德，降清后于天聪十年封恭顺王，顺治六年，再以军功改封定南王，九年，战死于桂林，十一年，还特旨建专祠。[25]或因孔有德是一位被清政权视为"全节"的功臣，且毛贡在刊印此书时亦已成为清朝举人，故此书在提及孔有德时，仅直呼其名，而未如明人径称其为贼（见后文）。[26]

台北成文出版社于1968年出版的《中国方略丛书》中，亦曾景印了康熙五十五年本。此外，上海图书馆藏有题为彭孙贻所辑之《甲申野史纪事汇钞》六种，其中收有毛霦《平叛记》二卷，[27]但彭孙贻卒于此书完成之前，故应是遭

19　钱谦益，《牧斋初学集》卷10，页4。
20　金以成在为《平叛记》所撰之序中，亦称："丙申（即康熙五十五年），客西江，友人东莱毛君九来出示尊甫荆石先生手定《平叛记》"。参见乾隆《掖县志》卷6，页62。
21　乾隆《掖县志》卷4，页35—36；张宗泰撰，刘增龄增补，《备修天长县志稿》卷6中，页6；王敛福等纂修，《颍州府志》卷5，页126。
22　谢国桢，《增订晚明史籍考》，页684—685。
23　毛霦，《平叛记》，页6。
24　Lynn A. Struve, *The Ming-Qing Conflict, 1619–1683*, pp. 353–354.
25　《清史稿》卷234，页9395—9403。
26　毛霦在《平叛记》中仅有一处称孔有德为"逆贼"，但此乃直录礼部尚书李康先等请恤死难诸臣的奏疏（页68）。
27　中国古籍善本书目编辑委员会编，《中国古籍善本书目·史部》，页50。

借名。

至于近代的排印本则有两种：一出自罗振玉所辑之《殷礼在斯堂丛书》，此为1928年东方学会出版的一卷本；一出自四川大学图书馆所编之《中国野史集成》，此为1935年赵琪在青岛出版的赵永厚堂二卷本，属《掖海丛书》之一，而赵琪即参预莱州守城一役之赵士喆的后人。[28] 两排印本与北京师大藏本的文字有少数之处互见出入，如《殷礼在斯堂丛书》本在记徐从治中弹身死一事时，删去了小注中钱谦益所撰的《徐忠烈公墓志铭》一文，而《掖海丛书》本虽保留此文，却将作者改系成"张北海"。再者，该本将《壬申九月得莱城解围报》一诗的作者"钱受之"改成"附记"，而《掖海丛书》本则在删去作者之名后径空三字，这些均同属避讳之举。

又，《掖海丛书》本在"兵部叙守莱功"条末所记"原任户部侍郎刘重庆听礼部议恤"一事之后，较另两本多出一段《附记》，以一百四十四字记刘允浩的事迹，刘允浩虽被胪列在二百八十三名有功生员的名单当中，但他其实并未参与防守之事，而是奉母南逃，此一《附记》出现的主要理由或因其族兄户部右侍郎刘重庆保莱有功，且允浩于崇祯十六年中进士后在建昌守城殉国，亦足为众人表率。

乾隆《掖县志》中收录一篇金以成为此书所撰之序，此文未见于前述各本，其中有言：

> 壬申之变，猝起吴桥，莱州首当其冲，弃疾于登州，虽其祸乱一隅，乃明之所以亡也。呜呼！莱拒京师千四百里耳，一逃死叛将狼顾豨突，敢于领兵攻围，邻邑壁上观，不敢出一矢相向，而柄臣巧覆敛思陵，偃然若不知有兵革，枢臣亦不闻发愤决策，冀逭失律之罪。……数十万生灵，听其屠割焚炙，饱飏以去，天下事终于破碎不可收拾，此其可深悲者也。[29]

28　Struve, *The Ming-Qing Conflict*, p. 353.
29　乾隆《掖县志》卷6，页61—63。

金以成，浙江山阴人，康熙五十七年进士，尝任山东兖州知府。[30]

又，乾隆《莱州府志》中亦收录莱州知府严有禧所撰之《书毛荆石〈平叛记〉后》一文，同样未见于前述各本，内容似专为总兵杨御蕃和参将彭有谟申屈，称：

> 杨不过实授总兵，寻中蜚语下狱矣；彭不过量移参将，寻摘微眚劾罢矣！在二公当日既未尝自伐其功，而叙功者又不能审观乎大势，而反覆推论之，不独功高赏薄，而罚遽及之，且令千秋之伟烈晦而不彰。……二公之造福于莱，过徐、谢诸公远甚，……故余于改建遗爱祠时置主其中。[31]

杨御蕃和彭有谟两人在叙功时，仅分别获"加署都督同知"和"加服俸一级"的优赏，[32]而严氏认为杨、彭两将在守莱时所立之功，远超过徐从治和谢琏等人，故特将他们入祀遗爱祠，供人追思凭吊。

二、徐从治《围城日录》

徐从治，万历三十五年进士，吴桥兵变时为山东武德兵备道，崇祯五年正月，接任遭革职的余大成为山东巡抚，四月，于守莱时中弹死。《平叛记》中以"肩字"为其字（页6），应误，因在时人的著述中均称其为徐肩虞，惟方志中有以肩虞为其字，亦有称其字为仲华，肩虞乃其号，经查钱谦益应徐氏后人之请而撰写的墓志铭，后者应较正确。[33]

1993年，成都巴蜀书社出版的《中国野史集成》中收录有钞本《围城日录》，凡十九页，半页十行，行二十五至三十字不等，共万余字。原书乃抄在

---

30 嵇曾筠等监修，沈翼机等编纂，《浙江通志》卷142，页46—47。
31 严有禧纂修，《莱州府志》卷14，页64—66。乾隆《掖县志》中亦收录此文，但中缺两页（卷8，页9—13）。
32 毛霦，《平叛记》，页72。
33 彭孙贻修，童申祉纂，《海盐县志》，崇祀乡贤，页7—9；王彬修，徐用仪纂，《海盐县志》卷15，页62—66；魏大中，《藏密斋集》卷21，页10；左光斗，《左忠毅公集》，尺牍，页14。

"驾说轩"之专用笺上,不知是哪位藏书家所有?此本中"玅"字的"玄"旁缺末笔(页2),而"弘"字亦缺末笔(页14);又,文中可见因避崇祯帝名由检而改用的"蘒"字(页18);再者,此本并未蓄意改避"灭虏炮"和"红夷炮"中的"虏"和"夷"字,并在序首称后金为"奴"。从这些书写特征,可判断此本或根据明末之刊本所抄,抄写时间应在乾隆即位之后,或因属私人收藏保存,而非关公开出版重印,故该抄写之人仅单纯地处理帝名的避讳,对文辞则采取仍从其旧的态度。

此本的前序和正文均未见作者之名,内容起自崇祯五年正月十二日至四月十四日,除少数之日外,几乎每日均有与守莱相关的记述。考三月初六日条下有云:"(夷目马)岱深德余,因与各夷云:'徐都爷待我甚厚,吾辈当皈依效力。'"知作者应就是被称为"徐都爷"的山东巡抚徐从治。徐氏于四月十六日中弹死,故此本止于他死前两日。由于《围城日录》撰于明末,故文中直谓孔有德为"孔贼"(页7),此与毛霦在《平叛记》中"为尊者讳"的态度不同。

山东省博物馆藏有另一钞本,两卷,钤有汪辉祖等人之收藏印,经比对内文,知其应与驾说轩本出自同源。此本正文凡四十九叶,半叶七行,行十四字。书末有收藏者的跋文曰:

> 《围城日记》二册,纪明末莱州城守事甚详,与东莱毛荊石先生霦所著《平叛记》,互有详略,体例亦复不同。辛未夏,书友挟此及《殷顽录》六册来售,以二十番易之。至前后所钤章记则大似好事者一手所为,可不必论矣!济南止适斋主人志。

从所钤之印知止适斋主人名为王贡坡。

徐从治在书首的自序末尝称:"余闲借毛生以纪围中日迹,而书此以弁之。"王贡坡在此以墨笔附书:"毛生者,即著《平叛记》之毛荊石也,名霦。"但此说应误,因徐从治殉国之时毛霦尚未出生,这里其实是用汉武帝时河间献王与毛生等共采《周官》及诸子中之材料以作《乐记》的典故,[34]亦知徐从治撰此日录的目的原就是为了公开出版,无怪乎,他在猝死之前早就撰成此序。

中国国家图书馆藏崇祯间初刊、康乾间递修补本之《徐忠烈公集》四卷,其卷二收录有《围城日录》,内容较前述两本为全。如崇祯五年二月十八日条下,驾说轩本记曰:

> 十八日,贼攻西门转急,合抱木垛尽行击碎,守垛者叠门板遮南门闸板,各兵踊跃而出,分为二:一闯南关,一闯西关……[35]

然在《徐忠烈公集》中则记:

> 十八日,贼攻西门转急,合抱木垛尽行击碎,守垛者叠门板遮身,不能外窥,致贼得闪藏城身,剜入闉闍四尺许,绅衿皆流涕以为必无幸矣。杨总戎于城上穿一小窦,下放火罐烧贼,达曙尽退。自古及今,未有用红夷炮攻城如此酷烈者,则皆孙火东所遗贼也。隧道深入城根,我内亦掘壕沟更深,贴耳听之,斧凿铮铮有声,然不足深虑。本夜,差人同彭参将来,差持余与谢防院谕帖,调川兵登岸入援,而我差被贼□(农按:阻?)回,彭差不知下落,又觅人递按院公书。十九日,贼飞骑四出,有从西北海庙似匿者,有从西南似迎我大兵者,有载子女玉帛似回登城者,纷纷往来。而东北掘隧道犹故,西门台益增而高,尚未攻城,料其矢弹将尽,必向登州续取,然后再攻,而援兵杳无,消耗如望眼几穿何。二十日,天未曙,守南门朱知府令营兵三十名并难民十名直闯南关,贼方酣睡,砍死三贼,取其首级呈验,余俱逃散。午刻,余力主发兵击贼,出不意而攻无备,遂以余官丁孙玉增等一百十五名,共合四百名,启

---

34 班固,《汉书》卷30,页1712。
35 徐从治,《围城日录》,页6。

> 南门闸板，各踊跃而出，分为二股：一股闯南关，一股闯西关……[36]

驾说轩本中很可能抄漏了半叶。

此外，两者较大的不同出现于书末。据此可知驾说轩本止于崇祯五年四月十四日，但在《徐忠烈公集》中则续记曰：

> 十五日，黎明，闻西南炮三声，奸细罗宗禹即宜枭示，因西营兵有狐鬼之意，故送府禁狱，以潜毙之，而安津营之心。西兵与贼相持十日矣，未敢冲杀前进，似觉持重太过。杨总戎家丁霍云光又射烧西门外草房三十余楹。未刻以后，贼马步、车辆、旗帜从西南回来，俱垂首丧气，似败归之状。十六日，午时，贼在南门迤西放红夷炮攻城，连打不绝，徐抚院在城点兵击贼，左右请少避之，公曰：不可。未时，为贼炮所中，额骨破碎，身倒血营中，尚指众大呼曰："我死当作厉鬼杀贼，尔等坚守勿怖。"语毕，气遂绝。即时，谢防院、杨总镇同翟、徐二内监、朱郡守、洪县令等，皆亲为衣殓，从侯生员家得紫柴板治棺。次日，入殓。莱州乡宦贾毓祥续记。[37]

贾毓祥原任左副都御史，当时亦以乡宦的身分参与守城，他把徐从治死前还来不及补记的部分附加在后。经仔细比对两本之后，可发现驾说轩本较多误抄的情形。

上海图书馆和南京图书馆亦各藏《徐忠烈公集》一本，[38]笔者未见。此外，浙江图书馆和中国国家图书馆各藏《甲申野史汇钞》一套，分别题为顾炎武和全祖望辑，所收各书互见异同，其中同收有毛霦《平叛记》二卷和徐从治《围城日录》一卷，[39]但或均为后人借名，尤其是顾炎武乃卒于《平叛记》成书之前。

---

36 徐从治，《围城日录》，页6。
37 徐从治，《徐忠烈公集》，页码不详。此书之叙事依年月顺序排列。
38 Struve, *The Ming-Qing Conflict*, p. 213.
39 中国古籍善本书目编辑委员会编，《中国古籍善本书目·史部》，页50—51。

徐从治曾于万历四十五年以南京礼部主客清吏司署司事的身份审理所谓的"南京教案"，此案乃由南京礼部侍郎沈㴶掀起，对天主教的打击颇大，不仅将中国天主教徒定罪，且将耶稣会士驱逐出境。[40]而在此案之前，佛教与天主教的冲突已启，如袾宏大师即尝著《竹窗三笔》抨击天主教。徐从治之弟昌治亦在崇祯十二年编纂影响深远的《圣朝破邪集》，整理出版明末声讨天主教的文书与论述。昌治，字觐周，曾在莱围时，疏控督师刘宇烈误国，六年，中应天乡试。[41]由于徐从治兄弟与天主教的纠葛颇深，再加上与叛军不共戴天的东江总兵黄龙微时尝获沈㴶拔举，[42]而守莱的乡绅张忻恰巧是当时回教界的知名人士（见后文）；又，力战殉国的莱州卫指挥李梦果和百户白仲仁亦是色目人（多信奉回教）后裔，[43]这种种背景，颇令人怀疑在莱城的攻防战中有一些宗教的因素存在，前述诸人很可能将此变的罪源归于天主教人士，并因此对曾受教会人士（如巡抚孙元化、监军王徵、副将张焘）领导和训练的叛军更加敌视。[44]

三、张忻《归围日记》

毛霦在《平叛记》的前序中指称："吾郡部院张公亦有《归围纪》。"谢国桢误其人为张鹏云，[45]此应是指原任吏部考功司郎中的张忻（字静之，号北海），他因武举弊案被降三级调浙江，而于崇祯五年正月顺路回莱州归省，旋即被叛军所围，张忻当时曾积极参与守城事宜，故与前引文中的"吾郡""部院"和"归围"等词皆合，且《平叛记》中亦屡屡以小字双行的方式引述"张北海"之说。[46]

张忻，字静之，山东掖县人，天启五年进士。叛军围莱时，忻与二三耆

40　徐昌治，《圣朝破邪集》卷2，页13—19；张维华，《南京教案始末》。
41　查时杰，《明末佛教对天主教的"辟邪运动"初探》；徐昌治，《无依道人录》，页22—27；Adrian Dudink, "The *Sheng-Ch'ao Tso-P'i* (1623) of Hsu Ta-Shou."
42　沈演，《止止斋集》卷33，页28。
43　乾隆《掖县志》卷4，页39。
44　参见第七章。
45　此人为万历四十四年进士，山西泽州人。参见李棪，《东林党籍考》，页61—62；谢国桢，《增订晚明史籍考》，页684。
46　毛霦，《平叛记》，页6。

老首倡守御之策，捐钜款以资军需。乱平之后，论守莱功，忻起复原职，再迁刑部尚书。清顺治二年四月，以天津总督骆养性荐，授兵部左侍郎，兼右副都御史，巡抚天津，后因病致仕，十五年死。忻奉回教，究心教义与教史，撰有《清真教考》一书。[47]

台湾大学总图书馆藏有张忻的《归围日记》刊本一册，但藏书目中将书名误作"归园日记"。此本卷末题曰"壬申重九日，北海张忻书于闲书馆"，知为崇祯五年九月九日成书，而八月十九日莱城之围始解。由书首所钤"龚少文收藏书画印"正方阳文藏书篆印，知其原属福建闽县龚氏的乌石山房文库，在1929年与其他三万余册书整批被台大前身的台北帝国大学价购。乌石山房主要是龚易图的收藏，他于咸丰九年中进士，曾于同治二年至光绪三年间任职山东，历官至济南知府、登莱青兵备道兼东海关监督，光绪三年，他在家乡的乌石山修建藏书楼，有"大通楼藏书印""龚少文收藏书画印""龚易图蔼人鉴藏印记"等收藏印。[48]台大图书馆将此本定作"清末刻本"，然因书中并未避"玄""历"等清讳，而崇祯帝朱由检之名讳，亦有时作"由"，有时作"繇"，再从其版式和纸张判断，笔者疑此本或为清初所刊，很可能是龚易图在山东任官时所得。

台大藏本之前有董其昌序、董其昌于崇祯六年七月十六日致张忻之手书，[49]以及李继贞序，正文凡四十八叶，半叶九行，行二十字，小字单行，四周单边，无鱼尾。董其昌《容台集》中有《北海张公记叙》以及《张考功归围日历引》，[50]此二文与台大藏本之董序大致相同，但三者之文句在末尾几行则互有出入。

李继贞替《归围日记》所写的序亦收录在乾隆《掖县志》，其文有云：

> 尝考古今婴城之奇烈，到睢阳诸君子极矣。然皆吏其土，谋其

---

47 刘智，《天方至圣实录》卷20，页15—18。
48 龚易图编，龚晋义等续编，《蔼仁府君自订年谱》，页9—35；李玉安、陈传艺，《中国藏书家辞典》，页280。
49 此文标题为"附宗伯手书"，原未纪年份，但由其中"昨年秋不佞曾闻孔贼困东牟"一句判断，知或应系于崇祯六年。又因董氏于崇祯四年复起为南京礼部尚书，故称其为"宗伯"。
50 董其昌，《容台文集》卷1，页72—73；卷4，页92—93。

军者，未有乡先生奋袂参席其间也。又身既陨节，城亦就陷，未有救于破亡也。乃莱郡二开府、一太守、两军容使先后毙贼手，城中已无表率之可恃。而二三贤绅从田间起，为分堞而申警，为出奇而击惰，为蝇头蜡书而走风雨，为捐囷输粟、倒囊散金而购豪勇、供椎醖，卒以众心之金汤，拒四面之豺虎。其时贼肉未商而气先訾，贼气甚盈而锋已老，关宁师乃乘其敝收全功焉。较之睢阳，于今为烈矣。使莱无诸君子，必且为登、黄之绪，而破竹西下，青、济动摇，祸岂止三齐哉！然后知莱为天下安危之莱，而莱之诸君子为安天下之君子也。……事后叙酬仅还旧物，……则天下有识之士之闷而怍者，讵独一东海逐臣已耶！[51]

李继贞，字徵尹，太仓州人，万历四十一年进士。莱围之时，任兵部职方郎中，反对用抚，曾请兵部尚书熊明遇调关外兵入剿，但熊不听。[52] 由于张忻在围解之后仅复原官，故李继贞在此文中亦替其抱屈。

山东省博物馆藏有《归围日记》一清初钞本，凡一卷，半叶十行，行二十四字，小字双行，行亦二十四字，前只有李继贞序，缺董其昌之序和手书。又因"日记载莱围甚悉，皆当时身经目击者最为确实，而首尾未晰，故从野史录其源委以附于后"，抄写者谷兰敷于卷首增写了一篇七百余字的《附录》。谷兰敷生平不详，但因其在此文中称孔有德"投诚于我朝"，知其应为入清后始抄录此本。且台大刊本在崇祯五年三月十一日条中有云："贼又将发掘之棺，以盛贼骸，埋入墓中，即苗彝无此惨毒也。"而山博抄本则将"苗彝"改成"古来"，益见清初人为避免得罪新朝而蓄意改避的痕迹。

台大刊本在崇祯五年正月初七日条中有云："公议醵银以助饷（惟毛生不捐），它未详记，家君与予共一千两。"山博抄本却略作："公议醵银以作守城军丁工食，家君与予共一千两。"明显避说"毛生不捐"一事。同月十三日，台大刊本在记参将张奇功于黄县殉国时，称"张犹斫杀拾余贼，被执残害

---

51 乾隆《掖县志》卷6，页46—47。
52 《明史》卷248，页6426—6427。

时，生员毛某闻黄陷，欲西避，朱公出示禁之"，山博抄本则记作："张犹奋臂大呼，持刀斫杀贼十二三人，贼蜂拥上，力竭遂为贼执，支解之。"同样略去了毛某之事。在《平叛记》中，相关记事的文句多与山博抄本类同，惟在前一则之末，毛霦注曰："张黄门孔教及子考功忻共捐银一千两，时先君为诸生，亦捐银二百两，余未详。"知张忻所提及的生员毛氏应另有其人，而非毛霦之父毛伟，前者已通过童试而获得秀才之功名，但后者当时的身份尚仅为儒童。[53]

四、补过居士《东事纪略》

山东省博物馆藏有此书一钞本，与《归围日记》同装订成一册，凡一卷，前题"《东事纪略》，孔有德围登莱事，补过居士编"，末题"崇祯六年秋八月，补过居士编录"。此书全文仅约两千五百字，首记辽人在后金兴起之后逃归登州的背景，次述吴桥之变的原委和过程，再叙登州城陷和莱州城守之事，末记孔有德和耿仲明兵败出海，以及后金攻陷旅顺、黄龙战死等事。

其中涉及叛军败逃出海后的记事，有部分与史实不合，如其文有云：

> 孔、耿二贼……暗袭旅顺。征虏前将军黄公龙扼塞孔道，俘贼二十余，擒魁毛承禄及伪副将多人以献。黄公复同关宁副将周公文郁，命舟师往袭之，至镇江九连城，贼设空寨江上，我兵阻险不敢进，缆舟三匝围之。黄公悉发精锐往援，贼访旅顺空虚，薙发臣民勾辽兵数万袭旅顺。七月初一，旅顺被围，……初七日，旅顺破，……（黄公）遂自刎死，先后杀死敌人堆积如山，而三王子恨曰："吾前犯关宁时，亦不伤我许多兵丁也！"遂执孔有德以归。

黄龙与周文郁当时因争擒捉毛承禄之功而发生不快，而追剿叛军至鸭绿江口一

---

[53] 乱平之后，共有二百八十三名生员在叙守莱之功时获优奖，其中甚至包含被张忻责以高价粜粟的生员杨骏烈，故若毛伟确曾捐银二百两，理应身列其中，经查兵部的疏文，果见儒童毛伟获"青衣寄学"的优遇。参见乾隆《掖县志》卷4，页65；张忻，《归围日记》，页27；毛霦，《平叛记》，页6、74。

事,黄龙亦未亲预。[54]崇祯六年四月,孔有德和耿仲明以船百艘载男女一万二千余人(含精壮官兵三千六百余名),连同军器、枪炮等一应物件,在周文郁等明将以及朝鲜军队的堵截之下,狼狈地浮海从临鸭绿江出海口的镇江堡登陆降金。[55]七月,皇太极派贝勒岳托(清太祖努尔哈赤第二子代善之长子)、德格类(太祖第十子)率领包含孔有德和耿仲明等汉军在内的马步兵万余名攻克旅顺口,守将黄龙战败自刎。[56]亦即,孔有德早在旅顺之役前就已降金,而领军攻旅顺者亦非所谓的"三王子"。

此书作者对孙元化极为不满,并屡屡抨击其操守,如称:

> 陈有时即毛有侯,……贿嘱元化委孔有德领其事。今日吴桥八百之叛卒,即陈有时旧日之心腹也,罪将安归。先是逆抚孙元化监司关宁时,与文龙交好,捏揭都门,致崇焕死,有德等贿买元化抚登、宋献理饷、王徵监军。……辛未腊月廿一日,贼围登,巡抚余领兵青州,元化密书止其来,代贼赍金珠一车使受,……嗟嗟孙元化之叛,孔有德成之也;余大成之奸,孙元化买之也,元化首虽就戮,犹伏灭族之辜。

指称孔有德在登州发展,乃因孙元化受陈有时贿所致;而孙元化担任登莱巡抚,亦是孔有德等行贿的结果;至于山东巡抚余大成在兵变之后顿兵不前,则是因收受元化代贼所致送的一车金珠。此等指控是否流于情绪化,待考。

补过居士究竟为何人,或仅能从其字里行间略窥端倪。因内文有云:"先抚某公于辽人渡海之始,已逆知其为登祸也,沿至孙元化,而祸果至此哉。"知作者的先人卒于成书的崇祯六年八月之前,且生前应历官至巡抚。又,从作者对此事的关切程度,或可推判其先人很可能在此变中曾出任相关的山东巡抚(如余大成、徐从治、朱大典)或登莱巡抚(如孙元化、谢琏、陈应元),[57]然

---

54 周文郁,《边事小纪》卷3,页28—36。
55 参见第七章。
56 韩行方,《明末旅顺之役及黄龙其人其事》。
57 吴廷燮,《明督抚年表》,页399、688。

而，其中孙元化和余大成在文中被形容为逆或奸，且朱大典和陈应元在成书时尚健在，故徐从治和谢琏或为最可能的人选。

经查此书中对忠烈之士均以公称呼，前后共有三十二人被称作某公。然而，徐从治和谢琏却均不在其内，文中仅有一次提及谢琏曰：

> 督师刘公宇烈明抚暗剿，蜡书遗策，机泄被有德乘便用诈，伪旨议和，擒谢琏、两太府等送登，宋公大骂不屈，贼立斩之。

当时叛军伪称愿真心求抚，而诱谢琏等人出城，其中"两太府"乃指担任监军的内府太监徐得时和翟昇，"宋公"应为"朱公"之形误，此为莱州知府朱万年，他在被执之后骂贼不绝口，遂遭"刃剪其颈"，至于谢琏和徐、翟二人，则被送至登州监禁，当莱城围解时，同被李九成所杀。[58]作者或不以谢琏轻率抚贼之举为是，且其被擒后曾替贼喊话，[59]实不足为众人表率，故他尊朱万年为公，却直呼谢琏之名。

至于徐从治之名，仅出现过一次，作"武德道徐君从治"，这是全书当中唯一以"君"称呼之人，且书中完全未提及他以山东巡抚的身份防守莱州，并于稍后中炮殉国之事。[60]故笔者颇疑"补过居士"应即其后人，因不便自我褒扬，故以"君"字替代较尊敬之"公"字，并略去其先人的忠烈事迹（此在同册之《归围日记》中已有详细记述）。

由于此书中称朱大典为"抚臣大典"，而不称姓，此与其他各人的称谓均异，知作者与朱氏的关系或非比寻常。查徐从治有同贞、有贞、益贞、济贞、复贞五子，此书完成之时，因其父殉难之功而世袭锦衣卫百户的长子同贞，方在锦衣卫中的戈戟司任官。[61]戈戟司归刑部山东清吏司带管，而朱大典所接任的山东巡抚一职，虽直属都察院，却也必须与专管山东布政司、按察司、盐运司

---

58 毛霦，《平叛记》，页52—62。
59 张忻，《归围日记》，页39。
60 毛霦，《平叛记》，页7—37。
61 钱谦益，《牧斋初学集》卷51，页19—25；光绪《海盐县志》卷15，页101。

和都司的山东清吏司有密切业务往来,[62]再加上朱大典理应对抚恤前任遗孤之事多所着墨,因知徐家在从治殉国之后应与朱大典维持相当好的公私情谊,以致"补过居士"(最有可能是徐同贞或其兄弟、堂兄弟)称其为"抚臣大典"。

此或也可说明作者为何在文中对担任督师的兵部侍郎刘宇烈其人其事特意曲护,称:

> 督师刘公宇烈明抚暗剿,蜡书遗策,机泄被有德乘便用诈,伪旨议和,擒谢琏、两太府等送登。

而刘宇烈在谢琏等人被诱杀后,旋以倡抚议遭逮捕下狱,御史王万象和方之翰甚至均上疏请将其立斩,且于稍后遭发戍远卫,[63]以致其籍隶的地方志或因此不为其立传,[64]但在《东事纪略》中却称其"明抚暗剿",并尊称以"公",其原因或与朱大典相关。当朱氏为诸生之时,因屡鸣不平之事,而得罪长吏,几遭除籍,幸赖时任县令的刘宇烈多方调护始得免。[65]"补过居士"或就是因朱大典的关系,而连带替刘宇烈力加辩解。

五、已佚诸书

除了前文所提及的诸书外,与吴桥之变直接相关的文献已知尚有谢三宾的《视师纪略》、余五化的《登辽纪事》、谢琏的《围城日纪》、高起潜的《东征纪》、刘新祐的《保莱全书》和佚名所撰的《孤忠录》等,但这些似均已佚。

谢三宾,字象三,浙江鄞县人,尝于崇祯五年七月任山东巡按,平乱后著《视师纪略》一卷,此书又名《笏记》。[66]全祖望对谢三宾的人品颇不值,尝引陆梦龙之言,指其于视师之时对监护中官高起潜和义勇副将刘泽清多方诣

---

62 嵇璜、曹仁虎等,《续通典》卷29,页1289、1302。
63 毛霦,《平叛记》,页55—56、75;《崇祯长编》卷63,页14。
64 刘宇烈之祖父夔、父延龄、兄与扬以及弟宇亮均各有传,参见黄尚毅等纂,《绵竹县志》卷6,页69—70。
65 全祖望,《鲒埼亭集外编》卷9,页11。
66 见黄虞稷,《千顷堂书目》,页136。

媚，且称他曾干没贼营数百万金，并称这些在他的《视师纪略》一书中尽讳之。[67]近人柴德赓作《谢三宾考》，认为全祖望过信陆梦龙之言，其对谢三宾的评价未必服人。[68]然而谢三宾在甲申之后屡谋害抗清之浙东义士，以致为时人所不齿，此或为《视师纪略》一书流传不广的原因之一。

江苏巡抚闵鹗元于乾隆四十六年奏缴的违碍书目中，有"金陵余五化《登辽纪事》抄本乙册，不全"之记载，[69]此书似已佚。查《平叛记》以及台大所藏的《归围日记》刊本，均提及莱州被围之前有一参将名佘五化者，与孔有德为结拜兄弟，因主抚而与叛军多所联络，后遭驱离莱州。惟此人之姓，在山博所藏的《归围日记》抄本中则作"余"，且在《崇祯长编》中有三条涉及余五化在吴桥之变中抚贼被劫的记事，[70]知"佘"或为"余"之形误。

谢琏，字韶石，湖广监利人，崇祯五年正月，任登莱巡抚，七月，为叛军诱执，八月，在登州被杀。故其《登辽纪事》应为守莱之时所撰，艾容在崇祯七年序刊的《微尘暗稿》中，收录《读围城日纪哭谢韶石中丞》一诗，[71]知当时已有刊本或抄本流传。

六、结　语

前文对涉及吴桥兵变的几本著述作了一初步的介绍，它们的作者多为亲历此乱的当事人或其后人，其中徐从治的《围城日录》、张忻的《归围日记》以及补过居士（疑为徐从治后人）的《东事纪略》尚存，但后两书颇为罕见。至于谢琏的《围城日纪》和谢三宾的《视师纪略》（又名《笏记》），虽已不见原书，然其主要内容或已被载入毛霦的《平叛记》中。此外，余五化的《登辽纪事》、高起潜的《东征纪》、刘新祐的《保莱全书》和佚名所撰的《孤忠录》等，则均已佚。

67　全祖望，《鲒埼亭集外编》卷29，页26；卷30，页12。
68　柴德赓，《鲒埼亭集谢三宾考》。
69　雷梦辰，《清代各省禁书汇考》。
70　《崇祯长编》卷55，页18；卷56，页20；卷64，页33。
71　艾容，《微尘暗稿》卷8，页22。

除以上的私人著述外，官方文献则以《崇祯长编》中相涉的记载最多，约近五万字。该书现存六十六卷，起自天启七年八月，迄于崇祯五年十二月，最后一条记朱大典和谢三宾射书入登州城谕降，有原任参将马骢等于除夕商议内应，策划在元旦孔有德行香时将其缚捉，但不幸事泄被杀，末尾则突破编年体之体例，续貂称："明年二月既望，有德、仲明相继浮海而遁，登城始下。"知该书乃以吴桥之变作为终结。此外，"中研院"历史语言研究所自1930年起所编之《明清史料》以及2001年由中国第一历史档案馆和辽宁省档案馆所编之《中国明朝档案总汇》中，均零星收入一些相关的疏奏。

掌握这些公私文献，应是全面研究吴桥兵变一必备的过程，然而，我们也必须尝试去深入析探文本书写者或编印者隐藏在背后的主观意识。如钱谦益之名以及其他文字即屡因避新朝之讳而遭挖改，从此一事实亦知清人对文字钳制之严。再者，或因刘宇烈以误国而遭革职远戍，导致其所籍隶的《绵竹县志》竟然不愿为其立传，但在另一方面，《东事纪略》的作者则很可能因私人因素，而对刘氏其人其事特意曲护。至于张忻在《归围日记》刊本中所抨击的生员毛氏，其不愿捐银助守且欲离城西避的"劣迹"，在山博抄本中则尽被略去。又，民国《掖海丛书》本的《平叛记》在叙守莱之功时，径自增附了刘允浩的事迹，然刘氏其实并未参与守城之事。而毛霦也在其所撰的《平叛记》中，将乃父毛伟的身份自儒童提升为诸生。故作为一位史学工作者，我们实应对史料的使用与辨别采取更加谨慎与严肃的态度。

第九章　吴桥兵变：明清鼎革的一条重要导火线*

崇祯四年八月，皇太极亲率大军围攻关外的大凌河城；闰十一月，孙元化奉命派孔有德救援，结果该支部队在北直隶的吴桥叛变，稍后降金。叛变的导火线表面上只是一件因夺鸡所引起的军民冲突，但却造成类似"蝴蝶效应"（Butterfly Effect）[1]的后果，对明清鼎革产生深远影响。由于这场明末最大兵变缺乏上述角度的专题研究，为厘清其历史意义，笔者尝试对吴桥之乱的前因及经过作一较完整的析究，然后追索孔有德、耿仲明、尚可喜、吴三桂等辽人家族及其部众，如何在此一事件后乘势崛起；并在清朝入主中原的过程中，从关辽神将跃升权力核心，最后又如何在三藩之乱（1673—1681）后全面退出历史舞台。

自努尔哈赤于万历四十六年（天命三年）以"七大恨"为由兴兵抗明以来，不到三十年的时间，只有几十万人口的满人就已入主中原，肇建一个由多民族共治且长达二百多年的庞大帝国。先前学界对明清易代原因的探究，基本上是在民族革命、王朝更迭、阶级革命、世界性经济危机以及自然灾害等解释模式中展开；[2]然而，除却考量这些复杂且多元的宏观背景因素外，源自军事史

---

* 原刊于《清华学报》（新竹），新42卷第1期，2012年3月。
1　蝴蝶效应乃美国气象学家Edward Norton Lorenz（1917—2008）于1963年所提出的理论，指出一件表面上看来关系不大的细微小事，却有可能带来巨大改变。他以蝴蝶为喻，指出当一只亚马孙流域的蝴蝶扇动翅膀之后，将有可能掀起密西西比河流域的一场风暴。
2　刘志刚，《时代感与包容度：明清易代的五种解释模式》。

角度的基础研究,尤其是对皇太极称帝之前史事的深入探讨,仍有许多尚待努力的空间,当中更以辽人(此一名词在明末即已行用,专指定居关外的汉人)以及东江(泛指以皮岛为中心的辽东半岛近海诸岛屿)海上长城所扮演的角色,最不为人所知。[3]

天启元年,沈阳与辽阳两边外重镇先后被努尔哈赤攻陷,明朝举国震惊,熊廷弼因此被重新起用为辽东经略,他尝疏言:"恢复辽左,须三方布置:广宁用骑步对垒于河上,以形势格之,而缀其全力;海上督舟师,乘虚入南卫,以风声下之,而动其人心,奴必反顾而亟归巢穴,则辽阳可复。"[4]于是新设登莱巡抚,兼管东江等地,希望能部署一道海上防线,以牵制金国后方,并与从广宁至山海关的陆上防线相呼应,且在山海关特设经略(参见书前"明末辽东、山东与东江地区简图"),以节制三方,统一事权。虽然启祯两朝对此"三方布置策"该如何施行并无持续的共识,但相关兵力的配置则不出此一轮廓。

如明廷于天启二年即在鸭绿江口的皮岛设置总兵官,以毛文龙为首任岛帅,希望能对金国发挥"进可攻、退可守"的积极作用。但很不幸地,毛氏却未以国事为己任,不仅偏安一隅,从事贸贩,谋取私利,甚至冒饷侵粮,伪造战功。崇祯二年六月,辽东督师袁崇焕以尚方宝剑斩杀毛文龙,但袁氏亦于十二月金军侵扰京畿时(史称"己巳之役")下狱,并在翌年弃市,边事自此更加滋扰。[5]而在"后毛文龙时代"崛起的刘兴祚、刘兴治兄弟,则因缘际会掌握了东江地区的主要兵权。

崇祯三年四月,留驻皮岛署前协事的都司刘兴治,因愤其兄兴祚战死后未获恩恤,且刘氏一家的忠贞亦受到怀疑,遂起而杀署岛副总兵陈继盛,并与金国热络往还;刘家不仅徘徊周旋于明、金两大政权之间,甚至还曾起意自立基业。六月,兵部尚书梁廷栋因孙元化素为兴治所惮,特破格荐用他为登莱巡抚,[6]除巡抚登州、莱州和东江外,兼恢复金州、复州、海州和盖州之责。十一

---

3 参见第六章;黄一农,《e考据时代的新曹学研究:以曹振彦生平为例》。
4 《明熹宗实录》卷11,页543。
5 李光涛,《毛文龙酿乱东江本末》;陈生玺,《明清易代史独见》。
6 天启元年新设此职,崇祯二年罢,三年复设;参见方汝翼、贾瑚修,周悦让、慕荣幹纂,《增修登州府志》卷12,页5。另,由于当时教会人士积极引进西洋火炮和兵学,并在明末的军事史中拥有一席之地,故在下文中亦先将奉教之人点出,以备后文的讨论。

月，登莱总兵黄龙奉命赴皮岛担任都督，但他却格于当地局势的浑沌一直稽延行程。[7]

四年三月，皮岛诸将领内讧，张焘和沈世魁等起而杀刘兴治，导致刘家在东江权倾一时的势力完全瓦解。当时明廷对东江战略地位的态度大有分歧，兵部尚书梁廷栋主张"用岛"，并声称"撤海之罪，同于弃地"，但他旋即去职。而作为东江诸岛直属长官的登莱巡抚孙元化，以"东岛之兵，豢养十年，实皆无用"，且称"海禁开而鲜人得为奴转输，真文龙之罪也；文龙诛而仍不撤海以收近局，是则崇焕之罪也"，故主张"撤岛"，惟以众说纷纭，终无成议。[8]

六月，皇太极以皮岛新遭变乱，或可乘机袭占，乃调派数千步骑进攻，新出镇皮岛的黄龙遂命赞画副总兵张焘出战。张焘督大小兵船百余艘迎战，并令公沙·的西劳等十三名来自澳门的随军炮手发西洋大炮，协助缔造了被辽东巡抚丘禾嘉形容为"海外从来一大捷"的"麻线馆之役"，暂时阻止金国对东江诸岛的觊觎。[9]

同月，新任兵部尚书的熊明遇，因担心防御战线过长，遂命在大凌河城的孤军撤还，但总兵祖大寿以城方新筑而不忍弃。八月，皇太极以精锐数万围攻大凌河。十月，祖大寿降，旋被金人放归。由于东江一再发生变乱，且罕有牵制敌兵之能，孙元化因此下令撤回岛众。十月，张焘率舟师一千三百人撤离皮岛，但黄龙则借口迟留不去，沈世魁亦不愿归，孙元化于是命黄龙率兵登岸牵制金军，但他却仅虚张声势，并未发兵。

十一月初四日，黄龙因隐没兵士赏银，且克扣月饷，致引起哗变。叛兵把黄龙拘于私第，拷打至重伤，甚至风传其耳鼻俱被割去，孙元化初欲以毛文龙的养子毛承禄权摄岛事，继改委沈世魁；后又疑世魁参与变乱，态度犹豫不决。熊明遇于是建议取消东江总兵之设，改由一副总兵负责岛事，黄龙则遭革

---

[7] 此段参见第七章。
[8] 中国第一历史档案馆、辽宁省档案馆编，《中国明朝档案总汇》第12册，页128；张世伟，《张异度先生自广斋集》卷12，页24—25。
[9] 包括《崇祯长编》《国榷》《满文老档》在内的明清文献均未记此役，而天主教人士的描述则或有浮夸之嫌，如张焘尝称"西洋一士可当胜兵千人"，韩云称"击死奴酋七百余人"，耶稣会士汤若望亦谓"殄敌万余"。参见第四章。

任听勘，另委派监军王徵往查致变的情由，并执拿首乱。然而，王徵或尚未及成行，情势就急转直下，此因朝鲜移檄问罪，岛众担心食粮遭断绝，且尚可喜等将领亦率兵至岛平变，遂于二十八日杀带头倡乱的耿仲裕等十余人，扶黄龙复出视事，仍任登岛总兵，然明军在皮岛的战力已大受伤害。[10]

当明廷甫处理完东江的乱事，却在四年闰十一月爆发影响更深远的"吴桥之变"，令"三方布置策"因而解体，所部署的各支精锐明军亦先后降清，甚至转而协助清军以雷霆万钧之势征服大明江山（见后文）。然而，先前对此一兵变的研究既少且不够深入，[11]如在《明史新编》《晚明史》之类的通史或在《中国明代军事史》之类的专史中，均不见片言只字；至于《清代通史》《洪业：清朝开国史》和《剑桥中国明代史》等书中，亦只有极简略的叙述，其内容往往不出雍正十三年定稿的《明史》；惟有在《三藩史略》中有专章论此，但仍有许多疏漏与讹误。[12]为深入探索吴桥之变的历史意义，笔者先前曾专程赴国内外几家图书馆，抄阅时人所撰写的几本较罕见的著述，[13]并努力爬梳中、韩两国相关的档案文献，本章即尝试对此变的前因、过程和影响作一较完整的析探。

一、兵变的背景与发生

吴桥之变与崇祯四年的大凌河之役息息相关。七月，明军筑大凌河城，工程甫竣，金兵即于八月初六日以精锐一万五千人攻至，并掘深壕将城中三万余

10　此段参见《崇祯长编》卷52，页30；春秋馆编，《朝鲜仁祖大王实录》卷25，页39—42；《王徵遗著》，页147—149；罗振玉校录，《平南敬亲王尚可喜事实册》，页1；《中国明朝档案总汇》第12册，页128—130。
11　如见宋伯胤，《孙元化与吴桥兵变》；宋伯胤，《孔有德底叛明与降清：敬覆郭慕天先生》；李学智，《孔有德、耿仲明降清始末及明史黄龙传考》；神田信夫，《孔有德の后金への来归："天聪七年档"の检讨を通して》；第七章。
12　萧一山，《清代通史》，页143—146；《明史》卷248，页6430—6437；杨国桢、陈支平，《明史新编》；毛佩奇、王莉，《中国明代军事史》；樊树志，《晚明史（1573—1644年）》；滕绍箴，《三藩史略》，页97—123；Frederic E. Wakeman, Jr., *The Great Enterprise: The Manchu Reconstruction of Imperial Order in Seventeenth-century China*, pp. 196-200; *The Cambridge History of China*, vol. 7: *The Ming Dynasty, 1368-1644*, pp. 617-618.
13　参见第八章；黄一农，《奎章阁明清军事史重要文献过眼录》。

军民层层围困。驻镇山海关的大学士孙承宗遂遣张春、吴襄、宋伟率四万多名马步兵往救,但于九月二十七日在距大凌河十五里(明清时期一里约合0.576千米)处的长山被击溃。《满文老档》称:"自征明以来,较之以前,此次杀敌明兵甚多。"[14]十月,金军首度使用俘获以及自制的红夷炮攻坚,令远近百余台堡俱降。二十八日,因城中粮尽援绝,甚至已到人相食的惨况,守将祖大寿不得已率尚存的一万一千六百八十二名军民请降,以其子可法为质,并杀害不从的副将何可刚。金人旋即毁大凌河城班师,且将投降之军民俱剃发。孙承宗因遭廷臣交章疏劾,责其筑城招衅且丧师辱国,遂夺官闲住,不再起用。[15]

先是,当祖大寿之子可法赴敌营议降时,即曾强烈要求金国在受降后应继续攻取锦州,如此,众人始可与妻、子相聚,否则"生亦何益"!大寿的义子祖泽润亦对金国副将石廷柱称:"若能设计将在北京之二弟救出,此乃兄全我祖氏之大恩也。"祖大寿也在降后建议由其亲率兵诈逃入锦州,伺隙献城。十月二十九日晚,皇太极因此命贝勒阿巴泰等率兵四千名,着汉装偕祖大寿及其所属三百五十人,伪做溃奔状,企图袭取锦州。惟因逢大雾,队伍多失散,遂于天明各自收兵。而锦州明军听闻炮声,以为大凌守军突围,尝分路应援,但均遭击败。[16]

十一月初一日,祖大寿携二十六人步行入锦州。皇太极先前与诸贝勒议曰:

> 朕思与其留大寿于我国,不如纵入锦州,令其献城为我效力。即彼叛而不来,亦非我等意料不及而误遣也。彼一身耳,叛亦听之。若不纵之使往,倘明国别令人据守锦州、宁远,则事难图矣!今纵还大寿一人,而先携其子侄及其诸将士以归,厚加恩养,再图进取,庶几有济也!

知其放归祖大寿的决定,乃一心思极其细密之举,因即使祖氏不依约献出锦

---

14 任世铎等译,《满文老档》,页1151—1155。
15 此段参见阎崇年,《论大凌河之战》;第十章。
16 《满文老档》,页1162—1171;《清太宗实录》卷10,页137—143。

州，只要他仍掌兵权，其被俘的亲友和部属就足以令他投鼠忌器。而大寿为掩饰其贪生之举，初竟疏奏自己是率兵突围。[17]

稍后，祖大寿因不能或不愿遵约献锦州，遂在同僚的曲护之下，将脱归一事改说成是施用奇计以赚归，当事诸臣亦或希望能因此稍稍挽回败战的颜面。孙承宗在上疏时，更尝巨细靡遗地"引述"祖大寿与皇太极的对话，以证明其"用计出围"之说，崇祯帝因此还嘉许其"兵不厌智"；但祖大寿私下却仍与金人互通往来，皇太极更尝对其称："倘蒙天眷而事成，则以将军为王，国自由尔专主……我将将军与我诸贝勒并列，不与官员辈并列。"[18]

在大凌河城被围期间，明廷曾于崇祯四年八月二十二日发文命驻防在皮岛的前协副总兵张焘率兵至旅顺旁之双岛，与来自登州的参将黄蜚（黄龙之外甥，见后文）以及孔有德部会师，再合兵至三岔河口（太子河与浑河一起汇入大辽河后，即称作三岔河，自今营口市西边注入渤海）和耀州盐场（在今营口市附近），希望能从后方牵制敌人。九月二十七日，张焘率兵偕同葡籍军官公沙·的西劳，分乘二十一艘船出发；但东江总兵黄龙不允其携走先进的红夷大炮，理由是要"留以进剿"。张焘所率的援兵至十月十七日始抵双岛，据其指称，当时孔有德刚从三岔河遭飓风退返双岛，因孔氏回报三岔河结坚冰"不能飞越"，张焘于是差官至登州禀报此一困境；二十八日，遂接到改调觉华岛之檄。[19]

十一月初一日，张焘声称甫出发即又遇飓风，而自其于九月底出发以来，先后已有十二艘船严重损坏，其余九艘虽经修补，仍时时漏水，故他请求再拨十四艘较坚固之船以载兵。且因先前公沙遭飓风时，行李和兵器尽失，"见在调理，力乞回澳"，而张焘指称在麻线馆之捷中，"西洋一士可当胜兵千人"，是他"向恃以为尝（农按：即'常'字，避泰昌帝朱常洛之名讳）胜不败者"，故恳请速发"西炮、西人、火药、盔甲"，更希望能预给"开春粮钱"，以便购买御寒之物；并请求当部队抵达觉华之后，即即照关宁之兵给足全

---

[17] 此段见《清太宗实录》卷10，页143。
[18] 《中国明朝档案总汇》第12册，页2—5；《清太宗实录》卷10，页143—144；《满文老档》，页1175—1176。
[19] 此段参见《中国明朝档案总汇》第12册，页84—87。

粮。二十八日，奉旨："海师风信，固难定期，日久奋图，岂无一遇。如何张焘等只以遭飓坏舡为词，着兵部看议来说。"[20]知朝廷颇疑飓风乃为其赴援不力的借口，江西道试御史刘宗祥因此抨击称："若云海涛汹涌，则奴在凌三月，岂尽无风平浪恬之日。即迂道从狭江潜渡，兴师急援，奴未必不畏其先声。"[21]

当大凌河城中食尽之际，张焘和孔有德所率领的援兵竟然还都羁留在双岛，不愿或不敢涉险登陆救援。而当败军之将的祖大寿被金国放还时，反被描述成"设奇自振""忠智脱围"。无怪乎广西道试御史萧奕辅严词批评边臣"欺罔特甚"，并称：

> 甚至凌城已破，将卒被掳，而丘禾嘉等犹然以二十九晚遣兵劫营，贼众惊乱，总兵祖大寿领万二千人出城报功。向非水落石出，直吐情形，又一大奇捷矣！自有边惊（农按：警）以来，日事欺罔，诸臣不足诛，不意承宗大臣而出此也！

这些都在在突显明廷腐败之深。[22]

由于张焘等一直未能从海路至三岔河牵制敌军，兵部于是在十月二十三日命孙元化自陆路续发五千名援兵，但因当时登州的马步兵总数尚不及三千人，元化乃于二十五日遣人至双岛调取孔有德和吴进胜之军，至十一月十四日，部队始齐集。由于当时皮岛总兵黄龙甫被乱兵所拘，故元化乃留吴进胜军在登州戒备，而命孔有德率兵一千人先行，王廷臣等将领则随后发遣，[23]通计此批援兵共四千四百七十二人，分携马一千零六十一匹、骡五百五十一头、牛一百五十四头、中西大小铳炮一千零三十四门等；元化自称"从来援兵未必若

---

20 《中国明朝档案总汇》第12册，页88—89。
21 《中国明朝档案总汇》第12册，页134—137。
22 《中国明朝档案总汇》第12册，页2—8、25—28、51—52、138—140、194—198。汪辑等，《崇祯长编》卷51，页33；卷52，页3。《清太宗实录》卷10，页141—142。
23 王廷臣所统领的官兵一千一百三十余名，暨家口、妇女一千二百余名，乃于崇祯五年正月十三日出关，其时登州已遭叛军攻陷，廷臣最后是在十五年二月清兵攻陷松山时被杀。参见《崇祯长编》卷55，页10。

此之盔甲、器械、锅帐、辎车悉全者",但讽刺的是,大凌河城守军却已于半个月前因各援兵的拖延磋跎而力竭投降。[24]

由于孔有德"初无往意,勉强前赴,沿途观望",甚至停驻邹平(位于新城西南约20千米处)月余,[25]以致出发近两个月始出山东省境,准备行至直隶河间府所属之吴桥县(距登州约500千米)后,即改沿大运河至天津,再北出山海关。不料,此一部队却因细故而激起兵变,《明史》记其事曰:

> 是年,大凌河新城被围,部檄元化发劲卒泛海,趋耀州盐场,示牵制。有德诡言风逆,改从陆赴宁远。十月晦,有德及九成子千总应元统千余人以行,经月抵吴桥,县人罢市,众无所得食,一卒与诸生角,有德抶(农按:指用鞭、杖或竹板击打)之,众大哗。九成先赍元化银市马塞上,用尽无以偿,适至吴桥。闻怨,遂与应元谋,劫有德,相与为乱。陷陵县、临邑、商河,残齐东,围德平。既而舍去,陷青城、新城,整众东。[26]

《清史稿》亦称:

> 天聪五年,太宗伐明,围大凌河城。元化遣有德以八百骑赴援,次吴桥,大雨雪,众无所得食,则出行掠。李九成者,亦文龙步将,与有德同归元化,元化使赍银市马塞上,银尽耗,惧罪。其子应元在有德军,九成还就应元,咻(农按:指教唆)有德谋为变。所部陈继功、李尚友、曹得功等五十余人,纠众数千,掠临邑,凌商河,残齐东,围德平,破新城,恣焚杀甚酷。[27]

---

24 《中国明朝档案总汇》第12册,页147—148;沈黴佺,《江东志》卷8,页11—12。
25 张存武、叶泉宏,《清入关前与朝鲜往来国书汇编(1619—1643)》,页580;《国榷》卷91,页5577。
26 《明史》卷248,页6431。
27 《清史稿》卷234,页9395—9396。

均指援军至吴桥时，因"无所得食"而生乱，此与稍后孔有德致皇太极请降书中的说法一致。[28]至于适至吴桥的李九成，则起了推波助澜的作用。九成先前乃奉孙元化之命买马，[29]但却将款项荡尽，由于自认重罪难逃，遂与其子应元谋叛。

毛霦在其康熙五十五年成书的《平叛记》中，参考了许多第一手材料，因而对致乱的缘由提供了更多细节，称：

> 发辽卒千人授游击孔有德、千总李应元往，……初无往意，勉强前赴，沿途观望，至闰十一月二十七日，次于吴桥。时官兵屡过地方多骚扰，以故民皆闭门，兵无食宿皆怨。适部卒与生员相争，有德笞之，众遂哗然（原注：时屯兵新城乡绅王象春庄，白食鸡犬，春子怒，先投其父名帖，复亲讲其兵不法状，有德将兵捆打、贯耳，兵遂将庄焚毁，春子潜逃）。次日，千总李应元与其父九成缚有德于演武场，首倡反谋，有德从之（原注：九成初为元化市马，马价荡尽，至吴桥，适与有德遇，遂与应元谋，以为反亦死，不反亦死，不如一逞，叛谋益决）。[30]

然初读此一记述，会怀疑当时在新城与吴桥是否先后均发生军民冲突。[31]惟因两地的直线距离约达150千米，很难理解若数天前众兵已在新城酿出焚毁王氏庄园之大乱，何以要等到吴桥才激变。且若此说为确，亦很难解释为何时人绝

---

28 孔有德在信中称："前奉部调西援，钱粮缺乏，兼沿途闭门罢市，日不得食，夜不得宿，忍气吞声，行至吴桥，又因恶官把持，以致众兵奋激起义。"此信原件不知现藏何处，转引自萧一山，《清代通史》，页144—145。
29 登州备兵的目的原是为支援辽东战事，因而亟需可以陆战之马，由于"腹里之马低小柔脆，不堪战斗，必用口外夷种，方可应敌"，故通常均会遣人往大同、甘肃一带购马。参见陶朗先，《陶元晖中丞遗集》卷上，页14。
30 毛霦，《平叛记》，页1。
31 明遗民文秉亦称夺鸡之事发生在新城，因官兵不满该犯罪之同僚将被正法，遂说服已抵吴桥的前队士兵叛变。惟文秉对此变的记述中有多处失实，如他误称陈有时和毛承禄二人在初叛时即加入（见后文）；且误指叛军"尽灭王象乾家"，当时王家主要人物应仅象复及其子与夔被杀（见后文）。笔者因疑入清后隐居在家乡苏州郊外撰述的文秉，对此变细节的掌握或欠翔实。参见文秉，《烈皇小识》卷2，页38—39。

少将此一事件与新城相系:除孔有德自称是在吴桥起事外;[32]归庄应孙元化家人之请所写的《孙中丞传》中,亦称"兵至吴桥,闭门罢市,不听止宿,兵遂大掠";监视登岛太监吕直也指"孔有德肇乱于吴桥";崇祯朝担任京官的王家彦和马世奇,分别称此变为"吴桥之变"和"吴桥之事";明末清初的史家邹漪、查继佐和张岱,亦明确将事件地点系于吴桥,或径称为"吴桥兵变"。[33]

经查乾隆四十年奉敕撰的《御定资治通鉴纲目三编》中有云:

> 十月晦,有德及九成子千总应元统千余人以行,经月抵吴桥,天大雨雪,众无所得食。新城邑绅王象春者有庄在吴桥,有德兵屯其地,卒或攫鸡犬以食,王氏子怒诉之有德,有德笞卒以徇,众大哗。九成先赍银市马塞上,用尽无以偿,适至,闻众怨,遂与应元谋劫有德为乱,有德从之还。[34]

始知《平叛记》中的小注并非记载另次冲突,而是对正文的补充,只不过毛霦并未清楚指出事件所在地乃王象春家位于吴桥之庄园,反而在字里行间让人误以为该庄在王氏老家新城。

至于酿祸的王象春之子,有误认是与仁(后改名山立),[35]此因《新城王氏世谱》中以其为象春独子。惟此子在兵变发生时年仅约十一岁,应不太可能"怒投其父名帖"。查象春在《庚戌科序齿录》中所留下的资料,他于万历三十八年中进士时有一子名与文(见图表9.1),据世谱中的记载,与文是象春堂兄象艮之子。因疑象春初或因乏嗣而过继与文,但在中年得子后,又将与文

---

32 孔有德和耿仲明在天聪七年(崇祯六年)四月十一日向金国的乞降书中,即称:"前奉部调西援,钱粮缺乏,兼沿途闭门罢市,日不得食,夜不得宿,忍气吞声。行至吴桥,又因恶官把持,以致众兵奋激起义。"参见冯其庸,《两桩历史事实和两件珍贵文献》。
33 沈徵佺,《江东志》卷8,页12;邹漪,《启祯野乘一集》卷11,页3;查继佐,《罪惟录》,列传,卷11下,页82;王家彦,《王忠端公文集》卷2,页36;马世奇,《澹宁居文集》卷1,页30;张岱,《石匮书后集》卷35,页6;《明清史料》,甲编,第8本,页744。
34 此见张廷玉等,《御定资治通鉴纲目三编》卷35,页10。又,光绪《增修登州府志》中亦有类似叙述(卷13,页11)。
35 何成,《新城王氏:对明清时期山东科举望族的个案研究》,页33。

图表9.1：《庚戌科序齿录》中的王象春家世履历。上有以墨笔所记"一家十进士、一举人""祖、父、孙进士"等字，并列出同一祖父之大排行

归宗。亦即，该怒投象春名帖的应最可能是与文。[36]

文献中有称吴桥"闭城罢市"一事根本是由县令毕自寅主导，[37]此因当时军纪普遍不堪，[38]驻登之辽丁更被抨击常"剽妇女以为嬉"。[39]此外，自寅之举还可能受到其亲族的特别影响，因其兄户部尚书毕自严尝为辽事而对孙元化

36　参见《明代登科录汇编》，页11898；张世伟，《张异度先生自广斋集》卷11，页9；钱谦益，《牧斋初学集》卷66，页5；王兆弘等纂修，《新城王氏世谱》卷4，页29、55—56。
37　程其珏修，杨震福等纂，《嘉定县志》卷16，页33；梁蒲贵、吴康寿修，朱延射、潘履祥纂，《宝山县志》卷9，页9；沈徵佺，《江东志》卷10，页16。
38　如户部尚书毕自严为其弟肃自所撰之行状中即尝称："徵兵络绎，所至纵恣，闾门多昼闭，兵至无所得食，益肆掠。"此行状未见于《四库全书》文渊阁本之毕自严《石隐园藏稿》，惟该书之文津阁本则有。参见杨讷、李晓明，《文渊阁四库全书补遗：据文津四库全书补》，集部，第7册，页7。
39　马世奇，《澹宁居文集》卷1，页31。

"素不快",且其同母弟自肃于崇祯元年发生的宁远兵变中引咎自经,当时索饷的乱兵曾将担任辽东巡抚的自肃缚绑捶击至血流被面,而毕家甫于四年十一月二十八日将自肃安葬,可以想像自寅对以辽人为主的孔有德部应无太大好感。[40]

再加上与增援部队发生摩擦的新城王家,恰与淄川毕氏世为姻亲,查象春同一祖父的十八名堂兄弟当中,即有象乾、象贲、象震、象艮四人配毕氏之女,象丰之女亦嫁毕氏,[41]两家关系有谓是:"姻娅重重,虽云二姓,无异一宗",[42]或使自寅默许甚至鼓动百姓对该军采取不友善的举措。[43]

至于该夺鸡之兵之所以受到穿箭贯耳的重惩,则主要是因其所得罪的王家"势凌东省"。查新城王家第三世的王麟共生八子,其中长子耿光与次子重光两房的科名最盛,在此两房连续三世的四十六名男丁当中,共出过十四位进士(含一位武进士),而"象"字辈更囊括十个(参见图表9.1)。[44]当事人王象春在兵变前甫以南京吏部考功司郎中告归,其从兄象乾亦曾两任兵部尚书(于崇祯二年十月告老回籍,三年五月病卒);即使在象春同父的兄弟当中,亦有多人出任重要官员,如象恒历官至应天巡抚、象复为保定府同知、象鼎为吏部考功司郎中、象丰为参将。无怪乎,明人陈继儒尝称:"今海内推乔木世家,首屈新城王氏,名公卿累累,项背相望。"[45]尤有甚者,孙元化于万历四十年乡试中举时,恰出自王象春之门。[46]这些特殊背景的交织,导致夺鸡小事因而闹大。

---

40 此段参见杨讷、李晓明编,《文渊阁四库全书补遗》,集部,第7册,页25;沈徵佺,《江东志》卷8,页12;《崇祯长编》卷11,页21。
41 参见王兆弘等纂修,《新城王氏世谱》卷1,页7—17;何成,《新城王氏》,页85—86、89。
42 两家在"象"字辈之后依然颇多互结姻亲之例。参见于瑞桓、何成,《明末清初新城王氏婚姻简论》。
43 查继佐误以吴桥县令毕自寅在兵变中被杀,其实,自寅于崇祯五年还改调宛平县令。参见倪昌燮等修,施崇礼等纂,《吴桥县志》卷6,页15;查继佐,《罪惟录》,列传,卷12下,页17。
44 王兆弘等纂修,《新城王氏世谱》卷1,页3—17。
45 何成,《明清新城王氏家族兴盛原因述论》,页109—113、119;《崇祯长编》卷35,页1—2;王鸿绪等,《明史稿》卷123,页6。
46 张世伟,《张异度先生自广斋集》卷12,页15。

查穿箭贯耳之刑，应至少可追溯至春秋时期。[47]明代名将戚继光在《练兵实纪》中，亦强调："申军纪：平时恃强凌弱，酗酒忿争，喧骤无礼，蹂取人果稼，作践人庐器，分别轻重，治之贯耳游营。"[48]前述这支部队因不满夺鸡之部卒受到"贯耳游营"等重惩，加上对出关之后的命运又彷徨未卜，[49]遂在吴桥哗变，并逼带队的孔有德等官员一同起事。

由于叛军的家口皆在登州，因而回戈东指，声称众人即将出关"前斗赴死"，却"行粮已尽，市买无所"，还不如"回登请粮，再图进止"，遂大肆劫掠途经的济南府各县。[50]因吴桥之变乃王象春家人所激起，故王氏家族根据地的新城遭焚杀尤惨，王象复及其子与孁均死于城破之时；象春虽侥幸逃脱，但翌年在经理象复父子丧事后，旋以感伤过度而于十二月病卒。[51]然在其进士同年钱谦益所撰之墓志铭中，却只称他于天启五年在南京吏部考功郎中任内被削籍后，"一斥不复，而无何遂病且死矣"，完全未提及吴桥兵变及其冲击，[52]此明显是"为亲者讳"。

其时山东地区分设两巡抚：登莱巡抚为孙元化，下辖登州、莱州、青州以及辽东沿海诸岛，其析设的主要目的在"控制边海"，防备金军从海路南下；山东巡抚为余大成，辖山东布政司所属其他地区。[53]其中登莱巡抚所在的登州，原来僻处海隅，但自天启年间辽土泰半沦亡后，因毛文龙收拾辽众，在沿海诸岛自成一军，而岁饷八十万两，都是从登州运抵皮岛的，再加上关外的参、貂等特产亦多从海路透过登州转售内地，遂造成商旅云集的富饶局面。[54]

由于孙元化、余大成两巡抚均欲以招安的方式解决此事，而叛军又佯应

---

47 此刑应即汉代许慎在《说文解字》中所释之"聝"（音同撤），其意为："军法，以矢贯耳也，从耳、从矢。"查楚成王三十九年，子玉奉命练兵，一日之内即曾"鞭七人、贯三人耳"。参见许慎，《说文解字》卷12上，页8；杜预注，林尧叟补注，王道焜、赵如源辑，《左传杜林合注》卷13，页2。
48 戚继光，《练兵实纪》卷2，页16—17。
49 文秉在《烈皇小识》中有云："辽丁贪淫强悍，登人不能堪。适是冬有大凌河之警，孙（元化）令孔有德等率辽丁往援，即于原籍省伍，亦两全之术也。"（卷2，页38—39）
50 《崇祯长编》卷53，页33—34；《国榷》卷91，页5577。
51 崔懋修，严濂曾纂，《新城县志》卷11，页18—19；查继佐，《罪惟录》，列传，卷12下，页21；张世伟，《张异度先生自广斋集》卷11，页10—11。
52 钱谦益，《牧斋初学集》卷66，页4。
53 靳润成，《明清总督巡抚辖区研究》，页67—72；严有禧纂修，《莱州府志》卷13，页111。
54 《崇祯长编》卷55，页3。

之，孙元化于是通令各郡县不得拦截，且致书余大成曰："抚局已就，我兵不得往东一步，以致坏事。"叛军遂在行经青州、莱州时停止抢掠，并于二十二日长驱返抵登州。[55]此一行军速度较去程快了一倍有余，沿途且还曾费时攻城略地，因知孔有德先前的确有意拖延开赴前线的时间。

吴桥之变的发生，提供黄龙一绝佳之借口，以辩解自己先前遭部下缚绑的窘事。他于五年正月初一日上疏，谓四年四月他在登州所派差官王舜臣和李梅的两艘船上，搜出违禁的黄蟒和胡丝等物，价值约两万两，而其背后之物主则为孙元化属下的抚标中军王廷臣（舜臣之弟）和抚标游击耿仲明（李梅为其心腹）。黄龙称已当即将船货没收，本拟于稍后将相关人等审明正法，不料在廷臣和仲明的指使之下，时任皮岛都司的耿仲裕（仲明胞弟），于十月二十七日鼓动其本营兵丁以索饷为名包围他的公署，除将兵器、文卷、书籍、衣服席卷一空外，还将他拥至演武场，欲对其不利，"赖众将理论而散"。次日，仲裕更阴令其党将原被没充的船只连同蟒缎和胡丝等货物驶离皮岛。惟仲裕因担心事情曝光，遂与千总王应元谋为乱，欲杀诸将领并降金，但兵士不从，乃缚应元出首。十一月二十六日，沈世魁与尚可喜等将领分兵擒获仲裕及其同谋，黄龙于是将耿仲裕及王应元等人正法，且疏请查明王廷臣、王舜臣、耿仲明和李梅等人的罪状。[56]

黄龙此一辩白与前文其他文献中的叙事颇异，由于朝鲜史料以及先前曾提拔他的孙元化均指其贪墨克饷，兵士亦控诉他搜括银钱肥己，并逼迫众人饿着肚子上山挖参，[57]故笔者颇疑黄龙没收王舜臣和李梅船货的动机，很可能涉及双方的利益冲突，[58]而耿仲裕之所以牵涉其中，或是替其兄的心腹李梅讨回"公道"。此外，黄龙在复出视事的一个多月后，始疏奏变乱的缘由和过程，亦颇耐人寻味，他很可能是利用吴桥之变的混乱，以推托应负的责任，且为维护颜

---

55 毛霦，《平叛记》，页2、4；张世伟，《张异度先生自广斋集》卷12，页23。
56 《崇祯长编》卷55，页1—2；毕自严，《度支奏议》，新饷司，卷34，页67。
57 春秋馆编，《朝鲜仁祖大王实录》卷25，页39；张世伟，《张异度先生自广斋集》卷12，页22—23；《明档》，第186号卷，第9号，转引自《明清战争史略》，页329。
58 如兵部尚书杨嗣昌于崇祯十一年尝疏称："耿仲明者，该抚孙元化之中军也。黄蟒、湖丝，黄龙所执，以为仲明透贩之物，而并以持元化之短长者也。镇（农按：指黄龙）主贩而欲专之，抚（农按：指孙元化）分权而旋噬之。"参见杨嗣昌，《杨文弱先生集》卷24，页2。

面,他在疏中亦绝口不提自己曾遭拷打重伤一事。

孔有德叛军返抵登州城外后,就于城南的密神山扎营,不仅未积极接受招安,且开始部署攻城。当时城内"鸟铳、枪刀皆西洋,药法、弹法皆西洋,又即以西洋人放之","有西洋大炮十余位,西洋鸟铳并自造大炮数十,又用取西洋人合药、装放",[59]守军则主要包括原籍关外的辽兵以及来自南方的南兵,分由标将张焘和总兵张可大率领。五年正月初二日,两军战于城东,初南兵略胜,但辽兵突然引退,南兵几遭杀伤殆尽,而张焘的部下亦半降敌。初三日,降敌的焘兵复诈来归,孙元化许之,叛军遂混入城中,并与耿仲明等辽将密谋内应;是夜,有德即从东门杀入陷城。先前黄龙与耿仲明兄弟间的瓜葛,或许也是仲明决定临阵倒戈的重要因素。城破之时,孙元化引刀自刎未遂,乃与登州道宋光兰、监军道王徵、标将张焘等官员同被俘,张可大则自缢殉国。当时城中尚有旧兵六千人、援兵一千人、马三千匹、饷银十万两、红夷大炮二十余位、西洋炮三百位等大量人员物资,俱为叛军所有。[60]毕自严因此感慨曰:"登镇以全齐物力数年布置,甲仗、火攻之需,无一不备,而叛兵孔有德等全据为助逆之具。"[61]

在登州遭孔有德围攻时,公沙等来自澳门的军事顾问亦在城内协助防守,城陷时有十二人捐躯。死难的统领公沙被明廷追赠为参将,副统领鲁未略赠游击,铳师拂朗·亚兰达赠守备,另九位傔伴则赠把总职衔,并各给其家属赏银十两。从崇祯三年正月初抵京至五年正月的登州保卫战,这批共三十二人的放炮教师(不含传教士陆若汉),为明朝效力前后逾两年。他们在北京演炮练兵,并投入己巳之役和东江保卫战,可谓尽职尽责。这群澳人当中超过三分之一为明朝战死沙场,但讽刺的是,其忠诚度却曾饱受质疑,且死于受过他们训练的叛军之手![62]

登州之陷有部分肇因于山东人与辽东人之间日益严重的摩擦(附录

---

59 范景文,《战守全书》卷10,页50;卷12,页29。
60 范景文称当时城内有"西洋大炮八门",此或指的是规制较大者。参见毛霦,《平叛记》,页5;范景文,《战守全书》卷12,页29。
61 毕自严,《度支奏议》,新饷司,卷28,页69。
62 此段参见第四章。

9.1），此故，当叛军回攻登州时，即有称"登人故虐辽人，至兵临城，犹杀辽人不止"，或谓"村屯激杀辽人于外，外党愈繁；登城激杀辽人于内，内变忽作"；而当叛军陷登之后，报复亦起，"凡辽人在城者，悉授以兵，共屠登民甚惨"，且有称"（辽兵）向之畏敌如虎，今则视内地之人，则彼又不啻虎矣，残忍更过之。一时东人厄运、杀运，笔难尽书"，益知其时山东人与辽东人之间的确存在相当严重的省籍情结。[63]

附录9.1

崇祯初山东人与辽东人间的省籍情结

自金国攻陷辽阳并持续扩张之后，许多汉人被迫逃离家园，由于金国无水军，故许多难民选择扬帆过海，他们大多僦居在东江诸岛以及山东沿海，尤以登莱地区为多。[64]天启二年，大学士叶向高奏称辽人避难入关者即达二百余万人；[65]在毛文龙于崇祯二年被正法时，东江一镇即有兵民十余万人，其中编制内之军队共四万八千名。[66]

崇祯初年，登州地区所安插的辽民不下数十万，其中曾受毛文龙给札加衔者甚众，以致"登之街市黄盖、腰金者，不计其数"。[67]二年十二月，金军围京师，总兵祖大寿自关外兼程赶回，然而，京中之人却讽刺称"辽将、辽人都是奸细"；又，黄道周亦力言"东江辽人不早料理，必成极乱"；[68]这种种态度均可略窥辽人在一般人心目中的负面形象。陈仁锡甚至尝建议应将辽人尽数遣回关外，不许他们居留内地，称：

> 凡辽人有潜住省直者，尽数出关，以还故土。严令各官有姑留辽人者，

---

63 此段参见张世伟，《张异度先生自广斋集》卷12，页23；毕自严，《度支奏议》，云南司，卷15，页6；《崇祯长编》卷55，页3；《王徵遗著》，页150。
64 毕自严，《度支奏议》，新饷司，卷28，页70。
65 王在晋，《三朝辽事实录》卷8，页46。
66 谷应泰，《明史纪事本末补遗》卷4，页12。
67 《崇祯长编》卷24，页10。
68 《崇祯长编》卷29，页17；卷56，页4。

从重参究，以清内地。辽之科贡、世胄俱许仕辽，以立功勋，不许游宦，以忘桑梓，俟平定之后，照旧推升别省员缺，庶辽望先归，辽众景从。或路远难行，官给脚力；或穷饿不前，官给粥食。各府州县务加体恤，全活孑遗，期归故业。精壮选之为兵，老弱助之为农；以辽人复辽土，以辽土养辽人，卷土重来之实着也！[69]

主张解决辽事的根本方法在"以辽人复辽土，以辽土养辽人"。[70]

当时山东人与辽东人之间的摩擦日益严重，如皮岛辽民即曾于崇祯元年聚众欲杀至当地公干的登莱总兵杨国栋，他们诉称：

自国栋任登，出令强辽人住登者，悉隶官操。富者买免，每名百金，贫者愿隶，需索顶缺，每名十八两，且逐季查补……复出拿奸一令，富商被拿者，动以千金贿之乃释……有捕获者，赏有差，为此捕者，罚使出橡木砖瓦，以助尚公（农按："尚公"同"上公"，此指天启六年十月晋秩为上公的魏忠贤）生祠。吾侪逃生于彼，而受害如此，不能聊生，复投生海外。[71]

知许多辽人在自关外逃难至登州后，却横遭欺压，甚至有被迫再远赴海外之东江者，以求一活路。

此外，文献中还屡见描述两族群间之紧张关系者，称："辽人恃其强，且倚帅（农按：指毛文龙）力，与土人颇不相安""辽人避祸内徙，土人日与为雠，戒谕不悛""辽丁贪淫强悍，登人不能堪""登莱两郡自辽阳之失，辽人避乱来奔者十余万，土人多折辱之，或相残杀，辽人怨愤"。[72]吴桥之变就是在此一山雨欲来的肃杀氛围中爆发开来。

69　陈仁锡，《无梦园初集》，海集一，页39—40。
70　孙承宗先前即已提出此说。参见孙承宗，《高阳集》卷19，页5。
71　毛承斗，《东江疏揭塘报节抄》，页115—117；《明熹宗实录》卷77，页5。
72　此段参见《崇祯长编》卷55，页3；光绪《嘉定县志》卷32，页10—11；文秉，《烈皇小识》卷2，页38；沈徵佺，《江东志》卷8，页12。

时人尝归纳吴桥兵变的原因为:"孔、李枭猰素习,一反也;为登土人凌蔑积恨,二反也;不愿远戍宁远,三反也。"[73]其中"不愿远戍宁远"一事,则与明廷欲"裁抚撤兵"的做法攸关,此举亦获登莱巡抚孙元化的支持,因孙氏认为登莱的海防可归山东巡抚,至于恢复辽东四卫的任务,则可归辽东巡抚,故主张应将素无牵制之效且屡屡酿乱的东江部队改调关外。[74]当时在左春坊左谕德陈仁锡尝云:

> 登之辽人与始为乱之辽人犹有限也,海外之辽人无限也;登之辽人犹有妻子也,治(农按:致?)乱之辽人已为饱鹰也。海外之辽人穷而悍,与虏同性,勾联入登,其势愈张,难破矣。……辽人有二等,有南四卫之辽人,有北四卫之辽人,今之贼,北四卫之辽人也,性与虏同。……自三韩沦没,辽人进关百万余,辎重十倍之,辽俗不耐饥渴,流离伤心,所在有争,争则人欺其孤,且利其有,不曰养患可虞,则曰通夷有据,株连吹求,因一人而毙数十命,一事而疑千百人,十年来摧折殆尽,富者雁法,贫者投奴。[75]

文中对大量入关辽人的悲悽处境,有相当深刻的描述,但也呈现出对这些难民的严重偏见,甚至认为他们是非我族类,"性与虏同"。

兵变首脑李九成、孔有德和耿仲明三人,原均为毛文龙部下,文龙待三人甚厚,命李、孔典内兵,耿主钱帛,并均易姓为毛:李九成改名有功,崇祯二年,已为副将;孔有德改名永诗,耿仲明改名有杰,同在崇祯元年为参将。[76]三人在文龙死后改回原姓且投奔登抚,但或因先前毛文龙所授之官衔并非正式编制,故李九成反降为参将,孔、耿二人则降为游击。

孔兵攻陷登州以后,朝野对相关官员的抨击四起:郭之奇诗中有"乍传七

---

73 艾容,《微尘暗稿》,书,卷13,页30。
74 沈徵佺,《江东志》卷8,页10—11;卷10,页16。
75 陈仁锡,《无梦园初集》,海集一,页39—40;漫集二,页93—94。
76 周文郁,《边事小纪》卷3,页14;吴骞辑,《东江遗事》,页153—154;毛承斗辑,《东江疏揭塘报节抄》,页60、62、90、94、101、127、133;春秋馆编,《朝鲜仁祖大王实录》卷19,页53。

邑趋风溃，疑说专戎伏地迎"句，责孙元化按兵不动，甘愿被俘；[77]贵州道试御史丘民仰疏参孙元化和余大成"认贼作子，坐听其劫库杀官，连破数城，如摧枯折腐之易。……元化孑身而奔，损威辱国，乃匿不以闻"；户科给事中朱国栋亦劾孙、余两人"玩寇殃民，悠悠坐视，仅知两相诿卸"；登州生员吴化鹏、吴化鸿则具揭称"元化心怀异志，显与贼通，同谋不轨。见今僭号顺天，称王东镇"。[78]

于是众臣有主张将孙元化的家属囚系者，且炮火延及首辅周延儒（孙元化的乡试同年）[79]和兵部尚书熊明遇，如陕西道试御史余应桂指称诸臣先前屡纠元化贪污欺诈，但均因周延儒回护，终有吴桥之变，故"主登兵之叛逆者，非孔有德，乃孙元化也。成有德之叛逆者，非孙元化，乃周延儒也"，而兵科给事中李梦辰也借此一兵变抨击熊明遇"调度失宜，威望既不足以服人，才干亦不足以济变，难以久居司马之堂"；虽然崇祯皇帝仍温旨慰留周、熊二人，但已埋下他们未几即去职的引子。[80]

徐光启则上疏为其同教门生孙元化申辩，并称如其有造反之意，"臣愿以全家百口共戮"。[81]事实上，孙元化的甥婿潘云柱在五年正月闻元化因兵败而遭削籍听勘时，似曾拟竖反旗，但为元化所阻。[82]而叛军欲拥立孙元化之事，亦见于十七世纪的欧文著述中，如耶稣会士巴笃里在其《中国耶稣会史》（1663）中，即尝曰：

> 叛军曾愿拥立（农按：孙元化）为王，彼以此举不忠于天主、不忠于皇上，毅然拒绝。……元化愿负哗变之咎，偕张焘、王徵入京。众以此行必罹巨祸，劝易清帜。三人以忠天主之心忠君，卒奉命去。元化与焘皆论死，徵削职，并籍没家产。

77　郭之奇，《宛在堂文集》卷11，页5。
78　《崇祯长编》卷55，页11、13；卷56，页12。
79　赵弘恩等修，黄之隽等纂，《江南通志》卷130，页8。
80　《崇祯长编》卷56，页12—19。
81　柏应理，《徐光启行略》。
82　沈㲄佺，《江东志》卷10，页17。

此外，耶稣会士欧林斯所撰《两位征服中国之鞑靼皇帝的历史》（*Histoire des deux conquérants Tartares qui ont subjugué la Chine*，1688）中亦称："变后，（所部）知公必膺惩处，且不可救，遂以叛国为劝。……清军闻其事，亦遣人相告曰：'降则必获安全。'将军处诱惑中，不为动，竟论死。"惟其所称金人当时曾向孙元化诱降之说，并不见于中国文献，待考。[83]

孔有德在陷登之后，尝请被俘的孙元化移书余大成请求招安，余氏遂建请兵部尚书熊明遇续采抚议，明遇乃遣辽东籍的职方主事张国臣入贼营招谕，国臣于是传令"毋出兵坏抚局"，但"贼佯许之，攻围如故"。山东巡按御史王道纯则自始主张速剿，及登州沦陷，元化被俘，大成犹主张招抚，道纯于是抗疏力争，帝遂命道纯监军。叛军曾遣人伪乞抚，道纯焚书斩使，并上疏言："贼日以抚愚我，一抚而六城陷，再抚而登州亡，三抚而黄县失，今四抚而莱州被围。我军屡挫，安能复战？亟速发大军，拯此危土。"却遭切责，由此可知当时朝中的当事者多主张招抚。[84]

事实上，叛军并无诚意被招安，反而继续攻城略地。崇祯五年二月，新任的山东巡抚徐从治和登莱巡抚谢琏即在疏中强调："若'抚'之一字，是贼之所以愚弄孙元化于股掌之上者，而可再入其彀中耶？"且谓："国臣以抚为叛兵解嘲，而叛兵即借抚以为缓兵急攻之计。"[85]

由于孙元化对辽人素来颇为照顾，且叛军为寻求招抚的可能，孔有德遂用耿仲明的建议，于五年二月将孙元化、宋光兰、王徵、张焘等人放还。王徵在放归后，曾具疏论及登州城陷前后的情形，中称：

> 初三之夜，内溃外应而城破矣！叛将不肯加害，且令兵士卫守。少刻，则孙抚台乘马而至，见城已破，辄自刎仆地。叛兵细搜徵身，恐亦自刎，防范愈严。[86]

---

83 两书均转引自方豪，《中外文化交通史论丛》第1辑，页226—227、246。惟方豪误将欧林斯之书名译作"鞑靼人两次征服中国记"。
84 《明史》卷248，页6432—6433；卷264，页6828—6829。
85 毛霦，《平叛记》，页19、27。
86 《王徵遗著》，页150—151。

指称孙元化在城破时曾自刎未遂，[87]惟或因此举违背天主教不能自杀的诫律，故教会中人对类似行为多避而不言。[88]

二、兵变的蔓延与平息

叛军在攻陷登州后，开始部署营伍、伪授官爵，并铸"都元帅"印，[89]推原官阶较高的李九成（参将）为首、孔有德（游击）为副，耿仲明（游击）则自称都督。此因在吴桥初叛之时，是由李九成和李应元（千总）父子劫有德而叛，且返登沿途攻破六城时，皆以九成为前驱，故有德虽为叛军的直属带兵官，但却以"九成父子材武，且有首事之勋"而让先。[90]李九成外号"三大王"，尤长于鸟铳，"可择人命中"，时人有称："虽孔有德肇乱于吴桥，而造谋桀骜，为众逆之所推戴者，李九成实居孔有德之右，故其挺身率贼，抗我王师，凶恶至极。"[91]知李九成初确为叛军之首脑。

较晚成书的清代文献则多称当时乃以孔有德为都元帅、李九成为副元帅，且指孔有德和耿仲明叛变时原均任参将，此或因九成早死，且孔、耿二人在降清之后飞黄腾达，而遭阿谀者蓄意窜改所致。[92]另一方面，在康熙《新城县志》中，则因叛军陷城时曾杀戮甚惨，故编纂者只称兵变的带头者是"李九成等"，而未敢言及孔、耿。[93]

叛军曾将搜刮的财物拨出万金来犒赏辽东沿海诸岛，诱令同反。此一策略相当成功，如辽东半岛沿岸的鹿岛、石城岛等地的兵民均叛，但旋遭镇守在皮岛的黄龙敉平。由于黄龙原住登州的家人均在城破时被杀或被俘，孔有德遂遣

---

87 传说崇祯帝后曾派人量孙元化颈间刎痕，得"深二寸许"；参见张世伟，《张异度先生自广斋集》卷12，页23。
88 黄一农，《两头蛇：明末清初的第一代天主教徒》，页78、154—155、169、221、468。
89 查明朝当时并无"都元帅"之称谓，此一命名或与孔有德等人先前在东江的经验有关，因朝鲜自萨尔浒之役起即设都元帅和副元帅，"受命专征"，以因应金国崛起后边境许多突发之军情。参见春秋馆编，《光海君日记》卷129，页46—48；卷130，页196。
90 参见毛霦，《平叛记》，页1、5—6；《崇祯长编》卷55，页1—4。
91 《中国明朝档案总汇》第81册，页28；《明清史料》，甲编，第8本，页742—744。
92 《清太宗实录》卷14，页190—191；鄂尔泰等，《八旗通志初集》卷175，页4236；卷178，页4287—4288。
93 崔懋修、严濂曾纂，《新城县志》卷8，页22；卷11，页18。

石尽忠假持黄妻刘氏的金簪为信物，欲说降已攻抵长山岛的黄龙，但黄龙不受威胁，力歼叛党，并直趋旅顺。[94]在黄龙的围剿之下，欲叛离的岛众纷纷渡海至登州，其中即包括毛文龙诸义子之首的广鹿岛副将毛承禄；而阵容最浩大者，则是旅顺将领陈有时（先前名毛有侯）所率领的七八千人，有称初叛于吴桥的兵士原即多为陈有时的部下，孔有德因此应允在攻破莱州后，所得尽归其众。[95]

山东巡抚余大成闻登州已失，却束手无策，惟闭户修斋诵经，被人讥之为"白莲都院"。[96]崇祯五年正月十三日，叛兵破黄县。余大成遭革职，寻遭逮治。二十九日，总兵杨御蕃率通州等兵、王洪率天津兵与叛军在掖县八十里外的新城镇接战，当时叛军有骑兵五千名、步卒万余，明军只有骑兵不足一千、步卒不足四千，结果王营未战先溃，叛军且取其火器以攻杨军。明军最后星散四溃，仅御蕃率亲军三百人退抵莱州。[97]

五年二月初一日，徐从治和谢琏两抚俱抵莱州。初三日，叛军至，在城四周扎营十多处，开始长期的围城战，守城的兵丁总数共约四千名。[98]三月二十七日，兵部侍郎刘宇烈以督理的身份誓师向莱州进发，共调集蓟门、密云等地的援兵和义勇乡兵，凡马步兵二万五千人；四月初二日，崇祯帝还特遣中使送红夷大炮六门至沙河交付援军。但因刘等统帅均不谙兵事，人马杂糅，纪律不明，又不分犄角，且辎重亦遭敌焚毁，终在沙河兵溃，被掳者无算，大炮等大量火器反为叛军所有，巡抚徐从治亦于十六日中炮死。[99]

四月二十九日，莱州府推官屈宜扬自入叛军寨中讲抚，屈氏此举或得到刘宇烈的默许，刘氏于五月十六日还为此事具本题抚，但户部尚书毕自严、户部右侍郎刘重庆、四川道御史王万象等人均上疏力排抚议，或称："孙元化乃以甘言啗贼，借名激变，特倡一抚之说，……犹甘心囚首诡计入都，欲始终用抚之一着，以缓须臾之死。"或称："非逆贼欲抚，乃败事之孙元化欲抚也，亦

---

94 沈演，《止止斋集》卷33，页27—32。
95 此段参见毛霦，《平叛记》，页6、13—14、23；《崇祯长编》卷55，页2—4；补过居士，《东事纪略》，页1。
96 《崇祯长编》卷55，页12。
97 毛霦，《平叛记》，页6—12；《崇祯长编》卷55，页31。
98 毛霦，《平叛记》，页9—25。
99 毛霦，《平叛记》，页28—31。

不独元化欲抚,乃左右护庇元化者之皆欲抚也。"[100]前述的毕、刘、王等官员均为山东籍,其主剿的重要原因应均是痛心乡里遭叛军荼毒至惨。

五月初八日,原天津兵备道朱大典奉命巡抚山东,驻青州调度。由于先后参与剿贼的大将已有天津总兵王洪、保定总兵刘国柱、通州总兵杨御蕃、蓟门总兵邓玘、登州总兵吴安邦、昌平总兵陈洪范、东江总兵黄龙以及义勇总兵刘泽清,但均无能奏功,且叛军尝私语曰:"杀山东兵如刈菜,无奈我何!各镇兵咸非吾敌,惟虑关外兵耳。"刘重庆以及王万象乃于六月初五日同时疏请调派关外的精锐入援。[101]初九日,谕旨乃调山海关及宁远等地的夷、汉精锐四千八百余人入关,由太监高起潜监护军饷,总兵金国奇为帅,下辖靳国臣、祖大弼、祖宽、张韬、吴襄、吴三桂等名将。其中由投诚的满洲等少数民族所组成的夷丁部队,是首度深入内地,其战斗力特强。叛军或听闻此一新发展,乃经由屈宜扬表示愿受抚,刘宇烈在将此一情形上奏后,奉旨一方面"励集援师,亟解莱围",另一方面,如叛军确实真心输诚,应命其提出自赎之道,刘氏遂令孔有德立解莱城之围以示诚意。[102]

七月初二日,叛军声言抚事已成,两军不必放炮,为取得官军的信任,孔有德还将一名试炮的部下割耳游营。初五日,刘宇烈差官赍圣旨至孔营,有德要求面见谢琏始定解围和开读圣旨之期。初七日,在莱州城外宣旨之后,朱万年竟遭诱杀,谢琏亦被执。初十日,东抚朱大典和新任之山东巡按谢三宾奉命速赴前线督诸将进剿。二十二日,叛将陈有时在攻平度时被杀。二十三日,震怒之崇祯帝将孙元化和张焘弃市,宋光兰以及王徵遣戍,熊明遇则解任听勘,并且派人拿解刘宇烈至京究问。[103]

---

100 毛霦,《平叛记》,页40—43。
101 毛霦,《平叛记》,页38、45—47、61。
102 毛霦,《平叛记》,页48—49。参与剿贼的总兵资料,亦见此书各页。
103 毛霦,《平叛记》,页52—58;《崇祯长编》卷61,页24;谢斯茂,《围城接人书揭》,页21—22。有关谢书之讨论与介绍,参见黄一农,《奎章阁明清军事史重要文献过眼录》,页235—237。

附录9.2

孙元化临刑前后及身后评价

王徵由于在兵变发生前数月始到任,再加上其友人刑部山东司员外郎来于廷的加意护持,遂仅获谪戍的处分,稍后更遇赦还家。[104]王徵在诏狱中曾请孙元化于临刑前手书墨迹一幅作为诀别纪念,元化当时屡遭严刑,"手受刑五次,加掠二百余",但仍在"酸楚摇颤,间一举笔,横直宛转,起止之间,皆不自繇"的情形下,举笔记交谊始末时,自称两人初识的前七八年,因同为天主教徒且有耶稣会士从中引介,故彼此"道义相许",惟因见面极少,乃维持一种"淡若水"的君子之交。崇祯四年二月,元化推荐服丧期满的王徵担任辽海监军道,孙氏在此手卷中指称:"翁才望高出一时,长安以势要相许者,不亚于余之道义,而余不顾势要之足夺与否,毅然请之,亦心知翁之自必不以势要夺也。"知同教的情谊应是乙榜出身的元化得以说服长他十岁之进士王徵出任监军的重要因素。元化并请张焘将被叛军放归且同赴京请罪者的姓名、字号、籍贯和官衔亦书于末。[105]由徐光启等天主教徒所进行的一连串军事努力,却在这幅字完成后不久便烟消云散。

文献中有称孙元化和张焘死前,耶稣会士汤若望曾乔装成送炭工人至狱中为其行赦罪礼。[106]并称两人在西市(明代刑场,在今北京西四牌楼)临刑之际,北京出现"风雷起足下,黄霾翳日"的异象,徐光启因此对主张论大辟的首辅温体仁称:"此足明登抚真冤矣!"[107]查处决前一天,北京确曾发生地震,但规模应不大,[108]由于时间并不在临刑当日,该说显然有附会的成分。

后人也有曲改史实以为"贤者讳"的情形,如清代方志中有称孙元化

---

104 黄一农,《两头蛇:明末清初的第一代天主教徒》,页149。
105 徐景贤,《明孙火东先生致王葵心先生手书考释》。
106 Alfons Väth, *Johann Adam Schall von Bell S. J., Missionar in China, Kaiserlicher Astronom und Ratgeber am Hofe von Peking, 1592–1666*, p. 98;魏特著,杨丙辰译,《汤若望传》,页142。
107 程其珏修,杨震福等纂,《嘉定县志》卷16,页34。
108 此因《明史·五行志》并未记此地震,且人在北京的祁彪佳亦称:"时地震,余不知也。"参见《明史》卷30,页504;《祁彪佳文稿》第2册,页969。

"于辽阳抗大兵殉节"，并在记王徵的生平时，完全略过他监军时所发生的吴桥兵变；又，孙致弥（元化之孙）的友人刘献廷也称张焘是在"壬申七月二十三日，登州失陷殉难"，刻意营造其殉国的形象。[109]惟时论对孙元化大多不表同情，[110]如吏部考功郎中徐石麒在致友人的信中即云：

> 孙火东，深信其肝肠雪白、气质沉凝、有志有节之士。初闻从乱，百喙争之。今传闻想确矣！夫以国家土地人民付之一掷，即粉身莫赎，然犹可曰天限之材也，奈何以堂堂节钺重臣，甘心屈节于素隶戏下之狗鼠，不知何故丧心至此，殆不可解。[111]

知其原本与许多人一样不信元化从乱，但稍后则态度全然转变。

崇祯五年八月十三日，朱大典等在昌邑誓师，合二万一千名马步兵，分三路进军。十九日，在距莱城五十里外的沙河发生会战，叛军大败东遁，莱州之围遂解。是役虽捷，但杀敌不多，惟叛军撤回登州者亦不及十分之三，其余均趁机四散逃逸，在当时所虏获的兵籍簿上列有叛军共九万余人，知此乱的规模实非等闲。[112]而遭围城逾半年的莱州之役成功牵制了叛军主力，令其无法流窜它处，应是敉平吴桥兵变的转捩点。

吴桥之变过程中双方所动用的火炮规模，是中国战场上前所未见的。如

---

109 应宝时修，俞樾纂，《上海县志》卷23，页10；刘懋官修，周斯忆纂，《泾阳县志》卷13，页17；刘献廷，《广阳杂记》卷4，页11。
110 方豪在引述祁彪佳日记《栖北冗言》时，或误解原文之意，称："所谓宣抚有周旋之者及托阻止华凤超之疏，均可证当时知元化受诬，而欲营救者，实不乏人。"其实，祁氏乃指先前有欲替宣抚沈榮脱罪（因其私自与入侵的后金议和而下狱）者反受皇帝切责，而非指沈榮替元化辩诬。又，祁氏托人阻止华允诚（号凤超）上疏，应亦非为元化之事，而较可能是为救沈榮或攻击温体仁。事实上，华氏对元化的评价不高，他曾于崇祯五年六月疏纠温体仁等乱政，其中即批评不应将"洁己爱民之余大成与孙元化并逮"。参见方豪，《孙元化手书与王徵交谊始末注释》；《祁彪佳文稿》第2册，页969；《明史》卷257，页6631；卷258，页6648—6649。
111 徐石麒，《可经堂集》卷7，页24。
112 毛霦，《平叛记》，页59—61。

崇祯五年正月，总兵杨御蕃与叛军在新城镇进行野战，叛军即动用了红夷大炮五门和大将军三百余门；而杨军亦配置有三十余门大炮，惟其中二十四门竟然膛炸，可知当时许多明军仍不十分熟悉新式火炮的操作技巧，此一状况直到五年二月彭有谟率三百名川兵入援后始有改善。彭氏的火炮知识可能源出曾同样驻守旅顺之张焘，[113]他首先列出各种火炮所应用硝、黄和灰的比例，次将火药每斤以纸作一包，避免忙中生错。由于守城时炮口偶需朝下发射，彭氏还要求炮手在放入炮弹之后，以废纸或旧絮、旧毯塞紧，如此，便无坠脱之虞。当时莱州库中仍有万历年间收贮的硝黄约数万斤，但因炮弹每天消耗甚大，知府朱万年遂于三月下旬开始在城内募集以数千斤计之金属，最多时有工匠五十多人负责铸弹，但因铁不足，有时亦铸铜弹，通常仅足一日之用。另一方面，虽然石弹不能"透木、及远"，仍令石工继续削圆石备用。[114]五年二月，叛军也曾以牛车从登州运红夷大炮八门至莱州围城，每门皆重二三千斤，各用牛四头；其所用的铁子（即炮弹）大者如升、小者如拳，重从六至十二斤不等，[115]知各炮的口径约在十至十二厘米间。[116]虽然这些炮相当沉重，但叛军对搬运似游刃有余，他们当时应已熟稔西方传入的省力滑轮技术，此因在登州担任监军的王徵，早于天启七年出版的《远西奇器图说录最》中，即图文并茂地详记举重物之法。[117]

五年八月二十日，李九成闻莱州兵败后，遂将软禁于登州的谢琏杀害。三十日，官兵进抵距黄县二十里的白马塘，叛军倾巢来战，号称十万之众，其中包含马兵万骑；是役，叛军再度惨败，有一万三千人被斩，八百人被俘，至于逃散以及坠海而死者，不下数万。[118]

113　李肯翊，《燃藜室记述》卷25，页430。
114　参见毛霦，《平叛记》，页11—12、17、24、27；徐从治，《围城日录》，页30—31、39；张忻，《归围日记》，页10。徐从治称当时每日铸炮弹三千余个，此数目或太过夸张。
115　若以人力运炮，将是很大的负担，如清代之制即规定："军营铸造炮位、运送炮台，如道路平坦、易于抬送者，均按五十斤用夫一名；如山路崎岖险仄处所，炮身千斤以内，仍按五十斤用夫一名；其重在千斤以上者，按十五斤用夫一名。"此应可略见明末的情形。参见毛霦，《平叛记》，页13、19；徐从治，《围城日录》，页8；张忻，《归围日记》，页4—5；阿桂、和珅等纂修，《钦定户部军需则例》卷5，页3—4。
116　此以铁的密度为7.8克/厘米^{3}估算，而当时中国所行用的斤约合597克。
117　邓玉函口授、王徵译绘，《远西奇器图说录最》卷3，页1—6。
118　毛霦，《平叛记》，页62—63。

九月初一日，明军各路俱至登州开始围城。登州三面环山，北面向海，为避免遭敌夜袭，明军乃以数日的时间构筑一道长达三十里之围墙，其高如城，东西两端俱抵海。由陈洪范、刘泽清率步兵守西墙，吴襄、靳国臣等率骑兵接应；刘良佐、邓玘等率步兵守南墙，金国奇、祖大弼等率骑兵接应；牟文绶等率步兵守东墙、祖宽、张韬等率骑兵接应。由于叛军拥有二十几门红夷大炮，且李九成素负骁健，常出城搏战，双方往往以数千马步军配合火炮进行大规模野战，互有胜负。因城上的火炮威力强大，且防守森严（如城中衢路不许辽人以外者任意行走，违者斩之；又，每垛夜间均以五人防守，按更轮替，传箭警睡；不时还缒人至城外夜巡），明军数次攻城俱无结果，遂决定采行紧守坐困的策略。[119]

十二月初三日，李九成率叛兵出战时殁于阵，改由王子登替代，[120]因九成勇谋均甚于孔有德，且叛变过程主要的攻守战役多由他与陈有时担任前锋，素为辽人所推戴，叛军士气于是大受打击。六年正月，高起潜在挂榜山（今蓬莱市城南）新筑铳城，并用红夷大炮轰击城内，令叛兵胆寒，明廷于是决定自北京再赶运四五门大炮。由于城中日益乏食，孔有德乃于六年二月十三日乘船自海上遁去，殿后的耿仲明和毛承禄则于十六日潜逃。十八日，官兵攻下水城，叛军被俘者千余人，自缢及投海而死者四五千；至此，始完全收复山东。[121]

突围的孔有德仍拥众数万人，由于黄龙的能力颇受大家怀疑，甚至屡有人建议应"易帅"，廷议遂决定另派周文郁以副总兵署镇事，并率舟师追击叛军，黄龙则坐镇旅顺。[122]旅顺位于辽东半岛南端沿岸，是控扼登、津与东江之要冲，自陈有时叛离后，黄龙即移镇驻此。六年二月二十二日，孔有德围袭旅顺，遭黄龙以西洋炮痛击，并计擒毛承禄正法。[123]孔有德原本希冀能仿毛文龙"结满挟鲜"之故技，在明、金两强的夹缝中建立第三势力，但战事却

119　毛霦，《平叛记》，页63—64。《明清史料》，甲编，第1本，页5；甲编，第8本，页739—740。《崇祯长编》卷63，页5。《中国明朝档案总汇》第83册，页66。
120　王子登原为金国参将，后投降毛文龙，因向袁崇焕密告毛氏有反意而升授副将。参见《崇祯长编》卷66，页24；陈生玺，《明清易代史独见》，页199—213。
121　毛霦，《平叛记》，页63—67。《明清史料》，甲编，第8本，页742、744。《中国明朝档案总汇》第81册，页28—29；第83册，页67—68。
122　《中国明朝档案总汇》第83册，页86—91。
123　沈演，《止止斋集》卷33，页30。

颇失利。三月，周文郁所统率的舟师连续败叛军于龙王塘（在大连与旅顺之间）、双岛、三山岛、广鹿岛和黄骨岛，还传檄朝鲜派兵自陆上阻遏孔有德之退路。[124]

由于耿仲明原为金国辽人，被刘兴祚遣来投附皮岛，[125]是金人眼中的"逃人"，故不敢贸然输诚，遂乞降于周文郁，声称愿以"修筑南关，恢复金州"赎罪，文郁许之，不料"忌者率人放炮攻贼"，叛军遂不得已降金。[126]前述之"忌者"应为黄龙所指使（黄氏未躬亲追剿），此因周氏如能立功，将很可能正式取代其职，黄龙因有此一心结，故不愿全力配合；[127]再者，黄龙或亦为报被耿仲裕拷绑之辱，以及妻子遭耿仲明和孔有德执杀之痛，而欲对叛军赶尽杀绝。

崇祯六年四月十一日，自封为"总提兵大元帅"的孔有德和"总督粮饷总兵官"耿仲明，在致书皇太极乞降的手本中有云：

> 本帅见有甲兵数万，轻舟百余，大炮、火器俱全。有此武备，更与明汗同心合力，水陆并进，势如破竹，天下又谁敢与汗为敌哉？……汗若听从，大事立就，朱朝之天下转眼即为汗之天下矣！

此外，"原任副将、今管元帅标下参赞军机都督总兵官"的王子登，亦称"天下强兵莫过汗，辽兵次之"，建议在结盟之后先拿下旅顺，次攻北京，并称："大事若成，朝廷让与汗做，吾帅主（农按：指孔有德）只愿封为安乐王，同享富贵荣华而已。"[128]而王子登早在毛文龙死后即曾与耿仲明论及降金事宜。[129]

124　周文郁，《边事小纪》卷3，页26—36。
125　叶觉迈修，陈伯陶纂，《东莞县志》卷61，页39。
126　周文郁，《边事小纪》卷3，页33。
127　李学智先生以为"忌者"或为尚可喜。但因周文郁的《边事小纪》序刊于崇祯十五年，故他实无理由为已降清且封王的尚氏隐讳其名，事实上，周氏在该书中乃直称尚可喜为"贼党"。相对地，该"忌者"为金声桓的可能性较大，因金氏当时乃奉黄龙之命随周文郁攻贼，由于崇祯末年他仍为明军副将，周氏或因此姑隐其名。参见毛霦，《平叛记》，页68；周文郁，《边事小纪》卷3，页36；《国榷》卷97，页5838；钱谦益，《牧斋初学集》卷73，页16；李学智，《孔有德、耿仲明降清始末及明史黄龙传考》，页1—24。
128　此段参见张存武、叶泉宏，《清入关前与朝鲜往来国书汇编（1619—1643）》，页578—581。
129　任世铎等译，《满文老档》，页1151—1155。

四月十五日，在金国重兵的翼护之下，孔有德和耿仲明率众在鸭绿江出海口降金。投降时乃以船百艘载去男女一万两千余人，内含现任及原任的副将、参将和游击一百零七员；精壮官兵三千六百四十三名，家小七千四百三十六人；水手壮丁四百四十八人，家小六百二十四人，至于军器、枪炮等一应物件俱全。[130]七月，周文郁以未能擒获孔、耿而遭革任听勘。[131]

此一持续十八个月的兵变虽告一段落，然而，叛军在莱州以东已造成"残破几三百里，杀人盈十余万"的结果，且"莱城之外二百里，血染黄埃；莱城之内五六月，巷堆白骨"，"登州涂毒年余，贼所至屠戮，村落为墟，城市荡然无复曩时之盛"。[132]先后有山东巡抚徐从治、登莱巡抚谢琏、莱州知府朱万年、平度知州陈所问、新城知县秦三辅、黄县知县吴世扬和总兵张可大等官员被叛军所杀，并导致兵部尚书熊明遇因此罢职听勘、督理刘宇烈发戍远卫、登莱巡抚孙元化伏诛、山东巡抚余大成逮治、山东巡按王道纯革职、登州道宋光兰及监军道王徵遣戍、天津总兵王洪及保定总兵刘国柱革职提问，直接的影响不可谓不大。

附录9.3

贰臣否？——关于孔有德的几则历史评价

乾隆帝晚年为笼络汉人并强化君臣之义，[133]命国史馆将孔有德、耿仲明、尚可喜等辽人的开国功臣列入《贰臣传》，讥刺他们"遭际时艰，不能为其主临危授命，辄复畏死幸生，觍颜降附"，并将已经归顺却又叛乱的吴三桂入《逆臣传》，还责其"形同狗彘，觍颜无耻"。[134]随着孔有德在清官方

---

130 周文郁，《边事小纪》卷3，页34；李光涛编，《明清档案存真选辑三集》，图版10—1至10—3。
131 文郁后归隐西湖，其友黎遂球为其诗集题序时慨叹曰："所握手共事者，非死于口（农按：此应为避'虏'字而不书，即死于法（应指孙元化等人），几一时顿尽。"参见周文郁，《边事小纪》卷3，页35—36；黎遂球，《莲须阁集》卷18，页48—50。
132 《崇祯长编》卷64，页24；光绪《增修登州府志》卷13，页15。
133 当时曾重新评价明季殉节诸臣的历史地位，参见黄一农，《正史与野史、史实与传说夹缝中的江阴之变（1645）》。
134 叶高树，《降清明将研究（1618—1683）》，页287—297。

的历史地位日益低落，北京的孔王坟至十九世纪初已形同废墟。至于位在辽阳城东南的衣冠塚，亦罕人闻问；道光间，辽阳名士马玾林曾至该地凭吊，并赋一诗曰：

> 此日教谁叹可人，当年苦战际风尘。
> 拼将一具英雄骨，博得姓名冠贰臣。
> ……
> 不有近郊三百户，谁将麦饭祭清明。[135]

慨叹孔有德虽为清廷立下勋功，却被列名于《贰臣传》，且原先守坟之人也已不再定期扫墓。

1935年，在北京孔王坟遗址上经营农场的辽人高纪毅，挖出一方《定南王孔有德碑》，[136] 顺治皇帝在此御赐文中有云：

> 尔定南王孔有德愤时崛起，举众破山东登、莱诸州郡，航海来归。我太宗文皇帝嘉其慕义，敕为元帅，继而册封为恭顺王，世世不替。朕定鼎中原，王身当屡战，多获捷功。百粤未附，特命挂定南王印，率师往征。首定湖南，旋下两广，只因桂林之役兵分势寡，徵调不及，力竭捐生，虽古之烈丈夫无以谕此……

由于当时四汉人异姓王均尚勤力为大清攻掠天下，而孔有德是其中第一位过世的，又战死沙场，故顺治帝极誉他在清朝定鼎中原的过程中功绩厥伟。

高纪毅为替评价日益低落的孔有德抱不平，遂于翌年请同乡吴瓯撰《清定南王孔有德墓碑后记》一文，并镌刻在此碑的碑阴上，曰：

> 孔有德在《清史》列《贰臣传》，此苛论，非定评也。有德初隶毛文龙

---

[135] 转引自李大伟，《孔有德葬地考》。本节中有关《定南王孔有德碑》的讨论亦见此文。
[136] 北京图书馆金石组编，《北京图书馆藏中国历代石刻拓本汇编》第61册，页69。

部，一小校耳，无专阃之寄，守土之责也。文龙被杀，部下愤懑，或至激而投敌。有德独陈兵东海，以都元帅自擅，固分非明臣，义亦不附于清，强项独行，有逐鹿之志，抑亦人杰哉！其后势乏归清，不同于叛明。既非明臣，宁得以贰臣论乎？登州之役，有德释孙元化，以报初恩。桂林被围，笃城亡与亡之义，举室自焚，盖庶乎矢死靡他，见危以授命者。且贰臣惟畏死耳，有德殉节报恩，岂贪生之流！极其事，不过亏夷夏种族之防，讵可拘拘责以君臣之分哉……

直指乾隆帝不应将孔有德视作贪生畏死的贰臣，并辩称孔氏本有逐鹿中原之志，故他在降清时已非明臣，且强调他只不过在"夷夏之分"上略失，而不曾亏于"君臣之伦"。的确，三顺王本人均不曾叛清，尤其，孔有德还为清朝尽节。

这方石碑上正反两面的文字乃相隔二百八十年所刻，内容反映了不同时空背景下对孔有德的不同评价。吴桥之变促成孔氏等辽将的崛起，进而影响了明亡清兴，此应是大家的共识。至于在道德气节方面如何定位孔氏等人，顺治和乾隆二清帝则明显出现歧见。辛亥革命之后，从新刻在这块古碑阴上的文字，我们仍可强烈感受到三藩之乱以来许多辽人长期且浓重的失落感。

三、兵变对明清鼎革的影响

吴桥之变不仅仅是发生在山东一省的兵变，其过程还与明季党争有密切纠葛，成为当时政争中互斗的焦点。先是，崇祯元年十月会推阁臣，礼部侍郎钱谦益命其门人瞿式耜在背后运作，导致礼部尚书温体仁和侍郎周延儒均被摈弃于名单之外。此事经体仁揭发后，谦益遭夺官闲住，延儒亦未能入阁，而体仁则引疾去。二年十二月，周延儒升授礼部尚书兼东阁大学士。三年六月，温体仁亦入阁，九月，延儒更成为首辅。[137]

皮岛的动乱随即被政敌引为攻击周延儒的重要借口，陕西道试御史余应桂于是严词抨击与周氏关系密切的孙元化，称：

> 如登抚孙元化者，岁费金钱八十余万，叱之毛文龙之旧已数倍矣！料理两年，无论复四州、援大凌，即岛兵两变，亦且充耳无闻。且登兵号二万之众，调赴关宁者，止二千五百而已云。尽如此破绽，罪已滔天，业经自简，而延儒何以坚护不休，则以同乡入幕，参、貂、白镪每月一至耳。然臣非无据也之言也，宁远海口副总兵周文郁，延儒之家奴也，元化叙杀刘兴治之功，侈及文都（农按：郁），隔海叙功，不敢遗其家奴，其谄事延儒，亦何所不至乎？[138]

山西道试御史卫景瑗也声称周延儒因受孙元化贿赂，以致始终曲为护持。[139]周氏乃于五年五月援引徐光启入阁为东阁大学士，试图共谋替元化脱罪。[140]

朝臣对周延儒的攻击并不因吴桥兵变的结束而日趋缓和，如原任兵科给事中的孙三杰即疏称：

> 今日养叛陷城、通款辱国之事，……实无一非延儒所为，……明知元化、禾嘉无功而冒，节钺不足服人，则设为复广宁，图金、复、海、盖之议，既而一事无成。……孙元化开府登州，结孔有德为心腹，纵辽兵肆劫，通国知其酿祸，延儒与熊明遇极力庇之。……元化则实恃延儒在内，自分可以不死，乃束身归命，以为抚局张本。……皇上大奋乾纲，立置元化于法，罢明

137　《明史》卷110，页3384；卷280，页7180。谢国桢，《明清之际党社运动考》，页61—63。
138　周延儒与元化有同年举江南乡试之谊，且延儒的亲族文郁也与元化相熟，文郁且曾于天启间在辽东经略孙承宗幕中与元化共事多年。参见周文郁，《边事小纪》卷1，页5；黎遂球，《莲须阁集》卷4，页26。
139　《崇祯长编》卷53，页13、18。
140　文秉，《烈皇小识》卷2，页39。

遇，逮宇烈，延儒则竟以巧言支饰得免于罪，……延儒一日在位，海宇一日不宁。[141]

三杰虽遭切责，但仍陆续上疏纠劾周延儒。延儒本冀望获得温体仁声援，但体仁不仅不应且背地阴加打击，延儒因此于六年六月引疾乞归，体仁遂代其为首辅，徐光启则于十月卒，令亲天主教人士自崇祯初年所进行的军事改革画上休止符。[142]

天聪七年（崇祯六年）六月，皇太极封孔有德为都元帅，耿仲明为总兵官，并召二人陛见。皇太极率诸贝勒出沈阳城十里迎接，并不顾众人反对，用抱见礼相待，以示优隆。抱见之礼为满人传统中最高的会见礼节，两造需互相抱腰接面，彼此地位平等，无行礼、受礼之分，以表达双方诚挚亲密的感情。[143]皇太极通常只有在迎接凯旋的兄弟时，始行此礼，[144]查天聪四年阿禄部落来归时，皇太极就只命诸贝勒出城五里相迎，而当阿禄三贝勒朝见时，亦仅于叩头礼后，再行抱膝礼，并未特许其抱见。[145]

孔、耿二人所获得的优遇乃前所未有，此因其所携来的舟师和大炮一直是金兵最欠缺的。皇太极透过先前在宁远、锦州、滦州和麻线馆等役的败战，早已深刻体认到红夷大炮的威力，并开始尝试利用汉人工匠铸炮，但品质和数量一直还未能满足需求。孔有德与耿仲明在叛变后所拥有的红夷大炮，最少应有二十七门，投金时或只带出较精良的约十二门，惟此已相当于当时金国所拥有之总数。且其部下曾直接受到澳门铳师的调教，并在兵变中拥有丰富的实战经验；无怪乎，皇太极会用抱见礼来表达其对这支部队来归的重视。[146]

在吴桥之变期间，尚可喜先镇守旅顺，有效地阻止东江叛军对登州的增援；次奉黄龙之命，率战船南进，防止孔有德从海上突围，却不幸遇飓风而

---

141 《崇祯长编》卷62，页6—7。
142 《明史》卷308，页7927—7928；孙致弥，《秋左堂续集》卷2，页7。
143 王冬芳，《满族崛起中的女性》，页167—171。
144 天命十一年十月，副将楞额礼自巴林还，俘获甚多，皇太极出城十五里相迎，并特许行抱见礼，此或因其即位未久，为收人心，且当时恰逢明宁远巡抚袁崇焕派人来吊太祖丧，遂特地邀明使观礼以壮声威。参见《清太宗实录》卷1，页28。
145 《清太宗实录》卷7，页107。
146 此段参见第十章。

"全军散没"，登陆后被围登将领祖大弼疑为叛军，欲杀俘冒功，幸经黄龙救回旅顺，再转驻鹿岛。孔有德逃离登州后，尚可喜和金声桓等奉黄龙之命出海随周文郁攻贼。尚、金二人原为毛文龙亲信，并曾易姓毛，可喜之父学礼且与毛文龙相交，故在追剿时均"包藏祸心，阴通阳纵"。[147]

崇祯六年六月，金国精锐以孔有德和耿仲明为前导，并配置西洋炮十二门以及大量佛郎机铳，于七月攻陷旅顺，黄龙力战殉国，尚可喜的妻妾及家口数百人亦死。皇太极为切断皮岛与登莱之间的联系，并威胁京津，下令留兵二千五百人驻守旅顺，此举奠定了崇祯十年清军攻陷皮岛的基础。[148]此战乃孔、耿二人为金国立功的首役，除因旅顺是兵家必争之地外，更为报黄龙先前的阻截之仇。[149]

继黄龙出镇皮岛的沈世魁，初以其女嫁毛文龙为妾而获重用。[150]沈氏心嫉黄龙，乃于崇祯四年嗾使岛兵将其囚禁，尚可喜因率兵平变并扶黄龙复出视事，令世魁恨之入骨。此故，沈氏在执掌东江大权后，遂设计欲杀之。尚可喜不得已乃于崇祯六年十二月举兵掠广鹿、大小长山、石城、海洋五岛，并率兵民万余人降金。[151]

崇德元年（崇祯九年）四月，皇太极称帝，国号大清，旋封孔有德为恭顺王、耿仲明为怀顺王、尚可喜为智顺王，并称三顺王，其地位高过旧汉人，名义上等同于八和硕贝勒；且为凸显对投诚者的厚遇，皇太极让三王仍维持其原有部队的组织和统帅权，征战时则随汉军旗"行走"（满文为yabubumbi，即按照执行之意）。[152]由于三顺王直属皇帝管辖，透过此一新编制，皇太极同时强化由己所控制的军事力量，不再只是八家均分制度下的"一整黄旗贝勒"。[153]

---

147 周文郁，《边事小纪》卷3，页26—37；释今释（本名金堡）编，张允格续编，《平南王元功垂范》卷上，页3。
148 沈演，《止止斋集》卷33，页30；魏刚，《明与后金对旅顺的争夺》。
149 沈演，《止止斋集》卷33，页30；《平南王元功垂范》卷上，页6—7；第十章。
150 杨嗣昌有云："沈世魁者本一买头牙行，有女绝色，毛文龙纳之为妾，宠冠一时。文龙死，刘兴治纳之；兴治死，陈继盛纳之；继盛死，黄龙又纳之；至黄龙死前，此virtually乃死。而历毛、刘、陈、黄四姓，皆尊世魁为沈太爷。"参见杨嗣昌，《杨文弱先生集》卷15，页30—31。
151 《平南王元功垂范》卷上，页7—11。
152 细谷良夫，《归顺于清朝（后金）的汉人》。
153 谢景芳，《八旗汉军的建立及其历史作用》。

翌年正月，在三顺王炮队的支援下，清军征服朝鲜。四月，皇太极派阿济格攻陷皮岛，沈世魁战死，军民被杀者或达五六万人。五月，皮岛之役中幸运脱逃的副将沈志祥（世魁的从子），复召集溃卒至石城岛。崇祯十一年，沈志祥率二千余军民降清；次年，被封为续顺公。至此东江各岛屿上仅剩残卒，难以成军。是年夏，明兵部尚书杨嗣昌更撤岛，尽徙诸岛兵民至宁远和锦州。讽刺的是，对许多人而言，并不认为此举可惜，反而是抱持"二十年积患，一朝而除"的心态。[154]

> **附录9.4**
>
> ### 清初辽人势力的兴起与衰落
>
> 明清鼎革其实并不全然是民族间的冲突，而应有相当程度被定位为不同利益群体间的斗争。清朝在征服中原的过程中，得力于明降臣颇多，其中出身辽东地区的武将，更因仕清较久，或满化较深，以致彼此沟通较易，且战斗力较高，而以汗马勋功成为汉臣的中坚。[155]迄三藩乱平之后，以军功起家的辽人才淡出军政核心，其权力则被科举出身的汉人所取代。[156]吴桥兵变和三藩之乱应就是辽人在十七世纪中国从崛起以迄退场的两个重要转折点，而由孔有德、耿仲明、尚可喜、吴三桂这四个最亮眼的辽人家族贯穿其间。
>
> 吴桥之变也促成了吴襄父子的崛起。吴襄本因在崇祯四年救援大凌河城的长山之役逃阵而被免去总兵职，其子三桂原为副将，亦同被处分，两人在此变戴罪随军入关。吴襄因为解莱（州）复黄（县）之役中有功，得复原职。[157]崇祯五年十一月，援剿登州之总指挥金国奇病卒，吴襄奉命瓜代。六年十二月，叙复登州之功时，吴襄更以武官中首功晋都督同知、世袭锦衣卫百

---

154 第六章。
155 叶高树，《降清明将研究（1618—1683）》，页302—305；杨学琛，《清代民族史》，页101—104。
156 如清末黄濬即曾指出："清自乾隆以后，得有天下，实皆汉人之力，即三藩削平时，力量已竭蹶，词科八股亟事怀柔，更无改革文字风俗之勇气，此亦满终为汉同化之一因。"参见黄濬，《花随人圣盦摭忆》，补篇，页96。
157 《崇祯长编》卷65，页11。

户,三桂亦实授都督佥事。三桂骁勇善战,除受其舅父祖大寿庇荫外,更认太监高起潜(迄明亡均在关宁监军,权倾一时)为义父,遂于十二年升授辽东总兵。十五年,祖大寿以锦州降清,坚守多年的宁锦防线被攻破;是年,清朝扩编汉军为八旗,以祖泽润(大寿子,大凌河之役降)等八人为固山额真。十七年四月,三桂开山海关降清,李自成于是杀被掳的提督御营右都督吴襄;十月,清封三桂为平西王。[158]

随着孔有德、耿仲明、尚可喜、沈志祥、祖大寿、吴三桂等辽将次第投降,清军等于收编了"三方布置策"中最主要的几股势力。其中,一是以"后毛文龙时代"诸岛将为核心的东江集团,一是以吴三桂和祖大寿甥舅为核心的关宁集团。[159]孔有德和耿仲明在吴桥之变时虽与尚可喜和吴三桂兵锋相对,但四人却均借兵变崛起,并先后降清封王;虽然吴三桂在异姓四王当中封爵最晚且年纪最轻,但因其开山海关之功最大,位望反而后来居上。[160]这群辽将与清廷结合成一强而有力的利益共同体,在一统江山的过程中扮演关键性角色,并成功地从边陲登上历史的主舞台,建立辽人前所未有的功业。[161]

顺治元年,孔有德随睿亲王多尔衮入关,复从豫亲王多铎西讨李自成。二年,因陕西既平,乃移师定江南。三年八月,有德获授为平南大将军,率耿仲明、尚可喜及沈志祥等南征;五年春,湖南底定,志祥寻卒,无子,由其兄子永忠袭爵。六年五月,改封有德为定南王,征广西,同时命仲明(改封靖南王)和可喜(改封平南王)征广东。十一月,仲明因部下隐匿逃人三百余名而畏罪自经。八年正月,有德奏移藩属驻桂林。九年七月,明将李定国破桂林,有德兵败自杀。十一年六月,有德的灵柩运至北京,本拟续送往老家辽阳,但因其女四贞为便于就近祭扫,遂乞请给地葬于京城,而先前已建于辽阳的墓园就改成衣冠冢。[162]由于有德绝嗣,孝庄皇后遂将四贞育于宫

---

158 此段参见滕绍箴,《三藩史略》,页117—123、392—403;谷应泰,《明史纪事本末补遗》卷5,页5—6;《国榷》卷101,页6077;滕绍箴,《清初汉军及其牛录探源》。
159 王景泽,《明末的"辽人"与"辽军"》。
160 《清史稿》卷474,页12841。
161 叶高树,《降清明将研究(1618—1683)》,页115—123。
162 李大伟,《孔有德葬地考》。

325

中，后嫁孙延龄为妻。延龄之父孙龙为有德最亲信之人，他以"总督大旗副将"的身份随其降清，[163]累进世职至二等阿思哈尼哈番，并与有德一起战死在桂林。十三年，尚可喜与耿继茂（仲明之子）击退李定国，同在广州开府。十七年，继茂移福建，由可喜专镇广东。康熙元年，吴三桂因功进为亲王。五年，孙延龄获授为镇守广西将军，统有德旧部。十年六月，耿继茂卒，长子精忠袭封，仍镇福建。[164]

查清朝罕有以异姓封王者，[165]且为笼络三藩更透过联姻以强化其向心力，如吴三桂获赐四满洲妇，三桂长子应熊、尚可喜第八子之隆、耿继茂之子精忠和聚忠，均因赐婚宗室女而封和硕额驸，继茂子昭忠亦授多罗额驸。又，吴应熊女嫁恭亲王常宁为妾，尚之隆之女亦嫁纯亲王隆禧为嫡福晋。此外，孔有德女四贞与孙延龄成婚后，延龄亦被破格晋封为和硕额驸。[166]

清朝入关之初，八旗中的汉人远远超过满洲和蒙古。如据顺治五年的统计，八旗男丁共三十四万六千九百三十一丁，其中满洲五万五千三百三十丁，蒙古两万八千七百八十五丁，汉军四万五千八百四十九丁，包衣汉人（含大量旗下家奴）二十一万六千九百六十七丁。[167]至于孔有德、耿仲明、尚可喜、吴三桂、沈志祥五人的下属与子弟，则称"藩下佐领"，不分隶八旗，直到三藩乱平之后始编入汉军。但不论是汉军佐领、藩下佐领或包衣旗鼓佐领，他们绝大部分为辽人，是帮助清朝迅速打败明军并协助统治的重要支柱，如顺治朝辽人即占了总督和巡抚缺的约77%，布政使与按察使的48%，道员的34%，知府的39%，州县正官的21%；汉军至康熙朝亦仍占总督和巡抚缺的51%。[168]

---

163 《明清史料》，丙编，第1本，页26。
164 《清史稿》卷234，页9395—9413；卷474，页12835—12841。
165 除三顺王外，仅崇德元年扬古利因攻朝鲜时战死而追赠武勋王、顺治十四年孙可望因来归封义王、康熙十四年黄芳度因战死漳州而赠忠勇王等少数事例，但其嗣均未世袭。参见昭梿，《啸亭杂录》卷10，页569。
166 刘小萌，《清代北京旗人社会》，页460—465；杜家骥，《清代〈玉牒〉中的满族史资料价值》。
167 安双成选译，《顺治朝八旗男丁满文档案选译》。
168 此段参见李燕光、关捷，《满族通史》，页440—451；杨学琛，《清代民族史》，页99—101；刘小萌，《清代北京旗人社会》，页579—596；姜守鹏，《明末辽东势族》；渡边修，《顺治年间（一六四四~六〇）の汉军（辽人）とその任用》；刘凤云，《清康熙朝汉军旗人督抚简论》。

> 康熙十二年十一月，由于撤藩一事引发疑虑，吴三桂起兵叛清，称周王元年；孙延龄旋于广西叛；耿精忠亦叛于福建。十四年正月，清廷封尚可喜为平南亲王，以其次子之孝袭爵，并授平南大将军；十五年二月，可喜长子之信起兵叛清；十月，可喜病卒；十六年，孙延龄听孔四贞之劝欲反正，但遭吴三桂派人执杀；十七年三月，三桂称帝，改元昭武；八月，病卒，其孙世璠继立；二十年九月，世璠兵败自杀。[169]三藩之乱至此弭平，清前期以军功起家的辽人势力也从绚烂归于平淡。

四、兵变对在华天主教的影响

明末天主教在中国的重要发展策略之一，即是所谓的"知识传教"，希望透过西历和西炮等先进科技文明吸引统治阶层的注意。孙元化是徐光启一手栽培的奉教门生，西学造诣深厚，他除协助徐氏删定《句股义》外，还撰有《经武全编》和《西法神机》等兵书，以及《西学杂著》《几何用法》《几何体论》《泰西筹要》等算书，其铸造火炮、配制火药以及建置炮台的经验与能力，连徐光启都自叹弗如。元化自号火东，即蕴含"以火攻之术制东夷"的寓意与抱负。[170]

孙元化在出任登莱与东江的方面大员之后，不仅积极自澳门引进西洋大炮和葡萄牙铳师，其帐下亦有天主教徒王徵和张焘分任监军和副总兵之要职。当时较知名的奉教士大夫当中，李之藻和杨廷筠已故，徐光启则任礼部尚书。教会当局原本期盼元化的积极任事能对在华传教事业大有助益，然而，吴桥兵变的爆发却让教中人士十多年来引介西方先进炮学的努力化作灰烬，甚至转为敌人所用。而随着孙元化和张焘的弃市、王徵的免官、徐光启的病卒，天主教在朝中的影响力也急遽淡出。

---

169 《清史稿》卷234，页9414—9416；卷474，页12842—12862。
170 参见张世伟，《张异度先生自广斋集》卷12，页14—26；第七章。

在吴桥之变的过程中，可能也有反教的因素间接发酵。如王象春同年进士当中最亲近的两位好友文翔凤与钱谦益，[171]即十分排斥天主教。文氏尝为南京礼部侍郎沈㴶的《南宫署牍》一书作序，此书收有沈氏于万历四十五年所掀起"南京教案"的大量文件，该案对天主教的打击颇大，不仅将中国教徒定罪，且将西洋耶稣会士驱逐出境。[172]文氏在序中称誉沈氏最大的功绩即在"逐二十年横议阴谋之西夷"，并抨击西人以朝贡为借口停留中国，称：

> 西洋人之来，迹益诡，说益巧，比于盗矣。……解之者曰："观化慕义以朝贡至。"信然？二十年而自广始达京师者，朝贡耶？分布诸省，而盗吾儒事天之说以文其术者，朝贡耶？明以胡人耶稣为上帝之化身，而实其生于汉哀帝时，此其罪，王制所诛。[173]

钱氏则尝指天主教是世间三大"妖孽"之一，并称如果不将之去除，则"斯世必有陆沈鱼烂之祸"。[174]主战的山东巡按谢三宾即为钱谦益的门生，两人关系密切。[175]

此外，殉国的山东巡抚徐从治先前亦曾以南京礼部主客清吏司署司事的身份参与审理"南京教案"；[176]而其弟昌治在莱州被围时，尝疏控刘宇烈误国，崇祯十二年更刊印影响颇大的《圣朝破邪集》，汇编士大夫以及佛教徒声讨天主教的文书与论述。[177]由于徐从治兄弟与天主教的纠葛颇深，再加上与叛军不共戴天的东江总兵黄龙微时尝获沈㴶拔举，[178]而守莱之人亦不乏信奉回教者，[179]

---

171 参见何成，《新城王氏》，页217—219。
172 张维华，《南京教案始末》。
173 沈㴶，《南宫署牍》，前序。
174 《黄宗羲全集》第11册，页389。
175 钱谦益，《牧斋初学集》卷36，页20—21；卷53，页17—19。
176 徐昌治，《圣朝破邪集》卷2，页13—19。
177 查时杰，《明末佛教对天主教的"辟邪运动"初探》；徐昌治，《无依道人录》卷下，页22—28；Adrian Dudink, "The *Sheng-Ch'ao Tso-P'i* (1623) of Hsu Ta-Shou."
178 沈演，《止止斋集》卷33，页28。
179 如乡绅张忻是当时回教界的知名人士，曾撰《清真教考》；力战殉国的莱州卫指挥李梦果和百户白仲仁，亦是色目人（多信奉回教）后裔。参见刘智，《天方至圣实录》卷20，页15—18；张思勉修，于始瞻纂，《掖县志》卷4，页39。

这些人有可能会将此变的罪源归之于天主教人士,并因此对曾受奉教官员领导和训练的孔军更加敌视。

孙元化和张焘被崇祯皇帝处死一事,可能导致其后人心怀怨懑,遂在明亡清兴的过程中选择投向新朝。至于元化的许多部属,更因吴桥兵变而意外踏上更大的历史舞台,如元化之孙致弥尝在《欧罗巴剑子歌》一诗中有云:

> 健儿帐下走黄刘(原注:谓总兵龙、靖南伯蜚、副总兵惟正、镇南侯得功、东平侯泽清、□□侯良佐、副将兴祚),壮士军中重王祖(大将军廷臣、大寿,游击可法)。孔吴巳见际风云(定南王有德、赠平西王襄、今平西王三桂),耿尚频闻建旗鼓(靖南王仲明、平南王可喜)。自余名将不可数,剧盗降丁或卒伍(褚正行,梁山泊寨首;孙克,满州人;公沙·的西劳、若盎·末略,俱小西洋人;白登庸、王弘基、张焘、吴进胜及黄、刘辈,皆起于卒伍)……[180]

指称鼎革前后叱吒风云的名将中不乏其祖父的下属:除孔有德、耿仲明、尚可喜和吴三桂受封为清朝的异姓王外,总兵刘泽清、刘良佐和黄得功分据弘光朝时江北四重镇之三;刘兴祚、黄龙、王廷臣、黄蜚和黄得功于抗清时殉明,祖大寿、祖可法、刘良佐等人降清,而刘泽清和吴三桂则于降清后复叛。[181]至于黄蜚,乃与黄得功以兄弟相称,本姓涂,随其舅黄龙在军中发展,并改从母姓,阴作龙子;黄龙战死后,由于其亲子先前被叛军所杀,乃以蜚袭荫,历官至应天后军府都督;弘光元年九月,兵败被杀。[182]其中张焘、黄蜚、孔有德、耿仲明、王廷臣、白登庸[183]、王弘基、吴进胜等人,均曾奉孙元化之命增援大

---

180 孙致弥,《枕左堂集》,诗,卷1,页17—19。
181 《明史》卷268,页6901;卷271,页6970;卷274,页7018;卷277,页7096、7106。《清史稿》卷3,页75—76;卷171,页5651。顾炎武,《顾亭林诗文集》,页229。
182 温睿临,《南疆逸史》卷49,页8;杨陆荣,《三藩纪事本末》卷1,页14。
183 《明史》中有云:"(沈世魁)从子副将志科集溃卒至长城岛,欲得世魁救印。监军副使黄孙茂不予,志科怒杀之,并杀理饷通判邵启。副将白登庸遂率所部降大清。"不仅误沈志祥为志科,且末两句的句读亦可作"并杀理饷通判邵启、副将白登庸,遂率所部降大清。"参见《明史》卷271,页6968—6969;杨嗣昌,《杨文弱先生集》卷23,页27—28。

凌河；而黄龙、黄惟正[184]、张焘、刘泽清、刘良佐、吴襄、吴三桂、公沙·的西劳、若盎·未略等人，[185]则均曾在吴桥之变中参与平乱。

由于孔有德等辽将多曾受恩于孙元化，故入清之后，"当代异姓诸王及一时将相，多通门凤契"。[186]元化之子和斗即尝于顺治年间至广州入靖南王耿继茂幕；迨继茂于顺治十七年移镇福建后，和斗之子致弥亦曾赴福州侍父，并与继茂诸子以及靖藩部将互动颇多，其诗中更有"三世交亲久更真""不负提携故将恩"等句，记耿家在发达之后仍不忘孙元化先前的提携之恩，[187]而"闽海共夸军实盛，好消烽火壮皇图"句，则点出和斗父子欲协助靖南王对抗明郑，为清廷一统大业立功的心态。[188]

康熙十三年，耿精忠叛清，其家遭籍没，搜得往来信件一箧，其中有致弥劝谏耿氏勿反之笺，令康熙帝印象深刻；十四年，精忠未叛清之弟昭忠和聚忠等族人获释复官；十五年，精忠降清。十七年，清廷遣使颁孝昭皇后（康熙帝之后）尊谥于朝鲜，经"都尉耿某"的推荐，[189]致弥奉派以二品顶戴充副使，负责采诗；致弥虽有诗名，但当时其身份仅为太学生，此举实属特典。[190]

康熙二十七年，孙致弥登进士，为庶吉士，他在散馆时曾有"二十六年恩未报，鬓虽成雪敢心灰"诗句，知科举羁縻士绅至深；三十年，致弥因事入狱，祸几不测；翌年，捐赎复官。[191]三十三年，他在生日时赋诗曰：

---

184 黄惟正当时掌管招练营，参见谢斯茂，《围城接人书揭》，页18。
185 诗中的"若盎·未略"，疑为"若盎（Laurent）·未略（Veglio）"之误，应即《明实录》中所称的鲁未略（鲁为Laurent的对译），乃澳门军事顾问团的副统领。参见第四章。
186 沈徵佺，《江东志》卷9，页16。
187 耿仲明曾担任直属孙元化的抚标游击，元化在登州被俘后即被仲明翼庇在其家，知他与孙氏的关系或应较其他三异姓王亲近。参见张世伟，《张异度先生自广斋集》卷12，页23。
188 方志中有和斗小传，称其在鼎革之后"埋名著书，不关世务。中丞部将皆为侯王，延致之。礼以上宾，或讽以仕，辄不应，辞归食贫"，文中所营造的气节形象，显然与事实不符。参见康熙《嘉定县续志》卷3，页30；孙致弥，《秋左堂集》，诗，前序；卷1，页2—3；卷2，页7—11、25—26；卷3，页4、14—17。
189 因台北故宫博物院的收藏印中有"都尉耿信公书画之章"，疑此人或为耿继茂三子昭忠（号信公，娶固山贝子苏布图女，为额驸，康熙二十五年卒）。又，孙致弥的友人亦指其"馆于耿额驸，耿进其诗于上，遂命与使臣同往"。参见陈康祺，《郎潜纪闻》卷6，页10；陆陇其，《三鱼堂日记》卷5，页2；刘伟华，《千华山志》，页278；台北故宫博物院书画检索资料。
190 袁翼，《邃怀堂全集》，文集，卷4，页3—4；梁国治，《钦定国子监志》卷62，页4。
191 刘耘华，《徐光启姻亲脉络中的上海天主教文人：以孙元化、许乐善二家族为中心》。

>　　白发苍颜五十三，壮游历历梦中谙。骊江手捧鸾书过（原注：予尝奉使朝鲜），闽海身将虎穴探（恢复厦门、海澄之役，予在军中，总督姚公欲题叙，予力辞之）。……[192]

自诩平生最得意之举，一是以布衣充朝鲜采访使，一是在康熙十九年清军克复厦门和海澄之役立功。该役乃分由康亲王杰书和福建总督姚启圣率领，郑经因此败走台湾，尽弃福建沿海。致弥虽称姚启圣尝欲题叙其功遭他拒绝，但其实致弥当时仅为布衣，故即使立功，亦很难借以进入官场。

明末有许多知名天主教徒积极引进红夷大炮以对抗金国，他们翻译了一些欧洲的火炮专书，并透过同教、师生或姻亲等关系一脉相传。在明清之际，这些奉教人士依旧经由类似的人际网络紧密结合，[193]而西洋炮学的知识也仍在此社群中断续传承。如孙元化的家人虽在吴桥之变后，尽焚其兵学著作，但其中《西法神机》一书，则幸经其表兄弟王某（字式九）抄留了一份副本；康熙元年，此书辗转传至同里的金造士（字民誉），金氏遂"录之以示同学"。[194]金造士或亦为天主教徒，他与清初奉教的知名画家吴历颇多往来，且为致弥的好友。[195]相信致弥至福建入靖藩幕或协助姚启圣痛击郑经时，应随身携带此书，而此一"家学"不知曾否助其立功？

至于康亲王杰书的幕内，亦见西学西教的踪迹。康熙十三年，杰书奉命赴闽讨伐叛清的耿精忠，他在杭州礼聘了精通火器的布衣戴梓为其幕客，戴氏因此进献可连射二十八发的"连珠火铳"制法；十五年，为对抗郑经的军队，戴氏更负责监制威力颇大的冲天炮（大口径之短体臼炮）；十九年，因"佐康王

192　孙致弥，《杕左堂集》，诗，卷6，页9—10。
193　如孙元化为徐光启门生，不仅同人天主教，两家且有联姻之好：光启第三孙尔斗娶元化女，此女实为元化所抚养之嫡甥女王氏。此外，元化之孙致弥亦娶尔斗之女。致弥与其表兄徐以济（号有栁，尔斗长子）和徐以棻（字宝弓，尔斗次子）相当亲近，也与天主教相当友善的许之渐和佟国器有所往还。参见王成义，《徐光启家世》，页175、182、251。孙致弥，《杕左堂集》，诗，卷2，页25；卷6，页12；词，卷1，页6。黄一农，《两头蛇：明末清初的第一代天主教徒》，页88—89、141。
194　孙元化，《西法神机》，前序及后跋。
195　孙致弥，《杕左堂集》，诗，卷2，页4；吴历著，章文钦笺注，《吴渔山集笺注》，页616、624。

平三藩、征台湾"有功,命直南书房,赏学士衔。[196]戴梓的火攻之学泰半得自其表兄弟张嗣陇(康熙十三年,或亦从杰书征闽,授福清县丞),而嗣陇之父就是颇精西洋炮学的张焘。[197]张焘是孙元化的标将,他曾与天主教徒孙学诗数度至澳门取人取铳,并合撰《西洋火攻图说》一卷。[198]同样地,李之藻之孙禧熊登顺治九年进士,历官至工部主事;徐光启之孙尔路于顺治十三年廷试授知县。[199]鼎革之初,许多奉教士人以及受西学训练的将领,也与大多数汉人一样选择顺应时势,先后入仕清廷,并帮助已站稳脚步的清朝奠定统一基业。

> **附录9.5**
>
> ### 吴桥兵变对家族命运的影响——以王士禛为例
>
> 吴桥兵变也对许多家族的命运产生深刻冲击。康熙十四年,被誉为"一代诗宗"的王士禛尝作《漫兴十首》,有一诗即言及酿变的孔有德家族,曰:
>
> > 惨澹苍梧野,风尘入桂林。
> > 屠沽投闲起,巾帼负恩深。
> > 铜柱无消息,交州竟陆沉。
> > 何时大藤峡,披豁散重阴。[200]
>
> 其中后四句乃描述当时蔓延西南半壁的三藩之乱;至于"屠沽投闲起,巾帼负恩深"二句,则指出身卑微的孔有德,自吴桥兵变降清后始发迹,其女四

---

196 由于戴梓后与在宫中服务的耶稣会士南怀仁、徐日昇有激烈斗争,因疑他或非教徒。参见张先清,《清代中文史料中的徐日昇形象》。
197 刘献廷,《广阳杂记》卷4,页11。
198 黄虞稷,《千顷堂书目》卷13,页355。
199 龚缨晏、马琼,《关于李之藻生平事迹的新史料》,页89—97;应宝时修、俞樾纂,《上海县志》卷16,页27—28。
200 《王士禛全集》,页824。

贞虽深受清宫抚育之恩,却与夫婿一同叛清。

有意思的是,斥责孔家的王士禛恰为兵变重要当事人王象春的侄孙。由于象春的诗亦名重当世,钱谦益因此称誉"鸿裁艳词,衣被海内"的士禛曰:"新城门第大振于灰沉烟烬之余,禽息之精阴庆(荐),在季木可知也。"[201]指王家在遭逢吴桥兵变等劫难之后,象春(字季木)或在冥冥之中助佑士禛重振家风。新城王氏虽历经改朝换代的动荡,在科第上依然表现耀眼,顺、康间即出了九名进士,王家也仍与淄川毕家结姻不断。[202]

康熙十七年,出使朝鲜返国的孙致弥在顺天中举,但未能在翌年的会试中连捷,时任侍读学士的王士禛曾赋一诗送其南归,但字里行间却显得交情泛泛。以致弥甫赴朝鲜采诗的文名,加上他与元化之师友辈名士(如钱谦益、陈子龙、徐光启、方孔炤、魏大中、侯岐曾等)及其后人间的绵密网络,交游遍朝野的士禛理应特意结纳才对,笔者因此颇疑士禛心中或仍无法完全走出其家在吴桥之变遭到巨祸的阴影。[203]

五、结　语

崇祯初年,原被冀望能扮演牵制金国角色的东江一镇,连续发生重大变故:先是,袁崇焕以尚方宝剑斩杀皮岛总兵毛文龙;接着,刘兴治杀署岛副总兵陈继盛,张焘和沈世魁又杀刘兴治;然后,新任总兵黄龙遭耿仲裕等乱兵拘禁拷打,好不容易复出视事,却又发生吴桥兵变。由登莱巡抚掌理的海上防线,经此一连串变乱之后,终于如骨牌般塌垮,进而影响到明朝的覆亡。

---

201 《王士禛全集》的编纂者误读钱氏之文为"禽息之精阴,庆在季木可知也",其中禽息乃春秋时人,曾向秦穆公力荐贤士百里奚,令秦国迅速强盛。参见王充著,黄晖校释,《论衡校释》卷1,页9;《王士禛全集》,页3—4、132—134、4887—4888。
202 这些进士当中包含象春之子山立(武科)以及士禄、士祜、士禛三兄弟;至于王家"与"字辈及"士"字辈婚配毕氏者,亦至少有八人。参见何成,《新城王氏》,页42、86—90。
203 《王士禛全集》,页926、5084—5085。沈徵佺,《江东志》卷4,页7。孙致弥,《杕左堂集》,诗,卷1,页9—17;卷3,页10—11、14。

就在登莱巡抚孙元化因吴桥兵变而遭弃市的前一年多，袁崇焕亦同样骈首西市。清初史家计六奇指称当时百姓对袁氏怨恨至深，以致"争啖其肉，皮骨已尽，心肺之间，叫声不绝，半日而止，所谓活剐者也"，甚至有自称曾见证此事之人曰："昔在都中，见磔崇焕时，百姓将银一钱买肉一块，如手指大，啖之，食时必骂一声。须臾，崇焕肉悉卖尽。"[204]崇焕虽因被误认作勾引金军入寇而引发诸多怨尤，但前述之描述应纯属过于夸张的传闻，或仅某种程度地反映一般民众的心理。

然而，自明末以来即有许多人主张袁崇焕的弃市与毛文龙之死攸关，清礼亲王昭梿的说法就颇具代表性，称：

> 袁崇焕之杀毛文龙，其事甚冤，世儒以崇焕后死可怜，故尔掩饰其过，至谓毛文龙果有谋叛诸状，非深知当日之事者也，……使留之以拒大兵，不无少补。崇焕乃不计其大事，冒昧诛之，自失其助，遂使孔定南诸将阴怀二心，反为本朝所用，此明代亡国之大机。[205]

认为袁崇焕杀毛文龙一事导致孔有德等降清，而此乃明亡的关键。虽然该两史事之间有无因果关系，尚无法获得近代学者的共识，[206]但据前文的研究，孔、耿等人之降清确曾深刻影响明朝的败亡。

作为明代最大一场兵变的吴桥之乱，导火线的最端点表面上虽仅因一件夺鸡小事，但却造成影响深远的"蝴蝶效应"。不仅明军引为长技的西洋火炮以及操作技术转为清朝所有，孔有德等降将且协助清军建立全世界最大的专业炮兵部队之一，并领军弭平南明诸政权的抵抗。无怪乎，康熙朝曾任庶吉士的金以成在序《平叛记》时有云："壬申之变猝起吴桥，莱州首当其冲，弃疾（农

204　计六奇，《明季北略》卷5，页119。
205　昭梿，《啸亭杂录》卷10，页591—592。
206　罗志钦编，《袁崇焕研究论文选集》，页484—506。

按：指加害）于登州，虽其祸乱一隅，乃明之所以亡也！"[207]认为吴桥兵变是明亡的重要导火线。

> **附录9.6**
>
> ### 汉军旗人在清朝的地位
>
> 入清以来，以辽人为主体的汉军旗人和汉姓包衣（又称作包衣汉军或内务府汉军），[208]因共同的政治、经济和社会制度的影响，令其心理意识更贴近满人，风俗习惯也高度满化。然而，汉军从来就只被当作是"在旗的汉人"，如在考选任官的制度上，汉军就与汉人同榜，亦与汉官一体升转，官缺也与汉职一致。汉军往往尴尬地发现自己介于"旗、民"或"满、汉"之间，甚至仍被满洲统治阶级视同奴仆。康熙六年，储方庆在殿试策中，即曾生动描述此一地位，曰：
>
> 至于满汉之外，复有汉军一途，其仕之尊显者，亦列于公孤之选，然位虽尊于天家，而名仍隶于私室。方其得位之时，非不赫然贵矣，一遇其主，则俛首帖耳，执役之不暇，举人世可卑可贱之事，恒视为固然，而不敢少有所抵牾。[209]
>
> 当乾隆帝为解决八旗制度因"包管"和"恩养"所产生的困境时，更在"首崇满洲"的思维下，强迫驻防各地的大多数汉军"出旗为民"。[210]

---

207 《清圣祖实录》卷281，页750；乾隆《掖县志》卷6，页61—63。金以成之序未收入现存各《平叛记》刊本中。
208 张书才，《曹雪芹家世生平探源》，页15—35、95—102。
209 储方庆，《储遁庵文集》卷6，页5。
210 此段参见孙静，《试论八旗汉军与满洲的差异性》；定宜庄等，《辽东移民中的旗人社会：历史文献、人口统计与田野调查》，页196—234；谢景芳，《清代八旗汉军的瓦解及其社会影响：兼论清代满汉融合过程的复杂性》；张玉兴，《包衣汉姓与汉军简论》。

第十章　红夷大炮与皇太极创立的八旗汉军*

由于宁远、锦州等役的失利，皇太极深刻认识到红夷大炮的威力，遂积极起用汉人铸炮、操炮，终于在天聪年间成功铸成"天祐助威大将军"炮。在同明军作战及制造和使用红夷大炮的过程中，皇太极创建了八旗汉军，不仅每役所动员的红夷大炮均已超过明军，并开创出以汉人炮兵与满蒙步骑兵协同作战的卓越战术。清军在入关前夕所铸成的"神威大将军"炮，其品质已达到当时世界最高水平，在中国带动了一场影响深广的军事革命。

万历四十七年（天命四年）三月，明军在萨尔浒一战几乎全军覆没，满洲的势力自此崛起，而其对明朝的战争亦开始转守为攻。在此役中，明兵的披甲乃由藤、皮革或荒铁所制，朝鲜援兵则披纸甲，其胄以柳条为之，而金兵几乎人人皆披精铁制成的铠甲，除蔽胸、背之外，亦保护臂、手和头部，甚至马匹亦披甲，由于其甲胄极其坚致，故除非用强弓，百步之外均无法贯穿。金兵在野战时以重铠铁骑冲锋，其势锐不可当，使对手往往"矢不及连发，炮不及再藏"，而明军的两万件大小火器亦因此转为敌有。[1]

明军当时所惯用的火器乃以大将军炮最大，现存万历二十年杭州制造的"天字壹百叁拾伍号大将军"和"仁字五号大将军"铁炮，全长分别为143厘米和145厘米，口径11.3厘米和10.5厘米，炮身头尾的厚度相同，但加铸有九道

---

* 原刊于《历史研究》，2004年第4期。
1 《徐光启集》，页108；《大清太祖高皇帝实录》卷6，页13；李民寏，《建州闻见录》；赵庆男，《乱中杂录》，续篇，卷1，页38—40。

宽箍，以强固管身，并分别设计有可调整仰角的炮耳以及可方便搬运的铁环，每炮重约三百多千克，通常以一辆牛车运载。[2]然而，这些传统火器因缺乏准确度，且材质不佳、装填费时，故往往无法有效抵御金军的强攻。

萨尔浒败战之后，新任的辽东经略熊廷弼试图力挽狂澜，尝大量添造火器，自称："打造过灭虏大炮，重二百斤以上者，以数百位计；百斤、七八十斤，以数百位计；百子炮，以千计；三眼铳、鸟铳，以七千余计。"[3]而受命协理京营戎政的黄克缵，也曾招募福建工匠在京铸造"吕宋大铜炮"（红夷炮之一种）二十八门，最大者达三千余斤，他并将其中七门解去辽阳。惟在天启元年（天命六年）三月的辽沈之役中，明军凭借这些火器仍无法与金军抗衡，即使是新型的"吕宋大铜炮"也因铸造不精，导致连发过热，无法再装药发射，敌兵因此蜂拥过濠而陷城，并虏获三门四号炮（应为千斤以下）。[4]

著名的天主教士大夫徐光启于是主张应引进更大、更精的西洋制大炮以压制金军，他于天启元年四月所上的奏疏中称："盖火攻之法无他，以大胜小，以多胜寡，以精胜粗，以有捍卫胜无捍卫而已。连次丧失中外大小火铳，悉为奴有，我之长技，与贼共之，而多寡之数且不若彼远矣。今欲以大、以精胜之，莫如光禄少卿李之藻所陈与臣昨年所取西洋大炮；欲以多胜之，莫如即令之藻与工部主事沈榮等鸠集工匠，多备材料，星速鼓铸。"[5]其中所称"昨年所取西洋大炮"，乃指张焘于泰昌元年十月自澳门购得的四门大铁铳。由于徐光启于天启元年二月因病乞归，李之藻等人因担心"铳到之日，或以付之不可知之人，不能珍重，万一反为夷虏所得，攻城冲阵，将何抵当"，只得命张焘将

---

2 刘旭，《中国古代火炮史》，页73；杨泓等，《中国军事百科全书·古代兵器分册》，页156；方裕谨编选，《崇祯十三年辽东战守明档选（下）》；Collection of Korea Army Museum, p. 38.

3 沈国元：《两朝从信录》卷3，页32。下文中有关当时各种火器的形制，均请参见茅元仪《武备志》卷122—134。

4 本章中之红夷炮，乃指重型之前装滑膛火炮，此为十六世纪以来欧洲各国所习用。清初每避"胡""虏""夷""狄"等字，故红夷炮常被改作"红衣炮"，或将"夷"字书作"彝"或"尸"（"夷"之古字）。雍正十一年和乾隆四十二年，清廷曾两度严旨禁止蓄意改避，认为该做法反倒是"背理犯义，不敬之甚"。经查现存之汉文沈阳旧档，发现清入关前并无此一避忌，在文件中屡可见以"夷"或"虏"称呼周遭其他之少数民族。甚至，明降将马光远在天聪四年上疏皇太极叙述归顺始末时，称己先前曾以"夷情紧急"而将金兵欲突犯蓟门一事上报明廷，亦未忌用"夷"字以称金国。为求行文统一，下文中除非直引文献，不论入关前后均使用"红夷炮"名之。参见李光涛，《明清档案存真选辑三集》，页42—46；第二、八章。

5 《徐光启集》，页175。

之暂置于江西的广信府。徐光启在前引文中并建议由沈㮚和李之藻大量制造西洋大炮。[6]

天启年间，在徐光启、李之藻等奉教士大夫以及广东地方官员的推动之下，共有四十二门西洋制大炮被分批解运至北京，部分再发送至关外重镇，而天启三年亦有独命峨等二十四名铳师自澳门来华教炮，这些打捞自南方沿海三艘欧洲沉船的红夷炮，[7]遂因缘际会地在明清鼎革战争中带动了一场重大的战术革命。

天命十一年（天启六年）正月，[8]努尔哈赤在宁远遭遇其戎马一生最大的挫败，明宁前道袁崇焕凭借布置在城头的十一门西洋制大炮，"循环飞击，杀其贵人，每发糜烂数重"，这种新型火器的威力，自此锋芒毕露，而努尔哈赤亦于该年八月含恨以终。袁崇焕在总结其成功经验时认为："虏利野战，惟有凭坚城以用大炮一着。"[9]

然因十七世纪的红夷炮发射速度不快，每分钟虽有可能达到一至二发，但炮管无法承受持续射击，隔一段时间就需休息以冷却，故每小时平均只可发射八发，每天通常不超过一百发，且铁炮在射击约六百发、铜炮约一千发后，就已不太堪用。[10]也就是说，当时的红夷炮对快速运动的步骑兵而言，仍无法达到有效防堵并歼敌的作用，但对攻城或守城而言，则效果显著。此故，金国官员在奏疏中尝称："野地浪战，南朝万万不能；婴城死守，我国每每弗下。"[11]

天聪元年（天启七年）五月，甫即位的皇太极自将攻宁远，围锦州，明军再度将其击退，红夷大炮同样居功厥伟。三年（崇祯二年）十月，皇太极亲率大军征明（己巳之役），饱掠大量的人畜和财货，更因所向披靡，遂起意在长城内的永平、迁安、遵化、滦州等地建立永久据点，以方便将来进取内地。当时金军步骑凭借快速的机动力与强悍的攻击力，令明军普遍畏惧与其进行野

---

6 第七章。
7 第二章。
8 因本文主要讨论清前朝之历史，故优先采用清朝年号。至于内文中所涉之一般性史事，均请参见戴逸、李文海主编，《清通鉴》。
9 《明熹宗实录》卷79，页19；第七章；王兆春，《中国科学技术史·军事技术卷》，页242—244。
10 B. S. Hall, *Weapons and Warfare in Renaissance Europe*, pp. 153-154.
11 《明清档案存真选辑三集》，页39。

338

战,而城守不坚的城池也接连被攻下,但如昌黎和北京等防御坚固且粮食充足的地方,金军往往无能为力。

皇太极决定放弃自身的长处,而改采守城屯垦的方式以长期经营,乃一战略上的失策。天聪四年五月,从各地集结的明军反围滦州,在以红夷炮连攻三日之后,终于轰破垛口二处而登城克复,金军阵殁者四百余人,奉命留守的大贝勒阿敏,在仓皇失措下遂放弃永平等城脱归。[12]这是明人第一次大规模围攻金人驻守的城池,如金军于被围之前即出城迫使明军在野地对战,或许还不至于如此惨败。

在滦州之役中,明军以黄龙的战功力为第一,时任山东按察副使的孙元化指称:"臣依西法制护炮器物,全付参将黄龙,授以用法,分以教师,卒用复滦",此处"教师"不知是否指数月前甫自澳门北来助战的葡籍军事顾问。当时孙元化"自配药弹、自备车牛",速将西洋大炮的炮队交付黄龙,并令千总吴进胜专管,他还特制了"奉旨调度"的令箭,避免"他将不知利害,调炮离营"。[13]

金国自以"七大恨"兴师讨明以来,铁骑纵横原野,但遇到凭城坚守且善用红夷炮的明军时却迭遭挫折。滦州之役中,明、金两国的角色互换,攻城的明军充分发挥红夷炮的威力,迫使防守的金军弃城逃归。此次败战想必对皇太极这样的军事天才产生相当冲击,他应联想到如其亦能拥有红夷大炮,就不至于迟迟无法攻陷宁、锦一带明军的城池与台堡,这很可能就是他在天聪四、五年间积极试铸红夷大炮的主要原因。

天聪五年三月,明赞画副总兵张焘等人杀在皮岛称乱的刘兴治。六月,皇太极以当地新遭变乱,或可乘机袭占,乃调派数千名步骑兵攻岛,张焘于是督大小兵船百余艘迎战,并令公沙·的西劳等十三名随军葡人发西洋大炮,取得被辽东巡抚丘禾嘉形容为"海外从来一大捷"的"麻线馆之捷",此役计发炮十九次,打死金兵六七百名。[14]由于大海相隔亦与凭城坚守相类,令长于短兵接

---

12 《大清太宗文皇帝实录》卷7,页3—6。
13 《中国明朝档案总汇》第7册,页487;第8册,页390—391。沈演,《止止斋集》卷33,页27—33。第七章。
14 李光涛,《记崇祯四年南海岛大捷》;第六章。

战的金国步骑兵无从发挥,此役也再度印证了红夷大炮的威力。

透过宁远、锦州、滦州和麻线馆等役的败战,皇太极或益发体认红夷大炮的威力,故终其一生不仅积极利用汉人工匠铸炮,更大量起用降顺汉人担任炮手。由于近人在研究清前期历史时,对红夷大炮的仿制过程、铸造技术、战术应用及其所产生的影响等议题,仍较显疏略且存在许多错误或尚待厘清的论述,[15]故笔者试在下文中详加析究。

本章首先厘清金人利用汉人工匠创铸"天祐助威大将军"炮的背景与历程;然后,阐明红夷炮如何引发八旗汉军的创建;接着,以关外的几场重要战争为例,试析清军所使用的红夷炮如何成功突破明军的坚固防线;再详论清军在入关前夕所铸成的"神威大将军"炮,其品质如何达到当时世界最高水平。笔者希望能深入探讨科技与社会间的互动模式与影响层面,进而提升清前期军事史以及技术社会史(Social History of Technology)的研究。

一、"天祐助威大将军"炮的创铸

皇太极在己巳之役中虽然大有斩获,但滦州的战败令其起意自行铸炮。天聪五年正月八日,金人首度铸成红夷炮,沈阳故宫所藏之《清实录》称其上镌有"天祐助威大将军,天聪五年孟春吉旦造。督造官:总兵官额驸佟养性,监造官:游击丁启明、备御祝世荫,铸匠:王天相、窦守位,铁匠:刘计平"等字样,《八旗值月档》中亦称:"先是,连鸟枪尚未造,造炮自此始。"[16]当时明军的炮上也常刻有相关人员的名衔,其目的一为表功,一是当破裂或膛炸时

---

15 如Frederic E. Wakeman, *The Great Enterprise: The Manchu Reconstruction of Imperial Order in Seventeenth-century China*; Joseph Needham, *Science and Civilisation in China*, vol. 5, part 7: *Military Technology; the Gunpowder Epic*, pp. 365—414;孙文良、李治亭、邱莲梅,《明清战争史略》;张小青,《明清之际西洋火炮的输入及其影响》;韦庆远,《清王朝的缔建与红衣大炮的轰鸣》;李映发,《明末对红夷炮的引进与发展》;王戎笙主编,《清代全史》;解立红,《红衣大炮与满洲兴衰》;阎崇年编,《清朝通史·太宗朝》;李鸿彬,《满族崛起与清帝国建立》;刘旭,《中国古代火药火器史》。先前的研究乃以张小青之文的内容最为丰富,本文则尝试在这些学者的基础上,提供一更全面且深入的研究。

16 《大清太宗文皇帝实录》卷8,页3—4;关孝廉编译,《天聪五年八旗值月档(一)》。

可以究责。[17]乾隆间担任《续文献通考》纂修官的钱载，曾据过眼典籍中的相关记述作《天祐助威大将军歌》，其中有云："天聪四年二月，师凯旋，特诏铁官范巨炮，春正二日，黄白青气冲霄，开出应兴符"，[18]知在天聪五年正月二日熔铁浇模初成。

先前学界对这些参与铸炮之人的生平事迹及其技术背景，一直缺乏深入的析探。牟润孙先生尝在无具体证据的情形下，指称佟养性在投金之前曾去北京做生意，并因此认识耶稣会士，且从佟家后代有人奉天主教，推测佟养性亦崇敬天主教。牟氏还称天聪四年在永平降金的明参将马光远，因其"建议与工作多数和大炮有关"，故或亦是天主教徒，且称丁启明曾"同西洋教士学过造炮"，然而，这些说法均流于过度臆测。[19]

笔者在北京大学所藏的《炮图集》抄本中，发现先前未知的《铸造红衣炮金火拜唐阿铜工功绩总谱》，其文指出金国始铸西洋大炮乃与一起船难攸关，记曰："天聪年间，海中潮出铜炮一位，镌曰'镇国龙尾大将军'。奉旨命石廷柱、祝世印出榜招募能铸炮之人，彼时有王天相、金世祥……十人，揭榜应募，系石廷柱带领荐上。后又奉旨铸炮，续募七人，刘承爱、窦守位。……定鼎后，恩赐铜工等，愿作官者，世袭罔替拜他喇布勒哈番，不愿作官者，赏给世代金火拜唐阿，每月食钱粮银二两，每季米领五石三斗，特恩赐房间、地亩，又每户赐官人二口，以示优恤。"[20]知天聪初年曾在辽东海边发现一门铜炮，此一赐名为"镇国龙尾大将军"的炮，很可能就是金人所掌握的第一门西洋制大炮。

金国初铸之"天祐助威大将军"炮现已不存，然其形制仍可见于《炮图集》中，该书以"大红衣炮"名之，称："铸铁为之，前弇后丰，底圆而浅，重自三千斤至五千斤，长自七尺七寸五分至一丈五寸，中镂云螭，隆起八道，

17　如天启间孙承宗在经营辽东时即曾下令曰："近各局所造，半属潦草，以至铳炮伤人，今后各镌其官、其匠姓名及日月于上，糜费可五金者斩匠，倍则斩官，失款识者，兵将不得擅领。"见茅元仪，《督师纪略》卷3，页7。
18　钱载，《萚石斋诗集》卷23，页2。
19　牟润孙，《明末西洋大炮由明人后金考略》。
20　钟方，《炮图集》卷5，页1—3。作者乃于道光四年起奉命管理正黄旗炮营，遂对各种火炮的形制和历史进行详细的调查和整理，此书图文并茂，或是现存有关清朝火炮最详尽的一本专书。

旁为双耳，面镌'天祐助威大将军，天聪五年正月日造'，用火药自四斤至八斤，铁子自八斤至十六斤，载以三轮车，辕长有九尺八寸至一丈二尺，当轴两辕上处，有月牙窝以承炮耳。"亦即该炮重约1800—3000千克（每斤合0.6千克或1.32磅），长约248—336厘米（每尺合32厘米），其所用的8—16斤球形铁弹，合直径为10.7—13.5厘米，形制近于欧洲各国所用的半蛇铳和大蛇铳。[21]

《炮图集》中所提及的拜他喇布勒哈番，乃顺治四年所改的从四品满洲官名，汉字为外卫指挥副佥事，旧名为牛录章京（天聪八年以前则称备御）。乾隆元年，重定武职汉字，以拜他喇布勒哈番为骑都尉，正四品。[22]拜唐阿则为无品级的听差，其中随营听用者多司有专职，如有备箭、茶、宰牲、网户等拜唐阿，金火拜唐阿即是专门处理铸造事宜的匠人。在两次应募铸炮的十七人当中，应包含铜匠及铁匠。

列名铸造"天祐助威大将军"众工匠之首的王天相，在北京第一历史档案馆的正黄旗汉军《世职谱档》中，尚藏有其世袭资料："查得（骑都尉）王承烈之曾祖王天相，尔原系白身人，征北京时自永平府获尔带回，以尔首铸红衣炮，故授为拜他喇布勒哈番。"[23]查皇太极在天聪三年的己巳之役中，先于十月分兵三路入犯关内；四年正月，攻陷永平，并命贝勒岳托和豪格先率兵千人以及所俘获的人口还归沈阳；二月，皇太极班师东归，但留兵镇守永平、迁安、遵化和滦州；三月，派大贝勒阿敏替防；四月，阿敏以欲久住为由，下令不许将永平府所属各色匠役民人携归沈阳；五月，阿敏弃四城脱归。由于阿敏仓皇撤退时，尽杀永平和迁安归顺的官民，只带回一些妇孺，[24]故王天相应最可能是在正月时被岳托和豪格携归沈阳的。天聪五年三月，王天相因首铸红夷炮从奴隶被擢为千总。七年三月，再以创铸之功升授备御。崇德七年（崇祯十五年），亦曾被派往锦州协助铸造"神威大将军"炮。[25]

21　下文中有关当时各种欧洲火炮之诸元，均请参见O. F. G. Hogg, English Artillery 1326–1716, p. 27.
22　《清史稿》卷117，页3361—3363。
23　转引自陈佳华、傅克东，《八旗汉军考略》。《八旗通志》亦列举其家之世袭过程，参见鄂尔泰等，《八旗通志初集》卷103，页2484。
24　张葳等译注，《旧满洲档译注：清太宗朝（二）》，页202。
25　关孝廉编译，《天聪五年八旗值月档（二）》。《大清太宗文皇帝实录》卷13，页24；卷62，页1—2。在阎崇年所编的《清朝通史·太宗朝》中，误以王天相在征北京时带回红夷炮（页172）。

据《炮图集》，在天聪四年揭榜应募铸炮者当中，金世祥的排名仅次于王天相。七年三月，《清实录》中称有金世昌者因不用蜡而铸成红夷炮，故与王天相同被升为备御。崇德四年六月，《清实录》和《盛京原档》中称马光远属下的正黄旗牛录章京季世昌因所铸铁子"熔炼不匀"，以致"出炮口即碎"，本应论死，但皇太极以其"曾铸红衣炮有功"，免死。七年八月，《清实录》又记有铸炮牛录章京金世昌被派往锦州造"神威大将军"炮。[26]由于"金世祥""金世昌"和"季世昌"同为牛录章京，且其名发音接近，又均因铸炮立功，而所属之旗分亦无矛盾，[27]再者，查《八旗通志初集》的世职表中，并未见金世昌和季世昌二人，仅有正黄旗的金世祥曾于天聪八年因铸炮之功而获授牛录章京世职，故疑前述三名实为同一人。由于金世祥的后人姓名和袭职时间都十分明确，知此人之姓确为"金"，下文即暂依《八旗通志初集》和《炮图集》而以"金世祥"名之。《清实录》和《盛京原档》在自满文回译时，或未能查得正确之汉字。

王天相与金世祥所采铸炮法最大的差别在曾否用蜡，因中国传统的铸造技术主要有泥型铸造、失模法和金属型铸造三大类，其中后者仅限于制造犁镜（翻土用之农具）等少数器件，至清末始用于铸造铁炮，[28]故王天相首铸红夷炮时应该用的是失蜡法。其法需先制一圆柱形泥芯（大小如炮管内部中空处），再将蜡料贴附在芯上，并依炮的处形与厚度加以捏塑，同时在其上用工具拨塑出纹饰或铭文，次于蜡模之处涂上泥料，当铸型阴干后，即可加热将蜡熔融流出，接着将出蜡后之铸型在窑内焙烧，最后再在原蜡模所在的型腔中浇注熔化的液态金属即成。由于气温过高时，蜡料不易凝结，故此法的使用常有季节的限制，这也就是"天祐助威大将军"分别铸成于天聪五、六年年初的背景因素（见后文）。至于金世祥所改采之不需用蜡的方法，则或是在中国流传久远的泥型铸造法。其法先用干久之楠木或杉木照炮体之处形镟成木芯，再将铳耳、

---

26 参见《大清太宗文皇帝实录》卷13，页24；卷47，页9—10；卷62，页1—2。《八旗通志初集》卷103，页2474、2484；郭成康、刘景宪等译注，《盛京刑部原档》，页131。
27 "季世昌"原在马光远旗下，"金世祥"隶正黄旗，而马光远则于崇德四年六月获授为两黄旗固山额真。
28 华觉明，《中国古代金属技术——铜和铁造就的文明》，页511—550。

铳箍、纹饰等模安上，接着分次上泥，待其干透后，将木芯敲出，次用炭火烧炼泥模，同时亦将铳耳、铳箍和纹饰之模烧化成灰，最后并依前法制成尾珠之泥模，且在圆柱铁心表面上泥制成与炮管内腔等大之模芯，如此，即可合成完整的铳模，以浇注金属液体。[29]

当时泥型铸造法与失蜡法的铸造品质或相差不多，但前者较不受季节限制。而不论何法，大号铳的泥范约需四个月始干透，铸成之后必须将模泥打去，才可将铳体拿出，故泥范无法重复使用，而若铳管内壁出现"深窝、漏眼"等瑕疵时，还得毁坏再铸，故有谓："西洋本处铸十得二三者，便称国手，从未有铸百而得百也。"[30]

至于《清实录》中所称监造"天祐助威大将军"的丁启明，[31]与王天相同是在己巳之役被俘。明副将丁启明当时正担任京营戎政副协理、兵部右侍郎刘之纶的标将，刘氏登崇祯元年进士，改庶吉士，二年十一月，金军入逼京师，举朝措手无策，金声乃举荐刘之纶，刘氏因此被破格升授为兵部右侍郎，奉旨料理京营的守御事宜，金声则以山东道御史的身份监军，刘氏于是密与所属刳木制成西洋大炮一门、小器百余门。由于两广军门于崇祯元年七月奉旨至澳门购募的炮师和大铳迟迟未运到，故刘氏声称："大炮远从南来防守，护送费议止万余，以百金之木西洋代之，功用相等，斯不亦便利于国乎。"[32]

以竹木制炮之举在明季并不乏见，如天启四年安邦彦在贵州反，坐营都司刘光远即曾造木鸟铳和木发熕（一种前装滑膛炮）平乱，且被兵部尚书赵彦指为小巧轻便，乃"攻打猡贼之长技"。[33]天启后期，茅元仪在关外亦曾造竹将军、竹鸟铳、竹三眼铳各万支，声称："皆以竹为之，而麻绳铁丝以为缠，可

29　此法亦见于明季耶稣会士汤若望口授的《火攻挈要》。参见汤若望授、焦勖述，《火攻挈要》卷上，页8—17。
30　汤若望授，焦勖述，《火攻挈要》卷上，页9、16。
31　《崇祯长编》中分别提及"副将丁起鸣"及"标将丁启明（被擒）"，两处均指该人是刘之纶的下属（卷30，页21—24）；《大清太宗文皇帝实录》称"生擒明副将丁启明"（卷6，页13）；《清史稿》称"丁启明"（卷229，页9280；卷305，页14331）；《八旗通志初集》则以其名为"丁起鸣"（卷105，页2542；卷219，页5010）。此同音之"起鸣""启明""起明"，应均指的是同一人，本文暂用"启明"之名。
32　第七章。《明史》卷261，页6766—6768；卷271，页6969；卷277，页7090—7091。《崇祯长编》卷28，页17；卷29，页6—9。
33　方裕谨，《天启三四年对安邦彦的用兵（上）》。

四五发，而所费甚省，人可多携，而无装药之煩。"他且用木头制造后膛装填式的神飞炮约一百二十门。³⁴崇祯十三年，兵部调查大名府的备战情形时，亦指出长垣县除新旧大炮二百零六门外，另有大木炮八十门。³⁵

然而，竹木所造的火炮虽可偶一发射，却很难通过战场的严酷考验。崇祯三年（天聪四年）正月二十一日，丁启明在攻打驻扎于罗文峪（近遵化之长城关隘）的蒙古兵时战败被俘，刘之纶领兵驰援，发炮却膛炸，军营自乱，遂中箭败殁。金兵于是转攻马兰峪（位于遵化西北），副总兵金日观在亲燃大炮时亦膛炸，焚伤其头目手足。³⁶刘之纶和金日观（甚至丁启明）当时或均使用的是自制的木西洋炮。

崇祯三年正月初三日，葡萄牙军官公沙·的西劳所率领的三十一名铳师、工匠和傔伴终于自澳门抵京效命，他们共携有七门大铁铳、三门大铜铳以及三十门鹰嘴铳。四日，奉旨将获赐为"神威大将军"的大铳安设于京城各要冲，并精选将士教习点放之法，³⁷但军务倥偬的丁启明很可能没有机会赶至北京向外籍铳师学习铸炮之法。

丁启明对西洋火炮的认识，最可能是间接得自其上司刘之纶的同年好友金声。崇祯初年，金声在北京尝与耶稣会士论学，对天主教"明物察伦"的思想深有感发。徐光启与金声的交情虽属泛泛，但对金声的能力则颇为欣赏，崇祯四年十月，徐氏曾举荐他赴澳门招募能用炮、教炮和造炮的葡人来华助战，五年十月，又奏请起用他来京参与修历之事，但金声均疏辞，且转而对佛教义理情有独钟。³⁸

晚明之世，与西士交游或已成为知识界的时尚之一。³⁹由徐光启推荐金声执行与西洋大炮相关的任务，知其在与传教士交往的过程中，可能多少习得一些相关知识。当时许多士大夫对西方的物质文明颇感兴趣，如金声的挚友熊开

---

34 茅元仪，《督师纪略》卷9，页14—15。
35 方裕谨，《崇祯十三年畿南备防档》。
36 《明史》卷261，页6766—6768；卷271，页6969。《清史稿》卷2，页31。
37 韩霖，《守圉全书》卷1，页94—95；卷3之1，页83—95。《崇祯长编》卷30，页5。
38 黄一农，《扬教心态与天主教传华史研究——以南明重臣屡被错认为教徒为例》。
39 如在1616—1628年间登科的进士中，笔者即发现有数十人曾替教会书籍作序，或与传教士往来，或其亲友中有奉教者。而在笔者过眼的近四百篇明清之际天主教书籍的序跋中，有相当多是由未奉教的士大夫所撰写的。参见黄一农，《明末中西文化之冲突析探——以天主教徒王徵娶妾和殉国为例》。

元即尝于崇祯四年在北京的天主堂获见"测景、量天、汲深、瞭远、引重、穿坚诸种种器用",因欣赏其"力少而功多,理幽而事著",认为是"生人所厚赖也",于是尽其可能一一加以收集,且设法将之缩制成模型携回。[40]

但因金声并非天主教徒,故教会中人不太可能倾囊相授,[41]此故,刘之纶等人只能东施效颦地制造木西洋炮。而刘之纶反对远从南方解运大炮的主张,可能也反映在金声婉拒徐光启的推荐一事上。类似金声的情形或亦发生在茅元仪身上,茅氏少时随父在京期间,即喜向利玛窦"闻所未闻",他对徐光启兵学方面的造诣和主张亦十分佩服。天启三年,有来自澳门的铳师独命峨等解运西洋大炮来京,并奉旨在京营教习。茅元仪即曾派人向教炮的澳人偷习操作之法,并"亲叩夷,得其法",但未奉教的他,在制炮时也只停留在木炮的层次。[42]徐光启的门生韩霖即尝批评其所编纂的《武备志》"兼收不择,滥恶之器,不可枚举",且不知"有西洋炮而诸器皆失其利"。[43]

崇祯初年,西洋制大炮已不特别罕见,其中除安置在北京、辽东以及山海关之外,亦分发至蓟门、宣大、山西诸镇。[44]此外,仿制的红夷炮也已开始出现(详见后)。丁启明在此大环境之下或亦略谙铸炮之术,且因其官阶较高,故被俘后甚受优遇,屡获人畜和缎子等赏赐。天聪四年五月,他获授游击(虽原任明副将,但因是阵获,故被降阶)之衔,奉命负责监造大炮。五年三月,因首铸成红夷炮被擢为副将。七年十月,重叙己巳之役征明时归降的官员,丁启明先前虽因"善铸红衣炮"而被擢为副将,但因其是"被擒收养",而非自行投顺,故遭降授为二等参将。八年十二月,已历官至三等梅勒章京(亦称扎兰章京,相当于副将)的丁启明,被其家奴所讦,指控其将上赐的百口人"耗费殆尽",且将上赐的貂裘典当,经查明属实后,遭褫职为奴。顺治元年二月,复以"创造红衣炮功",授牛录章京世职。十一月,从豫亲王多铎南征,平定

---

40 熊开元,《鱼山剩稿》卷5,页43—44。
41 此在火炮和历算两种西学的传华过程中均曾发生,参见黄一农《汤若望与清初西历之正统化》;第十二章。
42 有关茅元仪之事,参见第二章。
43 此段参见第二章;韩霖,《守圉全书》卷3之2,页85—86。
44 韩霖,《守圉全书》卷3之1,页85—86。

河南、江南。三年五月，以督放红夷炮有功，加半个前程。[45]

由于丁启明在被革职为奴之后，竟然又再度因先前创铸红夷炮之功而获授世袭官职，知此一功绩对清廷而言实乃意义重大。根据《炮图集》的记载，清朝在定鼎之后，曾特别恩赐最早参与铸炮的工匠，有愿做官者，世袭罔替拜他喇布勒哈番，但除王天相和金世祥外，其他人或均选择世代担任金火拜唐阿。

至于沈阳故宫所藏《清实录》中的祝世廕（北京故宫藏本作祝世荫）与《炮图集》提及的祝世印，应为同一人。此人之名在《清朝文献通考》中作世隆；在《八旗通志初集》的《世职表》和《名臣列传》中作世廕，但在同书《八旗大臣年表》中则作世应。[46]《清史稿》中更出现三种表达方式：《世祖本纪》作世允，《部院大臣年表》作世廕，《祝世昌传》作世荫。[47]其中"世允"原或作"世胤"，应是为避雍正帝之名讳而改，类似情形并不乏见，如庄亲王胤禄即因此改名允禄。前述史籍显然是在转译满文档案时，各自选用了音近的不同汉字。又因天聪和顺治两朝至少尚存有十一件由"祝世胤"上疏的汉文章奏，知其本名确应为世胤。[48]

祝世胤，辽阳人，先世为定边前卫世袭指挥。天命六年，努尔哈赤克辽阳，其兄镇江城游击祝世昌率三百余人投顺，世昌仍授游击，原为布衣的世胤则获授备御。天聪五年，世昌从征大凌河城；六年，迁礼部承政，授世职参将。世胤也于六年六月挂游击衔，后历官吏部参政、工部承政，议定开科取士、编设乌真超哈（或作兀真超哈，后改汉军[49]）之取名，均是其所为。崇德三年，世昌疏请禁俘良家妇女鬻入乐户，皇太极指其"藉此要誉"，"心犹向明"，而世胤亦以知情，同遭革职徙边。顺治初，帝念其旧勋，特旨将两兄弟

---

45 此段参见《旧满洲档译注：清太宗朝（二）》，页166、187、236。《天聪五年八旗值月档（二）》，页5。《大清太宗文皇帝实录》卷6，页13；卷16，页7—8；卷21，页29。《大清世祖章皇帝实录》卷3，页13。《八旗通志初集》卷219，页5010。关孝廉等译编，《清初内国史院满文档案译编》上册，页129。
46 《大清太宗文皇帝实录》卷8，页2。《清朝文献通考》卷194，页6587。《八旗通志初集》卷105，页2558；卷111，页2761—2766；卷181，页4323—4324。
47 《清史稿》卷5，页143；卷178，页6324—6343；卷239，页9527。
48 王钟翰，《〈天聪谕奏〉校注》；台北"中研院"历史语言研究所"内阁大库档案"网站。乔治忠在《清文前编》中亦曾略论及此（页81）。
49 八旗中的"汉军"之名乃于顺治十七年始起用（详见后文），先前则称作"乌真超哈"，但许多清前期文献的汉译本，则屡在记顺治朝之前的史事时，将"乌真超哈"径改成"汉军"。

召还，世胤且于顺治二年起担任户部汉侍郎；五年，任镶红旗乌真超哈的梅勒章京；十二年，升固山额真，而世昌则于四年任山西巡抚。[50]

虽然黄克缵在万历四十七年所铸造的"吕宋大铜炮"中，有七门曾运至辽阳，但因祝世昌所驻守的镇江地处偏远，故当时应不曾配发。祝世胤在投金之前，应不具有铸造或操作红夷炮的经验与能力。天聪四年，祝世胤进"造红衣炮法"，旋即奉命监造，共铸成"红衣炮七位，红衣炮子、将军炮子八千五百，小炮子八万五千"。在《八旗通志初集》镶红旗汉军的世职记录中，则指祝世胤乃因"督铸炮子及擒奸细功"，而获授三等参将，此与丁启明的"造红衣炮功"以及王天相的"铸炮功"不同，知其功绩乃在提供以铸制炮弹为主的后勤支持。[51]其兄祝世昌亦在天聪五年七月以催铸炮弹及催办炮药有功，而获赏银五十两，这些弹药应是为稍后的大凌河之役预作准备。[52]

《满文老档》汉译本在天聪六年二月二十日的赏罚记录中有云："擢祖备御为游击。缘由：于大凌河为八旗催铸红衣、将军炮铅子，共八千五百发，小铅子八万五千发。所铸铅子除满足六甲喇汉军、八贝勒家发炮之人及各处战地之需外，尚有剩余。昼则催造铅子，夜即巡行各营；去年铸红衣炮三尊，今年铸红衣炮四尊；于海州擒奸细两名，于沈阳擒奸细一名，于牛庄擒奸细一名；故擢备御为游击。"[53]从其叙述明显知道该译文将"祝备御"误成了音近的"祖备御"，在将无圈点之老满文所书写的人名或地名转译时，常会发生类似的错误。[54]而天聪五年正月首铸的"天祐助威大将军"或许仅一门，成功后始在当年

---

50 《满文老档》，页1311、1370。《清史稿》卷3，页64；卷178，页6324—6343；卷239，页9526—9528。《八旗通志初集》卷15，页273；卷111，页2761—2766；卷181，页4323—4324。《明清档案存真选辑三集》，页45。
51 此段参见《八旗通志初集》卷103，页2484；卷105，页2542、2557；卷181，页4324。
52 《天聪五年八旗值月档（二）》，页17。惟此文将"祝世昌"误译成"祖世昌"。
53 《满文老档》，页1238—1239。
54 参见《满文老档》，页1196—1197。二十世纪有许多学者极其辛劳地将大量的满文史料汉译，此对无法阅读满文或接触原档的多数研究者而言，可说是功德无量。然因先前编译者的主要专业或多在语文，而非史学，且此一时段的文献浩瀚庞杂，常令人在转译汉人姓名时无从查考，只能勉强音译，遂屡可见类之鲁鱼亥豕的情形。惟因近年来明清实录等重要史籍正陆续数字化，强大的全文检索功能，将有条件至少令人名的对译出现重大突破。如我们能将已整理或翻译的文献全部数字化，并重新订正或统一各种译名，且依编年体加以编辑排比，相信应有可能将清人关前史事的研究提升至一崭新的层次，而这应也是目前学界在大力推动编纂新清史时所须先努力完成的基础工作之一。

陆续制造另两门，[55]六年初春则又完成四门。连同作为样板的铜炮，刚好八旗可各有一门，海边捞起的"镇国龙尾大将军"或仍堪用。

《清史稿》中称当时即已铸成红夷炮四十门，其说应误，因即使包括历来缴获者，金人在天聪七年亦不过拥有三十余门（详见后）。此因《清实录》中指出天聪五年有"随营红衣炮、大将军炮四十位"，故《清史稿》很可能是将其中的大将军炮亦误算成红夷炮了。[56]

至于领衔督造"天祐助威大将军"的佟养性，原系抚顺商人，他早在天命年间即已投金，因努尔哈赤妻以宗室女而成为额驸，知其乃因身份地位而负责督造，实际工作则应由丁启明和祝世胤两人率工匠完成。此外，在《炮图集》中所提及的石廷柱，辽东人，万历末年为广宁守备，天启二年，战败降金，授世职游击，因佟养性是石廷柱的直属长官，[57]故在"天祐助威大将军"的铭文上，督造官就只书佟养性之名。

由于金国统治区内原本就多铁矿，且冶炼所需的木炭和煤炭亦不匮乏，再加上虏获或投靠的汉人及朝鲜匠人自天命年间起即协助其建立炼铁工业，[58]故当丁启明和祝世胤等新降之人引进红夷炮的铸法时，又恰逢有打捞出的"镇国龙尾大将军"可供仿制，金国遂一举跨越了火炮俱乐部的门槛，而红夷炮也自此成为降顺汉人在大金国中发展的踏脚石。

二、八旗汉军的创建

大清帝国肇建的基础可说是由皇太极奠定的，他积极突破努尔哈赤时代独尊满洲的政策，起用归降的蒙古人和汉人以扩大其军事和行政组织，[59]并积

55　崇祯四年十一月，明军即听闻金朝"自铸大铳二门，比红夷更长五尺"；参见《中国明朝档案总汇》第12册，页164。
56　此段参见《清史稿》卷231，页9324；《大清太宗文皇帝实录》卷9，页16；谢景芳，《八旗汉军的名称及含义沿革考释》。谢氏虽指出《清史稿》之误，然其并未得见《八旗通志初集》上的材料。
57　《满文老档》，页1226；《清史稿》卷231，页9329。
58　如努尔哈赤即曾于天命八年指派张秉益在铁匠聚集的石城（今辽宁省凤城东北）担任"精炼铁百总"，并任命王之登为"精炼铁参将"，以整合相关的人力与物力。见丛佩远，《中国东北史》第4卷，页1026—1038。
59　孙文良、李治亭，《天聪汗崇德帝》，页150—175；李治亭，《论清初满汉贵族地主联盟》。

累了足以征服大明的国力。天聪三年十月，皇太极首次大举攻明，亲率"十旗兵"，兵分两路，一由右翼四旗及右翼蒙古诸贝勒兵攻大安口，一由左翼四旗及左翼蒙古诸贝勒兵攻龙井关，知当时除了八旗满洲外，大军中亦包含蒙古二旗，但汉兵则尚未单独编旗。《清实录》在记载此役的过程中尝两度出现"火器营兵"字样，且皇太极亦屡命八旗列炮攻敌，再从皇太极因恐新降明兵"不耐寒，甚苦野处"，而命其与"八旗炮手兵"同赴村庄居住，知当时八旗满洲已配置有专门的火器营，此很可能是将各牛录中原有的汉人炮手和传统火炮抽调集中所组成的。[60]

天聪四年六月，奉派留守永平等地的阿敏，因败逃而遭皇太极定其十六罪，虽从宽免死，但仍被幽禁，皇太极借此进一步巩固了他在八旗中的领导地位。十月，金国全国编审壮丁，皇太极宣称隐匿者将科以重罪，或许此时他已开始为成立汉兵新旗做准备，此故，我们可发现如副将高鸿中等降人，于年底从文馆被调离而转任八旗的甲喇额真。[61]在五年元旦所行的朝贺礼中，由总兵官额驸佟养性所率的汉官和生员，第一次在正式场合进入统治核心的庙堂，其行礼顺序甚至还排在八旗蒙古官员之前，此明显是为笼络汉人。正月八日，皇太极所殷切盼望的红夷大炮终于成功铸成，因此于二十一日谕负责督造的佟养性曰："凡汉人军民一切事务，付尔总理，各官悉听尔节制。"正式将独立成旗的汉兵交由佟养性管理。[62]

该新旗有称之为"佟养性所率旧汉兵"者，此因当时习惯称呼以领旗将领之名，故在《旧满洲档》中亦屡见径称为"佟养性旗"者。[63]虽然皇太极事后追述，成立此旗的目的在"别立旗分，予以生全"，但因入旗者只占金国内部汉人的极小比例，故此举应主要是用作缓和民族矛盾的象征，并扩大对明朝降顺精英的怀柔与恩养。[64]同时，皇太极则透过此一新编制，强化由己所直接控制的

---

60 此段参见《大清太宗文皇帝实录》卷5—6。又据天命八年四月之《满文老档》，当时命每牛录携二十二门炮，每甲喇携大炮（非红夷炮）两门（页448）。
61 《大清太宗文皇帝实录》卷7，页27—29；卷10，页36。
62 此段参见《大清太宗文皇帝实录》卷8，页1—2；陈佳华、傅克东，《八旗汉军考略》。
63 《大清太宗文皇帝实录》卷9，页22、36；《旧满洲档译注：清太宗朝（二）》，页237、243、245。
64 《大清太宗文皇帝实录》卷37，页14。

军事力量，而不再仅仅是作为八家均分制度下的"一整黄旗贝勒"。[65]

据《八旗值月档》，皇太极于天聪五年三月出阅佟养性旗的新编汉兵，因"验放火炮、鸟枪娴熟"，而赏给军士毛青布。此一部队当时共有行营兵一千六百六十名和守兵一千六百二十名（每人赏两匹），其中有三百二十七人为章京（每人另加一匹），此外，还有验放火炮的汉人二十四名以及制造火药的汉人两名（每人另加两匹）。[66]由于当时金国顶多只拥有四门红夷大炮，每门重约4000—6600磅，故最少各需七至十一头牛拉曳、四至五人操作，[67]而因"验放火炮"额外获赏的汉人只有二十四名，疑这些人或应均为专门操作红夷炮的炮手，至于各型将军炮，因熟悉者颇多，故可能并未特别加赏。

在天聪五年七月进攻大凌河城前夕，皇太极曾命各旗将随营的红夷炮、大将军炮共四十门，以及挽车用的牛、骡一百四十头，皆集中交佟养性掌管。[68]六年正月，皇太极在沈阳的北演武场阅兵，佟养性率汉兵竖标靶演试大炮，皇太极见其军容整肃，且以先前出征大凌河时，能遵方略，有克捷功，赐养性雕鞍良马一匹、银百两，并赐"六甲喇额真：副将石国柱、金玉和、高鸿中、金砺、游击李延庚、备御图瞻，精兵额真：副将石廷柱，步兵额真：参将祝世昌"等人鞍马各一匹，其余将士亦分赏银两和布匹。[69]据此可知佟养性旗下共有六个甲喇，分别由石国柱、金玉和、高鸿中、金砺、李延庚以及图瞻（亦作图占）带领。依照清初兵制，每旗亦会从诸甲喇当中选取精锐者组成护军，主要任务为策应、冲杀和防护，由精兵额真（又名巴雅喇纛额真，或简称纛额真）统领。至于祝世昌所率领之步营，其成员应亦是挑选自诸甲喇。[70]

由于该旗甲喇额真以上的官员均列名天聪四年四月所镌《大金喇嘛法师宝记》的碑阴，而此碑是"钦差督理工程驸马总镇佟养性"奉旨所建，捐资做

65　谢景芳，《八旗汉军的建立及其历史作用》。
66　努尔哈赤初定八旗制度时，每三百丁编一牛录，由牛录额真率领，下设代子两人和章京四人协助管理，惟此处平均每十兵有一章京，比例甚高，这很可能是因汉人当兵之比例远低于满洲的"三丁抽一"所致（见后文）。参见《天聪五年八旗值月档（二）》，页5；《满文老档》，页36。
67　Hogg, *English Artillery*, p. 24; A. R. Hall, *Ballistics in the Seventeenth Century*, p. 169.
68　《天聪五年八旗值月档（二）》，页16。
69　《大清太宗文皇帝实录》卷11，页12—13。
70　《天聪朝臣工奏议》卷中，页14—15；李燕光、关捷，《满族通史》，页410—412。

功德者多为其僚属,[71]且从六年正月皇太极赏赐该旗官员的名单,[72]亦知此旗最初是以佟养性之下属为主要的组成人员,并未纳入天聪四年攻明时的降将。此故,此旗虽是新编,却被称为旧汉兵。而当时该旗的主要官员亦协助处理与汉人相关的政务,如五年七月李延庚被任命为吏部汉承政,吴守进为户部汉承政,金玉和为礼部汉承政,金砺为兵部汉承政,高鸿中为刑部汉承政,祝世胤为工部汉承政。[73]

虽然皇太极命佟养性总理汉人军民一切事务,但佟养性旗中一些旧汉官应仍籍隶其原属的八旗满洲,[74]如原在佟养性旗中担任步兵额真的祝世昌,在崇德三年的《国史院档》中,就被称为"镶红旗之甲喇章京"。[75]亦即,佟养性旗的成员可能均是自各旗借调而来,初期主要负责后勤和工程等事务(如佟氏的官衔即曾为"钦差督理工程驸马总镇"),后则加入操炮之重责。而此一由佟养性所领导的组织架构,在成旗之前应已大致出现,天聪四年所刻《重建玉皇庙碑记》和《大金喇嘛法师宝记》两碑上的汉官名单,应就是此一群体的主要成员。[76]

天聪七年三月,马光远为"汉营官兵器械等项"提出建言,其中有云:"八固山大小官员已照六家喇(农按:即甲喇)派就执事,但所管器械等项,如不时时看管收拾,临时难免误事,自今以后,家喇额真半月一查,总兵一月一查,务要件件得法,乃见职守。"[77]即清楚可知佟养性旗下六甲喇中的汉人官员原或征调自满洲八旗。

天聪九年七月,赏罚汉官所管各堡之生聚多寡,其中明确知道为原佟养性旗者如下:李国翰原管壮丁三百六十名,四年内增加二百四十三名;高鸿中原管壮丁六百零七名,减少一百四十一名;金玉和原管壮丁八百四十四名,八年内减少一百六十九名;张士彦原管壮丁四百五十名,减少一百二十八

---

71 曹汛,《有关曹雪芹家世的一件碑刻史料——记辽阳喇嘛园〈大金喇嘛法师宝记〉碑》。
72 《满文老档》,页1226—1227。
73 《大清太宗文皇帝实录》卷9,页11—12。
74 杜家骥,《清代八旗领属问题考察》。
75 《崇德三年满文档案译编》,页166。
76 冯其庸,《曹雪芹家世新考》,页87—91。
77 《天聪朝臣工奏议》卷中,页6—8。

名；张大猷原管壮丁六百名，减少一百八十一名；祝世胤原管壮丁八百名，减少二百六十名；杨兴国原管壮丁八百名，减少三百七十二名；高拱极原管壮丁二百六十八名，减少一百五十一名；马如龙死，金海塞接管壮丁，减少二百八十七名。[78]若从所谓的"原管壮丁"，可大致反映佟养性旗成立之初的人数，则知前述各官当时至少拥有壮丁五千余名。再考量其他官员或因所养壮丁的数目亦变化不大，而未被列入赏罚，且汉人出兵又远低于满洲的"三丁抽一"，[79]知该旗最初很可能有壮丁一万至两万名，此故才能拥有行营兵和守兵共三千二百八十名。

天聪七年元旦朝贺时，紧接在八旗满洲之后行礼的，就是"额驸佟养性、石廷柱等旧汉官及马光远、麻登云、祖泽润等新汉官"，[80]这是己巳之役和大凌河之役新投顺汉官首次在此仪式中露脸。而随着佟养性的过世，新汉官更开始扮演日益重要的角色。

《清史稿》中记佟养性卒于天聪六年七月，并记石廷柱接替其职的事迹曰："六年，养性卒，廷柱代为昂邦章京。从伐察哈尔，多斩获。七年，从贝勒岳托伐明，攻旅顺，师还，上酌金卮以劳，进三等总兵官。"[81]然而佟养性不仅在七年元旦时还列名参与朝贺，同年正月初七日，"总兵官佟养性、马光远"亦曾合奏，[82]知《清史稿》记载失实。

天聪七年六月，皇太极命贝勒岳托和德格类率兵往取大明旅顺口，其部队的编组如下："右翼额真楞额礼、叶臣，左翼额真伊尔登、昂阿喇，每旗副将一员、每甲喇大臣一员、每牛录代子一员，汉军额真石廷柱，自大明来附元帅孔有德、总兵官耿仲明部下兵，共计满汉马步兵万余人。"[83]虽然其中的楞额礼、叶臣、伊尔登三人均为固山额真，但"左翼额真"昂阿喇则否，[84]因知被

---

78 《大清太宗文皇帝实录》卷24，页7—9；《满文老档》，页1226—1227。后者在将官员姓名汉译时颇多讹误，如崔应泰应为崔膺泰、高功绩应为高拱极、王义兵应为王一屏、严庚应指的是李延庚。
79 《大清太宗文皇帝实录》卷17，页15。
80 《清初内国史院满文档案译编》上册，页49。
81 《清史稿》卷231，页9325、9329。《大清太宗文皇帝实录》卷12，页16、27；卷13，页2；卷15，页10；卷15，页10、14。
82 《天聪朝臣工奏议》卷中，页1。
83 《清初内国史院满文档案译编》上册，页22。
84 郭成康、刘建新、刘景宪，《清入关前满洲八旗的固山额真》。

称为"汉军额真"的石廷柱亦不必然此时已升授固山额真,而所谓的"汉军额真",则或指的是其在原佟养性旗中担任甲喇额真以上的职位,譬如陷城之后奉命留守旅顺口的原游击佟图赖(亦称图赖)即被升授为"汉军额真"。[85]

天聪七年七月初一日,皇太极命满洲各户有汉人十丁者授绵甲一,共一千五百八十丁,交付"汉军额真"马光远和石廷柱,以分补旧甲喇之缺额,[86]知佟养性或已在之前过世,否则此事应由其负责,而马光远至迟在此时亦已加入原佟养性旗,故在《清实录》中即称该批汉兵乃交由"旧汉军额真马光远等统之"。八月,副将石廷柱以征旅顺口有功升为总兵官,先前他已因天聪六年征察哈尔时立功而获授为旧汉兵的固山额真,惟因马光远拥有"正蓝旗总兵官"之虚衔,此故,在记汉人抽兵一事中,会由官阶较高的马氏领衔。[87]七年十月,皇太极决定重叙己巳之役时所获各原明官员的官衔,先前以"善铸红衣炮"而被擢为副将的丁启明,因是阵获而非自行投顺,故遭降授为二等参将。马光远则因主动来归,且自北京接来家人,故被擢为一等总兵官,其兄光先授二等参将,弟光辉为游击。而王世选、麻登云也被重叙为三等总兵官。[88]

天聪八年元旦朝贺时,马光远等新汉官不再被突显,而是与旧汉官合并成一群体,称"总兵官石廷柱率汉军旗众大臣行礼"。又,该年正月众汉人备御上疏希望能减免差徭,结果遭皇太极切责,总兵官石廷柱、马光远、王世选以及游击以上的汉人官员,在谢罪时称:"臣等以应死之身,蒙汗生全,另立旗分……"知新汉官此时应均已纳入石廷柱旗的运作当中。[89]

天聪八年四月,定八旗官名,分昂邦章京(即总兵)、梅勒章京(即副将)、甲喇章京(一、二等即参将,三等即游击)和牛录章京(即备御),各三等。五月,皇太极因先前各兵"止以该管大臣姓名,称为某大臣之兵",为

---

85 《清初内国史院满文档案译编》上册,页30。
86 有学者误以此为正式建汉军旗之始,如孙文良、李治亭,《天聪汗崇德帝》,页317—318。
87 此段参见《清初内国史院满文档案译编》上册,页24、33—34、42—43。《大清太宗文皇帝实录》卷14,页32;卷15,页14。《天聪朝臣工奏议》卷上,页46。Arthur W. Hummel, *Eminent Chinese of the Ch'ing Period (1644-1912)*, pp. 797-798. 惟《内国史院档》中误石廷柱在七月时已为总兵官,而Hummel的书中亦误以马光远于天聪七年任固山额真。
88 马光远于天聪六年十一月上疏时即已使用"正蓝旗总兵官"的头衔。参见《清初内国史院满文档案译编》上册,页42—43;《天聪朝臣工奏议》卷上,页46。
89 《清初内国史院满文档案译编》上册,页49、54—56。

避免军队中的个人色彩过浓,乃下旨"分辨名色",其中改定旧汉兵之名为乌真超哈、天聪七年四月投顺的孔有德兵为天祐兵、八年正月投顺的尚可喜兵为天助兵。[90]满语"乌真"意为轻重之"重",而"超哈"则为兵、军、武之意,亦即,乌真超哈乃指携重装备的部队(原意并不等同于炮兵或汉军),其主要任务在操炮和掘城,[91]虽与八旗满洲一样有马、步军,但其所拥有的红夷大炮以及许多自明朝降顺的炮手,才是其特色。[92]

我们在天聪八年五月的文献中,见有"黑旗兀真超哈固山额真、昂邦章京石廷柱、马光远、王世选等"之称谓,在崇德四年六月的文献中,亦见有"石廷柱旗下昂邦章京王世选"之称谓,[93]知马光远和王世选两昂邦章京初均归乌真超哈的黑旗之下,且其地位略逊于同为昂邦章京的石廷柱。通常八旗满洲中每旗最多仅固山额真一人为昂邦章京,但乌真超哈却不止此数,此乃汉军孕育过程中所出现的特殊过渡现象。

天聪九年七月,石廷柱因将一女诈为己女且妄诉,被革昂邦章京职,并罚银一百两,但十月即见石氏仍以昂邦章京之衔率汉官进表祝贺新获玉玺,[94]知其罪旋获宥。崇德二年六月,议前一年攻打朝鲜时之功罪,石廷柱以犯"乱班释胄"等十罪,解固山额真任,吴守进被罚银,高鸿中、金砺、达尔汉(石廷柱之侄)及金玉和免死,但遭革职、籍没家产,乌真超哈中主要的旧汉官多遭重惩。[95]

崇德二年七月中旬,鲍承先上奏,指责石廷柱墨守旧规,不以火炮为重,征战时每每纵兵掳掠,漫无禁制,鲍氏认为汉兵"骑射、胆略素不精锐",若用之冲锋陷阵,则恐怕"误国损威",惟若令之习用火炮,则可为一长技,又因汉营编制混乱,故建议将已膨胀至近万人的马步兵,依"满洲规矩"分成两营,"不惟行走便利,抑且药炮易于看□"。七月二十九日,皇太极采纳了鲍承先的建议,析乌真超哈为二旗,分置左右翼,旗色皆用玄青,以昂邦章京马

---

90 《清初内国史院满文档案译编》上册,页74—75、79—80。
91 以稍后崇德四年叙松山之役功罪为例,当时由乌真超哈析出的石廷柱和马光远两旗,获特别赏赐者全是因用炮、装药和掘城有功。参见《清初内国史院满文档案译编》上册,页422—423。
92 谢景芳,《八旗汉军的名称及含义沿革考释》;《天聪朝臣工奏议》卷中,页8。
93 《清初内国史院满文档案译编》上册,页83;《大清太宗文皇帝实录》卷47,页9。
94 《大清太宗文皇帝实录》卷24,页12—13;卷25,页23。
95 《大清太宗文皇帝实录》卷36,页35—42。

光远为右翼之固山额真，恩威并济地仍以昂邦章京石廷柱为左翼之固山额真。[96]

崇德四年六月，石廷柱和马光远被控在进攻松山时未尽力，石氏原应籍家产三分之一，马氏应论死，皇太极虽赦其罪，但却利用此一时机，削弱两人的势力，将乌真超哈再分成两黄、两白、两红和两蓝四旗，每旗辖十八牛录，设梅勒章京两员、甲喇章京四员，其中两白和两蓝主要为旧汉兵，分别由石廷柱和巴颜担任固山额真；两黄和两红则主要为新汉兵，分别由马光远和王世选担任固山额真。七年六月，乌真超哈再析设成八旗，制与满洲同。直到顺治十七年三月，始谕令汉字改称汉军，但满字仍称乌真超哈。[97]

附录10.1

降清汉官姓名史籍间多矛盾讹误

图表10.1开列的崇德七年六月乌真超哈初分八旗时甲喇章京以上官员名单，这群降顺汉官就是清初得以遂行其统治的骨干。由于《满洲名臣传》《八旗通志初集》和《清史稿》各书间有矛盾讹误之处，故此表主要是根据第一历史档案馆所藏之盛京吏部满文记录。[98]虽然当时文献中对汉人之名的翻译常有不同，甚至同书中前后不一致，但经校以《八旗通志初集·旗分志》中各管牛录者之名以及《清实录》《清史稿》的记事，发现该吏部文在今人汉译时有超过三分之一的姓名明显讹误。

其中差异较大者，如误卢延祚作陆延佐、祖应元作祖迎远、柯汝极作郭如吉、柯永盛作郭永生、卢登科作陆登科、姜一魁作蒋义魁、张思孟作张迟梦、吴士俊作吴迟军、胡弘先作胡鸿宪、高拱极作高功纪、刘曰科作列玉克、徐大贵作崔达贵。但如屯泰与屯代或佟代、郭朝宗与郭朝忠、刘仲锦与刘仲金、白奇策与白起策、马汝龙和马如龙等，则很难判断孰者正确。曹光

---

96 《明清史料》，丙编，第1本，页51；《大清太宗文皇帝实录》卷37，页30。
97 此段参见《大清太宗文皇帝实录》卷47，页9—11；卷61，页7—8。《八旗通志初集》卷34，页617。浦廉一，《汉军（乌真超哈）に就いて》。
98 关孝廉译，《盛京吏户礼兵四部文》；杜家骥，《清初汉军八旗都统考》。

弼原名刘光弼，他是在初籍辽阳时冒曹氏，后复姓。何济吉尔，本为蒙古人，入明为千总，在广宁降顺，后从汉姓为何氏；《八旗通志初集》中作"何机格里"，《清史稿》中作"和济格尔"。另：《清实录》中将卢延祚书作罗延祚，但因卢姓家人在《八旗通志初集》中世代袭职，知确应为卢延祚。顺治朝曾任工部侍郎的郭朝宗，在《八旗通志初集》中作"葛朝忠"，由于后者之家族并未袭职，故暂用前名。此外，如佟国印、佟国廕、佟国荫、佟国应、佟国允等不同之用法，原均作佟国胤（见北京现存之佟氏夫妇诰封碑，因避雍正帝胤禛之名讳而出现异名。至于郎绍正和郎绍贞之名，不知是否原应作郎绍祯（此与镶红旗甲喇章京张绍祯同名，且清代许多书中均改"崇祯"为"崇正"）？[99]

图表10.1：崇德七年六月乌真超哈初分八旗时主要官员之名单

	正黄旗	镶黄旗	正白旗	镶白旗	正红旗	镶红旗	正蓝旗	镶蓝旗
固山额真	祖泽润	刘之源	佟图赖	石廷柱	吴守进	金砺	巴颜	李国翰
梅勒章京	祖可法 张大猷	马光辉 祖泽洪	裴国珍 （佟代）	何济吉尔 金维城	王国光 （郭朝宗）	孟乔芳 郎绍贞	祖泽远 刘仲锦	张存仁 （曹光弼）
甲喇章京	代都 张成德 李献荩 （熊仁） （祖应元）	杨名高 邓长春 胡有升 卢延祚 （张思孟）	佟国胤 （胡弘先） （陈大新） （佟养先） （刘曰科）	张良弼 金玉和 孙有光 （徐大贵） （祖邦武）	吴士俊 门世文 冯文运 姜一魁 （孙德盛）	柯汝极 张绍祯 白奇策 （柯永盛） （吴汝玠）	李明 卢登科 崔明信 高拱极 （祖泽沛）	朱万策 杨文魁 任名世 路有良 （马如龙）

*姓名外加括号者代表候补之人。

自崇德七年起，八旗中的满、蒙、汉三大系统正式建置完成，同一旗色的满、蒙、汉三固山皆宗同一主旗贝勒，但皇太极则透过对各固山额真的直接任命，多少制约了主旗贝勒的权力。[100]恭顺王孔有德、怀顺王耿仲明、智顺王尚

---

99 参见《大清世祖章皇帝实录》卷3，页11—13；卷38，页10—11。《清史稿》卷178，页6328；卷229，页9285—9286；卷243，页9601。《北京图书馆藏中国历代石刻拓本汇编》第61册，页39。
100 姚念慈，《略论八旗蒙古和八旗汉军的建立》。

可喜以及续顺公沈志祥眼见满蒙汉八旗制度已成形，判断不再可能自外，遂奏请以所部兵随乌真超哈行走，皇太极于是顺水推舟地将四人及其亲族隶于乌真超哈，但为避免其势力遭各固山剥夺，仍允其各成一军，不将其属下编入乌真超哈，惟命其随兵少之旗"一同行走"，此一特殊的编制直到三藩乱平后始回归常态。[101]

三、红夷大炮与关外的攻略

皇太极自天聪五年铸成"天祐助威大将军"起，开始大量起用降顺汉人担任炮手。下文即以清朝入关前的几场重要战役为例，追索红夷大炮所引发的重大战术变革及其在明清对抗过程中所扮演的角色。

（一）大凌河之役

天聪五年八月初六日，金兵以两万左右的精锐攻打明军甫筑竣的大凌河城，并采"掘壕筑墙"的方式将城中三万余军民层层围困。[102]十二日起，旧汉兵开始使用红夷炮攻击近城的敌台，这些敌台的规模多不大，明守军常不逾数十人，炮击的效果相当显著，各台均陆续投降或弃逃。其中八月十六日的攻台之役，明确记载金军动用红夷炮一门、大将军炮和二将军炮二十门，台内约九十名的明朝守军中，有近三十人中炮死。[103]九月十六日，皇太极在小凌河岸击溃锦州来的七千名明援军，佟养性所率的旧汉兵五百人亦随军，但尚无机会大大表现，此战结束后，皇太极将佟养性旗的三甲喇及一门红夷炮留归阿济格（努尔哈赤第十二子）率领，[104]由于佟养性旗共有六个甲喇，但只留下一门红夷炮给其中之三甲喇，知当时金军所拥有的红夷炮确实不多。为解救大凌河城中被围的军民，驻镇山海关的明大学士孙承宗遣张春、吴襄、宋伟率马步兵

---

101 谢景芳，《"三王"、续顺公所部"隶旗"考辨》。
102 阎崇年，《论大凌河之战》。
103 《旧满洲档译注：清太宗朝（二）》，页232—239。
104 《旧满洲档译注：清太宗朝（二）》，页242—243；《满文老档》，页1149—1150；《大清太宗文皇帝实录》卷9，页36—38；关孝廉编译，《天聪五年八旗值月档（三）》。惟前两年在翻译断句时语意不清。

四万余往救，却于九月二十七日在距大凌河7.5千米处的长山被溃败，金国的史书指称自其讨明以来，以此次杀敌最多。皇太极在此役中，曾"竖佟养性的旗在明营之东"，并命其施放大炮，知此乃该旗首次在大型战役中露脸，这也是两国在战场上第一次互以重炮相轰。[105]

十月九日，皇太极遣官八员，率兵五百人及旧汉兵全军，载红夷炮六门、将军炮五十四门，往攻于子章台，并亲立在远处观看战况。《清实录》记此役曰："是台峙立边界，垣墙坚固，我军连攻三日，发红衣大将军炮，击坏台垛，中炮死者五十七人，台内明兵惶扰不能支，乃出降。是台既下，其余各台闻风惴恐，近者归降，远者弃走，所遗粮糗充积，足供我士马一月之饷。至红衣大炮，我国创造后，携载攻城自此始，若非用红衣大炮击攻，则于子章台必不易克，此台不克，则其余各台不逃、不降，必且固守，各台固守，则粮无由得，即欲运自沈阳，又路远不易致。今因攻克于子章台，而周围百余台闻之，或逃、或降，得以资我粮糗，士马饱腾，以是久围大凌河，克成厥功者，皆因上创造红衣大将军炮故也。"于子章台的墙垣虽然坚固且储粮充分，但仍无法抵挡红夷大炮的袭击，导致其余百余台的明军因此或逃或降。此役不仅让金军获得大量粮糗，更建立了此后大规模使用火炮的信心。[106]

由于于子章台一役动员了旧汉兵全军，故其所携带的红夷炮六门和将军炮五十四门，很可能就是该旗当时所有可以动员的大型火器了。此应已包括金军十余天前在长山所虏获的红夷炮三门和大将军炮七门（另有三将军炮六百门以及一万支其他各式枪炮），[107]因知金军在出征时或即携带了三门红夷炮，此恰好是该年开春以来所铸成"天祐助威大将军"之门数。

金军所采围城破堡、毁台打援的策略相当成功，以致大凌河城中粮尽援绝，甚至已到了人相食的境地。十月二十八日，明将祖大寿不得已率尚存的万余军民请降，以其子可法为质，并杀不从的副将何可刚，且言降后诈逃入锦州，伺隙献城。十一月初一日，大寿步行脱归锦州。金人旋即毁大凌河城班

---

105 《旧满洲档译注：清太宗朝（二）》，页245—246。
106 此段参见《大清太宗文皇帝实录》卷10，页2、5—6；《天聪五年八旗值月档（三）》，页17、19。
107 《旧满洲档译注：清太宗朝（二）》，页248。

师，且将投降军民俱剃发。[108]

先前，皇太极因在长山之役所虏获的火器实在太多，乃命在沈阳的汉人前来操作和处理，并携带二千斤麻绳以便捆绑运回，留守的参将祝世昌于是依旨从八旗满洲中各征调汉兵一百名，连同其所属的旧汉兵八百名于十月十三日赶到。十一月，皇太极更将在大凌河城所虏获的"大小火炮三千五百位，并鸟枪、火药、铅子"，全交佟养性管理，其中包括红夷炮两门（铅子八十七颗）、大将军炮四门（铅子二百二十颗）、二将军炮五门、发熕炮四门、灭虏炮四百九十门、佛郎机炮三百九十门（另有子炮一千七百三十个）等。至此，金兵在三个月的战事中共虏获至少五门红夷炮，而佟养性则续率旧汉兵以红夷炮降马家湖台，并摧毁大凌河至广宁一路的墩台。[109]

受到辉煌战果的激励，佟养性因此于天聪六年正月陈奏曰："往时汉兵不用，因不用火器。夫火器，南朝仗之以固守，我国火器既备，是我夺其长技，彼之兵既不能与我相敌抗，我火器又可以破彼之固守，何不增添兵力，多挈火器，以握全胜之势。……我国中各项汉人尚多，……若果从公查出，照例编兵，派定火器，演成一股。有事出门，全挈火器。……我国如将火器练成一营，真无敌雄兵，以之威服天下有余矣！"建议征调汉人编组炮兵，他并强调攻城必须用红夷炮和大将军炮，除将各地此类炮收管之外，更应多方铸造，因"大炮百位不多，火药数十万犹少"。[110]虽然金国或因铸炮甚费物力，且又屡能取资于敌，故并未亟于再多铸大炮，但大凌河的胜利令金军从此每役必携红夷大炮从征。[111]

（二）旅顺口之役

在金兵围攻大凌河城期间，明登莱巡抚孙元化派孔有德出关救援，却因

108　此段参见阎崇年，《论大凌河之战》。
109　《旧满洲档译注：清太宗朝（二）》，页248—249；《大清太宗文皇帝实录》卷10，页21—25；《天聪五年八旗值月档（三）》，页16、19；关孝廉编译，《天聪五年八旗值月档（四）》。但关氏将"祝参将"误译成"祖参将"和"朱参将"，且将"灭虏炮"误成"迷路炮"，"佛郎机"误成"傅朗吉"。
110　《天聪朝臣工奏议》卷上，页7—9。
111　《大清太宗文皇帝实录》卷10，页5—6。

一件军民间的小冲突而在吴桥发生兵变,此一持续达十八个月的叛乱,在山东地区造成"残破几三百里,杀人盈十余万"的结果,天聪七年四月,孔有德和耿仲明率领曾受葡籍军事顾问完整西式火炮训练的精壮官兵三千六百名降金,且带去包含红夷炮在内的大量武器,叛军还把由葡人所直接指授的操炮之法外传,这些知识(如铳尺的使用)连一般明军都不曾完整掌握。[112]

天聪七年七月初十日,贝勒岳托率原驻守在盖州的石廷柱以及甫归顺的孔有德、耿仲明等军攻陷旅顺口,杀明总兵官黄龙,并留兵驻守。凯旋时,奉旨:"其炮车留于盖州,付石副将、雅什塔善为收藏,后可由驿递送。其驾炮车牛,各给本主领还。"其中雅什塔为游击,他应是率满洲步骑兵护卫以汉人为主的炮兵部队,而金国在运送红夷炮出兵作战时,所用拉车的牛则是临时征集的,而非炮队编制内的配备,具体落实了兵民一体的观念。[113]

孔有德和耿仲明在投金之后,皇太极先是命其将船、炮和辎重均留在鸭绿江岸,而安排主要人员先乘二千余匹马至东京(辽阳)安插,至于其所携来的红夷大炮以及其他各型火器,则要到天聪七年八月始运到通远堡准备交付孔、耿二人,[114]亦即孔、耿军原所拥有的红夷炮等重型武器,并未参与旅顺口的攻城战。石廷柱军所配置的红夷大炮应已足以承担攻坚的重任,但皇太极或是想借此役让孔、耿二人立功输诚,并与明军更加势不两立。

附录10.2

三顺王投金所携红夷炮门数推估

孔有德军投金时随船所装载的大炮究竟有多少门,尚未见直接记载。但当其奉命增援大凌河时,肯定会携带许多红夷炮,且该叛军曾在攻占登州

---

112 第七、十二章。
113 《大清太宗文皇帝实录》卷12,页27;卷14,页33;卷15,页10。
114 《大清太宗文皇帝实录》卷14,页8—12;卷15,页13。

时虏获红夷大炮二十余门、西洋炮三百门，[115]又于崇祯五年四月的沙河一役中，再从明军缴获红夷大炮六门，故孔有德军所曾拥有的红夷大炮最少就有二十七门。[116]且从孔有德标下有火器副将、火器营参将、管红夷大炮参将、火药局参将等专业军官职衔，亦知火炮应是其主要特色。[117]

  天聪七年七月二十二日，祝世昌疏奏请大举出兵，称："今算我国红衣炮新旧并船上、旅顺所得者三十多位，留四位沈阳城守，其余尽皆随营。……计旧兵与新编兵算，拿三十位红衣炮之外，还有多兵，略带几位行营炮，其余尽是锋利长枪、大刀，不必务虚名，当做一番实事则可。……至于旅顺新得红衣炮，在皇上裁夺，量留若干，其余亦当运来随营，庶得济用。"[118]知当时金国所拥有的红夷炮如留下四门防守沈阳以及数门防守旅顺，大概还有三十门可随营。这三十多门红夷炮，除了自铸和掳自明军者外，余即为孔有德军投顺时所携来（所谓"船上所得"）。至于文中所谓的新编兵，则指的是在七月初一日命满洲各户之汉人"十丁授绵甲一"一事。

  天聪七年十月大阅时，军前设红夷炮三十门，[119]此或为金国所有能动用之随营大炮（分属乌真超哈和孔耿军），祝世昌在前疏中的建议似乎已被采行。八年五月，金兵将掠大同，皇太极谕乌真超哈甲喇章京图瞻和达尔汉曰："因尔等到可信，是令留守。新附官员，时加监视。一切军械，加意修整。随营红夷炮十八位，俱令造车完备。"[120]知乌真超哈当时所拥有的随营红夷炮可能为十八门，由此可推估孔耿军在败逃投金时或只带出约十二门红夷炮。由于三顺王在崇德二年二月共携十六门红夷炮攻皮岛，[121]故尚可喜于天聪八年正月归顺时可能随带约四门红夷炮。

---

115 西洋炮乃为较小型的红夷炮，《炮图集》中记其诸元为："身长五尺二寸，底围二尺一寸，口径三寸六分。"
116 《崇祯长编》卷54，页22；卷55，页2—3。
117 《明清史料》，丙编，第1本，页26。
118 《天聪朝臣工奏议》卷中，页29—31。
119 《大清太宗文皇帝实录》卷16，页1—2。
120 《清初内国史院满文档案译编》上册，页82。
121 《大清太宗文皇帝实录》卷34，页1—2。

乌真超哈在八年五月所掌握的红夷炮中，有十八门随营用、四门沈阳城守用以及数门旅顺城守用，当中应包括"镇国龙尾大将军"一门、"天祐助威大将军"七门、天聪五年大凌河之役时所虏获的红夷炮五门以及天聪七年在旅顺所获数门（见图表10.2），由此亦可推知金军于旅顺掳得至少十门红夷炮，这些有一部分很可能是黄龙得自孙元化和张焘的。[122]

图表10.2：清朝入关前所拥有之红夷炮

时间	叙述
天命六年	攻陷辽阳时虏获四号"吕宋大铜炮"（应为千斤以下）三门
天聪初年	在海边拾获红夷铜炮一门，命名为"镇国龙尾大将军"
天聪五年正月	首铸成红夷炮一门，命名为"天祐助威大将军"
天聪五年	继铸成"天祐助威大将军"两门
天聪五年九月	在长山一役虏获红夷炮三门
天聪五年十月	攻陷大凌河城时虏获红夷炮两门、发熕炮四门
天聪六年年初	再铸成"天祐助威大将军"四门
天聪七年五月	孔有德和耿仲明军投顺时携来红夷炮约十二门
天聪七年七月	攻陷旅顺时虏获红夷炮至少十门
天聪八年正月	尚可喜军投顺时携来红夷炮约四门
崇德二年四月	攻陷皮岛时虏获红夷、发熕、西洋等炮共十门
崇德三年九月	在密云附近边门虏获大小红夷炮七门[123]
崇德三年十一月	攻打中后所时膛炸红夷炮一门[124]
崇德四年正月	攻陷济南时虏获红夷炮数门[125]

---

122 崇祯四年九月，驻防在皮岛的张焘曾奉命率公沙·的西劳等至旅顺旁之双岛，以从后方牵制金兵，解大凌河城之围，但当时东江总兵官黄龙却不准张焘携带大炮，理由是要"留以进剿"。参见《中国明朝档案总汇》第12册，页84—89。
123 睿亲王多尔衮和贝勒岳托率兵分道征明，在密云附近的关门虏获大小红夷炮七门、大将军炮十八门。见《崇德三年满文档案译编》，页220—221。
124 《八旗通志初集》卷231，页5261。
125 汤若望授，焦勗述，《火攻挈要》卷中，页27。

续表

时间	叙述
崇德七年二月	攻陷松山时虏获红夷大炮一门、小红夷炮三门、发熕炮两门
崇德七年三月	攻陷锦州时虏获红夷大炮五门、发熕炮一门
崇德七年四月	攻陷塔山时虏获大红夷炮一门、发熕炮两门
崇德七年四月	攻陷杏山时虏获红夷炮两门
崇德八年九月	攻陷中前所时虏获红夷炮两门、发熕炮四门
崇德八年十二月	在锦州铸成"神威大将军"三十五门

（三）征朝鲜和皮岛之役

崇德元年四月，皇太极称帝，改国号为大清，朝鲜使者独不拜。十二月，为了解决芒背之患，皇太极率大军亲攻朝鲜。在恭顺王孔有德、怀顺王耿仲明、智顺王尚可喜、昂邦章京石廷柱等所携红夷大炮的助力之下，清军的声势更胜于先前天聪元年攻打朝鲜的丁卯之役。[126]

皇太极此次亲征所出动的部队总数，记载不一，朝鲜文献中有称："清兵自号二十万，实七万、蒙兵三万、孔耿兵二万，合十二万。"清将恐吓朝鲜曰："孔、耿两将，领唐兵七万，载运红夷炮二十八柄而来。"清军中的朝鲜籍译官称："军号二十万，而其实十四万也。"皇太极合兵围南汉山城（在今首尔市道峰区）时，号称三十万军，而清人凯旋后在汉江三田渡（在今首尔东南市区）所立的"大清皇帝功德碑"中则称："皇帝东征，十万其师。"[127]其实，这些数字恐怕都过于夸张了，当时八旗满洲每牛录奉命各出甲士三十二人以征朝鲜，其中包括马兵十五人、步兵十人和精锐护军七人，而石廷柱所统领的汉兵则全军出动。[128]由于崇德四年八旗满洲的牛录数约有二百四十个，[129]从而可推估征朝鲜的满兵约七千名，其中近半为骑兵。此外，各外藩蒙古部落则可

---

126 《朝鲜仁祖大王实录》卷34，页10、18；《满文老档》，页1728—1729。
127 罗万甲，《丙子录》。李肯翊，《燃藜室记述》卷25，页452；卷26，页526。《朝鲜仁祖大王实录》卷34，页1。
128 《满文老档》，页1702。
129 郭成康，《清初牛录的数目》。

能派出四千至五千名军队参战。[130]至于汉兵,当时仅一旗,由昂邦章京石廷柱统领,约有三十八牛录,由于皇太极时重订每牛录编壮丁二百名,故汉兵之数应在七千人左右。[131]此外,孔有德、耿仲明、尚可喜军亦奉命以十分之三的官兵从征,孔军因此派出步骑官兵八百名,耿军派六百五十名,[132]尚军或出四百多名,[133]亦即三顺王军共派遣约一千九百人。综前所论,皇太极此役共动员近两万名的披甲军士,此外,还有一些闲散无甲之人违令私自随军。[134]

由于双方的战力相差过大,皇太极乃讥朝鲜为"儿女之国",形容其军队"不啻如妇人",且因清军特意避开重城,"日行数百里,乘虚直捣",以致其先锋部队虽于十二月三日始从沙河堡出发,十四日即长抵汉城(今首尔),朝鲜国王李倧因此率长子和宗室大臣逃至南汉山城,其余诸子和嫔妃则避入位于汉江出海口的江华岛中。[135]

因南汉山城地势险要,李倧一直婴城固守,皇太极遂决定先攻下江华以为要挟,令伐木赶造小船八十艘。[136]崇德二年正月二十二日,遣和硕睿亲王多尔衮、贝勒杜度,率每牛录之甲士十人攻岛,先以大炮临江齐发,当时朝鲜约有战船百余艘,列为两翼,但清军的舟师从中冲入,连发红夷炮,且小船"旋转速快",敌船遂溃散逃逸,至于岸上,虽有朝鲜步兵千余,但均望风披靡,甚至有大臣在接阵之前即引燃大量火药自杀,导致门楼均被炸飞,岛城遂陷。此或为清军有史以来的第一次海上大捷,而由汉兵所引进的西洋火炮以及造船技术,应是其得以大获全胜的关键。至于南汉山城内,共有一万八千余兵,虽然地势险峻,但清军在抢占附近的制高点后,乃以"横珥大炮"肆意轰击,城

---

130 由于皇太极在征服朝鲜之后,曾命各外藩蒙古部落于遣还时顺道往征瓦尔喀部,当时征瓦尔喀的蒙古兵总额为三千六百人,此外,另有部分蒙古参与皮岛之役,因知初征朝鲜时,参战的蒙古兵总数或在四千至五千人。见《大清太宗文皇帝实录》卷35,页20—22。
131 《八旗通志初集》卷17,页297;Fang Chaoying, "A Technique for Estimating the Numerical Strength of the Early Manchu Military Forces."
132 《清初内国史院满文档案译编》上册,页320。
133 此一数字未见于文献,但因尚可喜降金时乃携男子共一千四百零五名,故约略估算于此。见《大清太宗文皇帝实录》卷17,页36。
134 《大清太宗文皇帝实录》卷36,页20—42。
135 张存武,《清代中韩关系论文集》,页17—26;刘家驹,《清朝初期的中韩关系》,页106—114。
136 有关当时清军造船技术之讨论,参见陈文石,《明清政治社会史论》,页311—312;《大清太宗文皇帝实录》卷34,页4;李光涛,《明清档案存真选辑初集》,页100;赵庆男,《乱中杂录》,续篇,卷4,页64;金光焕辑,《金议政江都丁丑录》,页1—30。

墙因此多颓破，导致"士气沮丧，军情大变，人皆危惧"，李倧即曾慨叹曰："自古胡兵不习炮事，而今番则马、步、矢、炮，无不皆备。……中原虽有大炮，而未闻坏城，今始见之。"[137]所谓的"横耳大炮"，应形容的是红夷大炮，因其有两个与炮身垂直的炮耳，可架于炮车上以调整管身之仰角。[138]由朝鲜国王之言，亦知红夷炮对城墙的破坏力确实远超过明军原用之传统火炮。

清军在此役中所用的炮弹"大者如瓷碗"，知其应配备有口径在10厘米左右、管长达2—3米的红夷大炮，才得以造成"连中城堞，一隅几尽破坏，女墙（农按：指建在城墙顶部内外沿上的薄型挡墙）则已无所蔽"或"炮丸越江渡陆数里，声震天地，莫不摧烂"的效果。[139]这些大炮的吨位均达几千斤，其炮车往往需用十二头牛拖曳，[140]它们应多是孔有德军投顺时携至清朝的，其射程、威力和准确度均非朝鲜所能匹敌。

朝鲜当时所拥有之火器乃以天字和地字铳筒的威力最大。现存的天字和地字铳筒均铸于十六世纪中叶，管身有节箍，其中地字铳筒口径约为10厘米，管长（不含尾部）80—90厘米，重量70—150千克；天字铳筒口径约为11—13厘米，管长90—130厘米，重量300—400千克。铳筒头尾的外径大致相同，均无瞄准装置，早期乃发射长约280—360厘米、重达20—30千克的将军箭或大将军箭以攻坚，此箭以圆木制成，末装铁镞，中设铁羽三叶，以稳定飞行路径，在填装火药后，需先置入一圆径与炮内径相同的激木（其作用类似活塞），再插入将军箭，发射时箭有约五分之三的部分（含铁羽）露于炮管之外。后则改用霰弹的方式在近距离伤敌，如天字铳每次装填火药三十两及中型铅子一百枚，以土用力送实，末入合口大铅子或生铁子、大石子一枚；地字铳则每次装填火药二十两及中型铅子六十枚。[141]

---

137 赵庆男：《乱中杂录》，续篇，卷4，页12、19—21；石之珩：《南汉日记》卷4，页153。
138 朝鲜军中所用的天、地等字铳筒之上，亦铸有两铁环，但其方向则与铳身平行，功能是方便用粗绳将炮身紧绑在炮车之上。参见赵仁福，《韩国古火器图鉴》，页22—23。
139 赵庆男，《乱中杂录》，续篇，卷4，页20。李肯翊，《燃藜室记述》卷25，页479；卷26，页494。
140 方裕谨，《明军守卫松山等城堡的六件战报》。
141 有关天字和地字铳筒的形制和操作方式，请参见赵仁福，《韩国古火器图鉴》，页22—27、182—185；《陆军博物馆图录》，页91—93；许善道，《朝鲜时代火药兵器史研究》，页297—302；韩孝纯，《神器秘诀》，页2—3。

中编　时局·军事

崇德二年正月二十日，皇太极命李倧出城并将斥和之人出送，即愿解围。由于各路援军全遭击溃，且宗室、嫔宫和百官之内眷尽在江华岛之役被俘，李倧遂于二十九日请降，奉表称臣，改用清之年号，并将明朝所给予之诰命、册印献纳，且执送斥和的洪翼汉、吴达济、尹集三大臣，此外，更送皇长子及另一皇子为质，而三公六卿有子者亦以子、无子者以弟为质，朝鲜史家称之为"丙子虏祸"。[142]

二月二日，皇太极班师回朝，但为了扩大战果，且彻底解除后顾之忧，遂命外藩的蒙古兵在还归各部落时顺道往征瓦尔喀部（紧连朝鲜东北边界，临日本海），并派贝子硕托率兵往取皮岛。攻岛的部队除旧汉兵和三顺王全军外，八旗满洲每牛录各出甲士四人（约千人），另从四个边城派兵四百名，朝鲜亦派兵丁数千名（内含鸟铳手四百名），[143]至于八旗蒙古参战的人数不详，但粗估总兵力在一万五千名上下，配备红夷炮十六门和朝鲜战船五十艘，而孔有德和耿仲明也大量赶造可载运人员的小舟。[144]

皇太极这次所派遣的攻岛部队，不仅兵力超过天聪五年所号称的一万两千名大军，而且更辅以先前清军所极端欠缺的水师和红夷大炮。具有讽刺意味的是，六年前缔造"麻线馆大捷"的明军，很可能有部分已随孔有德等人降清，并转而将炮口指向皮岛上的守军。而原为明朝藩属国的朝鲜，亦被迫与其先前的宗主国兵戎相见。

皮岛当时有五六万人众，[145]其中包含近两万名守军，在险要地势和大量火器的护持之下，硕托屡攻不克，皇太极于是在三月八日又派多罗武英郡王阿济格率劲旅千人前往助攻。四月初八日夜一更，石廷柱、马福塔（马夫大）率满

142　《朝鲜仁祖大王实录》卷34，页20；赵庆男，《乱中杂录》，续篇，卷4，页11—26；石之珩，《南汉日记》卷4，页172；李光涛，《记明季朝鲜之"丁卯虏祸"与"丙子虏祸"》；刘家驹，《清朝初朝的中韩关系》，页106—128。
143　当时清人要求朝鲜派战船五十艘和兵丁一万二千五百名助战，但实际派出的人数应远少于此，一方面因朝鲜有意推托，另一方面，则因该等战船每艘顶多仅可容纳三四十人至百人；参见《沈阳状启》，页10—11。
144　此段参见《大清太宗文皇帝实录》卷34，页1—2、19—20；《朝鲜仁祖大王实录》卷34，页24；赵庆男，《乱中杂录》，续篇，卷4，页25。下文中有此役的讨论，如未加注，均请参见刘建心、刘景宪、郭成康，《一六三七年明清皮岛之战》。
145　凌义渠，《奏牍》卷5，页21。

洲骑兵、乌真超哈、三顺王军、朝鲜军列阵在身弥岛口鼓噪佯攻，而鳌拜则在夜幕掩护下率满兵以小船从岛的西北隅成功登陆。

由于痛恨先前劝降不成，阿济格乃纵兵屠岛，明军约有万余将士被斩杀，而民众被杀害或达四五万人，镇守皮岛的总兵官沈世魁亦被耿仲明属下所擒，不屈，遭马福塔杀死，后由朝鲜派人收得其尸，并具棺椁葬埋。[146]《清实录》中记载清军在此役中共俘获水手三百五十六名、妇孺三千一百一十六口、大船七十二艘、大小炮六十七门，其中包括"红衣、法熕（即发熕）、西洋等炮共十位"。[147]知此役相当惨烈，阿济格当时在战场上可能根本就不纳俘，故仅虏获水手和妇孺，而红夷炮之流的新型火炮，又有数门落入清军之手。

（四）松锦之役

皇太极于崇德元年派阿济格率兵越独石口（位于今河北赤城县北50千米处，为长城的交通要口），过昌平，逼北京城，先后下十二城。三年八、九月，又派左右两翼兵分自界岭口和古北口攻明，在通州会师后，即绕越北京，分兵八路进扰内地诸城，明直隶总督卢象升战死于巨鹿，济南亦被攻破，凡陷城五十座，降城八座，俘获人口四十六万，至四年三月始还师。[148]

四年二月，为呼应仍在明境的清军，皇太极亲率大兵围松山，二十五日五鼓，开始以二十三门红夷大炮轰击，攻至未时，城堞尽毁，只余城垣，因天色将暗，乃从和硕礼亲王代善的建议，明日再攻，明军即利用夜里修固城墙，令清军次日无法顺利登城。由于红夷炮的弹药大半用尽，清军只得暂缓攻城，并派人回沈阳速取。三月十五日，运抵炮子一万枚、火药五万斤。二十二日，再

---

146 谈迁对皮岛覆没一事的记述颇多讹误，如其以沈世魁（误作沈冬魁）当时乃携家走石城岛，而不曾殉国，并称白登庸亦于五月降清，此均与清朝或朝鲜文献中所记不合。此外，《明史》中亦误沈志祥为沈志科，并称："总兵官沈冬魁走石城岛。"参见《大清太宗文皇帝实录》卷35，页4；卷37，页3。李肯翊，《燃藜室记述》卷26，页527。《朝鲜仁祖大王实录》卷34，页47。《明史》卷271，页6968—6969；卷23，页231。《国榷》卷96，页5778、5783。
147 《大清太宗文皇帝实录》卷34，页21；卷35，页2。
148 《中国历代战争史》第15册，页218—221。

度移红夷炮攻城，但始终不能下，遂退兵解围。[149]

在围攻松山一役中，石廷柱和马光远两旗共出兵约三千三百人，人员配置大致相当。由于此役未能奏功，故领军的将领多遭重惩，但深谙带兵之道的皇太极仍照叙军士之劳绩，其中赏额最高的一等炮手，两旗共十七名，每名银五十两，十七名填装火药者各得十两；七名二等炮手各三十两，七名填装火药者各七两；三名三等炮手各二十两，三名填装火药者各五两；在城墙脚掘洞者，头等获十两，一等五两，二等二至三两，三等二两；其余各兵每人一两。孔有德、耿仲明和尚可喜等三王各出兵四五百名，分别有炮手一名获赏银五十两，助手一名获十两，余者一部分参与挖洞运土，各赏银二至五两，大多数则为运送火药的车兵，各赏银一两。[150]此役中负责炮击和掘城的汉兵乃以石廷柱和马光远两旗为主，三顺王军主要是提供运送火药等后勤支持。乌真超哈两旗之中获赏的一等炮手共有十七名，可能多是操作威力较大的红夷大炮。

虽然清兵每次突入长城，均大有斩获，但却始终未得尺土寸地，此皆由于山海关从中阻隔所致，而欲取山海关，又非先取关外的锦州、宁远、松山、杏山四城不可，此故，皇太极于崇德五年二月开始对明朝的宁锦防线实施"持久围困"之策。

由于历次战役中虏获的以及投顺汉兵所携来的红夷大炮日益增多，且清朝又已能自铸，因此投入战场的火炮规模远大于前。如据明人的塘报，崇德五年七月，清军以三万余骑屯扎锦昌堡，就随带了红夷大炮二十五门，每门用八九头牛拉运。[151]同月，松山被围时，明军亦称敌方动用红夷炮五十门。[152]这些数目纵有夸大之嫌，但仍可知清军的火力早已今非昔比。

崇德六年八月，明督师洪承畴率步骑十三万救援遭清兵围困的关外诸城，却于松山一带被击溃，五万余人战死，仅收败兵万余人入松山，明廷自此再也无力集结重兵在关外与清军对抗。皇太极于是开始逐城围打松锦防线各城，他

149　此段参见《大清太宗文皇帝实录》卷45，页16—31。明人称当时清军共携带四十余门红夷大炮，每门用十二头牛拉运，所用铁弹各重十余斤，此一炮数或不精确。见方裕谨，《明军守卫松山等城堡的六件战报》。
150　《清初内国史院满文档案译编》上册，页422—423。
151　方裕谨，《崇祯十三年辽东战守明档选（续三）》。
152　方裕谨，《崇祯十三年辽东战守明档选（续二）》。

还曾亲自指示用炮攻城的策略，曰："若城可击，用红衣炮击之。倘一举炮，彼即归顺，不得加害。举炮时，不可击城上女墙，当击城之中间。俟十分颓坏，方令我兵登进，其小有破坏处，毋妄令登进。"[153]

崇德七年二月，松山城破，洪承畴被执，清军虏获红夷大炮一门、小红夷炮三门、已毁红夷炮两门、发熕炮两门、大将军炮一百四十六门等，以及红夷和大将军炮之大炮子四千颗、火药整整十三间房；三月，祖大寿以锦州降，清军虏获红夷大炮五门、已毁红夷炮两门、发熕炮一门、大将军炮十八门等，以及红夷炮之炮子二千零九十四颗、硝磺整整一间房；四月，在塔山虏获红夷大炮一门、发熕炮两门、大小将军炮四百零九门，以及红夷炮之炮子八十颗、火药一窖又一百瓶、硝磺五十筐；在杏山得以红夷大炮两门、大将军炮六门，以及红夷炮之炮子五百三十颗、火药三万八千五百斤、硝一万斤和磺三千斤。其中红夷大炮长二庹又二扎、小炮长一庹又一扎。[154]总计虏获红夷大炮九门、小红夷炮三门、已毁红夷炮四门，[155]由于明军膛炸的红夷炮占该型炮的四分之一，知其铸造品质并不佳。

崇德八年九月十一日，和硕郑亲王济尔哈朗、多罗武英郡王阿济格又统领大军，载红夷炮等火器往征关外仅余诸城。二十九日，清军抵广宁前屯卫，是夜二更末，开始以红夷炮轰击，至翌日正午，城垣多处倾塌，遂竖梯登城克之。在这场战役当中，乌真超哈除了佟图赖的正白旗外均曾参与，所虏获的大小各式火器，虽无红夷炮，但却含红夷炮的炮弹一百五十发。附近之中前所闻前屯卫陷落，旋弃城而逃，遗留红夷炮两门、发熕炮四门以及大小将军炮二百四十六门等。[156]

松锦的败战，令抽调自各地的十余万明军精锐和众多重臣宿将亡失殆尽，而清军对以优势红夷炮轰墙破垣的攻城策略也日益纯熟。明朝在此役之后不仅元气大伤，更使辽西走廊的防线支离破碎，而关外被俘的许多汉人兵将（如

153　《清初内国史院满文档案译编》下册，页468—469。
154　郭美兰选译，《崇德七年奏事档》，页1—15。一扎原指张开的拇指尖和中指尖的距离，约合20厘米，一庹则是成人两臂平伸的长度，大概等于八扎，此待考。
155　有误称清军在松山和锦州共虏获红夷炮数十门者。参见汤若望授，焦勖述，《火攻挈要》卷中，页27。
156　关孝廉译，《盛京满文清军战报》，页22—74。

祖家军等）也从此甘心投降，与清军结合成一新的利益共同体。[157]顺治元年三月，明军主动弃守宁远城和沙后所两据点，自此，山海关之外尽为清朝所有。[158]

四、"神威大将军"炮与明清战力的消长

从明季各次发生在关外的围城战中，可明显看出明军已逐渐不再具备火器上的优势，如在崇德五年至八年的松锦和广宁之役中，被攻占之明军各城堡所配置的大小红夷炮总数不过约十八门，远少于清朝所拥有者。且明军得将大炮分开安设于各个据点，而清军则往往是集中攻城，两方在火力上的强弱立见。无怪乎耶稣会士汤若望尝慨叹曰："彼（指清军）之人壮马泼、箭利弓强，既已胜我（指明军）多矣，且近来火器又足与我相当。……目前火器所贵西洋大铳，则敌不但有，而今且广有矣！我虽先得是铳，奈素未多备，且如许要地，竟无备焉。"[159]

崇德七年八月，或为因应乌真超哈甫扩编成八旗，皇太极更命梅勒章京马光辉、孟乔芳率八旗各一名甲喇章京，以及铸炮牛录章京金世昌（应为金世祥，见页343）、王天相等，往锦州铸"神威大将军"炮。[160]由于天聪四、五年间督铸红夷大炮的丁启明和祝世胤，此时已分别因罪褫职为奴或遭徙边，而金、王则从"天祐助威大将军"起一直参与铸炮，知二人实为清前期仿制红夷炮的主要技术官僚。八年十一月，皇太极更命固山额真刘之源、吴守进以及梅勒章京金维城、曹光弼率将士赴锦州督造红夷炮。[161]

由于制造大铳之泥模通常约需四个月，知"神威大将军"应不可能于十一月才在刘之源、吴守进的督领之下开造，亦即，此次铸炮的工作或自七年八月起延亘一年多，初由马光辉和孟乔芳两梅勒章京负责，八旗各派一名甲喇章京

---

157 刘建新，《论明清之际的松锦之战》。
158 《大清世祖章皇帝实录》卷4，页7。
159 汤若望授，焦勖述，《火攻挈要》卷上，页3—4。
160 参见《大清太宗文皇帝实录》卷62，页1—2。据《盛京吏户礼兵四部文》，其中由祖泽润旗所派之李茂是在崇德七年七月升授甲喇章京的（页83）。
161 《大清世祖章皇帝实录》卷2，页10。

协助，但不知是否因进度不如预期，才于八年十一月又命层级更高的刘之源和吴守进两固山额真亲自督造，遂在十二月完工。

《皇朝礼器图式》中绘有此次所铸"神威大将军"炮及其炮车之图，并详记其形制曰："铸铜为之，前弇后丰，底少敛，长八尺五寸，不镂花文，隆起四道，面镌'神威大将军'，右镌'大清崇德八年十二月□日造，重三千八百斤'汉文，受药五斤、铁子十斤，载以四轮车，通髹朱，横梁承炮耳，辕长一丈五寸，轮各十有八辐，辕间加直木二，外出端加横木，铁镮九以挽之。"[162]此书中虽将"神威大将军"均系于"崇德八年十二月□日"，且定其重为三千八百斤，但现存该型炮的重量和长度并不一致，铭文之上也有无月份者。《炮图集》中对此炮的描述则略见差异，称"隆起六道"，"重三千七百斤"。

1996年笔者考察古炮时，曾在北京的首都博物馆见到其中一门，上刻有满汉蒙文"神威大将军，大清崇德八年十二月□日造，重三千六百斤"字样。故宫午门外左掖门前现亦置有两门，为中国国家博物馆所有，分别以满汉蒙文阴刻"神威大将军，大清崇德八年□月□日造，重四千斤"和"神威大将军，大清崇德八年十二月□日造，重三千七百斤"等字，后者原在西华门内。此外，据文献记载，午门外左掖门前原先还有一门，炮身阴刻有"大清崇德八年十二月□日造，重三千九百斤"等满汉蒙字，但无"神威大将军"之名，炮身上有四道箍（前述各门均为六道），此炮之现状待考。[163]

---

162 允禄等，《皇朝礼器图式》卷16，页8。
163 先前相关之记述，参见成东、钟少异，《中国古代兵器图集》，页261；王兆春，《中国科学技术史·军事技术卷》，页274—275；刘旭，《中国古代火炮史》，页87；杨泓等，《中国军事百科全书·古代兵器分册》，页163；王育成，《火器史话》，页140—141；胡建中，《清代火炮》，页49—57。

图表10.3：留存至近代之明末清初所铸铁心铜体的红夷炮

炮名	铸造年份	内径	铁心厚	铜体厚	底径	炮长	收藏单位
		（厘米）					
捷胜飞空灭虏安边发熕神炮	1628	7.8	1.9	4.7	—	170	中国长城博物馆
定辽大将军	1642	10.0	—	—	44	366	辽宁省博物馆？
定辽大将军	1642	12.5	—	—	—	366	辽宁省博物馆？
神威大将军（3900斤）	1643	13.0	3.5	6.3	48	264	中国国家博物馆
神威大将军（3700斤）	1643	13.5	3.6	5.4	—	270	中国国家博物馆
神威大将军（4000斤）	1643	13.5	4.3	4.5	39	305	中国国家博物馆
神威大将军（3600斤）	1643	14.5	3.0	4.9	—	—	首都博物馆

*各炮诸元仅为约略值，尚待详测。

在《八旗通志初集》的马光辉传中，称其"窍实工料，于正炮三十位之外，多铸五位，并铸铁子二万四千"，惟在同书的柯永盛传中，则称他与马光辉往锦州铸造"红衣炮二十位，铁子二万四千"，[164]两处所提及的"神威大将军"炮数有差。柯传中所提及的应属原先规划的"正炮"之数，至于"二十位"和"三十位"间的差异，则应是因形近所产生的讹误。马光辉为何能在"窍实工料"后得以多铸出五门炮？又，当时究竟一次铸成几门？其答案或与此种炮使用铜和铁两种金属的特殊制程有关。

虽然明人在嘉靖年间即已能铸出数千门铁心铜体的佛郎机子铳（重约八至十斤），[165]但类似"神威大将军"重达数千斤的铜铁炮管，实在极其罕见。它巧妙地利用铜之熔点（1083℃）远低于铁（1538℃）的物理性质，于铁胎冷却后再以泥型铸造法或失蜡法制模，并浇铸铜壁，如此即可透过外铜凝固时的收敛效用而增加炮体的抗压强度。即不再需要以昂贵的铜来铸造整门炮，就可拥有铜炮耐用的优点。也因为如此，"神威大将军"在炮口的管厚与内径之比

---

164 《八旗通志初集》卷172，页4196；卷181，页4327。
165 王兆春，《中国科学技术史·军事技术卷》，页200—201。

（0.54∶1至0.75∶1）就小于当时一般的铁炮（约为1∶1），该炮可以铸得较轻，运载时也因此较易。

　　该先进的铸炮技术应早已为明人掌握，北京八达岭中国长城博物馆藏有崇祯元年所造的前装滑膛红夷型火炮一门，从炮口可见其管壁为铁心铜体，有准星、照门和炮耳，火门原设计有盖（现已失落），并以铁环替代常见之尾珠。该炮之铭文有云："崇祯戊辰年兵仗局铸造，捷胜飞空灭虏安边发熕神炮。头号铁里铜发熕炮一位，用药二斤，宁少勿多，打五六木榔头不等，木马子一个，二斤重铅子一筒，或再添一斤铅子亦可。"[166] 使用时主要是以霰弹的方式杀伤敌方人马。由于此炮之内径为7.8厘米，而当时西方火炮通常采取0.6厘米的游隙值，故若发射实心铁弹的话，弹重约合两斤，[167] 再依"以一摧二"的原则推估，[168] 应用药一斤。惟该炮在使用总重二至三斤的小铅子时，却用药两斤，虽铭文上提醒应"宜少勿多"，但火药用量明显较平常红夷炮多50%至100%，铁心铜体的高质量应即是其炮管得以承受较高膛压的主因。此故，虽然天启年间已有红夷型的发熕炮出现，[169] 但崇祯元年以此一新法铸成的形制最大者（所谓的"头号"），或因此获赐"捷胜飞空灭虏安边"之徽号，并以"发熕神炮"之名与一般的发熕炮区隔开来。

　　明人所独创的铁心铜体铸炮技术，在崇祯后期仍持续发展，并铸成较"发熕神炮"更大的红夷炮。1996年，笔者曾在沈阳的辽宁省博物馆见到一门铁心铜体炮，炮身长366厘米，炮口内径10厘米，外径35厘米，底径约44厘米，阴刻之铭文为"钦差提督军务镇守辽东总兵官左都督吴捐资铸造，定辽大将军，

166　先前学者因误释铭文为："崇祯戊辰年兵仗局铸造，捷胜飞空灭虏安边发熕神炮。头号节裹铜发熕炮一位，用药二斤□少分□，打五六榔头不等，木马子一个，二斤重铅子一个，或再添一斤铅子亦可"，故错认此炮除发射一枚铅弹外，在炮口处还放置一枚以铜为壳的爆炸弹。感谢时任长城博物馆的马威澜副馆长在笔者调研时所提供的协助。参见成东、钟少异，《中国古代兵器图集》，彩版29；成东，《明代后期有铭火炮概述》。

167　O. F. G. Hogg, *Artillery: Its Origin, Heyday and Decline*, pp. 264–269.

168　此说见于《炮图集》，查清初各炮的药弹重量比亦与此合。参见伊泰等纂修，《大清会典》卷200，页18—19。

169　嘉靖间，虽已出现重约五百斤的"铜发熕"，惟其并非红夷型的火炮。崇祯间，清军曾在大凌河城、皮岛、松锦和广宁等役中俘获明军发熕炮十余门，不知是否与长城博物馆藏炮同批或同型？据《炮图集》中的记载，道光朝时汉军还仍拥有一些天启、崇祯年铸造的红夷型发熕炮，入清后，亦曾以铸铁依式制造。参见胡宗宪，《筹海图编》卷13，页35。

崇祯十五年十二月吉旦，督造掌印都司孙如激、总委参将王邦文、打造千总石君显"。查李约瑟在1952年访问辽宁省博物馆前身的东北博物馆时，不仅见到此炮，还详细描述了另一门更大的"定辽大将军"，称其炮身长12英尺、内径5英寸，知当时仍存在至少两门由辽东总兵吴三桂于宁远捐资铸造的"定辽大将军"。[170]

根据目前一般冶铸史的教科书，均称十九世纪六十年代美国军官Thomas J. Rodman在南北战争时曾"发明"一种铸炮新法，该法采用中空的模芯，并在其中导入冷却水，此法即可使铁质炮管自内向外凝固，所铸之炮可以更大（内径可达51厘米），且其耐用程度更可达到先前的五至数十倍。[171]铁心铜体的铸法虽使用两种金属，[172]但其原理应很接近Rodman法的雏形，只不过明朝的"发烦神炮""定辽大将军"及清朝的"神威大将军"较Rodman炮早出现了两个多世纪。

图表10.3中所提及的两门有详细构造诸元的"神威大将军"，其内径分别为13厘米及13.5厘米，炮口内层的铁心壁厚3.5厘米及4.3厘米，外层的铜壁厚6.3厘米及4.5厘米，底径为48厘米及39厘米，全长246厘米及305厘米。由于当时西洋大炮的设计是"不以尺寸为则，只以铳口空径为则"，[173]而这两门"神威大将军"的炮长与内径之比（20.3和22.6），恰好与两种"神威无敌大将军"铜炮之值（20.8和22.9）颇为相近，故我们或可分别用后者之形制作为一参考基准，[174]如取铜价为铁价之6.67倍，[175]铜之密度为铁之1.2倍，再细算炮身之

---

170 李约瑟在其著作中误读铭文，认为该炮是由一名为"吴捐资"者所铸造。参见Needham, *Science and Civilisation in China*, vol. 5, part 7, p. 394；刘锟，《明定辽大将军炮——吴三桂固守宁远抗清的物证》。感谢早稻田大学的江场山起先生提示刘文，惟该文中对此炮诸元的量度以及所录引的铭文均出现一些讹误。
171 参见Serope Kalpakjian & Steven R. Schmid, *Manufacturing Engineering and Technology*, 4th ed., p. 256; Donald B. Webster, "Rodman's Great Guns," *Ordnance*, July-August 1962, n. p. 感谢台湾清华大学材料系叶均蔚教授的提示与说明。
172 笔者2004年在大陆访查古炮期间，曾见到一门无铭铁炮，其炮口可清楚见到两层铁，详细情形待考。
173 汤若望授，焦勖述，《火攻挈要》卷上，页5。
174 康熙十五年所铸成的两种"神威无敌大将军"铜炮，其内径分别为11.8（10.6）厘米，炮口铜壁厚10.1（8.3）厘米，底径为38.4（35.2）厘米，全长246（243）厘米，炮长与内径之比为20.8（22.9）。亦即，前述内径为13（13.5）厘米、全长为264（305）厘米的"神威大将军"，如用纯铜铸造，依比例推算，其炮口铜壁应厚11.1（10.6）厘米，而底径应为41.2（44.2）厘米。参见《清朝文献通考》卷194，页6588。
175 崇祯前期，铜每斤约值八分银，而最好的闽铁每斤约值一分二厘。参见茅元仪《石民四十集》卷7，页10；卷67，页17。

体积后,可粗估得该两门铁心铜体炮约可较传统设计节省2%和56%之材料费,而炮重则一增10%、一减78%。

从这两门"神威大将军"形制的显著差异,知当时很可能为测试此种新铸法的效益,而造了各种不同大小比例的炮。其中内径为13厘米之炮,并未着意节省工料,经与传统设计相较,它一方面减小前膛管壁的厚度,但同时亦将后膛增厚,理论上,对在后膛点火爆炸的红夷炮而言,此炮应可更耐用。至于该内径为13.5厘米者,只用了不到二分之一的工料即铸成重量仅约传统设计四分之一的炮。历经清代初期的众多战役后,图表10.3中还有四门"神威大将军"仍完好地存留至近世,此一事实亦具体印证了该批炮铸造与设计之精良。

但由于我们不知其他各门"神威大将军"的确切形制,故无法推估原规划的炮数究竟是二十门或三十门,才可从此一新法中节省工料以多铸出五门炮。惟因康熙二十二年查得八旗尚有二十三门破裂的"神威大将军",[176]再加上现存的三四门,知原先铸成之炮不可能仅二十五门,应为三十五门。

至于明人仿铸红夷炮的历程,则与闽粤地区冠于全国的冶铁工业密不可分。[177]万历末至天启年间,广东沿海打捞出许多欧洲沉船大炮,且福建官兵和澳门葡人亦屡与荷兰人兵戎相见,再加上不少闽粤之人出洋至马尼拉等地,南方的工匠因而较有机会得见红夷大炮的形制,遂最早进行仿铸。但初期所铸之炮的品质欠佳,如万历四十七年所造的"吕宋大铜炮",即屡屡膛炸。

1623年12月,首任澳门总督马士加路也聘用了两名华人工匠,开始试铸铁炮,此因十七世纪初叶欧洲各国所铸火炮的材质正逐渐由铜转成较便宜的铁,[178]而当时葡萄牙在亚洲的工匠仅熟知铜炮的铸造。1625年,知名的铸炮师博卡罗抵达澳门,他很快地就从中国工匠学会冶铁的技术,而由其所主导的铸炮场至1638年年底就已生产了约二百门铁炮,一些在铸炮场中工作的汉人工匠,或因此将西方制炮的关键制造过程外传。[179]

---

[176] 此据笔者自国内外各图书馆搜得并依编年重新整理之南怀仁《熙朝定案》的百衲本(页码多不连贯),因此本未流传,故不书页码。
[177] 黄启臣,《十四—十七世纪中国钢铁生产史》,页31—34。
[178] Adrian B. Caruana, *The History of English Sea Ordnance 1523–1875*, pp. 48–50; Richard W. Stewart, *The English Ordnance Office 1585–1625: A Case Study in Bureaucracy*, pp. 63–79.
[179] 金国平、吴志良,《镜海飘渺》,页275—283。

笔者曾在厦门胡里山炮台以及泉州海外交通史博物馆，各见到一门天启四年由钦差福浙都督俞咨皋所造的大炮，长约310厘米，内径约13.5—14厘米，惟不知该批一共铸成几门？崇祯二年十二月，孙元化等人在山海关城头布设红夷炮五十余门，由于其数目超出解京之西洋制大炮，知其中应有相当部分是自制的。[180]崇祯二、三年之交，两广总督王尊德向澳门借大铳仿铸了二百门，而福建巡抚熊文灿也铸了至少百余门"红夷二号炮"（略轻于一千斤，用弹六七斤，内径约8厘米），[181]但其中解京的五十门粤铳和一百二十门闽铳，要到三年五月左右才运达，而金兵则恰在此时饱掠出关。[182]五年，宣大总督张宗衡亦曾铸造小西洋炮一百五十门，山西也造了一百门。[183]知在中土首见红夷炮的不到十年之间，从闽粤以迄冀晋地区，均已有能力仿铸并量产。

然而，朝廷主事之人对火器知识的掌握却浅薄得令人惊讶。如崇祯三年四月，工部尚书南居益和郎中王守履即因所制枪炮不堪用而遭降级处分。六月，南居益更因试炮炸裂被免职，王守履则被廷杖削籍。而甫于二月升授工部侍郎的沈演，因职责所在且为求表现，遂捐资三千余金，于六月上呈自己雇工制造的火转城、火狮车、神火飞鸦箭、黑虎飞沙迷目箭、木人火马天雷炮、铁汁神车、烧空猛火无拦炮等七种"奇器"。十一月，沈演再捐千金，声称已依明初焦玉的《火龙经》铸成威远炮十具，并于测试后进呈交京营收用。[184]

前述沈演所制造的"奇器"，有三种见诸《火龙神器阵法》，此最有可能是嘉靖至万历间人杂抄诸书再托焦玉之名而成书的。[185]这些"奇器"均流于淫巧且不实用，如其中的木人火马天雷炮，乃将木人饰以甲胄，并缚于马上，再藏炮于腹，以火热马尾使其冲敌。[186]至于威远炮，每门通常重一百二十斤，长二尺八寸，口径二寸二分，亦远难与红夷大炮抗衡。[187]

180　第七、十二章；《崇祯长编》卷30，页14。
181　汤若望授，焦勖述，《火攻挈要》卷中，页19；《徐光启集》，页280—281。
182　《崇祯长编》卷31，页24—25、35；卷34，页10。《徐光启集》，页297—302。
183　《崇祯长编》卷63，页10—11。
184　此段参见《国榷》卷91，页5518、5530、5538—5539。《崇祯长编》卷35，36；卷40，页16、27。沈演，《止止斋集》卷62，页10、20—21、34—36；卷64，页4—5。
185　徐新照，《焦玉〈火攻书〉是元末明初的火器著作吗？》。
186　焦玉，《火龙神器阵法》，页36—39。
187　李盘等，《金汤借箸十二筹》卷4，页27—28；何汝宾，《兵录》卷12，页5—6。

沈演作为明廷负责军器制造的实际最高主管官员，却只能"按古图、就今式"，仿制百年前的火器。又，由谢三宾（曾在吴桥之变时出任山东巡按）辑录并订正的《武备新书》中，亦包含前述的木人火马天雷炮等荒谬之火器，[188]时人谈兵者大多类此，此与皇太极朝中对新式武器和战术的开发能力形成强烈对比。

吴桥之变令徐光启以西法西炮所推动的军事改革告一段落，而国库的日益空虚，更令明军的武备难以维系生存之需。[189]崇祯中后期，边关的许多火器即屡可见是由地方官和守将自行捐资添造的，如蓟辽总督吴阿衡等于崇祯十年所捐造的至少五十四门"西洋炮"，宣大总督卢象升等人于十一年所造的一批重五百斤"红夷大炮"，[190]以及辽东总兵吴三桂等人在十五年所铸的一批"定辽大将军"。但因铸炮所费不赀，不禁令人联想起当时官场的贪渎之风。

崇祯十六年（崇德八年）二月，辽东巡抚黎玉田题报清军在锦州可能共拥有大炮一百门，[191]而作为明朝关外重镇的宁远，却只有黎氏等官员捐铸的大炮十门，且宁远以西各城均无大炮，黎玉田因此痛陈："我之所以制酋者，向惟火器为先，盖因我有而酋无，故足以取胜。后来酋虽有，而我独多，犹足以侥幸也。今据回乡称说，酋于锦州铸造西洋大炮一百位，……设不幸卒如回乡所言，酋以大炮百位排设而击，即铁壁铜墙亦恐难保。……以物力言，酋铸百炮而有余，我铸十炮而无力。……奴之势力，在昔不当我中国一大县，……迄于今，而铸炮、造药十倍于我之神器矣！"他在疏中除呼吁应立即增调数万大军并补给马匹、火器外，更亟盼朝廷能优先发放先前所积欠的四五十万饷银，"以为三军续命之资"。[192]

明末铸造红夷大炮的途径或可分为两大类，一是由工匠凭传统冶铸经验仿制，二是由天主教士大夫等学院派人物主导。由于耶稣会士拥有精湛的语文互

---

188 刘申宁，《中国兵书总目》，页185。
189 唐文基，《"三饷"加派——明末反动的财政政策》。
190 这些炮的外形却无通常红夷炮"前弇后丰"的明显特征。参见任万平主编，《清史图典·太祖太宗朝》，页107；成东、钟少异，《中国古代兵器图集》，页241；成东，《明代后期有铭火炮概述》。
191 此一数字远超过图表10.2之统计，当时明朝官员为掩饰自己的无能，往往习于夸大敌军的力量，如宣大总督张福臻即曾奏称清军于崇祯十二年冬造红夷炮六十门，但此并未见于清人文献。参见《国榷》卷97，页5863。
192 《明清史料》，乙编，第5本，页492—494。

通能力，故成为当时将西方炮学知识译介来华的关键人物。然而，这些传教士在欧洲所受的养成教育中，虽相当重视数学和科学，却并不曾直接牵涉炮学的内容，他们多只能从图文并茂的专书中自行消化相关知识。[193]但因书本上的叙述不太可能完备，此故，教会中人从纸上谈兵进阶至实作成功，着实经历一段相当痛苦的经验累积期。以孙元化为例，他虽已在所编的《西法神机》中介绍西方铸炮的相关知识，但当他于天启二年奉孙承宗之命在关外铸造西铳时，三次试验仍俱轰裂，乃引咎请罢，而徐光启和李之藻等人在崇祯初年也只能铸出重数百斤之小炮。[194]

崇祯十五年六月左右，汤若望在明朝存亡之际又奉旨铸炮，根据西方文献，他在数月之内制成二十门使用40磅炮弹的大炮，旋又铸出五百门重仅60磅之小炮。[195]由于能发射40磅炮弹之炮的内径至少要18厘米，此远远超过所有明清之际中国铸造的炮，当时即使澳门最大之炮亦不过发射35磅的铁弹，且全澳门只有一门，[196]故笔者颇疑汤若望所铸之炮被过分夸大，无怪乎中国文献中从未叙及此批巨炮，且不曾听闻其在战场上的表现。

崇祯十五年闰十一月，御史杨若桥疏言："汤若望，西洋人，深明铳法，宜将新造西洋大炮先行点试，然后传其法各边，可以破敌。"但左都御史刘宗周却极力反对，曰："臣闻国之大事，以仁义为本，以节制为师，不专恃一火器。近来通不讲人才，不讲兵法，任敌所到即陷，岂无火器！反为敌用。若堂堂中国，止用若望铸炮小器，恃以御敌，岂不贻笑边方！"崇祯帝勃然变色，旋以刘氏屡屡不合上意而将其削职，[197]却依旧无法挽回帝国的倾塌。

五、结　语

罗盘与火药是中国影响世界的两项重要发明，促使欧洲海权国家得以发展

193　方豪，《明季西书七千部流入中国考》。
194　茅元仪，《督师纪略》卷2，页15；《徐光启集》，页280—304；第七章。
195　Alfons Väth, *Johann Adam Schall von Bell S. J. : Missionar in China, Kaiserlicher Astronom und Ratgeber am Hofe von Peking, 1592-1666*, pp. 111-113. 或见杨丙辰译，《汤若望传》第1册，页163—165。
196　C. R. Boxer, *Seventeenth Century Macau in Contemporary Documents and Illustrations*, pp. 19-21.
197　李清，《三垣笔记》，附识，中卷，页10—12；《明史》卷255，页6582—6583。

出坚船利炮，并从十六世纪左右开始将其势力伸入东亚，进行商业交易与殖民扩张。徐光启和李之藻等亲天主教人士为救亡图存且宣扬西学西教，乃积极引进威力强大的红夷炮，并协助自澳门雇请葡籍军事顾问来华传授操炮的技巧。但由于火炮是欧人赖以称霸海陆的利器，而与中国往来较频繁的葡萄牙，又因荷兰与英国觊觎澳门而自顾不暇，故明人从广东沿海（澳门往来东南亚或中南半岛的航线所必经）自行打捞的欧洲沉船火炮，遂成为其获得西洋制大炮的主要途径。

十七世纪初叶打捞自中国海岸的西方沉船大炮，原只是当时欧人海外贸易浪潮下所发生的一些小涟漪，但随着满汉冲突以及晚明民变的持续扩大，操作并仿铸红夷炮，就成了鼎革之际各个政权加强军备的重点项目，而炮学的相关知识与技术，也因缘际会地变成近代东方大陆文明向西方海洋文明学习的第一课。

明朝曾通过与西人西教接触较多的闽粤或天主教人士独占西方的炮学知识，并不断精进相关的铸造技术。从协理京营戎政黄克缵于万历四十七年铸出品质并不甚佳的二十八门"吕宋大铜炮"起，福浙都督俞咨皋在天启四年已能仿造一批大型红夷铁炮，到崇祯前半叶，南方和北方也均有官员有能力量产中小型红夷炮。但由于当时红夷炮装填发射的速度不快，且明军每役所能动员的门数尚不足以构成有效的火网，故在野战中可发挥的功用并不太大，导致其在面对满蒙的重铠铁骑时，只敢凭城坚守。

在天启六年的宁远之役中，守城明军的红夷大炮锋芒毕露，崇祯三年的滦州之役，明军以红夷大炮攻城亦立下大功，这几次败战令皇太极对此种新式火器的威力有了深刻认识，遂积极进行仿铸。经由历次征战所虏获的汉人工匠，加上意外在海边发现的一门西洋制铜炮，金军终于在天聪五、六年成功铸成七门"天祐助威大将军"。而天聪七年孔有德军的投顺，不仅带去几近金国总门数的红夷炮，同时还把教会中人一直引为不传之秘的火炮操作和瞄准技术外泄，令明军不能再以红夷炮作为克敌的独门长技。

鼎革之前，明朝的财政日益窘困，只能靠部分官员的捐资来铸炮，导致崇德年间，清军在关外每场战役中所能动员的红夷大炮均超过明军，并已拥有攻城略地时所需的优势火力。皇太极因此有意无意地将关外逐城围打的战役，变成其军中满蒙汉三民族以及步骑炮三兵种熟练彼此协同作战的演习，演出一场又一场结果几乎已可预知的"瓮中捉鳖"的游戏。

崇德八年八月,皇太极病卒,虽不及见到清军于顺治元年四月开入山海关的军容,但他一手所创立的劲旅,凭借满蒙汉八旗"军政一体"的特殊兵制,则奠定了清朝逐鹿中原、统一中国的基础。当时清军的总兵力达二十万人,规模堪与世界上任何一个强权分庭抗礼,其中汉人部队约四万人,[198]拥有质量俱佳的红夷大炮。入关前夕,已占领关外绝大部分土地的清朝,更已能综合明人创获的冶铸技术以及欧人先进的火炮设计,铸出三十五门全世界最高品质之铁心铜体的"神威大将军",[199]从此掌握在逐鹿中原时"孰与争锋"的火炮部队。

皇太极恰与同一时代的瑞典国王古斯塔夫二世东西辉映。被誉为"近代战争之父"的古斯塔夫,施行义务兵役制,组建训练有素的常备军,统一火炮的形制,提升火炮的设计,建立专门的炮兵部队和后勤系统,并发展炮步骑联合作战的战术,这种种改革大多成为稍后欧洲各国的典范。[200]虽然皇太极在军事史上的创见及其在历史上的影响层面,相对于古斯塔夫二世而言,绝对不遑多让,但积弱的汉学界却尚未能将其令名搬上世界舞台。[201]解放军出版社2004年出版的《中国历代军事家》,共选收了八十二位在中国军事史上有过重要贡献和成就的历史人物,但皇太极竟然亦未列名其间!

明清鼎革之前延亘二十多年的大规模军事对抗,为两政权造就出一个研发火器的绝佳环境。崇祯时期,明人首先铸出铁心铜体的"捷胜飞空灭虏安边发熕神炮"以及"定辽大将军",若与先前的铁炮或铜炮相比,此两种新型火器不仅管壁较薄、重量较轻、花费较少,且较耐用。而清国则利用降顺汉人,于

---

198 如法国在1634年参加"三十年战争"(Thirty Years' War)的前夕,共有约十万名兵士,至1648年停战并签订Westphalia和约期间,其全国一般维持十五万至十六万之军队,规模在欧洲可能仅次于西班牙(1635年有三十万人)。参见李新达,《入关前的八旗兵数问题》;阿南惟敬,《清初军事史论考》,页343—369;John A. Lynn, "Recalculating French Army Growth during the Grand Siecle, 1610-1715"; Jeremy Black, *A Military Revolution? Military Change and European Society 1550–1800*, pp. 6-7.
199 明人常用此一炮名,如崇祯三年由葡籍军事顾问自澳门解送北京的十门西洋制大炮,即获御赐名为"神威大将军":十一年,卢象升等人亦曾铸造一批"神威大将军"(长约286厘米、内径为10.2厘米);十六年,明军再铸造了一批同名铁炮,长约266厘米、内径为10厘米、重五千斤,惟这些明炮的威力和品质应均远逊于清朝的同名炮。参见韦镇福等,《中国军事史·第1卷·兵器》,页224—225。
200 Trevor Nevitt Dupuy, *The Military Life of Gustavus Adolphus: Father of Modern War*, pp. 54-67.
201 在《哈泼军事史百科全书》中,有关古斯塔夫二世的事迹见于第20页,但涉及皇太极(Abahai)者却只有一句话,称其"在努尔哈赤死后继位,并立即扩编八旗"。参见Dupuy & Dupuy, *The Harper Encyclopedia of Military History*, pp. 1585, 1629.

稍后以类似技术铸成口径更大且数量更多的"神威大将军"。

在此，我们或许能借用生态学的理论，[202]来解释中土的铸炮技术为何能在当时达到世界最高水平。两相邻生态体系的交会带（ecotone）往往会出现许多混交的新物种，前提是此两体系必须渗透力相当，且需要一定的时间孕育。如果我们将明朝（以冶铁技术见长）与西洋（以设计并铸造铜炮见长）视作两大对等的生态体系，前述铁心铜体的红夷大炮，就相当于交会带中所孕育出的优势新物种。汉人优越的冶铁和铸造传统，令其自制的红夷大炮得以在一二十年的混交过程中达到当代的技术巅峰。

透过生态学的研究，我们也知道交会带通常是不稳定的，空间的移动能力亦强。新兴的大清政权很快也形成类似明朝与西洋相接的交会带，且在皇太极的强势主导之下，其所铸的"神威大将军"拥有较明炮更优越的基因。虽然明清两朝先后铸出品质甚佳的红夷大炮，但清朝的厚实物力和领导者的认知，令其得以动员包含"神威大将军"在内的约百门红夷炮攻入关内，建立一个长达两百多年的火药帝国（gunpowder empire）。[203]

徐光启等天主教人士原本希冀能利用红夷大炮帮助明朝救亡图存，但历史的发展往往事与愿违，这种新型火器最后却转成为清朝得以吞并大明的利器。

---

202 参见陈良佐，《从生态学的交会带（ecotone）、边缘效应（edge effect）试论史前中原核心文明的形成》。
203 "火药帝国"的概念首见于McNeill的一本小书，但作者并未做深入讨论。参见William H. McNeill, *The Age of Gunpowder Empires 1450–1800*, pp. 1–49.

下 编

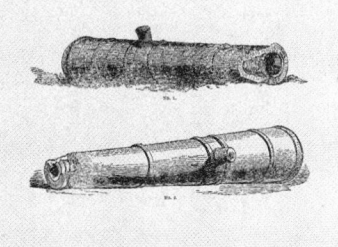

技术·文化

第十一章　比例规在火炮学上的应用 *

伽利略于1597年起，雇请工匠制造并发卖他所发明的比例规（Sector or Compass），此器原本用于估计不同炮种和口径之大炮，在使用不同材质之炮弹时，所应装填的火药量，经略加改进后，更成为解决当时常见代数或几何问题的简便计算尺。本章介绍比例规传华的过程，且由于中、外文的相关著述中，少见论及比例规在炮学上的应用，故笔者亦就此一用途详作析论，并略探比例规为何在炮学中未受特别重视。

中国虽早在十三世纪中叶即已发明火炮，并于明代成为军队作战时的"长技"，但在几乎所有明以前的兵学著述中，均不曾定性或定量地论及火炮装弹填药的要领，发射似乎全凭口耳相传的经验。[1]

一、比例规的应用原理

十六、十七世纪的火炮主要是用作攻城的利器，其炮弹乃以铅、铁或石制的实心圆球最为常见。各国所用的火炮形制相当混乱，共有大鸩铳、半鸩铳、大蛇铳、半蛇铳等十余炮种，每一炮种乃以其身径长度比（指火门至炮口的距离与内径之比例）相同作为主要特征。这些炮种有的尺寸相当多样化，如西班

---

* 原刊于《科学史通讯》，第15期，1996年。
1　参阅第十二章。

牙军队所用的大鸩铳，就有使用30、35、40、45或50磅铁弹者，而不同国家对炮种的定义亦略有出入，即使是同一国家也不曾完全标准化。

当时的铸炮者根据实际的测试结果，发现每门炮所需装填的药弹重量比，常随其炮种的不同而变化甚大。1600年左右，西班牙炮兵即定义大蛇铳和半蛇铳的药弹重量比为1：1，半鸩铳为3：5，大鸩铳为1：2。炮术家并强调发炮必须讲求"药弹相称"的要领，因如用药过多，不仅浪费且还有膛炸之虞；用药过少，则炮弹在受到最大的推力后，仍处于管内，其运动将会受到管壁的阻碍而威力衰减。

由于炮弹的材质（亦即重量）常受制于环境而无法划一，司铳者为求能以最经济的火药量将炮弹击出，并尽可能减少发射时的后坐力，故对较轻的炮弹，往往装填较少的火药，以使炮弹离开炮管的初速维持定值，如此，各炮在新铸之初依不同仰角所做的射程测定表，即无须因所用炮弹的不同而做任何调整。

为帮助司铳者判断不同材质的圆弹所应填装的火药量，十六世纪欧洲的火炮制造者，即发明一种铳尺，让炮手无须复杂的计算，就可简便地估计属于某一特定炮种之炮的装药量。此种铳尺通常刻有分别标明为铁、铅或石的三条非线性尺，使用时先依炮弹的材质选取相应之尺，次将该尺的零点对准炮管的内壁，再沿着炮口某一直径方向读出内壁另一端所交铳尺的刻划，该值即为所应装填的火药重量。此类铳尺常可见附刻于铳规（Squadra）等炮手常用的仪具之上。[2]

依照基本物理学和化学的常识，在炮弹初速保持不变的情形下，所需的火药量应大致与炮弹的重量成正比，亦即约与炮管口径的三次方和炮弹的密度成正比，故各铳尺在某一点上所刻划的火药重量值，应与铳规零点至该点距离的三次方成正比，而三条铳尺上刻划相同药重之点至零点的距离，则与炮弹密度的三分之一次方成反比。

由于药弹重量比不一，故各炮种所用的铳尺应不同，至于其上的刻划，则

---

[2] 铳规乃为一L形的仪具，其形制为"如覆矩，阔四分，厚一分，股长一尺，勾长一寸五分。以勾股所交为心，用四规之一规，分十二度，中垂权线以取准则"。使用时，乃将长柄插入炮口，如此即可经由所垂的权线，在弧上读出炮管的仰角。参见汤若望授，焦勗述，《火攻挈要》卷上，页19。

以等比例增长或缩短。在当时战场上各式火炮杂陈的情形下，为求用单一仪具即可估算出不同炮种所需装填的火药量，伽利略乃从1597年起，雇请工匠制造发卖其所发明的比例规（见图表11.1）[3]，此器除在炮学上的应用外，还可方便地解决当时许多常遇的代数或几何问题。[4]

伽利略发明比例规的主要动机，原先是为了火炮上的应用，此故在其于1597—1599年间为比例规所撰写的操作手册中，即将铳尺所欲解决的数学问题列于书首，名之为"装填问题"（Problem of Caliber）。此一新发明的比例规，可使一名未受严格数学训练的炮手，只要知道某炮种的一组药弹参考值，即可在半分钟之内迅速求得同一炮种但不同口径之炮，于使用不同材质之炮弹时，所应装填的火药量。而当时一般精通数学之人，如以笔算的话，可能需花上十分钟。[5]

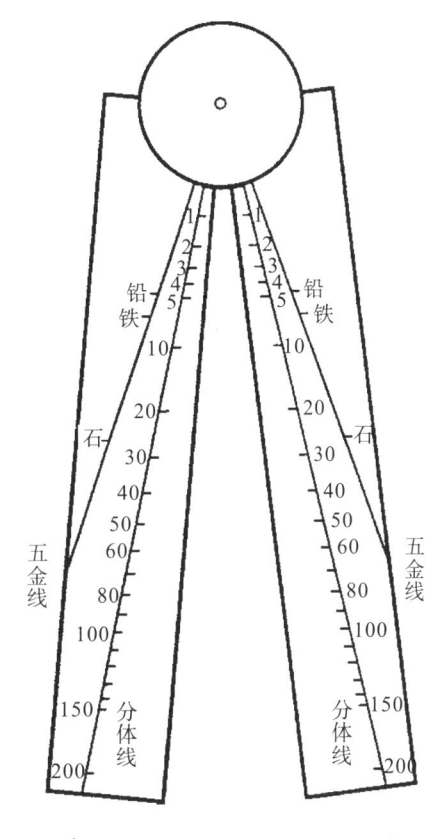

图表11.1：伽利略所发明比例规之简图

二、比例规在明清文献中的记载

由于中、外文的相关著述中，少见论及比例规在炮学上的应用者，故笔者

---

[3] 此图乃从Johann Faulhaber, *Newe geometrische und perspectivische Inventiones*一书中的插图重绘，转引自Galileo Galilei, trans. Stillman Drake, *Operations of the Geometric and Military Compass*, 1606, p. 27.
[4] Stillman Drake, "Tartaglia's Squadra and Galileo's Compasso."
[5] Galileo Galilei, *Operations of the Geometric and Military Compass*, pp. 18–19, 68–72.

在此就此法的原理试作一较详细的析论。

中文文献中最早提及比例规者，或起自耶稣会士罗雅谷于崇祯三年所撰的《比例规解》一书，[6]罗氏在自序中称此器"百种技艺，无不赖之，功倍用捷，为造玛得玛第嘉之津梁"，其中"玛得玛第嘉"应即"数学"（Mathematica）一词的音译，[7]此书后被收入《崇祯历书》和《西洋新法历书》中，并在康熙、雍正间吸引了许多学者的注意，如《御制数理精蕴》中所收的《比例规解》同名书，梅文鼎《历算全书》中所收其弟文鼐的《比例规用法假如》，以及何梦瑶《算迪》中所收的《比例尺解》等，均为罗雅谷之书的引申和演绎。

有关比例规在中国的实际使用情形，文献中少见记载，笔者仅知梅文鼎在康熙十八年曾为友人何奕美制作一比例规，[8]而今北京的故宫博物院，尚可见多种比例规的实物留存，其中有的为欧洲制造，有的为仿制品，可能多为康熙皇帝的御用之物。[9]

有关比例规的基本原理和用法，在《御制数理精蕴》中有相当简明的叙述，其文曰：

> 比例尺代算，凡点线面体、乘除开方，皆可以规度而得。然于画图制器，尤所必需，诚算器之至善者焉！究其立法之原，总不越乎同式三角形之比例，盖同式三角形，其各角、各边皆为相当之率，今张尺之两股为三角形之两腰，其尺末相距即三角形之底，遂成两边相等之三角形，于中任截两边相等之各三角形，则其各腰之比例，必与各底之比例相当也。一曰：平分线，以御三率。一曰：分面线，一曰：更面线，以御面幂。一曰：分体线，一曰：更体线，以御体积。一曰：五金线，以御轻重。一曰：分圆线，一曰：正弦线，一曰：正切线，一曰：正割线，以御测量，并制平仪诸

6　Henri Bernard, "Les adaptations Chinoises d'ouvrages européens: bibliographie chronologique."
7　转引自梅文鼎，《历算全书》卷39，目录页3。
8　此见梅文鼎为《比例规用法假如》一书所撰之序。
9　此据笔者于1996年3月实际调查所得。

下编　技术・文化

器。凡此十线，或总归一器，或分为数体，任意为之，无所不可。[10]

亦即在尺的两股上分别刻划相对称的各种比例尺，再透过等腰相似三角形的性质，即可用以解答许多几何或代数问题。

如欲以比例规求解所谓的"装填问题"：

> 已知一火炮（内径为D_A）在使用密度为ρ_A（物质甲）的炮弹（重量为M_A）时，需装填火药量P_A，求一内径为D_B的同类型炮，在使用密度为ρ_B（物质乙）的炮弹（重量为M_B）时，所需的火药量P_B应为何？

即需用到股上的五金线和分体线两尺，其中五金线上各点距原点的长度，乃与其所代表物质（如金、铅、银、铜、铁、锡、石等）之密度的三分之一次方成反比，至于分体线上各点之值，则与其距原点长度的三次方成正比。

实际的操作可分成两个阶段，首先，估计一重量为M_A之炮弹，如其重量不变但密度改为ρ_B时，直径D应为何？炮手可在比例规的两五金线上择定代表物质甲之A和A'点，次张开两股，命$\overline{AA'}$的长度等于D_A长，[11]此一量度可以一简单的图规为之，接着，将该圆规从代表物质乙之B点张至B'点（见图表11.2左图），如此求得的$\overline{BB'}$长度即为D值。其次，解答下列问题：一直径为D、密度为ρ_B之炮弹，已知需填用火药量P_A，若改用一不同口径的同类型大炮，该炮使用直径为D_B、密度为ρ_B之炮弹，求所需的火药量ρ_B应为何？炮手可从两分体线上选取E和E'两点，令其在线上的读数分别为P_A，次张开两股，命$\overline{EE'}$的长度恰等于先前圆规所张之长，再调整圆规所张之长度为D_B，并在尺上选取F和F'两点，令$\overline{FF'}$长度等于圆规所张之D_B，则点F或F'在分体线上的数值，即为所欲求的火药量ρ_B（见图表11.2右图）。

10　允祉等编纂，《御制数理精蕴》下编，卷39，页2。
11　以一圆规辅助比例规的操作一事，可参见南怀仁，《新制仪象图》图11。

389

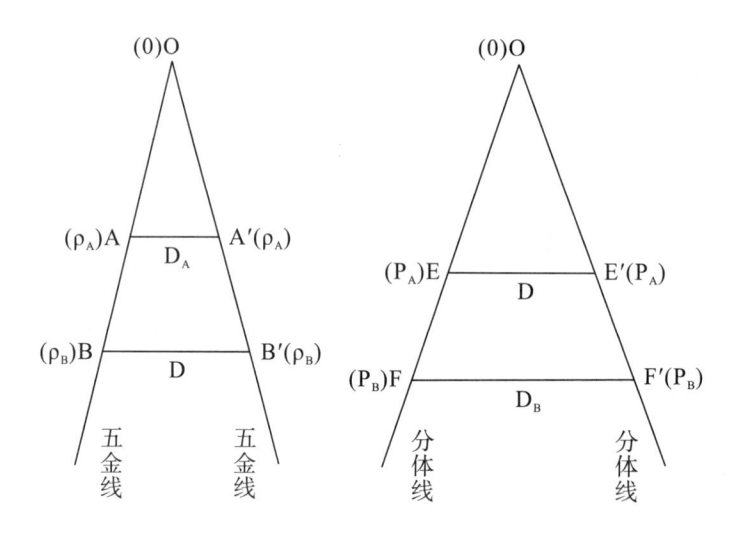

图表11.2：以比例规求解"装填问题"

在五金线和分体线上的两阶段测量，分别满足下列两公式：

$$\frac{D}{D_A} = \frac{\overline{OB}}{\overline{OA}} = \left(\frac{\rho_A}{\rho_B}\right)^{\frac{1}{3}}$$

$$\frac{D}{D_B} = \frac{\overline{OE}}{\overline{OF}} = \left(\frac{P_A}{P_B}\right)^{\frac{1}{3}}$$

而经整理合并后，可得：

$$\frac{P_A}{P_B} = \frac{D_A^3}{D_B^3} = \frac{\rho_A D_A^3}{\rho_B D_B^3} = \frac{M_A}{M_B}$$

在最后的一个等式中，我们已代入两炮弹径与内径之比相同的假设，[12] 而此一反

12　十七世纪的欧洲炮兵，通常均取游隙为内径的1/21，此值即便在十九世纪初叶之前，也还都大致维持。参见A. R. Hall, *Ballistics in the Seventeenth Century, a Study in the Relations of Science and War with Reference Principally to England*, pp. 69–70.

映同类型火炮所需填装之药量与弹重成正比的公式,其实也就是求解"装填问题"的理论基础(在不考虑空气阻力影响的情形下)。

伽利略所发明的比例规,原还外附一直角圆弧,两端可以螺丝固定在比例规的两股之上,此外尚附一权,可用线系于该规的原点,如此,比例规即可转变成铳规,用以测量炮管的仰角,[13]但此一改装颇为费时,在分秒必争的战场上,可能并不切实际。

三、结　语

由于不同炮种所附铳尺的刻划均不相同,因此适用范围较为广泛的比例规,理论上将使铳尺面临淘汰的命运,然而,实际的情形并非如此。此因比例规的操作方法远较铳尺复杂,而当时的炮手又通常教育程度不高,恐少有人能善用该器,亦即比例规在发明之初或仅流于欧洲富有贵族或军官的赏玩之物。[14]稍后,伽利略将之改良扩充成一多用途的计算工具,其在火炮上的应用,遂不再受到特别重视。此故,当伽利略于1606年刊行《几何和军事用之比例规的操作法》(*Le Operazioni del Compasso Geometrico et Militare*)时,"装填问题"就未再被列于书首。[15]至于在中国方面,也或因同样理由,导致明季以来的中文文献中,完全不曾提及比例规在炮学上的应用。

13　Galileo Galilei, *Operations of the Geometric and Military Compass*, p. 38.
14　近代欧洲许多可用于火炮操作的仪器,亦往往赏玩的价值高过实用,参见Jim Bennett and Stephen Johnston, *The Geometry of War 1500–1750*, pp. 9–14.
15　此书之英译,可参见Galileo Galilei, *Operations of the Geometric and Military Compass*.

第十二章　红夷大炮与明清战争
——以火炮测准技术之演变为例 *

　　明季传入中国的红夷大炮，曾在明清鼎革的战争中扮演重要角色，此可说是众所周知之事，然而这些火炮何以能发挥强大威力，先前学界并不甚了然。

　　本章尝试说明当时西方除在铸炮的设计上较为进步外，更已将操炮所需的数学和物理知识，化约成简明实用的仪具或计算尺（如矩度、铳规、铳尺、星斗等），如此即可迅速估算不同仰角下的射程，并判断如何能用最恰当的火药，将不同材质的炮弹较准确地击向目标。这种透过数学以提升机具操作精密度的方式，可说是西方近代技术革命中一项十分重要的特色，此与中国全凭经验以发射火炮的传统方式，形成强烈对比。

　　笔者希望透过此一研究，能对明末清初西方火炮之所以在战争中扮演重要角色的原因，有一确切的了解。同时亦将透过火炮测准技术在清代的发展状况，尝试理解清廷何以在鸦片战争之际无力面对列强坚船利炮的挑战。

---

* 原刊于《清华学报》（新竹），新26卷第1期，1996年3月。笔者感谢林力娜（Karine Chemla）、范发迪、徐光台、苑举正、刘广定、舒理广、汪前进、李斌、周维强和Peter Engelfriet诸位先生在撰写过程中所提供的协助，并感谢匿名评审所给予的宝贵建议与批评，同时亦谢谢意大利佛罗伦斯（Florence）科学史博物馆慨赠所藏铳规之照片，此外，网络上技术史讨论群（rete@maillist.ox.ac.uk）一群"素昧平生"的同好，也提供了许多有价值的意见。

下编 技术・文化

后金的崛起和流寇的猖獗，使得明末许多有识之士相当重视兵学。[1]而在军事的考量以及天主教士大夫的提倡之下，西方当时较先进的火炮制造和操作技术更成为关注的焦点。透过徐光启和李之藻等奉教人士的努力，明朝政府不仅屡次自澳门购求红夷大炮（图表12.1），[2]甚且引进葡萄牙军士教导用炮和制炮的方法。[3]西洋大炮一时成为众所瞩目的战争利器，李之藻即称此器"真所谓不饷之兵，不秣之马，无敌于天下之神物"，[4]汤若望和焦勖亦尝称许西洋大炮"精工坚利、命中致远、猛烈无敌"，胜过中国传统火器"百千万倍"，并可"恃为天下后世镇国之奇技"。[5]

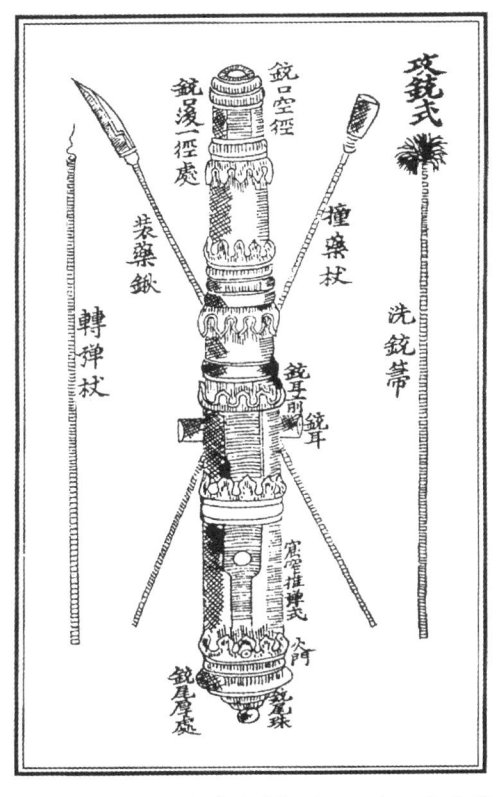

图表12.1：何汝宾《兵录》（1630）一书中所绘之红夷大炮及其附件

其实，西方当时的铸造技术并不特别优越，中国自战国时期冶铸生铁之后，即逐渐掌握了炼制熟铁、可锻铸铁和灌钢等技术，十七世纪，中国炼铁技术与世界先进水平间的差距并不明显。[6]然而西洋火炮在设计上，则具有管壁较厚、炮管由前至后渐粗且倍径（指火门至炮口之距离与内径的比例）较大等特

---

1 如徐光启的门生韩霖，即因其在筑台用炮上的才能，而受到饱遭流寇之苦的山西地方官员的重视。参见拙文《明清天主教在山西绛州的发展及其反弹》。
2 由于西洋大炮首先是由荷兰人传入的，而其时中国称荷兰人为红夷，故名之为红夷大炮。清初因讳"夷"字，改称红衣大炮。
3 张小青，《明清之际西洋火炮的输入及其影响》；马楚坚，《西洋大炮对明金态势的改变》。
4 转引自《徐光启集》，页180。
5 汤若望授，焦勖述，《火攻挈要》卷上，页1。
6 陈良佐，《我国传统的炼钢法》。

点,[7]故射程提高、杀伤力增强且较不易膛炸。此外,西洋火炮的炮身多安有准星和照门,以为瞄准之用,两旁并铸有炮耳,便于架设在炮车或炮架之上,以调整射击角度,操作相当方便。反之,中国传统的火炮虽与欧洲同属前装滑膛型,[8]但却被批评为:"受药不多,放弹不远,且无照准,而难中的。铳塘外宽内窄,不圆不净,兼以弹不合口,发弹不迅不直,且无猛力。头重无耳,则转动不活,尾薄体轻,装药太紧,即颠倒炸裂。"[9]

尤其关键的是,当时西方的军事学已与数学密切结合,如在利玛窦于万历三十五年所撰的《议〈几何原本〉引》中,即有云:

> 借几何之术者,惟兵法一家,国之大事,安危之本,所须此道尤最亟焉!故智勇之将,必先几何之学,不然者,虽智勇无所用之。……吾西国千六百年前,天主教未大行,列国多相并兼,其间英士有能以赢少之卒,当十倍之师,守孤危之城,御水陆之攻,如中夏所称公输、墨翟九攻九拒者,时时有之。彼操何术以然?熟于几何之学而已。可见此道所关世用至广至急也。[10]

强调几何知识乃为精通兵学所必需。而李之藻在天启元年所上的《为制胜务须西铳,乞敕速取疏》中,亦称西国放铳之人均"明理识算"。[11]

如以精习西洋火器闻名的奉天主教官员孙元化为例,在其所著的火炮专书《西法神机》(参见附录12.1)中,即包含许多应用数学的计算实例,此外,孙氏还协助其师徐光启删订《句股义》,并撰有《几何用法》《几何体论》和

---

7 明清之际,中国所见红夷大炮的炮口管厚通常约为内径之1/2—2/3,而炮管的倍径,多在17—35之间,且相当注重炮身各部分的比例,至于明代所铸的传统火炮,其倍径则大多在5—15之间,参见刘旭,《中国古代火炮史》,页284—304;成东、钟少异,《中国古代兵器图录》,页237—241、261—262。有关欧洲火炮在设计上改进的过程,可参见Boyd L. Dastrup, *The Field Artillery*, pp. 3–20。
8 欧洲在十六世纪虽曾流行后装填式的火炮(如传华的佛郎机即属此类),利用多门事先填装好弹药的子铳,以增快发射的速度,但因当时的机械制造技术尚无法配合,导致火药的爆炸气体常从子铳与母炮的接缝处泄出,因此渐遭淘汰。参见Boyd L. Dastrup, *The Field Artillery*, p. 6; Geoffrey Parker, *The Military Revolution, Military Innovation and the Rise of the West 1500–1800*, p. 86。
9 汤若望授,焦勖述,《火攻挈要》卷上,页4。
10 转引自徐宗泽,《明清耶稣会士译著提要》,页259—262。
11 转引自《徐光启集》,页179—180。

下编　技术·文化

《泰西筭要》等数学书,[12]这些数学知识许多都是他在以西法筑台用炮时所不可或缺的。再者,徐光启等天主教学者奉旨所编纂的《崇祯历书》百余卷,虽号称为治历之用,其实当中有些几何和代数学的内容,在军事上的应用要较历法为多且直接。[13]

附录12.1

孙元化《西法神机》的成书时间

先前学界对《西法神机》一书的研究不多,笔者所见之本,现藏北京中国科学院自然科学史研究所图书馆,此外,上海图书馆和日本京都大学人文科学研究所亦各藏有一本。[14]

中国科学院所藏之刻本,凡两卷,半叶十行,行二十二字,前有康熙元年金造士书于古香草堂的识语,末有光绪二十八年杨恒福之跋。由此两序跋中的叙述,知孙元化的后人因伤痛其遭遇,故在吴桥之变后,即将其有关兵事的著作悉数焚弃,幸孙氏的中表亲王式九保存有此书一副本,[15]递传至同里的金造士,[16]再为涛阁葛氏所得。光绪间,葛起鹏始将此一有金氏(应即造士)加注之钞本付梓,[17]并请其友杨恒福作跋。[18]

此书上卷乃由下列诸文所组成:《泰西火攻总说》《铸造大小战铳尺

12　第七章。
13　如所收录的《测量全义》《阛容较义》等书,与天文历法的直接关系并不大,然而其中许多涉及几何制图和计算的内容,则为军事上设计堡垒、量度弹重和测量高远时所必需。前引之书可参见徐光启等,《新法算书》。
14　刘申宁,《中国兵书总目》,页178。
15　王式九其人不详,由于孙元化尝将其自幼抚养在家的外甥女王氏嫁与徐光启之孙尔斗为妻,不知王式九是否即此一与徐光启结为儿女亲家的王家中人?参见王钟纂,胡人凤续纂,《法华乡志》卷6,页21。
16　金造士,字民誉,其兄献士少从侯岐曾游,而岐曾之父震旸尝于天启二年疏荐会试落第的元化筑台制铳,元化后且将其女嫁与岐曾之季子涵。参见程其珏修,杨震福等纂,《嘉定县志》卷19,页22;第七章。
17　葛起鹏,字昧荃,又字飞千,晚号倦翁,嘉定人,同治元年顺天举人,历官至忠州、泸州直隶州,为一收藏家,对其家乡文献之搜集尤勤。参见范钟湘、陈传德修,金念祖、黄世祚纂,《嘉定县续志》卷11,页2—3。
18　杨恒福,嘉定人,同治三年举人,尝署定远知县。参见光绪《嘉定县志》卷14,页56—57。

395

量法》《铸造大小攻铳尺量法》《铸造大小守铳尺量法》《造西洋铜铳说》《造铳车说》《铳台图说》。下卷则包括《造铁弹法》《火药库图说》《炼火药总说》《铳杂用宜图说》《点放大小铳说》等部分。林文照和郭永芳曾撰文简介其重要之内容。[19]

至于《西法神机》的成书年代，书中并未明示。林文照和郭永芳以孙元化所卒之崇祯五年为下限，其实，我们从此书的字里行间或有机会对此做一更明确的推判。经查此书内文，发现以《火药库图说》所叙之事的系年最晚，孙元化在此文中称其尝于天启二年六月随辽东经略王在晋巡寨，[20]因知《西法神机》的成书必在此后。

又，作者在《点放大小铳说》中，曾以"徐宫詹"和"李太仆"称呼徐光启和李之藻。经析究徐、李二人历官的情形，知徐光启乃于天启元年二月因练兵事竣获授少詹事协理詹事府事，[21]三年十二月，升礼部右侍郎，并充纂修副总裁，[22]而李之藻则于天启二年三月任太仆寺添注少卿管工部都水司郎中事，[23]三年二月，因遭纠劾而改调南京太仆寺少卿，[24]旋告归，崇祯三年五月，始在徐光启的推荐下起补至历局供事。[25]此故，孙元化撰成此书的上、下限，应分别为天启二年三月和三年二月，当时徐、李二人分在詹事府和太仆寺任事，所以孙氏称其为"徐宫詹"和"李太仆"。

中国虽早在十三世纪中叶即已发明火炮，并于明代成为军队作战的"长技"，但在几乎所有明以前的兵学著述中，均不曾定性或定量地论及火炮的

---

19 林文照、郭永芳，《明末一部重要的火器专著——〈西法神机〉》。
20 孙元化，《西法神机》卷下，页7。
21 《明熹宗实录》卷6，页2。
22 《明熹宗实录》卷42，页18。
23 《明熹宗实录》卷20，页12。
24 《明熹宗实录》卷31，页5。
25 方豪，《李之藻研究》，页205—207。

瞄准技术。[26]相对地，西方的自然哲学家则一直尝试寻找一个正确的数学表达方式，以描述炮弹的运动。塔尔塔利亚于1537年出版的《新科学》（*La Nova Scientia*），[27]可谓近代弹道学和炮术的重要奠基著作，其中除介绍铳规（又译作量铳规）和矩度等测量仰角和距离的仪具外，还首度析论弹道的特性（如指出火炮在仰角为45°时的射程最远）。虽然塔尔塔利亚所了解的弹道学仍十分粗糙，但其影响几乎长逾一个世纪。

在塔尔塔利亚之后，十七世纪许多一流的科学家亦投入弹道的研究，其中尤以伽利略的贡献最为突出，伽利略于1592—1610年间，将相当大的精力放在军事工程之上，他尝雇请工匠制造发卖一种可供几何和军事学用的多用途比例规，此器除可测量火炮的用药量外，还可方便地解决当时几乎所有常见的代数和几何问题。[28]

有关弹道学的研究，伽利略于1638年出版的《两种新科学的论述》（*Discorsi e dimostrazioni matematiche intorno a due nuove scienze*）中，更出现重大突破。他在该书提出投射物之轨迹为抛物线的主张，并列有一表可帮助炮手计算在不同仰角下炮弹的射程，此一射程值与$\sin 2\alpha$成正比，其中α乃炮管的仰角。[29]

伽利略及其门生的研究成果，在完成后却长期不为炮手们所重视。事实上，直到十七世纪最末的二十多年，塔尔塔利亚的弹道学理论还都是炮手们遵循的范本。科学理论与技术工艺两支传统的合流，并不如想象中容易，教育的不够普及，加上学术与应用两批人士之间的隔阂，或均是主因。[30]

在另一方面，伽利略的理论虽适用于低速、短距离的重迫击炮炮弹

26　如见《中国兵书集成》所收之古代兵书。又，中国古代的弩机上虽有名为望山的瞄准器，但一直未萌生较量化的弹道学，也不曾将其概念移植到管形火器之上；参见李斌，《中国古代文献中的弹道学问题》。

27　此书英译本参见Stillman Drake & I. E. Drabkin, translated and annotated, *Mechanics in Sixteenth-century Italy, Selections from Tartaglia, Benedetti, Guido Ubaldo, and Galileo*, pp. 61-143.

28　比例规虽于崇祯三年左右传华，但其在炮学上的应用，则一直不曾被介绍。参见第十一章；Stillman Drake, "Tartaglia's Squadra and Galileo's Compasso."

29　A. R. Hall, *Ballistics in the Seventeenth Century, a Study in the Relations of Science and War with Reference Principally to England*, pp. 90-91.

30　A. R. Hall, *Ballistics in the Seventeenth Century*, pp. 49-52.

（Heavy Motar Shells），但因其未能考虑进空气阻力的影响，因此在估计较高速炮弹的轨迹时误差颇大，且因当时火炮的铸造和弹药的制造等技术，仍欠缺规格化，均使得弹道学的发展停留在理论阶段，无法用数学较精确地描述真实的物理世界。[31]此一情形一直要到十八世纪中叶始在罗宾斯和欧拉等人的努力下才有革命性改变。[32]

先前学者虽有许多著述论及明末清初传华的红夷大炮，但多偏于史实的陈述或大炮的形制，[33]对火炮操作技术的重大改进及其影响，尚无人做过详细的研究。本章因此详人所略，着重于探讨十六、十七世纪欧洲的火炮学如何将几何和物理的知识仪具化，以便能较定量地掌握射准的要诀，而这些操作火炮用的仪具（如铳规、铳尺、矩度和星斗等）是如何传入中国，在华被接受的状况又是如何。

一、矩度与距离的估算

十六、十七世纪之交，西洋火炮因缘际会地传入中国，当时如矩度和铳规等附件也随炮传入，有关此两器的用法，在塔尔塔利亚出版的《新科学》一书中即已出现，今在中国国家图书馆的北堂藏书中，收有大量明末清初由耶稣会士自欧洲携入中国的书籍，其中即可见到塔尔塔利亚的前引书（编号为3501）。[34]兹先就矩度传华的历史和其功用，试作讨论。

一优秀炮手在发射火炮之前，首需估计敌人的距离。虽然从望远镜中所见人形的大小，可粗估道里的远近，但明季也传入一名为矩度的器具，以精确

31　由于当时乃用泥模来铸炮，故炮身在各方向的强度与厚度都不易达到均匀的地步，且因铸成后得打碎模始能将炮取出，故不太可能有两门炮完全一样。参见Boyd L. Dastrup, *The Field Artillery*, p. 14; Michael Segre, "Torricelli's Correspondence on Ballistics."

32　Brett D. Steele, "Muskets and Pendulums: Benjamin Robins, Leonhard Euler, and the Ballistics Revolution."

33　方豪，《明清间西洋机械工程学、物理学与火器入华考略》；张小青，《明清之际西洋火炮的输入及其影响》；马楚坚，《西洋大炮对明金态势的改变》；刘旭，《中国古代火炮史》，页217—238；Joseph Needham, Ho Ping-Yu, Lu Gwei-Djen, and Wang Ling, *Science and Civilisation in China*, vol. 5, part 7, pp. 365-398.

34　此据*Catalogue de la bibliothèque du Pé-t'ang*, p. 1015.

测量距离。矩度自从被波巴哈采用做天文观测中的角度量测工具后，在十六、十七世纪的欧洲风行一时，[35]其形制与用法在中国首见于利玛窦和徐光启在万历三十五年合撰的《测量法义》。[36]

徐光启在崇祯三年所上的《丑虏暂东，绸缪宜亟，谨述初言，以备战守疏》中，尝称：

> 教演大铳，……一切装放皆有秘传。如视远则用远镜，量度则用度板，未可易学，亦不宜使人人能之，所谓国之利器，不可以示人也。臣尝深虑，以为独宜令世臣习之，自勋戚子弟以及京卫武臣，择其志行可信、智勇足备者教之。[37]

此处提及的"度板"，即是矩度之类的仪具。徐氏建议其原理仅可传世臣，至于实际的操作方法，则应从志行可嘉且智勇兼备的勋戚子弟或京卫武臣中，择善而教之。由徐光启将"度板"视为必须秘传的利器一事，可见其在炮学上的重要性。

同样地，当李之藻于天启元年疏请速取暂贮广信的四门红夷大炮以抵御满洲时，也强调如无法获得此一"秘密神铳"的点放之术，则"差之毫厘，失之千里，总亦无大裨益"，[38]此处所谓的"点放之术"，应亦指的是矩度和铳规等仪具的使用法。

矩度的外形乃为一以坚木或铜制成的正方板（见图表12.2），在乙丙和丙丁两边上各均分成十二等份，次从甲点向各分点作一连线，名之为度，每度还可依矩度之大小再加细分。次于甲乙边上，平行安放相等但相隔之两耳，耳中各有一窍可通光。最后从甲点系一线，线末垂一权，此线应稍长于甲丙对角线，用时任其自然下垂，以审定度数。

35　Maurice Daumas, trans. Mary Holbrook, *Scientific Instruments of the 17th & 18th Centuries and their Makers*, pp. 18–20 & plate 10.
36　利玛窦口译、徐光启笔受，《测量法义》。
37　《徐光启集》，页288。
38　此见李之藻所上的《为制胜务须西铳，乞敕速取疏》，转引自《徐光启集》，页179—180。有关此四门红夷大炮进入中国的始末，可参见张小青，《明清之际西洋火炮的输入及其影响》一文。

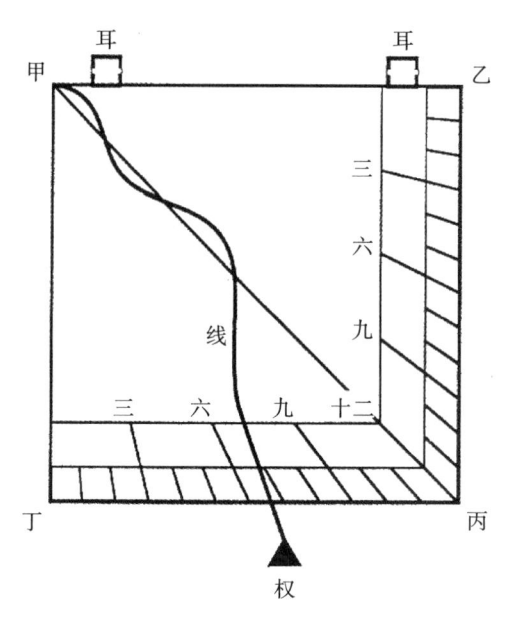

图表12.2：矩度示意图

如欲以矩度测量远物的距离（见图表12.3），则将目光自甲点透过两耳之窍以对准该物体（庚点），令甲、乙、庚三点成一直线，并细审权线所值之度数。若权线交矩度乙丙边的戊点，由于甲丁戊与甲己庚为相似的三角形，此故：

$$\frac{甲己}{己庚}=\frac{丁戊}{甲丁}=\frac{丁戊}{丙丁}$$

其中丁戊与丙丁之比，即权线所值的度数与十二度之比。如观测者立于地平之处，则甲己之高即其目至其足的长度，而所欲测之物的水平距离（己庚）即可由前式求得。但如观测者是站在楼台或城墙之上，则必须先以矩度测得楼台或城墙的高度，再加上观测者由目至足的长度，始为甲己之高。在《测量法义》中，即提供了两种以矩度测量物高的方法。

有关矩度的操作原理，屡可见于明季天主教徒的天算著作中，除《测量法义》之外，利玛窦和李之藻合撰的《同文算指通编》（万历四十一年初刻）一

400

书，亦有介绍。[39]而在孙元化的《西法神机》中，则更述及其实际的用法，曰：

> 铳头低昂，合于天度，别有器量二种：一方，方度二十四；一圆，圆度九十。方器以量敌营之远近，圆器以量铳头之高低。平时先以方器就所据之台，量敌来路高下几何，远近几何，宜用何铳，每里即立一表，或树或石，次以圆器，就所用之铳试击之，视铳头高几度者至何处，低几度者至何处，临时视敌所至，即依所定度数击之。[40]

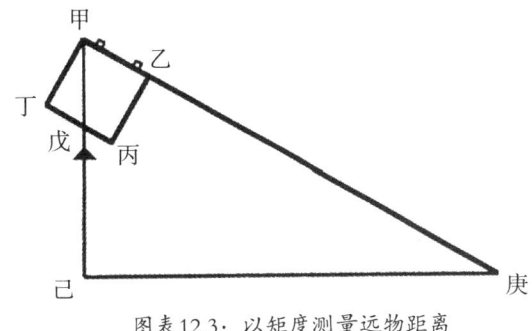

图表12.3：以矩度测量远物距离

知矩度（即所谓的"方器"）和铳规（即"圆器"）的并用，乃为当时操炮瞄准的关键技术。每门炮平时均须先经由试射熟知各不同仰角的射程，如此，临战时才可针对敌之所在调整出最恰当的发射仰角。

二、铳规的形制与用法

塔尔塔利亚在《新科学》一书中，曾以图文介绍了测量火炮仰角用的铳规（见图表12.4），此一量器的发明，可让炮手对其所用火炮的射程有一较适切的掌握。据笔者所知，中文文献中最早提及铳规者，或为孙元化撰于天启二、三年间的《西法神机》，孙氏尝从徐光启习学西洋火器，并同奉天主教，而徐光启又是最早自耶稣会士获得火器知识的中国人之一，因知孙元化丰富的西洋火器知识应主要得益于其教会背景。

---

39 利玛窦授，李之藻演，《同文算指通编》卷6，页1—11。
40 孙元化，《西法神机》卷上，页28—29。

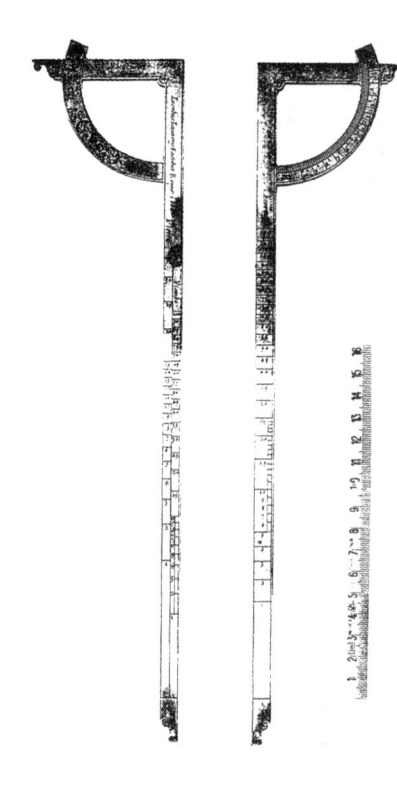

图表12.4：意大利佛罗伦萨科学史博物馆所藏之十七世纪制铳规

此外，在何汝宾的《兵录》中，有《西洋火攻神器说》一章，[41]介绍各种西洋火炮的形制尺寸、弹药用量、铸造技术和弹道射程等事，其中亦绘有数幅铳规的使用图。虽然何汝宾为此书所撰的自序乃成于万历三十四年，但因《西洋火攻神器说》卷首的绪论中，有"迩者宁远之捷，用西洋炮以挫强氛"句，知此章应撰于天启六年宁远大捷之后不久，最迟则不晚于初刊之崇祯三年。[42]

---

41 何汝宾，《兵录》卷13。
42 何汝宾，《兵录》卷13，页1。

附录12.2

何汝宾与其《西洋火攻神器说》

何汝宾，字寅之，号仲升，苏州卫世袭指挥，历官至广东都督佥事，尝负责围剿东南沿海的海寇，并督造"楼舡、甲胄、干戈之属"，[43]此一职务应令其对住居于澳门的葡萄牙人及他们所使用的火器有所认识，并有所接触。崇祯二年，当海寇李芝奇侵扰广东时，澳门当局曾同意出借大铳给明朝守军，其时何汝宾正担任总兵官，身负策应之责。[44]

何汝宾获得西洋火器知识的途径不详，目前尚未见其有与奉天主教人士论交的资料。反而，替其订正《舟山志》并撰序跋的邵辅忠，与万历四十四年掀起"南京教案"的沈㴶为"要盟死友"，此一教案令许多中国教徒被捕，多名传教士也因此被解送出境，对天主教明末在华的传教活动造成严重的打击。[45]

虽然《西洋火攻神器说》中的文字与《西法神机》颇多雷同之处，甚至整段完全一致，惟因何汝宾该章中亦有一些图文未见于孙氏之书，故何氏的《西洋火攻神器说》应非《西法神机》的删节本。由于当时传华的西洋火器知识，几乎完全掌握在耶稣会士或天主教徒手中，故与反教要角相交的何汝宾，欲获得教会中人帮助以编译此章的可能性应不大。经查在泰昌元年至崇祯二年间数度至澳门采购红夷大炮的天主教徒张焘和孙学诗，[46]尝撰有《西洋火攻图说》一卷，[47]书名与何氏十分相近，不知此有无可能即何汝宾摘抄或孙元化参考的蓝本，[48]待考。

---

43 何汝宾，《舟山志》卷3，页9；卷4，页72—74。
44 《明清史料》，乙编，第7本，页622。
45 黄一农，《邵辅忠〈天学说〉小考》。
46 第七章。
47 此书已佚，成书的时间亦不详。参见黄虞稷，《千顷堂书目》卷13，页355。
48 何汝宾在《兵录》中也曾收录赵士桢《神器谱》一书的内容，但亦不曾明白提及此一事实。参见杜婉言，《赵士桢及其〈神器谱〉初探》。

有关铳规的规格和用法,在汤若望与焦勖合作译述的《火攻挈要》中,有相当简明的记载,其文曰:

> 铳规,以铜为之,其状如覆矩,阔四分,厚一分,股长一尺,勾长一寸五分。以勾股所交为心,用四分规之一规,分十二度,中垂权线以取准则。临放之时,以柄插入铳口,看权现值某度上,则知弹所到之地步矣![49]

亦即使用铳规时,乃将其长柄插入炮口,如此即可经由所垂的权线,在弧上读出炮管的仰角(图表12.5)。至于铳规的弧长,实际上要较四分之一圆弧稍长,此因大铳在居高临下发射时,炮身往往会低于水平线,这在图表12.4或《火攻挈要》书首的插图中,均可明显看到。而前引文中所用的单位—"度",乃为塔尔塔利亚书中"punti"一词的翻译,相当于7.5°。

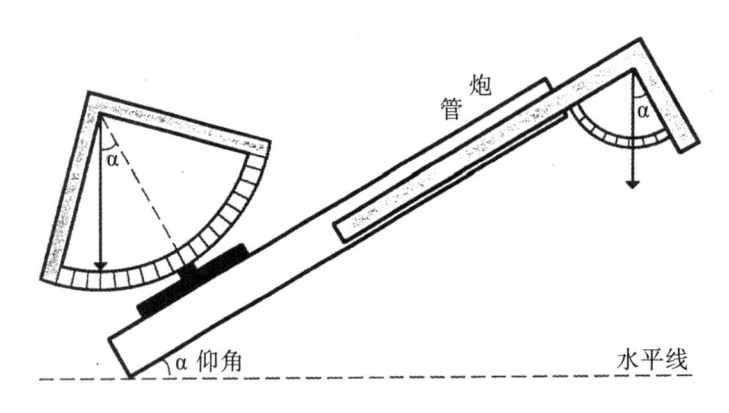

图表12.5:以铳规(右)和测炮象限仪量度一火炮的仰角。
此为示意图,未照实物之比例绘制

---

49 汤若望授,焦勖述,《火攻挈要》卷上,页19。

在《火攻挈要》中，还载有"试放各铳高低远近注记准则法"一条，[50]详细说明各炮在铸成后应如何使用铳规校准。由于当时铸造的品质尚不十分稳定，即使是在欧洲，铸十铳能得二三铳可用者，便称高手，故当新铳铸成后，必须先经过一道道繁复的测试过程，以确定炮身不易炸裂。[51]随后，即取空册一本，将各铳分定等级，并挨次编立字号。次依平常的弹药用量填装试射，注记炮身仰角从水平至45°间（每次调高7.5°）弹着之靶的步数。待全部测试完成后，即照册上的记载，将不同仰角的射程以暗号刻记于各铳之上，以便司铳者随时参照。

此条还建议将注记各铳射程测定表的册子，分造三本，一存铸铳官留底，一存帅府备查，一存将领处以为教练之用。由于各铳的性能不一，故各铳在不同仰角的射程均需抄写成小帖，交司铳的军士熟记。对城池上所配置用于防守的大铳，更得将城外各重要路口或桥梁相应的度数，以暗号详注在小帖之上。

何汝宾在《西洋火攻神器说》中，曾叙及炮管于不同仰角（以铳规量度）下的射程，其文曰：

> 制一量器，用四分规之一，规分十二分。……每高一分，则铳弹到处较平放更远，推而至于六分远步乃止，高七分，弹反短步矣！假若平放，必须铳身上水银点滴不走，方是，则弹远到二百六十八步。仰放高一分，则弹较平放远到三百二十六步，共五百九十四步。高三（二）分，较高一分又远到二百步，共七百九十四步。高三分，较高二分又远到一百六十步，共九百五十四步。高四分，较高三分又远到五十六步，共一千零一十步。高五分，较高四分又远到三十步，共一千零四十步。高六分，较高五分又远到十三步，共一千零五十三步。

在孙元化的《西法神机》一书中，也可见到几乎完全相同的叙述。[52]惟何、孙两

---

50 汤若望授，焦勖述，《火攻挈要》卷中，页17—18。
51 汤若望授，焦勖述，《火攻挈要》卷上，页16；卷中，页16。
52 何汝宾，《兵录》卷13，页3；孙元化，《西法神机》卷下，页20—21。

405

人，均不曾提及此一数据的来源及其所对应之炮的形制和弹药的分量。

事实上，此一组射程值应源自西班牙工程师柯拉多的实测结果，[53]柯拉多于1586年初刊的《实用炮学手册》（*Prattica manuale dell' artiglieria*），[54]可说是第一本真正叙述详尽且绘图精密的炮学专著，该书兼顾理论与实际，影响深远。柯拉多当时乃用一名为Falconet（中译或作鹰嘴铳）的小口径炮进行测试，弹重3磅，其所用射程的单位为pace（约合58厘米），何、孙两人均将之意译作"步"，并注记换算的公式为"每步计二尺"或"每步几二尺"，明代一尺约合31厘米。

柯拉多发现当炮的仰角增大时，所增加的射程步数锐减，且无法用一简单的公式推求出各不同仰角的射程，此一看法与塔尔塔利亚一致。[55]今从《西法神机》和《火攻挈要》二书中所给出各种大铳在不同仰角下的射程，[56]亦可发现其中确无规则可循，无怪乎汤若望强调：

> 以上俱系约略之数，盖以铳塘有长短不同，药性有缓急不等，装法有松紧不一，故不便执定细数，以滋疑虑。倘必欲细数，亦必将各铳依法备细试验，注记明白，方可定数以为准则也。[57]

亦即认为各铳的性能难求一致，必须经由测试，始可作为操作时的准绳。

从前述的讨论，我们可以发现明清之际所译介的欧洲火炮书籍，往往直接采用原书上的数据，而未依中国行用的度量衡单位加以换算，且翻译西方单位时还袭用中国原有的名词，此举颇易引起混淆。如明代以一步为五尺（合156厘米），而圆周定义为365.25度，即均与《西法神机》等书上的定义相差甚远。此外，《西法神机》在叙述各种火炮所应装填的弹药时，亦使用

53　A. R. Hall, *Ballistics in the Seventeenth Century*, pp. 31 & 46.
54　北堂的藏书目中，即可见此书1641年的重印本，编号为3249。
55　A. R. Hall, *Ballistics in the Seventeenth Century*, p. 46.
56　汤若望授，焦勖述，《火攻挈要》卷中，页18—19；孙元化，《西法神机》卷下，页19—21。
57　汤若望授，焦勖述，《火攻挈要》卷中，页19—20。

"斤"来翻译"pound",[58]然而当时中国所行用的斤(=597克)约折合1.32磅(pound),如不明其中的差异,则有可能多填用了32%的火药,而增加膛炸的危险。[59]

铳规虽颇便于量度炮管的仰角,但在操作时则必须冒着枪林箭雨的危险,前至炮口处测量,此故,稍后即有人发明可置于炮管末端使用的火炮仰角仪(Gunner's Level 或 Clinometer),此仪的主要构造及其用法的示意图,可见于图表12.5。[60]今北京的故宫博物院藏有一黄铜制成的测炮象限仪,其中即包含一火炮仰角仪。虽然在《皇朝礼器图式》中,曾叙及测炮象限仪的形制和用法,[61]惟因其他文献均不曾提到此仪或火炮仰角仪,故此类与铳规形异功同的仪具,是否曾为中国炮手们所广泛使用,仍待考。笔者怀疑构造远较铳规精巧的测炮象限仪,或仅流于皇家的赏玩之物。[62]

三、铳尺的刻划与弹药的装填

为使每门火炮得以发挥最大威力,炮手还必须讲求所装填炮弹的大小和火药的用量。虽然明清之际所使用的炮弹形制甚多,[63]但其中仍以可作为攻城利器的实心圆弹最常用。[64]由于当时的铸造技术尚欠精良,为减少不合式或生锈之炮弹于爆炸后卡在管内的危险,通常均取游隙为内径的1/21,亦即设定内径为弹

---

58 虽然《西法神机》所根据的原书不详,但如其文中有称:用弹和药各"十斤"的半蛇铳,平放射程为550步,仰放最远可达5500步(卷下,页22);而1603年左右,西班牙军队所用的火炮数据表中,亦记载装填10磅铁弹的Demi-culverin型火炮,其平放射程为550 paces,45°仰放则可至5500 paces。从类似的对比,我们可以发现孙元化乃据西书上的数值直接译介。参见A. R. Hall, *Ballistics in the Seventeenth Century*, p. 167.
59 如孙元化在《西法神机》中尝曰"药少,则送弹不远,如多至一斤、半斤,即恐不虞"(卷下,页18)。
60 Jim Bennett and Stephen Johnston, *The Geometry of War 1500-1750*, pp. 35-44.
61 允禄等,《皇朝礼器图式》卷3,页71。
62 近代欧洲许多可用于火炮操作的仪器,亦往往赏玩的价值高过实用,参见Jim Bennett and Stephen Johnston. *The Geometry of War 1500-1750*, pp. 9&14. 又,因丁拱辰在道光间所撰的《演炮图说》中,仅论及象限仪或量天尺(此均为铳规之别名)的使用,而不曾提到火炮仰角仪和测炮象限仪,知两仪当时均属罕见。
63 汤若望授,焦勖述,《火攻挈要》卷上,页22—24。
64 今在北京的军事博物馆和首都博物馆等处,仍可见到当时所用石制或铁制的实心圆弹留存。朝鲜王朝所用各式炮弹的图片,亦可见赵仁福编,《韩国古火器图鉴》,页153—155。

径的1.05倍，此值导致炮弹的威力被大幅削弱，据估计每次发射所装填的火药即有1/4至1/2因而浪费掉。[65]

在《火攻挈要》中，亦尝述及游隙的原理和其理想值，文曰：

> 合口之弹，不可太小，小则铳塘缝宽，火气傍泄，发弹无力，且不得准。亦不可太大，大则阻拦塘内，倘偶发不出，则铳必炸裂。其法必欲大小得宜，凑合口径，微小二十一分之一，更欲光溜极圆，毫无偏长、歪斜等弊，则击放之际，火力紧推弹身，必更远到而中的矣！[66]

其中所提出弹径与管径的最佳比例，即与欧洲所用之值完全一致。

当炮弹的重量确定后，炮术家们认为所需装填的火药，亦应有一理想值。塔尔塔利亚指出最恰当的状况在使火药于完全燃烧的瞬间，刚好将炮弹推至管口，如此可使炮弹获得最大的推力。如用药过多，不仅浪费且还有膛炸之虞；用药过少，则炮弹在受到最大的推力后，仍处于管内，其运动将会受到管壁的阻碍而威力衰减。[67]

在十六、十七世纪，欧洲各国所用的火炮形制颇为混乱，共有大鸩铳、半鸩铳、大蛇铳、半蛇铳等十余炮种，每一炮种乃以其倍径相同作为主要特征。这些炮种有的尺寸相当多样化，如西班牙军队所用的大鸩铳，即有使用30、35、40、45或50磅铁弹者，而不同国家对炮种的定义亦略有出入，即使是同一国家也不曾完全标准化。[68]当时的铸炮者根据实际的测试结果，发现每门炮所需装填的药弹重量比，常随其炮种的不同而变化甚大。1600年左右，西班牙炮兵即定义大蛇铳和半蛇铳的药弹重量比为1∶1，半鸩铳为3∶5，大鸩铳为1∶2。[69]

此一"药弹相称"的发炮要领，当时在中国并不为人所普遍熟知，如崇

65　A. R. Hall, *Ballistics in the Seventeenth Century*, pp. 69–70.
66　汤若望授，焦勖述，《火攻挈要》卷上，页22。
67　A. R. Hall, *Ballistics in the Seventeenth Century*, p. 69.
68　下文中有关各炮种的规格数据，均请参阅A. R. Hall, *Ballistics in the Seventeenth Century*, pp. 166-169.
69　此为综合中、欧文的资料所得知。参见孙元化，《西法神机》卷下，页22—23；A. R. Hall, *Ballistics in the Seventeenth Century*, p. 167.

祯三年崇祯皇帝曾因当时炮手有使用空炮（指象征性地填装火药）者而加以严惩，故此后炮手"每炮用药必满"，大大增加了膛炸的可能。[70]此外，徐光启于奉旨铸炮时，崇祯皇帝也曾因花费甚巨，而下旨要徐氏试验在炮中装填更多的弹药，希望能借以增强威力，徐光启即曾因此上疏向皇帝解释药弹不能随意加添的道理。[71]崇祯四、五年间，发生吴桥之变，莱州的明朝守军在使用西洋火器抵御孔有德的叛军时，也尝因不谙正确比例而装药过多，结果不仅膛炸并有多名炮手伤亡。[72]

由于炮弹的材质（以铅、铁、石为主）常受制于环境而无法划一，司铳者为求能以最经济的火药量将炮弹击出，并尽可能减少发射时的后坐力，故对较轻的炮弹，往往装填以较少的火药，以使炮弹离开炮管的初速维持定值，如此，各炮在新铸之初所做的射程测定表，即无须因所用炮弹的不同而做任何调整。

为帮助司铳者判断不同材质的圆弹所应填装的火药量，[73]十六世纪欧洲的火炮制造者，即在铳规上刻有相应的比例尺，让炮手无须复杂的计算，就可简便地估计装药量。《火攻挈要》一书中曾叙及此种铳尺曰：

> 其权弹用药之法，则以铳规柄画铅、铁、石三样不等分度数，以量口铳若干大，则知弹有若干重，应用火药若干分两。但铁轻于铅，石又轻于铁，三者虽殊，柄上俱有定法。无论各样大铳，一经此器量算，虽忙迫之际，不惟不致误事，且百发百中，实由此器之妙也。[74]

知在每门大铳所附的铳规长柄上，大多刻划有铳尺。[75]

---

70 何光显，《圣主中兴全盛录》卷2，页32—34。
71 《徐光启集》，页302—304。
72 毛霦，《平叛记》，页17。
73 若为增强杀伤力而欲发射铁菱、铁炼、小铁弹和碎石时，亦可依实心球形铁弹的斤两装填，至于药量的使用亦同。参见孙元化，《西法神机》卷下，页22。
74 汤若望授，焦勖述，《火攻挈要》卷上，页19。
75 此类铳尺也可见附刻于其他火炮用的仪具之上，如见 Jim Bennett and Stephen Johnston, *The Geometry of War 1500–1750*, p. 34.

中国军队用过的铳规和铳尺，似已无实物留存，欧洲现存的此类火炮用附件亦不多。笔者在意大利佛罗伦萨科学史博物馆的藏品目录中，见到一个数学工具箱，[76]其内即有一具1688年意大利制的铳规（图表12.4），长柄约合31.5厘米，此与《火攻挈要》所称铳规"股长一尺"（约31厘米）的记载相近，柄上可见一条标明为Ferro（铁）的非线性间距尺，从0至120间，每隔五个单位有一刻划，其中在0—25之间，更每隔一个单位即有一细刻划。而在长柄的另一面，也有注明为Pietra（石）和Piombo（铅）的两条非线性尺，刻划分别在0—36及0—100间。

　　据笔者的推判，操作时炮手先须依炮弹所使用的材质（铁、铅或石）择取一条相应的非线性尺，次将该尺的零点对准炮管的内壁，再沿着炮口某一直径方向读出内壁另一端所交铳尺的刻划，该值即为所应装填的火药重量。由于石弹的杀伤力较小，且需人工切磨，相当耗时，而铅弹的造价又较高，故当时西方已多使用可大量模铸的铁弹，[77]此或为铁弹用尺单独出现在柄上一面的主因。

　　依照基本物理学和化学的常识，在炮弹初速保持不变的情形下，所需的火药量应大致与炮弹的重量成正比，亦即约与炮管口径的三次方和炮弹的密度成正比，故各铳尺在某一点上所刻划的火药重量值，

图表12.6：以铳尺从炮口量出炮弹该用的火药量

76　Museo di storia della scienza, Firenze–catalogo, pp. 42–44.
77　Simon Pepper and Nicholas Adams, *Firearms and Fortifications, Military Architecture and Siege Warfare in Sixteenth-Century Siena*, pp. 8–9.

410

应与其零点至该点距离的三次方成正比，而三条铳尺上刻划相同药量之点至零点的距离，则应与炮弹密度的三分之一次方成反比。经查佛罗伦萨科学史博物馆所藏铳规上的非线性尺，其刻划的规则即与前述的理论推判完全相合。

虽然火药的配制当时还无法完全标准化，但铳尺的发明可使炮手迅速地掌握恰当的药量，实为火炮发射技术上的重大突破。或因此一缘故，铳尺的形制和其操作方式在中国往往被视为秘学，以致在当时论及西洋火器的中文书中，对其具体的使用方法，即大都不曾着墨，所绘之图也不翔实。如在《火攻挈要》中，仅于书首绘有一铳尺的略图（见图表12.7左图），其上列有标明为石、铁和铅（"铅"字脱漏）三种不同的比例尺，惟各刻划的间距相当粗略，各数值对应之点亦不明确。

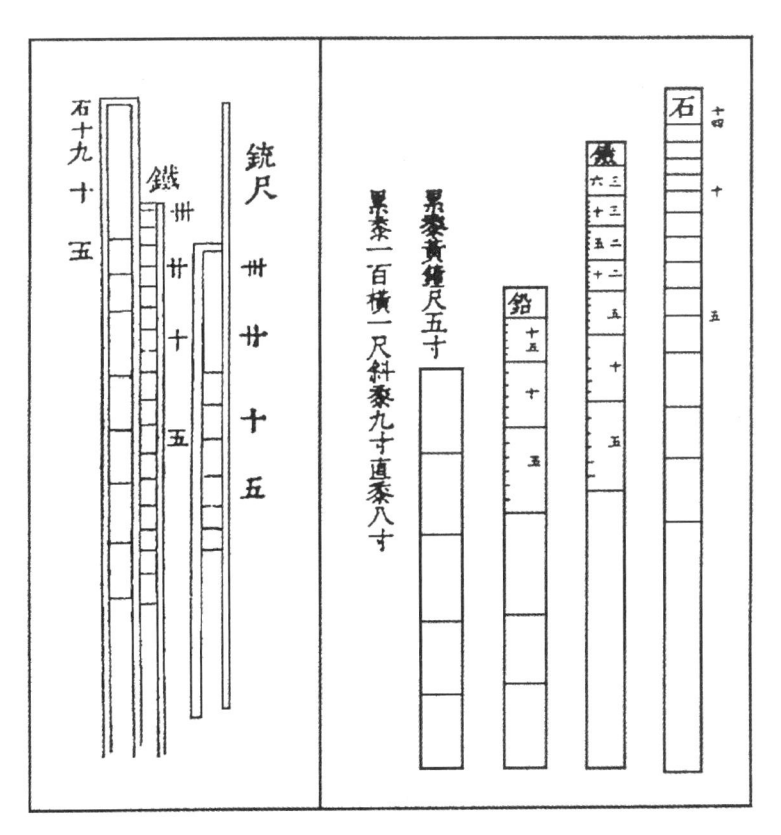

图表12.7：《火攻挈要》（左）和《西洋火器法》上所绘铳尺之刻划

除了《火攻挈要》之外，据笔者所知，在明清之际的中文文献中，另一幅硕果仅存的铳尺图，乃见于穆尼阁所撰的《西洋火器法》一书（见图表12.7右图），[78]但该书对尺上的刻划或使用的方式亦不曾做任何说明。

《西洋火器法》的成书时间不详，然因穆尼阁在顺治二年始抵达澳门，并于十三年病逝，[79]故必撰于1645—1656年间。穆尼阁在华期间尝于南京为薛凤祚、方中通、汤濩等人讲授西学，其与薛氏的交往尤多。[80]薛凤祚，字仪甫，山东益都人，融贯中、西之学，曾编选《历学会通》近六十卷，书中即收录有《西洋火器法》一卷，惟易名为"中外火法"，卷首题："南海穆尼阁撰，青州薛凤祚述。"[81]薛氏对军事之学也颇有造诣，尝亲自训练乡兵、修筑堡垒，其所师事的鹿善继，更是名将孙承宗经理辽东时的主要幕僚，且为徐光启的得意门生。[82]

虽然《西洋火器法》中的铳尺刻划要较《火攻挈要》清晰许多，但仍有失精确，如在该图的比例尺上，两差距为5的数值间，原应有五格较细的刻划，但图中却误分成六格，又，铁弹用尺上的"十五"被刻成"五"，且同书所绘的铳规图，本应将一象限分成十二等份，也被误绘成十三等份。此外，书中所列各不同仰角的射程表（以平射时之射程为基数），[83]亦有多处数值有误，这些讹误出现的原因，或有可能是有意为之，以避免泄露此一秘学。

经查佛罗伦萨科学史博物馆所藏之铳规上刻有"Iacobus Lusverg Roma 1688"字样，知其所标示的重量单位很可能是罗马当时行用的libra（=327克）。在细推其上的刻划后，我们可发现此尺应是设计用于药弹重量比为1∶1的火炮（如大蛇铳和半蛇铳）。[84]十七世纪初，欧洲各国所定义大蛇铳和半蛇铳

78　此书乃收入《古今图书集成》，经济汇编戎政典，卷75，火攻部，页60—62。
79　Joseph Dehergne, S. J., *Répertoire des Jésuites de Chine de 1552 à 1800*, p. 255.
80　有关薛凤祚的生平，可参见方豪，《中国天主教史人物传》中册，页126—130；袁兆桐，《清代历算名家薛凤祚》；胡铁珠，《薛凤祚》。
81　薛凤祚编选，《历学会通》。
82　《明史》卷267，页6889—6890；陈铉编，《鹿忠节公年谱》卷上，页7。
83　此表乃根据柯拉多《实用炮学手册》一书中所列的射程演绎而得。
84　如一炮使用10磅之铁弹，因纯铁的密度为0.285磅/英寸³，故其相应的弹径应为4.06英寸。经代入当时最常用的游隙值（内径为弹径之1.05倍）后，可推得该炮的内径约为4.26英寸。再以图表12.4上铁弹专用的铳尺量估，知需装填约14 libra的火药，此一重量恰相当于10磅左右。

的倍径均约在26—30之间，其中大蛇铳的内径通常为12.5—14厘米，装填15—22磅重的铁弹，而半蛇铳的内径则为10—11.5厘米，使用8—12磅之弹。今在北京故宫午门和端门之间的广场上，堆置了十多门铁炮，其中大部分的形制显然均属大蛇铳或半蛇铳，亦即当时这些火炮的操作可能均使用了刻划与图表12.4相同的铳尺。

据笔者实地查访并参考文献中的记载，知明末清初所仿造或进口的红夷大炮，其内径均未有超过14厘米者。由于大鸩铳（倍径约为17.5—19.5）所使用的铁弹多在30—60磅间，相当于内径15—20厘米，因知当时在中国的战场上或尚不曾出现属于大鸩铳的巨炮。至于其他炮种的尺度，中国的铸造者则往往自订规格，如在成东和钟少异《中国古代兵器图录》中所收录的许多明末清初火炮，其倍径或药弹重量比，即往往不易归入当时欧洲的某一炮种。

在理想状况下，每一批炮铸成后，铸造者均需加以测试，并将校准好的专用铳尺随炮发送军队使用。至于铳尺上的刻划，则依各炮种不同的药弹重量比，而以等比例增长或缩短。然而，在中国实际的情形恐非如此，此因铳尺的原理当时仍属于掌握在天主教人士手中的秘学，故一般铸炮者或炮手很可能均不太熟悉此一较科学的工具，临战忙乱之际，或只有自求多福了。

当时欧洲的炮手在估得应用的药量后，通常使用装药锹来装填火药，此锹前端乃为一以长方铜片卷成的半圆筒形容器，其直径约与炮管的内径等同，容器上并有刻划以显示填装量。[85]后为提高装药的速率，也渐发展出预先缝入特定药量的药包，据孙元化的《西法神机》中所称，其制法和用法如下：

> 预以圆木范铳空径大小，用布与纸照样粘缝装药，仍封号明白，使用点放之时，先以铁钉入火门，破其包裹，乃用引药。[86]

亦即在塞入以薄布或厚纸缝成的圆柱形药包后，再从点火的火门处以铁钉刺破，即可使用。

85　Jim Bennett and Stephen Johnston, *The Geometry of War 1500–1750*, p. 15, figure 8.
86　孙元化，《西法神机》卷下，页15—16。

虽然在《西法神机》中，已介绍了药包的制作和使用，但一般明军对此一装药的方法似仍十分陌生，如在吴桥之变中，抵御叛军的莱州守军，初对火炮的装药量和填装法就均无概念，此一情形直到神武左营参将彭有谟于崇祯五年二月率师入援后，始有改善，彭氏原领川兵防守旅顺，颇具战斗经验，入城后，随即定各炮填药的多寡，并命以纸将每斤火药裹作一包，如此在急忙中便不致差错，又命在装入炮弹后，以废纸或旧絮塞紧炮管，使炮口即使向下也无坠脱之虞。[87]

红夷大炮在装填火药时，其实还颇有讲究，如在用撞药杖将火药塞实时，即不可过紧，否则会因缺氧而产生闷烧的现象，这时就得将炮弹取出，再以装药锹将药粒弄松，但在弄松之际，往往会因火药正迅速燃烧，而将药锹轰开，危险性相当高。又，在两次发射间，炮手必须用洗铳帚将残留炮管的灰烬清理干净，因若余烬尚存，则易在装填新药时引发爆炸伤人的惨剧。[88]

《西法神机》中对发射的安全性也相当在意，其文有云：

> 放铳讫，火气未消，用鸡毛刷铳腹，引出火气后，可入药再放，放毕，亦如之。铳放三次，火气已盛，铳身大热，入药恐惹起火，候其火退冷定，即用水洗铳身，将木棍缠布湿水洗入铳腹，方可进药。大抵每铳只好连放二次、三次，多则红热难近，……倘频放大热，则以羊皮毛帚浸醋，搅其中，润其外，醋性行火性敛，不待凉冷，又可点放也。[89]

指出火炮不可连续多次发射，否则会导致过热。由于药弹的装放过程相当繁杂，每门大铳往往需配属二至五名炮手，且因每次发射前均需花费相当时间重新调整炮的位置和仰角，此故在十七世纪中叶的欧洲，即使是一流炮手，每小时也只可能发射约十发炮弹，且每发射四十发后，更得暂停一小时，以冷却炮

---

[87] 毛霦，《平叛记》，页17。
[88] Boyd L. Dastrup, *The Field Artillery*, p. 5.
[89] 孙元化，《西法神机》卷下，页18—19。

管。[90]吴桥之变中的莱城守军，即或因不谙操作技巧，而导致三十余位大炮中有二十四位因过热而爆裂。[91]

四、星斗与火炮的瞄准

虽然铳规、铳尺和矩度的配合使用，大大提高了火炮在曲射时的准确度，然而距离百发百中的程度，仍有未逮。故明末清初的炮手往往将大炮当作平射武器使用，如此即可在近距离发挥极大威力。惟因受到当时铸造技术的局限，不仅炮膛不易做到光滑平直，即使炮身的厚薄轻重也很难一致，如此，放炮时就会出现偏差，[92]且由于红夷大炮的炮身多是由前至后渐粗，亦即炮的中心线与炮身并不平行，故在平射瞄准时也会产生误差。炮术家于是发明星斗以解决此一问题，此处所谓的星斗，实为两物，分指在炮口的口箍之上所立的星表（或称准星、照星）和在炮底外缘所安装的照门。

南怀仁在康熙二十二年撰成的《穷理学》中，曾论及应如何改正炮的偏向，[93]他建议在炮上安放用蜡制成的星斗，先令经过星斗之视线与炮膛的中心线尽可能平行，次从星斗瞄准标靶，再由弹着点左右或上下所偏的距离，透过几何学的法则估算并调整准星的左右位置或高低。

康熙二十年正月，南怀仁将奉旨铸成的两门神威战炮的样炮运往清河试放，圣祖在亲临观看后谕旨曰："大小铳炮之准法，原在星斗相对。著那而泰、苏达同南怀仁将新式二炮带往御前山，正对星斗试放。"[94]八月，南怀仁据前述样炮铸成铜炮三百二十位，经钦定命名为"神威将军"。南怀仁随即以三个月的时间督率两百四十名八旗炮手学习正对星斗之法，务求各兵均能连中一百步弓（约合200米）远的鹄心至少三四次。

90　A. R. Hall, *Ballistics in the Seventeenth Century*, p. 169; B. P. Hughes, *Firepower. Weapons Effectiveness on the Battlefield, 1630–1850*, p. 35.
91　毛霦，《平叛记》，页11。
92　南怀仁，《穷理学》卷8，页17—18。
93　南怀仁，《穷理学》卷8，页17—20。
94　本节中有关此炮的叙述，均请参阅南怀仁等，《熙朝定案》，页351—376。有关此一版本的讨论，详见黄一农，《康熙朝涉及"历狱"的天主教中文著述考》。

415

康熙皇帝对南怀仁的表现异常满意，盛誉在历来所铸之炮中，"从未有如此准者"，南怀仁则将功劳转归于皇帝，回奏曰："此准炮之法，出自皇上创立指示使然，微臣何敢冒为有功。"又称："其口箍上立星表高度几何分等项，皆我皇上亲历较定已经试验者。"并谓："皇上睿创准炮之法，乃千古所无，允宜传于后世，永远遵行，故阐明其所以然，遂备二十六题之理论、四十四图之解说，并加数端同类之用法，缮写进呈。"且于二十一年正月进呈《神威图说》（已佚）。

虽然南怀仁声称"正对星斗之法"乃康熙皇帝的创见，但这应纯属官场上的阿谀之辞。此故，他在《穷理学》中详述应如何安放星斗时，即完全未提及此法为康熙皇帝所发明。星斗在火炮上的使用，很可能是南怀仁最早引进中国的，在其于康熙二十年铸成的"神威将军"上，除刻有应用的火药和铅子重量之外，即首度出现"星高七分"的铭文，至于南怀仁在康熙二十八年铸造的"武成永固大将军"上，也记星高为六分三厘。惟清朝军队随后对星斗的重视渐减，故今在十八、十九世纪所造大炮的铭文之上，即少见有关于星斗高度的数据。[95]

五、晚清对火炮测准技术的认识

清初虽因借重南怀仁等耶稣会士的能力，在制炮方面颇有进展，但随着三藩之乱的底定和台湾郑氏政权的败亡，清廷对火炮的重视开始大幅减弱。在曾经著录或现仍留存的兵书当中，我们可以发现从康熙末年至嘉庆朝，几乎有一百五十多年的期间，竟然未见任何讨论火炮的专门书籍出版。[96]此一情形直到鸦片战争爆发后始见改变，陆续出现汪仲洋的《铸炮说》（1840）、丁拱辰的《演炮图说》（1841）、龚振麟的《（铸炮）铁模图说》（1842）和《枢机炮架新式图说》（1842）等著述。

其中《演炮图说》一书，专门论及火炮的测准技术。作者丁拱辰为福建

---

95 成东、钟少异，《中国古代兵器图集》，页262—265。
96 刘申宁，《中国兵书总目》。

监生，曾游学海外，私习了一些火炮的操作原理，回国后投效军中，并呈献象限仪一具，经演放实测后，证明颇准，因而获赏给六品军功顶戴。道光二十二年，靖逆将军奕山等更将其书和所制的象限仪进呈御览。[97]丁氏当时之所以受到重视，显然因夜郎自大的清廷方在第一次鸦片战争中为英军重挫所致。

丁拱辰所造的象限仪，实为前述明末铳规的改良体，其圆弧的半径加大成五寸七分，张角为100°，每度又再细划为十等份，长柄上安有两个小铜圈，如此即可用以测视其他物体的地平高度（用法与矩度相类）。丁氏在象限仪上将角度细分的做法，在中国并非首创，如戴震于乾隆二十三年成书的《句股割圜记》中，即曾将铳规上的45°角细分成一百份。[98]

丁拱辰在《演炮图说》中还尝说明应如何以象限仪测试各炮的特性，其文曰：

> 先将炮口安平，然后将此仪插入口内，使垂线不偏左右，其炮身中线自与之俱平。如欲击百丈以内之靶，则先以线平试演一炮，视弹去到靶或高或低，低则加高，高则落低，……其加落若干度、若干分，均须随时记清，以后施放，即为准绳。如欲击二百丈之靶，又须较之百丈量为加高，如系击三百丈，则又须倍加，总期中肯为率，余可类推。……大炮固能击远，然过远则弹去究竟无力，大约三百丈之内、一百丈以外，方能有劲也。[99]

前引文中所述用炮的方法，全凭实际测试的数据，丝毫未论及炮弹飞行的轨迹。

然而有关弹道的描述，早在孙元化的《西法神机》中，即有粗略的文字记载，称"全用其直势，亦半用其曲势"，[100]可惜该书并未做进一步的解说。直到南怀仁编撰《穷理学》一书时，始见较详细的讨论，其文曰：

97　奕山等，《进呈〈演炮图说〉疏》。
98　戴震，《句股割圜记》卷上，页13。
99　丁拱辰，《用象限仪测量放炮高低法》。
100　孙元化，《西法神机》卷上，页28。

417

> 总论重物之动，有依两道而行，一曰：因性之道，即上往下之行；二曰：强性之道，即或横或上而行。其因性之道者，即从上往下，作正垂线而行，缘下为其本所也。……重物强性而行，由两彼此相反之力而动，一曰：本性之内力，向下行；二曰：逆本性之外力，向上行，……则重物空中之道，非依直线往上往下，惟依曲线，而仿佛圭窦形之线，一半往上，一半往下行矣！[101]

文中仍依据亚里士多德的理念，将重物的运动分成因性之道（向地心）和强性之道（受人为之力）两部分，但对其轨迹则接受曲线的说法。前引文中所谓的圭窦，原指穷人在墙上所凿之门，其形上锐下方。

此外，《穷理学》一书中还有《推重物道远近高低之仪》《求不拘何炮之弹、弓之箭等至远步几何》《求勿论何炮之弹、弓之箭各本道内空中所行最高系步数几何》《炮弹行空中顷刻秒微表说》等节，并随附"炮弹远度比例表""炮弹高度表"和"炮弹起止所行顷刻秒微之表"三个数表及其使用说明，以帮助读者推算炮弹的射程、高度和起止时间，[102]其值分别与$\sin 2\alpha$、$\sin^2\alpha$ 和 $\sin\alpha$ 大致成正比，这些均是根据伽利略和其门生所推演出的公式。南怀仁或因这些公式被认为对炮手的实际操作相当有帮助，以致将之收入此书。惟因《穷理学》一书罕见流传，故其所介绍的弹道学新知，可能一直要到十九世纪下半叶始较为中国人所熟习。

丁拱辰在其《演炮图说》一书中，也曾提及应如何解决炮管中线与管身不平行的问题，[103]其文有云：

> 于炮头制一干坚木圈，周围与炮尾一样大，不容毫发之差，将木圈套附炮头，与炮口平齐，……而新铸之炮，立令匠人于炮头外皮渐渐加厚，如花瓶口，围至与尾一样大，便合用矣！

---

101 南怀仁，《穷理学》卷8，页16—17。
102 南怀仁，《穷理学》卷8，页20—31；Michael Segre, "Torricelli's Correspondence on Ballistics"; Shu Liguang, "Ferdinand Verbiest and the Casting of Cannons."
103 丁拱辰，《西洋用炮测量说》及《炮圈图说》。

亦即建议在旧炮的炮头上安加一环形的木制炮圈，其内环的直径即炮头的外（直）径，而外环的直径即炮尾的外（直）径。至于新铸之炮，丁氏则建议将炮口的外壁直接铸成花瓶形，令头尾之围径均等。笔者在厦门的胡里山炮台上，即见有数门花瓶口的火炮。惟王韬在其于同治二年成书的《火器略说》中，则谓此举并无必要，他认为只要加一炮圈，即应已敷用。[104]

除了垂直方向的校准之外，丁拱辰也论及水平方向的校准，称：

> 新铸之炮……炮头上面正中，要起一珠为表，炮尾大围之处，上面正中亦当起一珠为表，与前表相对，更为细微。已成之炮……若再加珠为表，其法益密。绘明珠式，以便安置，前珠可钉在木圈上面正中，后珠可安在引门后上面正中。安后珠之方法，如铜炮可钻一螺蛳窍，旋转入窍，如是铁炮坚刚难钻，可用松香煮蜡粘之，或用牛皮胶均可。如若脱落，再粘亦易。测准之法如式，由两表尖峰对正，均平为准。

他主张应在炮头和炮尾的上面正中处，均安装一瞄准用的珠。文中甚至连安装的方法，也详加解说。如若炮圈遗失或损坏的话，丁氏更建议在炮头缚一与炮圈的环宽等高之三角形标识替代。

丁拱辰亦曾在其新订刊行的《增补则克录》中论及铳尺，其文曰：

> 欲量铳口配铁弹、铅弹、石弹径若干，计算各弹重几何，绘铁、铅、石三等分寸于铳规之柄，似不便于用。拙作算弹重数内，用营造尺量弹径，如四寸者，作长、阔、高各四寸，自乘得十六寸，再乘得六十四寸，圆折方以五二三六折，得实积三十三寸五分，以每寸方生铁重五两八钱一分，计之得重十二斤（农按：一斤为十六两）。余可类推，比较便捷耳。[105]

104　王韬，《火器略说》，页24。
105　汤若望授，焦勖述，丁拱辰校订，《增补则克录》卷下，增页6。

419

丁氏在前引文中严重误解了铳尺的主要功能,他以为其上的刻画乃用来推算不同材质和不同直径之炮弹的重量,而不知此一设计主要是为了估计应装填的火药量,显见当时有关铳尺的正确用法或已失传。

前述丁拱辰所提及的火炮操作原理和技术,其实均不曾超出明清之际的水平,但由其获赏给六品军功顶戴一事,知清廷在康熙朝以后很长的一段时期,对火炮知识的了解,明显不进反退。

在丁拱辰之后,李善兰(字壬叔)也于咸丰九年撰成《火器真诀》一书,尝试引进几何学以介绍弹道学的原理,李氏后并借此书获提拔为曾国藩在安庆大营的幕客,但可惜其才华并未能充分发挥。[106]

王韬在《火器真诀》出版的当月即将该书阅览一过,并在其日记中写道:

> 壬叔近著一书,曰《火器真诀》。诏(农按:谓?)铳炮铅子之路,皆依抛物线法,见其所著《重学》中,而亦能以平圆通之。苟量其炮门之广狭长短,铅丸之轻重大小,测其高下,度其方向,即可知其所击远近,发无不中。炮口宜滑溜,铅丸宜圆灵。……欲知敌营相距几何,则以纪限镜仪测之,然后核算宜纳药若干,铅丸若干,正至其处,无过不及。西人所以能获胜者,率以此法,其术亦神奇哉![107]

字里行间对李善兰此书的评价似乎颇佳。

但当王韬稍后对弹道学的了解增加之后,则对李善兰之书有所批评,如他在《火器略说》一书中,即尝称《火器真诀》中所言多属理论,与实际的情形或不相合,其言曰:

> 李君但知算法一定比例,而不明弹出之路有时有高低、远近、迟速、斜直,其度数至有不齐也。今试立一靶于此,炮长短、大小

---

106 刘钝,《别具一格的图解法弹道学——介绍李善兰的〈火器真诀〉》;洪万生,《墨海书馆时期(1852—1869)的李善兰》。
107 《王韬日记》,页80。

同，药多少、美恶同，弹轻重、滑涩、围径同，发不同时，则所至之处远近各异。更有同一炮也，初发则远，次发则近，连发测验，至处皆有参差。

王韬在同书中还指称"炮无一定之准"的原因有三：（一）风速之快慢影响炮弹轨道，（二）空气之冷热影响阻力，（三）炮膛、火药和炮弹的制造极难无差。[108]

王韬在光绪七年为其《火器略说》一书重刊所撰的跋中有云：

此书为火器发轫之始，其说虽略，要皆浅近易知，可取为法。窃谓较诸有明焦勖所著《则克录》，似为过之。倘留心军政者，由此而求之，安见火器之精，不可与西国抗衡耶！此则余所日夕以望之者也。

由前引文中将明末出版的《则克录》（《火攻挈要》之异名同书）与《火器略说》相提并论，不禁令人感叹清朝先前在火炮学上出现的严重断层。

清廷无力回应列强军事挑战的窘境，引发许多有识之士的深切关注，李善兰《火器真诀》、华蘅芳《抛物线说》以及王韬《火器略说》等书的出版，即为此一态度的具体反映。[109]在王韬的《火器略说》之后，有关火炮的著译始渐增多，其中任职于上海江南制造局的金楷理，即曾口译出版不少与克虏伯炮相关的书籍。光绪中后期，在刘申宁的《中国兵书总目》中，更著录有数十种译介西方炮学的著述，其中专门论及测准技术者，即有方恺的《火器测远图说》（光绪间出版）、张秉枢的《火器量算通法》（光绪间出版）、廖寿丰的《瞄准要法》（1897）、梅鼎的《火器命中》（1898）、邓钧的《炮准算法图解》（1903）、曾纪鸿的《炮准测量》、陈鹏的《炮规图说》、叶耀元的《炮法求准》、黄方庆的《火器新术》等多种，试图拉近中、西间在火炮瞄准技术上的差距。

---

108 王韬，《火器略说》，页23—24。
109 Wann-Sheng Horng, "Hua Hengfang and His Notebook on Learning Mathematics-Xue Suan Bi Tan."

六、结　语

明季传华的西洋火炮，曾在当时的战争中扮演重要角色，此乃众所周知之事，然而这些火器何以能发挥强大威力，先前学界并不甚了然。此因过去对火炮的研究，往往将注意力集中在炮身之上，对目前已鲜实物留存的火炮瞄准用配件及其所伴随的数学内容，多未加留意。本章因此首度详细探讨了矩度、铳规、铳尺和星斗等配件传华的过程及其操作的方式。

虽然十六、十七世纪的西方数学已有能力处理繁杂的弹道学问题，惟因当时炮身和炮弹的机械制造技术尚无法规格化，亦即两门口径和形制相同的火炮，即使装填号称同样材质和大小的炮弹，其发射的结果往往有所差异，再者，火药配制的品质和效能也还不够稳定，这些缺陷均使得实验或理论物理学家无从精确地析究炮弹的轨迹。但因前述配件的设计与使用，大多不涉及精密的弹道学知识，纯粹是透过各炮的个别性能或各炮种的一般特性进行测定与推估，故仍可相当有效地帮助炮手发挥其所用火炮的威力。

西方的红夷大炮在传华后不久，中国工匠就已能仿制。如万历末年，担任协理京营戎政的黄克缵，即曾召募能铸"吕宋大铜炮"的工匠至京，铸成各式大炮二十八位，其中有重达三千余斤者。[110]又，笔者曾在福建泉州海交史博物馆见到一门红夷铁炮，其上有铭文曰："天启四年仲冬，钦差福浙（都）督造"字样，虽其前半已被锯断，但仍可量得其内径约为14厘米，而在厦门的胡里山炮台，笔者亦见到一门口径13.5厘米、全长310厘米的天启间仿制红夷铁炮，此两炮均较天启三年由两广总督胡应台解进的二十多门铁制英国舰炮（内径为12.5厘米，长约300厘米）还大。[111]此外，笔者亦曾在沈阳的辽宁省博物馆见到一门"定辽大将军"，此炮乃由吴三桂于崇祯十五年捐资铸造，全长约380厘米，内径为10厘米，该炮或为中国大陆现存的红夷炮中最长的一门。

至于满洲政权，虽较晚始招募汉人工匠铸造红夷炮，[112]惟亦不遑多让，如

110　《明熹宗实录》卷9，页24—25。
111　周铮，《天启二年红夷铁炮》。
112　钟方，《炮图集》卷5，页1—3。

文献中记天聪五年（崇祯四年）所造的"天祐助威大将军"，[113]长七尺七寸五分（240厘米）至一丈五寸（326厘米），重三千至五千斤，而由此炮所用的铁子重量（八斤至十六斤），可估算其内径约为11—14厘米。又，笔者在北京的首都博物馆中，亦尝见一门于崇德八年（崇祯十六年）铸造的"神威大将军"，重三千六百斤，内径达14厘米，全长263厘米。

虽然明清之际中国各政权所拥有的火炮，其威力仍略逊于澳门的葡萄牙军队，[114]但由现存各大炮的形制，我们可以发现西方在火炮设计和冶铸上的许多长处，已经很快被明军或清军吸收，这很可能是因中国本身在铸炮技术上原已有良好基础所致。

明季，闽粤地区所生产的铁，品质冠于全国。此因当时北方的森林已几乎被滥砍尽绝，[115]由于木炭和木柴价贵，以致多用煤来冶炼，[116]此举虽可使火力增强，但煤中所含的硫，则令炼铁的品质下降。时人虽然不了解确实的原理，甚至有以五行说附会者，但南方的铸匠技术较佳，而其以木炭锻炼的铳筒较北方以煤火炼就者坚刚的事实，则为一周知之事。[117]故当徐光启于万历四十七年奉旨训练新兵、防御都城时，即尝建议朝廷命福建和广东募送能制造大小铜铁神铳的巧匠各十数名来京，崇祯三年，徐氏并曾上疏自请赴广州铸炮，因当地"工匠甚众，铁料尤精，价亦可省三分之一，……不过数月，数千门可致也"。[118]当孙元化在登莱以西法练兵制器时，也曾于崇祯四年自广东解到造铳的匠作数十名。[119]

崇祯初年，明军对红夷火炮的仿制更已进入量产的阶段，如两广总督王尊

113　钟方，《炮图集》卷2，页12。
114　据当时欧人的记述，在1625—1645年间，澳门地区的铸炮和研制火药的工厂，品质已达到全世界最高的水准，其所造铜炮或铁炮的价格亦相当合理，以致葡属印度大部分的炮即是由澳门铸造运往的。而在崇祯年间，澳门各炮台所配置的铜炮，其内径最大者即达16厘米，至于铁炮的内径，更有大到约18厘米者（射程近乎1千米）。参见C. R. Boxer, edited and translated, *Seventeenth Century Macau in Contemporary Documents and Illustrations*, pp, 19, 23, 37, 73–74, 100, 152–153.
115　如见孙承泽，《春明梦余录》，页998。
116　赵士桢，《神器谱》，页24；汤若望授，焦勖述，《火攻挈要》卷上，页25。
117　此故，在题为惠麓酒民所撰的《洴澼百金方》中，称铳筒如是用木炭炼成的，则即使稍加多火药也无虞炸裂（卷4，页9）。又，赵士桢在其《神器谱或问》中，尝称："神器必欲五行全备"，而"炭，木、火也，北方用煤，是无木矣！禀受欠缺，安得与具足者较量高下"（页21—22）。
118　张显清，《徐光启引进和仿制西洋火器述论》。
119　《明清史料》，乙编，第1本，页75—76。

德即尝向澳门当局借用各式火炮，并雇请粤匠仿铸成二百门铁制火炮，且将其中重二千七百斤者十门、重二千斤者四十门解运入京，而福建地区也曾自制红夷二号炮（略轻于一千斤，内径约8厘米）一百二十门运京。[120]

然而西方利用仪具以提升火炮瞄准精密度的操作方法，则一直是当时许多中国炮手的盲点。到了雍正末年，清政府还发现在沿边重镇驻防的守军，"向来演炮并不加子施放，以致准头远近、星斗高低，官兵茫然不知"，[121]即使至道光年间，丁拱辰也指出用铳规量度仰角以调整射程远近的方法，是"中国营兵所不习"。[122]

在中国传统的数学书中，虽亦屡见以重差法测距，但却一直不曾设计出如矩度之流的量具，更遑论铳尺和比例规的发明了。西方科学家将数学知识化约成简明实用的仪具，并借以提升机械操作的精密度，可说是其近代技术革命中的一项重要特色，此与中国全凭经验以发射火炮的传统方式，形成强烈对比。

火炮瞄准技术之所以在中国未能普及，其原因或十分复杂，但应与其被当成重要军事机密有相当程度的关联。明清鼎革之际，受到外在环境的影响，军事学著述的出版颇为蓬勃，当时较重要的火炮学专著，几乎全出自天主教人士之手，此因耶稣会士是极少数拥有足够语文能力以传递西方火器知识的人，而中国籍的奉教士大夫也积极著书立说，突显洋炮的威力，以吸引统治者的注意，进而提升西学和西教的地位。由于天主教人士视前述可提高火炮发射精度的配件为秘学，故为维持影响力且避免被敌人窃得相关知识，往往在其著述中的一些关键之处（如铳尺的刻划和用法等），有意地绘图粗略或含混不详。亦即火炮的瞄准技术或主要靠师徒间的口耳相传，在缺乏详细文字解说的情形下，无怪乎许多技术稍后即渐次失传。

崇祯三年，孙元化获授登莱巡抚，成为天主教徒中第一个拥有实际兵权的方面大员，他于是起用王徵、张焘等奉教官员或将领，并装备大量的西洋火器，还聘请了澳门的葡萄牙军事顾问。[123]铳规、铳尺和矩度等仪具的使用以及

---

[120] 张显清，《徐光启引进和仿制西洋火器述论》。
[121] 《清朝文献通考》卷194，页6589。
[122] 转引自魏源，《海国图志》卷88，页7。
[123] 下文中涉及孙元化、孔有德或吴桥之变的内容，如未加注，即请参见毛霦《平叛记》以及第七章。

装弹填药技巧的掌握，想必都是当时孙军中相当注重的训练内容，这些也或均是先前一般明朝军队所最欠缺者。

在孙元化部队中担任顾问的公沙·的西劳等十三名葡人，或因对炮术十分熟稔，在崇祯四年缔造被誉为"海外从来一大捷"的"麻线馆之役"，当时共用西洋大炮发射了十九次，打死满洲官兵约六七百名，其中还包括大贝勒代善的第五子巴喇玛。

同样地，孙元化所属的孔有德率部掀起吴桥之变后，之所以能在山东地区造成"残破几三百里，杀人盈十余万"的结果，应与叛军先前所受的良好火炮操作训练息息相关。在这场兵变中，叛军先后将红夷大炮二十余位和大将军炮三百余位投入战场，其拥有的大炮在装填重六斤至十余斤不等的铁弹后，"对城攻打，准如设的"，[124]令"城垛尽倾，守垛者无处站立"。

从吴桥之变中，我们已可发现中国战场上的战争形态正发生革命性的改变，当红夷大炮的发射技术日趋成熟之后，此种新型武器的攻坚力与杀伤力令其得以在城池的攻防战中扮演举足轻重的角色，中国传统的城墙构造自此不再具备足够的防御能力。[125]除此之外，孔有德的炮兵部队还首度在战场上显露出某种程度的机动性，如崇祯五年二月，他即曾从登州运送七八门红夷大炮至莱州城处（两地的直线距离约100千米），以为攻城之用，这批火炮每门重二三千斤（应属半蛇铳），各用四头牛拖曳。而孔有德在对抗明军的围攻时，也屡将红夷大炮调动移防，以因应战事的需要。孔有德在退守登州后，更凭城用炮，"一发五六里"，[126]令明朝军队无法靠近，最后，叛军在围困之下，终因乏食而不得不从海路遁去，随即投降清朝。

满洲人虽已于天聪五年（崇祯四年）正月，即已在汉军佟养性的督造之下铸成红衣大炮，且于先前辽东的战役中，俘获许多明军的火器，惟或仍不精于

---

124 当时火炮的准确性尚不能达到"百发百中"的地步，但对城墙这样的大目标，要做到"准如设的"的程度，则应不太难。
125 许多欧洲的城堡为因应红夷大炮的普遍使用，而在其建筑设计和材料结构上，开始出现相当大的改进。但明季除了辽东一带，其余地区的城墙或堡垒，多不曾进行相应的修葺或重建。参见B. H. St. J. O'Neil, *Castles and Cannon, A Study of Early Artillery Fortifications in England*, pp. 22–115.
126 一里约合0.56千米。在1600年左右，半蛇铳和大蛇铳的最大射程，确有可能达到三四千米。参见A. R. Hall, *Ballistics in the Seventeenth Century*, p. 167.

操炮的技术。孔有德的归顺，不仅令后金获得大量精良的西洋火器，而且得到全套铸弹制药的技术以及瞄准的知识与仪具，无怪乎皇太极会出郊十里隆重迎接孔有德，以表达其对此一部队来归的重视。

虽然相对于刀箭或三眼铳等明军的制式武器，红夷大炮的威力委实惊人，但此一武器仍有许多局限，如其长于攻城，却拙于野战，此因十七世纪的火炮，装填发射的速率仍不高，且炮体笨重，无法迅速转移阵地，故在野战时，多只能在开战之先就定点轰击，当敌我情势发生重大改变之际，则往往无法适时适地加以反应。因此，明末在辽东的多次战役中，明朝军队虽拥有各式大炮，但却无法有效压制满洲移动迅疾的骑兵。

徐光启相当了解红夷大炮的长处和短处，此故，当他在天启元年奉旨回京襄理军务时，即曾大声疾呼：

> 欲得强兵，必须坚甲利器，实选实练。……（今之兵将）既不能战，便合婴城自守，整顿大炮，待其来而歼之，犹为中策。奈何尽将兵民炮位，置之城外，一闻寇至，望风瓦解，列营火炮，皆为敌有。返用攻城，何则不克？……臣之愚见，以为广宁以东一带大城，只宜坚壁清野，整备大小火器，待其来攻，凭城击打，……万勿如前二次列兵营火炮于城壕之外，糊涂浪战，即是目前胜算矣！[127]

指称明军在训练和装备均不如人的情形下，应将大炮置于城墙之上，凭城固守（稍后的宁远大捷即采用此法），而非如先前熊廷弼和袁应泰在辽东的败战一样，在城外列营置炮，结果大军望敌溃散，火器反而尽为敌有。

孔有德部的投降，令后金以汉人为主体的炮兵部队，战力激增且战技精进，经搭配以满人为主的八旗步骑兵后，在当时即形成一支几乎无坚不摧的劲旅，此一崭新形态的军队编组，在清朝入主中原的许多战役中，更发挥了极大威力。

明军在吴桥之变后，迅速丧失了其在火炮技术上的优势，其后，更因国

---

[127]《徐光启集》，页174—175。

库的空虚,导致武备充实难以为继。崇祯中后期,边关的许多火器即屡可见是由地方官和守将自行捐资添造,如总督宣府、大同、山西等处军务的卢象升等人,即曾于十一年捐造了红夷大炮多门,[128]提督辽东军务的吴三桂,亦于十五年捐资铸造"定辽大将军",这些事实均反映出明廷国力的衰微。

崇祯十六年,辽东巡抚黎玉田题称清军当时在锦州共拥有新旧铸造的大炮共百位,而作为明朝关外重镇的宁远,却只有黎氏等官员所捐造的大炮十位,黎玉田因此慨叹万千:"以物力言,酉铸百炮而有余,我铸十炮而无力。……奴之势力,在昔不当我中国一大县,……迄于今而铸炮造药十倍于我之神器矣。"他在疏中除呼吁应立即增调数万大军并补给马匹火器外,更吁盼朝廷能优先发放先前所积欠的饷银四五十万,"以为三军续命之资"。[129]明清鼎革之际,由于双方在武器科技上已无分轩轾,经济力量或许转而成为影响军力消长的重要因素。[130]

西方用于火炮测准技术上的铳规和矩度等附件,大约是在天启初年红夷大炮正式引进中国的同时传入的。虽然此两器早见于塔尔塔利亚在八十多年前所出版的《新科学》(1537)一书,但直到十六世纪末,仍为欧洲炮兵界普遍使用,亦即明末传入中国的操炮技术尚落后西方不太多。

十六、十七世纪之交,西方在炮学理论上出现重大发展,伽利略提出炮弹在真空中的轨迹乃为抛物线的主张。此一在弹道学上的创见,则一直要到南怀仁编译《穷理学》(1683)时,始在中国出现较详细的讨论。就这些最先进的火炮学发展而言,中国在清初约落后欧洲数十年。惟伽利略的弹道理论因未考虑空气阻力而误差颇大,实用价值并不高,反而在自然哲学上的意义较大,也就是说直到十七世纪末,中国与西方在实用炮学上的差距其实并不特别显著。

但当清廷于康熙二十二年底定全国之后,因军事的压力消失,官方对火炮的重视日减,如康熙五十四年,山西总兵金国正上言愿捐造新型的子母炮二十二位,分送各营操练,上谕大学士等曰:"子母炮系八旗火器,各省概

---

128 成东、钟少异,《中国古代兵器图录》,页241。笔者曾在太原的山西省博物馆中见到此批大炮其中之一。
129 《明清史料》,乙编,第5本,页492—494。
130 有关明末的财政困境,可参见唐文基,《"三饷"加派——明末反动的财政政策》。

造,断乎不可!前师懿德、马见伯曾经奏请,朕俱不许。"竟然禁止地方官自行研制新炮以充实武备。雍正间,清廷还将盛京、吉林和黑龙江以外各省的子母炮尽行解部。[131]康熙末年以后的禁教,更令原先在引进西方火炮新知上扮演重要媒介的耶稣会士,较少机会和兴趣继续这方面的工作。[132]

类似的情形也发生在日本,传入日本的西洋火器于十六至十七世纪因战争的频繁而普及,[133]但随着战国时代的结束和锁国政策的施行,火器和炮术的发展很快就出现衰退,甚至连明末何汝宾在《兵录》一书中所收的《西洋火攻神器说》一章,也还于宽政十一年(1799)被译成日文,为该国的炮术家所取法。[134]

由于缺乏动机,许多明末清初出版的火炮学著作在十八世纪以后往往罕见刊传,如汤若望和焦勖合撰的《火攻挈要》一书,向来即仅少数藏书家拥有钞本,直到道光二十一年鸦片战争初败之际,始由扬州知府汪于泗以"则克录"之名重新刊行。[135]至于本章所提及的《西法神机》《守圉全书》和《穷理学》等书,也均不见近代较出名的藏书家著录。[136]尤其令人惊讶的是,在《穷理学》完成后的一个半世纪间,我们竟然见不到任何一本讨论火炮的中文新著出现!

相对地,欧洲有关火炮学书籍的出版,一直相当蓬勃,也较少受到国家的钳制。[137]从北堂的藏书目中,我们可以发现许多十七世纪下半叶出版的火炮专门书籍,仍陆续由耶稣会士带入中国,此一情形可能要到雍正初年全面禁教之后方才停止。也或因清政府对火器和天主教的兴趣渐减,这些在康熙朝以后新传入中国的炮学专书,一直没有机会被翻译出来。

至十八世纪中叶,欧洲制造火炮和弹药的技术,已较精密且规格化,如Jean Maritz改用新发明的车床将金属圆柱钻空以制成炮管,此法可使炮身较模

---

131 此段中有关子母炮的叙事,均见《清会典事例》卷710,页14—15。
132 Joanna Waley-Cohen, "China and Western Technology in the Late Eighteenth Century."
133 宇田川武久,《东アジア兵器交流史の研究》,页276—278。
134 所庄吉,《火绳铳》,页209—211;C. R. Boxer, "Notes on Early European Military Influence in Japan (1543–1853)."
135 汤若望授,焦勖述,丁拱辰校订,《增补则克录》卷下,增测1。
136 此据罗伟国、胡平,《古籍版本题记索引》。
137 导致此一情形的政治、社会或经济因素,笔者尚未能确切掌握。

铸法更加均匀对称，稍后，法国皇家所有的武器制造厂中即装置了相应的机械设备，而其他的欧洲国家也很快学会了此一技术。[138]再加上罗宾斯和欧拉等科学家，成功地将空气阻力的影响纳入弹道的估算当中，促使火炮发射的准确度大幅提升。

十九世纪中叶，因机械制造精密度的提高，欧洲火炮所用的游隙值更减少到内径的1/42，[139]如此，只要装填较少的火药就可达到较高的速度，且同时提高发射的准确性，再者，由于用药量的减少，管壁即使变薄亦不至于膛炸，连带也使得火炮的机动性大增。[140]相对地，道咸之交，据丁拱辰所称，中国军队因"弹不圆正，口不直顺"，常只能采用内径的1/10至1/5为游隙，[141]此值连明末的水准均有所不逮，如何能发挥火炮应有的威力！

火器知识和技术的传承失调，也显露在许多方面。如嘉庆四年曾改造一百六十门前朝的"神枢炮"，并改名为"得胜炮"，惟经试放后发现其射程竟然还不如旧炮。[142]又如鸦片战争时，英军使用了一种名为Shrapnel Shell的球形空心爆炸弹，此弹之内填满小弹和火药，且有一引信在炮弹落地前引爆火药，将其中的小弹炸散开来，杀伤力十分大，而当时仍沿用实心圆弹的中国军队，对此"多骇为神奇，不知如何制造"，稍后，林则徐虽仿制成功，但却少有人知道早在康熙二十九年铸成的"威远将军炮"上，即配置了概念相类的炮弹，可惜其形制在中国罕见流传，连同其所匹配的"威远将军炮"一直都被尘封于武库之中。[143]

相对于中国在炮学发展上的停滞，法国国王路易十四于1690年（康熙二十九年）建立了世界第一所炮兵学校，有系统地传承火炮的相关知识，并以政府的力量有组织地加以研发改进，类似的机构随即也被其他欧洲国家所

---

138 Boyd L. Dastrup, *The Field Artillery*, p. 14.
139 汤若望授，焦勖述，丁拱辰校订，《增补则克录》卷下，增页3及页7。
140 Boyd L. Dastrup, *The Field Artillery*, p. 14.
141 汤若望授，焦勖述，丁拱辰校订，《增补则克录》卷下，增页3。当时清军所用的火炮有相当部分仍为清初所造，管壁随岁月的自然锈蚀，想必也影响游隙值。
142 胡建中，《清代火炮》。
143 胡建中，《清代火炮（续）》。英军所用的球形空心爆炸弹，乃由亨利·施雷普内尔（Henry Shrapnel）于1784年所发明，其特性可参见B. P. Hughes, *Firepower. Weapons Effectiveness on the Battlefield, 1630–1850*, pp. 34–35.

仿设。[144]

鸦片战争的战败，虽引发中国自明末以来另一波火炮专书的出版高潮，但初期各书中对火炮瞄准知识的了解，甚至还不及明清之际的水准，加上当时中西方在炮管和炮弹铸造精度上的明显落差，无怪乎清朝军队在面对西方列强坚船利炮的挑战时，毫无招架之力！

本章有关明清火炮测准技术的初步研究，让我们有机会较具体地体会科技发展对社会所可能产生的重大影响和冲击。类此的研究关怀，早已成为西方科学史界努力的大方向之一。笔者亟盼中国科技史界能在内史研究的坚实基础上，将科技史与历史学紧密结合，并在历史的重建与了解上，扮演一更积极的角色。[145]

---

[144] Boyd L. Dastrup, *The Field Artillery*, p. 12.
[145] 笔者于先前所提倡的"社会天文学史"，即是此一研究方向的另一种尝试，参见黄一农：《通书——中国传统天文与社会的交融》。

第十三章　明清独特复合金属炮的兴衰*

　　至迟于万历四十八年，明人开始仿铸欧洲的前装滑膛铜炮。此后二十多年与清军交战的过程中，明朝工匠陆续融入南方较发达的铸铁工艺以及北方已有逾百年传统的铁心铜体佛郎机子铳制法，造出品质绝佳的"定辽大将军"炮。稍后，清朝也利用投降汉人工匠成功量产出结构类似的"神威大将军"炮。这些复合金属炮比铜炮更轻更省，且可强化炮管的抗膛压能力，其品质应在世界居领先地位。然而，此一先进制法却在清朝定鼎之后长期的平和状态中遭到遗忘。道光二十年爆发的鸦片战争，迫使清廷重新大量造炮。此拨新炮追求厚重，并令复合金属技法再度风行，制出"耀威大将军"等万斤重炮。惟因其炮管内壁不够匀称，材质亦较西炮为差，仍无力面对西方列强的挑战，红夷火炮在中国也终于随着线膛炮的崛起而走入历史。本章除介绍笔者过去十多年来所获见的四十八门深遭学界忽视的明清复合炮外，还尝试勾勒出此类特殊炮种的"文化传记"。

　　自十五世纪末叶以来，"大航海时代"中以葡萄牙和西班牙为首的欧洲国家，开始透过其坚船利炮影响美洲、非洲以及亚洲许多紧邻大洋的地区。先前

---

* 原刊于陈珏主编《超越文本：物质文化研究新视野》，2011年3月。文中许多技术相关概念，非常感谢台湾清华大学工程学系叶均蔚教授以及北京科技大学冶金与材料史研究所孙淑云教授的提示与说明。

欧洲已出现许多口径超过30厘米的前膛装填式轰巴炮（bombard），此种炮是将熟铁（wrought iron）先锻打成长条形，[1]再箍起来焊接成圆管。[2]惟因其既笨重且装填费时，故自十五世纪后期开始，转而生产用熟铁锻造而成的小型后膛装填式火炮（breechloader，西班牙人称之为verso），每门母铳附数门子铳，[3]事先装好弹药，发射后可立即抽换。但由于锻造法十分费时费工，且铁炮在海船上容易生锈，膛炸时还易裂成碎片伤人，遂于十六世纪初又出现较轻的青铜铸后膛装填式火炮，葡萄牙人名之为berço，其内径约5厘米，炮重约150千克，发射1磅重之弹，每门母铳配备四门子铳，有效射程约600米，最快每半分钟可发射一发。[4]然因当时机械的制造精度不够，导致膛内火药的爆炸力量常从母、子铳的间隙外泄，此故，铜铸的前装滑膛火炮在十六世纪前期逐渐引领风潮，并在该世纪末叶令后膛装填的火炮开始从欧洲各国的海船淡出。[5]至十六世纪末叶，因航海需求益增，且铜价远高于铁，铸铁炮才日益普及。[6]

1　西方古代制造锻铁或熟铁（wrought iron，指含碳量小于0.25%之铁，依其碳含量的高低相当于现在的极软钢、软钢及半软钢）的方法有二：早期的"块炼法"（bloomery）是用木炭在炉中加热铁砂，当温度接近1150℃左右，矿石中的氧化铁会还原成金属铁，产生疏松多孔的块炼铁（bloomery iron），此时，若将块炼铁自炉中移出，加以锻打，即可挤出大部分的杂质，并打进适量的碳，以增加其硬度，但此法的产量不高。十五世纪以后，则出现"间接法"（indirect），先用高炉使温度加高到1150℃之上，令铁砂熔炼成流体状态，产出生铁或称铸铁（cast iron；含碳量约为3%—5%），由于液态的生铁与杂质彼此密度不同，故在倒出冷却时可以较易分离；接着，以另一精炼炉（finery）将生铁再度加热，并运用氧化环境把生铁中的碳转化成二氧化碳，即可产出低碳的熟铁，此法因工序较易，逐渐取代块炼法。西方现存的轰巴铁炮大多采用块炼法，但少数亦出自间接法。中国在西汉中期就已使用炒铁（puddling iron）技术发明了间接法，该法先将生铁熔液流态后，再用木棍持续搅拌，使生铁中所含之碳元素不断氧化，如此，就可得到低碳的熟铁。虽然熟铁的强度及硬度可能不及生铁，但较具韧性和延性，也较容易焊接和锻造。参见Robert D. Smith & Ruth Rhynas Brown, *Bombards, Mons Meg and Her Sisters*, pp. 98-102；华觉明，《中国古代金属技术：铜和铁造就的文明》，页380—385。
2　Robert D. Smith & Ruth Rhynas Brown, *Bombards, Mons Meg and Her Sisters*, pp. 7-9.
3　明人丘濬有云："自古中国所谓炮者，机石也，用机运石而飞之致远尔。近世以火药实铜铁器中亦谓之炮，又谓之铳。……今炮之制，用铜或铁为具，如筒状，中实以药，而以石子塞其口，旁通一线用火发之。"由于中国古代对"铳""砲""炮""礮""礔"等字的用法，并无明确区分，笔者在行文中，除引用原始文献外，将尽量只使用"炮"或"铳"两字，且将所讨论的火炮局限在非个人火器（重量大于20磅）。参见丘濬，《大学衍义补》卷122，页11；Joseph Needham, *Science and Civilisation in China*, vol. 5, pt. 7: *Military Technology; the Gunpowder Epic*, p. 292.
4　John Vogt, "Saint Barbara's Legion: Portuguese Artillery in the Struggle for Morocco, 1415-1578."
5　此段参见John F. Guilmartin, Jr., *Gunpowder and Galleys: Changing Technology and Mediterranean Warfare at Sea in the 16th Century*, pp. 168-171.
6　Adrian B. Caruana, *The History of English Sea Ordnance 1523-1875*, vol. 1: *1523-1715, the Age of Evolution*, pp. 48-50.

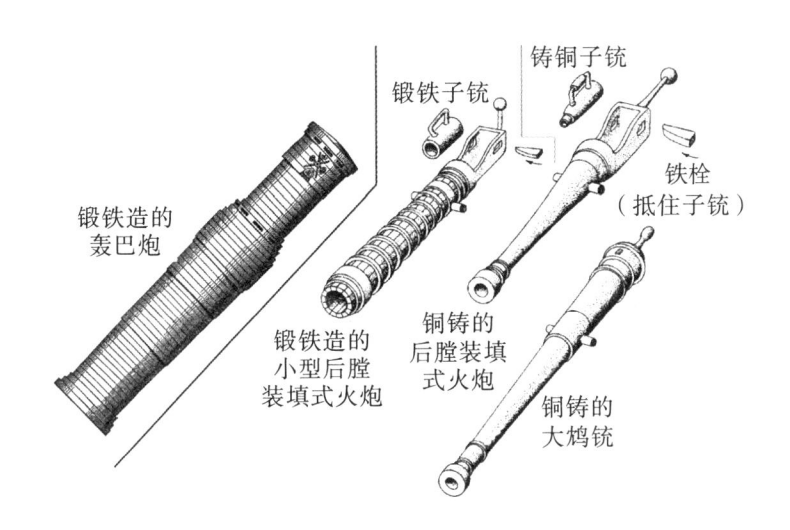

图表13.1：十五、十六世纪的欧洲火炮。其中铜铸的大鸩铳，长约2米；但锻铁造的轰巴炮，则未依比例图示，其长往往有逾5米者[7]

中国虽然是火药甚至火炮的发明国，但自明朝统一以来，长期的安定与和平，令火器的设计或制造均无太大进展，反倒因"大航海时代"的兴起，而接触到欧洲已后来居上的火炮。1498年（明弘治十一年），葡国探险家达·伽马发现从欧洲到印度的新航路，直抵印度西南岸的古里（Calicut）；1510年，占领印度西岸的卧亚，并继续沿海岸往南发展；1511年，更夺取满剌加（今马六甲），自此对原先以中国为中心的东南亚国际秩序产生严重冲击。[8]赴海外发展的华人应至迟在正德中叶左右，即亲见葡萄牙人所使用的berço炮，并名之

7　改绘自John F. Guilmartin, Jr., *Gunpowder and Galleys: Changing Technology and Mediterranean Warfare at Sea in the 16th Century*, p. 170; Robert D. Smith & Ruth Rhynas Brown, *Bombards, Mons Meg and Her Sisters*, p. 26.
8　廖大珂，《满剌加的陷落与中葡交涉》。

为佛郎机铳，[9]但此一新型火器当时尚未在中国普及。正德中后期，因盗贼四起和宸濠叛乱，令佛郎机铳很快就在闽粤和江西一带流传。[10]嘉靖以后，更因要防范"南倭北虏"的侵扰，而使佛郎机铳逐渐变成明军的制式火器。嘉靖二年起，军器局陆续发造大、中、小样佛郎机铜铳，至于铁佛郎机铳的铸造，则始自嘉靖四十年。[11]据嘉靖末年的统计，辽东各城总共配置了各式佛郎机铳一千四百四十三门，其中至少有五百四十九门为铜铳；而戚继光在《纪效新书》中，亦曾提及佛郎机铳有长达九尺者。[12]

明人首度接触欧洲制的前装滑膛火炮，不会迟于十七世纪初。万历四十七年，明军于萨尔浒之役大败，为求在武备上有所突破，遂由协理京营戎政黄克缵主导，聘请曾在马尼拉协助西班牙人铸炮的闽籍工匠于次年仿铸"吕宋大铜炮"，惟因品质不佳，未能在天启元年的沈辽之役中力挽狂澜。接着，天主教官员徐光启透过教中人士的帮忙，尝试直接自澳门引进西洋制前膛装填炮和炮师，揭开近代中国学习西方物质文明的第一课。[13]迄崇祯年间，除陆续将打捞自东南沿海欧洲沉船的西洋大炮解京外，闽粤等地亦因冶铁技术较发达，[14]而拥有量产此种新型武器的能力。[15]

许多学者在研究十六、十七世纪欧洲火炮技术传华史时，常误以为中国一

9　佛郎机（又名佛朗机、佛狼机、狼机等）原为法兰克人（Franks；曾于五世纪入侵西罗马帝国，占据今法国北部、比利时和德国西部等地，建立中世纪早期西欧最强大的基督教王国）之对音，但又常被狭义地指葡萄牙人。此词波斯人作 *Farangī* 或 *Firingī*，阿拉伯人作 *Al-Faranj*, *Ifranjī*, *Firanjī*，锡兰人作 *Parangi*，南印度人作 *P'arangi*，暹罗人作 *Pharang*。使用时略带贬意，如印度社会就将佛郎机人（当地乃指葡萄牙人或在印度出生的葡裔）归类为低贱之种姓；此与葡萄牙人称呼伊斯兰教徒为摩尔人（Moors）的情形相近。当时中东和亚洲之人大多用出处来命名 *berço*。印度莫卧儿帝国的第一位皇帝Zahirud-din Muhammad Babur（1483—1530），在叙述奠定其开国基业的Panipat（1526）之役时，声称曾得力于一种被称作*firingī*的火炮，应就指的是此种后膛装填炮。参见戴裔煊，《〈明史·佛郎机传〉笺正》，页1；Henry Yule, *Hobson-Jobson: A Glossary of Colloquial Anglo-Indian Words and Phrases, and of Kindred Terms, Etymological, Historical, Geographical and Discursive*, pp. 352–353, 582; Zahirud-din Muhammad Babur, trans. Annette Susannah Beveridge, Babur-nama, pp. 369, 473–474, 670; G. N. Pant, *Mughal Weapons in the Bābur-nāmā*, pp. 160–162.

10　李斌，《关于明朝与佛朗机最初接触的新史料》；周维强，《佛郎机铳与宸濠之叛》。

11　李东阳等撰，申时行等重修，《大明会典》卷193，页2—3。

12　参见李辅等修，《全辽志》卷2，页67—69；有马成甫，《火炮の起原とその传流》，页520—581。

13　第一章。

14　闽粤地区因使用木炭炼铁，避免因煤中含硫所导致铸铁品质低落的现象，故所铸之炮冠绝全国。参见李弘祺，《中国的第二次铜器时代：为什么中国早期的炮是用铜铸的？》。

15　第三章。

直只停留在模仿抄袭的层次。[16]事实上，以冶铁见长的明朝，在接纳欧洲较先进的设计后，也曾激荡出新的制炮技术，并于明末造出全世界品质最高的铁心铜体炮，惟此法并未能在明清中国得到足够认同，也未能在近代学界引发应有重视。[17]过去十余年来，笔者曾多次实地调查各种现存火炮，本章将首度结合文物与文献，有系统地介绍这类复合金属炮（composite-metal cannon），并追索其在华的发展兴衰，且与其他国家类似的技术进行比较分析，希望能为近代军事史、科技史或物质文化史开创新的研究视野。

一、明末制造的复合金属炮

（一）嘉靖年间的铁心铜体佛郎机子铳

中国现存的佛郎机铳实物中，有编号至一万七千多号者，通常每门配有子铳五或九具，然而，迄今仅十多具子铳尚存，除铜铸者外，五具是铁心铜体（内壁之铁管应为锻造，外壁则为铸铜，铁心较铜体略薄；见图表13.2），[18]此与欧洲以锻铁或铸铜单一金属制造的情形颇异。在这五具铁心铜体子铳当中，有四具由工部的兵仗局制造，用于中样佛郎机铜铳上。其火门均有可掀闭之活盖，可避免风雨吹散或打湿引火药，[19]在火门前后各有几道隆起的强固箍，尾端有凹槽可供铁栓（wedge）插入固定之用，[20]以避免发射后子铳因后坐力而跳出（图表13.1及图表13.3）。其中仅第5号的母铳尚存，长91厘米，内径4厘米，上刻"嘉靖二十二年造，年例胜字三百六号……"之铭文。

---

16 如见Keith Krause, *Arms and the State: Patterns of Military Production and Trade*, pp. 48–52; Nicola Di Cosmo, "Did Guns Matter? Firearms and the Qing Formation."
17 先前只有少数文章零星提及此法，如Donald B. Wagner, "Chinese Monumental Iron Castings"；第二章。
18 王兆春，《中国科学技术史·军事技术卷》，页197—240；刘旭，《中国古代火药火器史》，页106—116；成东、钟少异，《中国古代兵器图集》，页240；杨豪，《辽阳发现明代佛郎机铜铳》。
19 有学者认为此活盖乃传自安南，参见李斌，《永乐朝与安南的火器技术交流》；Laichen Sun, "Chinese-style Firearms in Southeast Asia: Focusing on Archaeological Evidence."
20 参见程子颐，《武备要略》卷2，页7—8。

图表13.2：明代铁心铜体的佛郎机子铳

编号	铸造年份	内径（厘米）	全长（厘米）	重量（千克）	铭文内容	收藏或出处
1	嘉靖十二年	2.6	29.5	4.65	胜字贰千肆佰伍拾壹号，佛郎机中样铜铳，嘉靖癸巳年兵仗局造，重玖斤肆两	中国历史博物馆藏
2	嘉靖十二年	2.6	29.5	5.00	胜字贰千柒佰贰拾贰号，佛郎机中样铜铳，嘉靖癸巳年兵仗局造，重拾斤	中国历史博物馆藏
3	嘉靖二十年	2.7	29.3	4.25	胜字陆千贰佰柒拾肆号，佛郎机中样铜铳，嘉靖辛丑年兵仗局造，重捌斤捌两	1978年辽阳出土
4	嘉靖二十年	—	—	4.75	胜字陆千肆佰肆拾叁号，佛郎机中样铜铳，嘉靖辛丑年兵仗局造，重玖斤捌两	1978年辽阳出土
5	嘉靖廿二年	3.5	23.0	—	胜字十七号	北京首都博物馆藏

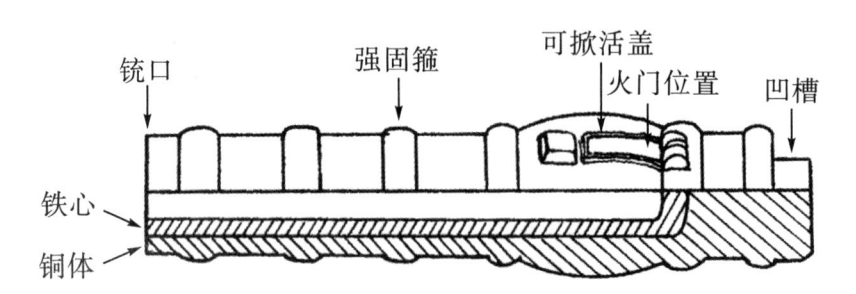

图表13.3：明代中样佛郎机铜铳所用的子铳[21]

21　改绘自成东、钟少异，《中国古代兵器图集》，页239。

图表13.3中，佛郎机子铳的活盖与明初铜手铳的设计几乎雷同，事实上，两者的整体外形、内径和操作原理均十分相近（图表13.4）。[22]此故，自嘉靖二十二年起，工部军器局奉命每年将一百零五副手把铜铳或碗口铜铳改造成适用的中样佛郎机子铳。[23]

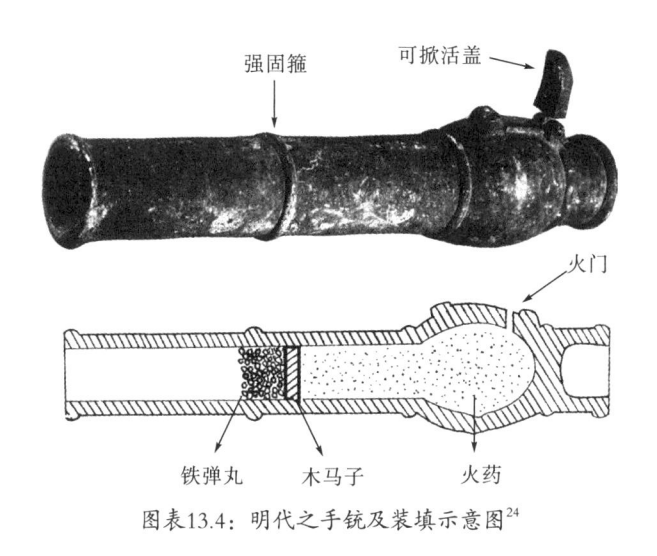

图表13.4：明代之手铳及装填示意图[24]

（二）崇祯元年的"捷胜飞空灭虏安边发熕神炮"

北京八达岭特区的中国长城博物馆藏有崇祯元年所造的前装滑膛红夷型火炮一门（图表13.5），内径为7.8厘米，长170厘米，重420千克，从炮口可见其管壁为铁心铜体，有准星和照门，炮耳断落其一，炮身上有三道箍，火门原设计有防风雨用的活盖，现已失落，炮尾有便于搬运之铁环。此炮原露天置于长城上，至1995年始由八达岭特区文管科移交中国长城博物馆。先前学者将铭文误释成："崇祯戊辰年兵仗局铸造，捷胜飞空灭虏安边发熕神炮。头号铁裹铜

---

22 有马成甫，《火炮の起原とその传流》，页122—141；王兆春，《中国科学技术史·军事技术卷》，页154—156。
23 《大明会典》卷193，页2—3。
24 改绘自成东、钟少异，《中国古代兵器图集》，页231。

发熕炮一位，用药二斤口少分口，打五六榔头不等，木马子一个，二斤重铅子一个，或再添一斤铅子亦可。"并衍称此炮除发射一枚铅弹外，在炮口处还装填一枚以铜为壳的爆炸弹。[25]

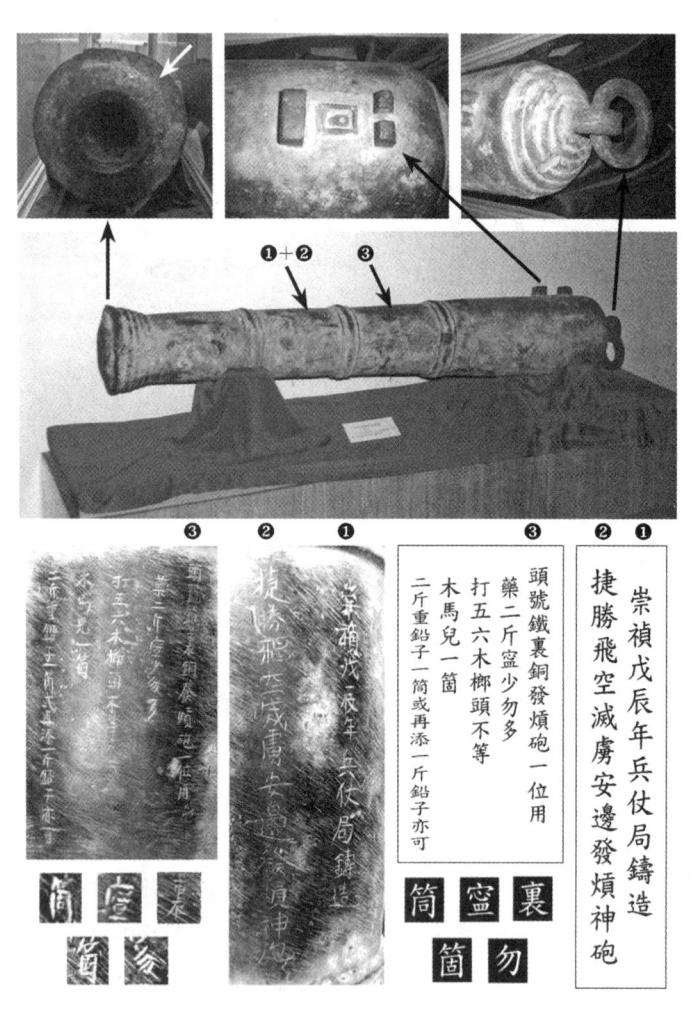

图表13.5：中国长城博物馆藏"捷胜飞空灭虏安边发熕神炮"

---

25 参见成东、钟少异，《中国古代兵器图集》，彩版29；成东，《明代后期有铭火炮概述》。

438

笔者在该馆马威澜先生的协助下，尝试重新检视此炮，发现先前对铭文的辨读和解释均出现讹误。查在第二节炮身上所阴刻的"崇祯戊辰年兵仗局铸造"以及"捷胜飞空灭虏安边发熕神炮"两句，字迹颇异。至于第三节炮身上所阴刻之"头号铁里铜发熕炮一位，用药二斤，宁少勿多，打五六木榔头不等，木马儿一个，二斤重铅子一筒，或再添一斤铅子亦可"字样，字迹又与前两者不同。当中之"盇"字，笔者原先误释作"宜"，[26]但经放大后，清晰可现字中的"心"部和"皿"部。

由于此炮之铭文均为阴刻，且从其字迹不同之事实判断，似应分三阶段次第所刻。疑"崇祯戊辰年兵仗局铸造"字样是在完工之后未久就刻上，惟因通常此应以阳刻的方式在冶铸过程中一体成型，知当时铸炮之举似乎颇为匆促。又，此炮被封为"捷胜飞空灭虏安边发熕神炮"，所加八字徽号较天启六年宁远大捷时痛击后金的西洋制大炮不遑多让，后者之一受封为"安国全军平辽靖虏大将军"，因知此发熕神炮理应立下颇大战功，始能获赐长达八字之徽号（字数愈长愈尊荣），且此应为明廷所赐，否则不会使用"灭虏"二字。[27]至于第三节炮身上敬缺末笔的"盇"字，应非避清道光帝旻宁的名讳，而是明代常见的俗体字。[28]

此炮内层的铁心，在铭文中被称作"铁里"。发射时，先装入火药，并用木榔头敲打五六下，令药粉塞紧，再放入扮演活塞功能的木马儿（或称"木马子"），[29]最后装填小铅子，期望能以霰弹的方式杀伤敌方人马，原理颇类明初之手铳（图表13.4）。

综前所论，知兵仗局曾于崇祯元年新铸一批发熕神炮，发交各边关使用，中国长城博物馆现藏乃其中形制最大者（所谓的"头号"）。此应非明朝第一

---

26 第十章。
27 "安国全军平辽靖虏大将军"封号见于《明熹宗实录》卷69，页20。依照体例，"捷胜飞空灭虏安边发熕神炮"受封之事亦应见诸实录，惟因崇祯朝实录均已亡佚，故其事不明。查在崇祯二年的"己巳之役"中，后金攻入关内，三年五月，明军围攻遵化后金占领的遵化、永平、滦州和迁安四城，大贝勒阿敏等大败，弃城逃回关外，而在此一明朝称作"遵永大捷"的战役中，红夷炮曾在攻坚时发挥大用，不知前述发熕神炮是否于此时立下大功。参见第十章。
28 黄一农，《从e考据看避讳学的新机遇：以己卯本〈石头记〉为例》。
29 有学者认为木马子乃受安南影响，参见李斌，《永乐朝与安南的火器技术交流》；Laichen Sun, "Chinese-style Firearms in Southeast Asia: Focusing on Archaeological Evidence."

次铸此型炮,因天启六年三月曾发送"头号发熕三位、二号九位……"至山海关;七年二月亦发送"头号发熕炮三位、二号发熕炮六位、铁里安边神炮六十位、铁里虎蹲神炮六十位……"至皮岛;[30]迄崇祯后期,明军在松山、锦州、塔山等战略要地均配置有发熕炮。[31]查山西平定县亦曾于1995年在固关内古长城下,发现一门天启七年铜炮,上刻有"……勇发熕神炮,头号铁里铜发熕神炮一位。用药二斤,宁少勿多,打五六木榔头不等,木马儿一个,二斤重铅子一筒,或再添一斤铅子亦可"等字,此与中国长城博物馆所藏者文字多同,详情待考。[32]

钟方在道光二十一年撰的《炮图集》中有云:

> 本朝制发熕炮,铸铁为之,前弇后丰,底如覆笠,重自三百五十斤至四百五十斤,长自四尺三寸至四尺九寸,用火药自八两至十二两,铁子自一斤至一斤八两。不镂花文,隆起四道。旁为双耳,载以双轮车,辕长六尺九寸,轮九辋十八辐,通髹以朱。当轴两辕上处,有月牙窝以承炮耳。此项炮位内,亦有明天启、崇祯年铸造者。[33]

知天启、崇祯年间铸造的红夷型发熕炮,仍有一些留存至清末,但多为铸铁所制,而非铁心铜体,且从其重量(350—450斤)和长度(4.3—4.9尺)判断,知钟方所见要较"头号发熕炮"为小。

质言之,发熕神炮的设计或受佛郎机子铳的启发,两者同为铁心铜体,只不过尺寸不一,且前者是口小腹大(所谓"前弇后丰"的红夷炮外形)。[34]由于天启七年二月发送至皮岛的火器中,尚包含"铁里安边神炮六十位、铁里虎蹲

---

30 《明熹宗实录》卷69,页5;卷81,页9。
31 郭美兰选译,《崇德七年奏事档》。
32 网上新闻所辨识的铭文有误,已参照前文对"捷胜飞空灭虏安边发熕神炮"之研究试改。
33 钟方,《炮图集》卷2,无页码。感谢北京大学陈昱良协助抄写此书内容。
34 嘉靖间已出现重约五百斤的"铜发熕",惟其并非红夷型的火炮。参见胡宗宪,《筹海图编》卷13,页35。

神炮六十位"，³⁵从"铁里"之字面判断，两者很可能也是铁心铜体；亦即，类似的制炮法在明末或许比想象中要普遍得多。崇祯十三年，保定长城的茨沟营就安设有"大铁里铜将军二位"。³⁶

虽然明人在嘉靖年间即已量产铁心铜体的佛郎机子铳，但类似"发熕神炮"般的大型铜铁复合炮实在罕见。它巧妙利用青铜熔点（约1000℃）低于铸铁（1150—1200℃）的现象，于铁胎冷却后再以泥范铸造法或失蜡法制模，³⁷并在铁胎上浇铸铜液，即可透过外铜凝固冷却时的收缩（shrinkage）作用，而增加炮体的抗膛压强度。³⁸换言之，铁心铜体的设计将可拥有重量轻、韧性佳以及安全性高等优点，且较纯铜炮便宜、耐磨损，又较纯铁炮易散热。³⁹

（三）崇祯十年左右铸造的复合铁炮

明人所创获的铁心铜体铸炮技术，在崇祯后期出现变体，制出内层是熟铁、外层为生铁的复合炮。北京德胜门箭楼上即尚存一门（图表13.6），其阳刻铭文只可勉强辨识出天字肆号和"钦命总监中西二协军门御马监太监□□□"两行字。查北京首都博物馆亦藏一门炮，上刻"密镇捐助天字第五号西洋炮，总监中西二协御马监太监邓希诏、总督蓟辽等处兵部右侍郎张福臻、分监中西二协御马监太监杜勋、巡抚顺天等处都察院御史吴阿衡，崇祯十年五月吉日……"字样，⁴⁰从两者编号连续一事判断，箭楼之炮很可能亦是在崇祯十年左右于蓟镇的中西二协所铸。前述的邓希诏于崇祯九年八月起担任"监视中西二协"，协助应付甫侵入关内的清兵；十二年八月，时任"蓟镇总监"的邓

---

35 《明熹宗实录》卷81，页9。
36 参见《明清史料》，癸编，第3本，页206。
37 孙淑云主编，《中国古代冶金技术专论》，页213—227。
38 参见Serope Kalpakjian & Steven R. Schmid, *Manufacturing Engineering and Technology*, p. 256.
39 当时中国的铜价较贵，如崇祯前期铜每斤约值八分银，而最好的闽铁每斤约值一分二厘，相差六七倍。又，早期铜炮和铸铁炮在膛炸时最大的不同是：铜炮通常会先出现裂纹，再鼓起，最后才裂开；铸铁炮则多在无预警的情况下就膛炸，且会出现碎片伤人的情形。此外，铁制内管也较不易磨损。另一方面，因抗膛压能力增强，故亦有可能铸造较薄（也就是说较轻、较省）之炮。参见茅元仪，《石民四十集》卷7，页10；卷67，页17。William Rostoker, "Troubles with Cast Iron Cannon"; Adrian B. Caruana, *The History of English Sea Ordnance 1523–1875*, vol. 1: *1523–1715, the Age of Evolution*, p. xvii; Donald B. Wagner, "Chinese Monumental Iron Castings."
40 刘旭，《中国古代火药火器史》，页112。

氏以"封疆失事"遭弃市。[41]由于笔者未见"天字第五号西洋炮",不知其是否亦为复合铁炮。

图表13.6：北京德胜门箭楼的天字肆号复合铁炮

此炮应经两次铸造成型,内层炮管为抗膛压能力较强的熟铁,外层则是定型能力较强的铸铁,并利用外层铸铁熔点较内层熟铁低的现象铸成,令内膛具有较好的韧性。

（四）崇祯十五年的"定辽大将军"

笔者曾于1996年在沈阳的辽宁省博物馆见到一门铁心铜体炮（图表13.7）,炮身长382厘米,炮口内径10.2厘米、外径35厘米,重约2500千克,阴刻之铭文为"钦差提督军务镇守辽东总兵官左都督吴捐资铸造,定辽大将军,崇祯十五年十二月吉旦,督造掌印都司孙如激,总委参将王邦文,打造千总石君显"。查李约瑟在1952年访问辽博前身的东北博物馆时,不仅见到此炮,还详细描述了另一门更大的"定辽大将军",称其炮身长12英尺、内径5英寸,

---

41 《崇祯实录》卷9,页288—289;卷12,页367。《明史》卷252,页6514。

图表13.7：辽宁省博物馆藏"定辽大将军"

钦差提督军务镇守辽东总兵官左都督吴捐资铸造
定辽大将军
崇祯十五年十二月吉旦
督造掌印都司孙如激
总委参将王邦文
打造千总石君颜

知当时似存在至少两门由辽东总兵吴三桂于宁远捐资铸造的"定辽大将军"。[42]

崇祯十四年七月，洪承畴调集十三万大军，欲解锦州之围。八月，明清两军在松山城外会战，明军大溃，五万余人被杀，吴三桂逃回宁远，洪承畴坐困松山，祖大寿则仍被围于锦州。吴三桂虽为败兵之将，但因无人堪用，且吴氏又是洪承畴门下及祖大寿外甥，遂晋升吴三桂为提督，在宁远统筹辽东军务，"主客援兵皆听提调"。[43]十五年二月，松山食尽，洪承畴降清；三月，祖大寿亦降。十一月，清军从墙子岭分道突入关内，破蓟州，趋真定、河间。[44]闰十一月，奉命察理真定府所属各州县城守事宜的兵科给事中时敏，要求众人应"诘奸饬备"，他题称：

> 道臣张经遂以臣言传示大小将吏，一齐奋起，各捐火药、神器无算，有捐大炮至三十尊、火药至二千斤者。……道臣复捐助二百

42　李约瑟误读铭文，认为该炮是由一名为"吴捐资"者所铸造。参见 Joseph Needham, *Science and Civilisation in China*, vol. 5, pt. 7, p. 394；刘锟，《明定辽大将军炮：吴三桂固守宁远抗清的物证》。笔者感谢早稻田大学的江场山起先生提示刘文，惟该文所录引的铭文颇多讹误。
43　《明清史料》，乙编，第4本，页360。
44　此段参见刘凤云，《吴三桂传》，页20—41。

443

金，州臣（农按：指定州知州唐铉）捐助三百金，积贮米豆、草束以为士民倡，士民捐助亦复累至数千，贼来软困可望支持。[45]

当时从中央以迄地方之官民均被要求或受鼓励捐资以充实军备，[46]可见明廷的财政已明显遭遇严重困难。吴三桂或即是在此一变局下，主动或被动地捐造"定辽大将军"若干门，希望能稍挽颓势。

（五）崇祯十五年山西制的复合铁炮

素有"煤海铁府"美誉的山西长治县，其城隍庙现亦藏有一门由熟铁和生铁构成的复合炮。此乃知县颜习孔于崇祯十五年所造，其炮口外层之生铁已脱落。[47]

（六）崇祯年间山东制的复合铁炮

山东济南市博物馆外有一门复合铁炮，上阳刻"崇祯"和"山东"等字，至于负责督造的中军副将之名，则已漫漶难辨（图表13.8）。

二、清初制造的铁心铜体炮

（一）崇德八年的"神威大将军"

崇德七年八月，或许为了因应乌真超哈甫扩编成八旗，皇太极命梅勒章京马光辉、孟乔芳率八旗各一名甲喇章京，以及铸炮牛录章京金世昌（金世祥？）、王天相等，往锦州铸炮。或因进度不如预期，八年十一月再命固山额真刘之源、吴守进以及梅勒章京金维城、曹光弼率人赴锦州督造，遂于十二月完工，该批铁心铜体炮被命名为"神威大将军"。[48]

---

45 《明清史料》，乙编，第5本，页454。
46 如同月礼部尚书率同属捐资三百两，尚膳监和司礼监官员各捐三十两和五十两，真定府的将吏士民也被要求"各捐帑篋，以奠封疆"。参见《明清史料》，辛编，第9本，页827、832—833。
47 感谢刘鸿亮博士提示。
48 第十章。

图表13.8：济南市博物馆所藏崇祯复合铁炮[49]

笔者曾在北京见到尚存的四门（图表13.9及图表13.10），其中藏于首都博物馆的一门，上刻有满汉蒙文"神威大将军，大清崇德八年十二月□日造，重三千六百斤"字样。故宫午门外左掖门前现亦置有两门，为中国国家博物馆所有，分别以满汉蒙文阴刻"神威大将军，大清崇德八年□月□日造，重四千斤"和"神威大将军，大清崇德八年十二月□日造，重三千七百斤"等字，后者原在西华门内。此外，北京故宫博物院还有一门，其炮身阴刻有"大清崇德八年十二月□日造，重三千九百斤"等文字，但无"神威大将军"之名，有四道箍（前述各门均为六道）。[50]

---

49 感谢淡江大学历史系何永成教授提供此一摄于2001年之照片。
50 先前相关之记述，参见成东、钟少异，《中国古代兵器图集》，页261；王兆春，《世界火器史》，页282；杨泓等，《中国军事百科全书·古代兵器分册》，页163；王育成，《火器史话》，页140—141；胡建中，《清代火炮》。

图表13.9：现存崇德八年制造的"神威大将军"

编号	内径	炮口厚度（铜体）	炮口厚度（铁心）	底径	炮长	炮重（斤）	收藏单位
1	13.0	6.3	3.5	48	264	3900	故宫博物院
2	13.0	5.4	3.6	41.5	266	3700	中国国家博物馆
3	13.0	4.0	4.5	42	299	4000	中国国家博物馆
4	14.5	4.9	3.0	—	—	3600	首都博物馆

*各炮诸元仅为约略值，长度单位为厘米，尚待详测。

图表13.10：笔者所摄现存的四门"神威大将军"（编号见图表13.9）以及《炮图集》的插图（右下）

惟当时究竟铸成几门"神威大将军"？文献中所记不一：在《八旗通志初集》的马光辉传中，称其"窍实工料，于正炮三十位之外，多铸五位，并铸铁子二万四千"；同书的柯永盛传中，则称他与马光辉往锦州铸造"红衣炮二十

446

位,铁子二万四千"。[51]由于康熙二十二年时查得八旗尚有二十三门破裂的"神威大将军",[52]再加上现存完好的四门,知原先铸成之炮应最可能为三十五门。

乾隆《皇朝礼器图式》中绘有此次所铸"神威大将军"及其炮车之图,并详记其形制曰:

> 铸铜为之,前弇后丰,底少敛,长八尺五寸,不镂花文,隆起四道,面镌"神威大将军",右镌"大清崇德八年十二月□日造,重三千八百觔"汉文,受药五觔、铁子十觔,载以四轮车,通髹朱,横梁承炮耳,辕长一丈五寸,轮各十有八辐,辕间加直木二,外出端加横木,铁钚九以挽之。[53]

此书虽将"神威大将军"均系于"崇德八年十二月",且定其重为三千八百斤,但现存该型炮的重量和长度并不一致,铭文之上也有无月份者。《炮图集》卷二中所记之"隆起六道""重三千七百觔"等数据,即与此不同。

在光绪元年编纂的《皇朝兵制考略》中,记八旗当时配备有三门大铁心炮,分别是正黄旗所存之三千七百斤重者以及正红旗所存之三千六百斤和三千八百斤重者,其长同为8.5尺,用药均为4.75斤,弹重9.5斤,这些应即是"神威大将军"。[54]

从现存四门"神威大将军"形制的显著差异,知当时很可能为测试此种新铸法的效益,而造了各种不同大小比例的炮。由于此四门在炮口的管厚与内径之比(1∶1.3至1∶1.9),明显小于当时一般铁炮(约为1∶1),知该炮种可以铸得较轻,运载时也因此较易,其中内径为13厘米之炮,并未着意节省工料,经与传统设计相较,它一方面减少前膛管壁的厚度,但同时亦将后膛增厚,理论上,对在后膛点火爆炸的炮而言,此炮应可更耐用。

---

51 鄂尔泰等,《八旗通志初集》卷172,页18—19;卷181,页11。
52 参见南怀仁,《熙朝定案》。虽疏中或依炮之外壳泛称为"崇德八年所铸铜红衣炮",惟因该年所量产的红夷炮似仅"神威大将军",故将两者相系。
53 允禄等,《皇朝礼器图式》卷16,页8。
54 翁同爵,《皇朝兵制考略》卷5,页9、12。

（二）顺治三年的多层复合金属炮

笔者于2008年12月在上海临江公园内的陈化成纪念馆外见到此炮，由于炮身上下颠倒，其阳刻的铭文不易辨读，勉强可释出"钦差提督苏松常镇等处地方总兵官□、钦差总督粮储提督军务巡抚□、巡按苏松等处监察御史□、提督中军右协副总兵官詹督造。都司张珍、铸匠项梅、□匠项杨，大清国顺治叁年叁月吉旦造"等字。查顺治三年三月，担任钦差提督苏松常镇等处地方总兵官的应是吴胜兆，[55]任钦差总督粮储提督军务巡抚江宁等处地方都察院右副都御史的是土国宝，[56]任苏松巡按御史的是赵宏文，[57]至于提督中军右协副总兵官，则或是詹世勋。[58]

此炮共有三层金属铁，最内层厚约1.8厘米，中层厚2.2厘米，外层厚9厘米（图表13.11）。从炮口到底圈长214厘米，尾部相当厚重，长约58厘米。炮口内径约13厘米、外径38厘米。此炮或是分三次模铸成，当时应已发现多层金属炮管比单层炮管较耐膛压，否则不会费时费工，自找麻烦。

图表13.11：上海陈化成纪念馆的顺治三年复合铁炮

---

55 《清世祖实录》卷22，页193；卷24，页207；卷32，页269。
56 宋权等，《皇清奏议》卷2，页13。
57 《清世祖实录》卷17，页150；卷26，页225。
58 《清世祖实录》卷29，页242。

（三）顺治十五年的复合金属炮

顺治十五年六月，浙闽总督李率泰为对抗占领盘石卫和乐清县（俱属浙江温州府）的郑成功军队，下令赶铸红夷大炮，其用料和规制留有详细之资料，曰：

> 将新铸大炮十位，……又城守营旧存炮一十五位，……传取火药四万五千斤，……并大炮子七千五百出。……本司随开工盖造浇炮房三间，先集各匠，每匠日给工食银八分，在局预备大炮模塑，并打造熟铁炮心、底盘、井心、夹架等项。随据各属陆续解到铁、炭，开炉铸成大炮十位，共计用过生废铁四万二千八百八十斤。……每炮一位，铸净计重三千零八十斤，法身长一丈二尺。……先将新铸大炮十位镕铸炮子，每位三百出，共三千出，……每百出铸净重五百一十五斤。[59]

至同年十一月共铸成铁炮十门，平均重三千零八十斤，长十二尺（384厘米），用5.15斤（6.8磅）铁弹，内径约10厘米，[60]旋即铲磨光洁并试放。由于文献中记载这批炮的制法乃先打造熟铁之炮心，再以生铁模铸外层之炮管，知其应为复合金属炮。

此批新炮的炮身比例与当时重量相近的英国制大蛇铳相比，显得较长、口径也较小。[61]由于每门炮配搭一千八百斤火药和三百发铁弹，知每发准备了六斤火药，虽然其中一部分将用作火门的点火药，但仍远高于明清时期许多大炮"以一摧二"的药弹比1∶2。[62]惟查十七世纪之西方炮学书籍，知许多发射7磅

59　《明清史料》，丁编，第3本，页228—231。
60　由弹重推估内径时，设游隙为0.25英寸。参见 O. F. G. Hogg, *Artillery: Its Origin, Heyday and Decline*, p. 267.
61　英国内战时所用的大蛇铳（culverin），重4000磅，长335厘米，内径为12.7厘米，长径比约26.4，远小于此炮之38.4；参见 O. F. G. Hogg, *Artillery: Its Origin, Heyday and Decline*, p. 272. 又，中欧炮种的对译，请参见孙元化，《西法神机》卷下，页22—23；A. R. Hall, *Ballistics in the Seventeenth Century*, p. 167.
62　如钟方在《炮图集》卷5中有云："旧炮设若不知用火药分量，先将合炮膛铁子用秤称准。如二斤铁子，必用火药一斤，此旧例'以一摧二'之说。斯已定之良模，万无一失也。"

铁弹的小型炮,其药弹比往往相当接近1。[63]亦即,此炮抗膛压能力应高过平常之铜炮或铁炮。此故,其炮口厚度(可能小于6厘米)可以较通常来得小,[64]且即使"以一摧一",亦可不虞膛炸。

(四)康熙中叶铸造的铁心铜炮

《清朝文献通考》记康熙二十四年铸出铁心铜炮八十五门,其规制为:"各长五尺八寸,重一百斤至一百二十斤,铅子重四两五钱至五两。"[65]《钦定大清会典图》详述曰:

> 铁心铜炮,前弇后微丰,口如螺旋。重一百十斤,长五尺六寸。青绿色,不锲花纹,隆起六道。载以四轮车,辕长一丈二尺一寸,辕端横木加铁钚六,余如"神威大将军"炮车之制。[66]

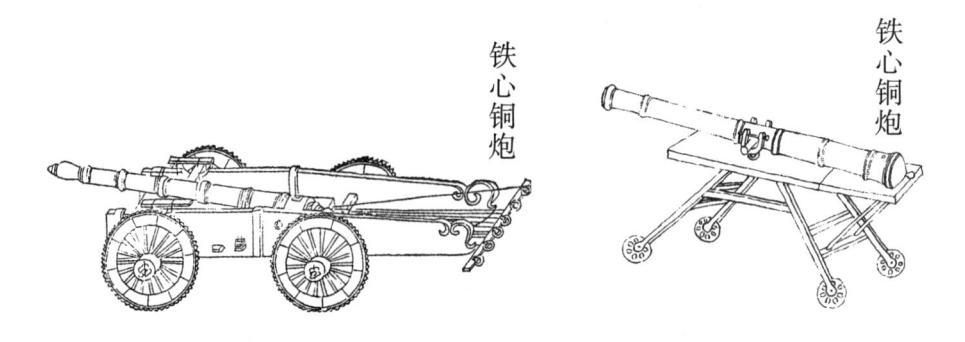

图表13.12:《钦定大清会典图》(左)以及《炮图集》(右)中的铁心铜炮

---

63 孙元化,《西法神机》卷下,页18;汤若望授,焦勖述,《火攻挈要》卷下,页7;O. F. G. Hogg, *Artillery: Its Origin, Heyday and Decline*, pp. 269–272.
64 此炮的平均外径可由Hogg所提供的公式粗估为约27厘米,由于笔者所见明清复合金属炮的底径与内径比通常大于3.2,得炮口厚度应小于6厘米。参见O. F. G. Hogg, *Artillery: Its Origin, Heyday and Decline*, p. 266.
65 张廷玉等,《清朝文献通考》卷194,页6588。
66 托津等纂,《钦定大清会典图》卷69,页18。

钟方在《炮图集》中有云：

> 先铸钢铁筒为心，后铸铜皮。前弇后丰，底如覆笠。各重一百一十斤，长五尺六寸。不镂花文，通髹以漆，隆起五道，近口为照星，旁为双耳。炮后底隆起，上有斗道。用火药二两五钱，铅子五两。载以四轮，车如凳形，中贯铁机，以铁錾承炮耳，施四足，横直皆楔以木，后加斜木撑（农按：意为支撑）之。足施铁轮四，轮各八辐，左右推挽惟所宜。系康熙二十九年造。[67]

似乎当时曾分别于康熙二十四年和二十九年两度铸造铁心铜炮，形制大同小异。前引文最主要的差别在炮车，构造较繁者可能是用于校阅等正式场合，较简者则或用于实际战场。

虽然这些铁心铜炮均只不过是百余斤重的小炮，其规制完全无法与四十多年前所铸的"神威大将军"相提并论，但其轻巧耐用的特质，却颇适合行军野战。康熙二十九年，厄鲁特蒙古准噶尔部酋长噶尔丹内犯，抚远大将军福全率兵败之，清军当时即至少配备铁心炮五门。[68]三十五年，康熙帝御驾亲征大败噶尔丹时，所携带的火炮中似乎亦包括一批新铸的铁心铜炮。[69]此型火炮在咸丰、同治朝仍用于军中。[70]光绪间编纂的《皇朝兵制考略》一书，记有当时八旗所存之炮位，称各旗均配置小铁心炮十门，各重一百一十斤，长五点六尺，用药二点四两、弹重四点八两，[71]应即指此。

67　钟方，《炮图集》卷2，无页码。
68　《清圣祖实录》卷147，页618；卷148，页638。
69　嵇璜等，《清朝通志》卷41，页6986。
70　《清文宗实录》卷92，页249；《清穆宗实录》卷288，页983。
71　翁同爵，《皇朝兵制考略》卷5，页1—17。

三、鸦片战争之后制造的复合金属炮

（一）道光年间山海关的复合铁炮

2004年，秦皇岛市山海关区南涂庄村民在村北长城内侧农田中挖出一门铁炮，此炮为前装滑膛式，通长365厘米，内径为11.5厘米，底部直径50厘米，炮身的金属明显分内、外两层。从炮口至炮体中间部位的铸铁外层已崩缺，仅存内层之熟铁炮膛，该部分的外径为25厘米，亦即，内层的管壁约6.8厘米厚。炮身未见铭文，可能原在炮外层之崩落处。[72]

此炮表面锈蚀严重，有三道隆起的箍，右侧炮耳已断落，炮身后部之上端有铜质的点火孔，该铜孔与铸铁之炮管紧密结合。虽然此复合炮内膛的韧性较传统铁炮较佳，但因铸铁性脆，较不耐撞击及拉张力，因此外层容易因发炮时的振动及膨胀而迸裂，其技法远逊于铁心铜体的智慧，但也有可能是受限于经费短绌。

山海关地区遗留的明清古炮很多，其制法大多是一次铸造成型。类同于南涂庄复合铁炮之制法者，目前已知只有一门原先放在石河口炮台（今山海关老龙头西）之炮，该炮于二十世纪五十年代被中国人民革命军事博物馆调走，现置于馆前广场一侧（图表13.13），炮身上之铭文为"红衣将军，重六千斤，吃

图表13.13：道光二十一年制造的"红衣将军"

72　此节参见刘丽、王雪农，《山海关长城脚下出土的大铁炮》。

药十斤，吃铁子二十斤"，并镌有"道光二十一年正月□日造"字样，炮口处明显可见内外两层之炮体，通长289厘米，内径14.5厘米，炮口内层熟铁壁厚4.8厘米，外层铸铁壁厚8.5厘米，底径62.5厘米。

查道光二十年十二月，署直隶总督讷尔经额为防备英军北犯，增筑大沽、海口等炮台之工事，并议铸五千斤和七千斤大炮各十门，惟因"现届严寒，断难施工"，故预计在"交春天气融合"时赶工开铸；据讷尔经额指出，当时各镇营旧存之铁炮，"大半刷膛锈损，多不堪用"，且均属中小炮，以部署最佳的天津南北两岸为例，共安设六千六百斤和七千斤大炮各一门，四千余斤大炮三门，五百斤至两千余斤者亦不过五十五门。[73]二十一年正月，多艘英船出现在秦王岛（今秦皇岛市，位于山海关西）海面，清廷震动。[74]二月，奉旨在秦王岛、石河口等处安炮设营，当时因满洲营和绿营可用之炮位不敷分设，曾命讷尔经额将新铸铜炮酌拨五六门运送山海关。[75]前述重约六千斤的"红衣将军"，或亦是在此一时空背景下安设在石河口，以加强京畿海防。

由于南涂庄出土铁炮之工艺、形制和质地，均与前述之"红衣将军"相似，故疑其亦为同一时期铸造。从南涂庄铁炮炮体前端略向下弯曲的变形判断，炮口似曾遭封堵引爆，其事有可能发生在光绪二十六年英军于"庚子之变"攻占山海关之时。

（二）道光二十一年的"平夷靖寇将军"

上海地区已知出土多门"平夷靖寇将军"（见图表13.14）：1975年，在市区光明中学基建工程出土者，其炮身后段破损，两炮耳尚存，残长217厘米，上阳刻有"道光二十一年十月□日，平夷靖寇将军。兵部侍郎江苏巡抚梁章钜、兵部尚书两江总督牛鉴、提督江南全省军门陈化成督造，苏松太兵备道巫宜禊督同"等字（见图表13.15）；[76]1980年，吴淞炮台遗址又出土三门，其一现置于上海宝山区海滨街道塘后路109号的吴淞古炮台上，均阳刻"大清道

---

73 中国第一历史档案馆编，《鸦片战争档案史料》第2册，页675—677；第3册，页74—76。
74 中国第一历史档案馆编，《鸦片战争档案史料》第3册，页62—71。
75 《清宣宗实录》卷346，页273；卷347，页280。
76 周学军，《上海市历史博物馆建设中的探索精神》。

光二十一年五月□日,平夷靖寇将军"等字。[77]2005年11月,塘后路86号某海军营区内再出土了两门"平夷靖寇将军",现暂存于上海海军博览馆中。[78]

图表13.14:中国现存的"平夷靖寇将军"

编号	内径（厘米）	炮口外径（外膛 内膛）	底径（厘米）	炮长（厘米）	净重（千克）	附注
1	11.5	29.5（5.7 3）	—	—	—	1975年出土,现归上海市历史博物馆,2008年借上海临江公园内陈化成纪念馆展出。
2	15	47	57.6	298	3500	1980年出土,可能现置于上海宝山区的吴淞古炮台。
3	11	35	44.6	274	2500	1980年出土,可能现置于上海宝山区的吴淞古炮台。
4	11	51（15 5）	43	254	—	1980年出土,现置于中国人民革命军事博物馆外。
5	13	—	—	270	—	2005年出土,现藏上海海军博览馆。
6	13	—	—	270	—	2005年出土,现藏上海海军博览馆。
7	—	—	—	—	—	2002年在广西南宁举办的"中国人民解放军陆海空三军大型兵器展"中曾展示,炮身涂有防锈漆,现藏单位不详。
8	—	—	—	—	—	道光二十一年造,藏广东虎门的鸦片战争博物馆内。

*各炮诸元的长度单位为厘米。

---

77 孙维昌,《上海地区发现的抗英战役大炮》。
78 感谢宝山区文物保护管理所的林杰先生提供此一资料。

图表13.15：上海陈化成纪念馆藏"平夷靖寇将军"及陈化成肖像

"平夷靖寇将军"为复合金属炮，内膛可能是熟铁或低碳钢，经金相（metallography）分析后，确定外层为灰口铁（gray cast iron）。[79]道光二十二年五月，英军于第一次鸦片战争后期攻陷吴淞炮台，陈化成力战阵亡。此批炮

79　灰口铁为生铁中性能较好的一种，含碳量约3%，含硅约2%，因断面呈深灰色而得名。感谢刘鸿亮博士提供此炮金相分析之结果。

455

应曾参战，但未能发挥预期效果。[80]英国军官阿瑟·坎宁安曾于稍后过访被摧毁的炮台，据其描述，台上原有许多铜炮，因是贵重金属，故均已被掳至英船之上；至于铁炮，英军或将火门封死，或将炮耳敲掉，以破坏其攻击力。他还指出，这些铁炮并非全由单一金属制成，有的炮管内层是熟铁，外层则是生铁。[81]疑坎宁安所见很可能就是新部署于吴淞炮台的"平夷靖寇将军"。

英军在吴淞之役从各炮台虏获约二百五十门炮，其中四十二门为铜炮，最大者可发射24磅炮弹，但大多是较小口径之炮，其中半数所发射的炮弹小于6磅。虽然清廷装备了不少新铸的大炮，[82]但与英炮的威力相比，仍有相当差距。[83]当时吴淞炮台上的装备新旧杂陈，甚至还动用了两三百年前明代制造的古炮！[84]

（三）道光二十一年的"振远将军"

笔者于2008年在上海临江公园内陈化成纪念馆外见到一门"振远将军"炮，该馆说明牌上称其为1993年4月出土于吴淞塘后路西炮台遗址。此为三层之复合金属铁炮，炮口内径约11.5厘米、外径32厘米，最内层厚约2.5厘米，中层厚1.7—2.2厘米（图表13.16）。从炮口到底圈长249厘米，底径45厘米，尾部长约22厘米。其制法或与同馆所藏顺治三年之三层复合炮相似（见前文）。

80　中国第一历史档案馆编，《鸦片战争档案史料》第5册，页420—421；茅海建，《1842年吴淞之战新探》。

81　Arthur Cunynghame, *An Aide-de-camp's Recollections of Service in China, A Residence in Hong Kong, and Visits to Other Islands in the Chinese Seas*, pp. 72-73.

82　上海地区从道光二十一年起就积极铸炮，其中四千至六千斤的铁炮至少有二十二门，八千斤的铜炮有八门。参见茅海建，《1842年吴淞之战新探》。

83　英军在炮身设计、铸造工艺、弹药质量、火炮操作、射击精度和射速等技术关键之处均优于清军。参见刘鸿亮，《第一次鸦片战争时期中英双方火炮的技术比较》。

84　此段参见William Dallas Bernard, *Narrative of the Voyages and Services of the Nemesis, from 1840 to 1843; and of the Combined Naval and Military Operations in China*, pp. 358-359; Arthur Cunynghame, *An Aidee-dee-camp's Recollections of Service in China, A Residence in Hong Kong, and Visits to Other Islands in the Chinese Seas*, p. 73.

图表13.16：上海陈化成纪念馆外的"振远将军"

查负责督造"振远将军"炮的程矞采，于道光二十一年正月奉命暂行兼护两江总督印信，并会同陈化成筹划长江出海口等地之防务；是年十二月，实授江苏巡抚。[85]知此炮应为道光二十一年铸造。

（四）道光二十三年的"耀威大将军"

笔者于2007年在江阴市郊鹅鼻嘴公园内的小石湾炮台旧址见到三门"耀威大将军"，其中两门封藏，不供一般民众参观，至于公开陈列的一门（图表13.17），据其上的铭文指出，乃道光二十三年由署两江总督壁昌、江苏巡抚孙善宝、江苏布政使文柱以及江宁布政使崇恩饬造，并由江苏管理炮局莫载、武友怡、盛绶章监铸，炮重一万斤，吃药二百四十两，配弹四百八十两。该炮通长343厘米，内径18厘米，尾径70厘米。从炮口处我们可明显发现此炮为复合金属，内层或为厚约1.8厘米的熟铁，外层则为厚约15.2厘米的生铁。

---

85 《清宣宗实录》卷345，页251—252；卷364，页562。

红夷大炮与明清战争

图表13.17：江阴小石湾炮台公开陈列的"耀威大将军"

❶ 道光二十三年十一月
耀威大将军
江苏抚部院　孙
署两江督部堂　壁
饬造
江苏　布政司　文
江苏管理炮局莫
江宁　崇
武友怡
盛缓章　载监铸

❷ 计重一万斤
吃药二百四十两
配弹四百八十两
炉头　梅在田
曹臣昇
毛文治
许鉴堂　承办

　　据江阴博物馆的唐汉章先生记述，迄今在大、小石湾古炮台共分别出土两门及四门"耀威大将军"；目前有三门置于小石湾，一门在江阴博物馆新馆，另两门在江阴黄山南麓江阴博物馆老馆。炮长330—354厘米，炮口外径50.5—57厘米（内管厚约1.7—1.8厘米，外管厚约15.2—17.4厘米），内径同为18厘米，均配弹四百八十两，用药二百四十两。炮身上仅有一道加强箍，位于炮耳处，其宽度约与炮耳直径同。炮身上的铭文大同小异，分别记于道光二十三年九月、十一月和十二月竣工，除一门现置于江阴博物馆新馆内者标重八千斤外，余均为一万斤。[86]又，南京博物院外亦陈列有一门同年十一月制造的万斤

86　唐汉章，《江阴小石湾古炮台发掘》《黄山炮台出土的古炮》。笔者感谢徐华根和唐汉章两位先生热情协助拍摄古炮照片，并提供测量数据。

458

重"耀威大将军",炮口内径为18.5厘米,炮长346厘米,内管厚约1.2—1.8厘米。[87]

查两江总督耆英于道光二十三年三月被任命为钦差大臣,办理江浙通商事宜,其职改由福州将军璧昌署理。虽然耆英于该年十月回任两江总督,[88]但因该批"耀威大将军"炮乃由璧昌全程负责督造,而铭文刻上相关人员名字的目的,本在将来铨叙战功或追究膛炸之责时有所依据,故有些炮虽在耆英回任后始竣工,但仍系以璧昌之名和其原官衔。

第一次鸦片战争后,清廷开始对包含长江口在内的沿海防务进行亡羊补牢。[89]道光二十二年十二月,上谕曰:

> 江阴县鹅鼻嘴迤北沙洲,既为长江最要门户,准其将京口现存战船十二只,拨往鹅鼻嘴,派署副将汪士逵挑配弁兵,严督训练,暂事巡防。其京口协副将,自应仍复旧制,驻守江阴,以资巡防。……兹发去《演炮图说》原本一册,重订《演炮图说》一册,小铜炮及炮架式样四匣,著耆英祇领,悉心核酌,何者可安置陆路,何者可安置船上。倘属得用,即不拘铜铁,按式铸造,总以镕炼精熟,施放有准为要。[90]

二十三年正月,又谕:

> 江苏江面鹅鼻嘴等处,南北相去仅宽五六里至七八里不等,若能筑台设炮,演习精熟,实堪断其来路。至江北添铸炮位,着照所议采买湖北生铁,即在河口设局委员鼓铸,务须多为储备,尤当煎炼加工,庶施放有准,方为适用。断不准草率偷减,仍成虚设。[91]

---

87 参见杨仁江,《台湾地区现存古炮之调查研究》,页90、93。感谢李华彦与吴贺博士提供实测资料和照片。又,金相分析可见刘鸿亮、孙淑云,《鸦片战争时期中英铁炮材质的优劣比较研究》。
88 《清史稿》卷19,页690—691。
89 季云飞,《鸦片战争后清政府"防务善后"述论》。
90 《清宣宗实录》卷387,页960。
91 《清宣宗实录》卷388,页978。

459

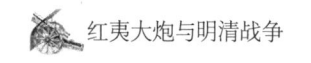

五月，再谕：

> 据壁昌奏"勘明鹅鼻嘴、圌山关及北固山一带江面形势，指定设防处所，绘图呈览"一折，朕详加披阅，所拟尚属周备，惟江面辽阔，处处可通舟楫，炮城孤峙沙洲，能否足资防御？其鹅鼻嘴等处傍山炮城，是否扼全江之险要？可期声势联络，保障沿江城邑。着壁昌会同孙善宝、尤渤、李湘棻，再行详察形势，妥议具奏，……其应需炮位，仍着酌量设局开铸。[92]

均强调江阴的鹅嘴鼻为战略重地，须筑台设防，并指示应开局铸造大炮，且发下丁拱辰所著的《演炮图说》一书供参考。铭文中提及的"江苏管理炮局"，或即当时成立之临时机构。[93]

这批"耀威大将军"炮应就是在此一氛围下，由莫载、武友怡、盛绶章三人监铸，其中领衔的莫载是顺天监生，时任编制外的试用府经历，他当时还负责铸造另一批"振武将军"铁炮，标重为五千斤。[94]道光二十三年，壁昌沿长江边修筑炮台十五座，自鹅鼻嘴起，历大、小石湾，迄黄山，编列起自日字号，止于姜字号，共配置江苏管理炮局所铸的"耀威大将军"及"振武将军"炮数十门。[95]莫载于事成之后获壁昌题请奖励，二十三年九月，内阁奉上谕曰：

> 江苏炮局委员试用府经历莫载，捐资铸造铁炮并铁弹、炮架等项，经该督等验试合用，自应量予鼓励。莫载着免补本班，留于江苏以知县尽先补用。此项工价免其造册报销，该部知道，钦此。[96]

---

[92]《清宣宗实录》卷392，页1039。
[93] 道光二十年六月，因英军骚扰江浙海面，故在上海和崇明两处派员设局，"供支兵粮，并制造军装、火药、炮位"，江苏管理炮局或即是在此时成立。参见中国第一历史档案馆编，《鸦片战争档案史料》第7册，页414。
[94] 大石湾古炮台曾出土两门"振武将军"，全长270—280厘米，口径12—12.5厘米，配弹二百四十两，用药一百二十两。参见唐汉章，《黄山炮台出土的古炮》。
[95] 唐汉章，《天堑锁钥江阴黄山炮台》。
[96] 中国第一历史档案馆编，《嘉庆道光两朝上谕档》第48册，页497。

不过，莫载要等到二十七年才补授署金匮知县，[97]却又因"品行卑鄙，声名平常""疲玩误公"，同年九月即遭革职。[98]

江苏扬州的史可法纪念馆还藏有一门道光二十三年的复合铁炮，亦是由制造"耀威大将军"的同一批官员负责的。其炮尾已残，残长291厘米，炮口外径56.5厘米，内径20.2厘米，底径72厘米。铭文有"计重一万二千斤，吃药三百二十两，配弹六百四十两"等字。[99]此或是现存明清自制滑膛炮中最重的一门。

（五）咸丰年间大沽口炮台的复合铁炮

咸丰十年，英国军医乔治·班克斯在天津大沽口炮台上发现两门已崩破的铁炮（图表13.18）。第一门炮长291厘米，底端直径为60厘米，炮口外径为39厘米，经其检视崩缺处后，判断它的制法如下：内壁是由长的熟铁条锻合而成，每根宽约2.5厘米、厚1.3厘米，在炮口处终结成唇状；围绕着内壁，则用厚2.5厘米、宽7.6厘米的熟铁环捆绑，彼此亦相互锻合；再往外，则浇铸一层铸铁，在炮口处厚7厘米，炮尾更厚，以构成一般红夷火炮之外形。第二门炮长292厘米，底端直径为64厘米，炮口外径为41厘米，其结构较简单，只将熟铁之环锻合后，就以铸铁浇熔。乔治·班克斯认为这两门破炮相当古老，他猜测有可能出自十七世纪甚或更早，但他并未提及有无铭文，也未提出定年的具体论据。[100]笔者怀疑此炮或与前述道光二十一年"红衣将军"类似，均为鸦片战争时期所制造。

97　斐大中等修，秦缃业等纂，《无锡金匮县志》卷15，页62。
98　《清代起居注册·道光朝》第87册，页50745；《军机处档折件》。
99　此炮原藏扬州博物馆，经笔者联络后得知现已移交史可法纪念馆。
100　George Banks, "Chinese Guns."

461

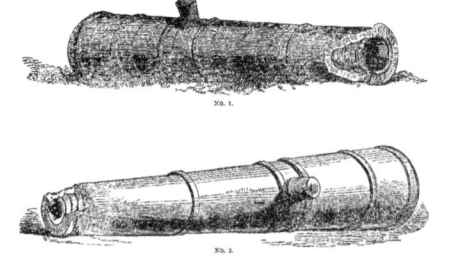

图表13.18：1860年英人在大沽口炮台所见的两门残破复合金属炮（左）以及同型炮所用之炮车（右）[101]

今大沽口"威"字南炮台遗址上尚有三门复合金属炮，均打捞自海底，锈蚀严重，未见铭文。据笔者2008年10月的实地探查，其中最大者正由北京的中国文物研究所进行维护，长296厘米，内径9.4厘米，炮口内层的熟铁管厚约2.9厘米，外层铸铁管厚约7.2厘米（图表13.19最右）。[102] 查此炮台于光绪二十七年根据与八国联军所签的《辛丑条约》遭拆毁，这三门炮或即是因此被敲掉炮耳后弃入海中。

图表13.19：大沽口炮台所藏的三门复合铁炮

---

101 参见Ian Heath, *Armies of the Nineteenth Century: Asia*, 2: *China*, p. 54. 此书称图下之炮乃铁心铜体，长约11.5英尺、内径8英寸、重5965千克，是1860年8月被英军载运返国的两三百门战利品（其中有二十二门乃形制相近的纯铜炮）之一。
102 金相分析可见刘鸿亮、孙淑云，《鸦片战争时期中英铁炮材质的优劣比较研究》。

462

（六）道光二十八年的铁心铜体炮

位于英国伦敦郊区伍利奇的皇家火炮博物馆，收藏有超过七百五十门各式各样的火炮，最早起自1338年。此地的收藏见证了大英帝国过去数百年的扩张史，它不仅有英国军队历来所使用的一些重要炮种，更有许多英军自世界各地掳获的战利品。

其中编号为#2/244之中国榴弹炮（howitzer），因其特殊的铜镶铁心结构，于1867年被英人纵剖成一半，以研究其内部构造，另半边现已下落不明。炮之内径为23.4厘米，炮口处的铁心厚2.8厘米，铜壁厚7.5厘米，炮管的后端有圆柱形药膛，长71厘米，直径为11.4厘米（见图表13.20）。[103] 仅存的半边管壁上阴刻有直隶总督讷尔经额等二十几位督造官员以及匠人吴英俊之名，但未见炮名和铸造年月，或恰在已佚失的另半边炮管上。然而，我们仍可从各官之任职年限，概略判断此炮的铸造时间。

图表13.20：英国皇家火炮博物馆藏#2/244铁心铜体残炮及其上之铭文

查道光二十年八月，大学士仍署直隶总督的琦善，奉派为钦差大臣，赴广东查办英人对东南沿海的骚扰，遂调陕甘总督讷尔经额署直隶总督；二十一年正月，英人陷广东虎门，讷尔经额奉命驻天津，督办海防；二月，获授直隶

103　笔者曾于2005年应该馆马修·巴克（Matthew Buck）先生的邀请，亲赴当地进行访查。另参见J. P. Kaestlin, *Catalogue of the Museum of Artillery in the Rotunda at Woolwich: Part 1 Ordnance*, p. 33.

463

总督；直至咸丰二年正月，始升任协办大学士。[104]而直隶督标中军副将炳文于二十八年四月升授大名镇总兵官，[105]刘衡于二十八年二月调补清苑县知县，[106]因知此炮很可能是铸成于道光二十八年二至四月间。由于当时太平天国尚未正式起事，故该加强军备之举，较可能是因应二十七年二月英国偷袭虎门炮台之后的情势。[107]

此炮上刻有"吃炸子一粒，重二十六斤，吃药六斤；吃火攻炮子一粒，重十八斤，吃药四斤"等文字，所称之"炸子"，应最可能是空心爆炸弹，内置具杀伤力的碎磁和铁棱等；而"火攻炮子"则或是空心烧夷弹（见附录13.1）。

附录13.1

道光年间清军所使用的空心爆炸弹

清朝在康熙年间所制的"威远大将军"炮，已使用空心爆炸弹，其制曰："生铁弹，重二三十斤，大如瓜，中虚仰穴，两耳铁环。其法先置火药于铁弹内，次用螺蛳转木缠火药撚，里（裹？）以朝鲜贡纸，插入竹筒，入于弹内，下留药撚一二寸以达火药，上留药撚六七寸于弹外，余空处亦塞满火药，以铁片盖穴口，外用蜡封固。……临时施放，先点弹口火药撚，再速点火门烘药。"[108]惟此种新型炮弹似乎未能普及，主要藏诸清宫武库（图表13.21）。[109]左宗棠曾于同治十二年在陕西见到此种早期遗留的炮弹，遂慨叹曰："见在凤翔府城楼尚存有开花炮子二百余枚……使当时有人留心及此，何至岛族纵横海上数十年，挟此傲我，索一解人不得也！"[110]

---

104 《清史稿》卷18—20，页679—726。
105 此见道光二十八年四月之《兵部为补授总兵事》。
106 此见道光二十八年二月三日之《吏部为奉上谕刘衡调补清苑县知县事》。
107 《鸦片战争档案史料》第7册，页778—781、802—803。
108 《清朝文献通考》卷194，页6588。
109 胡建中，《清代火炮（续）》。
110 《左宗棠全集》卷13，书牍，页40。

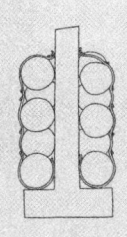

图表13.21：霰弹筒（左）、葡萄弹（中）和清宫所藏之空心爆炸弹（右：直径23厘米）[111]

直到鸦片战争期间，英军普遍使用空心爆炸弹，其强大杀伤力始引发清人重视与仿制。英国皇家火炮博物馆所藏#2/244的清朝制火炮上，刻有"吃炸子一粒，重二十六斤，吃药六斤；吃火攻炮子一粒，重十八斤，吃药四斤"等铭文，其中二十六斤之"炸子"，重量相当于直径为15.8厘米的实心铁球，[112]然因该炮的内径为23.4厘米，故一重二十六斤的实心铁球将远远达不到合口的要求。再者，"炸子"为霰弹筒（cannister）或葡萄弹（grape shot），其重量通常应不轻于合口之实心球形铁弹（以直径21厘米估计，约重六十一斤）。[113]因知二十六斤重之"炸子"应最可能是壳厚约2—3厘米的空心弹，内置具杀伤力的碎磁和铁棱等；而该炮所用十八斤重之"火攻炮子"，则或是空心烧夷弹，内置易燃物，壳厚约1—2厘米；[114]两弹内部应均有火药，在射至敌营时会炸开。

原任广东巡抚（道光二十二年正月至十二月任）的梁宝常，尝叙述广东

111　改编自H. L. Peterson, *Round Shot and Rammers*, p. 26；徐启宪主编，《清宫武备》，页197。其中葡萄弹木质底座之实物，可参见Jens Auer, "Fregatten *Mynden*: A 17th-century Danish Frigate Found in Northern Germany."
112　O. F. G. Hogg, *Artillery: Its Origin, Heyday and Decline*, pp. 265–266.
113　当时炮弹直径与炮管内径之比约为0.9；参见魏源，《海国图志》卷88，页12。又，霰弹筒乃圆柱形，其外壳多以金属薄片卷制，内置大量的小铁弹丸，空隙则填以锯木屑；至于葡萄弹内之弹丸，通常较霰弹筒内者为大，外则以铁环、帆布或绳网包裹而成，后有一圆柱木块或金属底板，以将弹丸推出炮口后四散杀伤敌人。惟因这两种炮弹沿炮管方向的长度常大于横切面的直径（与炮之内径相近），且空隙不多，故其重量往往超过合口的实心圆球铁弹。
114　如空心弹内不置物的话，二十六斤重之"炸子"，壳厚不超过3.5厘米；而十八斤重之"火攻炮子"，壳厚不超过2.3厘米。

所造的空心弹曰：

> 广东所造大炮子，多用空心，模大质轻。又有将空心炮子炼成熟铁，分成两开，中纳碎铁、火药，仍旧扣合，无异寻常炮子。至出炮则一触即行炸裂，四面飞击，一炮可得数炮之用。[115]

道光二十三年七月，上谕大学士穆彰阿曰：

> 演放炮位，原以备临敌制胜；若平时只习虚文，临阵安得实用？且恐为时过近，出数较多，易于刷大炮口，损坏炮位。着梁宝常于每年春、秋二季，亲往督操，每位不得过五出，如果校阅认真，自不至荒疏技艺，……所奏"空心炮子炸裂飞击"一条，亦恐无裨实用，缘炮子既出炮口，空中炸开，飞击何处，并无定准。即如英夷善于用炮，其所用炸炮，亦多有不能炸击者。[116]

对新任山东巡抚梁宝常提出督操大炮相当具体的指示，要求每炮每季发射不得超过五次，以避免"刷大炮口，损坏炮位"。惟道光帝对英军所使用的"空心炮子"，评价不高，认为其弹着点无法控制，且常出现不能炸裂的情形。

道光二十四、二十五年，署陕甘总督林则徐在青海平乱时，曾由江苏候补知府黄冕协助以泥模创铸"空心弹子"，林氏尝奏曰：

> 封口炮子一项，向来俱用实铁弹，于致远攻坚已属得力，但一炮只毙一贼，多亦不过数贼而止。臣曾见洋炮有空心弹子之法，名为炸弹；因密授匠人做法，即在臣行署督令试铸。虚其中而留一孔，此中半装火药，杂以尖利

---

115 《鸦片战争档案史料》第7册，页186。
116 《清宣宗实录》卷394，页1076。

铁棱,仍将其孔塞住,纳于炮口,将孔向外。一经放出,其火力能到之处,弹子即必炸开。弹内之药,用磺较多,可以横击一二百步,其弹子炸成碎铁,与内贮之铁棱皆可横冲直撞,穿肌即透,遇物即钻,一炮可抵十数炮之用。[117]

黄冕所铸之"空心弹子"其形椭圆,有如鹅卵,内置"尖利锥刀、碎磁"及"毒药",重量与实心球弹略同;清军可能自此才开始普及空心爆炸弹。[118]

二十六年五月,道光帝谕军机大臣等曰:

> 讷尔经额奏"制造火攻炮子及炸炮子二器,现已演练精熟,拟多为制造存库备用,仍于春、秋二操演放,以资考核"等语,所造甚好,着照议制造备用。……惟每岁操演时,只须装填寻常炮子,或但用火药,总期施放习熟,临事可资得力,无庸装用炸裂炮子,以归简易而藏妙用,将此谕令知之。[119]

知讷尔经额在督造此炮之前,已能制造"火攻炮子"及"炸炮子"(应同于铭文上所称之炸子)。然道光帝似乎习惯过度干涉军事训练的细节,如其在此谕中即命炮手在例行练习时,无须动用空心爆炸弹,而只需装填平常之实心球弹,"以归简易而藏妙用",设若如此,何能要求炮手掌握此种新型炮弹的性能,遑论从实作中寻求改进!

咸丰三年三月,为克复甫被太平军攻占的扬州,上谕:

> 逆匪盘踞扬州,环城筑垒,层层遮护,我兵虽屡次获胜,总

---

117 魏源,《海国图志》卷87,页6。
118 魏源,《海国图志》卷87,页7。
119 《清宣宗实录》卷429,页382。

不能直捣巢穴。该大臣已飞咨讷尔经额，即派都司马正，将现存瓶子、喷炮及火攻子、炸子，并酌带营匠，赶紧前往。又调三江营大炮来营，一俟炮位运到，即督饬各营将弁，乘势进攻。总宜设法，出贼不意，迅图克复郡城。[120]

此时讷尔经额已升授大学士，而所提及奉命携带"火攻子"和"炸子"（同#2/244所用之炮弹）增援的都司马正，其名亦见于#2/244炮之铭文上，只不过他当时还只是署后营守备。直至清末，清廷一直视前述之空心爆炸弹为"军营中不可多得"之火攻利器，且严令"不得将制法漏泄"，以免"利器反为贼有"。[121]

此炮内有一长71厘米的圆柱形药膛（chamber），内径较炮膛（长84厘米）为小，其制早在明末时即已由耶稣会士传华。[122]龚振麟尝在其序刊于道光二十三年的《铸炮铁模图说》中，对药膛的设计有详细的描述，曰：

> 炮膛内须置药膛（原注：药膛径小于炮膛径二分许），底圆口微敞，如茶杯里面底形（所重在底圆，万不可平）。开火门须于紧挨药膛之极底处，则无后坐之虞，此工匠最难措手处，略不经心，为其所误，虽制作精细，亦为废物矣（开火门法，铜铁各异：铜炮于铸成后，用尺内外比量极准，以钻开之。铁炮先用熟铁缠丝，打成火门管听用，俟铸时安稳泥心胎之际，将火门管置于心胎尖上，极正极准，而后范金倾铸即成矣）！[123]

龚氏建议药膛内径最好是炮膛的80%左右（此炮是48%），且药膛底端应收尾成半圆形的"屈凹圆样式"（此炮为平底的"屈底平正式"），[124]并将火

---

120 《清文宗实录》卷89，页205。
121 《清穆宗实录》卷47，页1268；卷77，页582。
122 此种设计或仿自西方，称为"底窄推弹式"。参见孙元化，《西法神机》卷上，页11。
123 转引自魏源，《海国图志》卷86，页9。
124 此两种炮膛底部的设计，参见孙元化，《西法神机》卷上，页10。

门开于药膛极底处（此炮未见与火门相连的通道，应恰在已佚失的另半边炮管上），以避免火药引燃时产生额外的后坐力。由于此炮所用药弹之重量比（6：26或4：18）较清前期大炮常用的1：2小甚多，知当时的火药品质应已有甚多改进。[125]

龚振麟乃于道光二十一年秋冬之际为因应英军的入侵而奉命在浙江造炮，他采用铁模铸法，是中国当时最好的铸炮专家，曾撰成图说进呈御览且刊传；二十三年，该书又再度校勘出版。[126]然而，当讷尔经额督造新炮时，相关官员以及实际负责的匠人吴英俊，似均未参考龚氏书中之规制。

查讷尔经额于道光二十一年署直隶总督时，虽曾有督造六千斤重"红衣将军"复合金属炮的经验，我们却发现#2/244炮的品质颇差：其内层的铁心不仅厚度不一，且在药膛周围出现多处类似蜂窝的瑕疵（见图表13.20）；[127]尤其，内膛的管壁颇不平直，令火药爆炸之气体甚易从隙缝外泄。亦即，当时虽重拾明末铁心铜体的特殊铸法，但铸造精度却是不进反退。此故，道光二十三年五月试验盛京新铸之大炮时，即发现"适用致远"者，不过六成，且其中六门"炮身裂缝，内膛不平，难以演放"，各承办官员遂奉旨应赔铸修理。[128]

在#2/244旁边另有一门遭纵剖的的铁心铜体炮，其编号为#2/245，未见铭文，底部无药膛，内膛的管壁亦颇不平直（见图表13.22），炮之内径为14厘米，长269厘米，铁心厚5.6厘米。前述两炮之制法，应均是先以熟铁环缠绕于轴芯之上，外再用铁环焊接，最后才浇铸最外层的铜体。[129]它们同是1860年英军在大沽口炮台一役的战利品，[130]英国军官A. B. Tulloch（1838—1920）曾描述

---

125 依照现藏广西宜州的道光十六年"造药程式"碑所记，广西提督陈阶平要求炼制火药每白应用硝八斤、磺粉一斤一两、炭粉一斤六两掺合，其重量比约为76.6：10.2：13.2，与目前工业用黑火药所用比例75：10：15已相当接近，此药可将鸟枪的射程从120弓（1弓=1.6米）提高至160弓。道光二十三年，陈氏更成功仿制西洋火药，将鸟枪射程再提升至240弓。笔者感谢广西民族大学容志毅教授提供"造药程式"碑之照片；另参见刘鸿亮，《第一次鸦片战争时期中英双方火炮发射火药的技术研究》。
126 韦及，《铁模铸炮的首创者：龚振麟》。
127 此或因制炮的泥模未完全干燥，故在浇上铁液后，易出现水汽，而形成蜂窝状的管壁。参见丁拱辰，《演炮图说辑要》卷3，页11；黄一农，《奎章阁明清军事史重要文献初眼录》。
128 《清宣宗实录》卷392，页1045。
129 J. P. Kaestlin, *Catalogue of the Museum of Artillery in the Rotunda at Woolwich: Part 1 Ordnance*, p. 33.
130 英军当时共掳获的两三百门炮运回国，其中最大的铁心铜体炮通长351厘米，内径20厘米，重5965千克。参见Ian Heath, *Armies of the Nineteenth Century: Asia, 2: China*, p. 54.

其第一印象曰：

> 这些安放在高大炮架上的六七吨重铜炮，整体置于笨重且无法吸纳后坐力的木制磨盘炮车上，透过底盘中央的大型木质枢心，它们即可转动。为避免铜体在发射时过热，这些铜炮的内壁均衬以铁管，此较Palliser少校的发明要提前好些年。[131]

其中所提及的"磨盘炮车"，详见龚振麟的《枢机炮架新式图说》。[132]

图表13.22：英国皇家火炮博物馆藏#2/245铁心铜体残炮

英人之所以解剖中国炮，其时代背景或与线膛炮（rifled artillery）的普及关系密切。膛线概念早在十八世纪中叶即出现，但要历经一个世纪之后，技术条件才臻于成熟，它是古代火炮与近代火炮的重要分水岭。为使炮弹能够拥有较大爆炸力，火炮专家开始考虑体积较圆球更大且有助于克服空气阻力的圆锥形炮弹。而为解决受力不均匀且在空中会翻滚的困扰，欧美各国的火炮专家乃

131　Alexander Bruce Tulloch, *Recollections of Forty Years' Service*, p. 112.
132　其文有云："磨盘炮架须选极坚、极燥之木为之（原注：榆、槐、樟、柳皆可，惟松、杉、枫不可用）……其机巧在一枢心（即图中蘑菇头中心）。两滑车（即辕木所藏铁轮）配合时，务须度取炮身轻重之中，以辕木上承炮耳处为准则，下布枢心滑车为犄角势，使轻重持平（此最要者，总在炮耳之前后，轻重相匀，不特运用轻捷，而施放时，亦无坐跳之弊）。虽重至万斤，以一人之力，即可旋转轻捷，指挥如意。"转引自魏源，《海国图志》卷87，页12。

470

从1846年起竞相研制螺旋线膛炮。1856年，由威廉·G. 阿姆斯特朗所制造的后装线膛炮，更成为英军野战炮的标准配备之一，此因这型炮的射击精度高、射程远、射速快、重量轻、不易膛炸、威力亦大。[133]

1860年，英军在第二次鸦片战争攻打塘沽地区时，发射12磅圆锥形炮弹的阿姆斯特朗（Armstrong）炮即为攻击主力，其净重仅406千克（约为发射12磅球形弹之滑膛炮的44%），口径3英寸，长7英尺，射程约2300米，令清军几无招架之力。[134]

然因当时欧美各国均拥有大量旧式滑膛炮，为充分利用这些现存装备，遂萌生各种改装的想法。1862年，英人威廉·帕利泽（William Palliser, 1830-1882）发明将滑膛炮加衬刻有螺旋线膛之锻铁内管的方法（内径将因此缩小1—2英寸），[135]可知英人当时或正进行一系列实验，测试在炮管内壁加衬各种材质之内管的效果。据皇家火炮博物馆内部现存的备忘录记载，差不多在#2/244和#2/245遭剖开的同时（1867年），有一门内含铁心的十七世纪荷兰炮亦被纵剖。[136]从时间的先后顺序判断，帕利泽之法显然并未受到该两门被解剖清炮之启发，而中国虽早在约两个世纪之前，即已发明用套箍法制出复合金属炮，惜却未能普及。

（七）咸丰四年河南制造的复合铁炮

笔者检1999年至韩国调查古炮之照片，发现首尔的陆军士官学校军事博物馆亦藏有两门复合铁炮（图表13.23上），惜当时尚不知其特殊意义，故未留下详细数据。今查文献资料，知两者均为咸丰四年所铸，图左之炮通长215厘

133　Armstrong炮的制法乃先铸出具膛线之内管，次用热胀冷缩原理依次在其上紧箍一至数层套筒，如此即可承受较大的膛压。所用炮弹外部有一层软的薄铅，令该弹之横切面较内径稍大，装填时即可使炮弹紧紧"咬住"膛线，让游隙值趋近于零。此段参见Frank E. Comparato, *Age of Great Guns: Cannon Kings and Cannoneers Who Forged the Firepower of Artillery*, pp. 18–21.

134　Charles Callwell & John Headlam, *History of the Royal Artillery from the Indian Mutiny to the Great War*, Volume I (1860–1899), pp. 145–150；Robert swinhoe, *Narrative of the North China Campaign of 1860*, pp. 84, 105；Wally Ruffell, "The Armstrong Gun, Part 2: The RBL Armstrong 12-pr Field Gun."

135　Frank E. Comparato, *Age of Great Guns: Cannon Kings and Cannoneers Who Forged the Firepower of Artillery*, p. 208；Austin C. Carpenter, *Cannon: The Conservation, Reconstruction and Presentation of Historic Artillery*, pp. 125–127.

136　感谢马修·巴克先生的提示。

图表13.23：韩国陆军士官学校军事博物馆所藏的两门复合铁炮。图右下的铭文为上左之炮的

米，内径10厘米，有铭文曰："收字号，大清咸丰四年春月吉日，河南军需总局制造红衣炮。重叁仟斤，膛口径大三寸，母炮用药五十两，合膛铁子五十四两。承造官祥符县师长怡，监造官张嗣艺。"图右为"生"字号，铸于咸丰四年四月，通长213厘米，内径13.5厘米。[137]

由于清廷"向来用兵地方，例准设立军需专局"，[138]知此二炮应是河南军需总局为应付声势日盛的太平军，而命师长怡（咸丰三、四年之交曾短暂知祥符县）铸造的，[139]很可能在1894—1895年的甲午战争中在朝鲜被日军虏获。

---

137 赵仁福，《韩国古火器图鉴》，页66—67；이강칠（李康七），《한국의화포（韩国之火炮）》，页186—187。后书所辨识之铭文多处有误。
138 《清文宗实录》卷73，页953—954。
139 沈传义修，黄舒昺纂，《祥符县志》卷3，页13。

（八）咸丰年间的铜铁复合炮

英国皇家火炮博物馆尚藏有#2/238以及#2/239两门铁心铜体炮，内径3.2厘米，长94厘米，重为39千克和34.5千克，[140]铭文记载："候选前彰德府知府戴鸾翔捐造""吃子五两、药三两五"。经用磁铁检视后，发现内管衬有不到1毫米的极薄铁心。

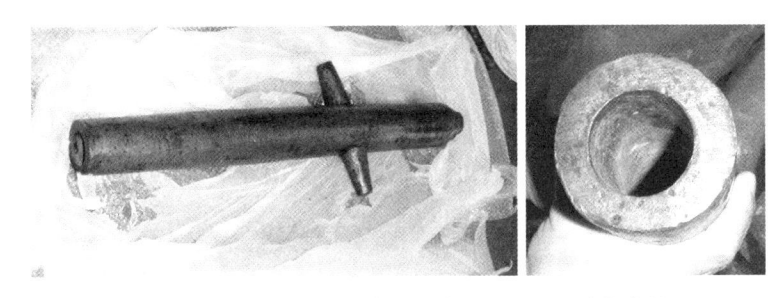

图表13.24：咸丰年间戴鸾翔捐造的#2/238铜铁复合炮

由于此炮内筒之锻铁铁心甚薄，疑其应是先模铸出铜体，次将青铜之外筒加热，使其产生膨胀，再把内筒嵌入。随着炮身的冷却，外筒会不断向内紧缩，恢复至原先的尺寸，但内筒却阻止其收缩，如此，外筒便可紧紧裹住内筒。而因铁心甚薄，知其目的应不在节省用铜，主要或为减少火炮发射时铜管内壁易过热且遭磨损的困扰。

查戴鸾翔于道光三十年六月因京察保送而被升授河南彰德府知府；咸丰五年十二月，因其所属安阳等县发生"刁民聚众殴官，并伙抢官员寓所银钱"等案，遭撤任，但仍留河南，另行补用；七年十二月，因"河南办理军需暨防剿出力"，以道员的身份获赏花翎；八年十二月，以"河南军营出力"，升叙有差；稍后，入钦差大臣胜保幕中，协助其督办陕西军务；同治二年正月，因在军营舞弊，遭革职查办。[141]知此型炮应是咸丰六、七年间所铸。

140　J. P. Kaestlin, *Catalogue of the Museum of Artillery in the Rotunda at Woolwich: Part 1 Ordnance*, p. 32.
141　《清文宗实录》卷12，页191；卷74，页960；卷185，页1068—1069；卷242，页753；卷272，页1217。《清穆宗实录》卷49，页1339—1340；卷54，页11—13。

473

（九）其他复合金属炮

前文共提及四十四门现存之明清时期制造的复合金属炮，主要分成铁心铜体和铁心铁体两种类型。2008年，北京科技大学的孙淑云教授与刘鸿亮博士完成一迄今规模最大的中国古炮调查工作，他们在北京，天津，山东蓬莱，江苏南京、镇江、扬州，浙江杭州、镇海，福建泉州、厦门，广东黄州、佛山、虎门、韶关，广西梧州等地的二十九个市、县博物馆、炮台文管所，先后调查了三百四十八门铁炮，共发现复合炮十八门，其中未见于前文讨论的，尚有无纪年炮三门：广东虎门鸦片战争博物馆藏双层铁体子母炮两门、[142]故宫午门前之复合铁炮一门（图表13.25）。此外，笔者还曾在山东济宁博物馆外见到一门炮口外层迸裂的复合铁炮（图表13.26）。亦即，中国现存的复合金属炮至少还有四十八门，此一数字肯定还会陆续增加。

图表13.25：北京午门前之复合铁炮

图表13.26：济宁博物馆藏复合铁炮

142　感谢刘鸿亮博士提示。

四、其他国家的复合金属炮

（一）印度

中国并不是古代唯一会制造复合金属炮的国家，印度所造的此类炮已知现存者即至少有十二门（见图表13.27），[143]最早的可追溯至1537—1554年间的古吉拉特（Gujarat；当时位于印度西北部之独立苏丹国），现藏英国伦敦的皇家火炮博物馆，结构是铁心铜体。其法是在锻铁炮管上再浇铸铜液，以强化管身，并节省铜的用料。

图表13.27：现存已知印度制造之铜铁复合金属炮

炮名（铸造年份）	炮长（厘米）	外径（厘米）	炮口内径（厘米）	铜体铁心	弹重（千克）	用药（千克）	现藏地点
?（1537—1554）	—	—	—	6	—	—	Royal Artillery Historical Trust
Tope Azdaha Paikar（1660）	—	—	—	7.3	—	—	Parenda fort
Tope Malik-i-Maidan（1665）	—	—	—	5	—	—	Parenda fort
Tope Qila Kusha（1666）	325	38	18	—	—	—	Golconda fort
Qila Shikan（1660s）	—	—	—	6	7.5	2.5	Daulatabad
Fath Raihbar（1672）	486	70	26	—	33.5	11.1	Golconda fort
Dushman Kob（1673）	477	—	—	—	—	—	Golconda fort
Azdaha Paikar（1674）	452	70	24	1.4	33.5	11.0	Golconda fort
Tope Zafarbaksh（1674）	447	60	23	—	—	—	Golconda fort

---

143 下文中有关各式火炮之讨论，均请参见R. Balasubramaniam, *The Saga of Indian Cannons*, pp. 168-172, 235-250; Iqtidar Alam Khan (ed.), *Gunpowder and Firearms: Warfare in Medieval India*, pp. 96-97, 110-111; R. Balasubramaniam & Pranab K. Chattopadhyay, "Zafarbaksh: The Composite Mughal Cannon of Aurangzeb at Fort William in Kolkata"; R. Balasubramaniam, "Fath Raihbar. The Massive Bronze Cannon at Petla Burj of Golconda Fort." 据笔者2009年5月3日与R. Balasubramaniam教授的私人通信，他刚发现Fath Raihbar亦为复合金属炮。

续表

炮名（铸造年份）	炮长（厘米）	外径（厘米）	炮口内径（厘米）	铜体铁心	弹重（千克）	用药（千克）	现藏地点
Atish Bar（1679）	518	48	18	—	12.5	4.2	Golconda fort
Fathjang（1696）	—	—	—	—	—	—	Narwar fort
？（？）	—	—	—	1.4	—	—	Indore Museum

至十七世纪下半叶，复合金属炮更在印度达到顶峰，莫卧儿帝国的奥朗则布皇帝为因应各地连续战争的需要，制造了许多重炮，其中虽以铜炮为主，但现存已知至少有十门为铜铁复合炮（见图表13.27）。其中一名为Azdaha Paikar［其意为"龙体"（Dragon Body）］者，是1674年由匠师穆罕纳德·阿里·阿拉伯监制。其最内层炮管乃由一或数片厚约1.3厘米的长方形铁板绕着圆柱形的心轴卷成；接着，沿着管身以7厘米粗的圆形铁环一圈圈绕在其外以收紧内管；最后，则以脱蜡法将铜液浇铸在铁心之外。此炮的尾端可见八根均匀分布之铁柱所留下的痕迹，其目的或是让管身与炮尾的结合能更坚固。

此炮上有许多铭文和徽识，炮长452厘米，炮口之内径为24厘米、铁心厚9.5厘米、铜体厚13.5厘米、外径70厘米、底径88厘米（见图表13.28），总重约17000千克（其中铁占3300千克）。铭文指称使用33.5千克重之炮弹，装填火药11千克。由于33.5千克重之石质球弹，其直径约为28.3厘米，超过炮之内径，因知此炮应使用铁弹或铅弹，其直径约为17.7—20.7厘米，所产生的游隙值远大于同时期的欧洲火炮（通常是0.6厘米）。[144]加上此炮所用火药与铁弹之重量比约为1：3，亦较欧洲大炮常见之1：2值小得多，[145]可以想见当时印度炮的威力可能远逊于同型之欧洲炮。由于印度城堡的建筑格外坚固，[146]故用这些炮轰击城池的效果常不如预期，如奥朗则布在1687年攻打戈尔孔达（Golconda；位于印度东南沿海）时，虽配备了不少大型火炮（含铜铁复合炮），但历经七个半月的围城，最后还是靠贿赂城中权要才赚开大门。

144　O. F. G. Hogg, *Artillery: Its Origin, Heyday and Decline*, pp. 72, 76.
145　O. F. G. Hogg, *Artillery: Its Origin, Heyday and Decline*, p. 271.
146　Jean Deloche, "Gunpowder Artillery and Military Architecture in South India (15–18th Century)."

下编 技术・文化

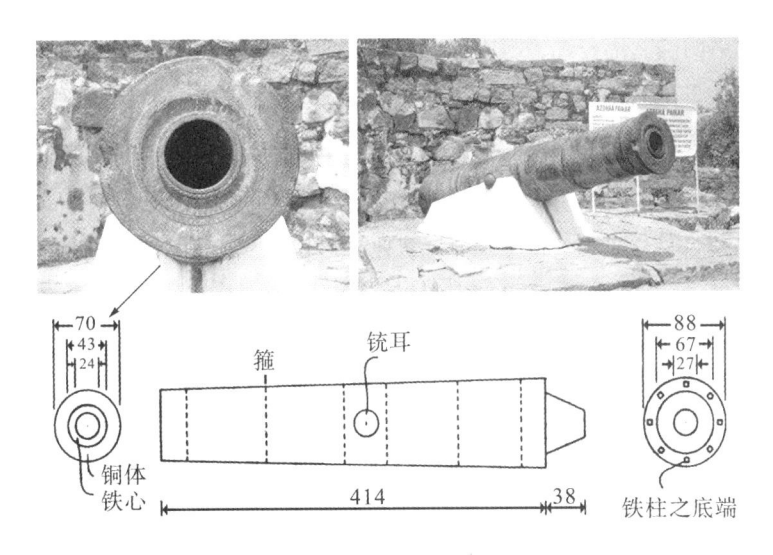

图表13.28：印度复合金属炮Azdaha Paikar（1674）之示意图[147]

另一门名为Tope Zafarbaksh［其意为"赐胜者"（Victory Bestowre）］的复合金属炮，现位于加尔各答的威廉堡（Fort William），是奥朗则布于1674年命匠师马图拉・达什监制。其铁心结构与Azdaha Paikar略异，最内层的炮管乃由十三片略带弧形的铁板（厚约3.5厘米）锻接而成，长度大致与炮管等同，再沿着管身以至少两层的圆形铁环箍紧内管，最后则将铜液浇铸在铁心之外。经细查炮身上的一处破洞，发现管壁的主要构成是铁，只有最外一小层为铜。[148]

奥朗则布统治期间所造各炮的大小，在十七世纪下半叶世界各国中应位居领先群，长度甚至可达518厘米。其制炮技术精湛，在炮身上除了铜、铁的不同色泽可供辨识外，往往看不出明显接缝，此应是融通印欧两大传统的结果：内管的制法乃印度已发展至极端成熟的锻铁工艺，外管则纳入欧洲先进的铸铜技术。

中、印两国十七世纪所制复合炮最大的差别在铁心，中国因很早就出现使

147　笔者感谢R. Balasubramaniam教授同意使用其所摄制的图档。
148　R. Balasubramaniam & Pranab K. Chattopadhyay, "Zafarbaksh: The Composite Mughal Cannon of Aurangzeb at Fort William in Kolkata."

477

用耐火材料的椭圆形竖炉，且有以水力驱动的鼓风装置，故制炮时乃采取较简便的铸造法。当时印度则尚未能充分掌握铸铁技法，[149]但亦以其精致的锻造工艺走出另一条路。虽然锻造法较费工费时，但质地则较铸铁坚固，只不过令管壁保持匀直的技术门槛颇高。亦即，当时印度所造的复合炮，主要看中其承受较高膛压的能力，而非着眼于有效节省昂贵之铜料。又，疑当时印度人可能还无法确切掌握复合炮的优点，否则，应可使用较多火药以增强炮弹的爆发力，或以同样经费制造更多门铜体管壁较薄（但抗膛压能力仍佳）的复合炮，而没有必要一味追求厚重。

（二）荷兰

1629年，荷兰东印度公司的巴达维亚号（*Batavia*）在澳大利亚沉没。自1963年起，该沉船地点陆续发现二十一门铁炮及五门铜炮，此外，还有两门被称为咪灵炮的复合金属炮。这两门复合炮形制相近，现一归私人收藏，一在西澳大利亚博物馆（Western Australian Museum），后者全长228厘米，内径14.7厘米，重约847千克。经研究人员纵剖后者之炮管后，发现其结构相当复杂：最内层是由铜锻打卷成，外以六条长铁板纵向紧密包裹覆盖，再用三十个连排的熟铁圈横向顺着管身缠紧铁板。这些铁圈的宽度均约为6厘米，但厚度不同：最接近炮口的铁圈厚2.4厘米，接下来的十圈各厚1.6厘米，再下来的六圈各厚3.2厘米，最后的十二圈各厚5.6厘米。炮的最外层为铜壳，中间浇填铅锡合金（熔点为190℃），尾珠（cascable）则主要是由黄铜构成。同船其他四门拥有相似内径的铜炮，重量几乎是此复合炮的两倍。[150]

咪灵炮之所以成为一种分类，主要或在凸显其特殊的物质结构：既非铜炮，亦非铁炮。[151]但它在形制上，应最接近旋转炮（pedrero，或作cannon petriero，canon perior），比大蛇铳或大鸩铳要粗短，管壁相对较薄（见图表

---

149 Iqbal Ghani Khan, "Metallurgy in Medieval India: 16th to 18th Centuries."
150 此段参见Jeremy N. Green, "The Armament from the *Batavia*. 1. Two Composite Guns"; Ian D. Macleod & Neil A. North, "Conservation of a Composite Cannon Batavia (1629)."
151 1630年左右，荷兰东印度公司规定其所属最大之船只上，应装备二十四门铁炮、六门铜炮以及两门*mignon*炮。参见Jeremy N. Green, "The Armament from the *Batavia*. 1. Two Composite Guns."

13.29），且为避免膛炸，很少发射较重的铁弹。[152]通常管末有圆柱形或钟形之药膛，由于药膛的口径多较炮膛内缩，此令药膛所在处的管壁变厚，增强了此炮抗膛压的能力，这应是为弥补其管壁较薄所做的特殊设计。

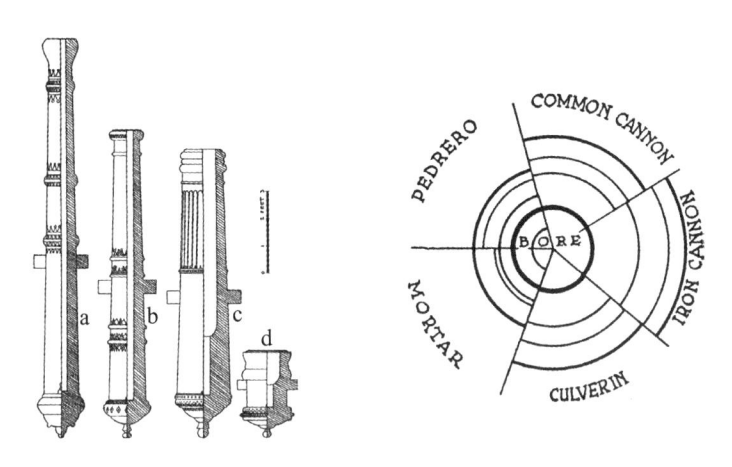

图表13.29：不同炮种的形制及其管身之厚度变化。左图从左至右分别是a. 大蛇铳，b. 大鸩铳，c. 旋转炮，d. 飞彪铳（mortar）。右图从正上方顺时针方向分别是大鸩铜铳、大鸩铁铳、大蛇铳、飞彪铳、旋转炮，最内之粗圆代表炮管之内径，往外之三条弧线分别表示在炮颈、铳耳以及点火孔处之管壁厚[153]

前述咪灵炮内管所用之缠绕或锻接的工艺相当粗糙，原因应是为减少花费或增加产量，然透过铅锡合金的焊接作用，其整体结构仍十分坚固，否则不会安置在巴达维亚号的船尾（通常此处摆设的多是船上最大或最好的炮）。[154]

依照前述咪灵炮之内径推算，它应使用重约10磅的球形石弹，然因十六世

---

152 该咪灵炮的颈部和炮耳的壁厚均比大蛇铳或大鸩铳的对应值小许多，此与旋转炮的特征最接近。又，不计药膛的话，咪灵炮的管身约为内径之十倍，而旋转炮则通常是八至十二倍。参见Albert Manucy, *Artillery through the Ages: A Short Illustrated History of Cannon, Emphasizing Types Used in America*, pp. 32-41; Tomaso Moretti, *A Treatise of Artillery, or, Great Ordinance*, pp. 19, 35-37.
153 改论自Albert Manucy, *Artillery through the Ages: A Short Illustrated History of Cannon, Emphasizing Types Used in America*, pp. 33-38.
154 John F. Guilmartin, Jr., "The Cannon of the *Batavia* and the *Sacramento*: Early Modern Cannon Founding Reconsidered."

纪中叶以来，在欧洲用人工切磨球形石弹的成本日益增高，[155]故配给有可能较困难。查该炮内壁有明显纵向之刮痕，此应是装填非球形炮弹所造成，[156]疑该炮主要乃使用内裹多枚较小石弹（无必要磨圆，其总重量略近于球形石弹）的葡萄形弹药筒（grape shot cartridge），为便于操作，底部还附加了与药膛形状相近的药包（见图表13.30）。[157]亦即，咪灵炮的功能或已从早期的破船裂帆，转成在近距离杀伤敌船人员。[158]到十七世纪三十年代，则因铸铁炮更为便宜耐用，且功能亦较不受局限，咪灵炮遂遭淘汰。[159]

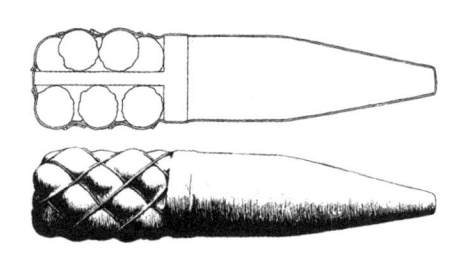

图表13.30：葡萄形弹药筒示意图[160]

虽然我们很少有机会经由炮体解剖具体看到像前述咪灵炮一样的复合金属结构，但在十六世纪前半叶所造的炮中，偶亦可见类似情形：内壁是用铁板卷成圆柱形后加以焊接，外用长铁条紧密包裹覆盖，再顺着管身次第把烧红的铁圈套在其外，并浇水冷却以箍紧铁条，有时还会于缝隙间浇铸铅液。[161]此外，

155　John F. Guilmartin, Jr., *Galleons and Galleys*, pp. 175-176; John F. Guilmartin, Jr., "The Cannon of the *Batavia* and the *Sacramento*: Early Modern Cannon Founding Reconsidered."
156　Jan D. Macleod & Neil A. North, "Conservation of a Composite Cannon Batavia(1629)."
157　此处装弹的方式乃参据Tomaso Moretti, *A Treatise of Artillery, or, Great Ordinance*, pp. 68-69.
158　John F. Guilmartin, Jr., "The Cannon of the *Batavia* and the *Sacramento*: Early Modern Cannon Founding Reconsidered."
159　Richard Barker, "Bronze Cannon Founders: Comments upon Guilmartin 1974, 1982"; J. B. Kist, "The Dutch East Company's Ships' Armament in the 17th and 18th Centuries: An Overview."
160　改绘自H. L. Peterson, *Round Shot and Rammers*, p. 28.
161　O. F. G. Hogg, *English Artillery 1326-1716*, pp. 9-12; J. Barto Arnold, III & Robert S. Weddle, *The Nautical Archeology of Padre Island: The Spanish Shipwrecks of 1554*, pp. 244-247.

在以磁铁探测葡萄牙沉船Sacramento号（1668）上的两门荷兰炮（分别造于1622年及1634年）以及两门英国炮（十六世纪中叶造）后，亦可发现其铜体炮身之下均有铁的成分存在，惟出现的位置不一。[162]又，笔者2008年在荷兰阿姆斯特丹国立博物馆（Rijks museum）见到一门1615年铸造的船炮，其管身虽主要为铜体，但也含有锡、铅和铁等成分。[163]非洲西岸的佛得角群岛（Cape Verde Islands）所捞起的一门十七世纪炮（图表13.31）、英国皇家火炮博物馆所藏的#2/209炮以及大巴哈马岛（Grand Bahamas）所打捞之十七世纪沉船炮，亦出现类似之复合金属结构。[164]因知欧洲各国在由铸铜炮和铸铁炮全面取代锻铁炮的过程中，或曾多方尝试复合金属的制造法，且其复合的方式具有多样性。

图表13.31：非洲佛得角群岛所捞起的一门十七世纪复合金属炮，通长107厘米，内径7.5厘米

162　John F. Guilmartin, Jr., "The Cannon of the *Batavia* and the *Sacramento*: Early Modern Cannon Founding Reconsidered."
163　此炮被置于入口处，内径为12.9厘米，炮口厚度6.2厘米，是由Gerrit Coster在阿姆斯特丹铸造，惜无机会详细研究，仅能摘录说明牌上之叙述。又，Coster（或作Koster）乃十七世纪阿姆斯特丹著名的铸钟及铸炮家族，巴西Itaparica岛附近海域曾打捞出一门由Assuerus Koster于1634年所造之炮，英国打捞出的Mary号上也有门炮是Gerard Koster造于1660年。参见Ulysses Pernambucano de Mello, "News: Brazil"；Peter W. J. McBride, "The *Mary*, Charles II's Yacht: 2. Her History, Importance and Ordnance."
164　*Sotheby's Auction Catalog*: *Important Clocks, Watches, Scientific Instruments and the Arqueonautas Collection of Marine Archaeology*, p. 184.

十九世纪中叶，日本亦出现以复合金属制造的"层成炮"（图表13.32），该炮是由上益城郡（位于九州的熊本县）的增永三左卫门所设计，嘉永七年（1854）铸成。炮的最内层为长15.2厘米、厚3厘米的熟铁环，用之组成257.5厘米长的炮身；接着用长度相近的铜环接装于其外层，但位置与内环相错；最外则浇铸1.5—3厘米左右厚度的生铁。[165]由于美国海军准将培里于1853—1854年两度率领舰队抵日，并强迫日本打开对外贸易大门，故此炮的出现，很可能与鸦片战争以后清朝复合金属炮的大量制造如出一辙，是为了因应西力东渐的时代氛围。然而，日本"层成炮"曾否量产及其影响程度为何，则尚待进一步研究。

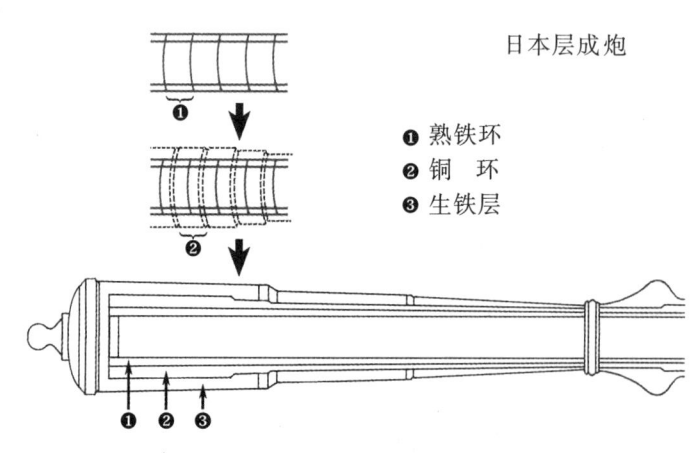

图表13.32：十九世纪日本制造的"层成炮"

五、结　语

十七世纪初叶，闽粤之人开始在东南亚接触到欧洲较先进的前装滑膛式火炮，当时西方海船上以铸铜炮最为普遍，锻铁炮已渐落伍，而成本较省的铸铁炮则正风行，故当拥有深厚铜铁铸造传统的中国开始仿制西炮时，就直接跳过

165　所庄吉，《火绳铳》，页191—192。附图改绘自嘉永七年的《入个大熕之图》。

下编 技术·文化

了锻造的阶段。万历四十八年，协理京营戎政黄克缵首先延揽十四名福建同安工匠至京铸成二十八门"吕宋大铜炮"，这批炮匠应有人曾在马尼拉受雇于西班牙人的铸炮厂，但或因未能掌握关键性技术和设计，此次努力并未获预期效果。然而，东南沿海铸造西式火炮的风潮已起。天启四年，钦差福浙都督俞咨皋成功仿铸多门红夷铁炮。崇祯年间，闽粤地区所仿制的这类铁炮已可量产。

明朝工匠除单纯模仿西方的铜炮或铁炮外，亦曾尝试从本土的特殊工艺出发，寻求新的突破。有助于强化炮管抗膛压能力的铁心铜体结构，就是其中最突出者。中国现存已知最早的铁心铜体火器，应是嘉靖十二年由兵仗局在北京所制造的佛郎机子铳。至迟天启七年，此一制法更被用于较大型的传统火炮，量产出"铁里安边神炮"和"铁里虎蹲神炮"等武器。差不多同一时间，兵仗局更进一步仿欧洲前膛装填式火炮的设计，铸出大型的"头号铁里铜发熕炮"。此后，相关技术仍持续发展，吴三桂于崇祯十五年在宁远捐资铸成的"定辽大将军"，应就是明代的巅峰之作。此炮在技术上是以欧洲的火炮设计作为基础，再融入中国南方较发达的铸铁工艺，并受到北方已有近百年传统之铁心铜体制法的启发。

然而，讽刺的是，虽然技术已趋近成熟，明廷的财政却濒临破产，无力大量制造此种新型火炮。耶稣会士汤若望即尝于崇祯末年慨叹曰："彼（农按：指清军）之人壮马泼、箭利弓强，既已胜我（指明军）多矣，且近来火器又足与我相当。……目前火器所贵西洋大铳，则敌不但有，而今且广有矣！我虽先得是铳，奈素未多备，且如许要地，竟无备焉！"[166]

相对地，满人虽原无冶铁之传统，但因辽东本多铁矿，且冶炼所需的木炭和煤炭亦不匮乏，遂自天命年间起，在投诚或虏获之汉人及朝鲜匠人的协助下，开始逐步建立炼铁工业。[167]天聪五、六年（崇祯四、五年）间，先铸出"天祐助威大将军"铁炮七门，更于崇德八年（崇祯十六年）在锦州一举铸成三十五门铁心铜体的"神威大将军"，此数接近当时清朝所拥有大小红夷炮之

166　汤若望授，焦勖述，《火攻挈要》卷上，页3—4。
167　如努尔哈赤即曾于天命八年指派张秉益在铁匠聚集的石城（今辽宁省凤城东北）担任"精炼铁百总"，并任命王之登为"精炼铁参将"，以整合相关的人力与物力。参见佟冬主编，丛佩远著，《中国东北史》卷4，页1026—1038。

483

半,[168]且各炮之吨位和质地均远超过先前,令原本就已经所向多捷的清军更如虎添翼。

在顺治元年清人入关之前,有长达二十五年时间明清两阵营均竭尽最大努力引进或制造新型武器,并分别铸出世界级的"定辽大将军"和"神威大将军"。

惟复合金属之炮管并非中国的专利,至迟在十六世纪中叶,印度和欧洲应亦已出现,只不过因其铸铁工业尚未成熟,故发展的方向异于中国。如印度古吉拉特苏丹于1537—1554年间所造之一门炮,即是在锻铁内管外浇铸铜体;1629年沉没之荷兰巴达维亚号上的咪灵炮,则是将铜、铁、铅、锡等金属以锻造和铸造两法混合制成。此外,荷兰也曾于十七世纪前半叶出现两种与复合金属炮相关的专利。[169]

但在欧洲各国,或因锻造的人工成本日益增高,且咪灵炮类之复合金属炮制程繁复,故在经济因素的考量下并未持续发展。而在印度,因技术纯熟的锻铁工匠或仍较易取得,且为因应莫卧儿皇帝奥朗则布频繁征战之需要,故于十七世纪下半叶还陆续制造许多大型的复合炮。至于明清两朝,虽在鼎革之际出现多种制法之复合金属炮(如管壁有熟铁心、生铁体者,亦有生铁心、铸铜体者,更出现三层之复合铁炮),但或因战事倥偬之际恐无暇具体评估其优越性,导致较费工费钱的复合炮未能普及。

康熙十二年,三藩乱起,耶稣会士南怀仁开始奉旨铸炮,他在宫廷中原本从事治历的工作,[170]并无冶铸的相关经验,故他很可能是参酌西书上所载之法,且因大清的物力丰阜,故所铸大多是制法较简便的铜炮。康熙二十年至三十年间,清廷虽曾数度铸造铁心铜炮,但均为便于行军野战的百余斤小炮。清朝在底定三藩和攻克台湾明郑政权之后,因长期处于和平状态,故不再积极制造重型火器,也不发展炮学。[171]

历经一个半世纪的沉寂后,清廷始为应付第一次鸦片战争所掀起的危机而

---

168 第十章。
169 Jeremy N. Green, "The Armament from the *Batavia*. 1. Two Composite Guns."
170 黄一农,《清初钦天监中各民族天文家的权力起伏》。
171 第十二章。

重新大量制炮。南从闽粤，北迄山海关，沿海各省均积极加强军备。为求超越十七世纪的火炮，此拨新炮追求厚重，[172]而明末原已成熟的复合金属制法，因可增加炮管的抗膛压能力，遂再度被启用。惟因中国原本领先的冶铁技术，在入清以后一直停滞不前，甚至不进反退，[173]相对于西方而言，造炮品质往往十分粗糙，炮管内壁通常不够匀称，铸铁品质欠佳，游隙值也较大。中国自制的前装滑膛炮，虽在道光朝后期再掀高潮，然因欧洲强权的火炮技术与时俱进，即使是清军新铸成的"耀威大将军"等复合金属重炮，仍无力面对第二次鸦片战争的挑战。红夷火炮也终于在历经两百多年的仿制与改进之后，随着线膛炮的崛起而走入中国历史。

另一方面，钢铁工业的精进亦让复合炮在西方丧失竞争力。十八世纪末叶，英国所制之炮不仅铸铁的品质已大幅提高，[174]且常是先铸成实心铁管，再以机械镟出匀称的内膛，此法不仅精度较高，且成本仅需传统模铸法的十分之一。[175]1856年，美国北军军官托马斯·J. 罗德曼更发明一种铸造铁炮之新法，该法采用中空的模芯，并在其中导入冷却水，如此，即可使炮管自内向外渐次凝固，所铸之炮因而可以更大（内径可超过50厘米），且耐用程度更可达到先前的十几倍。[176]

复合金属炮本是第二次鸦片战争以前中华大地上技术最先进的火炮，但吊诡的是，它几乎在此前所有相关专著中缺席。本章尝试整合浩瀚文献中的零散

172　如道光二十一年在大沽南北各炮台上即有一万斤之炮；二十二年曾于广东铸造重达一万三千斤的铜炮十门；咸丰六年，制成八千至一万斤的"武威制胜大将军"铜炮十门；七年，英军在广东虎门的穿鼻炮台掘出多门重达5000千克、长13英尺的清朝制巨炮；八年，清军从天津至海口共安设一万两千斤的铜炮四门、一万斤的铜炮十门。参见《鸦片战争档案史料》第7册，页15；茅海建，《大沽口之战考实》；昆冈等修，刘启端等纂，《钦定大清会典事例》卷894，页789；Laurence Oliphant, *Narrative of the Earl of Elgin's Mission to China and Japan in the Years* 1857, '58, '59, p. 45.
173　如道光十五年在虎门新铸的五十九门大炮（多为六千和八千斤重）中，竟有十门膛炸，经检查炮身后，发现"渣滓过多，膛内高低不平，更多孔眼"，炸碎的铁块上甚至"周身孔眼，形似蜂房，并有空洞，内有贮水四碗者"。又，钦差大臣琦善于道光二十年奏称："从前所铸之炮甚不精良，现就其断折者观之，其铁质内土且未净，遑问其他。故连放数次后，炮已发热。"参见关天培，《筹海初集》卷3，页36—38、66—87；《鸦片战争档案史料》第2册，页744—745。
174　Richard Hayman, *Ironmaking: The History and Archaeology of the Iron Industry*, pp. 39–45.
175　清朝要到同治七年才采用整体铸法镟制滑膛炮。参见Melvin H. Jackson & Carel de Beer, *Eighteenth Century Gunfounding*, pp. 50–52, 72–74, 137–139；曾国藩，《曾文正公奏稿》卷33，页6。
176　W. Johnson, "T. J. Rodman: Mid–19th Century Gun Barrel Research and Design for the U. S. Army."

记载，以及笔者过去十余年来对现存大量古炮所进行的实地勘察，努力从物质文化的角度勾勒出复合金属炮的"文化传记"。[177]不仅首度重现该炮种在中国三百多年间的演变过程和多样性，而且从技术、效能和成本等角度切入，以理解此特殊制炮法的兴颓变化及其最终遭淘汰的历史因素。或因复合金属炮的品质十分突出，它在明清两朝曾被赋予如"捷胜飞空灭虏安边发煩神炮""定辽大将军""神威大将军""平夷靖寇将军""振远将军""耀威大将军"等名称，由于绝大多数古炮并无赐号，这更显示其在时人心目中的崇高地位。而炮身上斑驳铭文所浮现的官匠姓名和制造年月，在文献的对照下，亦让古炮在历史长河中的"生命史"更加真实与清晰。

最后，我们或可借用生物学中遗传与育种（genetics and breeding）的概念尝试进一步理解复合炮的起落兴衰：两个可以相互杂交的亚种通过育种的手段有机会产生新物种，若该新物种的生存和繁殖能力均明显提高，具有进化上的适应意义，则谓之杂种优势（true heterosis），先前人类对金鱼、水稻、玉米等所做的品种培育，即是典型案例；但若该新物种只出现某些器官或能力的增大，其生存和繁殖能力并未增进，则被视为假杂种优势，或称作杂种旺势（hybrid luxuriance），无生殖能力的骡（马与驴之混种）即是著名个案。[178]

不同地区复合炮所出现的多样性制造模式，常是不同技术传统中的优质成分相互融通的结果。明末在接触欧洲前装滑膛铸铜炮之设计后，闽粤地区先与当地发达的铸铁工艺结合，成功仿制出红夷铁炮，当这些新型火器因明清间的长期对抗而出现在辽东和京畿后，又陆续与北方原有的铁心铜体技术杂交出新的炮种："头号铁里铜发煩炮""定辽大将军"和"神威大将军"等。这些中国的复合金属炮虽曾在战场上发挥相当正面的作用，但因其制程较为烦琐，终只能于历史长河中昙花一现，无法形成风潮，并在清前期中国社会长达一百多年的和平状态中遭到遗忘。也就是说，其出现应较近似杂种旺势的现象。至于十七世纪荷兰和印度所制造的复合金属炮，则是结合了锻铁和铸铜两工艺的优质基因，但亦因未能持续保持技术优势及经济效益，而于稍后遭淘汰。

177　Igor Kopytoff, "The Cultural Biography of Things: Commoditization as process." 感谢台湾清华大学中文系陈珏教授的提示。
178　参见Verne E. Grant, "Hybrid." 感谢台湾清华大学生命科学系曾晴贤教授提示相关观念。

史学中还有一些问题也可用前述生物学的育种观念有效解释：如新石器时代不同文化圈在中国各地兴起，以华夏族为主体的中原地区，因被燕辽、陕北内蒙古草原、甘青、长江中游、山东等文化区环绕，且具有极强的开放性与凝聚力，遂能博采众长，奠定灿烂悠久的中原文明，此应属真正的杂种优势现象。[179]同样地，禅宗的出现亦是如此：南北朝时，印度僧人菩提达摩来华，提倡"不立文字，直指人心"的法门，再经慧能等融入道家庄子等思想，遂发展为中国化的禅宗。亦即，前述遗传与育种的概念，或许可以给我们提供一个较容易理解的解释平台，用来思索并比较文明交流史中的许多课题。

---

[179] 参见陈良佐，《从生态学的交会带（ecotone）、边缘效应（edge effect）试论史前中原核心文明的形成》。感谢台湾清华大学历史所陈良佐教授提示有关杂种优势文化的概念。

第十四章　清朝火药帝国的盛衰：
从江阴之役至鸦片战争*

　　本章将以十七世纪全世界最大炮战之一的江阴之役（1645）为例，阐明入关后的清军，如何以其原本擅长的骑射，结合包含铁心铜体之"神威大将军"在内的滑膛炮，将满、蒙、汉三族群以及步、骑、炮三兵种加以整合，令其得以攻城略地，并在鼎革的过程中一跃成为亚洲地区最强大的"火药帝国"。然清朝统一中国之后，却因罕遇大型战争或足以匹敌的对手，故并未在武备上追求更进一步的发展，甚至无法维持原先水平。道咸年间掀起的鸦片战争和英法联军侵华，迫使清廷重新大量造炮，但其与列强的军力已因欧洲所兴起的工业革命而出现明显差距，终让中国近代史的起点被入侵的坚船利炮划上一道道永远无法除去的伤疤。

一、火炮的物质文化史研究

　　近年有关物质文化的研究在史学界方兴未艾，火炮作为深刻影响中国近代史的"物"，本应很有条件成为研究的焦点，然或因牵涉的范畴过于深广，迄今仍少见具有此一关怀的严肃研究。笔者在此书即尝试爬梳庞杂文献中零散的

---

* 本章的部分内容曾发表于黄一农《正史与野史、史实与传说夹缝中的江阴之变（1645）》《明清独特复合金属炮的兴衰》二文中。

火炮相关记载，并实地勘察过数百门古炮，期盼能尽力勾勒出各种明清西式火炮"文化传记"的轮廓。[1]

这些古炮炮身上斑驳铭文所刻画的职官和铸匠姓名、制造年月、弹药用量，甚至膛炸或遭外力破坏的痕迹，均见证了一页页明清鼎革时期铁血干戈的易代史、鸦片战争后丧权辱国的中国近代史以及中华人民共和国成立初期"大炼钢铁"的时代氛围，也令这些古炮在历史长河中的"生命史"更加真实与清晰。相对于大航海时代欧洲国家常将火炮当成重要的商品，[2]明清火炮基本上是由国家严密控制的非流通物质，《大明会典》即明确指出火炮"不许私家制造，有故违者……从重问罪"[3]，《大清律例》更严格规定：

> 私铸红衣等大小炮位者，不论官员、军民人等及铸炮匠役，一并处斩，妻、子、家产入官；铸炮处所邻佑房主、里长等，俱拟绞监候；专管文武官革职；兼辖文武官及该督、抚、提、镇，俱交该部议处。[4]

此外，清帝御驾亲征及凯旋时，均要在教场祭火炮之神，每两年亦依例派遣八旗汉军的都统或副都统至卢沟桥祀炮神。[5]而从官方赋予某些大炮如"捷胜飞空灭虏安边发烦神炮""定辽大将军""神威大将军""平夷靖寇将军""振远将军""耀威大将军"等名称，以及"武成永固大将军"铜炮身上的精美纹饰，亦可显示有些火器在时人心目中的地位，已不只停留在物的层次，而是包蕴有礼器或神器的意涵。惟如何从物质文化史的角度深入理解明清火炮在历史长流中所扮演的角色，则仍有待学界的持续努力。

作为本书的最末一章，笔者将以十七世纪全世界最大炮战之一的江阴之役再做一具体的个案研究，阐明原本以步骑擅长的清军，如何在顺治二年的这场

---

1 Igor Kopytoff, "The Cultural Biography of Things: Commoditization as Process."
2 如见H. Ph. Vogel, "The Republic as Arms Exporter 1600–1650."
3 李东阳等撰，申时行等重修，《大明会典》卷193，页12—13。
4 徐本、三泰等，《大清律例》卷19，页24。
5 允裪等，《钦定大清会典》卷35，页2、5；卷48，页3—4。

攻城战中将滑膛炮（包含中国特有的铁心铜体炮）的威力发挥到极致，并在此鼎革的过程中成为亚洲地区最强大的"火药帝国"。最后，则从技术、效能和成本等角度切入，以理解复合金属炮及前装滑膛炮遭时代淘汰的历史因素，并析探中外火炮在鸦片战争、英法联军、甲午战争时的差异，希冀能从武器的角度追索清廷为何无力在战场上面对列强的侵扰。

二、十七世纪最大炮战之一的江阴之役（1645）

江阴之变（1645）与较出名的"扬州十日"和"嘉定三屠"并列为"明末三惨"，许多文史工作者也不断根据以"野史"为主的文献（有些由邑人所撰写者，对城守之事往往逐日记载）记述此一惨案。[6]然而，令人惊讶的是，在《内国史院满文档》和《清实录》等原始官方史料中，却无片语只字提及！[7]

顺治元年十一月，豫亲王多铎（太祖努尔哈赤第十五子）获授定国大将军，统兵南征。他先平河南、陕西等地；二年二月，奉命往取江南；五月十五日，克南京；总共收降南明官兵约三十二万人，并于十月班师抵京，因功加封为和硕德豫亲王。清军仅用了几个月时间就平定江南，南明的高阶文武官员多望风迎降，正规军亦不曾有过激烈抵抗，反倒是民间因不愿剃发易服，屡屡自发起来反抗。

顺治二年六月二十七日，清朝新任的常州知州宗灏奉多铎令，限江阴官民在三日内依满俗剃发，并以"留发不留头"相威胁，邑人不从，乃于闰六月初一日倡议抗清，由知兵之原任典史阎应元负责城守。一些野史宣称清军在此役中共动员约二十四万人围城，损卒七万五千人，且有多位名王、骑将战死，并指清军在城陷后屠城，三日后封刀，全城仅五十三人幸存。如这些叙述接近真实，江阴之役应是十七世纪全世界最惨烈的一场战役，但其名迄今罕

---

6 如见冯佐哲，《阎应元、陈明遇》；赖家度，《一六四五年江阴人民的抗清斗争》；谢国桢，《南明史略》，页82—86；南炳文，《南明史》，页114—118；顾诚，《南明史》，页233—237；钱海岳，《南明史》第13册，页4774—4784。
7 清初内国史院的满文档，是按日记载，以月为册，其中记顺治二年八月之档案尚存；至于《清实录》，亦是编年体，但两者均未提及此役。

490

见世界军事史界提及![8]

当时邑人取出前兵备道徐世荫、曾化龙和张调鼎所制造或窖藏的武器，再加上南明败逃水军留下的器甲，共有火药三百瓮、铅丸和铁子千石、火炮百位、鸟铳千杆等。阎应元于是安排众人分两班轮流守城，城墙上派十人守一垛，每百人置红夷炮一座。依照《江阴县志》的记载，明末该城城墙的周长近一千四百丈（一丈为十尺，一尺约合32厘米），而每丈平均有垛一个，知守城者共两万多人，约有百门红夷炮，这些能吊放至垛堞之上的炮应主要是小型的。

七月十七日，清军自松江解到火炮百门，并收民家的食锅铸为铁弹。二十日，贝勒博洛亲自领军，开始以炮分攻各城门，每间隔六尺置炮一门，但城中坚守如故。当时红夷炮的施放多由汉军之章京亲自管理，为避免炮手受到鸟铳或三眼铳的攻击，会用藤牌遮掩清洗炮管和装填弹药的过程。祝纯嘏在《江上孤忠录》中尝详细描述其操作曰：

> 贝勒异炮君山下，放炮者用竹栈包泥，而蔽伏其侧。俟炮发，放者即抹去炮中药矣，盛药再炮，连珠不绝。城上欲击放炮者，铁子遇竹篓软泥即止，不能伤。后又移炮近城，放炮者豫掘地穴，塞两耳，燃火即伏穴中，盖恐震破胆死也。[9]

即清军将炮运至北门外君山的制高点，并用竹片编织成盛土的篓子，内置软泥，以有效阻隔敌军火铳所发射的铅子。攻击时，先将炮移至掩体后，次以羊毛制之洗铳帚将前次发射所残留的砂石抹去，以免出弹时损坏铳管内壁，再以装药锹盛取并置入适量火药，接着用撞药杖将其塞紧于铳管尾端，最后放入合

---

[8] 如在著名的Osprey Campaign Series系列丛书中，三十年来出版共三百多场重要战役，每役一书，内容涵盖全世界，其中属于十七世纪者只有十三场：Nieuwpoort（1600）、Sekigahara（1600）、Osaka（1615）、Lützen（1632）、Edgehill（1642）、First Newbury（1643）、Marston Moor（1644）、Auldearn（1645）、Naseby（1645）、Ireland（1649—1652）、Dunbar（1650）、Vienna（1683）、Battle of the Boyne（1690）。

[9] 徐华根编，《明末江阴守城纪事》，页26—27。

口实心炮弹或杀伤人用的碎片。[10]

七月二十九日，清军又以南京和镇江解到的百门火炮攻城，每五六步（一步约合160厘米）置一炮，齐发猛击，一昼夜用去火药一万五千斤（一斤=597克=1.32磅），约发射数千发。但或因该城的墙垣甚坚，城垛倾塌时亦立能修固，故屡攻不下。八月二十日，清军再从水路自南京解到大炮二十四门，这些炮较前更大，每舟只载一门，仍收沿城民家的铁器以铸炮弹，又筑土笼，以避矢石。二十一日，博洛为集中火力，令人将总数达二百余门之炮尽徙至花家坝，专打东北城。由于双方以火炮互轰，"百里内外惟闻炮声，如万雷俱发，两边人马死伤无数"。是日，雨势甚急，遂用牛皮帐护炮装药。午刻，以百余门炮齐放，此一新战术终于奏效，祥符寺后的城墙被击塌，清军即从此处攻入并陷城。

据前所述，清军动用逾两百门炮（或多为红夷火炮）攻城，应是江阴城破的关键，而南京最后解到的二十四门大炮，可能居功更伟。前述文献有称这几门炮的铁弹重十三斤（约合17磅），但亦有作二十斤者。查二十斤重的实心铁球，直径约为14.3厘米，由于当时的铸造精度欠佳，故为避免卡弹，至少也得要内径在15厘米以上之红夷炮才可使用此种炮弹，而此类巨炮或要到清末才较常见于中国。[11]至于十三斤之铁弹，直径约为12.4厘米，此恰可纳入清军当时所拥有最好之"神威大将军"的炮管中，该型炮的内径为13—13.5厘米。[12]又，明人张佳图亦称清军是以"大将军"陷城的，因此当时志在必得的清军很有可能将最具威力的"神威大将军"炮队调至江阴。这批铁心铜体炮乃清朝于崇德八年十二月命投降之汉人工匠在锦州铸成，共三十五门，事后不曾加铸，现存的四门重3600—4000斤，炮长264—305厘米。学界先前常误以明清之际的中国火炮只停留在模仿抄袭欧洲的层次，其实这批炮的抗膛压能力与制造成本均远较

---

10 孙元化，《西法神机》卷下，页15—16。
11 如笔者在江阴小石湾古炮台所见之道光二十三年万斤"耀威大将军"，其内径即略大于18厘米。有关明末清初各种火炮的形制，可参见成东、钟少异，《中国古代兵器图集》，页240—241、261—264。
12 当时西方火炮通常所采取的游隙值为0.25。参见 O. F. G. Hogg, *Artillery: Its Origin, Heyday and Decline*, pp. 265-269.

492

同时代其他精致铜炮优越和便宜。[13]

我们从《八旗通志初集》和《钦定八旗通志》中，共可发现清朝有三十九名官员在进攻江阴时殉死或立功，其中满洲正红旗的吴纳哈赖、色勒布、达鲁哈三人中炮阵亡，蒙古镶白旗的沙门在登城时战殁，满洲镶黄旗的塔纳尔岱和顾纳岱，于火炮击塌处先登。至于汉军立功的三十一名官员，则无一战死，中有二十五名因督放红夷炮有功而晋阶。知火炮确实在江阴之役扮演相当重要的角色，以汉人为主的炮兵，尤其立功厥伟，而满、蒙八旗则主要担任近接攻坚的任务。

乙酉江阴之变是清朝征服明朝初期所发生的众多惨剧之一，或因地方人士有效抗拒势如破竹的清军长达八十一日，且令其伤亡惨重，以致官方史书长期隐晦其事。相对地，城破后军民遭大量屠杀的创伤，令邑人不断私下书写或流传这段痛史。随着清政权的稳固与汉化，官修的《明史》开始正对江阴事件，乾隆帝更下诏表彰前明忠义，让已习于接受清廷统治和笼络的汉人社会，抛弃华夷之辨的反清情绪，甘将江阴等地殉明之人的事迹收编在君臣之义的大纛下。而有力人士甚至在这过程中尝试操弄运作或伪造史事，冀求自己的先人能获谥或入祠。此故，当张若淮于乾隆四十一年二月奏请应再扩大访查相关事迹时，谕旨即曰："稽诸文献无征之余，必致真伪混淆，转不足以昭传信，且恐有司询访，不免于吏胥辈藉端滋扰里闾，更非朕轸恤遗忠之本意。"[14]

江阴之变主角阎应元在中国近代史的地位远逊于在扬州殉明的史可法，事实上，有清之世，除了部分历史工作者或江阴地方人士外，少有人知其名姓与事迹。乾隆帝给予史可法"忠正"之专谥，并誉其为"一代完人"，大幅拉抬了史氏的历史地位。而"慷慨致命，矢死靡他"的阎应元，虽尝获清初遗民侯方域评价曰：

> 乙酉，师南下。时江北四大藩镇，其三解甲降，二藩更随豫王为前导，江南将相握兵者，亦或窜或降，而江阴尉阎应元独固守城

13　参见第十章；Keith Krause, *Arms and the State: Patterns of Military Production and Trade*, pp. 48–52; Nicola Di Cosmo, "Did Guns Matter? Firearms and the Qing Formation."
14　舒赫德等，《钦定胜朝殉节诸臣录》上谕，页1—7。

八十日，不屈死。[15]

却因"平生无大表见"（主要或因他仅为典史小吏），仅与其他一百二十三人通谥为"忠烈"。清廷未对阎应元大力揄扬的主因之一，恐是因他曾抗运致命，令清军损伤惨重，故不愿加以凸显，避免被汉人引为表率。至于未能积极有效抗清的史可法，[16]反被塑造成忠君之典范，并特意淡化其事迹中涉及夷夏之防的成分。[17]

江阴之役虽然是一段痛史，但在血肉模糊的过程中，却也被推上军事史的世界舞台，而自欧洲传华的红夷大炮即扮演重要角色。此种新式火器历经中国工匠二十多年的技术磨合，亦挟着世界最高品质的声势介入江阴惨剧。

查明朝自万历四十七年萨尔浒之役大败之后，即开始仿铸西洋火炮，除打捞沿海欧洲沉船上的西洋大炮，并直接自澳门引进西洋制大炮和铳师，从而缔造了天启六年的"宁远大捷"。不幸，明朝最精锐的火炮部队却于崇祯四年闰十一月在吴桥叛变，并于六年四月浮海从镇江堡登陆投降后金。此变不仅令满洲人获得大量精良的西洋火器，而且得到由葡籍军事顾问所直接传授的铸炮炼药技术，以及瞄准的知识与仪具，促使明与后金在军事力量上呈现明显消长。

明朝叛军的加入，令清军得以很快建立全世界最大的专业炮兵部队（以汉人为主），更与以满、蒙人为主的八旗步、骑兵密切搭配，在鼎革之际形成一支几乎无坚不摧的劲旅。皇太极还将关外逐城围打的战役，变成其军中满、蒙、汉三族群以及步、骑、炮三兵种熟练彼此协同作战的演习。事实上，崇德年间清军在关外每场战役中所能动员的红夷大炮均超过明军，并已拥有攻城时所需优势火力，何况，满、蒙步骑兵的冲撞力和战斗力更远非明军所及。顺

15　侯方域，《壮悔堂文集》卷5，页29。
16　南明史专家顾诚对史、阎二人的评价为："综观史可法的一生，在整个崇祯年间并没有多少值得称赞的业绩……作为政治家，他在策立新君上犯了致命的错误，导致武将窃取'定策'之功，大权旁落；作为军事家，他以堂堂督师阁部的身份经营江北将近一年，耗费了大量的人力、物力、财力，却一筹莫展，毫无作为。直到清军主力南下，他所节制的将领绝大多数倒戈投降，变成清朝征服南明的劲旅，史可法驭有无能由此可见。即以扬州战役而言，史可法也没有组织有效的抵抗……不到一天扬州即告失守。史可法作为南明江淮重兵的统帅，其见识和才具实在平凡得很。比起江阴县区区典史阎应元、陈明遇率领城中百姓奋勇抗清八十三天，相去何止千丈。"参见顾诚，《南明史》，页184—185。
17　黄克武，《史可法与近代中国记忆与认同的变迁》。

494

治元年四月，多尔衮统率满洲、蒙古兵近十万人，以及约四万多人的汉兵，携带约百门西洋火炮，其中包含三十五门世界最高品质之铁心铜体的"神威大将军"，声炮起行，入关争夺大明江山。

虽然红夷大炮动辄几百至数千斤，本难长途搬运或拉至城墙之上，但因欧洲发明的起重滑轮已于明末经由耶稣会士传至中国，再加上江南地区地势平坦，且水路交通四通八达，故笨重的大炮常可通过船只方便地运到战场，[18]甚至移到制高点俯放，[19]遂使得火炮在清朝征服江南的攻城战中发挥极大的攻坚和震慑作用。

明清鼎革时，接战双方所动员的炮数常相当庞大，如顺治二年六月，清军攻克淮安前后，就虏获红夷炮一百二十门。[20]然因火炮的发射速率和准确度欠佳，且每发射数次后，还需暂歇以冷却，[21]故用于野战伤敌的效率尚不太高，但在攻、守城时，如运用得当，威力往往颇大，此因中国传统的城墙结构尚无法因应此种新型武器的轰击。尤其，清军所掌握的红夷大炮，多被用作随军之攻铳，而非分散置于各个城池上的守铳；此故，当清军攻坚时往往在短时间内集中优势火力，遂能不断在各地（如锦州、塔山、杏山、中后所、前屯卫、真定、潞安、太原、潼关、扬州、淮安等）上演破垣陷城的戏码。[22]

在江阴城破之际，清军动员了两百多门炮，其中应多为红夷炮；至于守方，也拥有约百门口径较小的红夷炮。下文即以三十年战争（The Thirty Years' War）和英国内战（English Civil War）作为个案，就其规模加以对比。

三十年战争发生于1618—1648年间，原是一场基督新教与天主旧教间的宗教战争，但最后则演变成欧洲各国间的政治角力，其中由神圣罗马帝国的主将蒂利与瑞典国王古斯塔夫二世于1631年在布莱登菲尔德（Breitenfeld）所爆发的会战影响最深远。双方各动员约四万人，先以火炮相互轰击数小时后才接

---

18 如顺治二年五月，固山额真准塔率军前往睢州时，即是将炮置于船上。参见关孝廉等译编，《清初内国史院满文档案译编》中册，页87。
19 汤若望授，焦勖纂，《火攻挈要》卷中，页24—26。
20 《清世祖实录》卷17，页6—7。
21 通常每小时发射八发，每四十发后必须冷却一小时，以避免膛炸。又，根据实测，同一门半蛇铳，在几近相同条件下自约1000米处发射时，弹着点或有近4米的误差。参见William Eldred, *The Gvnners Glasse*, pp. 70–72, 164–165; H. W. L. Hime, "The Field Artillery of the Great Rebellion: Its Nature and Use."
22 韦庆远，《清王朝的缔建与红衣大炮的轰鸣》；《清世祖实录》卷2，页6、8；卷4，页5。

战。古斯塔夫二世的炮兵除装备攻城用及野战用的大炮（发射24磅、12磅、6磅炮弹）外，各军团还配有发射3磅炮弹的轻型铜炮（因炮身变短，故重仅138千克，可随步兵迅速移动）。[23]瑞典军不仅炮数较多，还将定量火药预置于木匣中，故其发射速率可达敌方之三倍。由于蒂利军所携带的二十六门大炮（大多发射24磅炮弹，每门得配置二十匹马）移动不易，故在部队转进时全遭敌军虏获，并被倒转方向，令蒂利的部队在群炮轰击下损失惨重。据估计，此役中蒂利军共阵亡七千人，另有六千人受伤或遭俘虏，瑞典军则仅伤亡二千一百人。在此被西方学界视为近世第一场大战的事件之后，古斯塔夫二世立刻成为新教世界的英雄。[24]

翌年，古斯塔夫进军天主教联盟的大本营巴伐利亚（Bavaria），在吕茨恩（Lützen）与神圣罗马帝国的瓦伦斯坦发生会战。此役乃三十年战争的高峰，瑞典军动员约一万八千人，除装备二十门较大的野战炮（发射24磅和12磅炮弹）外，各军团还配有四十门可发射3磅炮弹的轻型炮。敌军则有两万人、各式火炮约六十门（至少包含九门24磅弹炮、六门12磅弹炮、四门6磅弹炮）。古斯塔夫在激战中中弹毙命，惟秘不宣布，瑞典军队继续猛攻，毙伤瓦伦斯坦军队约数千人，虏获其所有火炮，并迫其撤出莱比锡（Leipzig）。瑞典军队亦损失约六千人，虽取得战略性胜利，保证了供应线的畅通，然而被誉为"近代战争之父"的古斯塔夫二世却也陨落于此。[25]

至于英国内战，则是1642—1651年间由议会派（Parliamentarians）与保皇派（Royalists）所掀起的一系列武装冲突及政治斗争，其中规模最大的一场战役发生在马斯顿荒原（Marston Moor；1644）。议会派与苏格兰的联军在此役共有一万九至两万名步兵、八千七百名骑兵、三十至四十门野战炮，这些炮主要是发射9—12磅铁弹的半蛇铳，[26]长约10—11英尺，内径4.25—4.5英尺，重

---

23 Richard Brzezinski, *The Army of Gustavus Adolphus 2: Cavalry*, pp. 19–20.
24 Theodore Ayrault Dodge, *Gustavus Adolphus*, pp. 257–271; Russell F. Weigley, *The Age of Battles: The Quest for Decisive Warfare from Breitenfeld to Waterloo*, pp. 19–23; J. F. C. Fuller, *Decisive Battles of the Western World and Their Influence upon History*, Volume II: *From the Defeat of the Spanish Armada to Waterloo*, pp. 49–64.
25 Richard Brzezinski, *Lützen, 1632: Climax of the Thirty Years War*, pp. 19–88.
26 中西火炮名称之对译乃参考孙元化，《西法神机》卷下，页22—23；O. F. G. Hogg, *English Artillery 1326–1716*, p. 27.

2300—3600磅，需三名炮手、四名傔伴（matrosses；意指炮手之助手）以及七八头牛操作；此外，还拥有八十八门轻型铜炮（名为frames，管长约3英尺，发射3磅铁弹）。[27]保皇派则配置一万两千名步兵、六千名骑兵以及十六门火炮，其中有少数几门可能比半蛇铳大，炮种相当分散。[28]此一持续仅三小时的战役，保皇派将士伤亡约三分之一，终结了英王查理一世对英格兰北部的控制。

江阴之役所使用的二十四门"神威大将军"的形制略大于前述之半蛇铳，且铁心铜体的特殊设计亦令其抗膛压的能力较佳。虽其内径小于发射24磅炮弹的半鸩铳，但不论是江阴之役的参战或死伤人数，以及所动用的火炮数量或总吨数，均不亚于布莱登菲尔德、吕茨恩或马斯顿荒原等役。这些火炮除清朝入关前利用汉人工匠在辽东铸造者外，绝大多数均是俘获自明军，令清军建置出全世界最强大的专业炮兵部队。综前所述，在现今世界战争史上默默无闻的江阴之役，很有可能名列十七世纪最大的炮战之一。[29]而新崛起的大清帝国，其武备绝对也可跻身世界各主要火药帝国之列。[30]

三、中外火器在清末的差异

然清朝在定鼎之后因罕遇大型战争或足以匹敌的对手，故并未在火炮的制作或性能上追求更进一步的发展，甚至无法维持原先水平。道光二十年的鸦片战争，迫使清廷重新大量造炮。但两当事国的军力已因欧洲所兴起的工业革命而出现明显差距，清军大多数的部队仍以冷兵器为主，虽配置有红夷大炮（乃铸造时间跨越两个世纪且出品国家多元的大杂烩），但其质量则与英军差距颇大。英国先后共派出各式船舰一百零八艘，载炮共七百二十四门，海陆军的总

---

27 Hogg, *English Artillery 1326–1716*, pp. 26–29, 58; Stuart Reid, *Scots Armies of the Seventeenth Century 1: The Army of the Covenant 1639–51*, p. 26, plates 9 & 10.
28 此段参见Peter Young, *Marston Moor 1644: The Campaign and the Battle*, pp. 58, 70, 90, 99; John Barratt, *Cavaliers: The Royalist Army at War, 1642–1646*, pp. 58–61.
29 参见R. Ernest Dupuy & Trevor N. Dupuy, *The Harper Encyclopedia of Military History*, pp. 571–665; Charles Phillips & Alan Axelrod, *Encyclopedia of Wars*, vol. 2, pp. 715–724; Tony Jaques, *Dictionary of Battles and Sieges: A Guide to 8500 Battles from Antiquity to the Twenty-first Century*, p. xxxv.
30 William H. McNeill, *The Age of Gunpowder Empires 1450–1800*, pp. 1–49.

兵力约两万人，[31]参战船只中还可见到该国首艘锻铁外壳蒸汽战船复仇女神号（图表14.1；1839年才下水），该船只有六门火炮，虽不宜主动攻击，但因其吃水深仅1.8米，且无须倚仗风力或人力，故可凭借装甲在内河高速持续航行，有效遂行侦查或运兵任务。[32]

W. D. Bernard, *The Nemesis in China* (1847)

图表14.1：鸦片战争中参战的英国铁壳蒸汽战船复仇女神号

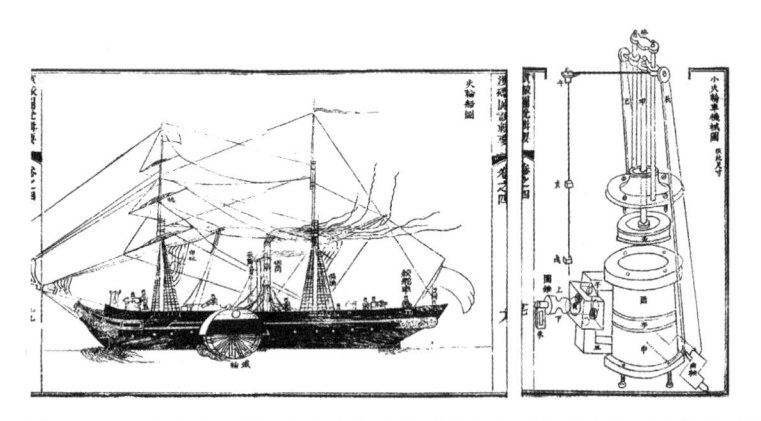

图表14.2：丁拱辰《演炮图说辑要》中的《火轮船图》《小火轮车机械图》

31　张建雄、刘鸿亮，《鸦片战争中的中英船炮比较研究》，页73—77。
32　此战船为英国东印度公司所拥有，长56米，舰宽8.8米，排水量660吨，双引擎明轮推进（各具马力六十四），亦可使用船帆。船首和船尾各配备一门安装在旋转炮架上的32磅大炮，船上另有四门6磅大炮。参见https://en.wikipedia.org/wiki/Nemesis_(1839)。

在二十一年二月初六日攻陷虎门要塞的战役中，有称英军竟只有五人轻伤，清军则伤亡五百人（包含壮烈殉国的广东水师提督关天培），遭俘一千五百人，在当天与次日虎门各炮台即共有四百六十门炮被虏获或摧毁，如以威远炮台为例，就包括一百一十一门炮：其中铁炮一百零七门，除三门英制外，余为中国炮，内含一门68磅弹炮、一门42磅弹炮以及许多32、24、12磅弹炮；另有铜炮四门，则为1627年葡萄牙人所制，[33]包含两门长330厘米、口径约27厘米者。[34]

威远炮台的68磅弹主炮应为清廷在鸦片战争前夕所铸，当时许多沿海据点乃以逾万斤的加农重炮为备战焦点。现存明清自制前装滑膛炮中最重者，或是扬州史可法纪念馆现藏的一门重达一万两千斤之道光二十三年复合铁炮（配弹为四十斤，约合53磅）。但清廷当时应还铸过更大的炮，此因道光二十三年正月署漕运总督李湘棻曾奏称：

> 夷人船坚炮利，人与船习，运棹灵敏。内地现在水师，固难与之角胜，即赶造大船大炮，尚须督兵演驾，非一二年不能精熟。以我所短，当彼所长，虽有制胜之具，难操必胜之权。臣愚以为拒之于水，不如拒之于陆。盖夷人船上之炮，大者八千斤，多即不能受载，而我之陆路，可加倍以胜之⋯⋯是以广东善后案内，铸造一万三千斤铜炮十尊，臣亲身监造，安放大黄窖、二沙尾二尊，令兵勇演放，受子重七十斤，受药四百八十两，中靶八里之外，火力所至，两岸小船，皆为倾覆。[35]

知扼守广州城的大黄窖（西名为Tau-wang-kow或Yellow Pagoda Fort）及二沙尾炮台，均配置有一万三千斤的铜炮，其配弹为七十斤（约合95磅），威远炮

---

33 类似情形比比皆是。参见杨幸何，《天朝师夷录：中国近代对世界军事技术的引进（1840—1860）》，页35。
34 William D. Bernard, *The Nemesis in China: Comprising a History of the Late War in that Country; with a Complete Account of the Colony of Hong-Kong*, pp. 121-122.
35 贾桢等，《筹办夷务始末》卷65，页15—16。

台68磅弹的直径应较此略小约12%。

道光十五年间清廷在广东虎门各炮台先后添置新铸的八千斤和六千斤大炮共五十九门，但据广东水师提督关天培的报告，当其分五次逐一演放时，竟然炸碎十门，并打伤兵丁二名，经检看炸碎的铁块，发现渣滓过多，且膛内高低不平，"周身孔眼形似蜂房，并有空洞，内可贮水四碗者"（图表14.3）。此外，也有的新炮"炮尾四围出火""炮眼炸响""炮眼宽深""炮身有灌补痕迹，兼有孔眼""炮耳坏烂""门眼吃药过多，显系另有孔洞"，由于订约时要求承造者"保固三十年，限内炸裂，由该匠赔造"，故连同"造不如法"的四门，炉匠总共赔造了十四门。亦即，当时虎门8座炮台所安设的新旧炮位虽达二百三十四尊，但其品质往往逊于明清之际的水平，能让炮手们真正信赖者恐并不多。[36]

如若纯考虑火炮的内径，清军武器表面上较英军似乎毫不逊色，此因远洋

图表14.3：鸦片战争博物馆前的道光朝大炮。炮身孔眼形似蜂房，曾于鸦片战争中使用（2007年笔者摄于广东东莞市虎门镇）

36　关天培，《筹海初集》卷3—4。

船只受限于排水量的吨位,故通常不会装载太多加农重炮,如英军旗舰梅尔维尔号(Melville)所配置的七十四门炮中,最大者乃32磅弹加农炮,共二十八门,另有二十八门18磅弹加农炮,余为12—32磅弹的卡龙炮。至于英国东印度公司的武装蒸汽船皇后号(Queen)上虽有68磅弹卡龙炮,但仅一门,[37]该炮重不过1503千克,炮长102厘米,内径25.6厘米,用6磅火药平射的有效距离为240米,若以2度仰角发射时,则可达600米。[38]

卡龙炮的设计是1774年由罗伯特·梅尔维尔将军向苏格兰的卡龙(Carron)公司建议的,此因英国政府的军械局办公室(Board of Ordnance Office)曾于1771年3月22日发出警告,指出卡龙公司新造的火炮因制程或材料有瑕疵而常膛炸,此新炮种于1779年开始在英国舰队中服役。其制程用了约翰·威尔金森(其家族为工业革命的重要领航者之一)于1774年所研发的钻孔车床(boring machine),这台机器可将实心铸就的炮身(材质为较好的展性铸铁和灰口铸铁)钻膛(图表14.4及14.5),使炮身的内径得以均匀平直,也较不易膛炸。军械局因此下令所有英国军用火炮皆必须以此法制造(原先用泥模铸造技术),但为避免垄断,在英国海军的运作之下,威尔金森的专利权于1779年被取消,但他仍然是当时主要的铸炮商之一。[39]

19世纪初英国所使用将实心铸炮钻膛的机具,也曾在某些欧洲国家同步发展,如瑞士工程师让·马里兹亦于1713年在法国发明立式车床(vertical drilling machine),以旋转的钻头钻镟缓慢下降的垂直吊炮,但因此法既费时且不精确,故他又于1734年改良出卧式车床(horizontal boring machine),并与其子让·马里兹二世一同对法国火炮的精进做出颇多贡献。[40]其制法是使用膛孔机将实心铸就的炮身钻膛,故内径较大,管壁较薄,且光滑平直,此技术可使炮管的游隙达炮弹直径的1/20,保证了火炮射程和射击精度的提高。

---

[37] William D. Bernard, *The Nemesis in China*, pp. 86, 247; Frederick L. Robertson, *The Evolution of Naval Armament*, p. 133.
[38] 中文学界先前有关卡龙炮的研究,可参见刘鸿亮、崔萍萍、丁学志,《鸦片战争时期英军卡龙舰炮与清朝铁模铸炮之间的关系探析》;刘鸿亮、孙淑云,《鸦片战争时期英军卡龙舰炮问题研究》。另参考Samuel Read, *Observations, Illustrative of a Memoir, on a New Armament for the 42 & 46 Gun Frigates*, p. 21.
[39] https://en.wikipedia.org/wiki/John_Wilkinson_(industrialist).
[40] https://en.wikipedia.org/wiki/Jean_Maritz.

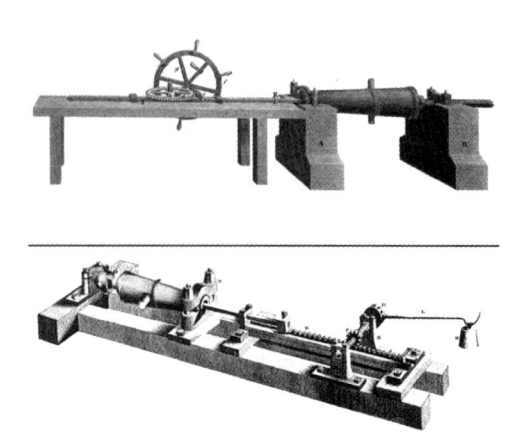

图表14.4：十九世纪初期英国制炮用的卧式车床[41]

  鸦片战争时英国火炮的口径和炮种已逐渐标准化，弹药的品质与杀伤力亦远非清军能及。[42]此外，战船也开始大量安设新型的卡龙炮，如参战的*Blenheim*号和*Wellesley*号上，即有十二门32磅弹以及六门18磅弹的卡龙炮，另有六十二门12至32磅弹的加农炮；*Conway*号、*Rattlesnake*号及*Alligator*号分别配置二十门32磅弹以及六门18磅弹的卡龙炮，至于加农炮则只有两门9磅弹炮；*Druid*号和*Blonde*号上，各有十六门32磅弹卡龙炮，另有三十门加农炮，其中二十八门为18磅弹，两门为9磅弹。经笔者统计维基百科（wikipedia）所列出十八艘英国参战船舰上的武器后，发现在共六百一十一门的火炮当中，卡龙炮就占了三百零四门，数目几乎近半，其中32磅弹有二百四十门，24磅弹十门，18磅弹五十四门（规格已整编成只有三种，而24磅弹只出现于*Sulphur*号）。尤其在十八门或二十八门炮级的船舰上，几乎皆为卡龙炮，各仅有不到两门为加农炮；至于七十二门炮级的战舰上则以加农炮为主（一百二十四门最大的32磅弹加农炮就有一百二十二门安在此级之上），通常各只有十八门卡龙炮。[43]

---

41 图上Abraham Rees, *The Cyclopedia: Or, Universal Dictionary of Arts, Sciences, and Lirerature*, London: Longman, etc., 1820 ,*"cannon"*, Plate Ⅲ；图下*Supplement to the Fourth, Fifth, and Sixth Editons of the Encyclopaedia Britannica*, Edinburgh: Archibald Constable & Co., 1824，vol. 2, p. 366.
42 张建雄、刘鸿亮，《鸦片战争中的中英船炮比较研究》，页98—187。
43 https://en.wikipedia.org/wiki/Category:First_Opium_War_ships_of_the_United_Kingdom.

下编　技术・文化

将木制炮模置入铸坑

将炮模在铸坑中依序排列，次用土紧实塞满四周，再安排出可让铁水次第流入炮模的渠道

将铸好的炮模以滑轮移出铸坑再运到修整工场

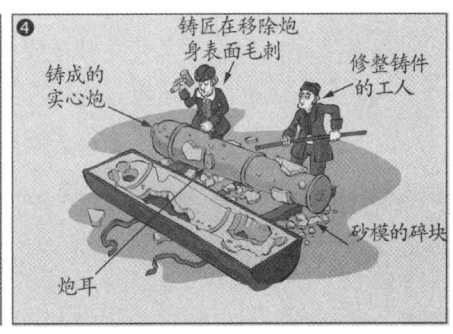

打开炮模取出铸成的实心炮，并移除其上碎块

将实心炮固定在卧式车床后，确保炮身可平顺旋转，次在炮正中钻一小洞，再逐步增大钻头

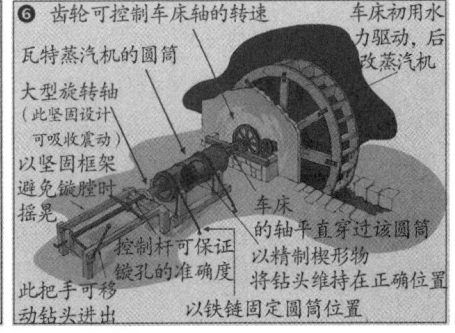

此为威尔金森（Willkinson）用来镟钻圆筒的车床（1775），稍后詹姆斯・瓦特（James Watt）将此装入他设计的蒸汽机并成功运转

图表14.5：十八世纪晚期欧洲以卧式车床镟孔制炮的方法[44]

44　http://old.wrexham.gov.uk/english/heritage/bersham_ironworks/boring_for_britain.htm.

503

由于卡龙炮的重量轻，机动性好，并使用特制的滑动炮架承载，而其约500—1400米的射程，颇适合"舷炮线式齐射"战术的近距离作战需要。如道光二十年十二月钦差大臣琦善奏陈大角、沙角两炮台被英军攻占情形时，即称：

> 查该夷进攻之始，止用中小兵船数只，排列多炮，鱼贯而入，联环施放，力量极猛，击中后墙，即致碎裂飞散。我军势不得不竭力回击，而该夷无论受伤与否，一面暂先却退，一面易船复进，旋击旋退，旋去旋来。循环数次，其船可易，而炮台不能易，其炮则各船皆有，而我军止有台内安设之炮，不但已无可换，其势亦断不及换。且从前所铸之炮甚不精良，现就其断折者观之，其铁质内土且未净，遑问其他。故连放数次后，炮已发热，而该夷待我军兵力疲乏，炮将炸裂之时，其大号兵船蜂拥前进，逞志欲为，此其水战之情形也。[45]

清楚呈现卡龙炮等舰炮在运用"舷炮线式齐射"战术时的威力。

此外，当时清军重型加农炮平均每六分钟能打出一发，而英军因采用燧发机点火以及定装炮弹，故能在六分钟内打出九发，卡龙炮的射速更可达到十八发之多。[46]亦即，卡龙炮虽因有射程较短且后坐力较大的缺陷，导致在第二次鸦片战争英法联军之前即遭西方列强淘汰（附录14.1），但此一炮种的威力却远非清军所使用的加农长炮可以匹敌。

再者，英军配发给步兵用的Baker或Bruswick来复枪（皆为前装、线膛、燧发），更远非清军前装滑膛燧发枪（每分钟只能发射一次，射程亦仅约百米）可比，因Baker来复枪的射程达200米左右，每分钟内可瞄准射出二至三发。至于1838年才开始量产的Bruswick来复枪，射程更可达约300米，每分钟三至四发。[47]

---

45 中国第一历史档案馆编，《鸦片战争档案史料》第2册，页744—745。
46 杨幸何，《天朝师夷录：中国近代对世界军事技术的引进（1840—1860）》，页59。
47 https://en.wikipedia.org/wiki/Baker_rifle; https://en.wikipedia.org/wiki/Brunswick_rifle.

附录14.1

卡龙炮的兴衰[48]

卡龙炮打破有关船与炮相对大小的传统比例，令每艘船可配置的火炮总重可较先前增加一大截。通常加农炮的用药约为弹重的1/4—1/3，炮长为内径的14—20倍，而卡龙炮的长度则仅为内径的7倍。亦即，卡龙炮比发射同样炮弹的加农炮既轻且便宜。由于卡龙炮为求更轻，故其管壁亦较加农炮薄，为避免膛炸，火药量因此只用弹重的1/8—1/16。考虑此举将严重影响射程，遂又减小游隙加以弥补。如十九世纪初的32磅弹加农炮（内径为6.3—6.4寸），其游隙通常为0.305寸，而同口径的卡龙炮则可小至0.145寸。至十九世纪二十年代，卡龙炮的游隙更可做到0.128寸，然炮手就得要特别注意保持炮弹无锈且无尘，否则容易发生膛炸。

卡龙炮的设计通常并无一般加农炮均可见的炮耳，[49]而是在第一加强箍的下方以螺栓锁死在可滑动的重木炮车之上。至于尾珠则钻一有螺纹的洞，并透过高程螺纹以调整炮的高度（图表14.6）。以十九世纪初美制的32磅弹卡龙炮为例，炮重1918磅，而6磅弹加农炮就已重2688磅。至于发射32磅弹的加农炮，依其设计约重3024至6496磅之间。十九世纪中叶的美国海军，每门发射32磅弹的加农炮，因炮身甚重且使用重型炮车，故平均得要配置十四名船员和一名送火药男童，然32磅弹卡龙炮则因炮身较轻，炮车又获改进，故只需四名船员和一名送火药男童。此外，卡龙炮虽因用药较少，以致射程不及加农炮，但其速度刚好可穿透船舷（若过大则形成整齐圆孔，过小就无法穿透），故可较有效地产生较多具有人员杀伤力的木材碎片。

卡龙炮首度出现是被英国海军用于美国的独立战争（1775—1783），并

48　此附录皆请参见William Roberts, "That Imperfect Arm: Quantifying the Carronade." https://en.wikipedia.org/wiki/Carronade.

49　卡龙炮行用末期（约1820年）出现一改进之炮种，名为"gunnade"，其设计特色是有炮耳，以降低炮身重心。但在鸦片战争侵华的英舰当中此并不多见，笔者目前仅知Calliope号上的二十八门炮全为32磅弹gunnade。参见https://en.wikipedia.org/wiki/HMS_Calliope_(1837).

大量见于法国大革命及拿破仑战争（1792—1815），且在英美之间的1812年战争中达到高峰。它因较轻故常置于不太适合重炮的船首和船尾，对较小的船舰尤其合宜。亦即，卡龙炮主要取代了4—12磅弹的小型加农炮。

虽然卡龙炮的优点颇多，但亦有一些重大缺失，如其后坐力颇大（32磅弹卡龙炮为16.7英尺/秒，而6496磅重的同口径加农炮则只有6.8英尺/秒），又因炮身较短，故迎风发射时易令旁边的索具或吊床发生火灾，且炮弹还需特别维护。由于卡龙炮的射程较短，故若一艘船主要配置卡龙炮，则它就需要较大的航速，以便能迅速接近敌人，并发挥卡龙炮的威力。亦即，当以卡龙炮为主的船只碰到较快且火力较强的敌船时，就常难幸免。

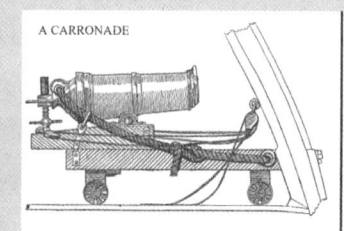

F. L. Robertson, *The Evolution of Naval Armament* (1921)

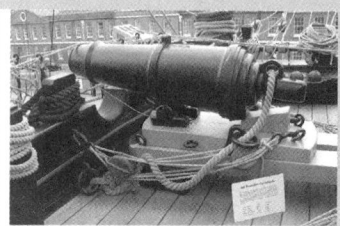

英国朴次茅斯（Portsmouth）历史船坞HMS Victory号甲板上的68磅弹卡龙炮

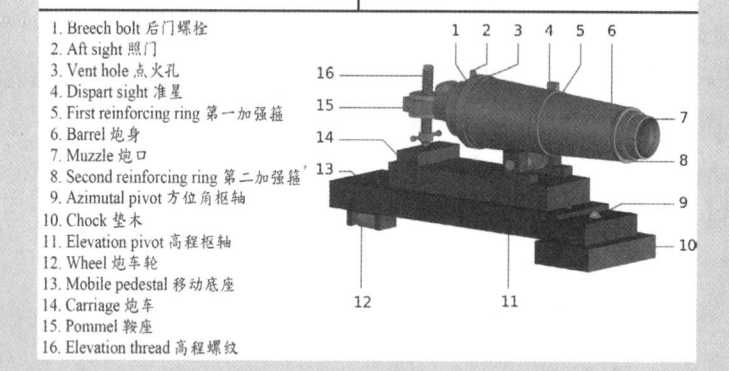

1. Breech bolt 后门螺栓
2. Aft sight 照门
3. Vent hole 点火孔
4. Dispart sight 准星
5. First reinforcing ring 第一加强箍
6. Barrel 炮身
7. Muzzle 炮口
8. Second reinforcing ring 第二加强箍
9. Azimutal pivot 方位角枢轴
10. Chock 垫木
11. Elevation pivot 高程枢轴
12. Wheel 炮车轮
13. Mobile pedestal 移动底座
14. Carriage 炮车
15. Pommel 鞍座
16. Elevation thread 高程螺纹

图表14.6：十九世纪英国战船上的卡龙炮[50]

50　图左上https://www.gutenberg.org/files/56777/；图右上commons.wikimedia.org/wiki/File:68carronade.jpg；图下https://en.wikipedia.org/wiki/Carronade。

506

如1799年下水的美国巡防舰*Essex*号，原设计是安装二十六门12磅弹和十门6磅弹的加农炮，船总重83308磅。1812年该国海军欲"改进"其火力，遂将船上的12磅弹加农炮全拆下，改装成四十门32磅弹卡龙炮和六门18磅弹加农炮，船重因此调整为105000磅。此举虽让船重增多26%，却让火力（指可投弹量）增强约2.7倍。1812年英美战争爆发，翌年*Essex*号奉命打击英国在太平洋的商船，虽取得相当成效，但不幸被拥有三十六门加农炮的英国巡防舰*Phoebe*号以及十八门加农炮的单桅帆船*Cherub*号围堵在智利的瓦尔帕莱索（Valparaíso）港。英船在370米距离用其18磅弹的加农炮开始射击，*Essex*号上32磅弹卡龙炮平射的有效距离却无法及此，而只能倚赖六门的18磅弹加农炮，船上的四十门卡龙炮虽亦曾被抬高仰角以增加射距，但此举因船只在海上的晃动很难得到足够射击精度（只令*Phoebe*号的索具受损，而未能正中船体），终致难逃被击沉的命运。当类似的海战对决逐渐得到大家关切后，卡龙炮就开始逐步走下火炮家族的光鲜舞台，如美国海军至1825年即不再新铸卡龙炮，此后的二三十年间它更被许多西方列强视为过时的炮种。当后装线膛炮在1870年变成炮兵主流，且爆炸弹替代实心圆球弹之后，用于近距离战斗的卡龙炮更成为历史。

清人有关卡龙炮（被称为"有表熟铁短炮"）的具体介绍（图表14.7）首见于丁拱辰，他在道光二十一年出版《演炮图说》一册并于翌年进呈御览，二十四年又于三易其稿之后增订成《演炮图说辑要》四卷且付梓。然丁氏描述此炮之规制曰：

> 径三寸四分，身长三尺九寸二……此短炮用药比之长炮加增数倍，所以堪用多药者，乃用熟铁炼净铸成，坚实光滑，恍似铜炮。用弹二十四斤，配火药八斤之多……[51]

---

51 丁拱辰，《演炮图说辑要》；郭金彬，《丁拱辰及其〈演炮图说辑要〉》。

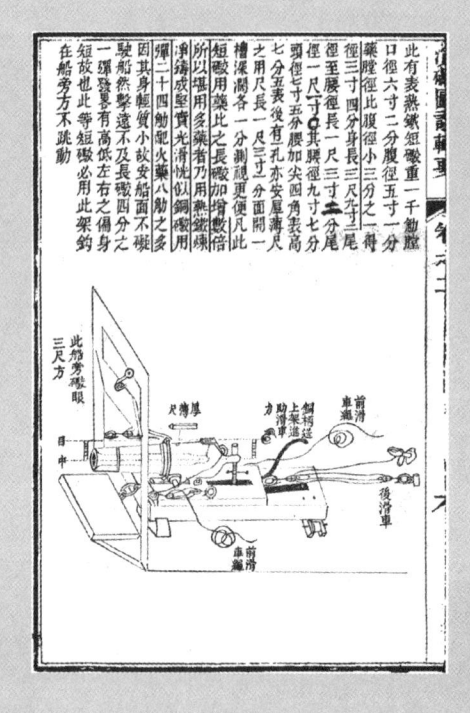

图表14.7：《演炮图说辑要》中的卡龙炮及其炮车

然卡龙炮的长度其实仅为内径的7倍，而非前引文所称的11.5（=392/34），火药量亦只用弹重的1/8—1/16（非1/3），丁氏或亦不知此炮乃镟钻实心炮筒而成。

在同治二年由黄达权（又名黄胜）编译完稿的《火器略说》中，曾图文并茂地叙及制炮时的钻膛技术，并谓卡龙炮（称作"短薄单耳铁炮"）"多用于战舶，体轻易举，粤俗呼为瓦筒口炮，以形似得名"，但该书仍误认发射此炮时得"药重于弹四分之一"（图表14.8），不知此短炮在射程上的优越表现乃因其游隙减小所致。黄达权此译著虽屡经有识人士抄传，但直至光绪七年始以"火器略说"之名初次摆印，其内容则经王韬修改润饰，惟西方列强却早在二三十年前就已将该炮种淘汰！[52]

---

[52] 黄达权、王韬编译，《火器略说》；邹振环，《沪港翻译出版的互动：王韬、黄胜与〈火器略说〉的抄本与刊本》。

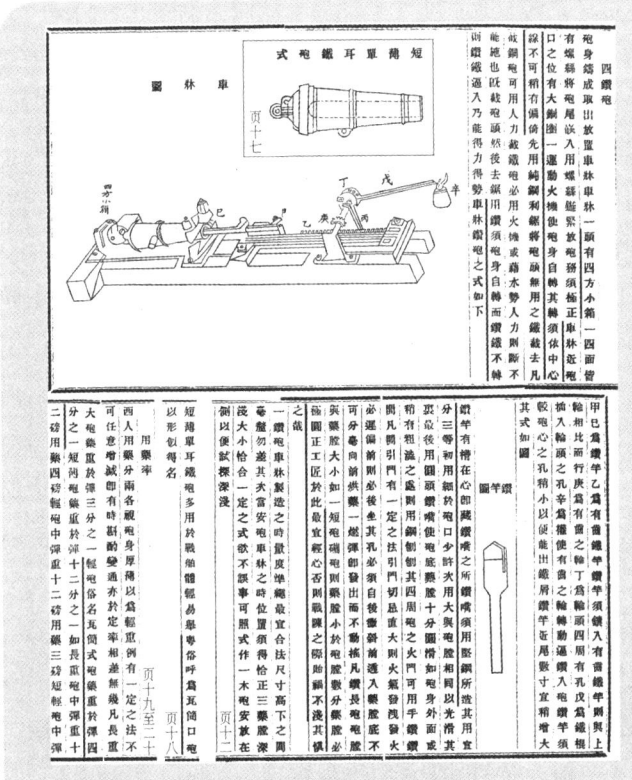

图表14.8：《火器略说》中的卡龙炮及其制造过程中用来钻膛的机具

　　道光二十三年清廷铸成一批铁心铁体的双层火炮"耀威大将军"，此或是现存明清自制滑膛炮中最大者。透过金相检测，可发现其外膛的材质为铸铁、内膛为熟铁或低碳钢。此种"复合材料"虽可以克服单层体白口铸铁炮容易开裂、炸膛的缺陷，不过其制造技术较复杂，成本既高且过重，故量产不易。[53]

　　今人孙淑云和刘鸿亮曾对中国现存十九世纪上半叶制前装滑膛铁炮进行金相检测，他们于108个样品中明显发现英军炮身里的灰口铁大大高于清军炮（以白口铁较多）。[54] 此种材质上的差异导致中英铁炮在炮膛的光滑与精确度、

53　刘鸿亮、孙淑云、张治国，《鸦片战争前后清朝双层体铁炮技术的问题研究》。
54　灰口铁中因有性软的石墨，故具有优良的切削加工性能，得以令炮膛光滑并呈一直线，且可保证内径的尺寸一致，从而提高火炮的射击精度与射程。

炮壁的厚度、内部的铸造缺陷等，均产生显著差异，从而影响到其机动性、射程、射速以及射击精度。无怪乎，鸦片战争时期英军铁炮的性能明显强于清军。[55]

　　受西力的冲击，中国的有识之士亦开始仿造轮船，但却均只停留在形式上的模仿，而未能掌握最核心的蒸汽机技术。迟至1865年，清朝才下水建成第一艘小型蒸汽轮船"黄鹄"号，上海《字林西报》记该船"载重二十五吨，长五十五华尺；高压引擎，单汽筒，直径一华尺，长二尺；轮船的回转轴长十四尺，直径二又五分之二寸；锅炉长十一尺，直径二尺六寸……"，而除了"用于主轴、锅炉及汽缸配件之铁"购自外洋外，其他包括雌雄螺旋、螺丝钉、活塞、气压计等器材，均是由徐寿父子亲自监制，然此轮船并未正式投入实际使用。在十九世纪最后三四十年间所推动的自强运动中，清政府设立江南制造局和福州船政局，希望能"师夷长技以制夷"，才又雇请外国人来主持轮船的制造工作。[56]

　　至于火器方面，清廷亦曾做过一些努力。鸦片战争中担任过副官的英国军官阿瑟·坎宁安，在其作战回忆录中记1841年镇海之战时，就称清军使用了一门9磅弹重的黄铜卡龙炮（图表14.9下图），此是模仿自海中捞获的英人船炮，惟因原炮已有部分腐蚀，故清人仿制时就误将高程螺纹与炮身铸成一体。又由于清军原以为铜炮比铁炮不易膛炸，故特别改采铜铸，然铜较不耐高温，卡龙铜炮其实并不适合连续且快速填发。此外，英国军官约翰·奥克特洛尼也指称1842年6月曾于上海看到清军安设的十六门18磅弹重的黄铜卡龙炮（图表14.9上图）。也就是说，清人对卡龙炮的仿制只及于形似，而未能搔到痒处。

55　孙淑云、刘鸿亮，《鸦片战争时期中英前膛装滑膛铁炮的材质及其对性能的影响》。
56　白广美、杨根，《徐寿与"黄鹄"号轮船》；王淼，《中国19世纪对轮船的引进和研制》。

> About sixteen copper carronades were found mounted upon these advanced works, and, from their being exact copies of a modern 18-pounder carronade, excited some interest. The model had been exactly imitated, the sight being cast on the piece, and the vent formed and pierced for a flint lock to be fitted, as in modern ship-guns. The carriages were properly built, and had four wooden trucks, with iron axles, the whole constituting the most serviceable engine of war which we had yet seen in the hands of the Chinese, save that the nature of the metal—"unmixed copper"—would not allow many rounds to be fired from it in rapid succession.

> Mounted on a carriage, beside some of our own guns, was a Chinese brass nine-pounder carronade. This had been cast the year previous at Chinhai, in imitation of one which they had procured from the unfortunate brig Kite, which vessel was lost upon their coast during our previous occupation of the island, her crew and passengers, including poor Mrs. Noble, having been taken up to Ning-Po. This gun was almost a fac-simile of our own; but the tangent screw for elevation and depression, in the original, had no doubt become corroded by the action of the salt water, it having lain some short time at the bottom of the sea. Adhering closely to the model, they had cast their screw and gun all in one piece; with all their ingenuity being totally at a loss to divine its use or meaning, but being determined to act steadily up to the old maxim, of fighting the barbarians with their own weapons; they therefore stuck rigidly to the pattern they had received.

图表14.9：鸦片战争时英军对中国所仿制卡龙炮的描述[57]

清军还未及跟上卡龙炮的发展步伐，该炮种在西方即已遭列强以其他新型武器取代。迨英法联军侵华时，英军于1860年8月12日的大沽口新河炮台之役，就首次在实战中使用了12磅弹（内径三寸）后装线膛的阿姆斯特朗炮（RBL 12-pounder 8 cwt Armstrong gun；参见图表14.10），[58]此炮拜工业革命之赐，成为第一门可充分发挥后膛装填效能的火器，[59]不仅可大幅减少填装弹

---

[57] 图上出自John Ouchterlony, *The Chinese War: An Account of All the Operations of the British Forces*, London: Saunders and Otley, 1844，pp. 307-308；图下出自Arthur Cunynghame, *The Opium War: Bejing Recollections of Service in China*, Philadelphia: G. B. Zieber & Co., 1845，pp. 51-52.
[58] 此一新炮种在1858年才被选为英军的制式野战炮，迄1863年已制造了三千门，其中有五百七十门是12磅弹。参见"Report on Armstrong Guns."
[59] 明代所用的佛郎机炮（大者的内径可至9.5厘米，长约288厘米）以及日本所用的大友炮虽亦为后膛炮，然其闭锁能力太差。所谓"大友炮"乃指日本奉天主教大名大友宗麟（1530—1587）所获得或后世仿铸其形制的大型佛郎机炮。相关讨论可参见常修铭，《16—17世纪东亚海域火器交流史研究》，页163—194。

511

药的时间，且所用椎头柱体炮弹在发射时，可透过膛线与炮管紧密贴合（因炮弹外裹有薄铅的涂层），并透过旋转所产生的陀螺仪效应来稳定弹道，故有效射程可达3100米，精准度亦较先前提高甚多，用药更几乎减半（因游隙已趋近消失）。此外，该炮的制造是以锻铁为内管，并紧密套上因炽热而膨胀的锻铁外管（其加热前的内径稍小于内管外径），再冷却收缩就可与内管坚固结成一体，经重复几次类似过程所制出的炮管，即可大幅减少膛炸。[60]

同年的9月21日，清政府决定集中兵力保卫北京城，由僧格林沁领军，调集了约三万名步骑兵与五千多名的英法联军在通州八里桥进行决战。清军当时所使用的火炮不少属于文物等级，其中包括长351厘米的铜制"无敌大将军"子母炮（曾于康熙年间的雅克萨之战中发挥重要作用）。结果曾经纵横中原的八旗铁骑，在Minié和Enfield两种来复枪以及重炮的火力压制下全面溃败，[61]战死两千余人，而英法联军宣称在此役中仅五人死亡，四十六人受伤，这也是清朝军事史上最后一次大规模使用骑兵。[62]痛定思痛的两江总督曾国藩因此于咸丰十一年年底成立了中国第一个近代军工机构"安庆内军械所"，制造枪炮、弹药、蒸汽机以及轮船，[63]李鸿章也竭力主张购买或仿制洋船洋炮，揭开了自强运动的序幕。

由于清朝的武备此时已全面落后于西方强权，故当北京陷落后，俄国也趁火打劫，于1860年11月14日强逼清廷签订《中俄北京条约》，夺走康熙年间由"神威无敌大将军"和"威远将军"等火炮护持下所划定的大片疆土（据1689

---

60 刘鸿亮，《中西火炮与英法联军侵华之役》，页304—330；https://en.wikipedia.org/wiki/RBL_12-pounder_8_cwt_Armstrong_gun.
61 Enfield来复枪乃改进自Minié来复枪，两者同属前装，有膛线，Minié枪最大的创新是以火帽（percussion cap）代替燧石，如此可保证在阴雨潮湿的环境下也能正常击发。Enfield枪在1853—1867年间成为英军的制式装备，每分钟可射三至四发，最大射程1140米，准确度远高于清军用的滑膛燧发铳。参见刘鸿亮，《中西火炮与英法联军侵华之役》，页345—348；https://en.wikipedia.org/wiki/Minié_rifle;https://en.wikipedia.org/wiki/Pattern_1853_Enfield.
62 茅海建，《近代的尺度：两次鸦片战争军事与外交》，页54—96；汪振兴，《论1860年八里桥之战清军的失败》。
63 秦政奇，《安庆内军械所：中国近代兵器工业的开端》。

年的《尼布楚条约》）。[64]至于第二次鸦片战争中曾发挥颇大威力的后装线膛阿姆斯特朗炮，则因炮身以及弹药的成本均过高，而在1864年被英国政府下令停造。[65]

八里桥之役时败战的清军

❖ 英制12磅弹后装线膛阿姆斯特朗炮，现藏堪培拉的澳洲战争纪念馆（Australian War Memorial）。第二次鸦片战争时英军亦曾在中国使用此型炮。右下图为其锥头柱体炮弹装填入药室的纵剖面

图表14.10：清军在八里桥的败战以及英军所用当时最先进的阿姆斯特朗炮[66]

---

64 康熙二十二年之前，清朝在黑龙江流域的驻防即因缺乏重型红衣大炮以及训练有素的炮手，始终无法有效应付俄国势力。至二十七年，清军先后调派各类火炮二百四十八门至此，才占有火器优势，并在当地设立一套包括操演、维修与更换的制度。但到了十九世纪，清军的火器铸造却仍不出十七世纪的水准，而制度的维护更因经费的支绌已废弛。参见张建，《黑龙江驻防火炮研究（1683—1860）》。
65 https://en.wikipedia.org/wiki/Armstrong_gun.
66 图上Le pont de Pa-li-kiao,le soir de la bataille.Dessin de E.Bayard daprés une esquisse de M.E.Vaumort (album de Mne de Bourboulon)；图左下https://upload.wikimedia.org/wikipedia/commons/4/4f/AWM-Armstrong-gun-1.jpg；图右下https://archive.org/details/treatiseonordnan00hollrich.

在近代火器史的发展过程中，亚洲国家的日本初与中国的情形相近，后却走出很不一样的道路。欧洲的火绳铳自大航海时代传入日本后，仅花费约30年（1540—1570）便将其普及至该国各战场（据估计，1556年全日本便拥有超过300000挺的火绳铳），此"步兵革命"加速了战国时代的终结。然随着德川幕府于1603年的建立，日本虽获得两百多年的和平，但宽永十八年（1641）所颁布的锁国令，也切断了引进西方新式武器的可能性，直到1854年，培里将军所率领的美国东印度舰队才打开其锁国的大门。[67]根据笔者2004年对日本古炮的印象（图表14.11），1850年前后日本所铸前装滑膛铜炮的品质，显然不在中国之下，但仍远远无法与美国战船所配置的派克森思炮（Paixhans）（图表14.12）等火器相匹敌。如当时培里舰队中的 *Susquehanna* 号上即有六门派克森思炮，炮重7400磅，长2.84米，内径22厘米，所填装的爆炸弹重59磅。其特色是以高速平射，因炮弹附有引信，发射时会自动点燃，稍后才爆炸，故可令敌方人员伤亡惨重。先前俄国击败奥斯曼帝国的锡诺普海战（1853），即已证明爆炸弹起火燃烧的功能是木制风帆船的梦魇，英法联军于第二次鸦片战争时亦曾使用此炮。[68]

在坚船利炮的武力威吓之下，日本于1858年分别与美、荷、俄、英、法签订了不平等的"五国通商条约"。此冲击引发了明治维新，让日本得以藩阀和资本家取代长达六百多年的武士封建制度，并于"脱亚入欧"的思维下建立起一支向西方看齐的近代化军队。

明治维新的成功使日本成为亚洲第一个工业化国家，并跻身世界强国之列，然其采行侵略扩张的军国主义，却给亚洲邻国造成巨大灾难。在甲午战争的黄海海战（1894）中，日本的六艘巡洋舰即共配置了六十门英国制阿姆斯特朗12厘米口径速炮（QF 4.7-inch Gun；图表14.13），再加上八门15厘米口径速炮，令其火力远超过北洋海军。如以在日本建造的防护型巡洋舰桥立号（Hashidate）为例，船头即安有一门32厘米口径后膛装的法国制Canet炮（可发射350千克的爆炸弹，有效距离为8000米，惟每小时顶多只可发射两发，配六十发弹药），其次则为十一门10厘米口径速炮（最大射程9000米，每分钟

67　Noel Perrin, *Giving up the Gun: Japans Reversion to the Sword, 1543-1879*, pp. 45-71；常修铭，《16—17世纪东亚海域火器交流史研究》，页55—133。
68　https://en.wikipedia.org/wiki/Paixhans_gun; https://en.wikipedia.org/wiki/Battle_of_Sinop.

下编 技术·文化

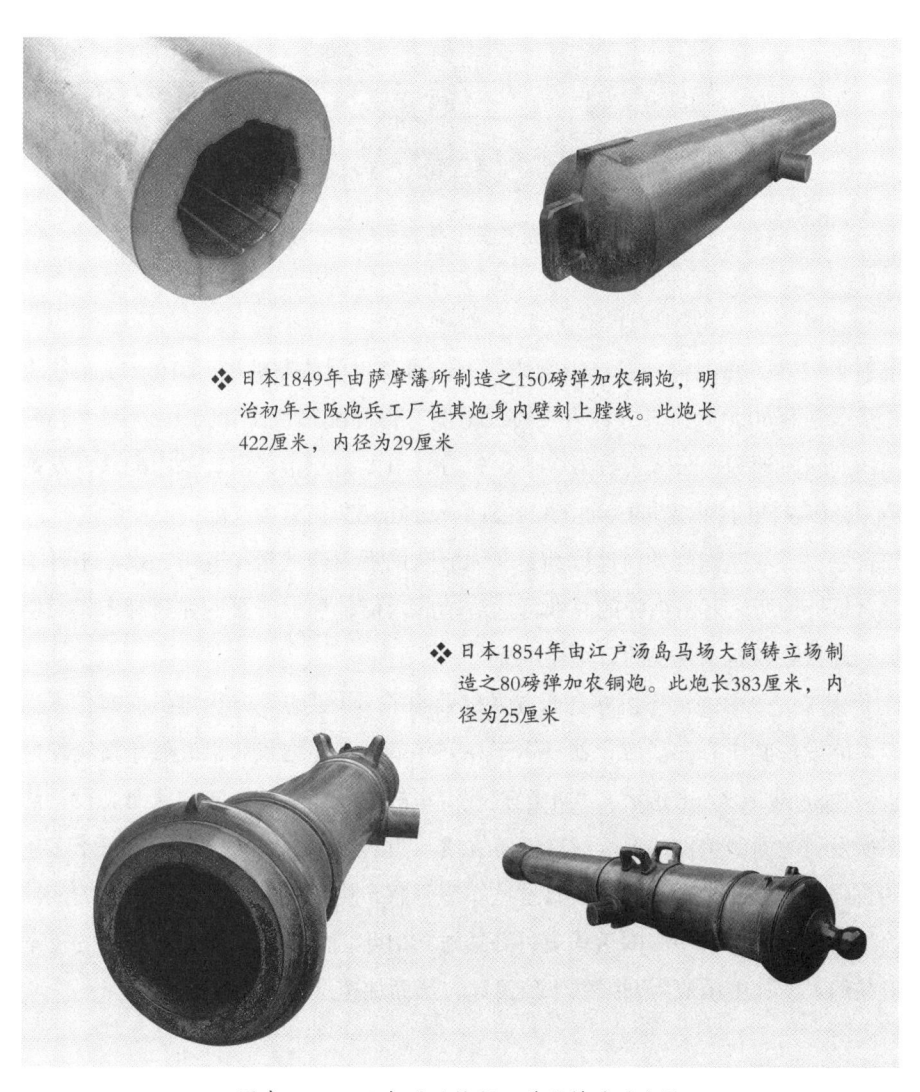

❖ 日本1849年由萨摩藩所制造之150磅弹加农铜炮，明治初年大阪炮兵工厂在其炮身内壁刻上膛线。此炮长422厘米，内径为29厘米

❖ 日本1854年由江户汤岛马场大筒铸立场制造之80磅弹加农铜炮。此炮长383厘米，内径为25厘米

图表14.11：日本明治维新以前所铸造的大炮

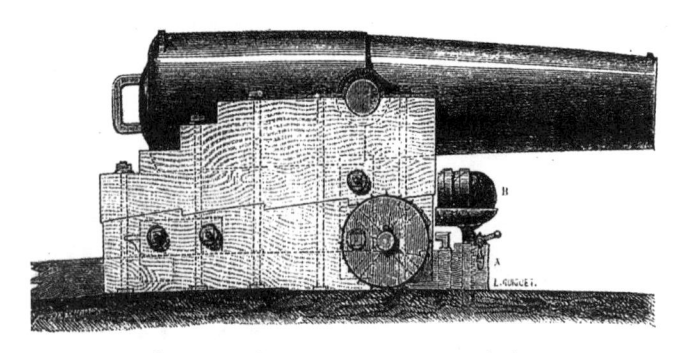

图表14.12：美军黑船上所配置的派克森思炮

发射十二发，每门配一百二十发弹药），另有六门法制的6磅弹Hotchkiss速炮（最大射程6000米，每分钟可发射二十发，每门配三百发弹药），十一门3磅弹Hotchkiss速炮（最大射程2200米，每分钟可发射三十二发，每门配八百发弹药），以及四门德国制的35厘米口径Schwartzkopff鱼雷管（共配二十发鱼雷）。[69]简言之，日舰速炮的发射速度约是北洋舰队旧后膛炮的至少五倍，以至于日本舰队每分钟所能射击炮弹的总数可达清军的六倍，加上清军的弹药制作相对粗糙，遂无法与炮多且快的日军相抗衡。[70]

甲午战争中的清军虽亦自西方强权采购了不少武器，却因维护或操作不当而未能发挥其应有的功效，如日军于1895年的威海卫之役曾以五艘鱼雷艇发射十一枚Schwartzkopff鱼雷，共击沉三艘清军战船，然在前一年的黄海之役，清军所发射的同型鱼雷却未能缔造任何战绩。[71]北洋水师的覆没宣告历时三十多年的自强运动彻底失败，而欧美日这些军事强权，则仍不断以其日新月异的武器为后盾，试图介入中国的近代史，并透过1901年因八国联军侵华所签订的《辛丑条约》，让中国成为列强的半殖民地，从而加速了清王朝的灭亡。

---

[69] http://www.navweaps.com/Weapons/WNBR_47-40_mk1.php; https://en.wikipedia.org/wiki/QF_4.7-inch_Mk_I_–_IV_naval_gun; https://en.wikipedia.org/wiki/Japanese_cruiser_Hashidate.
[70] 李成生，《从北洋舰队技术装备看甲午海战中国的战败》；潘向明，《甲午黄海之役北洋海军缺乏炮弹说质疑：兼论其失利原因问题》。
[71] Anthony Newpower, *Iron Men and Tin Fish: The Race to Build a Better Torpedo During World War II*, pp. 16–17.

下编 技术·文化

防护型巡洋舰松岛号上的法制Canet炮（口径32厘米，后膛装，置于船头，仅一门），该舰乃甲午战争时日本舰队的旗舰。此图为被尊称为"最后浮世绘大师"的小清亲于1894年所画

法制6磅弹Hotchkiss速炮，口径5.7厘米

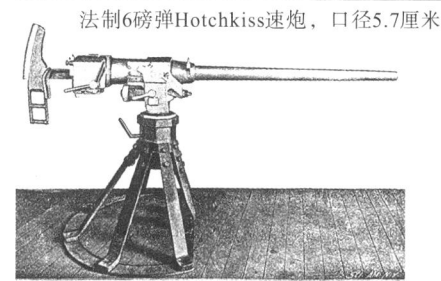

德制Schwartzkopff鱼雷，口径35厘米

日军于1895年的威海卫之役曾以此种鱼雷击沉三艘清军战船

英制12厘米口径速炮

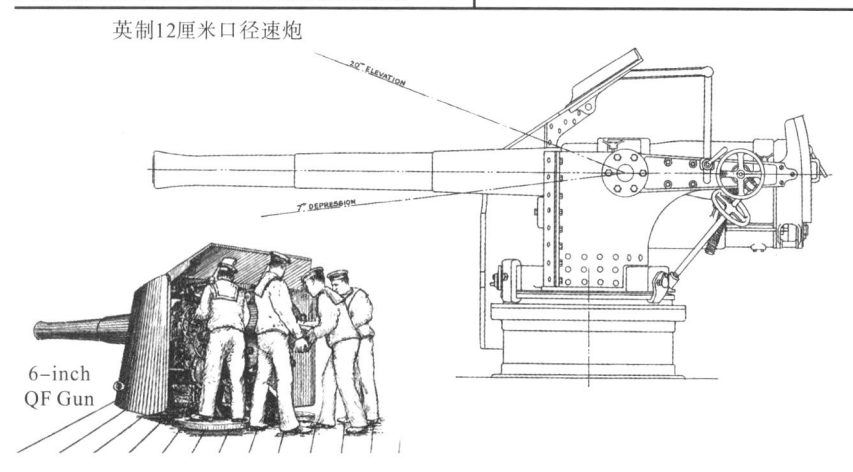

6-inch QF Gun

图表14.13：甲午战争时日本海军的主要炮种[72]

72　图上http://en.wikipedia.org/wiki/Canet_gun；图中左https://www.history.navy.mil/our-collections/photography/numerical-list-of-images/nhhc-series/nh-series/NH-73000/NH-73943.html；图中右https://en.wikipedia.org/wiki/Schwartzkopff_torpedo；图下右Andrew Noble, *Artillery and* Explosives, London: John Murray, 1906.

517

四、结　论

　　从万历四十七年的萨尔浒之役至顺治元年的清人入关，辽东和京畿有长达二十五年时间是处于明清交战的最前线，各役的规模、频仍的次数与地理的集中度，可能在同时期世界其他地区均居于领先群。[73]两阵营同样努力引进并仿制红夷大炮（即西方所谓的加农炮），中华大地的战场上自此习见此种新武器的身影。

　　明清两政权为寻求能压制对方的更大军事优势，还尝试发展新炮种，并分别采用了由汉人工匠所开发的铁心铜体炮管设计，铸出品质有可能在世界居领先地位的"定辽大将军"和"神威大将军"。顺治元年，多尔衮率十几万的满、蒙、汉兵，携带约百门红夷炮，其中包含三十五门"神威大将军"，入关挑战鼎革大业。这些先进火器拥有可轰垮中国一般城墙的威力，而身居主动攻击方的清军，还常可调集较多火炮以对付必须逐城布防的明军，至于清军因屡战屡胜所虏获的明炮，更扩大其在往后战役中的胜利机会。

　　复合金属炮虽是明清两代中国土地上技术最先进的滑膛火炮，但吊诡的是，先前却几乎在所有古代炮学专著或近代火炮史研究中缺席。惟复合金属炮管并非中国的专利，至迟在十六世纪中叶，印度和欧洲应亦已出现，只不过因其铸铁工业尚未成熟，故发展的方向异于中国。如印度古吉拉特苏丹于1537—1554年间所造之一门炮，即是在锻铁内管外浇铸铜体；1629年沉没之荷兰巴达维亚号上的小型咪灵炮，则是将铜、铁、铅、锡等金属以锻造和铸造两法混合制成。此外，荷兰也曾于十七世纪前半叶出现两种与复合金属炮相关的专利。[74]

　　在欧洲各国，或因锻造的人工成本日益增高，且咪灵炮类之复合金属炮制程繁复，故在经济因素的考虑下并未持续发展。而在印度，因技术纯熟的锻

---

[73] 十七世纪上半叶，世界其他地区的战事乃以三十年战争和英国内战的规模最大，但明清在辽东的对战以及清军的五次长驱入关，绝对是不遑多让，双方动辄出动逾十万兵力。参见孙文良、李治亭、邱莲梅，《明清战争史略》，页44–437；R. Ernest Dupuy & Trevor N. Dupuy, *The Harper Encyclopedia of Military History*, pp. 583–597, 602–607.

[74] Jeremy N. Green, "The Armament from the *Batavia*. 1. Two Composite Guns."

铁工匠或仍较易取得，并为因应莫卧儿皇帝奥朗则布频繁征战之需要，故于十七世纪下半叶还陆续制造许多大型的复合炮。至于明清两朝，虽在鼎革之际出现多种制法之复合金属炮（如管壁为熟铁心、生铁体者，亦有生铁心、铸铜体者，更出现三层之复合铁炮），但或因战事倥偬之际恐无暇具体评估其优越性，导致较费工费钱的复合炮未能普及。

明清间的长期对战令红夷大炮在中国的拥有与操作均日益普及，此一情形让郑成功的军队于1662年得以在台湾南部的热兰遮城逼降并赶走当时世界最强的海权国家荷兰。事实上，广南政权的水军稍早亦曾于1643年在今越南顺化外海一处名为腰海门（Cửa Eo）的海湾以火炮击溃荷兰舰队，令后者欲封锁葡属亚洲贸易生命线的企图无法达成。[75] 亦即，如果鸦片战争提早到康熙朝，清廷很可能不见得对西方列强毫无招架之力。

康熙十二年三藩乱起，耶稣会士南怀仁奉旨负责铸炮，他在宫廷中原本从事治历的工作，[76] 并无冶铸的相关经验，故他很可能是参酌西书上所载之法，又因大清当时物力丰阜，故其所铸大多是制法较简便的铜炮。康熙二十年至三十年间，清廷虽曾数度铸造铁心铜炮，但均为便于行军野战的百余斤小炮。清朝在底定三藩和攻克台湾明郑政权之后，即因长期处于和平状态，故不再积极制造重型火器，也不发展炮学。甚至在南怀仁《穷理学》介绍伽利略有关抛物线弹道学之后的一个半世纪间，竟然见不到任何一本讨论火炮的中文新著出现！

直到中英鸦片战争前夕，清廷始为应付此一滔天危机而重新大量制炮。南从闽粤，北迄山海关，沿海各省均积极加强军备。为求超越十七世纪的火炮，此拨新炮的焦点在追求厚重，[77] 而明末原已成熟的复合金属制法，因可增加炮管的抗膛压能力，遂再度被启用。惟因中国原本领先的冶铁技术，在入清以后一

---

75 常修铭，《16—17世纪东亚海域火器交流史研究》，页195—225。
76 黄一农，《清初钦天监中各民族天文家的权力起伏》。
77 如道光二十一年在大沽南北各炮台上即有一万斤之炮；二十二年曾于广东铸造重达一万三千斤的铜炮十门；咸丰六年，制成八千至一万斤的"武威制胜大将军"铜炮十门；七年，英军在广东虎门的穿鼻炮台掘出多门重达5000千克、长13英尺的清朝制巨炮；八年，清军从天津至海口共安设一万两千斤的铜炮四门、一万斤的铜炮十门。参见《鸦片战争档案史料》第7册，页15；茅海建，《大沽口之战考实》；昆冈等修，刘启端等纂，《钦定大清会典事例》卷894，页789；Laurence Oliphant, *Narrative of the Earl of Elgin's Mission to China and Japan in the Years 1857, '58, '59*, p. 45.

直停滞不前,甚至不进反退,[78]相对于西方而言,造炮品质往往十分粗糙,炮管内壁通常不够匀称,铸铁品质亦欠佳,游隙值也较大。

中国自制的前装滑膛炮,虽在道光朝后期再掀高潮,然因欧洲强权的火炮技术与时俱进,即使是清军新铸成的逾万斤"耀威大将军"等复合金属重炮,仍无力面对列强的挑战。此因英国炮的铸铁品质已大幅提高,[79]且多是先铸成实心铁管,再以机械镟出匀称的内膛,[80]此法不仅精度较高,成本亦仅需传统模铸法的十分之一,并可让炮管更平直且承受更高膛压。

更有甚者,清军在鼎革之后两世纪所遭逢的鸦片战争中,已转变成防守方,火炮得分散布置于沿海各要塞,而英军百艘船舰所配载的七百多门炮却如同移动炮台,能快速调动更多更好(指更准确、耐操且射速更快)的加农炮与卡龙炮,并可有效集中火力击溃守台清军。明末以来出现在中国土地上的前装滑膛红夷火炮,也终于被英国的实心镟膛炮无情地逼下历史舞台,战败的耻辱也使中国近代史的起点被划上一道道永远无法除去的伤疤,而中国与欧洲在军力上的大分流(Great Divergence)时代也就此展开。[81]

不同地区复合炮所出现的多样性制造模式,就常是不同技术传统中优质成分相互融通的结果。明末在接触欧洲前装滑膛铜炮的设计后,闽粤地区先与当地发达的铸铁工艺结合,成功仿制出红夷铁炮,当这些新型火器因明清间的长期对抗而出现在辽东和京畿后,又陆续与北方原有的铁心铜体技术杂交出新的炮种:"头号铁里铜发熕炮""定辽大将军""神威大将军"等。这些中国的复合金属炮虽曾在战场上发挥相当正面的作用,但因其制程较为烦琐,终只能于历史长河中昙花一现,无法形成风潮,并在清前期中国社会长达一百多年的和平状态中遭到遗忘。也就是说,其出现应较近似杂种旺势的现象。至于十七世纪荷兰和印度所制造的复合金属炮,则是结合了锻铁和铸铜两种工艺的优质

---

78 《鸦片战争档案史料》第2册,页744—745。
79 Richard Hayman, *Ironmaking: The History and Archaeology of the Iron Industry*, pp. 39–45.
80 清朝要到同治七年才采用整体铸法镟制滑膛炮。参见Melvin H. Jackson & Carel de Beer, *Eighteenth Century Gunfounding*, pp. 50–52, 72–74, 137–139;曾国藩,《曾文正公奏稿》卷33,页6。
81 Kenneth Pomeranz, The *Great Divergence: China, Europe, and the Making of the Modern World Economy*; Tonio Andrade, *The Gunpowder Age: China, Military Innovation, and the Rise of the West in World History*, pp. 237–256.

基因，但亦因未能持续保持技术优势及经济效益，而于稍后遭淘汰。

本书从军事史、科技史以及物质文化史的角度，对十七世纪以至十九世纪出现于中国的前装滑膛红夷火炮做了一番梳理，并努力理清这些火器在战场上所扮演的角色，及其所引发的某些"军事事务革命"，而一些关键战役的结果更对这两百年间的中国近代史产生重大影响。

现今仍有数以千计的红夷型古炮散见于全国各地，也有一些是以战利品或军事史文物的角色为世界各博物馆或个人收藏，它们沾满血泪的炮身或曾见证过一段段清朝由盛转衰的历史。文物界接下来应先全面进行普查与保护，并与相关学界及民间同好一起从物质文化的角度勾勒出它们的"生命史"，还要努力发掘其与历史长流间的可能互动，且充分利用大数据时代的全新研究环境（除了上百亿字可检索的中文古典文献外，更包含大量西文文献），以探索明清火炮之铸造技术与其他地区（不仅欧洲，还包含伊斯兰国家以及周遭的日韩与东南亚）的相互影响与比较，希冀新一代的学术工作者能从世界史的高度与视界，更好地述说中国军事史上这一段意义深远的故事。

【大事年表】

万历四十六年/天命三年（1618）

三月，努尔哈赤颁"七大恨"告天。四月，发兵攻陷抚顺、清河等地。闰四月，杨镐受命经略辽东。

万历四十七年/天命四年（1619）

三月，总兵马林、杜松、李如柏和刘𬘩分四路，带领八万多名明军及前来助阵的一万多名朝鲜军队，与努尔哈赤亲领的六至十万后金军于萨尔浒对决。明军遭各个击破，杜松、刘𬘩等三百余文武将吏、四万五千多士卒阵亡，火器一万三千余具亡失；朝鲜近四千人被俘。

六月，后金陷开原，马林战死。明廷改命熊廷弼经略辽东。

万历四十八年，泰昌元年/天命五年（1620）

春，黄调焕承黄克缵之命，带领去年下半年自同安招募善铸吕宋铜炮工匠十四人，在京共铸出大炮二十八门：头号炮重三千余斤，其中一门先运至辽阳后再送奉集堡；重二千余斤的二号炮以及重一千余斤的三号炮，则分别有六门布置在辽阳，四门在山东。运送关外的七门中，一门试放时膛炸，两门迎敌时击破，一门城陷时埋藏地下，还有三门数百斤重的四号炮被后金俘获。其时，尚有十七门吕宋铜炮储放在北京的戎政衙门。

四月，徐光启以知兵奉旨训练新兵、防御都城，于是托李之藻和杨廷筠设法求购西铳，二人遣张焘，与孙学诗一道至澳门求购。澳门葡商捐购四门荷兰沉船铁炮（所谓"红夷大铳"），并由张焘、孙学诗雇请葡籍铳师四人以及傔伴、通事六人负责解运。

九月，邓士亮于当年六月沉没的独角兽号（"红夷船"）获大铳共三十六门，以及一些中小铳。而海康县也从一艘欧洲沉船中捞得二十几门大炮。

天启元年/天命六年（1621）

二月，徐光启练兵事竣，旋告病往驻天津，李之藻命张焘将去年澳门葡商捐购的四门红夷大炮暂置于江西广信府，并将澳人遣还。

二月，后金大军攻奉集堡，掀起沈辽之役的前哨战。三月十三日，后金陷沈阳，辽东经略袁应泰乃撤奉集、威宁诸军，力守沈阳。二十一日，惟诸将均溃败，监军道高出等自城中遁逃，袁应泰自缢死，辽阳陷。自此辽河以东尽为后金所有。徐光启因此于四月被急召入京复官襄理军务。

五月后，四门红夷大炮中两门由张焘先自费运抵京师，其一先发出关，遂得以在六年正月的宁远之役中建立奇功；另两门至元年十二月始由孙学诗运达京师。

毛文龙袭杀镇江（今辽宁丹东市东北九连城）的后金守将后，退据东江（泛指临近鸭绿江口诸岛，其中以皮岛为军政重心），皮岛与觉华、盖套、旅顺、长鹿、长山、石城、鹿岛等连成一道海上防线。

十二月，孙学诗奉令再度赴广，"取红夷铜铳，及选募惯造、惯方夷商赴京"。

天启二年/天命七年（1622）

正月，明军在广宁一役大溃。二月，广宁巡抚王化贞和辽东经略熊廷弼均因战败而逃奔关内。

五月，荷军攻占澳门未果，撤退转而占据澎湖。

八月，兵部尚书兼东阁大学士孙承宗奉旨以原官督理山海关及蓟辽、天津、登莱各处军务。孙承宗经营辽东近三年，共恢复疆土四百里，安插辽人四十万，但因魏忠贤阉党排挤，于五年五月去职。

十月，荷军肆掠厦门，总兵徐一鸣"借洋商铁匠、铳器"与荷兰人对抗。几个月后，福建巡抚商周祚遣人往巴达维亚谈判。

两广总督胡应台遣张焘将二十二门铁铳和四门铜铳（有二十四门出自独角兽号，另外两门则属海康沉船所有）起解，同时聘雇来自澳门的独命峨等七名夷目以及通事一名、傔伴十六名随行。

天启三年/天命八年（1623）

四月，游击张焘携去年受两广总督胡应台之命解进二十二门铁铳和四门铜铳（有二十四门出自独角兽号，另外两门则属海康沉船所有），并募得的独命峨等铳师（含夷目七名、通事一名、傔伴十六名）二十四人抵京。后随即在京营内精择一百名选锋，由葡籍军事顾问传习炼药、装放之法。后，明廷将其全部送还澳门。

十月，新任总兵谢弘仪于厦门用计诱擒荷兰司令官高文律等人，并攻荷船，荷船*Muyden*沉没，故于此沉船取得几门荷兰大炮。

天启四年/天命九年（1624）

五月初九日，副总兵俞咨皋围困荷军于其澎湖驻地；经海商/海盗李旦中间调停，荷兰人撤离澎湖，转去占据台湾。

天启六年/天命十一年（1626）

正月，宁前道袁崇焕，不从高第尽撤锦州、宁远等防线建议，率总兵满桂等人以红夷大炮在宁远力挫努尔哈赤大军，即宁远大捷。此役中，城上共架设了十一门西洋炮，并由彭簪古等人负责操作。

天启七年/天聪元年（1627）

五月，皇太极攻宁远，围锦州，明军将其击退。

七月，袁崇焕因阉党诬其不救锦州而遭罢。崇祯帝继位初黜斥阉党后，起用袁崇焕、徐光启等人。

崇祯元年/天聪二年（1628）

七月，崇祯皇帝因知澳门缴获荷兰船十门大炮，命两广总督李逢节至澳门购募此批大炮，并命他招募澳门铳师二十名。九月，经澳门议事会选派，由公沙·的西劳担任入华队伍的统领兼使节，率领铳师、副铳师、通官、通事、架铳手、傔伴等共三十一名（不含担任传教士的陆若汉），携大铜铳三门、大铁铳七门及鹰嘴铳三十支。

十月，李魁奇带着夷铳，聚党万人，进犯粤东。明军则欲从澳门借大铳攻剿。

崇祯二年/天聪三年（1629）

六月，袁崇焕因东江毛文龙跋扈难制，假阅兵之名将其斩杀于双岛。毛下属孔有德、耿仲明、李九成等均自东江走登州。后袁崇焕将东江二万八千兵分成四协，由于刘兴祚兄弟居重要将领职，故东江诸岛实权皆归于刘兴祚。

十月，皇太极发动首次入关征明战争，史称"己巳之变"。后金兵分两路，一路围攻北京，一路朝涿州进发。公沙一行凭借所携大炮，入涿保涿。十二月二十六日，皇太极因屡攻北京不下，而率军北上。

十二月，崇祯帝因中后金反间计，将袁崇焕下狱。祖大寿率辽兵东返。

崇祯三年/天聪四年（1630）

正月初三日，公沙·的西劳一行抵达北京。

四月二十日，刘兴治兄弟于祭奠其兄丧礼时，发动兵变，杀陈继盛等官兵百余人。

四月，崇祯帝同意徐光启、公沙、陆若汉等的建议，再次从澳门招募葡兵及购买兵器。六月，姜云龙、陆若汉、徐西满从北京出发，八月抵达澳门。

五月，明军恢复滦州，不久孙元化部队又收复了遵化、永平、迁安三城，使后金全面撤回关外，此后，后金将进攻重点转向东江，企图拔除后方芒刺。这一过程中，西洋大炮都起到了重要作用。

六月二十八日，兵部尚书梁廷栋因孙元化素为刘兴治所惮，荐用孙元化为登莱巡抚，巡抚登州、莱州、东江，兼恢复金州、复州、海州、盖州之责。孙元化乃率以辽人为主的八千名军队至登莱履任，公沙·的西劳等葡籍军士亦被分派在其麾下。

七月，刘兴沛抵沈阳并与后金盟誓，而东江刘家又素与明朝往来，游走于二者之间以期求存。

经澳门议事会讨论，决定派遣三百名葡兵，于十月从澳门正式出发，经广州抵南昌后，因战情趋缓以及卢兆龙等人的激烈反对而遭遣返。

崇祯四年/天聪五年（1631）

三月，皮岛诸将内讧，张焘和沈世魁等起而杀刘兴治，在东江权倾一时的刘氏家族势力完全瓦解。

六月，皇太极以皮岛新遭变乱，乃调派数千骑兵攻皮岛，新出镇皮岛的总兵黄龙命赞画副总兵张焘率大小兵船百余艘迎战，并令公沙·的西劳等十三名葡兵发西洋大炮，击败后金，时人称之为"麻线馆之捷"。

八月，皇太极亲攻关外重镇大凌河城，将祖大寿围于城内。驻镇山海关的孙承宗遣张春、吴襄、宋伟率四万多名马步兵往救，但于九月二十七日在距大凌河不远处的长山被击溃。黄龙奉命派张焘率公沙等澳人以及川兵一营，驾船从三岔河一带登陆；十月，公沙等遭飓风，行李、兵器尽失。孙元化因东江兵变频仍，且无力牵制后金，意欲撤回军民，张焘奉命率舟师一千三百人先撤，黄龙则托辞不愿离开。

十月二十八日，因城中粮绝，守将祖大寿不得已率一万余军民请降。

十一月，黄龙因隐没士兵赏银、克扣月饷，引起哗变被拘，平定后，黄龙复出视事，皮岛明军战力大受伤害。

十一月中旬，孙元化应兵部要求，集结四千余援兵，命孔有德等率兵增援大凌河城，并携带马牛及中西大小铳炮等物资。闰十一月，援军至吴桥，因"无所得食"而生乱，孔有德、耿仲明等叛变。十二月，孔有德率叛军攻抵登州城。

崇祯五年/天聪六年（1632）

正月，孙元化带领登州官民，在公沙等葡兵协助下，对叛军猛烈回击，不料张焘所属之辽兵一半投降，又有耿仲明等辽人城中内应，登州城破。公沙等十余名葡兵阵亡。二月，叛军围莱州，诱执新任登莱巡抚谢琏。

八月，关外兵加入山东行营，十九日，孔有德兵败于沙河，莱州之围获解。九月，官兵围孔有德等于登州，李九成战殁。

崇祯六年/天聪七年（1633）

二月，孔有德、耿仲明等从海上遁逃，攻旅顺未果。叛军于山东地区横行一年多，造成"残破几三百里，杀人盈十余万"的结果。

四月，孔有德、耿仲明等以船百艘载男女一万二千余人，浮海从镇江堡（临鸭绿江出海口）登陆降金。后金因此获得大量精良的西洋火器，且得到由葡萄牙军事顾问直接传授的弹药制造技术及瞄准的知识和仪具，导致明朝与后金在军事力量上明显呈现消长。

六月，荷军趁郑芝龙在福宁追剿海寇刘香，突袭留守厦门的明朝水军，击沉大小战舰数十艘，并派人联络刘香与李国助，协议联手对付明军。

七月，皇太极派岳托率领包含孔有德、耿仲明等汉军在内万余名马步兵，配置西洋炮十二门，攻陷旅顺，守将黄龙战败，自刎殉国。

九月，郑芝龙率百余艘战船在金门料罗湾大败荷兰人和刘香的联合舰队。其后，明、荷言和，开始局部互市。

十二月，石城岛副将尚可喜举兵掠广鹿、大小长山、石城、海洋五岛，并率兵民万余人投降后金。明军几乎仅局限于皮岛及其临近少数几个岛屿。

崇祯九年/崇德元年（1636）

四月，皇太极称帝，国号大清，封孔有德为恭顺王、耿仲明为怀顺王、尚可喜为智顺王。

十二月，皇太极亲攻朝鲜，在包含由投降汉兵所组成之炮队支援下，攻占江华岛，围困朝鲜国王李倧于南汉山城。

崇祯十年/崇德二年（1637）

正月，朝鲜国王李倧向清朝奉表称臣。

四月，皇太极派阿济格攻陷皮岛，沈世魁战死。五月，沈世魁从子沈志祥集溃卒至石城岛。

崇祯十一年/崇德三年（1638）

八、九月，清军左右两翼兵分自界岭口和古北口攻明，在通州会师后，绕越北京，兵分八路进扰内地诸城，凡陷城五十座，降城八座，俘获人口四十六万，至崇德四年三月始还师。

沈志祥率二千余军民降清，至此，辽东半岛南边各岛屿上仅剩残卒，难能成军；夏，明兵部尚书杨嗣昌尽徙诸岛兵民至宁远和锦州。

崇祯十二年/崇德四年（1639）

二、三月，皇太极率兵围松山，终不能下，遂退兵解围。

崇祯十四年/崇德六年（1641）

八月，明督师洪承畴率步骑十三万救援遭清兵围困的关外诸城，却于松山一带被击溃，五万余人战死，仅收败兵万余人入松山，明廷自此再无力集结重兵在关外与清军对抗。

崇祯十五年/崇德七年（1642）

二月，松山城破，洪承畴降清。

三月，祖大寿以锦州降清，宁锦防线被攻破。是年，清朝扩编汉军为八旗，以祖泽润等八人为固山额真。

崇祯十六年/崇德八年（1643）

九月，清军攻下广宁前屯卫等。

崇祯十七年/顺治元年（1644）

三月，明军主动弃守宁远城和沙后所两据点，自此，山海关之外尽为清朝所有。

四月，吴三桂开山海关降清；十月，清封吴三桂为平西王。

顺治三年（1646）

十一月，郑芝龙降清。

顺治十六年（1659）

郑成功领兵进取南京，后兵败退回厦门。

顺治十八年（1661）

郑成功率军携带可能最少一百门火炮，率军攻打热兰遮城。十二月，赶走占据台湾三十八年的荷兰人。

康熙二年（1663）

清、荷联军进攻在金门、厦门的郑经部队，双方投入船只近千艘，郑经失利撤回台湾。

康熙二十二年（1683）

施琅澎湖大捷。后郑克塽投降，清朝平定在台湾的明郑政权。

【传教士、外籍人士姓名对照表】

【传教士】

艾儒略	Giulio Aleni, 1582–1649
安多	Antoine Thomas, 1644–1709
巴笃里	Daniello Bartoli, 1608–1685
班安德	André Palmeiro, 1569–1635
毕方济	Francesco Sambiasi, 1582–1649
曾德昭	Álvaro Semedo, 1586–1658
邓玉函	John Terrenz Schreck, 1576–1630
费奇规	Gaspar Farreira, 1571–1649
傅汎济	Francisco Furtado, 1589–1653
高一志	Alfonso Vagnone, 1566–1640
何大化	António de Gouvea, 1592–1677
贾宜睦	Girolamo de Gravina, 1603–1662
金尼阁	Nicolas Trigault, 1577–1628
利玛窦	Matteo Ricci, 1552–1610
龙华民	Niccolò Longobardo, 1565–1655
陆若汉	João Rodrigues, 1561？–1633
罗雅谷	Giaco mo Rhó, 1592–1638
穆尼阁	Johannes Nikolaus Smogulecki, 1610–1656
南怀仁	Ferdinand Verbiest, 1623–1688
欧林斯	Père Pierre Joseph d'Orléans, 1641–1698
庞迪我	Diego Pantoja, 1571–1618
邱良禀	Domingos Mendes, 1582–1652
瞿西满	Simão da Cunha, 1589–1660
汤若望	Johann Adam Schall von Bell, 1592–1666
卫匡国	Martino Martini, 1614–1661
熊三拔	Sebastiano de Ursis, 1575–1620
阳玛诺	Manuel Diaz, Jr., 1574–1659

【传教士、外籍人士姓名对照表】

【葡籍军士】

伯多禄	Pedro Pinto
拂朗·亚兰达	Francisco Aranda
公沙·的西劳	Gonçclvo Teixeira Correa, ？–1632
金苔	Pedro do Quintal
鲁未略	Laurent de Lis Veglio
若翰·哥里亚	João Correa
屋腊所·罗列弟	Oratio Nerenti
西满·故未略	Simão Coelho

【其他外籍人士】

波巴哈	Georg Purbach, 1423–1461
达·伽马	Vasco de Gama, 1460–1524
菲利普二世	Philip II, r. 1556–1598
菲利普三世	Philip III, r. 1598–1621
伽利略	Galileo Galilei, 1564–1642
古斯塔夫二世	Gustavus II, 1594–1632
金楷理	Carl T. Kreyer
柯拉多	Luys Collado or Luigi Colliado
克虏伯	Alfred Krupp, 1812–1887
库恩	Jan Pieterszoon Coen, 1587–1629
莱尔森	Cornelis Reijersen, ？–1625
罗宾斯	Benjamin Robins, 1707–1751
马士加路也	Francisco Mascarenhas
欧拉	Leonhard Euler, 1707–1783
培里	Matthew Perry, 1794–1858
塔尔塔利亚	Niccolò Tartaglia, c. 1499–1557
韦麻郎	Wijbrand van Warwijck, 1569–1615
席尔瓦	Fernando da Silva

圣地亚哥·德贝拉	Santiago de Vera
弗朗西斯科·德特略·德古斯曼	Francisco de Tello de Guzmán
胡安·德席尔瓦	Juan de Silva
加斯帕尔·洛佩斯	Gaspar Lopes
安东尼奥·多罗萨里奥	António do Rosário
弗朗西斯科·卡瓦略·阿拉尼亚	Francisco Carvalho Aranha
佩德罗·科尔代罗	Pedro Cordeiro
安东尼奥·罗德里格斯·德尔坎波	António Rodriguez del Campo
乔治·班克斯	George Banks
威廉·G.阿姆斯特朗	William G. Armstrong, 1810–1900
威廉·帕利泽	William Palliser, 1830–1882
穆罕纳德·阿里·阿拉伯	Muhannad Ali Arab
奥朗则布	Aurangzeb, r.1658–1707
马图拉·达什	Mathura Das
托马斯·J.罗德曼	Thomas J. Rodman, 1815–1871
罗伯特·梅尔维尔	Robert Melville, 1723–1809
约翰·威尔金森	John Wilkinson, 1728–1808
让·马里兹	Jean Maritz, 1680–1743
让·马里兹二世	Jean Maritz II, 1712–1790
阿瑟·坎宁安	Arthur Cunynghame, 1812–1884
约翰·奥克特洛尼	John Ouchterlony

【参考文献】

一、古代资料

【电子网络文献】

中国方志库http://er07.com/home/pro_87.html

中国基本古籍库http://er07.com/home/pro_3.html

中国期刊全文数据库http://cnki.sris.com.tw/kns55/brief/result.aspx?dbPrefix=CJFD

明人文集联合目录及篇目索引资料库https://ccs.ncl.edu.tw/expertDB5.aspx

汉籍电子文献资料库http://hanchi.ihp.sinica.edu.tw/

台北故宫博物院书画检索资料https://painting.npm.gov.tw/

"中研院"历史语言研究所"内阁大库档案"网站http://archive.ihp.sinica.edu.tw/mctkm2/index.html

【传统文献】

《承政院日记》，肃兰：国史编纂委员会，1961—1977年。

《崇祯实录》，景印黄彰健校勘本，京都：中文出版社，1984年；台北："中研院"史语所傅斯年图书馆藏旧钞本。

《军机处档折件》，台北故宫博物院藏，第078945号。

《林忠愍公实纪》，1890年活字板，汉城：朝鲜光文会，1931年重刊。

《满洲实录》，辽宁通志馆景印原盛京崇谟阁本，1930年。

《明代登科录汇编》，台北：台湾学生书局，1969年。

《明清内阁大库史料》第1辑，沈阳：东北图书馆，1949年。

《明清史料》，台北："中研院"历史语言研究所，1962—1999年景印再版。

《明实录》，台北："中研院"历史语言研究所景印旧钞本，1962年。

《清代起居注册·道光朝》，台北：联合报文化基金会国学文献馆，1985年。

《清实录》，北京：中华书局，1985—1987年。

《太祖高皇帝实录稿本三种》，北平：史料整理处，1933年。

《天聪朝臣工奏议》，《史料丛刊初编》景印1924年东方学会印本，台北：艺文印书馆。

《天学集解》，苏俄圣彼得堡OLSAA图书馆藏清代钞本。

《万历二十年壬辰科进士履历便览》，台湾图书馆藏清代钞本。

《中国兵书集成》，北京：解放军出版社、沈阳：辽沈书社，1987—1992年。

阿桂、和珅纂修，《钦定户部军需则例》，《续修四库全书》景印乾隆五十年增修本。

艾容，《微尘暗稿》，东京：日本内阁文库藏崇祯七年序刊本。

艾儒略，《三山论学记》（Courant 7122）。

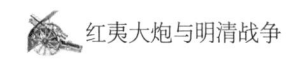

安双成、屈六生主编，《清初郑成功家族满文档案译编》，厦门：厦门大学出版社、北京：九州出版社，2004年。

安双成选译，《顺治朝八旗男丁满文档案选译》，收入阎崇年编《满学研究》第1辑，长春：吉林文史出版社，1992年，页413—430。

柏应理，《徐光启行略》，收入张星曜编《道鉴记事本末补·附编》（Courant 1023）。

柏应理著，徐允希译，《一位中国奉教太太——许母徐太夫人甘第大传略》，删改自1938年原译本，台中：光启出版社，1965年。

班固，《汉书》，北京：中华书局点校本，1975年。

北京图书馆金石组编，《北京图书馆藏中国历代石刻拓本汇编》，郑州：中州古籍出版社，1989年。

毕自严，《度支奏议》，《续修四库全书》景印崇祯间刊本。

毕自严，《石隐园藏稿》，《文渊阁四库全书》本。

毕自严，《饷抚疏草》，《四库禁毁书丛刊》景印天启间刊本。

补过居士，《东事纪略》，《山东文献集成》第2辑景印清钞本。

不著撰人，《倒戈集》，《四库全书存目丛书》景印中国国家图书馆藏清初钞本，台南：庄严文化事业公司，1996年。

蔡献臣，《清白堂稿》，《四库未收书辑刊》景印崇祯间刊本，北京：北京出版社，1997年。

曹履泰，《靖海纪略》，《百部丛书集成》景印咸丰间刊本，台北：艺文印书馆，1965年。

曹学佺，《曹能始先生石仓全集》，日本内阁文库藏明刊本。

曾德昭著，何高济译，李申校，《大中国志》，上海：上海古籍出版社，1998年。

曾国藩，《曾文正公奏稿》，《续修四库全书》景印光绪二年刊本。

查继佐，《罪惟录》，《续修四库全书》景印手稿本；杭州：浙江古籍出版社标点本，1986年。

陈编，《鹿忠节公年谱》，《百部丛书集成·畿辅丛书》景印清王灏辑光绪定州王氏谦德堂刊本，台北：艺文印书馆，1966年。

陈昌齐等，《广东通志》，《中国省志汇编》景印同治三年重刊本，台北：华文书局。

陈第，《一斋集》，《四库禁毁书丛刊》景印万历间刊本。

陈鼎，《东林列传》，《海王村古籍丛刊》景印清初刊本，北京：中国书店，1991年。

陈济生，《启祯遗诗》，《四库禁毁书丛刊》景印顺治间刻增修本。

陈康祺，《郎潜纪闻》，《续修四库全书》景印光绪间刊本。

陈梦雷等纂辑，《钦定古今图书集成》，上海：商务印书馆，1919年景印雍正四年铜活字本。

陈其元等修，熊其英等纂，《青浦县志》，台北：成文出版社景印光绪五年刊本。

陈仁锡，《陈太史无梦园初集》，《四库禁毁书丛刊》景印崇祯六年刊本。

陈寿祺等，《福建通志》，台北：华文书局景印同治十年重刊本。

陈在正、孔立、邓孔昭等编，《郑成功档案史料选辑》，福州：福建人民出版社，1985年。

陈子龙等辑，《皇明经世文编》，《四库禁毁书丛刊》景印明崇祯云间平露堂刻本。

程开祜，《筹辽硕画》，《清史资料》景印万历间刊本，台北：台联国风出版社，1968年。

程仑，《寸补》，东京：高桥情报景印内阁文库藏崇祯四年序刊本，1991年。

程其珏修，杨震福等纂，《嘉定县志》，《中国地方志集成》景印光绪八年刊本，上海：上海书

【参考文献】

店，1991年。
程绍刚译注，《荷兰人在台湾》，台北：联经出版公司，2000年。
程子颐等，《武备要略》，《四库禁毁书丛刊》景印崇祯五年刊本。
池显方著，陈国强等校注，《晃岩集》，厦门：厦门大学出版社，2009年。
崇谦等修，《楚雄县志》，《中国方志丛书》景印宣统二年抄本，台北：成文出版社，1983年。
储方庆，《储遁菴文集》，《四库未收书辑刊》景印康熙四十年刊本。
春秋馆编，《朝鲜仁祖大王实录》，汉城：探求堂，1981、1984年景印旧抄本。
春秋馆编，《光海君日记》，《朝鲜王朝实录》本，汉城：探求堂，1981年。
崔懋修，严濂曾纂，《新城县志》，《中国方志丛书》景印康熙三十三年刊本。
戴逸、李文海主编，《清通鉴》，太原：山西人民出版社，2000年。
戴裔煊，《〈明史·佛郎机传〉笺正》，北京：中国社会科学出版社，1984年。
戴震，《句股割圜记》，《丛书集成三编·安徽丛书》本。
道光二十八年二月三日《吏部为奉上谕刘衡调补清苑县知县事》，台北："中研院"历史语言研究所藏内阁大库档案，第162977—001号。
道光二十八年四月《兵部为补授总兵事》，台北："中研院"历史语言研究所藏内阁大库档案，第162912—001号。
邓士亮，《屏史前卷》，《四库未收书辑刊》景印崇祯八年刊本。
邓士亮，《心月轩稿》，《四库未收书辑刊》景印明末刻本。
邓玉函口授，王徵译绘，《远西奇器图说录最》，《百部丛书集成》景印道光间刊本。
丁拱辰，《演炮图说辑要》，首尔大学奎章阁藏道光二十四年以后之嗣刻本。
东京大学史料编纂所编纂，《唐通事会所日录》，东京：东京大学出版会，1984年。
董其昌，《容台文集》，"中研院"史语所傅斯年图书馆藏崇祯末年叶有声重刊十卷本。
董应举，《崇相集》，日本内阁文库藏崇祯十二年序刊本。
杜预注，林尧叟补注，王道焜、赵如源辑，《左传杜林合注》，《景印文渊阁四库全书》本。
鄂尔泰等，《八旗通志初集》，景印乾隆四年刊本，台北：台湾学生书局，1968年；李洵、赵德贵等标点，长春：东北师范大学出版社，1985年。
范景文，《战守全书》，《四库禁毁书丛刊》景印崇祯间刊本。
范钟湘、陈传德修，金念祖、黄世祚纂，《嘉定县续志》，上海：上海书店景印1930年铅印本。
方孔炤，《全边略记》，《续修四库全书》景印崇祯间刊本，上海：上海古籍出版社。
方孔炤，《全边略记》，《续修四库全书》景印崇祯间刊本。
方汝翼、贾瑚修，周悦让、慕荣幹纂，《增修登州府志》，《中国地方志集成》景印光绪七年刊本，南京：凤凰出版社，2004年。
方裕谨编，《崇祯十三年畿南备防档》，《历史档案》，1986年第1期，页19—29。
方裕谨编选，《崇祯十三年辽东战争明档选（下）》，《历史档案》，1985年第2期，页3—13。
方裕谨编选，《崇祯十三年辽东战争明档选（续二）》，《历史档案》，1986年第4期，页3—17。
方裕谨编选，《崇祯十三年辽东战争明档选（续三）》，《历史档案》，1987年第3期，页3—9。
方岳贡修，陈继儒纂，《松江府志》，《日本藏中国罕见地方志丛刊》景印崇祯四年刊本，北京：书目文献出版社，1991年。
房玄龄等，《晋书》，北京：中华书局点校本，1974年。
斐大中等修，秦缃叶等纂，《无锡金匮县志》，《中国方志丛书》景印光绪七年刊本。
冯鼎高等修，王显曾等纂，《华亭县志》，《中国方志丛书》景印清乾隆五十六年仪松堂刊本。
冯瑗，《开原图说》，《玄览堂丛书》景印万历间刊本，台北：正中书局，1981年。
傅国，《辽广实录》，《丛书集成续编》景印民国排印本，上海：上海书店，1994年。
傅野山房纂辑，《祝融佐治真诠》，《清代军政资料选粹》景印道光间刊本，北京：全国图书馆文献缩微复制中心。
高出，《镜山庵集》，《四库禁毁书丛刊》景印北京大学图书馆藏明天启刻本。
高汝栻辑，《皇明续纪三朝法传全录》，《续修四库全书》景印崇祯九年刊本。
龚易图编，龚晋义等续编，《蔼仁府君自订年谱》，《北京图书馆藏珍本年谱丛刊》景印光绪十九年刊本，北京：北京图书馆出版社，1999年。
谷应泰，《明史纪事本末补遗》，《续修四库全书》景印光绪三年钞本。
顾秉谦等，《三朝要典》，《四库禁毁书丛刊》景印北京大学图书馆藏明天启六年礼部刻本，北京：北京出版社，2000年。
顾起元，《客座赘语》，《四库全书存目丛书》景印清华大学图书馆藏明万历四十六年自刻本。
顾炎武，《天下郡国利病书》，《续修四库全书》景印手稿本。
顾炎武，《肇域志》，《续修四库全书》景印清钞本。
顾炎武著，华忱之点校，《顾亭林诗文集》，北京：中华书局，1959年。
顾祖禹，《读史方舆纪要》，《续修四库全书》景印稿本。
关天培，《筹海初集》，《中华文史丛书》景印道光十四年刊本，台北：华文书局。
关孝廉，《〈旧满洲档〉谕删秘要全译》，阎崇年编《满学研究》第1辑，长春：吉林文史出版社，1992年。
关孝廉编译，《天聪五年八旗值月档（二）》，《历史档案》，2001年第1期，页5—18。
关孝廉编译，《天聪五年八旗值月档（三）》，《历史档案》，2001年第2期，页3—20、24。
关孝廉编译，《天聪五年八旗值月档（四）》，《历史档案》，2001年第3期，页9—10。
关孝廉编译，《天聪五年八旗值月档（一）》，《历史档案》，2000年第4期，页3—12。
关孝廉等译编，《清初内国史院满文档案译编》，北京：光明日报出版社，1989年。
关孝廉译，《盛京吏户礼兵四部文》《盛京满文清军战报》，《清代档案史料丛编》第14辑，北京：中华书局，1990年
归庄，《归庄集》，上海：上海古籍出版社，1984年。
郭成康、刘景宪等译注，《盛京刑部原档》，北京：群众出版社，1985年。
郭美兰选译，《崇德七年奏事档》，《清代档案史料丛编》第11辑，北京：中华书局，1984年，页1—15。
郭濬，《虹暎堂诗集》，《四库未收书辑刊》景印清顺治刻本。
郭之奇，《宛在堂文集》，《四库未收书辑刊》景印崇祯间刊本。
海滨野史，《建州私志》，《清入关前史料选辑（一）》，北京：中国人民大学出版社，1985年。
韩霖，《守圉全书》，上海图书馆藏崇祯九年刊本；"中研院"史语所傅斯年图书馆藏明末刊本、清初重刷本。

【参考文献】

韩诗，《明文西》，台湾图书馆藏崇祯十七年学古堂刊本。
韩世琦，《抚吴疏草》，《四库未收书辑刊》景印康熙五年刊本。
韩孝纯，《神器秘诀》，首尔大学奎章阁图书馆藏万历三十一年刊本。
何光显，《圣主中兴全盛录》，东京：日本内阁文库藏崇祯间刊本。
何乔远，《镜山全集》，日本内阁文库藏崇祯十四年序刊本。
何汝宾，《兵录》，《四库禁毁书丛刊》景印崇祯三年刊本。
何汝宾，《舟山志》，景印天启六年刊本景抄之本，台北：成文出版社。
何应松、方崇鼎等纂修，《休宁县志》，景印嘉庆二十年刊本，台北：成文出版社，1985年。
侯方域，《壮悔堂文集》《四库禁毁书丛刊》景印顺治刻增修本。
胡宗宪，《筹海图编》，《景印文渊阁四库全书》本。
怀荫布修，黄任等纂，《泉州府志》，《中国地方志集成》景印同治九年重刊本。
黄伯禄，《正教奉褒》，上海慈母堂光绪三十年刊本。
黄淳耀，《黄忠节公甲申日记》，《明清史料汇编》景印留余艸堂校刊本。
黄淳耀，《陶菴全集》，景印文渊阁《四库全书》本。
黄景昉，《鹿鸠咏》，台湾图书馆藏明末抄本。
黄克缵，《数马集》，扬州：江苏广陵古籍刻印社景印明末刊本。
黄尚毅等，《绵竹县志》，景印1920年刊本，台北：台湾学生书局，1968年。
黄濬，《花随人圣盦摭忆》，《近代中国史料丛刊三编》景印1943年铅印本，台北：文海出版社，1988年。
黄虞稷撰，瞿凤起、潘景郑整理，《千顷堂书目》，上海：上海古籍出版社，1990、2001年。
黄之隽等，《江南通志》，景印乾隆二年重修本，台北：华文书局。
黄宗羲，《南雷文定》，《四库全书存目丛书》景印雍正间刊本。
黄宗羲著，沈善洪主编，《黄宗羲全集》，杭州：浙江古籍出版社，1985—1994年。
惠籨酒民，《洴澼百金方》，台湾清华大学历史研究所"立青文库"藏清刊本。
嵇曾筠等监修，沈翼机等编纂，《浙江通志》，台北：台湾商务印书馆，1983年。
嵇璜、曹仁虎等，《续通典》，景印《十通》本，台北：台湾商务印书馆，1983年。
嵇璜等，《清朝通志》，景印《十通》本。
嵇璜等，《清朝文献通考》，景印《十通》本。
计六奇撰，魏得良、任道斌点校，《明季北略》，北京：中华书局，1984年。
纪昀等，《钦定八旗通志》，景印嘉庆四年刊本，台北：台湾学生书局，1968年。
季永海、刘景宪译，《崇德三年满文档案译编》，沈阳：辽沈书社，1988年。
贾桢等，《筹办夷务始末·咸丰卷》，《续修四库全书》景印清钞本，上海：上海古籍出版社，1997年。
江日昇，《台湾外记》，《古本小说集成》景印乾隆三十八年刊本，上海：上海古籍出版社，1990年。
江树生等译注，《荷兰台湾长官致巴达维亚总督书信集（1）：1622—1626》，台北：南天书局，2007年。
江树生译注，《热兰遮城日志》第1册，台南：台南市政府，2002年。
江苏师范学院历史系苏州地方研究室，《瞿式耜集》，上海：上海古籍出版社，1981年。
焦玉，《火龙神器阵法》，《中国兵书集成》景印北京军事科学院藏清精抄本，北京：解放军出版社、沈阳：辽沈书社。

金光焕辑,《金议政江都丁丑录》,首尔:首尔大学奎章阁图书馆藏崇祯十四年刊本。
金惟鳌纂辑,《盘龙镇志》,景印光绪元年刊本,上海:上海书店。
晋江天主堂辑,《熙朝崇正集》,《天主教东传文献》景印法国国家图书馆藏钞本(Courant 1322),台北:台湾学生书局,1965年。
孔贞运辑,《皇明诏制》,《四库禁毁书丛刊》景印南京图书馆藏明崇祯七年序刊本,北京:北京出版社,2000年。
昆冈等修,刘启端等纂,《钦定大清会典事例》,《续修四库全书》景印光绪二十五年石印本。
劳光泰纂修,《蒲圻县志》,《中国方志丛书》景印道光十六年刊本。
雷戈著,范维信译,《澳门的建立与强大记事》,《文化杂志》,第31期(1997),页145—150。
黎遂球,《莲须阁集》,《四库禁毁书丛刊》景印康熙间刊本。
李德馨,《汉阴文稿》,《韩国文集丛刊》,肃兰:民族文化推进会,1996年。
李东阳等撰,申时行等重修,《大明会典》景印万历间司礼监刊本,台北:新文丰出版公司,1976年。
李福泰修,史澄等纂,《番禺县志》,《中国方志丛书》景印同治十年刊本。
李辅修等,《全辽志》,《四部分类丛书集成·辽海丛书》铅印嘉靖四十五年刊本,台北:艺文印书馆。
李光涛,《明清档案存真选辑初集》,台北:"中研院"历史语言研究所,1959年。
李光涛,《明清档案存真选辑三集》,台北:"中研院"历史语言研究所,1975年。
李肯翊,《燃藜室记述》,景印朝鲜古书刊本行会排印本,汉城:景文社,1976年。
李民宬,《建州闻见录》,《清入关前史料选辑》第3辑,北京:中国人民大学出版社,1991年。
李民宬,《紫岩集》,《韩国文集丛刊》,肃兰:民族文化推进会,1996年。
李盘等,《金汤借箸十二筹》,"中研院"史语所傅斯年图书馆藏崇祯间刊本。
李清,《三垣笔记》,《明清史料汇编》景印清刊本;《四库禁毁书丛刊》景印中国科学院图书馆藏清钞本。
李嗣玄,《泰西思及艾先生行述》(法国国家图书馆藏,编号为Courant 1017)
李雯,《蓼斋集》,《四库禁毁书丛刊》景印中国科学院图书馆藏清顺治十四年石维昆刻本。
李长春,《明熹宗七年都察院实录》,《明实录·附录》景印抱经楼旧钞本,台北:"中研院"历史语言研究所,1984年。
李周望辑,《国朝历科题名碑录初集》,《北京图书馆古籍珍本丛刊》景印雍正间刊本,北京:书目文献出版社。
利玛窦口译,徐光启笔受,《测量法义》,景印崇祯三年《天学初函》本。
利玛窦授,李之藻演,《同文算指通编》,《天学初函》本。
栗在庭,《九边破虏方略》,东京日本国立公文书馆藏万历十五年刊本。
梁国治,《钦定国子监志》,《景印文渊阁四库全书》本。
梁蒲贵、吴康寿修,朱延射、潘履祥纂,《宝山县志》,《中国地方志集成》景印光绪八年刊本,上海:上海书店,2002年。
辽宁省档案馆、辽宁社会科学院历史研究所编,《明代辽东档案汇编》,沈阳:辽沈社,1985年。
林春胜、林信笃编,浦廉一校勘,《华夷变态》,东京:东洋文库,1958—1959年。
林时对,《留补堂文集选》,《丛书集成续编》景印1937年刊本,台北:新文丰出版公司,1989年。

【参考文献】

凌义渠,《奏牍》,《续修四库全书》景印崇祯十一年刊本。
刘锦藻,《清朝续文献通考》,景印《十通》本,台北:台湾商务印书馆,1987年。
刘懋官修,周斯忆纂,《泾阳县志》,《中国方志丛书》景印宣统三年铅字本。
刘荣嗣,《简斋先生集》,《四库禁毁书丛刊》景印清华大学图书馆藏清康熙元年刘佑刻本。
刘伟华,《千华山志》,沈阳:辽宁人民出版社,2002年。
刘献廷,《广阳杂记》,《百部丛书集成》景印光绪间刊本;《刘继庄先生广阳杂记》,《续修四库全书》景印同治间钞本。
刘沂春修,徐守刚纂,《乌程县志》,《日本藏中国罕见地方志丛刊》景印崇祯十年刊本,北京:北京图书馆出版社,2003年。
刘智,《天方至圣实录》,上海:上海古籍出版社,1995年景印乾隆四十三年重印本。
陆鏊、陈烜奎纂修,《肇庆府志》,《日本藏中国罕见地方志丛刊续编》景印崇祯间刊本。
陆陇其,《三鱼堂日记》,《续修四库全书》景印同治九年刊本。
陆人龙,《辽海丹忠录》,《古本小说集成》景印崇祯间刊本,上海:上海古籍出版社,出版年不详。
陆若汉,《贡铳效忠疏》,收入韩霖《守圉全书》卷3之1,"中研院"史语所傅斯年图书馆藏明末刊本。
鹿善继,《认真草》,《百部丛书集成·畿辅丛书》本。
罗愫、杭世骏等修,《乌程县志》,《中国方志丛书》景印乾隆十一年刊本。
罗万甲,《丙子录》,《清入关前史料选辑》第2辑,北京:中国人民大学出版社,1989年。
罗振玉编,《天聪朝臣工奏议》,《清入关前史料选辑》第2辑,北京:中国人民大学出版社,1989年。
罗振玉辑,《太宗文皇帝招抚皮岛诸将谕帖》,景印《史料丛刊》刊本,台北:艺文印书馆。
罗振玉校录,《平南敬亲王尚可喜事实册》,景印《史料丛刊初编》本,台北:艺文印书馆;《北京图书馆藏珍本年谱丛刊》景印1924年铅印本,北京:北京图书馆出版社,1999年。
马世奇,《澹宁居文集》,《四库禁毁书丛刊》景印乾隆二十一年刊本。
毛霦,《平叛记》,景印《丛书集成续编·殷礼在斯堂丛书》本,台北:艺文印书馆,1970年。
毛承斗辑,贾乃谦点校,《东江疏揭塘报节抄》,杭州:浙江古籍出版社,1986年。
茅维辑,《皇明策衡》,台湾图书馆藏万历三十三年刊本。
茅元仪,《督师纪略》,景印明末刊本,北京:书目文献出版社,1988年;《四库禁毁书丛刊》景印中国国家图书馆藏明末刻本。
茅元仪,《石民横塘集》,《四库禁毁书丛刊》景印崇祯间刊本。
茅元仪,《石民四十集》,《四库禁毁书丛刊》景印崇祯间刊本。
茅元仪,《石民未出集·霍谋》,台湾图书馆藏天启间刊本。
茅元仪,《武备志》,《四库禁毁书丛刊》景印天启间刊本。
梅文鼎:《历算全书》,《景印文渊阁四库全书》本。
南怀仁,《穷理学》,北京大学图书馆藏清代钞本。
南怀仁,《熙朝定案》,收入韩琦、吴旻校注《熙朝崇正集·熙朝定案(外三种)》,北京:中华书局,2006年;笔者自辑百纳本。
南怀仁,《新制仪象图》,巴黎:法国国家图书馆藏清初刊本。
倪昌燮等修,施崇礼等纂,《吴桥县志》,《中国方志丛书》景印光绪元年刊本。

539

彭孙贻，《山中闻见录》，《四库禁毁书丛刊补编》景印清钞本；刁书仁等标点，《先清史料》标点本，吉林：吉林文史出版社，1990年。

彭孙贻修，童申祉纂，《海盐县志》，景印康熙间钞本，南京：江苏古籍出版社，1996年。

彭孙贻撰，李延昰补，《靖海志》，《续修四库全书》景印清抄本。

朴兰英，《沈阳（往还）日记》，首尔大学奎章阁图书馆藏钞本。

戚继光，《练兵实纪》，《景印文渊阁四库全书》本。

戚继光著，盛冬铃点校，《纪效新书》，北京：中华书局，1996年。

戚祚国等，《戚少保年谱耆编》，《续修四库全书》景印道光二十七年刊本。

祁彪佳，《祁彪佳文稿》，北京：书目文献出版社，1991年。

钱曾，《也是园杂记》，吴骞辑《东江遗事》，台湾图书馆藏钞本。

钱澄之撰，诸伟奇等辑校，《所知录》，合肥：黄山书社，2006年。

钱谦益，《牧斋初学集》，《四部丛刊初编》景印崇祯十六年刊本，台北：台湾商务印书馆，1967年。

钱希言，《松枢十九山》，东京：高桥情报景印日本内阁文库藏明万历二十年序刊本，1991年。

钱泳，《履园丛话》，《续修四库全书》景印道光十八年刊本。

钱载，《萚石斋诗集》，《四库未收书辑刊》景印乾隆刊本。

乔治忠，《清文前编》，北京：北京图书馆出版社，2000年。

秦立编，《淞南志》，上海：上海书店，景印嘉庆十年刊本。

丘濬，《大学衍义补》，《景印文渊阁四库全书》本。

瞿汝稷，《瞿冏卿集》，台湾图书馆藏万历三十九年刊本。

瞿玄锡著，余行迈、吴奈夫、何永昌点校，《稼轩瞿府君暨邵氏合葬行实》，收入《明史研究论丛》第5辑，南京：江苏古籍出版社，1991年。

全祖望，《鲒埼亭集外编》，景印乾隆四十一年序刊本，台北：文海出版社，1968年。

任世铎等译，《满文老档》，北京：中华书局，1990年。

阮旻锡，《海上见闻录定本》，《台湾文献汇刊》景印旧钞本。

阮升基等修，宁楷等纂，《宜兴县志》，《中国方志丛书》景印清嘉庆二年刊本。

瑞麟、戴肇辰等修，史澄等纂，《广州府志》，景印光绪五年刊本，台北：成文出版社。

厦门大学郑成功历史调查研究组编，《郑成功收复台湾史料选编》，福州：福建人民出版社，1982年。

申用懋，《夷炮已到乞敕开门验放事疏》，《中国明朝档案总汇》第6册，桂林：广西师范大学出版社，2001年。

沈传义修，黄舒昺纂，《祥符县志》，台北："中研院"史语所傅斯年图书馆藏光绪二十四年刊本。

沈德符，《野获编》，《四库禁毁书丛刊》景印明末刻本；《四库禁毁书丛刊》景印道光七年刊本。

沈国元，《两朝从信录》，《四库禁毁书丛刊》景印明末刻本；《明清史料汇编》景印旧抄本，台北：文海出版社。

沈淮，《南宫署牍》，日本尊经阁文库藏明末刊本。

沈演，《止止斋集》，东京日本尊经阁文库藏崇祯六年刊本。

沈一贯，《喙鸣文集》，《四库禁毁书丛刊》景印明代刊本。

沈有容辑，《闽海赠言》，方豪慎思堂景印明末刊本，1956年。

【参考文献】

沈云撰，黄胡群校释，《台湾郑氏始末校释》，台北：台湾书房，2007年。
沈徽佺，《江东志》，《中国地方志集成》景印清代钞本，上海：上海书店，1992年。
施琅，《靖海纪事》，《续修四库全书》景印光绪元年重刻康熙间刊本。
石之珩，《南汉日记》，首尔大学奎章阁图书馆藏康熙三十二年重刊本。
史继偕等编，《万历己未会试录》，台湾图书馆藏万历间刊本。
史树骏修，区简臣纂，《肇庆府志》，《稀见中国地方志汇刊》景印康熙间刊本，北京：中国书店。
释今释编，张允格续编，《平南王元功垂范》，《北京图书馆藏珍本年谱丛刊》景印乾隆三十年刊本。
舒赫德等撰，《钦定胜朝殉节诸臣录》，《景印文渊阁四库全书》本。
宋权等，《皇清奏议》，《续修四库全书》景印民国景印本。
宋如林等修，孙星衍等纂，《松江府志》，《中国方志丛书》景印嘉庆二十年松江府学明伦堂藏版刊本。
宋徵舆，《林屋文稿·诗稿》，《四库全书存目丛书》景印上海图书馆藏清康熙九籥楼刻本、诗稿配钞本。
孙承泽著，王剑英点校，《春明梦余录》，北京：北京古籍出版社，1992年。
孙承宗，《高阳集》，《四库禁毁书丛刊》景印嘉庆十二年补修本；台湾图书馆藏清刊本。
孙承宗，《鹿侍御碑铭》，《鹿氏碑传》，台北"中研院"史语所傅斯年图书馆藏清刊本。
孙铨辑，《孙文正公年谱》，台北"中研院"史语所傅斯年图书馆藏乾隆七年修补崇祯十五年家刊本。
孙元化，《为详明奉调始末事》，《中国明朝档案总汇》第12册。
孙元化，《西法神机》，中国科学院自然科学史研究所藏光绪二十八年刊本；《中国科学技术典籍通汇·技术卷》景印光绪二十八年刊本，郑州：河南教育出版社，1994年。
孙致弥，《枕左堂集》，首都图书馆藏清初刊本；《四库全书存目丛书》景印乾隆间刊本。
孙致弥，《枕左堂续集》，《四库全书存目丛书补编》景印乾隆间刊本，济南：齐鲁书社，2001年。
谈迁撰，张宗祥标点，《国榷》，北京：古籍出版社，1958年。
汤开建，《委黎多〈报效始末疏〉笺正》，广州：广东人民出版社，2004年。
汤若望授，焦勖述，《火攻挈要》，《百部丛书集成·海上仙馆丛书》景印道光间刊本，台北：艺文印书馆；《故宫珍本丛刊》景印康熙朝内府精钞本，海口：海南出版社，2001年。
汤若望授，焦勖述，丁拱辰校订，《增补则克录》，中国科学院自然科学史研究所图书馆藏咸丰元年刊本。
唐时升，《三易集》，台湾图书馆藏崇祯间刊本。
陶朗先，《陶元晖中丞遗集》，《丛书集成三编》景印1936年刊本，台北：新文丰出版公司，1997年。
藤田亮等校点，《沈阳状启》，《清史资料》第3辑，景印奎章阁丛书本，台北：台联国风出版社。
田明曜修，陈澧纂，《香山县志》，《新修方志丛刊》景印光绪五年刊本，台北：台湾学生书局，1968年。
佟国器，《建福州天主堂碑记》（Courant 1202）。
托津等纂，《钦定大清会典图》，《近代中国史料丛刊三编》景印嘉庆二十三年刊本，台北：文海出版社。
汪楫编，《崇祯长编》，台北："中研院"史语所傅斯年图书馆藏清钞本，1962年；景印黄彰健校勘本，京都：中文出版社，1984年。
汪永安纂，侯承庆续纂，沈葵增补，《紫隄村志》，景印咸丰六年增修本，上海：上海书店。
汪兆柯纂修，《东安县志》，《中国方志丛书》景印民国间铅印道光三年刊本。

王彬修、徐用仪纂，《海盐县志》，景印光绪二年刊本，台北：成文出版社，1974年。
王充著，黄晖校释，《论衡校释》，长沙：商务印书馆，1938年。
王初桐纂，《方泰志》，景印清代钞本，上海：上海书店。
王鸿绪等，《明史稿》，景印雍正元年刊本，台北：文海出版社，1962年。
王家彦，《王忠端公文集》，《四库禁毁书丛刊》景印顺治十六年刊本。
王介，《泾阳鲁桥镇志》，景印道光元年刊本，南京：江苏古籍出版社。
王敛福等纂修，《颍州府志》，景印乾隆十七年刊本，台北：成文出版社，1983年。
王命璿，《静观山房诗稿》，东京：日本内阁文库藏崇祯十三年刊本。
王士禛著，袁世硕主编，《王士禛全集》，济南：齐鲁书社，2007年。
王思章修，赖际熙纂，《增城县志》，《中国地方志集成》景印民国10年刊本。
王韬著，方行、汤志钧整理，《王韬日记》，北京：中华书局，1987年。
王韬著，黄达权译，《火器略说》，《中国兵书集成》景印光绪七年重刊活字本。
王源鲁，《小腆纪叙》，《明季史料丛书》本。
王在晋，《三朝辽事实录》，《续修四库全书》景印崇祯元年刊本；景印《长白丛书》本，吉林：吉林文史出版社，1990年；《清史资料》景印崇祯间刊本，台北：台联国风出版社。
王兆弘等纂修，《新城王氏世谱》，《山东文献集成》第2辑，景印乾隆二十五年刊本，济南：山东大学出版社，2007年。
王之春，《国朝柔远记》，《四库未收书辑刊》景印光绪十七年刊本。
王徵著，李之勤辑，《王徵遗著》，西安：陕西人民出版社，1987年。
王钟翰，《〈天聪谕奏〉校注》，《历史档案》，1990年第3期。
王钟纂，胡人凤续纂，《法华乡志》，景印1922年铅印本，上海：上海书店。
委黎多，《报效始末疏》，收入韩霖《守圉全书》卷3之1，"中研院"史语所傅斯年图书馆藏明末刊本。
魏大中，《藏密斋集》，景印嘉庆间补刊本，北京：北京出版社，1997年。
魏源，《海国图志》，《中国兵书集成》景印咸丰二年重刊本；《续修四库全书》景印光绪二年刊本。
温睿临，《南疆逸史》，《续修四库全书》景印清钞本。
文秉，《烈皇小识》，《续修四库全书》景印旧钞本；《明清史料汇编》景印清初刊本。
文良、朱庆镛修，陈尧采纂，《嘉定府志》，《中国地方志集成》景印同治间刊本。
闻在上修，许自俊等纂，《嘉定县续志》，《中国地方志集成》景印康熙二十三年刊本。
翁同爵，《皇朝兵制考略》，《续修四库全书》景印光绪元年刊本；《清代兵事典籍档册汇览》景印光绪元年刊本，北京：学苑出版社。
吴骞辑，贾乃谦点校，《东江遗事》，杭州：浙江古籍出版社，1986年。
吴历著，章文钦笺注，《吴渔山集笺注》，北京：中华书局，2007年。
吴山嘉，《复社姓氏传略》，《明代传记丛刊》景印道光十一年刊本，台北：明文书局。
吴伟业，《梅村家藏稿》，《续修四库全书》景印宣统三年刊本。
吴应箕，《启祯两朝剥复录》，景印《丛书菁华·贵池先哲遗书》本，台北：艺文印书馆。
夏琳撰，林大志校注，《闽海纪要》，福州：福建人民出版社，2008年。
谢斯茂，《围城接人书揭》，首尔大学奎章阁图书馆藏崇祯间刊本。

【参考文献】

熊开元，《鱼山剩稿》，上海：上海古籍出版社，1986年景印康熙间刊本。
熊廷弼，《熊廷弼疏稿》，台湾图书馆藏明末重刊本。
熊学源修，李宝中纂，《增城县志》，《中国方志丛书》景印嘉庆二十五年修、同治十年补刻本。
徐本、三泰等，《大清律例》，《景印文渊阁四库全书》本，台北：台湾商务印书馆，1983—1986年。
徐昌治，《圣朝破邪集》，景印安政三年刊本，京都：中文出版社，1984年。
徐昌治，《无依道人录》，巴黎：法国国家图书馆藏康熙六年刊本，编号Courant 6606。
徐从治，《围城日录》，《山东文献集成》第2辑，景印清钞本；景印驾说轩钞本，成都：巴蜀书社，1993年。
徐从治，《徐忠烈公集》，中国国家图书馆藏崇祯间初刊、康乾间递修补本。
徐光启，《弥撒冠议》，《辩学》，台北政治大学社会科学资料中心藏方豪原藏钞本。
徐光启，《徐氏庖言》，《徐光启著译集》，上海：上海市文物保管委员会，1983年。
徐光启等，《新法算书》，《景印文渊阁四库全书》本。
徐光启撰，王重民辑校，《徐光启集》，上海：上海古籍出版社，1984年。
徐光启纂辑，陈子龙编，《农政全书》，《景印文渊阁四库全书》本。
徐华根编，《明末江阴守城纪事》，上海：上海古籍出版社，2007年。
徐景熹修，鲁曾煜等纂，《福州府志》，《中国方志丛书》景印乾隆十九年刊本。
徐启宪主编，《清宫武备》，香港：商务印书馆，2008年。
徐石麒，《可经堂集》，《四库禁毁书丛刊》景印顺治间刊本。
徐肇台，《甲乙记政录》，《续修四库全书》景印中国国家图书馆藏明崇祯刻本。
徐肇台，《续丙记政录》，《续修四库全书》景印中国国家图书馆藏明崇祯刻本。
许慎撰，徐铉增释，《说文解字》，《景印文渊阁四库全书》本。
宣若海，《沈阳日记》，景印《辽海丛书》本，沈阳：辽沈书社，1985年。
薛凤祚编选，《历学会通》，中国国家图书馆藏清初刊本。
严有禧纂修，《莱州府志》，《中国地方志集成》景印乾隆五年刊本。
颜俊彦著，杨育棠等标点，《盟水斋存牍》，北京：中国政法大学出版社，2002年。
杨开弟修，姚光发等纂，《华亭县志》，《中国方志丛书》景印光绪四年刊本。
杨陆荣，《三藩纪事本末》，北京：中华书局，1985年。
杨讷、李晓明编，《文渊阁四库全书补遗：据文津阁四库全书补》，北京：北京图书馆出版社，1997年。
杨嗣昌，《杨文弱先生集》，《续修四库全书》景印清初刊本。
杨英，《延平王户官杨英从征实录》，台北："中研院"历史语言研究所，1996年。
叶觉迈修，陈伯陶纂，《东莞县志》，《中国方志丛书》景印1921年铅印本。
叶梦珠辑，《阅世编》，《丛书集成续编》景印《上海掌故丛书》排印本。
叶向高，《苍霞余草》，《四库禁毁书丛刊》景印万历间刊本。
伊泰等纂修，《大清会典》，《近代中国史料丛刊》景印雍正十年刊本。
佚名，《江东志》，景印清代钞本，上海：上海书店。
尹商，《三立堂新编阃外春秋》，《四库禁毁书丛刊》景印崇祯九年序刊本。
印光任、张汝霖著，赵春晨校注，《澳门记略校注》，澳门：澳门文化司署，1992年。

543

余应虬,《镌古今兵家筹略》,《美国哈佛大学哈佛燕京图书馆藏中文善本汇刊》景印明末刊本。
俞樾纂,应宝时修,《上海县志》,《中国方志丛书》景印同治十一年刊本。
郁永河著,方豪校,《合校足本裨海纪游》,台北:台湾省文献委员会,1950年。
元好问,《遗山先生文集》,《四部丛刊初编》景印上海商务印书馆缩印乌程蒋氏密韵楼藏明弘治刊本。
袁翼,《邃怀堂全集》,《续修四库全书》景印光绪十四年刊本。
袁中道著,钱伯城点校,《珂雪斋集》,上海:上海古籍出版社,1989年。
原田博二,《唐馆图兰馆图绘卷》,长崎:长崎文献社,2005年。
岳和声,《餐微子集》,《明季史料集珍》景印"中央图书馆"藏明天启刊本,台北:伟文图书公司,1977年。
允禄等,《皇朝礼器图式》,《景印文渊阁四库全书》,台北:台湾商务印书馆,1983年。
允裪等,《钦定大清会典》,《景印文渊阁四库全书》本。
允祉等编纂,《御制数理精蕴》,中国科学院自然科学史研究所图书馆藏康熙间刊本。
张伯桢辑,《袁督师遗集》,《丛书集成续编》本。
张朝瑞等编,《南国贤书》,台湾图书馆藏旧钞本。
张存武、叶泉宏,《清入关前与朝鲜往来国书汇编(1619—1643)》,台北:"国史馆",2000年。
张岱,《石匮书后集》,《四库禁毁书丛刊》景印清钞本。
张国维,《抚吴疏草》,《四库禁毁书丛刊》景印崇祯间刊本。
张立方等编,《河北省明代长城碑刻辑录》,北京:科学出版社,2009年。
张萱,《宝日堂初集》,《四库禁毁书丛刊》景印中国科学院图书馆藏明崇祯二年刻本。
张时彻,《芝园别集》,《四库全书存目丛书》景印嘉靖三十七年序刊本。
张世伟,《张异度先生自广斋集》,《四库禁毁书丛刊》景印崇祯十一年刊本;《自广斋集》,日本内阁文库藏崇祯十一年序刊本。
张思勉修,于始瞻纂,《掖县志》,《中国方志丛书》景印乾隆二十三年刊本。
张燧,《经世挈要》,《四库禁毁书丛刊》景印崇祯六年刊本。
张廷玉等,《明史》,北京:中华书局点校本,1974年。
张廷玉等,《御定资治通鉴纲目三编》,《景印文渊阁四库全书》本,台北:台湾商务印书馆,1983年。
张葳等译注,《旧满洲档译注:清太宗朝(二)》,台北故宫博物院,1980年。
张维,《溪谷集》,《韩国文集丛刊》本,肃兰:民族文化推进会。
张维华,《明史欧洲四国传注释》,上海:上海古籍出版社,1982年。
张忻,《归围日记》,《山东文献集成》第2辑,景印清钞本;台湾大学图书馆藏清初刊本。
张以诚修,梁观喜纂,《阳江志》,《中国方志丛书》景印1925年刊本。
张宗泰撰,刘增龄增补,《备修天长县志稿》,景印嘉庆十七年修1934年铅印本。
昭梿,《啸亭杂录》,《续修四库全书》景印清钞本。
赵尔巽等,《清史稿》,北京:中华书局点校本,1976年。
赵弘恩等修,黄之隽等纂,《江南通志》,《景印文渊阁四库全书》本。
赵吉士撰,卢宜汇辑,《续表忠记》,景印清寄园刊本,台北:明文书局,1991年。

【参考文献】

赵庆男，《乱中杂录》，汉城：民族文化推进会，1977年。
赵士喆，《逸史三传》，"中研院"史语所傅斯年图书馆藏1935年东莱赵氏永厚堂排印本。
赵士桢，《（续）神器谱》，台湾图书馆藏钞本。
赵士桢，《神器谱》，台湾图书馆藏万历间初印本。
赵士桢，《神器谱或问》，台湾图书馆藏旧钞本。
郑大郁，《经国雄略》，《美国哈佛大学哈佛燕京图书馆藏中文善本汇刊》景印隆武元年序刊本，桂林：广西师范大学出版社，2003年。
中国第一历史档案馆，《清初内国史院满文档案译编》，北京：光明日报出版社，1989年。
中国第一历史档案馆、辽宁省档案馆编，《中国明朝档案总汇》，桂林：广西师范大学出版社，2001年。
中国第一历史档案馆编，《嘉庆道光两朝上谕档》，桂林：广西师范大学出版社，2000年。
中国第一历史档案馆编，《满文老档》，北京：中华书局，1990年。
中国第一历史档案馆编，《鸦片战争档案史料》，天津：天津古籍出版社，1992年。
中国第一历史档案馆等，《明清时期澳门问题档案文献汇编》，北京：人民出版社，1999年。
中国古籍善本书目编辑委员会编，《中国古籍善本书目·史部》，上海：上海古籍出版社，1991年。
钟方，《炮图集》，北京大学图书馆藏抄本。
周恒重修，张其翻纂，《潮阳县志》，《中国地方志集成》景印光绪十年刊本。
周凯修，凌翰等纂，《厦门志》，《中国方志丛书》景印道光十九年刊本。
周亮工，《全潍纪略》，《周亮工全集》景印1926年铅印本，南京：凤凰出版社，2008年。
周树槐等纂修，《吉水县志》，景印道光五年刊本，台北：成文出版社。
周文郁，《边事小纪》，台湾图书馆藏崇祯间刊本；《玄览堂丛书续集》景印崇祯末刊本，台北：正中书局，1985年。
朱国祚，《请遣还大西洋国人利玛窦疏》，收入不著撰人《圣教书籍记篇》，辑入钟鸣旦编《徐家汇藏书楼明清天主教文献》景印徐家汇藏书楼藏本，台北：方济出版社，1996年。
朱纨，《甓余杂集》，《四库全书存目丛书》景印嘉靖二十八年刊本。
邹维琏，《达观楼集》，《四库全书存目丛书》景印乾隆三十一年重刻本。
邹漪，《启祯野乘》，《明清史料汇编》景印1936年铅印本，台北：文海出版社，1968年。
邹漪，《启祯野乘一集》，《四库禁毁书丛刊》景印顺治十七年刊本。
左光斗，《左忠毅公集》，景印康熙间刊本，北京：北京出版社，1997年。
左宗棠，《左宗棠全集》，景印光绪十六年刊本，上海：上海书店，1986年。

【外文文献】

"Report on Armstrong Guns," *Scientific American*, 9.9, August 29, 1863.

Archivum Romanum Societatis IESU, *Japonica-Sinica 161* (Ⅱ), fls. 135-141v.

Aresta, António & Celina Veiga de Oliveira (eds.). *O Senado: Fontes Documentais para a História do Leal Senado de Macau*, Macau: Leal Senado de Macau, 1998.

Arquivos Nacionais Torre do Tombo. *Livros das Monções*, liv. 27, fl. 376；liv. 30, fls. 13-14.

Banks, George. "Chinese Guns," *Illustrated London News*, 1082 (1861), p. 325.

Bartoli, Daniello. *Dell'historia della Compagnia di Giesu. La Cina*, Roma: Nella Stamperia del Varese, 1663.

Bernard, William D. *The Nemesis in China: Comprising a History of the Late War in that Country; with a Complete Account of the Colony of Hong-Kong*, London: H. Colburn, 1847.

Bernard, William Dallas. *Narrative of the Voyages and Services of the Nemesis, from 1840 to 1843; and of the Combined Naval and Military Operations in China*, London: Henry Colburn, 1844.

Bontekoe, Willem Ysbrantsz. *Memorable Description of the East Indian Voyage 1618-1625*, trans. C. B. Bodde Hodgkinson & Pieter Geyl, London: George Routledge & Sons, Ltd., 1929; rpt. New Delhi: Asian Educational Services, 1992.

Campbell, Wm. *Formosa under the Dutch, Described from Contemporary Records*, London: Kegan Paul, Trench, Trubner & Co. Ltd., 1903.

Catalogue de la bibliothèque du Pé-t'ang, Pékin: Imprimerie des Lazaristes, 1949.

Coelho, Simão. " Couzas principaes que no discurso desta jornada acontecerão entre a gente que nella vay, eo Capito Gonsalo Texeira Correa, " Biblioteca da Ajuda (BA) , Jesuítas na A'sia (JA) , 49-V-8, fls. 402v-407v, 507-536, 743v-744v; BA, JA, 49-V-6, fls. 518-553v. ; BA, JA, 49-V-9, fls. 63-76.

Cooper, Michael. "Rodrigues in China: The Letters of João Rodrigues, 1611-1633, " in *Kokugoshie no michi*, vol. 2, ed., Doi sensei shoju kinen ronbushukankokai, Tokyo: Sanseido, 1981.

Cunynghame, Arthur. *An Aide-de-camp's Recollections of Service in China, A Residence in Hong Kong, and Visits to Other Islands in the Chinese Seas*, London: Richard Bentley, 1853. p. 73.

Cunynghame, Arthur. *The Opium War: Bejing Recollections of Service in China*, Philadelphia: G. B. Zieber & Co., 1845.

Drake, Stillman & I. E. Drabkin (translation and notes). *Mechanics in Sixteenth-Century Italy, Selections from Tartaglia, Benedetti, Guido Ubaldo, and Galileo*, Madison: The University of Wisconsin Press, 1969.

Du Halde, J. B. *A Description of the Empire of China and Chinese-Tartary, Together with the Kingdoms of Korea and Tibet*, London: Edward Cave, 1738.

Eldred, William. *The Gvnners Glasse*, London: Robert Boydel, 1646.

Farrington, Anthony. *Catalogue of East India Company Ships' Journals and Logs, 1600-1834*, London: The British Library, 1999.

Farrington, Anthony. *The English Factory in Japan, 1613-1623*, London: The British Library, 1991.

Faulhaber, Johann. *Newe geometrische und perspectivische Inventiones*, Frankfurt am Main, 1610.

Foster, William (ed.). *Letters Received by the East India Company from Its Servants in the East Transcribed from the 'Original Correspondence' Series of the India Office Records*, 1900; rpt. Amsterdam: N. Israel, 1968.

Foster, William. *The English Factories in India 1618-1620*, Oxford: Clearendon Press, 1906.

Galilei, Galileo (trans. Stillman Drake). *Operations of the Geometric and Military Compass*, 1606, Washington. D. C: Smithsonian institution Press, 1978.

Gheyn, Jacob de. *The Exercise of Armes for Caliures, Muskettes, and Pikes*, The Hague, Netherlands, 1608.

【参考文献】

Gouvea, António de. *Asia Extrema*, Segunda parte, *Biblioteca da Ajuda*, *Jesuilas na Asia*, Cód. 49-V-2.

Jesuitas na Asia, Lisboa: Biblioteca da Ajuda, Cód. 49-V-9.

Moretti, Tomaso. *A Treatise of Artillery, or, Great Ordinance*, London: William Godbid, 1673.

Mundy, Peter. *The Travels of Peter Mundy, 1608-1667*, London: Hakluyt Society, 1919.

Noble, Andrew. *Artillery and Explosives*, London: John Murray, 1906.

Oliphant, Laurence. *Narrative of the Earl of Elgin's Mission to China and Japan in the Years 1857, '58, '59*, New York: Harper & Brothers, Publishers, 1860.

Ouchterlony, John. *The Chinese War: An Account of All the Operations of the British Forces*, London: Saunders and Otley, 1844.

Palmeiro, André. *Macao, 8 de Janeiro de 1630*, Biblioteca da Ajuda, Jesuilas na Asia, 49-V-6, fl. 524v-526v.

Purchas, Samuel. *Haklvytvs Posthumus or Pvrchas His Pilgrimes*, 1625; rpt. New York: AMS, 1965.

Read, Samuel. *Observations, Illustrative of a Memoir, on a New Armament for the 42 & 46 Gun Frigates*, Chatham, UK: William Burrill, 1831.

Rees, Abraham. *The Cyclopedia: Or, Universal Dictionary of Arts, Sciences, and Lirerature*, London: Longman, etc., 1820.

Ricci, Matteo (trans. Louis J. Gallagher). *China in the Sixteenth Century: The Journals of Matthew Ricci. 1583-1610*, New York: Random House. 1953.

Robertson, Frederick L. *The Evolution of Naval Armament*, London: Constable & Co., 1921.

Sainsbury, W. Noel (ed.) . *Calendar of State Papers, Colonial Series, East Indies, China and Japan, 1617-1621*, London: Longman & Co., 1870.

Sainsbury, W. Noel (ed.). *Calender of State Papers, Colonial Series, East Endies, China and Japan, 1622-1624*, London: Longman & Co., 1878.

Semedo, Alvaro. *The History of that Great and Renowned Monarchy of China*, London: Printed by E. Tylerfor I. Crook, 1655.

Supplement to the Fourth, Fifth, and Sixth Editons of the Encyclopaedia Britannica, Edinburgh: Archibald Constable & Co., 1824.

Swinhoe, Robert. *Narrative of the North China Campaign of 1860*, London: Smith, Elder & Co., 1861.

Thompson, Edward Maunde (ed.). *Diary of Richard Cocks: Cape-merchant in the English Factory in Japan, 1615-1622*, London: Hakluyt Society, 1883.

Tulloch, Alexander Bruce. *Recollections of Forty Years Service*, London: William Blackwood & Sons, 1903.

Yule, Henry. *Hobson-Jobson: A Glossary of Colloquial Anglo-Indian Words and Phrases, and of Kindred Terms, Etymological, Historical, Geographical and Discursive*, London: J. Murray, 1903.

二、近人研究

【中文】

《中国历代战争史》，台北：黎明文化公司，1986年。

白广美、杨根，《徐寿与"黄鹄"号轮船》，《自然科学史研究》，1984年第3期，页284—290。

白谦慎，《网络时代明清书法史研究的史料问题》，"2008中国苏州（相城）书法史讲坛"，苏州：中国书法家协会，2008年7月18—21日。

包乐诗，《明末澎湖史事探讨》，《台湾文献》，第24卷第3期（1973），页49—52。

鲍晓鸥著，那瓜译，《西班牙人的台湾体验1626—1642：一场文艺复兴时代的志业及其巴罗克的结局》，台北：南天书局，2008年。

曹汛，《有关曹雪芹家世的一件碑刻史料——记辽阳喇嘛园〈大金喇嘛法师宝记〉碑》，《文物》，1978年第5期，页36—39。

曹永和，《澎湖之红毛城与天启明城》《英国东印度公司与台湾郑氏政权》，收入氏著《台湾早期历史研究续集》，台北：联经出版公司，2000年，页149—183、239—261。

柴德赓，《鲒埼亭集谢三宾考》，《辅仁学志》，第12卷第1—2期（1943），页1—78。

常修铭，《16—17世纪东亚海域火器交流史研究》，新竹：清华大学历史研究所博士论文，2016年。

陈表义、谭式玫，《明代军制建设原则及军事的衰败》，《暨南学报（哲社版）》，1996年第2期，页58—65。

陈德山，《闽南大炮炸死努尔哈赤：石狮一明代墓碑文揭秘"宁远大捷"》，《海峡都市报》，2004年5月15日，版A1。

陈佳华、傅克东，《八旗汉军考略》，收入王钟翰主编《满族史研究集》，北京：中国社会科学出版社，1988年，页281—306。

陈荆和，《十六世纪之菲律宾华侨》，香港：香港大学新亚研究所，1963年。

陈良佐，《从生态学的交会带（ecotone）、边缘效应（edge effect）试论史前中原核心文明的形成》，收入臧振华编《中国考古学与历史学之整合研究》，台北："中研院"历史语言研究所，1997年，页131—159。

陈良佐，《我国传统的炼钢法》，《屈万里先生七秩荣庆论文集》，台北：联经出版公司，1978年，页189—212。

陈明生，《李之藻信奉天主教的缘由探考》，收入马泰来等编《中国图书文史论集》，台北：正中书局，1991年，页313—319。

陈生玺，《明清易代史独见》，上海：上海古籍出版社，2006年，页199—261。

陈受颐，《三百年前的建立孔教论——跋王启元的〈清署经谈〉》，收入氏著《中欧文化交流史事论丛》，台北：台湾商务印书馆，1970年，页57—94。

陈台民，《中菲关系与菲律宾华侨》，香港：朝阳出版社，1985年。

陈卫平、李春勇，《徐光启评传》，南京：南京大学出版社，2006年。

陈文石，《明清政治社会史论》，台北：台湾学生书局，1991年。

陈小冲，《1622—1624年的澎湖危机：贸易、战争与谈判》，《思与言》，第31卷第4期

【参考文献】

（1993），页123—203。
陈垣，《明末殉国者陈于阶传》，《辅仁学志》，第10卷第1—2期（1941），页45—49。
陈宗仁：《晚明"月港开禁"的叙事与实际：兼论通商舶、征商税与福建军情之转变》，收入汤熙勇编《中国海洋发展史论文集》第10辑，台北："中研院"人文社会科学研究中心，2008年，页101—142。
成东，《明代后期有铭火炮概述》，《文物》，1993年第4期，页79—86。
成东，《永历乙未铜炮》，收入《中国大百科全书：中国历史》，台北：锦绣出版社，1993年。
成东、钟少异，《中国古代兵器图集》，北京：解放军出版社，1990年。
初晓波，《从华夷到万国的先声：徐光启对外观念研究》，北京：北京大学出版社，2008年。
佟冬主编，丛佩远著，《中国东北史》第4卷，长春：吉林文史出版社，1998年。
定宜庄等，《辽东移民中的旗人社会：历史文献、人口统计与田野调查》，上海：上海社会科学出版社，2004年。
董少新，《阿儒达图书馆藏〈耶稣会士在亚洲〉：历史、内容与意义》，《澳门研究》，第30期（2005），页197—207。
杜家骥，《清代〈玉牒〉中的满族史资料价值》，《故宫学术季刊》，第23卷第4期（2006），页41—62。
杜家骥，《清初汉军八旗都统考》，《历史档案》，2000年第4期，页126—127。
杜家骥，《清代八旗领属问题考察》，《民族研究》，1987年第5期，页83—92。
杜婉言，《赵士桢及其〈神器谱〉初探》，《中国史研究》，1985年第4期，页59—73。
樊树志，《晚明史（1573—1644年）》，上海：复旦大学出版社，2003年。
方豪，《明末西洋火器流入我国之史料：复欧阳伯瑜（琛）先生论满洲西洋火器之由来及葡兵援明事（附来书）》，《东方杂志》，第40卷第1期（1994），页49—54。
方豪，《明清间西洋机械工程学、物理学与火器入华考略》，收入《方豪六十自定稿》上册，台北：自印本，1969年，页289—318。
方豪，《孙元化手书与王徵交谊始末注释》，《真理杂志》，第1卷第2期（1944），页225—228。
方豪，《李之藻研究》，台北：台湾商务印书馆，1966年。
方豪，《明末清初旅华西人与士大夫之晋接》，收入《方豪六十自定稿》，台北：自印本，1969年，页255—272。
方豪，《中国天主教史人物传》，香港：公教真理学会，1970年；台中：光启出版社，1967年。
方豪，《中外文化交通史论丛》第1辑，重庆：独立出版社，1944年。
方豪，《中西交通史》，台北：中国文化大学出版社，1983年新一版。
方豪，《明季西书七千部流入中国考》，收入《方豪六十自定稿》，台北：自印本，1987年。
方文图，《钦命招讨大将军总统使世子究竟是谁？——〈明末郑成功所造铜炮〉读后》，《厦门大学学报》，1981年增刊（史学专号），页17。
方裕谨，《明军守卫松山等城堡的六件战报》，《历史档案》，1981年第2期，页3—8、47。
方裕谨，《天启三四年对安邦彦的用兵（上）》，《历史档案》，1983年第4期，页3—13。
冯锦荣，《明末熊明遇父子与西学》，收入《明末清初华南地区历史人物功业研讨会论文集》，

549

页117—135。

冯其庸，《两桩历史事实和两件珍贵文献》，《紫禁城》，2005年第6期，页98—103。

冯其庸，《曹雪芹家世新考》，上海：上海古籍出版社，1980年。

冯佐哲，《阎应元、陈明遇》，收入何龄修、张捷夫主编《清代人物传稿》上编第二卷，北京：中华书局，1986年，页244—251。

傅衣凌主编，杨国桢、陈支平著，《明史新编》，北京：人民出版社，1993年。

龚缨晏、马琼，《关于李之藻生平事迹的新史料》，《浙江大学学报（人社版）》，2008年第3期，页89—97。

古伟瀛，《书评：黄一农〈两头蛇：明末清初的第一代主教徒〉》，《台大历史学报》，2006年第37期，页351—356。

顾诚，《南明史》，北京：中国青年出版社，1997年。

郭成康、成崇德，《刘兴祚论》，《清史研究》，1994年第2期，页20—36。

郭成康、刘建新、刘景宪，《清入关前满洲八旗的固山额真》，收入《清史论丛》第4辑，北京：中华书局，1982年，页203—215。

郭成康，《清初牛录的数目》，《清史研究通讯》，1987年第1期，页31—35。

郭金彬，《丁拱辰及其〈演炮图说辑要〉》，《自然辩证法通讯》，2003年第3期，页79—83。

郭熹微，《论徐光启"补儒易佛"思想——兼论明末士大夫皈依天主教的原因和意义》，《哲学与文化》，1993年第5期，页485—493。

郭永芳、林文照，《明清间我国对西方传入的火炮火枪的制造和研究》，收入黄盛璋编《亚洲文明》第2集，合肥：安徽教育出版社，1992年，页195—216。

郭永芳、林文照，《明清间西方火炮火枪传入中国历史考》，收入黄盛璋编《亚洲文明论丛》，成都：四川人民出版社，1986年，页199—214。

韩行方，《明末旅顺之役及黄龙其人其事》，《辽宁师范大学学报（社科版）》，1994年第6期，页86—88。

何成，《明清新城王氏家族兴盛原因述论》，《山东大学学报（人社版）》，2002年第2期，页109—113、119。

何成，《新城王氏：对明清时期山东科举望族的个案研究》，济南：山东大学历史学院博士论文，2002年。

洪万生，《墨海书馆时期（1852—1869）的李善兰》，收入《中国科技史论文集》，台北：联经出版公司，1995年，页223—235。

胡建中，《清代火炮（续）》，《故宫博物院院刊》，1986年第4期，页87—94。

胡建中，《清代火炮》，《故宫博物院院刊》，1986年第2期，页49—57。

胡铁珠，《薛凤祚》，收入杜石然主编《中国古代科学家传记》下集，北京：科学出版社，1993年，页969—971。

胡晓伟、陈建立，《一门馆藏明天启四年红夷大炮的探讨》，《文物保护与考古科学》，2009年第3期，页48—52。

华觉明，《中国古代金属技术——铜和铁造就的文明》，郑州：大象出版社，1999年。

【参考文献】

黄克武，《史可法与近代中国记忆与认同的变迁》，收入李国祁教授八秩寿庆论文集编辑小组编《近代国家的应变与图新》，台北：唐山出版社，2006年，页55—82。

黄启臣，《十四—十七世纪中国钢铁生产史》，郑州：中州古籍出版社，1989年。

黄仁宇，《1619年的辽东战役》，收入《明史研究论丛》第5辑，南京：江苏古籍出版社，1991年，页174—196。

黄时鉴，《历史天空的"两头蛇"》，《九州学林》，2006年第4卷第3期，页302—309。

黄一农，《从e考据看避讳学的新机遇：以己卯本〈石头记〉为例》，《文史》，2019年第2辑，页205—222。

黄一农，《从汤若望所编民历试析清初中欧文化的冲突与妥协》，《清华学报》（新竹），1996年新26卷第2期，页189—220。

黄一农，《e考据时代的新曹学研究：以曹振彦生平为例》，《中国社会科学》，2001年第2期，页189—207。

黄一农，《奎章阁明清军事史重要文献过眼录》，《奎章阁》，2008年第33集，页235—239。

黄一农，《明末清初天主教传华史研究的回顾与展望》，《新史学》，1996年第7卷第1期，页137—169。

黄一农，《明清天主教在山西绛州的发展及其反弹》，《"中研院"近代史研究所集刊》，1996年第26期，页1—39。

黄一农，《南明永历朝廷与天主教》，收入《中梵外交关系史国际学术研讨会论文集》，台北：辅仁大学历史学系，2003年。

黄一农，《清初钦天监中各民族天文家的权力起伏》，《新史学》，1991年第2卷第2期，页75—108。

黄一农，《邵辅忠〈天学说〉小考》，《"中央图书馆"馆刊》，1994年新27卷第2期，页163—166。

黄一农，《正史与野史、史实与传说夹缝中的江阴之变（1645）》，收入陈永发主编《明清帝国及其近现代转型》，台北：允晨文化公司，2011年，页131—202。

黄一农，《两头蛇：明末清初的第一代天主教徒》，新竹：清华大学出版社，2005年。

黄一农，《明末中西文化冲突之析探——以天主教徒王徵娶妾和殉国为例》，收入《第一届全国历史学学术讨论会论文集——世变、群体与个人》，台北：台湾大学历史系，1996年，页211—234。

黄一农，《瞿汝夔（太素）家世与生平考》，《大陆杂志》，1994年第89卷第5期，页8—10。

黄一农，《王铎书赠汤若望诗翰研究——兼论清初贰臣与耶稣会士的交往》，《故宫学术季刊》，1994年第12卷第1期，页1—30。

黄一农，《新发现的杨光先〈不得已〉一书康熙间刻本》，《书目季刊》，1993年第27卷第2期，页3—13。

黄一农，《扬教心态与天主教传华史研究——以南明重臣屡被错认为教徒为例》，《清华学报》（新竹），1994年新24卷第3期，页269—295。

黄一农，《康熙朝涉及"历狱"的天主教中文著述考》，《书目季刊》，1991年第25卷第1期，页12—27。

黄一农，《汤若望与清初公历之正统化》，收入吴嘉丽、叶鸿洒主编《新编中国科技史》下册，台北：银禾文化事业公司，1990年，页465—490。

551

黄一农：《通书——中国传统天文与社会的交融》，《汉学研究》，1996年第14卷第2期，页159—186。

惠泽霖著，景明译，《王徵与所译奇器图说》，《上智编译馆馆刊》，1947年第2卷第1期，页26—33。

季云飞，《鸦片战争后清政府"防务善后"述论》，《军事历史研究》，2000年第2期，页87—94。

江树生，《郑成功和荷兰人在台湾的最后一战及换文缔和》，台北：汉声杂志社，1992年。

姜守鹏，《刘兴治的归明及叛明》，《社会科学辑刊》，1987年第4期，页56—62。

姜守鹏，《明末辽东势族》，《社会科学战线》，1987年第2期，页203—209。

解立红，《红衣大炮与满洲兴衰》，《满学研究》第2辑，北京：民族出版社，1994年，页102—118。

金国平、吴志良，《澳门博卡罗铸炮场之始终》，收入氏著《镜海飘渺》，澳门：澳门成人教育学会，2001年，页275—283。

金国平、吴志良，《郑芝龙与澳门：兼谈郑氏家族的澳门黑人》，《海交史研究》，2002年第2期，页48—59。

金国平、吴志良，《镜海飘渺》，澳门：澳门成人教育学会，2001年。

靳润成，《明清总督巡抚辖区研究》，天津：天津古籍出版社，1996年。

康志杰，《上主的葡萄园：鄂西北磨盘山天主教社区研究（1636—2005）》，台北：辅仁大学出版社，2006年，页12—13。

赖家度，《一六四五年江阴人民的抗清斗争》，收入李光璧编《明清史论丛》，武汉：湖北人民出版社，1957年，页195—214。

赖永祥，《明郑与天主教之关系》，《南瀛文献》，1955年第2卷第3期，页1—4。

雷梦辰，《清代各省禁书汇考》，北京：书目文献出版社，1989年。

李斌，《关于明朝与佛朗机最初接触的新史料》，《九州学刊》，1994年第6卷第3期，页95—100。

李斌，《永乐朝与安南的火器技术交流》，收入钟少异主编《中国古代火药火器史研究》，北京：中国社会科学出版社，1995年。

李斌，《中国古代文献中的弹道学问题》，《自然辩证法通讯》，1994年第3期，页53—58。

李大伟，《孔有德葬地考》，https://web.archive.org/web/20150123190959/http://www.liaoyangshiqing.com.cn/?thread-111-1html。

李成生，《从北洋舰队技术装备看甲午海战中国的战败》，《经济与社会发展》，2005年第5期，页144—146。

李格，《孔有德》《耿仲明》，收入何龄修、张捷夫编《清代人物传稿》上编第4卷，北京：中华书局，1987年，页140—162。

李光涛，《记崇祯四年南海岛大捷》，《"中研院"历史语言研究所集刊》，1947年第12本，页241—250。

李光涛，《记奴儿哈赤之倡乱及萨尔浒之战》，《"中研院"历史语言研究所集刊》，1947年第12本，页173—191。

李光涛，《毛文龙酿乱东江本末》，《"中研院"历史语言研究所集刊》，1948年第19本，页367—488。

【参考文献】

李光涛，《朝鲜"壬辰倭祸"研究》，台北："中研院"历史语言研究所，1972年。

李光涛，《记明季朝鲜之"丁卯虏祸"与"丙子虏祸"》，台北："中研院"历史语言研究所，1972年。

李光涛，《熊廷弼与辽东》，台北："中研院"历史语言研究所，1976年。

李广廉、李世愉，《萨尔浒战役双方兵力考实》，《北京大学学报（哲社版）》，1980年第4期，页80—82、85。

李国宏，《明五部尚书黄克缵年谱》，香港：香港人民出版社，2005年。

李弘祺，《中国的第二次铜器时代：为什么中国早期的炮是用铜铸的？》，《台大历史学报》，2005年第36期，页1—34。

李鸿彬，《清代火器制造家：戴梓》，《社会科学辑刊》，1991年第2期，页107—109。

李鸿彬，《满族崛起与清帝国建立》，天津：天津古籍出版社，2003年。

李金明，《海外交通与文化交流》，昆明：云南美术出版社，2006年。

李清志，《古书版本鉴定研究》，台北：文史哲出版社，1986年。

李天纲，《e时代的考据之魅》，《书城》，2007年第4期，页45—49。

李天纲，《早期天主教与明清多元社会文化》，《史林》，1999年第4期，页43—60。

李文治，《晚明流寇》，台北：食货出版社，1983年。

李贤淑，《十七世纪初叶的中韩贸易（1592—1636）》，台北：中国文化大学史学研究所博士论文，1997年。

李新达，《入关前的八旗兵数问题》，收入《清史论丛》第3辑，北京：中华书局，1983年，页155—163。

李学智，《孔有德、耿仲明降清始末及明史黄龙传考》，《幼狮学报》，1958年第1卷第1期，页1—24。

李俨，《中国算学史论丛》，台北：正中书局，1954年。

李栩，《东林党籍考》，北京：北京人民出版社，1957年。

李燕光、关捷，《满族通史》，沈阳：辽宁民族出版社，1991年。

李映发，《明末对红夷炮的引进与发展》，《西南师范大学学报》，1991年第1期，页7、45—50。

李玉安、陈传艺，《中国藏书家辞典》，武汉：湖北教育出版社，1989年。

李毓中，《"海捞"一笔：早期海洋史、台湾史有关水下打捞工作的几则记载》，《历史月刊》，2007年第236期，页23—27。

李毓中，《明郑与西班牙帝国：郑氏家族与菲律宾关系初探》，《汉学研究》，1998年第16卷第2期，页29—59。

李治亭，《论清初满汉贵族地主联盟》，收入白寿彝主编《清史国际学术讨论会论文集》，沈阳：辽宁人民出版社，1990年，页1—16。

梁家勉，《徐光启年谱》，上海：上海古籍出版社，1981年。

廖大珂，《满剌加的陷落与中葡交涉》，《南洋问题研究》，2003年第3期，页77—86、93。

林东阳，《明末西方宗教文化初传中国的一位重要人物——冯应京》，收入《明清之际中国文化的转变与延续学术研讨会论文集》，桃园："中央大学"共同学科，1990年，页211—257。

林发钦，《一六二二年荷兰攻夺澳门始末》，收入氏著《澳门史稿》，澳门：澳门近代文学学会，2005年，页76—122。

林仁川,《明末清初私人海上贸易》,上海:华东师范大学出版社,1987年。
林伟盛,《荷兰人据澎湖始末》,《政治大学历史学报》,1999年第16期,页1—45。
林伟盛,《一六三三年的料罗湾海战:郑芝龙与荷兰人之战》,《台湾风物》,1994年第45卷第4期,页47—82。
林文照、郭永芳,《明末一部重要的火器专著——〈西法神机〉》,《自然科学史研究》,1987年第6卷第3期,页251—259。
林子雄,《清初两藩攻占广州史实探微》,《岭南文史》,1996年第3期,页8—11。
林金水,《利玛窦交游人物表》, China Mission Studies (1550–1800) Bulletin, 9 (1987), pp. 1–27.
刘伯涵,《略论徐光启与明末党争》,收入《徐光启研究论文集》,页160—64。
刘钝,《别具一格的图解法弹道学——介绍李善兰的〈火器真诀〉》,《力学与实践》,1984年第3期,页60—63。
刘凤云,《清康熙朝汉军旗人督抚简论》,《满学研究》,2002年第7期,页305—372。
刘凤云,《吴三桂传》,兰州:兰州大学出版社,2000年。
刘鸿亮,《第一次鸦片战争时期中英双方火炮的技术比较》,《清史研究》,2006年第3期,页31—42。
刘鸿亮,《第一次鸦片战争时期中英双方火炮发射火药的技术研究》,《福建师范大学学报(哲社版)》,2007年第4期,页111—118。
刘鸿亮,《中西火炮与英法联军侵华之役》,北京:科学出版社,2014年。
刘鸿亮、崔萍萍、丁学志,《鸦片战争时期英军卡龙舰炮与清朝铁模铸炮之间的关系探析》,收入张建雄主编《明清海防研究论丛》第3辑,广州:广东人民出版社,2009年,页141—173。
刘鸿亮、孙淑云,《鸦片战争时期中英铁炮材质的优劣比较研究》,《清华学报》(新竹),2008年新38卷第4期,页563—598。
刘鸿亮、孙淑云,《鸦片战争时期英军卡龙舰炮问题研究》,《社会科学》,2009年第9期,页145—153。
刘鸿亮、孙淑云、张治国,《鸦片战争前后清朝双层体铁炮技术的问题研究》,《第七届中日机械技术史及机械设计国际学术会议论文集》,2008年,页103—108。
刘家驹,《清朝初期的中韩关系》,台北:文史哲出版社,1986年。
刘建新、刘景宪、郭成康,《一六三七年明清皮岛之战》,《历史档案》,1982年第3期,页84—89。
刘建新,《论明清之际的松锦之战》,收入《清史研究集》。
刘丽、王雪农,《山海关长城脚下出土的大铁炮》,中国长城网http://www.scb-museum.com/Articleshow.asp?ArticleID=5
刘谦,《明辽东镇长城及防御考》,北京:文物出版社,1989年。
刘申宁,《中国兵书总目》,北京:国防大学出版社,1990年。
刘小萌,《清代北京旗人社会》,北京:中国社会科学出版社,2008年。
刘兴文,《河北宽城县发现明代铁炮》,《考古》,1987年第11期,页1010。
刘旭,《中国古代火炮史》,上海:上海人民出版社,1989年。
刘旭,《中国古代火药火器史》,郑州:大象出版社,2004年。
刘耘华,《徐光启姻亲脉络中的上海天主教文人:以孙元化、许乐善二家族为中心》,《世界宗教研究》,2009年第1期,页98—107。

【参考文献】

刘锟，《明定辽大将军炮：吴三桂固守宁远抗清的物证》，《辽海文物学刊》，1994年第1期，页120—122。
刘志刚，《时代感与包容度：明清易代的五种解释模式》，《清华大学学报》，2010年第2期，页42—53。
罗光：《徐光启传》，台北：传记文学出版社，1982年。
罗伟国、胡平，《古籍版本题记索引》，上海：上海书店，1991年。
罗志钦编，《袁崇焕研究论文选集》，广州：广东人民出版社，2005年。
马楚坚，《西洋大炮对明金态势的改变》，收入《明末清初华南地区历史人物功业研讨会论文集》，香港：香港中文大学历史学系，1993年，页11—30。
毛佩奇、王莉，《中国明代军事史》，北京：人民出版社，1994年。
茅海建，《1842年吴淞之战新探》，《历史档案》，1990年第3期，页84—91。
茅海建，《大沽口之战考实》，《近代史研究》，1998年第6期，页1—52。
茅海建，《近代的尺度：两次鸦片战争军事与外交》，上海：上海三联书店，1998年。
茅海建，《天朝的崩溃》（修订本），北京：三联书店，2014年。
牟润孙：《明末西洋大炮由明入后金考略》，收入氏著《注史斋丛稿》，北京：中华书局，1987年，页415—444。
南炳文，《南明史》，天津：南开大学出版社，1992年。
欧阳琛、方志远，《明末购募西炮葡兵始末考》，《文史》，2006年第4期，页213—256。
潘文贵，《郑成功双龙铜炮考略》，收入厦门大学台湾研究所编《郑成功研究国际学术会议论文集》，南昌：江西人民出版社，1989年，页389—397。
潘向明，《甲午黄海之役北洋海军缺乏炮弹说质疑：兼论其失利原因问题》，《清史研究》，2009年第1期，页83—93。
裴德生、朱鸿林，《徐光启、李之藻、杨廷筠成为天主教徒试释》，《明史研究论丛》，1991年第5期，页477—497。
裴世俊，《四海宗盟五十年——钱谦益传》，北京：东方出版社，2001年。
钱海岳，《南明史》第13册，北京：中华书局，2006年。
丘光明等，《中国科学技术史·度量衡卷》，北京：科学出版社，2001年。
秦政奇，《安庆内军械所：中国近代兵器工业的开端》，《安徽史学》，1992年第4期，页23—26。
任道斌，《"西学东渐"与袁崇焕》，收入《袁崇焕研究论文集》，南宁：广西民族出版社，1984年，页301—309。
任万平主编，《清史图典·太祖太宗朝》，北京：紫禁城出版社，2002年。
施白蒂著，小雨译，《澳门编年史》，澳门：澳门基金会，1995年。
施宣圆，《徐光启军事实践与军事思想述评》，收入席泽宗、吴德铎主编《徐光启研究论文集》，上海：学林出版社，1986年，页172—181。
宋伯胤，《孔有德底叛明与降清：敬覆郭慕天先生》，《天津益世报·人文周刊》，新43期，1948年3月15日。
宋伯胤，《孙元化与吴桥兵变》，《天津益世报·人文周刊》，新32期，1947年12月15日。

孙静，《试论八旗汉军与满洲的差异性》，《中央民族大学学报（哲社版）》，2006年第5期，页51—57。

孙淑云、刘鸿亮，《鸦片战争时期中英前膛装滑膛铁炮的材质及其对性能的影响》，收入孙淑云《攻金集：孙淑云冶金技术史论文选》，北京：科学出版社，2015年，页274—290。

孙淑云主编，《中国古代冶金技术专论》，北京：中国科学文化出版社，2003年。

孙维昌，《上海地区发现的抗英战役大炮》，《南方文物》，1999年第4期，页107—110。

孙文良，《论明与后金间的辽沈之战》，收入氏著《满族崛起与明清兴亡》，沈阳：辽宁大学出版社，1992年，页230—250。

孙文良，《萨尔浒之战》，收入氏著《满族崛起与明清兴亡》，沈阳：辽宁大学出版社，1992年，页221—229。

孙文良、李治亭，《清太宗全传》，南京：江苏教育出版社，2005年。

孙文良、李治亭、邱莲梅，《明清战争史略》，沈阳：辽宁人民出版社，1986年。

孙文良、李治亭，《天聪汗崇德帝》，长春：吉林文史出版社，1993年。

谭其骧，《中国历史地图集》第7册，北京：地图出版社，1982年。

汤锦台，《开启台湾第一人郑芝龙》，台北：果实出版社，2002年。

汤开建，《中国现存最早的欧洲人形象资料——〈东南图像〉》，《故宫博物院院刊》，2001年第1期，页22—28。

汤开建、刘小珊，《明末耶稣会著名翻译陆若汉在华活动考述》，《文化杂志》，2005年第55期，页25—48。

汤开建、吴青，《万历四十八年红夷船沉阳江始末考——兼谈红夷炮早期入华问题》，收入《明代澳门史论稿》，哈尔滨：黑龙江教育出版社，2012年。

唐汉章，《黄山炮台出土的古炮》，《无锡文博》，1998年第2期增刊，页9—10。

唐汉章，《江阴小石湾古炮台发掘》，《江阴文博》，1993年第1期，页11—14。

唐汉章，《天堑锁钥江阴黄山炮台》，《江阴文博》，2002年第2期，页15—18。

滕绍箴，《清初汉军及其牛录探源》，《满族研究》，2007年第1期，页60—72。

滕绍箴，《三藩史略》，北京：中国社会科学出版社，2008年。

万明，《中葡早期关系史》，北京：社会科学文献出版社，2001年。

王炳南等，《漳州市志》，北京：中国社会科学出版社，1999年。

王成义，《徐光启家世》，上海：上海大学出版社，2009年。

王冬芳，《满族崛起中的女性》，沈阳：辽宁民族出版社，1996年。

王景泽，《明末的"辽人"与"辽军"》，《中国边疆史地研究》，2003年第1期，页26—32。

王淼，《中国19世纪对轮船的引进和研制》，《内蒙古师大学报（自然科学汉文版）》，2000年第1期，页68—73。

王戎笙主编，《清代全史》，沈阳：辽宁人民出版社，1991年。

王彦坤，《历代避讳字汇典》，郑州：中州古籍出版社，1997年。

王育成，《火器史话》，北京：中国大百科全书出版社，2000年。

王兆春，《世界火器史》，北京：军事科学出版社，2007年。

【参考文献】

王兆春，《中国古代军事工程技术史·宋元明清》，太原：山西教育出版社，2007年。
王兆春，《中国科学技术史·军事技术卷》，北京：科学出版社，1998年。
汪振兴，《论1860年八里桥之战清军的失败》，《甘肃广播电视大学学报》，2017年第3期，页86—89。
韦及，《铁模铸炮的首创者：龚振麟》，《金属世界》，1997年第6期，页28。
韦庆远，《清王朝的缔建与红衣大炮的轰鸣》，《中国文化》，1990年第3期，页164—173。
韦镇福等，《中国军事史·第1卷·兵器》，北京：解放军出版社，1994年。
魏刚，《明与后金对旅顺的争夺》，《辽宁师范大学学报（社科版）》，1999年第2期，页86—88。
魏特著，杨丙辰译，《汤若望传》，台北：台湾商务印书馆，1960年。
翁佳音，《十七世纪福佬海商》，收入汤熙勇主编《中国海洋发展史论文集》第7辑，台北："中研院"中山人文社会科学研究院，1999年。
翁佳音，《新港有个台湾王：十七世纪东亚国家主权纷争小插曲》，《台湾史研究》，2008年第15卷第2期，页1—36。
吴定球，《叶梦熊年谱初编》，《惠城文史》，2006年第21期，页425—468。
吴廷燮撰，魏连科点校，《明督抚年表》，北京：中华书局，1982年。
吴建仪主编，《婆娑之眼：国姓爷足迹文物特展图录》，台南：台南市政府，2007年。
吴琦、冯玉荣，《〈明经世文编〉编纂群体之研究》，《华中师范大学学报（人文社会科学版）》，2002年第1期，页129—134。
夏伯嘉，《书评：黄一农〈两头蛇：明末清初的第一代天主教徒〉》，《九州学林》，2006年第4卷第2期，页336—347。
肖许，《明代将帅家丁的兴衰及其影响》，《南开史学》，1984年第1期，页102—122。
萧一山，《清代通史》，台北：台湾商务印书馆，1961年、1962年修订本。
谢国桢，《明清之际党社运动考》，北京：中华书局，1982年。
谢国桢，《南明史略》，上海：上海人民出版社，1988年。
谢国桢，《增订晚明史籍考》，上海：上海古籍出版社，1981年。
谢景芳，《八旗汉军的建立及其历史作用》，《社会科学辑刊》，1987年第3期，页69—74。
谢景芳，《清代八旗汉军的瓦解及其社会影响：兼论清代满汉融合过程的复杂性》，《中央民族大学学报（哲社版）》，2008年第3期，页57—66。
谢景芳，《"三王"、续顺公所部"隶旗"考辨》，《北方论丛》，1996年第6期，页44—48。
谢景芳，《八旗汉军的名称及含义沿革考释》，《北方文物》，1991年第3期，页84—88。
熊熊，《e时代的两头蛇》，《"中研院"近代史研究所集刊》，2008年第59期，页157—162。
徐景贤，《明孙火东先生致王葵心先生手书考释》，《圣教杂志》，1931年第20卷第9期，页531—538；1932年第21卷第5期，页269—277。
徐晓望，《论明代福建商人的海洋开拓》，《福建师范大学学报（哲社版）》，2009年第1期，页112—117。
徐晓望，《清军入闽与郑芝龙降清事考》，《福建论坛（人社版）》，2007年第7期，页70—77。
徐晓望，《晚明在台湾活动的闽粤海盗》，《台湾研究》，2003年第3期，页84—90。
徐晓旭、朱丹彤，《论傅斯年的"史学便是史料学"》，《人文杂志》，2003年第2期，页131—135。

徐新照，《焦玉〈火攻书〉是元末明初的火器著作吗？》，《文献》，2000年第4期，页209—218。
徐宗泽，《明清间耶稣会士译著提要》，台北：中华书局，1949年。
许保林，《中国兵书通览》，北京：解放军出版社，1990年。
薛瑞录，《关于尚可喜叛明投金问题》，《清史研究通讯》，1987年第2期，页11—13。
岩生成一著，许贤瑶译，《明末侨寓日本中国贸易商一官Augustin李国助之活动》，收入《荷兰时代台湾史论文集》，宜兰：佛光人文社会学院，2001年，页131—154。
岩生成一著，许贤瑶译，《明末侨寓日本中国人甲必丹李旦考》，收入《荷兰时代台湾史论文集》，宜兰：佛光人文社会学院，2001年，页59—130。
阎崇年，《论大凌河之战》，《清史研究》，2003年第1期，页48—58。
阎崇年编，《清朝通史·太宗朝》，北京：紫禁城出版社，2003年。
颜广文，《明代中书舍人制度考略》，《华南师范大学学报（社会科学版）》，1999年第6期，页107—113。
颜广文，《袁崇焕死因试析》，《华南师范大学学报（社会科学版）》，1984年第4期，页81—84。
杨海英，《佐领源流与清代兴衰》，《中国社会科学院历史研究所学刊》，2004年第3期，页445—471。
杨豪，《辽阳发现明代佛郎机铜铳》，《文物资料丛刊》，1983年第7期，页173—174。
杨泓等，《中国军事百科全书·古代兵器分册》，北京：军事科学出版社，1991年。
杨仁江，《台湾地区现存古炮之调查研究》，台北："内政部"，1991年。
杨幸何，《天朝师夷录：中国近代对世界军事技术的引进（1840—1860）》，北京：解放军出版社，2014年。
杨学琛，《清代民族史》，成都：四川民族出版社，1996年。
杨彦杰，《荷据时代台湾史》，台北：联经出版公司，2000年。
杨艳秋，《〈明光宗实录〉〈三朝要典〉的编修》，《史学史研究》，1998年第4期，页48—52。
杨永汉，《论晚明辽饷收支》，台北：天工书局，1998年。
姚念慈，《略论八旗蒙古和八旗汉军的建立》，《中央民族大学学报》，1995年第6期，页26—31。
姚蓉，《明末云间三子研究》，广州：广东高等教育出版社，2004年。
叶高树，《降清明将研究（1618—1683）》，台北：台湾师范大学，1993年。
永积洋子著，许贤瑶译，《荷兰的台湾贸易》，收入《荷兰时代台湾史论文集》，宜兰：佛光人文社会学院，2001年，页249—326。
于瑞桓、何成，《明末清初新城王氏婚姻简论》，《烟台大学学报（哲社版）》，2002年第2期，页225—230。
余炜，《1603年菲律宾华侨惨杀案始末》，《新亚学报》，第9卷第2期（1970），页97—170。
余宗信，《明延平王台湾海国纪》，台北：台湾商务印书馆，1937年。
喻蓉蓉，《熊廷弼与辽东经略》，台北：中国文化大学史学研究所博士论文，1997年。
袁兆桐，《清代历算名家薛凤祚》，《历史教学》，1991年第6期，页46—49。
岳玉玺等，《傅斯年：大气磅礴的一代学人》，天津：天津人民出版社，1994年。
查时杰，《明末佛教对天主教的"辟邪运动"初探》，收入《明清之际中国文化的转变与延续学术研守会论文集》，台北：文史哲出版社，1991年，页485—529。

张彬村，《美洲白银与妇女贞节：1603年马尼拉大屠杀的前因与后果》，收入朱德兰主编《中国海洋发展史论文集》第8辑，台北："中研院"中山人文社会科学研究所，2002年，页295—326。

张存武，《清代中韩关系论文集》，台北：台湾商务印书馆，1987年。

张国刚，《"两头蛇"的行藏》，《博览群书》，2006年第7期，页31—35。

张建，《黑龙江驻防火炮研究（1683—1860）》，《北方文物》，2015年第1期，页102—109。

张建雄、刘鸿亮，《鸦片战争中的中英船炮比较研究》，北京：人民出版社，2011年。

张立玫，《黑龙江省博物馆馆藏的两尊明代铁炮》，《北方文物》，2005年第2期，页53—54。

张书才，《曹雪芹家世生平探源》，沈阳：白山出版社，2009年。

张焱，《郑成功的五商》，《台湾文献》，1985年第36卷第2期，页15—33。

张维华，《南京教案始末》，《齐大月刊》，1930年第1卷第2期，页93—106；1930年第1卷第3期，页191—208。

张西平，《〈耶稣会在亚洲〉：档案文献与清史研究》，收入黄爱平、黄兴涛主编《西学与清代文化》，北京：中华书局，2008年，页442—453。

张先清，《多明我会传教士利胜与清初华南地方史》，收入黄爱平、黄兴涛主编《西学与清代文化》，北京：中华书局，2008年，页398—407。

张先清，《黄克缵答沈㴐书札考释：一篇有关明末南京教案的文献史料》，《文史》，2003年第3期，页176—183。

张先清，《清代中文史料中的徐日昇形象》，收入 In the Light and Shadow of an Emperor: Tomás Pereira, S. J. (1645–1708), the Kangxi Emperor and the Jesuit Mission in China, Antonio Vasconcelos de Saldanha & Artur K. Wardega (eds.), Cambridge, U. K.: Cambridge Scholars Publishing, 2012.

张显清，《徐光启引进和仿制西洋火器述论》，收入吴志良主编《东西方文化交流》，澳门：澳门基金会，1994年，页469—481。

张小青，《明清之际西洋火炮的输入及其影响》，《清史研究集》第4辑，成都：四川人民出版社，1986年，页48—106。

张玉兴，《包衣汉姓与汉军简论》，《满学研究》，2002年第7期，页323—343。

张增信，《明季东南中国的海上活动（上）》，台北：东吴大学中国学术著作奖助委员会，1988年。

章可，《两头蛇的前世今生》，《读品》，2006年第15辑，页14—16。

郑万进，《开台延平郡王郑成功陵墓考》，收入氏编《功盖千秋：延平王郑成功》，台北：作者自印本，2008年。

郑喜夫，《郑芝龙灭海寇刘香始末考》，《台湾文献》，1967年第18卷第3期，页19—39。

郑永常，《来自海洋的挑战：明代海贸政策演变研究》，台北：稻乡出版社，2004年。

周维强，《佛郎机铳与宸濠之叛》，《东吴历史学报》，2002年第8期，页93—127。

周维强，《佛郎机铳在中国》，北京：社会科学文献出版社，2013年。

周维强，《明代战车研究》，北京：故宫出版社，2019年。

周学军，《上海市历史博物馆建设中的探索精神》，《中国博物馆》，1996年第1期，页71—76。

周铮，《天启二年红夷铁炮》，《中国历史博物馆馆刊》，1983年第5期，页105—109。
朱捷元，《郑成功铸造的永历乙未年铜炮考》，《厦门大学学报》，1979年第3期，页96—101。
祝平一，《读黄一农〈两头蛇：明末清初的第一代天主教徒〉》，《新史学》，2006年第17卷第2期，页251—255。
邹振环，《沪港翻译出版的互动：王韬、黄胜与〈火器略说〉的抄本与刊本》，《东方翻译》，2010年第2期，页23—31。

【日韩】

阿南惟敬，《清初军事史论考》，东京：甲阳书房，1980年。
渡辺修，《顺治年间（一六四四～六〇）の汉军（辽人）とその任用》，收入石桥秀雄编《清代中国の诸问题》，东京：山川出版社，1995年，页181—204。
吉冈新一，《文禄・庆长の役における火器についての研究》，《朝鲜学报》，1983年第108期，页71—109。
林田芳雄，《郑氏台湾史：郑成功三代の兴亡实纪》，东京：汲古书院，2003年。
名和弓雄，《长篠・设乐原合战の真实：甲斐武田军团はなぜ坏灭したか》，东京：雄山阁，1998年。
浦廉一，《汉军（乌真超哈）に就いて》，收入《桑原博士还历纪念东洋史论丛》，京都：广文堂，1931年，页815—849。
青山治郎，《明代天启朝前半期の京营について》，《明大アジア史论集》，2001年第6期，页1—22。
神田信夫，《孔有德の后金への来归："天聪七年档"の检讨を通して》，收入《东方学会创立五十周年纪念东方学论集》，东京：东方学会，1997年，页431—444。
所庄吉，《火绳铳》，东京：雄山阁，1989年。
唐文基，《"三饷"加派——明末反动的财政策》，收入《山根教授退休纪念明代史论丛》，东京：汲古书院，1990年，页979—1001。
细谷良夫，《归顺于清朝（后金）的汉人》，收入《清史国际学术讨论会论文集》，沈阳：辽宁人民出版社，1990年，页51—59。
岩生成一，《明末日本侨寓シナ贸易商一官アウグスチン李国助の活动》，《东洋学报》，1985年第66卷第1—4期，页63—86。
岩生成一，《明末日本侨寓中国人甲必丹李旦考》，《东洋学报》，1936年第23卷第3期，页63—119。
永积洋子，《オランダの台湾贸易》，收入氏著《近世初期の外交》，东京：创文社，1990年。
有马成甫，《火炮の起原とその传流》，东京：吉川弘文馆，1962年。
宇田川武久，《壬辰・丁酉の倭乱と李朝の兵器》，《历史民俗博物馆研究报告》，1988年第17期，页1—147。
宇田川武久，《东アジア兵器交流史の研究》，东京：吉川弘文馆，1993年。
《陆军博物馆图录》，汉城：陆军士官学校，1994年。
赵仁福，《韩国古火器图鉴》，汉城：大韩公论社，1974年、1975年增补版。
李康七，《韩国之火炮》，首尔：军事博物馆，2004年。
许善道，《朝鲜时代火药兵器史研究》，汉城：一潮阁，1994年。

【参考文献】

【西文】

Allen, Geoffrey & David Allen. *The Guns of Sacramento*, London: Robin Garton, 1978.

Andrade, Tonio. *The Gunpowder Age: China, Military Innovation, and the Rise of the West in World History*, Princeton: Princeton University Press, 2016.

Andrade, Tonio. "Did Zheng Chenggong Need a Drunk German's Help to Capture the Dutch Colony of Taiwan?" *Review of Culture* (International Edition), 26 (2008), pp. 56-76.

Archibald, E. H. H. *The Fighting Ship of the Royal Navy AD 897-1984*, New York: Military Press, 1987.

Auer, Jens. "Fregatten Mynden: A 17th-century Danish Frigate Found in Northern Germany," *The International Journal of Nautical Archaeology*, 33.2 (2004), pp. 264-280.

Babur, Zahirud-din Muhammad (trans. Annette Susannah Beveridge). Babur-nama, New Delhi: Munshiram Manoharlal, 1998; originally published in 1922.

Balasubramaniam, R. & Pranab K. Chattopadhyay. "Zafarbaksh: The Composite Mughal Cannon of Aurangzeb at Fort William in Kolkata," *Indian Journal of History of Science*, 42.2 (2007), pp. 205-221.

Balasubramaniam, R. *The Saga of Indian Cannons*, New Delhi: Aryan Books International, 2008.

Balasubramaniam, R. "*Fath Raihbar*. The Massive Bronze Cannon at Petla Burj of Golconda Fort," *Indian Journal of History of Science*, 42.3 (2005), pp. 409-429.

Barker, Richard. "Bronze Cannon Founders: Comments upon Guilmartin 1974, 1982," *The International Journal of Nautical Archaeology*, 12.1 (1983), pp. 67-74.

Barratt, John. *Cavaliers: The Royalist Army at War, 1642-1646*, Gloucestershire, UK: Sutton Publishing Ltd., 2000.

Barto, Arnold, J., III & Robert S. Weddle. *The Nautical Archeology of Padre Island: The Spanish Shipwrecks of 1554*, New York: Academic Press, 1978.

Bax, Alan & Colin J. M. Martin. "*De Liefde*: A Dutch East Indiaman Lost on the Out Skerries, Shetland, in 1711," *The International Journal of Nautical Archaeology and Underwater Exploration*, 3.1 (1974), pp. 81-90.

Bennett, Jim & Stephen Johnston. *The Geometry of War 1500-1750*, Oxford: Museum of the History of Science, 1996.

Bernard, Henri. "Les adaptations Chinoises d'ouvrages européens: bibliographie chronologique," *Monumenta Serica*, 10.1 (1945), pp. 1-57.

Black, Jeremy. *A Military Revolution? Military Change and European Society 1550-1800*, Atlantic Highlands, NJ: Humanities Press, 1991.

Blackmore, H. L. *The Armouries of the Tower of London: I. Ordnance*, London: Her Majesty's Stationery Office, 1976.

Blair, Emma Helen & James Alexander Robertson. *The Philippine Islands*, Cleveland, OH: A. H. Clark, 1903-1909.

Boxer, C. R. *A Derrota dos Holandeses em Macau no Ano de 1622*, Macau: Escola Tipográfica de Orfanato, 1938.

Boxer, C. R. *Expedições Militares Portuguesas em Auxílio dos Mings contra os Manchus, 1621-1647*, Macau: Escola Tipográfica Salesiana, sem data.

Boxer, C. R. *Seventeenth Century Macau in Contemporary Documents and Illustrations*, Hong Kong: Heinemann, 1984.

Boxer, C. R. *The Tragic History of the Sea, 1589-1622*, London: Hakluyt Society, Cambridge: Cambridge University Press, 1959.

Boxer, C. R. "Notes on Early European Military Influence in Japan (1543-1853)," *Transactions of the Asiatic Society of Japan*, 2nd Series, vol. 8 (1931), pp. 67-93.

Boxer, C. R. "Portuguese Military Expeditions in Aid of the Mings Against the Manchus, 1621-1647," *T'ien Hsia Monthly*, 7.1 (1938), pp. 24-36.

Boxer, C. R. "The Siege of Fort Zeelandia and the Capture of Formosa from the Dutch, 1661-1662," *Transactions and Proceedings of the Japan Society of London*, 24 (1926), pp. 16-47 (especially p. 42).

Boxer, C. R. "Um Memorial da Cidade de Macau ha Trezentos annos 1631-1635," *Boletim Ecclesiastico de Macau*, vol. 35 (1937), pp. 8-10.

Brzezinski, Richard. *Lützen, 1632: Climax of the Thirty Years War*, London: Osprey Publishing Ltd., 2001.

Brzezinski, Richard. *The Army of Gustavus Adolphus 2: Cavalry*, London: Osprey Publishing Ltd., 1993.

Busch, Heinrich. "The Tung-Lin Academy and Its Political and Philosophical Significance," *Monumenta Serica*, 14 (1949-1955), pp. 1-163.

Callwell, Charles & John Headlam. *History of the Royal Artillery from the Indian Mutiny to the Great War*, Volume I (1860-1899), Woolwich: Royal Artillery Institution, 1931.

Carpenter, Austin C. *Cannon: The Conservation, Reconstruction and Presentation of Historic Artillery*, Devon: Halsgrove Press, 1993.

Caruana, Adrian B. *The History of English Sea Ordnance 1523-1875*, Rotherfield, East Sussex, UK: Jean Boudriot Publications, 1994.

Chang, Hsiu-Jung et al. (ed.). *The English Factory in Taiwan 1670-1685*, Taipei: Taiwan University, 1995.

Collection of Korea Army Museum, Seoul: Korea Military Academy, 1998.

Comparato, Frank E. *Age of Great Guns: Cannon Kings and Cannoneers Who Forged the Firepower of Artillery*, Harrisburg: The Stackpole Co., 1965.

Cooper, Michael. *Rodrigues the Interpreter, an Early Jesuit in Japan and China*, New York: Weatherhill, 1974.

Cosmo, Nicola Di. "Did Guns Matter? Firearms and the Qing Formation," in Lynn Struve ed., *The Qing Formation in World-Historical Time*, Cambridge, MA: Harvard University Asia Center, 2004, pp. 121-166.

Dastrup, Boyd L. *The Field Artillery*, Connecticut: Greenwood Press, 1994.

Daumas, Maurice (trans. Mary Holbrook). *Scientific Instruments of the 17th & 18th Centuries and their Makers*, London: Portman Books, 1972.

Dehergne, Joseph. *Répertoire des jésuites de Chine de 1552 à 1800*, Roma: Institutum Historicum S. I., 1973.

Deloche, Jean. "Gunpowder Artillery and Military Architecture in South India (15-18th Century)," *Indian*

【参考文献】

Journal of History of Science, 40.4 (2005), pp. 573-595.

Dodge, Theodore Ayrault. *Gustavus Adolphus*, Boston & New York: Houghton, Mifflin & Co., 1895.

Drake, Stillman. "Tartaglia's Squadra and Galileo's Compasso," *Annali dell'Istituto e Museo di Storia della Scienza di Firenze*, 2 (1977). pp. 35-54.

Dudink, Adrian. "*The Sheng-Ch'ao Tso-p'i* (1623) of Hsu Ta-Shou," in Leonard Blusse and Zurndorfer, Harriet T. (ed.). *Conflict and Accommodation in Early Modern East Asia, Essays in Honour of Erik Zurcher*, Leiden: E. J. Brill, 1993, pp. 94-140.

Dunne, George H. *Generation of Giants: The Story of the Jesuits in China in the Last Decades of the Ming Dynasty*, Indiana: University of Notre Dame Press, 1962.

Dupuy, R. Ernest & Trevor N. Dupuy. *The Harper Encyclopedia of Military History*, 4th ed., New York: HarperCollins Publishers, 1993.

Dupuy, Trevor Nevitt. *The Military Life of Gustavus Adolphus: Father of Modern War*, New York: Franklin Watts, Inc., 1969.

Fang, Chaoying. "Sun Yüan-hua," in Arthur W. Hummel, ed. *Eminent Chinese of the Ch'ing Period (1644-1912)*, Washington: United States Government Printing Office, 1943, p. 686.

Fang, Chaoying. "A Technique for Estimating the Numerical Strength of the Early Manchu Military Forces," *Harvard Journal of Asiatic Studies*, 13 (1950), pp. 192-215.

Ffoulkes, Charles. *The Gun-founders of England with a List of English and Continental Gun-founders from the XIV to the XIX Centuries*, Cambridge: Cambridge University Press, 1937.

Fuller, J. F. C. *Decisive Battles of the Western World and Their Influence upon History,* Volume II: *From the Defeat of the Spanish Armada to Waterloo*, London: BCA, 2003.

Gommans, Jos. *Mughal Warfare: Indian Frontiers and High Roads to Empire, 1500-1700*, London: Routledge, 2002.

Goodrich, Carrington & Chaoying Fang (eds.). *Dictionary of Ming Biography 1368-1644*, New York: Columbia University Press, 1976.

Grant, Verne E. "Hybrid," *The Encyclopedia Americana on CD ROM*, Danbury: Grolier, 1997.

Green, Jeremy N. "The Armament from the Batavia. 1. Two Composite Guns," *The International Journal of Nautical Acrhaeology and Underwater Exploration*, 9.1 (1980), pp. 43-51.

Guilmartin, John F. Jr. *Galleons and Galleys*, London: Cassell & Co., 2002.

Guilmartin, John F., Jr. *Gunpowder and Galleys: Changing Technology and Mediterranean Warfare at Sea in the 16th Century*, Annapolis: Naval Institute Press, 2003.

Guilmartin, John F., Jr. "The Cannon of the the *Batavia* and the *Sacramento*: Early Modern Cannon Founding Reconsidered," *The International Journal of Nautical Archaeology and Underwater Exploration*, 11.2 (1982), pp. 133-144.

Hall, A. R. *Ballistics in the Seventeenth Century*, a *Study in the Relations of Science and War with Reference Principally to England*, London: Cambridge University Press, 1952.

Hall, Bert S. *Weapons and Warfare in Renaissance Europe: Gunpowder, Technology, and Tactics*, Baltimore and London: The Johns Hopkins University Press, 1997.

Hashimoto, Keizo. *Hsü Kuang-Ch'i and Astronomical Reform*, Osaka: Kansai University Press, 1988.

Hayman, Richard. *Ironmaking: The History and Archaeology of the Iron Industry*, Stroud, Gloucestershire, UK: Tempue Publishing Ltd., 2005.

Heath, E. G. *The Grey Goose Wing: A History of Archery*, Greenwich, CT: New York Graphic Society Ltd., 1972.

Heath, Ian. *Armies of the Nineteenth Century: Asia, 2: China*, Guernsey: Foundry Books, 1998.

Hime, H. W. L. "The Field Artillery of the Great Rebellion: Its Nature and Use," *Proceedings of the Royal Artillery Institution*, 6 (1870), pp. 1-20.

Hogg, Ian V. *The Complete Handgun, 1300 to the Present*, London: Peerage Books, 1984.

Hogg, O. F. G. *Artillery: Its Origin, Heyday and Decline*, London: C. Hurst and Company, 1970.

Hogg, O. F. G. *English Artillery 1326-1716*, London: Royal Artillery Institution, 1963.

Horng, Wann-Sheng. "Hua Hengfang and His Notebook on Learning Mathematics-*Xue Suan Bi Tan*," *Philosophy and the History of Science*, 2.2 (1993), pp. 27-76.

Hughes, B. P. *Firepower, Weapons Effectiveness on the Battlefield, 1630-1850*, London: Arms and Armour Press, 1974.

Hummel, Arthur W. *Eminent Chinese of the Ch'ing Period (1644-1912)*. Washington, D. C.: United States Government Printing Office, 1943.

Iwao, Seiichi. "Li Tan李旦, Chief of the Chinese Residents at Hirado, Japan in the Last Days of the Ming Dynasty," *Memoirs of the Research Department of the Toyo Bunko*, 17 (1958), pp. 27-83.

Jackson, Melvin H. & Carel de Beer. *Eighteenth Century Gunfounding*, Washington, DC: Smithsonian Institution Press, 1974.

Jaques, Tony. *Dictionary of Battles and Sieges: A Guide to 8500 Battles from Antiquity to the Twenty-first Century*, Victoria, Australia: The Miegunyah Press, 2006.

Johnson, W. "T. J. Rodman: Mid-19th Century Gun Barrel Research and Design for the U. S. Army," *International Journal of Impact Engineering*, 9.1 (1990), pp. 127-159.

John, Vogt. "Saint Barbara's Legion: Portuguese Artillery in the Struggle for Morocco, 1415-1578," *Military Affairs*, 41.4 (1977), pp. 176-182.

Kaestlin, J. P. *Catalogue of the Museum of Artillery in the Rotunda at Woolwich: Part 1 Ordnance*, Manchester, UK: Her Majesty's Stationery Office Press, 1970.

Kalpakjian, Serope & Steven R. Schmid. *Manufacturing Engineering and Technology*, 4th ed., London: Prentice Hall, 2001.

Khan, Iqbal Ghani. "Metallurgy in Medieval India: 16th to 18th Centuries," in Aniruddha Roy & S. K. Bagchi eds., *Technology in Ancient and Medieval India*, Delhi: Sundeep Prakashan, 1986, pp. 71-91.

Khan, Iqtidar Alam (ed.). *Gunpowder and Firearms: Warfare in Medieval India*, New Delhi: Oxford University Press, 2004.

Kist, J. B. "The Dutch East Company's Ships' Armament in the 17th and 18th Centuries: An Overview," *The International Journal of Nautical Archaeology and Underwater Exploration*, 17.1 (1988), pp. 101-102.

【参考文献】

Kopytoff, Igor. "The Cultural Biography of Things: Commoditization as Process," in *The Social Life of Things*: *Commodities in Cultural Perspective*, ed. A. Appadurai, Cambridge, UK: Cambridge University Press, 1986, pp. 64-91.

Krause, Keith. *Arms and the State*: *Patterns of Military Production and Trade*, Cambridge, UK: Cambridge University Press, 1992.

Lynn, John A. "Recalculating French Army Growth during the Grand Siecle, 1610-1715," In Rogers, Clifford J. (ed.). *The Military Revolution Debate: Readings on the Military Transformation of Early Modern Europe*. Boulder, CO: Westview Press, 1995.

Macleod, Ian D. & Neil A. North. "Conservation of a Composite Cannon Batavia (1629) ," *The International Journal of Nautical Archaeology and Underwater Exploration*, 11.3 (1982) , pp. 213-219.

Manucy, Albert. *Artillery through the Ages*: *A Short Illustrated History of Cannon, Emphasizing Types Used in America*, Washington: United States Government Printing Office, 1949.

Manuel A. Ribeiro Rodrigues, *400 Anos de Organização e Uniformes Militares em Macau*, Macau: Institut o Cultural de Macau, 1999.

McBride, Peter W. J. "The Mary, Charles II's Yacht: 2. Her History, Importance and Ordnance," *The International Journal of Nautical Archaeology and Underwater Exploration*, 2.1 (1973) pp. 61-70.

McNeill, William H. *The Age of Gunpowder Empires 1450-1800*, Washington, DC: Ameriean Historical Association, 1989.

Medina, Juan Ruiz de. (tran. Hohn Bridges). *The Catholic Church in Korea, Its Origins 1566-1784*, Roma: Istituto Storico S. I., 1991.

Mello, Ulysses Pernambucano de. "News: Brazil," *The International Journal of Nautical Archaeology and Underwater Esploration*, 6.2 (1977) , p. 171.

Mote, Frederick W. & Denis Twichett (eds.). *The Cambridge History of China*, vol. 7: *The Ming Dynasty, 1368-1644*, pt. 1, Cambridge: Cambridge Univesity Press, 1988.

Mulder, W. Z. *Hollanders in Hirado, 1597-1641*, Haarlem, Netherlands: Fibula-Van Dishoeck, n. d.

Museo di storia della scienza, Firenze-catalogo, Firenze: Istituto e museo di storia della scienza, 1991.

Needham, Joseph, etc. *Science and Civilisation in China*, vol. 5, part 7: *Military Technology*; *the Gunpowder Epic*, Cambridge: Cambridge University Press, 1986.

Newpower, Anthony. *Iron Men and Tin Fish: The Race to Build a Better Torpedo During World War II*, Westport, CT: Greenwood Publishing Group, 2006.

O'Neil, B. H. St. J. *Castles and Cannon, A Study of Early Artillery Fortifications in England*, Oxford: Clarendon Press, 1960.

Pant, G. N. *Mughal Weapons in the Bābur-nāmā*, Delhi: Agam Kala Prakashan, 1989.

Parker, Geoffrey. *The Military Revolution, Military Innovation and the Rise of the West 1500-1800*, 2nd ed, Cam-bridge: Cambridge University Press 1996.

Parker, Geoffrey. "The Limits to Revolutions in Military Affairs: Maurice of Nassau, the Battle of Nieuwpoort (1600) , and the Legacy," *The Journal of Military History*, 71.2 (2007) , pp. 331-372.

565

Paske-Smith, M. (ed.). *History of Japan, Compiled from the Records of the English East India Company at the Instance of the Court of Directors by Peter Pratt, 1822*, New York: Barnes & Noble, 1972.

Peers, C. J. *Soldiers of the Dragon: Chinese Armies 1500 BC-AD 1840*, Oxford: Osprey Publishing Ltd., 2006.

Pepper, Simon & Nicholas Adams. *Firearms and Fortifications, Military Architecture and Siege Warfare in Sixteenth-Century Siena*, Chicago: University of Chicago, 1986.

Perrin, Noel. *Giving up the Gun: Japan's Reversion to the Sword, 1543-1879*, Boston: D. R. Godine, 1995.

Peterson, H. L. *Round Shot and Rammers*, Harrisburg, PA: Stackpole Books, 1969.

Pfister, Aloys. *Noticer biographiques et bibliographiques sur les Jésuites de l'ancienne mission de Chine, 1552-1773*, Chang-hai: Imprimerie de la Mission Catholique, 1932-1934.

Pfister, Louis. *Notices biographiques et bibliographiques sur les Jésuites de l'ancienne mission de Chine, 1552-1773*, Chang-Hai: Imprimerie de la mission catholique, 1932, Tome I.

Phillips, Charles & Alan Axelrod. *Encyclopedia of Wars*, New York: Facts on File, Inc. 2005.

Pickford, Nigel. *The Atlas of Ship Wrecks & Treasure*, London: Dorling Kindersley, 1994.

Pomeranz, Kenneth. *The Great Divergence: China, Europe, and the Making of the Modern World Economy*, Princeton: Princeton University Press, 2001.

Purcell, Victor. *The Chinese in Southeast Asia*, London: Oxford University Press, 1965.

Riess, L. "History of the English Factory at Hirado (1613-1622)," *Transaction of the Asiatic Society of Japan*, 26 (1898), pp. 1-114.

Roberts, William. "That Imperfect Arm: Quantifying the Carronade," *Warship International*, 33.3 (1996), pp. 231-240.

Rodrigues, Manuel A. Ribeiro. *400 Anos de Organização e Uniformes Militares em Macau*, Macau: Institut o Cultural de Macau, 1999.

Rogers, Clifford J. "'Military Revolution'and'Revolutions in Military Affairs': A Historian's Perspective," in *Toward a Revolution in Military Affairs? Defense and Security at the Dawn of the Twenty-first Century*, ed. Thierry Gongora and Harald von Riekhoff, Westport, CT: Greenwood Press, 2000, pp. 21-36.

Rostoker, William. "Troubles with Cast Iron Cannon," *Archeomaterials*, 1.1 (1986), pp. 69-90.

Roth, R. *The Visser Collection: Arms of the Netherlands in the Collection of H. L. Visser*, Volume II: *Ordnance*, Zwolle, Netherlands: Waanders Publishers, 1996.

Ruffell, Wally. "The Armstrong Gun, Part 2: The RBL Armstrong 12-pr Field Gun," (https://web.archive.org/web/20080622181737/http://riv.co.nz/rnza/hist/arm/arm2.htm).

Santos, N. Valdez dos. *Manuel Bocarro: o Grande Fundidor*, Lisboa: Publicações da Comissão de História Militar, 1981.

Segre, Michael. "Torricelli's Correspondence on Ballistics," *Annals of Science*, 40 (1983), pp. 489-499.

Shariffuddin, P. M. "Brunei Cannon," *The Brunei Museum Journal*, 1.1 (1969), pp. 72-93.

Shu, Liguang. "Ferdinand Verbiest and the Casting of Cannons," in John W. Witek, ed. *Ferdinand Verbiest (1623-1688): Jesuit Missionary, Scientist, Engineer and Diplomat*, Nettetal, Germany: Steyer Verlag, 1994, pp. 227-244.

Smith, Robert D. & Ruth Rhynas Brown. *Bombards, Mons Meg and Her Sisters*, London: The Trustees of the Royal Armouries, 1989.

Sotheby's Auction Catalog: Important Clocks, Watches, Scientific Instruments and the Arqueonautas Collection of Marine Archaeology; Held on December 19, 2000 in London.

Standaert, Nicolas. *Yang Tingyun, Confucian and Christian in Late Ming China*, Leiden: E. J. Brill, 1988.

Steele, Brett D. "Muskets and pendulums: Benjamin Robins, Leonhard Euler, and the Ballistics Revolution," *Technology and Culture*, 35.2 (1994), pp. 348-382.

Stewart, Richard W. *The English Ordnance Office 1585-1625: A Case Study in Bureaucracy*, Woodbridge, Suffolk, UK: The Boydell Press, 1996.

Struve, Lynn A. *The Ming-Qing Conflict, 1619-1683*, Ann Arbor: Association for Asian Studies, 1998.

Sun, Laichen. "Chinese-style Firearms in Southeast Asia: Focusing on Archaeological Evidence," in Michael Arthur Aung-Thwin and Kenneth Hall eds., *New Perspectives on the History and Historiography of Southeast Asia: Continuing Explorations*, London: Routledge, 2011.

Sun, Laichen. "Military Technology Transfers from Ming China and the Emergence of Northern Mainland Southeast Asia (c.1390-1527)," *Journal of Southeast Asian Studies*, 34.3 (2003), pp. 495-517.

Swope, Kenneth M. "Crouching Tigers, Secret Weapons: Military Technology Employed during the Sino-Japanese-Korean War, 1592-1598," *The Journal of Military History*, 69.1 (2005), pp. 11-45.

Teesdale, Edmund B. *Gunfounding in the Weald in the Sixteenth Century*, London: Trustees of the Royal Armouries, 1991.

Teixeira, Manuel. *Macau no Séc. XVII* Macau: Direcção dos Serviços de Educação e Cultura, 1982.

Teixeira, Manuel. *Os Militares em Macau*, Macau: Imprensa Nacional, 1976.

Väth, Alfons. *Johann Adam Schall von Bell S. J: Missionar in China, Kaiserlicher Astronom und Ratgeber am Hofe von Peking, 1592-1666*, Cologno, Germany: J. P. Bachem, 1933.

Vogel, H. Ph. "The Republic as Arms Exportter 1600-1650," in *The Arsenal of the World: The Dutch Arms Trade in the Seventeenth Century*, ed. Jan Piet Puype and Marco van der Hoeven, Amsterdam: Batavian Lion International, 1996, pp. 13-21.

Wagner, Donald B. "Chinese Monumental Iron Castings," *Journal of East Asian Archaeology*, 2. 3-4 (2000), pp. 199-224.

Wakeman, Frederic E., Jr. *The Great Enterprise: The Manchu Reconstruction of Imperial Order in Seventeenth-century China*, Berkeley: University of California Press, 1985.

Waley-Cohen, Joanna. "China and Western Technology in the Late Eighteenth Century," *American Historical Review*, 98.5 (1993), pp. 1525-1544.

Webster, Donald B. "Rodman's Great Guns," *Ordnance*, July-August 1962, n. p.

Weigley, Russell F. *The Age of Battles: The Quest for Decisive Warfare from Breitenfeld to Waterloo*, Bloominton: Indiana University Press, 1991.

Wheatley, Joseph & Stephen Howarth. *Historic Sail: The Glory of the Sailing Ship from the 13th to the 19th Century*, London: Greenhill Books, 2000.

Young, Peter. *Marston Moor 1644: The Campaign and the Battle*, Gloucestershire, UK: The Windrush Press, 1997.

【重要人物人名索引】

A

阿瑟·坎宁安　456, 510, 532
艾儒略　048, 074, 086, 170, 184, 240, 258, 260, 261, 262, 530, 534
安东尼奥·多罗萨里奥　151, 532
安东尼奥·罗德里格斯·德尔坎波　168, 169, 241, 532
安多　253, 265, 530
奥朗则布　476, 477, 484, 519, 532

B

巴笃里　077, 079, 150, 169, 308, 530
白如璋　107, 111, 172
班安德　147, 152, 153, 167, 168, 177, 243, 530
毕方济　051, 053, 054, 055, 058, 079, 228, 230, 530
波巴哈　399, 531
伯多禄　149, 150, 151, 156, 253, 531

D

达·伽马　433, 531
邓士亮　035, 060, 061, 062, 063, 064, 065, 067, 068, 069, 077, 079, 082, 084, 085, 095, 522, 535
邓玉函　058, 155, 177, 237, 315, 530, 535
丁启明　340, 341, 344, 345, 346, 347, 348, 349, 354, 371
董汉儒　070, 071, 072, 232

F

菲利普二世　iii, 531
菲利普三世　059, 531
费奇规　070, 530
冯铨　052, 087, 093, 156, 181, 238, 263
弗朗西斯科·德特略·德古斯曼　023, 532
弗朗西斯科·卡瓦略·阿拉尼亚　151, 532
拂朗·亚兰达　149, 151, 165, 253, 304, 531
傅汎济　227, 530

G

高起潜　270, 272, 287, 288, 312, 316, 325
高一志　268, 530
耿仲明　v, 145, 164, 176, 222, 223, 224, 251, 252, 254, 257, 267, 271, 274, 284, 285, 290, 293, 299, 303, 304, 307, 309, 310, 316, 317, 318, 322, 323, 324, 325, 326, 329, 330, 353, 357, 361, 363, 364, 365, 367, 368, 369, 525, 526, 527, 554, 555
公沙·的西劳　088, 117, 136, 145, 146, 147, 149, 150, 203, 222, 238, 244, 245, 253, 270, 292, 295, 329, 330, 339, 345, 363, 425, 524, 525, 526, 531
古斯塔夫二世　v, 381, 495, 496, 531

H

韩霖　020, 021, 043, 046, 049, 056, 072, 074, 076, 095, 096, 136, 150, 151, 154, 158, 160, 161, 163, 175, 177, 183, 190, 193, 227, 230,

【重要人物人名索引】

231, 232, 238, 258, 260, 264, 267, 268, 345, 346, 393, 537, 539, 543

韩云　056, 057, 076, 079, 081, 136, 154, 155, 156, 162, 163, 169, 175, 176, 177, 183, 190, 227, 228, 233, 238, 241, 245, 268, 292

何大化　045, 146, 162, 164, 165, 168, 169, 258, 530

何乔远　071, 073, 074, 091, 170, 240, 537

何汝宾　x, viii, 107, 108, 109, 377, 393, 402, 403, 405, 428, 537

何吾騶　112, 113, 114

洪承畴　116, 369, 370, 443, 528

侯震旸　086, 231, 258, 259, 263, 264

胡安·德席尔瓦　024, 532

胡应台　059, 064, 070, 071, 077, 078, 079, 083, 087, 233, 422, 523, 524

皇太极　v, iv, 028, 088, 155, 156, 166, 197, 198, 200, 201, 202, 203, 204, 205, 206, 207, 211, 214, 221, 222, 223, 236, 245, 256, 257, 274, 285, 290, 291, 292, 294, 295, 298, 317, 322, 323, 324, 336, 337, 338, 339, 340, 342, 343, 347, 349, 350, 351, 352, 353, 354, 355, 356, 357, 358, 359, 360, 361, 362, 364, 365, 367, 368, 369, 371, 378, 380, 381, 382, 426, 444, 494, 524, 525, 526, 527, 528

黄克缵　ix, 003, 011, 014, 015, 016, 017, 018, 019, 020, 021, 023, 024, 025, 029, 030, 031, 032, 034, 041, 042, 043, 044, 052, 055, 085, 094, 121, 135, 337, 348, 380, 422, 434, 483, 522, 537, 554, 561

黄龙　162, 163, 164, 213, 214, 215, 217, 218, 219, 222, 223, 224, 245, 249, 250, 252, 267, 271, 281, 284, 285, 292, 293, 295, 296, 303, 304, 310, 311, 312, 316, 317, 322, 323, 328, 329, 330, 333, 339, 361, 363, 526, 527, 551, 555

黄调焕　017, 018, 019, 020, 021, 024, 030, 031, 032, 041, 042, 044, 094, 522

J

伽利略　x, 385, 387, 391, 397, 418, 427, 519, 531,

加斯帕尔·洛佩斯　149, 532

贾宜睦　258, 530

姜云龙　ii, vii, 152, 167, 168, 169, 170, 173, 174, 178, 179, 180, 181, 182, 183, 184, 185, 186, 187, 188, 189, 192, 239, 243, 525

金楷理　421, 531

金尼阁　052, 058, 530

金声　007, 156, 175, 265, 317, 323, 344, 345, 346

金苔　149, 150, 151, 156, 531

K

柯拉多　406, 412, 531

克虏伯　421, 531

孔有德　v, viii, 089, 145, 163, 164, 165, 166, 176, 217, 219, 222, 223, 224, 251, 252, 253, 254, 255, 256, 257, 267, 271, 273, 274, 275, 278, 283, 284, 285, 288, 289, 290, 293, 295, 296, 297, 298, 299, 301, 302, 303, 304, 307, 308, 309, 310, 311, 312, 316, 317, 318, 319, 320, 321, 322, 323, 324, 325, 326, 329, 330, 332, 334, 353, 355, 357, 360, 361, 362, 363, 364, 365, 366, 367, 369, 380, 409, 424, 425, 426, 525, 526, 527, 554, 555, 557, 562

库恩　059, 064, 531

L

莱尔森　095, 096, 098, 100, 531

李旦　096, 100, 104, 109, 524, 559, 562, 566

李逢节　088, 148, 153, 238, 524

569

李之藻　020, 043, 045, 046, 047, 048, 049, 050, 051, 052, 053, 054, 055, 056, 057, 058, 070, 071, 074, 075, 077, 079, 081, 085, 086, 087, 088, 133, 136, 148, 150, 151, 175, 176, 183, 184, 189, 190, 225, 227, 228, 232, 233, 234, 235, 236, 247, 261, 262, 264, 266, 267, 269, 327, 332, 337, 338, 379, 380, 393, 394, 396, 399, 400, 401, 522, 523, 539, 549, 550, 551, 557

利玛窦　iii, 047, 048, 050, 051, 052, 055, 086, 087, 093, 103, 134, 151, 183, 184, 242, 260, 261, 262, 263, 267, 346, 394, 399, 400, 401, 530, 539, 546, 555

梁廷栋　076, 077, 148, 153, 159, 162, 167, 174, 175, 199, 203, 221, 238, 244, 291, 292, 525

刘香　107, 109, 110, 111, 114, 118, 134, 527, 561

刘兴治　ii, 195, 198, 199, 200, 201, 202, 203, 204, 205, 207, 208, 209, 210, 212, 213, 214, 215, 216, 217, 218, 219, 220, 221, 244, 250, 291, 292, 321, 323, 333, 339, 525, 526, 553

刘兴祚　ii, 195, 196, 197, 200, 209, 223, 291, 317, 329, 525, 551

刘宇烈　256, 281, 287, 289, 311, 312, 318, 328

刘之纶　238, 344, 345, 346

龙华民　049, 058, 071, 073, 074, 155, 165, 177, 237, 530

卢象升　ix, 110, 116, 368, 378, 381, 427

卢兆龙　088, 145, 147, 169, 170, 171, 173, 174, 184, 185, 239, 240, 243, 263, 525

鲁未略　150, 165, 253, 304, 330, 531

陆若汉　vii, 072, 079, 146, 147, 149, 150, 151, 152, 153, 154, 155, 156, 158, 159, 161, 163, 164, 165, 166, 167, 168, 170, 172, 173, 174, 175, 177, 182, 185, 203, 238, 239, 241, 242, 243, 245, 253, 304, 524, 525, 530, 539, 558

鹿善继　024, 046, 052, 053, 054, 085, 086, 087, 088, 179, 180, 181, 182, 232, 236, 237, 258, 261, 263, 264, 412, 539

罗宾斯　398, 429, 531

罗伯特·梅尔维尔　501, 532

罗雅谷　177, 241, 388, 530

M

马光远　337, 341, 343, 352, 353, 354, 355, 356, 369

马士加路也　147, 149, 376, 531

马图拉·达什　477, 532

毛霦　iii, 251, 255, 270, 272, 273, 275, 277, 278, 280, 281, 284, 286, 287, 288, 289, 298, 299, 303, 304, 309, 310, 311, 312, 314, 315, 316, 317, 409, 414, 415, 424, 540

毛文龙　045, 093, 195, 196, 197, 198, 201, 207, 210, 213, 223, 224, 237, 250, 251, 268, 291, 292, 302, 305, 306, 307, 311, 316, 317, 319, 321, 323, 325, 333, 334, 523, 525, 554

茅元仪　012, 023, 036, 046, 070, 071, 079, 080, 087, 088, 094, 148, 180, 181, 182, 183, 199, 228, 229, 232, 235, 236, 237, 337, 341, 344, 345, 346, 375, 379, 441, 540

穆罕纳德·阿里·阿拉伯　476, 532

穆尼阁　412, 530

N

南怀仁　x, 131, 132, 136, 177, 332, 376, 389, 415, 416, 417, 418, 427, 447, 484, 519, 530, 540

南居益　095, 096, 098, 099, 105, 106, 172, 241, 377

努尔哈赤　004, 007, 012, 024, 025, 026, 029, 031, 032, 033, 080, 133, 197, 227, 234, 285, 290, 291, 338, 347, 349, 351, 358, 381, 483, 490, 522, 524, 549

【重要人物人名索引】

O

欧拉　398, 429, 531
欧林斯　309, 530

P

庞迪我　052, 086, 261, 263, 530
培里　482, 514, 531
佩德罗·科尔代罗　168, 241, 532
彭鲲化　016, 024, 043, 072
彭有谟　256, 277, 315, 414
彭簪古　080, 081, 088, 091, 235, 524

Q

钱谦益　200, 203, 224, 228, 229, 260, 264, 265, 274, 275, 276, 277, 286, 289, 300, 302, 317, 320, 328, 333, 540, 557
乔治·班克斯　461, 532
丘良厚　055, 165
邱良禀　169, 530
瞿式耜　075, 076, 078, 081, 262, 264, 265, 320, 538
瞿西满　152, 530

R

让·马里兹　501, 532
让·马里兹二世　501, 532
若翰·哥里亚　072, 073, 170, 240, 531, vii

S

商周祚　081, 082, 083, 094, 096, 098, 134, 148, 523
尚可喜　222, 223, 224, 257, 290, 293, 303, 317, 318, 322, 323, 324, 325, 326, 327, 329, 355, 357, 362, 363, 364, 365, 369, 527, 540, 559
沈㴶　015, 047, 053, 056, 070, 086, 231, 263, 281, 328, 403
沈棨　051, 052, 053, 085, 086, 087, 088, 179, 180, 183, 228, 254, 263, 314, 337, 338
沈世魁　200, 209, 210, 212, 213, 214, 215, 217, 218, 219, 221, 222, 223, 244, 274, 292, 303, 323, 324, 329, 333, 368, 526, 527
圣地亚哥·德贝拉　023, 532
石廷柱　294, 341, 349, 351, 353, 354, 355, 356, 357, 361, 364, 365, 367, 369
宋徵舆　179, 183, 186, 187, 542
孙承宗　iii, 036, 079, 080, 081, 086, 087, 088, 094, 148, 161, 179, 180, 181, 182, 186, 189, 190, 198, 199, 200, 202, 203, 204, 205, 220, 227, 228, 229, 231, 232, 233, 234, 235, 236, 237, 244, 250, 251, 258, 260, 261, 262, 264, 265, 267, 294, 295, 306, 321, 341, 358, 379, 412, 523, 526, 542
孙学诗　048, 049, 053, 054, 056, 057, 069, 070, 072, 073, 074, 077, 078, 085, 095, 109, 136, 148, 153, 154, 177, 189, 190, 228, 238, 261, 332, 403, 522, 523
孙元化　x, v, iii, vii, iii, viii, 039, 046, 074, 075, 077, 080, 086, 087, 088, 089, 094, 110, 136, 147, 148, 153, 156, 161, 162, 163, 164, 165, 170, 173, 176, 177, 179, 181, 183, 184, 185, 189, 190, 198, 200, 203, 204, 205, 206, 214, 215, 218, 219, 220, 221, 222, 225, 226, 227, 229, 230, 231, 232, 233, 234, 235, 236, 243, 244, 245, 246, 247, 248, 249, 250, 251, 252, 253, 254, 255, 256, 257, 258, 259, 261, 264, 265, 267, 268, 269, 270, 271, 281, 285, 286, 290, 291, 292, 293, 296, 298, 299, 300, 301, 302, 303, 304, 307, 308, 309, 310, 311, 312, 313, 314, 318, 320, 321, 327, 329, 330, 331,

571

332, 334, 339, 360, 363, 377, 379, 394, 395, 396, 401, 403, 405, 406, 407, 408, 409, 413, 414, 417, 423, 424, 425, 449, 450, 468, 492, 496, 525, 526, 542, 550, 556, 557

孙致弥　229, 236, 257, 258, 261, 265, 314, 322, 329, 330, 331, 333, 542

T

塔尔塔利亚　397, 398, 401, 404, 406, 408, 427, 531

汤若望　iii, 019, 050, 069, 074, 108, 163, 177, 245, 254, 263, 265, 268, 269, 292, 313, 344, 346, 363, 370, 371, 375, 377, 379, 386, 393, 394, 404, 405, 406, 407, 408, 409, 419, 423, 428, 429, 450, 483, 495, 530, 542, 552, 553, 558

佟养性　166, 213, 214, 244, 256, 340, 341, 349, 350, 351, 352, 353, 354, 358, 359, 360, 425

托马斯·J.罗德曼　532

W

汪秉元　165, 262

王化贞　086, 195, 228, 233, 523

王命璿　047, 048, 064, 065, 080, 543

王在晋　004, 012, 025, 029, 042, 044, 081, 086, 087, 228, 231, 232, 233, 305, 396, 543

王徵　046, 156, 162, 165, 177, 222, 225, 243, 246, 247, 248, 252, 253, 254, 259, 260, 261, 262, 263, 264, 267, 269, 270, 281, 285, 293, 304, 305, 308, 309, 312, 313, 314, 315, 318, 327, 345, 424, 535, 543, 550, 553

王尊德　ix, 079, 106, 107, 108, 111, 153, 167, 172, 173, 185, 238, 243, 377, 423

威廉·G.阿姆斯特朗　532

威廉·帕利泽　471, 532

韦麻郎　040, 531

卫匡国　045, 530

魏学濂　116, 183, 265

魏忠贤　081, 088, 148, 156, 180, 181, 182, 233, 234, 236, 263, 264, 306, 523

温体仁　255, 313, 314, 320, 322

屋腊所·罗列弟　149, 152, 531

吴三桂　117, 139, 257, 290, 312, 318, 324, 325, 326, 327, 329, 330, 375, 378, 422, 427, 443, 444, 483, 528, 555, 556

X

西满·故末略　146, 149, 152, 531

席尔瓦　024, 151, 531, 532

谢三宾　270, 272, 287, 288, 289, 312, 328, 378, 549

熊明遇　163, 165, 174, 175, 176, 221, 248, 251, 253, 254, 255, 263, 264, 283, 292, 308, 309, 312, 318, 321, 551

熊三拔　048, 086, 261, 262, 263, 530

熊廷弼　011, 012, 013, 016, 017, 019, 020, 030, 042, 057, 080, 085, 086, 195, 196, 228, 291, 337, 426, 522, 523, 543, 554, 560

熊文灿　ix, 106, 107, 108, 111, 113, 118, 135, 172, 377

徐从治　iii, 270, 274, 276, 277, 278, 279, 280, 281, 285, 286, 288, 309, 311, 315, 318, 328, 544

徐光启　v, ii, iii, 003, 010, 012, 014, 021, 024, 032, 033, 041, 042, 043, 045, 046, 048, 049, 050, 051, 052, 053, 054, 055, 056, 057, 058, 074, 075, 078, 080, 081, 085, 086, 087, 088, 091, 093, 094, 095, 107, 108, 110, 111, 133, 136, 145, 146, 147, 148, 151, 152, 153, 154, 155, 156, 157, 158, 159, 160, 161, 163, 164, 165, 166, 167, 168, 169, 170, 171, 172, 173,

【重要人物人名索引】

174, 175, 176, 177, 178, 179, 180, 182, 183, 184, 185, 186, 189, 225, 226, 227, 228, 229, 230, 234, 235, 236, 237, 238, 239, 240, 241, 243, 246, 253, 254, 255, 257, 258, 259, 260, 261, 262, 263, 264, 266, 267, 268, 269, 270, 308, 313, 321, 322, 327, 330, 331, 332, 333, 336, 337, 338, 345, 346, 377, 378, 379, 380, 382, 393, 394, 395, 396, 399, 401, 409, 412, 423, 424, 426, 434, 522, 523, 524, 525, 534, 539, 544, 550, 551, 555, 556, 557, 558, 561

徐琏　019, 030, 031
徐一鸣　043, 096, 097, 523

Y

颜思齐　104
阳玛诺　051, 054, 055, 058, 071, 228, 258, 263, 530
杨镐　004, 005, 011, 012, 233, 522
杨涟　081, 180, 233, 234
杨廷筠　045, 046, 048, 070, 081, 085, 086, 088, 148, 175, 184, 225, 227, 236, 260, 261, 262, 263, 266, 269, 327, 522, 557
叶向高　052, 072, 081, 101, 180, 184, 233, 258, 260, 263, 264, 265, 305, 544
余大成　252, 268, 277, 285, 286, 302, 303, 308, 309, 311, 314, 318
俞咨皋　098, 099, 100, 103, 104, 105, 118, 135, 377, 380, 483, 524
袁崇焕　045, 046, 080, 087, 088, 093, 133, 148, 156, 161, 179, 181, 182, 183, 190, 196, 197, 198, 214, 229, 232, 234, 235, 236, 237, 238, 244, 251, 261, 263, 291, 316, 322, 333, 334, 338, 524, 525, 556, 557, 560
袁应泰　018, 019, 024, 025, 030, 041, 044, 233, 426, 523
约翰·奥克特洛尼　510, 532

约翰·威尔金森　501, 532
岳托　026, 222, 285, 342, 353, 361, 363, 527

Z

曾德昭　058, 072, 168, 169, 530, 534
张镜心　ix, 112, 113, 115
张可大　200, 252, 304, 318
张焘　045, 046, 047, 048, 049, 053, 054, 056, 057, 058, 069, 070, 071, 072, 073, 074, 077, 078, 079, 085, 087, 095, 109, 136, 148, 162, 163, 164, 165, 177, 189, 190, 204, 205, 208, 209, 210, 212, 219, 221, 222, 227, 228, 232, 235, 244, 245, 247, 249, 252, 254, 267, 270, 281, 292, 295, 296, 304, 308, 309, 312, 313, 314, 315, 327, 329, 330, 332, 333, 337, 339, 363, 403, 424, 522, 523, 524, 526
郑成功　x, 092, 103, 111, 119, 120, 122, 123, 124, 125, 127, 128, 129, 130, 135, 136, 137, 138, 139, 449, 519, 528, 529, 534, 541, 551, 553, 557, 561, 562
郑经　123, 124, 127, 128, 129, 135, 137, 139, 331, 529
郑克塽　x, 129, 130, 137, 139, 529
郑芝龙　092, 095, 104, 105, 106, 109, 110, 111, 114, 117, 118, 128, 134, 137, 138, 139, 527, 528, 553, 555, 558, 559, 561
周文郁　185, 196, 197, 198, 199, 200, 202, 204, 214, 215, 218, 220, 250, 251, 268, 284, 285, 307, 316, 317, 318, 321, 323, 546
周延儒　165, 169, 184, 185, 187, 188, 220, 250, 253, 254, 255, 308, 320, 321, 322
祝世昌　257, 347, 348, 351, 352, 360, 362
祝世胤　347, 348, 349, 352, 353, 371
祖大弼　256, 312, 316, 323

573